دیوانِ وحید

نظمیں اور غزلیں

وحید اختر

تعارف: سید وقار حسین

ترتیب

علی قلی قرائی

Diwan-e Waheed

Ghazals and Nazms

Volume 1 of
Waheed Akhtar's Collected Poetic Works

First Edition, 2023

Introduction by Syed Viqar Husain

Edited by Ali Quli Qarai

© S. Hasan Waheed, S. Husain Waheed & S. Mohsin Waheed, 2021

ISBN: 978-1-955725-10-1 (Hardcover)
ISBN: 978-1-955725-09-5 (Paperback)
ISBN: 78-1-955725-08-8 (epub edition)

Karbala, Ay Karbala
Collected Marthiyas of Waheed Akhtar

Volume 2 of Waheed Akhtar's
Collected Poetic Works

ISBN: 978-1-955725-13-2 (Hardcover)
ISBN: 978-1-955725-12-5 (Paperback)
ISBN: 978-1-955725-11-8 (epub edition)

نام کتاب : دیوان وحید، نظمیں اور غزلیں

ترتیب: علی قلی قرائی

سال اشاعت: ۲۰۲۳

©جملہ حقوق بحق فرزندان وحید اختر محفوظ ہیں

فہرست

دیباچۂ مرتب ۱۹
کلامِ وحید اختر، قیمتی ورثہ ۲۳
انتسابات ۵۰
پیش لفظ ۵۱
پس نوشت ۶۱
نظمیں ۶۵
آنسو ۶۷
زادِ راہ ۶۸
تنہائی ۷۰
مداوا ۷۳
دعائے نغمہ ۷۵
لہو کے چراغ ۷۷
پذیرائی ۷۹
جدائی ۸۱
ہاسٹل کی ایک شام ۸۳
واپسی ۸۶
سفر نکہت گل ۸۸
عہدِ آشوب ۹۰

حیات و موت ۹۲

اپنی تنہائی کے نام ۹۳

شب تاب ۹۵

صلیب ۹۶

سکوتِ شہر آرزو ۹۸

بندِ نقاب ۱۰۰

پتھروں کا مغنی ۱۰۱

بساطِ ہوائے دل ۱۰۳

یوسف گم گشتہ ۱۰۴

متاعِ ہنر ۱۰۵

انتظار ۱۰۶

سنگ سار ۱۰۷

گُم گشتگی ۱۰۹

کھنڈر، آسیب اور پھول ۱۱۱

ازل تا ابد ۱۱۳

آئینہ بندی ۱۱۶

در بدر ۱۱۸

جشنِ عزا ۱۲۰

داد گر کون ہے ۱۲۱

بن باس ۱۲۳

ز کنارِ ما بہ کنارِ ما ۱۲۵

سُورج کی تلاش ۱۲۷

ماورا ۱۲۸

مسیحائی ۱۳۰

سراب ۱۳۱

فریب ۱۳۲

شاعری ۱۳۳

رایگاں ۱۳۵

اجنبی ۱۳۶

پرومیتھیس ۱۳۷

جلاوطن ۱۳۹

دشت گرداں ۱۴۲

کہاں کی رباعی، کہاں کی غزل ۱۴۷

دوام ۱۵۱

دودِ چراغِ محفل ۱۵۳

عدم سے عدم تک ۱۵۵

جبر ۱۶۱

تشبیب ۱۶۲

پیمانِ وفا سے پہلے ۱۶۴

عکس در عکس ۱۶۷

خاموشی کی آواز ۱۷۰

صد حساب باقیست ۱۷۲

عمرِ رائگاں ۱۷۴

طوفان گذر گیا ۱۷۵

بیا تا گل بیافشانیم ۱۷۶

مفاہمت ۱۷۸

مرگِ انبوہ ۱۷۹

صحرائے سکوت ۱۸۰

شجرِ ممنوع ۱۹۲

جھوٹی سچائی ۱۹۴

دیوار ۱۹۶

رات کا مکان ۱۹۸

دیمک ۲۰۱

شہر سوختہ ۲۰۲

تاریک شعلہ ۲۱۴

معراج ۲۱۶

یہی تو ہو گا ۲۱۸

ایک شام: دو نظمیں ۲۲۰

نقطوں کا سفر ۲۲۳

شب کا رزمیہّ ۲۲۶

راکھ کا گھر ۲۲۹

لفظوں کی پوجا ۲۳۱

زبان کی موت ۲۳۴

زندہ مردے ۲۳۷

معانی کی تلاش ۲۳۹

دوسرے کنارے کی آواز ۲۴۲

لوحِ غیر محفوظ ۲۴۶

بے بدن ۲۴۸

مردُم گَزیدہ ۲۵۰

ایک اور عالم آشوب ۲۵۲

دوری کا نغمہ ۲۶۱

لاحاصلی ۲۶۴

شب و روزِ تماشا ۲۶۷

رات، چہرہ در چہرہ ۲۷۰

مَن عَرَفَ نَفسَہٗ ۲۷۸

شہرِ ہوس ۲۷۹

پہلا باب-باب الداخلہ ۲۷۹

دوسرا باب- بچھڑی صدائیں ۲۸۳

تیسرا باب-شہرِ ہوس کی مقتول صدائیں ۲۹۳

چوتھا باب-دشتِ ندا کی سیر ۳۱۳

کرسیوں کا جادو نگر ۳۲۱

شہرِ ندا ۳۲۷

جزیرۂ آئینہ گراں ۳۳۰

(شورِ سکوت) ۳۳۴

اکہرے بے تہہ آدمیوں کا چڑیا گھر ۳۳۹

اعتراف ۳۴۲

کفن فروش ۳۴۵

نغمۂ زنجیر ۳۴۶

سخنِ تازہ کا وقفہ ہے سکوت ۳۴۹

دعا ۳۵۱

ایں چہ شوریست......؟ ۳۵۲

سالِ نو ۳۵۴

اَن کہی ۳۵۶

تلوّن ۳۵۷

خلیفۃٌ فی الارض ۳۶۰

''میں'' کی تلاش ۳۶۴

سیلِ بے چہرگی ۳۶۶

بازگشت ۳۶۷

ملفوظات ۳۶۸

دُعائیں ۳۷۱
آدمی کی دُعا ۳۷۱
آگہی کی دُعا ۳۷۱
تشنگی کی دُعا ۳۷۳
سفر کی دُعا ۳۷۴
کربلا! معنیِ عدل و رضا ۳۷۷
وصل کا نغمہ ۳۸۷
مٹّی کی صدا ۳۸۹
چہل سالِ عمرِ عزیزم گذشت ۳۹۳
لِورپوُل کا نیگرو مزدور ۳۹۸
میں نے دیکھا حُسن ۴۰۰
ایک شکستہ یوروپی انقلابی کے نام ۴۰۱
لکھ سکتا ہوں اشعار ۴۰۴
عظیم دعائے شکرانہ ۴۰۶
زادِ نجات ۴۰۸
نئ کربلائیں ۴۱۲
چہرہ خانے میں ۴۱۳
شہر آتش بازاں ۴۱۵
جینے کو اک عشق ہے کافی ۴۲۱
محوروں کی تلاش ۴۲۳
شبِ سالِ نو ۴۲۵
شجرِ نور ۴۲۷
ایک تصویر ۴۲۸
جُرم و سزا ۴۳۰

مکتوبِ زمستاں ۴۳۱
کوہِ ندا ۴۳۴
ماں ۴۳۷
شبِ برات ۴۳۸
دفینہ ۴۴۲
فریاد ۴۴۴
گھر مقتل ہے ۴۴۶
دشتِ سکوت ۴۵۰
سلیقہ بھی نہیں فطرت کو دلنوازی کا ۴۵۲
راستے میں کہیں کربلا بھی ہو ۴۵۳
کلّ یوم عاشورہ کلّ ارض کربلا ۴۵۴
انقلاب ِ ایران ۴۵۸
سیاہ سیال زر کی دھرتی ۴۵۸
دِرَفشِ کاویانی ۴۵۹
یالثارات الحسین ۴۶۲
سفید انقلاب ۴۶۴
یوم عاشورہ ۱۳۸۳ھ ۴۶۷
نوروز ۱۳۸۳ھ ۴۷۱
آنکھ سوچا ۴۷۳
برف باری ۴۷۴
منظر خواب وشکستِ خواب کے ۴۷۷
ہیولا برقِ خرمن کا ۴۸۲
سخن، اے ہمدمِ دیرینہ ۴۸۵
قصہ اندھیروں اور اجالے کا ۴۸۹

جہنم اور محبت ۴۹۴
تسخیرِ فطرت........................ ۵۰۱
لو سانس بھی آہستہ........................ ۵۰۴
وحشتِ بیدار........................ ۵۰۷
مائیکل انجیلو کے ساتھ ایک دعا ۵۱۶
میرا بھائی، گلہ گذار........................ ۵۲۰
نصف صدی کی بوڑھی دنیا........................ ۵۲۳
ھل من مزید ۵۲۸
تلافی: دو نظمیں ۵۳۲
پھر لکھیں نامے ہم جدائی کے ۵۳۴
اک اور دن گذر گیا ۵۳۵
ساقی نامہ ۵۳۷
مطلعِ ثانی ۵۳۹
نعت ۵۴۱
مطلعِ ثالث ۵۴۲
مطلعِ چہارم ۵۴۴
مرثیۂ مرگِ قلم ۵۴۶
عبادت بے زباں ہے ۵۵۰
نوحہ........................ ۵۵۲
سمندر میرا رقیب ۵۵۵
خدا کے قہر سے ایک دعا ۵۶۰
رفیقِ بیست و پنج و نیم سال ۵۶۵
انجانی تصویر ۵۶۷
ندائے آفتاب ۵۶۸

رات ۵۷۳
نیا سال، نئی دعا ۵۷۴
مقتل سے مقتل تک ۵۷۸
کس سے بات کریں ۵۸۱
بے آواز ۵۸۲
کال بل ۵۸۳
مرثیہ (خلیج فارس) ۵۸۵
اجنبیت ۵۸۹
رقیبوں کی باتیں ۵۹۱
گُل باران ۵۹۳
غزلیں ۵۹۷
اور احساس جدائی کا سوا ہو جاتا ۵۹۹
ہم کو منظور تمھارا جو نہ پردا ہوتا ۵۹۹
اے روشنیِ ماہ اگر تو اُدھر بھی جا ۶۰۰
تیری گلی میں جو ملا، اس سے پتہ پوچھا تِرا ۶۰۰
اس بلندی کو کسی در پہ نہ زنہار گرا ۶۰۱
تم گئے ساتھ اُجالوں کا بھی جھوٹا ٹھہرا ۶۰۲
دل کے مکیں نے اہلِ شہر سے روٹھ کے اپنا وطن چھوڑا ۶۰۳
صبح گل گشت کو نکلی تو یہ تھا حال صبا کا ۶۰۴
جس دن افقِ صبح پہ چمکا ترا چہرا ۶۰۶
نزاعِ کفر و دیں ترک و تمنا سے ورا کوئی تو ہو گا ۶۰۷
جس کو مانا تھا خدا، خاک کا پیکر نکلا ۶۰۸
خواب شب زندہ داراں میں بیداریوں کا نگر ہے کھلا ۶۰۹
ہم نے دیکھا ہے محبّت کا سزا ہو جانا ۶۱۰

وہ غمِ تنہا روی وہ دل کا پہلا آشنا ٦١١
کچھ غم نہیں جو ہم سے زمانہ خفا ہوا............................ ٦١٢
دل وہ شعلہ ہے جو بجھ بجھ کے بھی ٹھنڈا نہ ہوا ٦١٣
زبانِ خلق پہ آیا تو اک فسانہ ہوا ٦١٤
غمِ دوراں بھی حریفِ غمِ جاناں نہ ہوا............................ ٦١٤
آیندگاں کی راہ بناتی رہی ہوا ٦١٥
ہنستی ہوئی محفل میں کل دل امڈ آیا تھا ٦١٦
سیل میں ثابت قدم میرے سوا کون تھا............................ ٦١٦
رات بھر خواب کے دریا میں سویرا دیکھا............................ ٦١٧
یہ آج لے کے ہمیں آگئی کہاں تنہا ٦١٨
گلے بہت تھے، مگر وہ ملا تو کچھ نہ کہا ٦١٨
اُن سے بھی کچھ گلہ نہیں جن کو خدا بنا دیا............................ ٦١٩
خوشی کی آنکھ میں آنسو بھر آئے ہیں کیا کیا............................ ٦١٩
سیلاب پاندی سے سفینہ ہو پار کیا ٦٢٠
نہ پوچھے گردِ پسِ کارواں بھی نام تو کیا............................ ٦٢٠
مفتیِ شرعِ ہوس کی آج بَن آئی تو کیا............................ ٦٢١
چشمِ بینا کو تماشا روز دکھلایا گیا ٦٢٢
گئی سر سے ہوائے جنون و ہوس، مرے دل سے طلب کا خمار گیا ٦٢٣
کب رایگاں بہانے سے خونِ جگر گیا ٦٢٤
واں نگاہِ ناز کا نشتر کھٹک کر رہ گیا ٦٢٤
دیدہ ہائے نگراں سنگ و گُہر میں تھے بہت ٦٢٥
کتنے دل سیر اب رہے تشنہ لبی میں میری طرح ٦٢٦
بھڑکتی رہتی ہے مفلس کی شمعِ در کی طرح............................ ٦٢٨

فضا میں پھرتی ہے خوشبوئے پیرہن آزاد ۶۲۸
عدم بھی ڈھونڈتا ہے دامنِ غبارِ وجود ۶۲۹
شب کی مینا سے دل کے ساغر میں ۶۲۹
نگار خانہ ہے دل اور نگاہ آئینہ ساز ۶۳۰
ہے یاد التفاتِ نگاہِ وفا ہنوز ۶۳۰
درد مانگا نہیں کرتا ہے روایت سے لباس ۶۳۱
کہیں شنوائی نہیں حُسن کی محفل کے خلاف ۶۳۱
تم بھی کب دیکھتے تھے دیدۂ گریاں کی طرف ۶۳۲
کونین میں ہے قسمتِ ہر دیدۂ نم ایک ۶۳۳
ہے زمانہ نگہِ حُسن کی تحریر کا نام ۶۳۴
یہ بندہ کہ ہے وارثِ بے تابیِ آدم ۶۳۴
اک زمانے سے نہیں فرصتِ عشقِ خوباں ۶۳۵
اُس کے سخن کی شیرینی کو پہونچیں قند و نبات کہاں ۶۳۶
مانا کہ جامِ سم ہے یہاں قیمتِ سخن ۶۳۷
بغیر اُس کے نہ سورج نہ تھا قمر روشن ۶۳۷
حسرتِ خوابِ ندیدہ نے جگایا برسوں ۶۳۸
سفر ہی بعدِ سفر ہے تو کیوں نہ گھر جاؤں ۶۳۸
اے موسمِ خزاں! میں تیرا نورِ دیدہ ہوں ۶۳۹
نہ وہ خدا ہے، نہ ہم اس کے عبدِ سجدہ گزار ۶۳۹
وہ آئے نہ تھے جب تک، ڈھاتی تھیں غضب راتیں ۶۴۰
عمر کو کرتی ہیں پامال برابر یادیں ۶۴۱
خود کو قتل اپنے شراروں کو تہہِ دام کریں ۶۴۱
فرصت ابھی کہاں ہے کہ بیتی رقم کریں ۶۴۲

جاگے ہیں بہت، جی میں ہے کچھ دیر کو سولیں ۶۴۳
یاتو سمٹ کے آئے دہر میرے حصارِ ذات میں ۶۴۴
لاکھ خود کو گُم کرو دن کے ہجومِ عام میں ۶۴۵
کئی کتابوں کی ہے اک کتاب آنکھوں میں ۶۴۵
مانا کہ آج صرف غزلخواں نہیں ہوں میں ۶۴۶
ہم نے ترکِ دنیا کر دی، پھر بھی گرفتارِ دنیا ہیں ۶۴۷
ہم وقتِ بے کنار کے صحرا نورد ہیں ۶۴۸
ترے سخن سے لبِ خوش مقال روشن ہیں ۶۴۹
اک خوفِ بے اماں کے شرارے ہوا میں ہیں ۶۴۹
محفلوں، میلوں میں ہم خود سے بھٹک جاتے ہیں ۶۵۰
ہر قدم ایک بیاباں ہو، یہ مشکل تو نہیں ۶۵۱
صاف انکار نہیں، صاف کچھ اقرار نہیں ۶۵۲
بیداری میں خوابیدہ ہیں، خواب میں بھی بیدار آنکھیں ہیں ۶۵۳
اب نہ خوش پوشی کا ہے شوق نہ خوش وقتی کا ۶۵۴
تم گئے سارے موسم گئے روٹھ کر، ایک بے موسمی ہے جو ٹلتی نہیں ۶۵۵
اپنا سرمایہ جز احساسِ زیاں کچھ بھی نہیں ۶۵۷
اب نہ خوش پوشی کا ہے شوق نہ خوش وقتی کا ۶۵۸
نہ ہو وفا تو نہ ہو، کیا یہاں حیا بھی نہیں ۶۵۸
بھیگی ہوئی رُت میں ہیں بہکنے کی ادائیں ۶۵۹
ہم جس پہ کریں دل کو فدا، جان لُٹائیں ۶۶۰
خواب صحراؤں سرابوں میں پھرائیں گے تمھیں ۶۶۰
صبح کو دیر بڑی ہے، سو جاؤ ۶۶۱
تمہاری آنکھیں چمکتی ہیں دیکھ کر جو مجھے ۶۶۲

خموشیوں کا اندھیرا ہے خیمہ زن ہر سوٗ ۲۶۲

خوشی سے اب نہ خوشی ہے، نہ غم سے غم ہم کو ۲۶۳

عشق میں خود کو کھویا ہم نے، خود کو کبھی نہ پانے کو ۲۶۴

اے قسمتِ فردا کے خوش آئند خیالو ۲۶۴

اک دشتِ بے اماں کا سفر ہے، چلے چلو ۲۶۵

ہے جشنِ طرب، کون ہے سودائی نہ دیکھو ۲۶۵

تم اپنا جور دیکھو، پھر ہماری سادگی دیکھو ۲۶۶

کوئی خدا کا ایسا ہے، اتنا یقیں تو ہو ۲۶۷

پاؤں اُٹھتے ہیں تو زنجیر کی جھنکار کے ساتھ ۲۶۸

کٹتی ہے کیسے دیکھیے اربابِ فن کے ساتھ ۲۶۸

تمام عمر رہی جن کی فکر نابستہ ۲۶۹

کوئی نہ ہو، غم نہیں کچھ، تو جو نہیں ہم نہیں کچھ ۲۷۰

اس بار فصلِ گُل ہے کچھ مہرباں زیادہ ۲۷۰

لذتِ قرب بھی اب کرتی ہے کم آسودہ ۲۷۱

مطلعِ فکر ہے کُچھ دن سے سحاب آلودہ ۲۷۲

پچھلے پہر کا چاند کسے دے گا روشنی ۲۷۳

کس کے سینے میں لگی، آنسوؤں میں کس کے بجھی ۲۷۳

ناسودہ تمنا میں سمٹ کیوں نہیں جاتی ۲۷۴

دردِ دل ایسی کسی میں بھی اذیت نہیں ہوتی ۲۷۵

کچھ پتا اُن کا بتا مُجھ کو چراغِ سحری ۲۷۸

ہے حریفوں کی گواہی میں خود آرائی مری ۲۷۹

رات کرتا رہا میں خود سے شکایت اُس کی ۲۸۰

ہر سانس ہے اک گونج بیابانِ زماں کی ۲۸۱

رخصتِ نطق زبانوں کو ریا کیا دے گی ۶۸۱
سخن کے مطلعِ رنگیں پہ جو تنویر اُترے گی ۶۸۲
زیست کے بازار میں ہر اک کی باری آئے گی ۶۸۲
تیز کرنوں کی سنانوں سے چِھدی رات ملی ۶۸۳
نہ سحر نغمہ، نہ شیرینیِ دہاں کو ملی ۶۸۴
آتشِ قہرِ زمانہ کو ہوا دو تم بھی ۶۸۴
اُسی نسبت سے ہے اپنا جنوں بھی ۶۸۵
کیفیتِ دل تم پہ عیاں ہے بھی، نہیں بھی ۶۸۵
صبا! سنبھال کے رکھ نسخۂ خزانی بھی ۶۸۶
بچھڑے پہ اسکے جانا وہی کل جہان تھی ۶۸۷
مر بھی سکے نہ ہم کہ تِری آرزو رہی ۶۸۸
کیوں تِری قند لبی، خوش سخنی یاد آئی ۶۸۹
کِسی کو دیکھتا کیا تجھ سے چھٹ کر تیرا سودائی ۶۸۹
تم جو نہیں ہو، رہنے لگی ہے گھر کے اندر تنہائی ۶۹۰
مُجھ سے جو وہ نگارِ عناں گیر کھنچ گئی ۶۹۱
رسوائی حیات بہت در بہ در ہوئی ۶۹۱
کیوں بیٹھے بٹھائے یہ نیا روگ لگاتے ۶۹۲
بُتِ سنگ! تیرے دل میں کبھی ہم جو راہ کرتے ۶۹۳
خزاں گزیدہ نہ گر اپنا دل لہو کرتے ۶۹۴
سایہ ہے جہاں پھولوں کا، وہ در نہیں ملتے ۶۹۵
اندھیرا اتنا نہیں ہے کہ کچھ دکھائی نہ دے ۶۹۶
لپٹی ہوئی پھرتی ہے نسیم اُن کی قبا سے ۶۹۶
اٹھا کر دل جہاں سے بیٹھ رہتے ہم فراغت سے ۶۹۷

کہے گا دیکھ کر کون اُن کو، یہ تیور ہیں قاتل کے ۶۹۸

دشتِ خاموش بھی ہے دشتِ نوا سے آگے ۶۹۸

نرم اجالے چاندنی شب کے دن کی تمازت میں نہ ملیں گے ۶۹۹

کبھی سوچا نہ تھا صحرا سے بھی ابر اُٹھّیں گے ۷۰۱

کترا کے گلستاں سے جو سوئے قفس چلے ۷۰۱

رہے وہ ذکر جو لب ہائے آتشیں سے چلے ۷۰۲

گلہ نہیں کہ رفیقانِ ناشناس ملے ۷۰۲

عجلت ہے دل کو خلوتِ جانانہ دیکھ لے ۷۰۳

جاگتے زیست کٹے گی، کوئی ایسا نہ بنے ۷۰۴

ہم جو ٹوٹے تو غمِ دہر کا پیمانہ بنے ۷۰۴

دفترِ لوح و قلم یادرِ غم کُھلتا ہے ۷۰۵

دل کا حال عجب ہوتا ہے ۷۰۵

کیسا اُس بزم کے لٹنے کا سماں ہوتا ہے ۷۰۶

اہلِ ثروت ہیں سدا دست نگر اوروں کے ۷۰۷

آنکھ جو نم ہو، وہی دیدۂ تر میرا ہے ۷۰۷

بزمِ گُل سے ہمیں کچھ پل میں گذر جانا ہے ۷۰۸

صحراؤں میں دریا بھی سفر بھول گیا ہے ۷۰۸

چشمِ پرُ آبِ میر تو خانہ خراب ہے ۷۰۹

بگولا پھرتا ہے صحراؤں میں، کہاں بیٹھے ۷۰۹

گمان و شک کے تلاطم! اُتار پار مجھے ۷۱۰

فراق ہو کہ وصال، آنکھ سوئے یار رہے ۷۱۰

ہم تیرگی میں نور کے یوں مدح خواں رہے ۷۱۱

اجنبی بن کے رہے، بے سر و سامان رہے ۷۱۱

مثالِ خواب تمنا کی چشمِ نم میں رہے ۲۱۲

ہر اک عنواں سے اپنا عکسِ دل ہی جلوہ ساماں ہے ۲۱۳

عجیب رشتہ ہے رفتارِ وقت سے میرا ۲۱۳

زمین پر، نہ ہوا میں، نہ آسمان میں ہے ۲۱۴

دیوانوں کو منزل کا پتا یاد نہیں ہے ۲۱۴

روح کے دشت سے اٹھتی یہ صدا کیسی ہے ۲۱۵

خوشبو ہے کبھی، گل ہے کبھی شمع کبھی ہے ۲۱۵

بچا کے دشت سے ہم اپنا رخت اگر آئے ۲۱۶

وقت ایسا مسیحا بھی کسی کام نہ آئے ۲۱۶

ملنے کو تو ملتے ہیں بہت اپنے پرائے ۲۱۷

نظر کی لو کو بڑھاؤ کہ رات کٹ جائے ۲۱۷

تو غزل بن کے اُتر بات مکمّل ہو جائے ۲۱۸

دم خوردگانِ دشتِ تمنا کہاں گئے ۲۱۹

اُن کو روز اِک تازہ حیلہ، ایک خنجر چاہیئے ۲۱۹

کل جو نکلے تھے تلاشِ صبح میں وہ کارواں ۲۲۰

اک غزل آج بہ اندازِ قصیدہ لکھیے ۲۲۰

چراغِ عیش بنیں تو مزاج داں کہیے ۲۲۱

رُباعیات ۲۲۲

پراگندہ اشعار ۲۲۵

فہرست، بہ سلسلہ مجموعہ ۲۳۳

پتھروں کا مغنی ۲۳۳

شب کارزمیہ ۲۳۴

زنجیر کا نغمہ ۲۳۵

دیباچۂ مرتب

بسم اللہ الرحمن الرحیم

ڈاکٹر وحید اختر کی یہ شعری کلیات انکی وفات (۱۹۹۶ء) کے لگ بھگ ۲۵ سال بعد پہلی بار شائع ہو رہی ہے۔ انکے اردو مضامین کے مجموعے چھ اور نسبتاً ضخیم جلدوں میں ڈاکٹر سرور الہدیٰ کی کوشش سے اور قومی کونسل برای فروغ اردو زبان کی جانب سے چند سال پہلے چھپ کر، 'منظر عام' پر نہ سہی، دسترس عام کے حدود میں آچکے ہیں۔ اس طرح اردو اور برّ صغیر کے ایک ممتاز شاعر، مفکر، ادیب اور نقاد کے آثار پہلی بار قارئین اور ناقدین کی دسترس میں آجائیں گے۔

اِن شعری اور نثری کلیاب کے بغور مطالہ کرنے والوں کے ذہن میں یہ سوال ضرور اٹھے گا کہ کیا وجہ ہے کہ اردو ادب کی اتنی برجستہ شخصیت نہ صرف اپنی حیات کے دوران، بلکہ اسکے غروب کی ایک چوتھای صدی کے بعد بھی، اور نہ صرف اردو داں اور اردو خواں عوام کی سطح پر بلکہ اردو کے ادبی حلقوں میں بھی بڑی حد تک نا آشنا رہی ہے۔ یہ سوال اس لئے بھی پیش آتا ہے کہ ان شعری اور نثری آثار کی وسعت کچھ اس نوعیت کی ہے کہ جس کی بنا پر ایک مطلع قاری بلا جھجک کہہ سکتا ہے کہ اقبال کے بعد اردو ادب میں وحید اختر کے علاوہ عالمی معیار کی کوئی دوسری جامع شخصیت نظر نہیں آتی۔

سنہ ۱۹۳۸ء میں علامہ اقبال کا انتقال ہوا، تو وہ نہ صرف ہندوستان ہی میں مشہور و معروف تھے بلکہ انکی شاعری اور فکر، نکلسن جیسے جیّد اساتید کے ترجموں کے ذریغے، بیرون ملک اذہان کے لئے بھی شناسا ہو چکے تھے۔ اردو کا پڑھا لکھا طبقہ انکی شاعری کا گرویدہ تھا، مسلمانوں میں انکی اسلامی-اصلاحی تعلیمات اور تحریکات کا چرچا تھا، بچوں تک کی زبانوں پر انکی نظمیں اور لبوں پر دعائیں تھیں بلکہ انکی داستاں چمن میں ہر طرف بکھری ہوئی تھی۔ اردو تہذیب کا ملک بھر میں بول بالا تھا، عثمانیہ یونیورسٹی اور اس سے وابستہ دار الترجمہ اپنے شباب کو پہنچ چکے تھے۔ لیکن اب شاید ہی اردو کے کسی شاعر یا ادیب کو مشتاق سامعین کا اس طرح کا وسیع معاشرہ ملے جو علامہ اقبال کو ملا، بلکہ ان سے پہلے میرؔ، انیسؔ اور غالبؔ بھی کما بیش، اپنے شکوہ و شکایات کے باوجود، قدر دانوں کے وجود سے بہرہ مند رہے۔

ڈاکٹر وحید اختر جس معاشرے سے دوچار ہوئے وہ ملک کی تقسیم کے بعد کا ہندوستان ہے۔ ایک لحاظ

سے انکی ساری شاعری اسی سماج اور اس کے ماورا ملکی اور عالمی ماحول کے پس منظر میں ان کے ذاتی تجربے کا بیان ہے۔ وہ اپنی شاعری کو اسی دور کی 'کھوئی ہوئی آواز' سمجھتے تھے:

اے دانشِ حاضر ہمیں پہچان، ہمیں مان
ہم ہی تیری کھوئی ہوئی آواز رہے ہیں

مگر یہ کھوئی ہوئی آواز کچھ ایسی ہے جس کی زبان، انداز اور ڈکشن اردو کی کلاسیکی روایت سے نامانوس اور فلمی گیتوں کی زبان سے آشنا اذہان کے لئے اجنبی سے رہے، اور صرف دانشمند طبقہ کے افراد ہی پوری طرح اس آواز کے پیام کو سمجھنے اور اسکی قدر و قیمت کا اندازہ لگانے کی قابلیت رکھتے تھے۔ وحید اختر کو اس روز افزوں لسانی خلیج اور نارسائی کا احساس اپنی شاعری کے ابتدائی دور ہی میں ہو چکا تھا، جیسا کہ ان کے پہلے شعری مجموعے 'پتھروں کا مغنی' اور اسی عنوان کی نظم سے بخوبی ظاہر ہے۔

اس روز افزوں خلیج کی بڑی وجہ یہ ہے کہ اردو ادبی تہذیب، کم از کم ہندوستان میں، بہ تدریج اضمحلال کے ایسے دور میں داخل ہو چکی تھی (اور ابھی گذر رہی ہے)، جس سے اندیشہ یہ بھی ہے کہ شاید یہ آواز یہاں مدتوں کھوئی ہی رہے۔

قارئین کے متزلزل عمومی معیار کے ساتھ ساتھ، بلکہ اس ہی کے نتیجہ میں، اردو گزشتہ دہائیوں میں ایک اور بڑے المیہ سے دچار ہوئی ہے، اور وہ ہے گزشتہ کی خلاق ادبی نسلوں کے ارتحال کے بعد ایسی نئی نسل کا فقدان جو گزشتہ گان کی شایان شان ہوتے ہوئے ان کی جگہ کو پر کر سکے۔ وحید اختر اپنی زندگی میں ہی اس خلا کو محسوس کر رہے تھے۔ ایک سلام (جو شاید انکی زندگی کے آخری دور میں کہا گیا) کا مقطع ہے:

تم آئے ہو سلام کو اس وقت اے وحیدؔ
جب بزم سے فن اُٹھ گیا اہلِ ادب گئے

اہل ادب کے اس گزرتے ہوئے کاروان کے کچھ زندہ نقوش اُنہی کے مضامین اور 'میرے ہم قلم' کے عنوان سے لکھے گئے ادبی خاکوں میں آئندہ نسلوں کے لئے نمایاں کئے گئے ہیں۔

☆☆☆

ڈاکٹر وحید اختر سے ناکافی آشنائی اور انھیں اپنے شایان شان ادبی مقام نہ ملنے کے اسباب میں سے ایک سبب یہ بھی ہے کہ انکے شعری کلام کا بڑا حصہ قارئین کے سامنے کبھی کُھل کر نہیں آیا۔ 'پتھروں کا مغنی' کی صرف ایک بار اشاعت ہوئی، ایک ہزار۔ 'شب کا رزمیہ' اور 'زنجیر کا نغمہ' کی تعدادِ اشاعت

کتاب پر درج نہیں ہے، لیکن غالب گمان یہ ہے کہ ہزار سے کم ہی رہی ہوگی۔ 'کربلا تا کربلا' کی تعدادِ اشاعت چھ سو درج ہے، اور اس میں سے درجنوں نسخے گھر ہی میں پڑے رہے۔ کچھ نظمیں، غزلیں ضرور وقتاً فوقتاً اردو کے ادبی نشریات میں چھپتی رہیں، لیکن وہ عام طور پر اپنے شعری کلام کی اشاعت کے معاملے خاصے بے اعتنا رہے اور جو کچھ بھی چھپ پایا وہ بعض دوستوں کی کوشش اور یا تو مدیرانِ مجلات کے اصرار کا مرہونِ منت تھا۔

ابتدائے جوانی میں وہ اپنے کلام کے تحفظ کا خاصا اہتمام کیا کرتے تھے، یہ انکی اپنے ہاتھ سے لکھی ہوئی اور تیار کردہ بیاضوں سے ظاہر ہے، لیکن بعد میں اس اہتمام کی جگہ لاپروائی نے لے لی، یہاں تک کہ جب انکی طویل نظم 'شہر ہوس' کا کسی بیاض، ڈائری یا دفتر میں کوئی نشان نہ ملا تو یقین سا ہو گیا کہ یہ نظم (سوائے اُس ابتدائی حصہ کے جو ایک نشریہ میں چھپ چکا تھا) ضائع ہو گئی۔ مزید تلاش کرنے پر اسکا ایک بوسیدہ مسودہ ردی نما، گھٹیا قسم کے پراگندہ کاغذات پر پھیکی سیاہی سے لکھا ہوا، برآمد ہوا۔ اس مسودہ سے تو یہی ظاہر ہوتا ہے کہ یہ نظم ادھوری رہی۔ ہو سکتا ہے انقلاب ایران پر لکھی ہوئی نظم اسی طویل نظم کے سلسلے کی ایک کڑی کے طور پر لکھی گئی ہو، لیکن اسکا یقین نہیں ہے۔

وہ ایران سے واپسی کے بعد 'سخن از ایران' کے عنوان سے اپنی شاعری کا ایک نیا مجموعہ بیاض کی شکل میں ترتیب دے رہے تھے، سو وہ ادھورا ہی رہا اور ان کے آخری دور کا کلام ڈائریوں ہی میں رہا جن میں سے بعض زبیر رضوی صاحب کی امانت داری کا شکار ہوئیں۔ لیکن اپنی اہلیہ کی وفات کے بعد، جو خلیج فارس میں امریکی مزائیلوں کے حملہ کے نتیجہ میں شہید ہوئیں،، انکے غم اور یاد میں کہے گئے شعر، نظمیں اور مرثیے انہوں نے اپنی جوانی والے اہتمام کے ساتھ فیر کیے تھے جو مغنی تبسم نے 'شعر و حکمت' میں یکجا شائع کیے۔

☆☆☆

اس کلیات میں نظموں کی ترتیب زمانی لحاظ سے رکھی گئی ہے، جس سے شاعر کے زمانے کے ساتھ بدلتے ہوئے تخلیقی مزاج اور شعور کو سمجھنے میں مدد ملتی ہے۔ حق تو یہ تھا کہ غزلوں کی ترتیب میں بھی زمان کے عنصر کا لحاظ رکھا جاتا، لیکن رسائی کی سہولت کے پیش نظر قافیہ اور ردیف کی ترتیب مدِّ نظر رکھی گئی۔ ویسے جہاں جس غزل کی تاریخ معلوم تھی وہ درج کر دی گئی ہے۔

پہلے مرثیے کے سوا، بقیہ مراثی کی تاریخِ تالیف ایک نوٹ میں درج کی گئی ہے۔ لیکن اس کلیات میں، پہلے دو مرثیوں کے بعد کے بقیہ بارہ مراثی، کربلا سے پہلے، کربلا میں، اور کربلا کے بعد پیش آنے

والے واقعات کی زمانی ترتیب کے لحاظ سے رکھے گئے ہیں۔ اسی لحاظ سے ان بارہ مرثیوں پر مشتمل سلسلے کا پہلے مرثیہ سے آغاز ہوتا ہے جو مدینہ سے اہلبیت کی روانگی سے متعلق ہے۔ یہ سلسلہ شہادتِ حضرت مسلم اور کربلا میں واقع ہونے والی شہادتوں کے بیان کے بعد کوفہ اور شام میں حضرت زینب بنتِ علی اور امام علی ابن الحسین کے احوال بیان کرتا ہوا، آلِ رسول کے لٹُے ہوئے قافلے کے ساتھ لَوٹ کر مدینہ واپس ہوتا ہے۔

اس کلیات کے تعارف کے لئے پروفسر سید وقار حسین نے سیر حاصل مضمون لکھا ہے، اور ہمیں اس بات کا افسوس ہے کہ اسکی اشاعت بعض وجوہات کی بنا پر انکی زندگی میں ہونے نہ پائی، اگرچہ کتاب کی کمپوزینگ اور تصحیح آج سے دس سال قبل ہو چکی تھی۔

مرتب

علی قلی قرائی

۲۶ جون، ۲۰۲۱ء

کلامِ وحید اختر، قیمتی ورثہ

اہلِ دل سُن لو کہ ہم ہیں سخن ناگفتہ
شعر ایسے بھی نہ پھر لوگ سنائیں گے تمھیں

اپنے اس شعر میں جو بات وحید اختر نے قدرے انکسار کے ساتھ کہی ہے اُس کی معنویت کا کچھ اندازہ اُن کے سارے کلام کو یکجا دیکھ کر ہوگا جو ان کی وفات کے تقریباً اکیس سال بعد کلّیات کی شکل میں چھپ رہا ہے۔ نظموں، غزلوں، مرثیوں، رباعیوں اور ترجموں کا یہ ذخیرہ ضخامت اور تنوع ہر دو اعتبار سے اِس لیے بھی قابلِ لحاظ ہے کہ وحید اختر صرف شاعر نہیں تھے۔ تنقیدی نثر بھی انھوں نے خوب لکھی ہے۔ قرۃ العین حیدر کے ناول 'آگ کا دریا' کے فلسفیانہ محور پر اُن کا مضمون اِس ناول کے شایانِ شان ہے۔ وحید اختر فلسفہ کے پروفیسر تھے، خواجہ میر درد کے تصوف پر انھوں نے اپنا پی ایچ ڈی کا مقالہ لکھا تھا۔ مسلمان فلسفیوں پر انگریزی میں اُن کی دو کتابیں چھپی ہیں۔ اُن کی حیرت انگیز ذہانت ہمہ جہتی تھی۔ انٹر میڈیٹ کے بعد سائنس پڑھنا چھوڑ دیا تھا لیکن ریاضی میں خاصی مہارت رکھتے تھے۔ علمی اور ادبی مباحث میں ان کی تقریریں سب کو متاثر کرتی تھیں۔ غرض کہ صرف ان کی تحریریں پڑھ کر ان کی خداداد صلاحیتوں کی ایک نامکمل تصویر ہی سامنے آئے گی لیکن اب ہمارے سامنے یہی تحریریں ہیں اور ان کو پڑھ کر ہی ہم وحید اختر کی تخلیقات کو اردو شاعری کے مجموعی تناظر میں دیکھ سکتے ہیں جو ایک اعتبار سے فارسی شاعری کی روایت کی توسیع ہے۔ وحید اختر اس نکتہ کو بخوبی سمجھتے تھے۔ اپنی شعری روایت سے سراسر انحراف کا کوئی رجحان اُن کی شاعری میں نہیں ملتا۔

۱۹۶۰ کے آتے آتے وحید اختر ایک باصلاحیت نظم گو شاعر کے طور پر مشہور ہو چکے تھے۔ ترقی پسندی اور جدیدیت سے اُن کی وابستگی اور اختلافات پر بہت کچھ لکھا جا چکا ہے۔ سخن گسترانہ بات کے عنوان سے سجاد ظہیر اور وحید اختر کا ایک تلخ مباحثہ بھی چھپا۔ وحید اختر جدیدیت کو ترقی پسندی کی توسیع کہتے تھے اور اس بات سے جدیدیت کے حامی متفق نہیں تھے۔ اُن کی شاعری میں خود ترحمی کے رجحان کو بھی تنقیدی مضامین میں خاصا نمایاں کیا گیا۔ اِن ساری بحثوں میں اردو ادب کے ایک عہد کی سیاست

کو اس قدر دخل ہے کہ اِن کی روشنی میں وحید اختر اور کئی دوسرے شاعروں کی شاعری کا کوئی معروضی مطالعہ نہیں کیا جا سکتا۔ اس لیے بہتر ہے کہ ان فروعی مشاہدات سے قطع نظر کر کے صرف اصل کلام کو سامنے رکھا جائے۔

شاعر کے ذہن میں شعر کا کیا تصور ہے اس کو کئی شعرا نے اپنے اشعار کا موضوع بنایا ہے۔ بعض ناقدین Meta poetry کے ضمن میں آنے والی شاعری کو قابلِ اعتبار نہیں سمجھتے۔ وحید اختر کے پہلے مجموعہ 'پتھروں کا مغنی' میں ایک نظم 'شاعری' کے عنوان سے ملتی ہے جو اس طرح شروع ہوتی ہے:

خلوتِ ذات کے محبس میں وہ بے نام امنگ
جس پہ کونین ہیں تنگ
چھان کر بیٹھی ہے جو وسعتِ صحرائے زماں
جس کو راس آ نہ سکی رسم و رہِ اہلِ جہاں
نشۂ غم کی ترنگ
خود سے بھی بر سرِ جنگ
پستیِ حوصلہ و شوق میں ہے قید وہ روحِ امکاں

آگے چل کر اس طرح کے کلیدی مصرعے ملتے ہیں:

یہیں جذبات کے آئینے میں آتا ہے نظر جزو میں کُل
اپنا ہر نقشِ قدم چھوڑ کے جاتا ہے یہاں قافلۂ وقت رواں
حادثہ کون و مکاں میں ہو کہیں نقش ابھرتا ہے یہاں
اک یہی جرأت نادیدہ ہے صورت گرِ بزمِ امکاں

شاعر کے نزدیک شاعری صرف ایک فن یا اظہار کا وسیلہ نہیں ہے۔ یہ ایک قوت ہے جو وقت کی گردش کا آئینہ ہے اور آدمی اور زندگی کے امکانات کا مظہر بھی۔ یہ نظم اس لحاظ سے بھی ایک نمائندہ نظم ہے کہ اگر اس کو اسی مجموعہ کی ایک دوسری نظم 'پتھروں کا مغنی' کے ساتھ پڑھا جائے تو وحید اختر کی شاعری کے بنیادی خدوخال واضح ہونے لگتے ہیں، مثلاً خطابت پُر شکوہ الفاظ، لہجہ کا اعتماد وغیرہ جو اس شاعری کا رشتہ اقبال اور جوش کی شاعری سے جوڑتے ہیں لیکن ان شاعروں کے برعکس امید کی وہ لہر

نظر نہیں آتی جو بیسویں صدی کے نصف اوّل کی اردو شاعری کا ایک نمایاں وصف ہے۔ شاعر شاعری کا ایک ارفع تصور رکھتا ہے۔ لیکن وہ اپنے سننے والوں کے بارے میں کیا کہتا ہے یہ بھی سنیے:

سنگ سنتے ہیں لیکن سمجھتے نہیں
دیکھتے ہیں مگر فرق کرتے نہیں
بات کرتے ہیں محسوس کرتے نہیں
ٹوٹ سکتے ہیں لیکن پگھلتے نہیں

اس طرزِ احساس نے وحید اختر کی شاعری کو irony سے ہمکنار کیا۔ بعد میں اس irony کی جگہ شدید طنز نے لے لی۔ بہرحال شروع ہی سے اپنے اطراف و جوانب کی زندگی سے بیگانگی (alienation) کی یہ کیفیت شاعر کو اُس شدید رجائیت کی طرف جانے سے روکتی رہی جو اُس کے بعد معاصرین کی شاعری میں خاصی نمایاں تھی۔ اس ضمن میں وحید اختر کی ایک نظم اجنبی کا ذکر خاص طور سے کیا جاسکتا ہے، اس لیے بھی کہ اس نظم میں وحید اختر کی اکثر نظموں کے برخلاف آدمی، زندگی اور وقت کا کوئی بڑا مجموعی تناظر نہیں ہے۔ انسانی روابط کی پیچیدگی اور چھوٹے چھوٹے معاملات میں ردِّ عمل سے پیدا ہونے والی حیرت کا جس طرح اس نظم میں احاطہ کیا گیا ہے اس کی نظیر اردو نظم میں مشکل سے ہی ملے گی:

تمام عمرِ رفاقت بس ایک لمحہ ہے
تمام عمر کے دوست اور دشمنوں کی نظر
وہ اجنبی ہے جو دل سے گزر چکی ہے مگر
نہ کھل سکا کہ کسے روز دیکھتے ہیں ہم
نہ پا سکے کہ کسے آج تک نہیں دیکھا

یہ رنگ وحید اختر کی شاعری کا مجموعی رنگ نہیں ہے، شاید اس لیے بھی کہ انھوں نے اپنے مشاہدات اور تجربات کو ایک بڑے کینوس پر انسانی تاریخ کے ایک جزو کے طور پر پیش کرنے کو ترجیح دی ہے۔ وہ مختصر نظمیں لکھتے رہے جن میں موضوع یا بیان کے کئی ایسے اجزا بکھرے ہوئے ہیں جن سے ان کی طویل نظموں کی تشکیل ہوئی ہے۔ ان نظموں کا محرک روزمرہ زندگی کے تجربات، حال کے واقعات اور شخصی واردات ہیں، مثلاً ان کی ایک مشہور نظم شب و روزِ تماشا کے ہر بند کے آخری مصرع

میں "زنجیر کہاں کٹتی ہے" کی تکرار نے ردیف کی طرح نظم کے آہنگ کو وحدت دی ہے:

وقت وہ دولت نایاب ہے آتا نہیں ہاتھ
ہم مشینوں کی طرح جیتے ہیں پابندیِ اوقات کے ساتھ
وقت بے کار گزرتا ہی چلا جاتا ہے
کُرسیوں میزوں سے بے معنی ملاقاتوں میں
سیکڑوں بار کی دہرائی ہوئی اُگلی ہوئی باتوں میں
زندہ رہنے کی تمنا کی مداراتوں میں
شکم و جاں کی عبادات کی زنجیر کہاں کٹتی ہے

بے نیازانہ بھی جینا ہے فقط ایک گماں
فکر موجود کو چھوڑیں تو غم ناموجود
ساتھ ہر سانس کے ہے سلسلۂ ہست و بود
غمِ آفاق کو ٹھکرائیں، کریں ترک جہاں
پھر بھی یہ فکر کہ جینے کا ہو کوئی عنواں
بے نیازی سے غمِ ذات کی زنجیر کہاں کٹتی ہے

اگر اس نظم کا موضوع اس زندگی کا جبر ہے جو بقول فرائیڈ (Freud) ہم پر مسلط کی گئی ہے اور جس سے نجات کی کوئی صورت نہیں تو دوسری طرف ایسی نظمیں بھی ہیں جو معاصر تاریخ اور مقامی صورتِ حال سے مشتق ہیں۔ آزادی کے بعد ہندوستان میں اردو زبان پر جو بیتی اس کا احوال بہت سے ادیبوں اور شاعروں نے لکھا ہے۔ وحید اختر نے اپنی نظم 'زبان کی موت' میں اس المیہ کو صنعتی دور کی تجارتی زندگی کے پس منظر میں دیکھا ہے:

ہزاروں اصوات نوحہ خواں ہیں کہ اُن کا پرساں نہیں ہے کوئی
ہزاروں الفاظ کھوکھلے ہیں کہ ان کے معنی تلاشِ نانِ جویں میں
اپنا لباس بدلے بھٹک رہے ہیں
ہمارے بعد آنے والی نسلیں

ہمارے الفاظ اور معانی کی قبر کو دیکھ کر
(اک نئی زباں کے انوکھے لفظوں میں)
یہ کہیں گی
کہ آج سے چند سال پہلے یہ لفظ و معنی بھی بولتے تھے
صلیبِ جمہوریت پہ لفظوں کی موت آئی
کہیں کتابوں کے مقبروں میں ابھی تلک بے صدا معانی
سسک رہے ہیں

معاصر واقعات اور اُن سے پیدا ہونے والے جذباتی اور ذہنی ردِّ عمل کو شعر میں ڈھالنے کی ایک کاوش وحید اختر کی نظم 'شہر آتش بازاں' میں ملتی ہے۔ ۱۹۷۹ میں لکھی گئی یہ نظم فرقہ وارانہ فسادات پر ہے۔ مجرّدات کے تشخص اور اُس مکالمہ پر مبنی یہ نظم جو شاعر اور فسادیوں کے درمیان ہوتا ہے دانشوروں کو اس طرح نشانہ بناتی ہے:

اگر اقدار قرطاس و قلم میں قید ہیں
محراب و منبر سے اتر کر پستیوں تک آ نہیں سکتیں
اگر آدرش دستوروں، صحائف اور کتابوں ہی میں لکھے ہیں
وہ گردِ کوچہ و بازار، محنت کے پسینے سے گریزاں ہیں
اگر روحانیت انسانیت کے اونچے دعوے دیر و مسجد سے نکل کر
جنوں کے کربلا میں پابرہنہ چل نہیں سکتے
تو قرطاس و قلم، محراب و منبر، دیر و مسجد سب ریا کی ہیں پنہ گاہیں...
ہم اپنے مسلک و مشرب کا کوئی نام رکھ لیں
ہمارا بھی، تمھارا بھی ہے مسلک خوف و نفرت
وہ تم ہو یا کہ ہم انسان کی لاکھوں زبانوں میں سمجھتے ہیں کسی کو
تو سمجھتے ہیں زباں بندوق کی یا تیغ و خنجر کی
ہماری نفرتیں حاکم کسی کو مانتی ہیں تو فقط پولیس و لشکر کو

تلخ حقیقت نگاری سے لبریز یہ نظم اس طرح ختم ہوتی ہے:

ستارے سو رہے ہیں
بدرِ کامل گھٹتے گھٹتے گم ہوا ہے
اُسے بھی قید کرفیو نے کیا ہے
خدا ہے عرش پر بیزار تم سے
دیوتا ہیں مندروں میں سرنگوں بیٹھے
تمھیں بھی اور تمھیں بھی اور تمھیں بھی
ہر اک کو اپنی اپنی نفرتوں کا بوجھ اکیلے ہی اٹھانا ہے

تاریخ، وقت اور آدمی کے اجتماعی مقدر سے وحید اختر کی شاعری کو مستقل سروکار رہا، لیکن انھوں نے شخصی نوعیت کی autobiographical نظمیں بھی کہی ہیں۔ 'پیمانِ وفا سے پہلے'، 'چہل سال عمر عزیزم گذشت'، 'اعتراف'، 'رات چہرہ در چہرہ'، 'زادِ نجات' اور اورنگ آباد پر ایک نظم اس ضمن کی تخلیقات ہیں۔ تفصیلات میں نہ جاتے ہوئے یہاں صرف ایک نظم 'چہل سالِ عمرِ عزیزم گذشت' کے یہ چند مصرعے دیکھیے:

ما حصل اس سرابِ رواں کا سفر ہے کیا
چند ٹوٹے ہوئے لفظوں کی شعلہ افشاں زباں...
باتیں کہہ لو جنھیں
کچھ علائم میں پیراہنِ سعیِ اظہار کی دھجیاں...
نظمیں کہہ لو جنھیں
چند مقتول جذبوں کی پرچھائیاں... غزلیں کہہ لو جنھیں
چند بکھرے خیالات کا شورِ طوفاں... مضامیں کہہ لو جنھیں
چند سنگریزے چن کے بیاباں میں کچھ صدف ہیں، یہاں اور وہاں...
کس مپرسی کی ناخواندہ تصنیفیں کہہ لو جنھیں
چند اوراق ترتیب دینے کی فرصت نہیں دیتا جن کو سرابِ رواں...

خود شکن بے نیازی کی امیدیں کہہ لو جنھیں

عقائد اور خدا سے اپنے معاملے کو بھی وحید اختر نے ان نظموں میں موضوع بنایا ہے۔ طویل نظموں کے ذکر سے پہلے مختصر نظموں کے تنوع کے بیان میں چند ایسی نظموں کی طرف توجہ دلائی جاسکتی ہے جن کو وحید اختر کی شاعری کے بنیادی اور غالب عناصر کے تسلسل میں رکھ کر پڑھنا چاہیے۔ وحید اختر کو سودا کی شاعری سے شغف تھا۔ اُن کی نظموں کے جو طنزیہ حصے ہیں وہ اپنی جزویات، منظر نگاری اور مضمون آفرینی کے اعتبار سے میر اور سودا کی ہجویات کی یاد دلاتے ہیں۔ یہاں طنز شخصی نہیں اجتماعی ہے۔ خاص طور سے یونیورسٹیوں اور اعلیٰ علمی اداروں میں علم اور عالموں کی جو بے حرمتی ہوتی ہے اس کی ایسی منفرد تصویر وحید اختر کی نظموں کے علاوہ شاید ہی کہیں ملے۔ 'ایں چہ شوریست...؟' میں با اقتدار علما کے جلوس کا یہ منظر جو غالباً جلسۂ تقسیمِ اسناد کی پیروڈی ہے علما اور اُن کے حلیفوں کو چوپایوں کی شکل میں پیش کرتا ہے جو ان کے آدمیت کے درجہ سے گر جانے کا استعاراتی اشارہ ہے:

مری نگاہ نے دیکھا یہ خواب کا منظر
کہ ایک پیلِ سیہ مست پہنے زر کی عبا
جمائے فرق پہ دستارِ مہر و مہ آثار
اٹھائے سونڈ میں اپنی عصائے جوہر دار
دبوچے سامنے کے دونوں پاؤں میں تلوار
بصد غرور، بصد طمطراقِ عزو وقار
یوں آرہا تھا قیادت جلوس کی کرتا
کہ جیسے اُس کے جلو میں ہوں ثابت و سیّار
عقب میں موش و خوک و سوسمار و شغال
کلاہیں کج کیے، زریں عبائیں اوڑھے ہوئے
دبائے سامنے کے پاؤں میں عصا و سند
کچھ ایسی شان سے بڑھتے تھے شہ نشیں کی طرف
کہ گنگ ہوگئی حیرت سے آدمی کی زباں

آدمی کو 'دستِ طلب' میں بدل دینے کی سازش اور اس سازش سے پیدا ہونے والا خوف وہراس اس نظم کا محور ہے۔ انسان کُش تہذیب پر نظموں کے ضمن میں دو اور نظموں کا ذکر کیا جاسکتا ہے۔ 'کہاں کی رباعی، کہاں کی غزل' اور 'ایک اور عالم آشوب'۔ موخرالذکر نظم ۱۹۶۲ میں شروع کی گئی تھی لیکن ۱۹۶۸ میں مکمل ہوئی۔ اسی دوران وحید اختر نے اپنی طویل نظم صحرائے سکوت لکھی۔ دونوں نظموں میں کئی عناصر مشترک ہیں۔

'ایک اور عالم آشوب' میں اعلیٰ درس گاہوں کے زوال کی تھیم (جس کی ایک جھلک 'ایں چہ شوریست...؟' کے اوپر دیے ہوئے اقتباس میں دکھائی گئی ہے) زیادہ واضح اور شدید انداز میں پڑھنے والے کی توجہ کا مرکز بنتی ہے:

عِلم ہے نسل و نسب، دین و وطن، قوم و قبیلہ کا اسیر
علم خانوں میں، لکیروں میں، حصاروں میں ہے تقسیم یہاں
علم اسناد کا پابند ہے، اسناد ہیں بوجہل کے ہاتھ
علم ہے مسند و منصب کی بلندی کا فقط ایک نشاں
علم ہے عقل سے معذوروں کے اذہان کا پیچیدہ دھواں
علم کی عقدہ کشائی پہ ہیں مامور وہ بوڑھے طوطے
شیر خواروں کی طرح جن کی زبانوں پہ ادب بھی غوں غاں
علم کے مسلخ و زنداں ہیں سب مدرسے، دانش گاہیں
علم کے مشہد و مقتل ہیں دفاتر کے سنہرے ایواں
علم کی مسندِ عالی کے سزاوار ہیں جہّال کے بیٹے پوتے
کوثرِ علم پہ فائز ہیں غلامانِ غلامانِ جہاں
علم کے قتل پہ مامور ہیں کم بین و کم آگاہ بزرگ
علم کی لاش کے کرگس ہیں بزرگوں کے جواں فرزنداں

شہر آشوب اور The Wasteland کی روایت میں لکھی گئی طویل نظم صحرائے سکوت پر آنے سے پہلے ایک ترجمہ کا ذکر کرتے چلیں جو The Wasteland کے مصنف ٹی۔ ایس۔ ایلیٹ کی مشہور تصنیف The Four Quartets کی پہلی نظم Burnt Norton کا ہے اور جسے وحید اختر نے 'شہر

سوختہ' کا نام دیا ہے۔

ترجمے وحید اختر نے کئی نظموں کے کیے ہیں لیکن ایلیٹ کی اس نظم کے ترجمہ کی خوبی یہ ہے کہ مترجم نے کم و بیش اُس آہنگ کو پالیا ہے جو اصل نظم کا ہے۔ کہیں کہیں متن سے انحراف بھی ہے اور فٹ نوٹ میں اس کی نشاندہی بھی کر دی گئی ہے لیکن بحیثیتِ مجموعی یہ ترجمہ وہی کیفیت پیدا کرنے میں کامیاب رہا ہے جو ایلیٹ کی نظم کی کیفیت ہے۔ یہاں صرف ابتدائی بند کا ترجمہ نقل کیا جارہا ہے:

زمانِ حال و زمانِ رفتہ
یہ دونوں شاید زمانِ آئندہ میں ہیں موجود
زمانِ آئندہ ہے شریکِ زمانِ رفتہ
اگر زماں ہے تمام ابد تک ازل سے موجود اور مشہود
تو پھر زماں سے نجات ممکن نہیں کہیں بھی
جو آنے والا ہے وہ مجرّد خیال سا ہے
حقیقت اُس کی جہانِ فکر و خیال کا ہے اک ایسا امکاں جو مستقل ہے
تمام آئندہ اور رفتہ
اُس اک سرے کا نشاں بتاتے ہیں جو ازل تا ابد ہے موجود

اردو میں طویل نظمیں خاصی تعداد میں لکھی گئی ہیں لیکن حالی کے مسدس، اقبال کی 'خضرِ راہ' اور دوسرے شعرا کی ایک دو طویل نظموں کو چھوڑ کر ہمارے یہاں طویل نظم کا ذکر بہت کم ہوتا ہے۔ سردار جعفری، نیاز حیدر، ساحر لدھیانوی، راہی معصوم رضا، جعفر طاہر، عمیق حنفی، عبدالعزیز خالد، اور کمار پاشی ان سب نے قابلِ ستائش طویل نظمیں لکھی ہیں اور یہ شعرا ایک قبیل کے نہیں تھے۔ حیرت ہوتی ہے کہ ان سب کی طویل نظموں کو تقریباً فراموش کر دیا گیا ہے۔ وحید اختر کی طویل نظموں کی بات بھی اب نہیں ہوتی۔ شاید اس کا ایک سبب یہ ہے کہ حال کے برسوں میں صرف غزل ہی کا چرچا رہا ہے اور بہت اعلیٰ درجہ کی مختصر اور طویل نظموں کی پذیرائی ان لوگوں تک محدود ہو گئی ہے جو کسی وجہ سے ادب سے ہمہ وقتی وابستگی رکھتے ہیں۔ جیسا کہ عرض کیا گیا وحید اختر کی پہلی طویل نظم صحرائے سکوت شہر آشوب کی روایت میں ہے۔ اس نظم کے چھ حصے ہیں اور ہر حصہ میں کئی بند ہیں۔ شب بیداراوں کی شب گشت کی یاد سے شروع ہونے والی یہ نظم اپنی منظر کشی کے اعتبار سے قابلِ توجہ ہے:

کسی دورا ہے کا نکّڑ، کسی مکاں کا منڈیر
کسی دکان کا تختہ، کسی سڑک کا موڑ
کسی جگہ پہ ٹریفک کے آئی لینڈ کے بیچ
کسی بلند عمارت کی خالی بالکنی
کسی غریب سے ہوٹل کی غم زدہ کرسی
کسی بھی پارک کا شبنم سے بھیگتا ہوا لان
کسی اجاڑ سے فٹ پاتھ پر پڑے ہوئے ٹیوب
جہاں بھی ٹھہر گئے، آ گئی وہیں منزل
جہاں بھی بیٹھ گئے جم گئی وہیں محفل
ہزاروں مسئلے ایسے کہ جن پہ بحث چھڑے
تو رات دیکھتے ہی دیکھتے گزر جائے

نظم کا راوی اپنے تجربہ کے وسیلہ سے اُس زندگی پر تبصرہ کرتا ہے جس کا وہ شاہد ہے اور جس کے سماجی، سیاسی اور معاشی نظام نے اُس کو حاشیہ پر ڈال دیا ہے کہ جو کچھ اُس نے درس گاہ میں سیکھا اُس کی روشنی میں زندگی بسر کرنا زندگی سے محرومی کے مترادف ہے۔ گویا آئیڈیلزم (idealism) ایک فریب ہے۔ ہر طرف خموشی کا پہرہ ہے۔ الفاظ بولے جاتے ہیں مگر وہ معنی سے عاری ہیں:

بہت زمانے سے اس دشتِ خامشی میں ہم
یہ دیکھتے ہیں کہ ہر روز ایک زندہ لفظ
کسی گناہ کے تاریک قید خانے میں
سسک سسک کے خموشی کا زہر پیتا ہے
پھر اس کے بعد بہت سارے بے زباں عفریت
قرونِ وسطیٰ کے گونگے غلاموں کے مانند
جھکائے آنکھ کفن اس کا قطع کرتے ہیں
کہ حاکموں کے گناہوں کا پردہ رہ جائے

عصری زندگی کی ایک انتہائی دہشت ناک شبیہ پیش کرنے والی یہ نظم خلافِ توقع امید اور یقین کے اِس اظہار پر ختم ہوتی ہے کہ زہرِ دشت سکوت پی کر اپنے وجود میں لفظ کی سچائی کو محفوظ رکھا جاسکتا ہے:

یہ زہر اور یہ خوں پی لیا تو پھر کل کو
کوئی نہ بھٹکے گا صحرائے دشتِ ظلمت میں
معانی پھر نہ سروپا برہنہ بھٹکیں گے
سرِ سراب نہ بے روح لفظ تڑپیں گے
جو آنے والے ہیں اُن کا نہ قرض رہ جائے
ہمیں اتار لیں سینے میں زہرِ دشتِ سکوت

اپنی دوسری طویل نظم شہرِ ہوس (۱۹۷۳) کو وحید اختر نے صرف اپنے زمانے تک محدود نہیں رکھا ہے۔ یہ نظم انھوں نے فی الواقع ایک بڑے پیمانے پر لکھی ہے۔ صحرائے سکوت میں سکوت کلیدی لفظ ہے جو ظلم و جبر کا پردہ ہے۔ شہر ہوس کا کلیدی لفظ ہوس ہے۔ اس طرح ہوس اور ظلم آدمی کی زندگی کی ابتری اور زبوں حالی کا سب سے بڑا سبب ہیں کہ ان ترغیبات نے آدمی کو آدمی کا شکاری بنا دیا ہے۔ شہر ہوس کے چار باب ہیں اور ہر باب متعدد حصوں میں منقسم ہے۔ پہلے باب کا عنوان ہے باب الداخلہ جس میں جزویات کی مدد سے اِس قدیم استعاراتی شہر کے دروازے اور فصیل کی ایک تصویر پیش کی گئی ہے۔ اس شہر میں داخلہ کی شرط یہ ہے کہ 'بغیر نذرِ دل و دماغ و نگاہ و لب داخلہ نہیں ہے'، یعنی یہاں اُس آدمی کو داخل کیا جائے گا جو اپنی آدمیت سے دست بردار ہو جائے۔ داستانی رنگ میں اس نظم کو ایک سفر کی صورت میں ترتیب دیا گیا ہے۔ دوسرا باب بچھڑی صدائیں راوی (یا شاعر جو بھی کہیے) کے واحد متکلم میں بیان پر مشتمل ہے جس میں وہ مکالمہ بھی شامل ہے جو راوی اور اس کے اپنے وجود کی ایک صدا کے درمیان ہوتا ہے۔ یہ ترغیب اور ردِّ ترغیب کا ایک ڈرامائی اظہار ہے یعنی شہر ہوس میں داخل ہونے یا نہ ہونے کی کشمکش۔ تیسرا باب 'شہر ہوس کی مقتول صدائیں' کے نام سے لکھا گیا ہے اور دو ہزار سال سے بھی زیادہ لمبی انسانی تاریخ کا احاطہ کرتا ہے۔ مقتول صدائیں وہ ہیں جنھوں نے شہر ہوس کی حکمرانی کو تسلیم نہیں کیا۔ گوتم بدھ، حضرت عیسیٰؑ، حضرت محمدؐ، حضرت علیؑ، امام حسینؑ، اور کارل مارکس ان صداؤں کی نمائندگی کرتے ہیں۔ irony یہ ہے کہ ان بزرگوں کے ماننے والے خود ہوس کی ترغیب کا شکار ہو گئے اور ان کی بنیادی تعلیمات کی شکل ہی بدل ڈالی۔ اس باب میں

واقعۂ کربلا کا بیان ہر بند کے آخر میں اس مصرع کی تکرار کے ساتھ ہوا ہے:

حسینؑ دشتِ بلا میں تنہا کھڑے ہوئے ہیں

اِس بیان میں شعری ہیئتوں کا تنوع ہے۔ معریٰ اور مقفیٰ، طویل اور مختصر دونوں طرح کے بند اور اشعار ملتے ہیں جو مرثیہ کی ہیئت سے مختلف ہیں۔ اس حصہ کو وحید اختر کے مراثی کے ساتھ پڑھا جائے تو اندازہ ہوگا کہ ہیئت کس طرح نظم کے تاثر پر اثر انداز ہوتی ہے۔ چوتھے 'باب دشتِ ندا کی سیر' میں جو حصے ہیں ان کے مختلف عنوانات دیے گئے ہیں مثلاً 'کرسیوں کا جادو نگر'، 'جزیرۂ آئینہ گراں'، 'اکھرے بے تہہ آدمیوں کا چڑیا گھر'۔

اس باب کی ابتدا گورکن محققوں کی سرگرمیوں کے باعث علم کی بے توقیری سے ہوتی ہے۔ باب چہارم کا پانچواں حصہ 'کرسیوں کا جادو نگر' خاصے کی چیز ہے۔ اردو کی طنزیہ شاعری میں یہ ایک اہم اضافہ ہے۔ اقتدار کس طرح آدمی سے اُس کی آدمیت چھین لیتا ہے اس اندوہ ناک حقیقت کا بیان وحید اختر نے بڑے دلچسپ اور پر لطف پیرائے میں کیا ہے:

گھروں کو جائیں اگر یہ کُرسی نشیں کبھی بھی
تو کرسی ان کے بدن سے چپکی ہوئی رہے گی
یہ اپنے پیروں سے چلتے ہیں کب
انھیں چلاتی ہے اپنے پہیے پہ خود ہی کرسی
یہ اپنے بچوں کو پیار کرتے تو ہیں
مگر یہ تمام بچے ہیں کرسی زادے
جنھیں گلے سے لگا کے ہوتی ہے شاد کرسی

کُرسی کی کرشمہ سازیوں کے بیان میں بعض مصرعے اتنے بے باک ہیں کہ ایک رسالہ میں جب یہ نظم چھپی تو ایڈیٹر نے ان مصرعوں کو حذف کر دیا تھا۔ حقیقت یہ ہے کہ یہ مصرعے اپنی اختراع اور خلاقی کے اعتبار سے بے نظیر ہیں۔ ان مصرعوں تک کسی رہ نمائی کی ضرورت نہیں ہے۔ آپ خود انھیں ڈھونڈلیں گے۔ شہر ندا کی سیر کا اگلا پڑاؤ 'جزیرۂ آئینہ گراں' ہے جس میں ادب اور فن کی زندگی سے دوری کو ہدف بنایا گیا ہے۔ فن برائے فن اور Axel کے اُس مشہور مقولے: As for living our servants will do it for us کی یاد دلانے والے اس حصہ کے بعد بھی شورِ سکوت کے عنوان سے

غالباً ادب کے ان رجحانات پر طنز کیا گیا ہے جنھیں جدیدیت کا عمومی نام دیا جاتا ہے۔ اس نوع کی شاعری کی پیروڈی کے طور پر ایک غزل بھی لکھی گئی ہے جس کی ردیف ہے اندھیرا:

سمٹ گیا ہے مری نظر میں سیہ طلسمات کا اندھیرا

ہے میرے اندر ہے میرے باہر بھی میری ہی ذات کا اندھیرا

جس سفر کا احوال اس نظم میں درج ہے اُس سفر میں دانتے اور اقبال کی نظموں کے برعکس رہنما یا گائیڈ مسافر کے اپنے وجود کی ایک صدا ہے۔ اس سفر کا اختتام اکہرے بے تہہ آدمیوں کا چڑیا گھر، دیکھ کر ہوتا ہے۔ یہ ہمارے عہد کی دنیا کی ایک بھیانک تصویر ہے جس کو اپنے سائنسی اور صنعتی کارناموں پر ناز ہے:

یہ خندق آلودہ پارہ پارہ زمیں اُسی اک زمیں کا حصہ ہے
جو ہمارے تمھارے سب کے قدم کے نیچے بچھی ہوئی ہے
یہاں بھی سب کے سروں پہ خیمہ فگن وہی آسماں ہے
جس کے ستارے سورج زمیں کو کرنوں کے ایک رشتے میں باندھتے ہیں
مگر یہ آدم کا شعبدہ ہے اٹھائیں دیواریں اور کھودی زمیں میں خندق
مشین، لوہے، سمنٹ، پانی سے درمیان میں حصار کھینچے
یہ آدمی کی نظر کا ہے معجزہ حقیقت بنی ہوئی ہے ہزاروں، لاکھوں
کروڑوں ٹکڑوں کی ریزہ کاری
جزیروں ٹکڑوں میں قید انساں ہوا کو اجزا میں بانٹتا ہے
حصار و خندق سے پارہ پارہ نظر فضا و فلک کو کرتی ہے ریزہ ریزہ

وحید اختر کی پہلی طویل نظم کا خاتمہ زندگی کی صورتِ حال کو بدلنے کے عزم اور امید پر ہوا تھا۔ شہر ہوس کے اختتام پر اس قسم کا کوئی رجائی رویہ نہیں ہے۔ اگر صرف اسکوپ اور کینوس کو ہی مدنظر رکھیں تو شہر ہوس ایک اہم اور حوصلہ آزما شعری تخلیق ہے۔ ہم نے ابھی تک اپنی طویل نظموں کو نظر انداز کیا ہے۔ اس کے برعکس انگریزی کی طویل نظمیں اپنی طوالت اور تکرار کے باوجود پڑھی جاتی ہیں اور انگریزی ادب کے نصاب کا حصہ ہیں۔

صبر اور تحمل کے ساتھ پڑھنے پر اندازہ ہوگا کہ طویل نظمیں شاعر سے کس محنت اور دیدہ ریزی کا

تقاضہ کرتی ہیں۔ اس محنت اور دیدہ ریزی کی داد نہ دینا بے انصافی ہے۔

گنگنالیں گے غزل آج وحید اختر کی
نام لیناہی جو دَرپردہ تمھارا ٹھہرا

وحید اختر کو بالعموم نظم کے شاعر کے طور پر جانا جاتا ہے۔ غزلیں وہ کہتے تھے لیکن اپنی شاعری کے دورِ متوسط تک غزل شاید ان کے لیے ترجیحی صنفِ سخن نہیں تھی۔ اب جب ان کی تمام غزلیں کلیات میں شائع ہو رہی ہیں تو اندازہ ہوتا ہے کہ نہ صرف ان کی تعداد بڑی ہے بلکہ ان میں بہت ایسے اشعار بکھرے ہوئے ہیں جن کا شمار ہمارے عہد کی غزلوں کے سب سے اچھے اشعار میں ہونا چاہیے۔ یہ اشعار اپنی بعض خوبیوں کے باعث خود وحید اختر کی نظموں کے مقابل اپنی انفرادیت اور اہمیت منوا سکتے ہیں۔ حیرت ہوتی ہے کہ ان اشعار کو وہ مقبولیت حاصل نہ ہو سکی جو معاصر شعرا کے ان سے کمتر اشعار کو ملی۔ اوپر جس غزل کا مقطع درج کیا گیا ہے اسی غزل کا ایک شعر ہے:

کوئی الزام نسیمِ سحری پر نہ گیا
پھول ہنسنے پہ خطاوار اکیلا ٹھہرا

جو کلاسیکی رنگ ان دو شعروں میں ہے وہ وحید اختر کی کئی غزلوں میں ملتا ہے۔ فارسی تراکیب بھی خاصی نمایاں ہیں لیکن اس طرز کے علاوہ بھی فکر و احساس کی مختلف جہتوں کا اظہار زبان اور اسالیب کے تنوع کے ساتھ ہوا ہے۔ بعض اشعار میں احساس اور تخیئل نے جو مضمون نکالا ہے وہ پڑھنے والے کو حیرت میں ڈال دیتا ہے۔ مثلاً:

رزقِ آدم سے نہ آدم کو ملا اک دانہ
سانپ کے رزق پہ زندہ ہے سپیرا دیکھا

اُس کو مقفّل کر کے کمروں میں نکلا تھا سفر پہ میں
ریل چلی تو بیٹھی ہوئی تھی میرے برابر تنہائی

کیوں بود و باش نام و نشاں پوچھتے ہیں لوگ
یوں شاید اپنے آپ ہی کو ڈھونڈتے ہیں لوگ

موخر الذکر شعر کے دوسرے مصرعے میں بات کو ایک خلافِ توقع موڑ دے کر جو paradox

پیدا کی گئی ہے اور اُس سے جس طرح بات کی گہرائی کا احساس بڑھتا ہے وہ اِس شعر کو اردو غزل کے منفرد اشعار میں جگہ دلانے کے لیے کافی ہے۔ مشاہدے سے حیرت خیز خیال کی بر آمد گی کی ایک مثال کے طور پر یہ شعر بھی قابل توجہ ہے:

تھی تہی دست ہر اک شاخ، خزاں تھی جب تک
فصلِ گُل آئی تو ہر شاخ سے خنجر نکلا

وحید اختر کی تین غزلیں خصوصی توجہ کی مستحق ہیں لیکن اس سے پہلے چند غیر معمولی اشعار ملاحظہ فرمائیں جو اپنے مختلف النوع اوصاف کا احساس آپ کو خود دلائیں گے:

ہم پہ اک عمر سے طاری ہے خموشی ایسی
ایک نقطے پہ سمٹ آئے تو افسانہ بنے

حسرت و خواب و تمنا کا وہ ہنگامہ رہا
مدتیں گزریں کہ خود اپنے سے ملنا نہ ہوا

ٹھہری ہے تو اک چہرے پہ ٹھہری رہی برسوں
بھٹکی ہے تو پھر آنکھ بھٹکتی ہی رہی ہے

اَن گنت موجیں ہیں ہر موج میں لاکھوں چہرے
اس سمندر میں کہاں ڈھونڈنے جائیں گے تمھیں

حکام و سارقین کی گورہ گزر ہے گھر
پھر بھی برائے بیت تو در ہے چلے چلو

کربِ انکار سے گزرا نہیں اقرار اگر
جادۂ دیں سے بھی ہوں گے نہ قدم آسودہ

مقتل و میکدہ و مدرسہ و دیر و حرم
سب بلاتے ہیں جو ہم اُس سے بھٹک جاتے ہیں

جن تین غزلوں کا ذکر اب مقصود ہے ان تینوں کے اشعار اپنی ردیفوں کے باعث متفرق ہونے کے باوجود ایک وحدت رکھتے ہیں۔ یہ ردیفیں ہیں 'وجود'، 'کچھ بھی نہیں' اور 'ہے بھی، نہیں بھی'۔ لفظ

وجود وحید اختر کی شاعری کے سیاق و سباق میں خاصی اہمیت رکھتا ہے۔ فلسفۂ وجودیت سے بھی انھیں بڑی دلچسپی تھی اور انھوں نے اس فلسفہ پر اپنے مضامین میں بہت کچھ لکھا ہے۔ لفظ وجود کو ردیف بنانے سے غزل کی فکری جہت متعین ہوگئی ہے۔ مطلع میں وجود اور عدم کے رشتہ کو ناگزیر بتایا گیا ہے:

عدم بھی ڈھونڈتا ہے دامنِ غبارِ وجود
قضا بھی ہوتی ہے آکر شریکِ کارِ وجود

دوسرے شعر میں حیات کو جبر مان کر جبر اختیار کرنے کی بات کہی گئی ہے کہ:

سکونِ مرگ میں ہے مرگِ اختیارِ وجود

جبر اور اختیار کے روایتی تضاد سے آگے بڑھ کر لفظِ اختیار انتخاب کی اُس آزادی کی طرف ذہن کو منتقل کرتا ہے جو وجودی فلسفہ کے بنیادی تصورات میں شامل ہے۔ تیسرے شعر میں انسانی زندگی کے ایک مخمصے کی طرف اشارہ ہے جسے Catch 22 والی صورتِ حال کہا جاتا ہے یا یوں کہیے کہ نہ پائے رفتن نہ تاب ماندن:

ہے جہدِ ترکِ طلب بھی طلب کا دوسرا نام
ہر ایک رنگ میں جاری ہے کاروبارِ وجود

اگلے شعر میں یہ عمومی حقیقت بیان کی گئی ہے کہ ہر ایک کو اپنے وجود کا بار خود اٹھانا پڑتا ہے۔ پانچویں شعر میں کل جہاں کو حصارِ وجود کہہ کر موجودات میں روابط کے امکان کا اقرار کیا گیا ہے۔ چھٹا شعر لفظِ وجود کو اُس کے معاصر فلسفیانہ کنایات سے پرے لے جاکر روحانیات اور تصوف کے سیاق و سباق میں دیکھنے کی ایک کوشش ہے:

عدم ہے خواب گہہِ اختیار وخلّاقی
زماں مکاں سے ورا بھی ہے کاروبارِ وجود

اگلے شعر میں جب یہ مصرعہ سامنے آتا ہے: 'ہر ایک فرد ہے زندانیِ حصارِ وجود' تو ایسا محسوس ہوتا ہے کہ اِس مضمون کا ٹکراؤ اسی غزل کے اس مصرع سے ہو رہا ہے: 'کھلے ہیں ذات سے تا ذات راستے لاکھوں' بظاہر یہ تضاد غزل کی شاعری میں کسی حیرت کا باعث نہیں ہوتا کہ یہ شاعری خیال اور احساس کی آتی جاتی لہروں سے عبارت ہے۔

ہمارے عہد کا ایک غالب رجحان تیقنات کو رد کرنے کا ہے۔ زیرِ بحث غزلوں میں دوسری غزل کی ردیف 'کچھ بھی نہیں' رد و تشکیک کی ایک فضا قائم کرتی ہے جس میں شاعر معتقدات پر سوالیہ نشان

لگا تا جاتا ہے۔ روایتوں کے طلسم نے ہمیں آدمی اور زندگی کو چند مخصوص الفاظ کے سہارے دیکھنے اور سمجھنے کا اس قدر عادی بنا دیا ہے کہ اکثر ہمیں یہ گمان بھی نہیں گزرتا کہ ادراک کے متبادل امکانات بھی ہیں۔ یہ غزل انھی متبادل امکانات کی طرف ذہن کو منتقل کرتی ہے:

ہم اگر ہیں تو ہے یک لحہ و یک ذرّہ بہت
ہم نہیں ہیں تو زماں اور مکاں کچھ بھی نہیں

اپنی فکر کے واہموں کا اسیر آدمی کائنات میں اپنی مرکزیت کو بھول جاتا ہے۔ یہ شعر وجود کو سارے مظاہر کا پیمانہ قرار دیتا ہے:

آمد و رفتِ نفس کیا ہے بجز جہدِ شکم
دین و دنیا ہیں عبث سود و زیاں کچھ بھی نہیں

آدمی اپنے بارے میں چاہے جتنی خوش فہمیاں رکھتا ہو اس کو زندہ رہنا اسی طرح پڑتا ہے جیسے کسی اور جاندار کو۔ پیٹ بھرنا مقدم ہے اور مقدر بھی۔ اس شعر میں زندگی کے اُن تصورات کی نفی کی گئی ہے جو سامنے کے حقائق پر مبنی نہیں ہیں۔ وحید اختر کی شاعری میں اندیشہ ہائے افلاکی سے دلچسپی کم ہے:

کچھ جہاں اور ہیں کہتے ہیں مگر وہ معدوم
ہے یہی اپنا جہاں اور یہ جہاں کچھ بھی نہیں

ادب و فلسفہ و علم تلاشِ موہوم
ہیں سب اندازِ بیاں اور بیاں کچھ بھی نہیں

زندگی کوئی صحیفہ نہیں جب چاہو پڑھو
چوکے اک پل تو یہ تحریرِ رواں کچھ نہیں

اس غزل کے موخر الذکر دو شعر خاصے معروف ہیں۔ زبان اور اس کی پیچیدگیوں سے متعلق جو مباحث ہمارے عہد میں ہوئے ہیں اور جس طرح الفاظ کے معانی متنازعہ شکلیں اختیار کر چکے ہیں کہ اب معانی کا وجود ہی مشکوک ہو گیا ہے، اس تناظر میں 'ہیں سب اندازِ بیاں اور بیاں کچھ بھی نہیں' کو پڑھیں تو ہمیں شبہ ہونے لگتا ہے کہ حقیقت ہے بھی یا نہیں۔ ہو سکتا ہے کہ ہم محض اُس virtual reality میں الجھے ہوئے ہوں جو زبان کی پیداوار ہے۔ اندازِ بیان اور بیان کی تفریق شاید بعض ذہنوں کے لیے قابلِ قبول نہ ہو لیکن یہاں اندازِ بیان ایک استعارہ ہے اُس ساری بناوٹ اور فریب کاری کا

جس کا مقصد حقیقت کو چھپانا ہے۔ شعر میں اندازِ بیان کا تصور لسانی سے زیادہ اخلاقی ہے۔ زندگی کے لیے تحریرِ رواں کا استعارہ وقت کو محرر اور تاریخ کو ایک مسلسل تحریر بتانے والے اس مشہور بیان کی طرف ذہن کو لے جاتا ہے:

The moving finger writes, and, having writ, moves on

زیر نظر شعر میں وقت کو ایک متحرک قوت قرار دے کر اشارتاً یہ کہا گیا ہے کہ وقت کا مجموعی ادراک آدمی کو نہیں ہو سکتا اس لیے کہ کوئی بھی ناظر وقت کے بہاؤ پر مستقل نظر رکھنے سے قاصر ہے۔ زندگی صرف جستہ جستہ ہمارے تجربے اور مشاہدے میں آتی ہے گویا ہم زندگی کو ایک کتاب کی طرح پڑھتے ہیں اور اس قرأت سے زندگی کی کوئی مکمل تصویر نہیں بن سکتی۔

تیسری غزل کی ردیف 'ہے بھی نہیں بھی' جس سادگی اور جامعیت کے ساتھ جدید فکر و احساس کے ایک نمائندہ رخ کو پیش کرتی ہے وہ اردو غزل میں اپنی مثال آپ ہے۔ بیک وقت رد و قبول حقیقت کے تضادات کے اعتراف سے عبارت ہے۔ فکر و نظر کی یہ پختگی اس وقت حاصل ہوتی ہے جب آدمی یک رخے ادراک کی گرفت سے نکل جاتا ہے۔ اس غزل کا مطلع، مقطع اور بعض دوسرے اشعار صنفِ غزل کے روایتی تصور کے تحت آتے ہیں، یعنی معشوق سے سرگوشیوں کا نام غزل ہے۔

ان اشعار میں بھی ردیف نے اثبات اور نفی کے امتزاج سے عشق کے تجربے کے اس پہلو کو نمایاں کیا ہے جو عاشق کو ایک حیرت کے عالم میں رکھتا ہے۔ غزل کا دوسرا شعر جو انھی عاشقانہ اشعار کے ضمن میں آتا ہے ایک دوسری غزل میں بھی قدرے مختلف انداز سے نظم ہوا ہے۔ تقابل کے لیے دونوں اشعار دیکھیے:

بام و در و دیوار ہی کو گھر نہیں کہتے
تم گھر میں نہیں ہو تو مکاں ہے بھی نہیں بھی

وا ہے شب و روز در، آتے ہیں جن و بشر
گھر کو کہیں کیسے گھر، تو جو نہیں ہم نہیں کچھ

بیت موخر الذکر غزل بہ طرزِ مولانا روم لکھی ہے۔

حالی نے محبوب کے جانے کے بعد در و دیوار کی صورت بدل جانے کی بات کہی تھی۔ وحید اختر نے ہجر میں مکان کے وجود ہی کو شک کے دائرے میں رکھ دیا (دوسرے شعر میں بات اور آگے نکل گئی

ہے۔ مکان کو بقولِ غالب مکین سے شرف ہوتا ہے۔ ہجر میں مکین کو خود اپنے وجود کا یقین بھی نہیں رہا)۔ وقت اضافی ہے۔ شعرا یہ بات ایک زمانہ سے کہتے آئے ہیں۔ زیرِ نظر غزل کا یہ شعر اسی روایت کے اشعار میں آتا ہے:

دن آتا ہے، شب ڈھلتی ہے کٹتا نہیں وقت
ہجراں میں وہی دورِ زماں ہے بھی نہیں بھی

چند اشعار سے صرفِ نظر کرتے ہوئے ہم اس شعر پر آتے ہیں:

ہر سانس کا آغاز ہے ہستی، عدم انجام
ہر لمحہ جہانِ گذراں ہے بھی نہیں بھی

ہستی اور عدم کی سرحدوں کے گڈمڈ ہونے کے احساس پر مبنی یہ شعر اُس قطعیت کو رد کرتا ہے جو زندگی اور موت کو الگ الگ خانوں میں تقسیم کرتی ہے۔ ہمارے شعرا دل کو کارگہِ شیشہ گری کہتے آئے ہیں۔ وحید اختر نے دل کی ایک عجیب صفت کی طرف اشارہ کیا ہے کہ باوجود اپنی تمام نزاکت کے یہ آئینہ پتھراؤ میں فولاد بن جاتا ہے۔ روایتی دائرے میں محصور فکر اس ناقابلِ یقین تبدیلی کا ادراک نہیں کرپاتی:

یہ آئینہ بن جاتا ہے پتھراؤ میں فولاد
دل کارگہِ شیشہ گراں ہے بھی نہیں بھی

وحید اختر کو صرف نظم کا شاعر قرار دے کر ان کی غزلوں کو نظرانداز کرنا اُن کے تخلیقی سرمائے کے بعض نہایت قابلِ قدر اجزا سے بے گانگی کے مترادف ہے۔

مرثیہ نگاروں میں انیس اور دبیر تو ہمارے ادبی ڈسکورس (discourse) کا حصہ بن گئے ہیں اور صنفِ مرثیہ کی تاریخ میں دکنی مرثیہ اور شمالی ہند میں انیس اور دبیر سے پہلے کی مرثیہ گوئی کا ذکر بھی ہوتا ہے، لیکن بیسویں صدی میں لکھے جانے والے مرثیوں کو شاید ابھی تک ادب عالیہ کے اُس تسلسل میں نہیں دیکھا گیا ہے جس میں ایک تخلیق اپنے صنفی پس منظر سے بالاتر ہو کر صرف اپنے ادبی اوصاف کی بنا پر توجہ کا مرکز رہتی ہے۔ حالانکہ ان مرثیوں میں انیسویں صدی کے مقبول اور معروف مرثیہ کے مقابل کئی تبدیلیاں آئی ہیں۔ وحید اختر نے پیش گفتار کے عنوان سے مرثیہ گوئی میں اپنے موقف اور ترجیحات کی وضاحت کی ہے۔ قارئین سے گذارش ہے کہ وہ اس مضمون کو ضرور پڑھیں۔ وحید اختر

کے سامنے مرثیہ گوئی کے دو ماڈل تھے جن کی نمائندگی انیس اور جوش ملیح آبادی کرتے ہیں۔ انھوں نے انیس کی طرز کو کچھ اضافوں کے ساتھ اپنایا ہے۔ جو صفات جوش کے رنگ کے مرثیہ نگاروں کی ہیں ان کا عکس بھی وحید اختر کے مرثیوں میں نظر آتا ہے۔ اس ضمن میں مرثیہ کی عصری معنویت بھی زیرِ بحث آئی ہے۔ کربلائی مرثیہ کی معنویت کا تعین خود واقعہ کربلا کرتا ہے۔ یہ پوچھنا عبث ہے کہ کوئی مرثیہ گو مرثیہ کیوں کہتا ہے۔ لکھنے والے کے عقائد اور محرکات سے قطع نظر جو متن ہمارے سامنے ہے وہ ایک شعری تخلیق ہے۔ مجالس میں یہی تخلیق پڑھی جاتی ہے لیکن وہاں سننے والوں کا سروکار صرف ادبی خوبیوں کی ستائش تک محدود نہیں رہتا۔ اپنی تاریخ اور روایت کے اعتبار سے مرثیہ ایک قسم کا performing art بھی ہے اور مرثیہ گو اس آرٹ کے تقاضوں کو بھی مد نظر رکھتا ہے۔ خود وحید اختر کو یہ احساس تھا کہ انھوں نے اپنے مراثی کے تمہیدی حصے میں زندگی اور وقت پر غور و فکر کے عمومی مضامین باندھے ہیں، شاید مجلسوں کے سامعین کو ان میں دلچسپی نہ ہو۔ بہر حال انھوں نے تشبیب کے واسطے سے اپنے مراثی کی انفرادی شناخت منوالی۔

تشبیب کے علاوہ اُن کے مراثی میں صنفِ مرثیہ کی روایتی ہیئت سے انحراف نہیں ہے اور انھوں نے انیس اور دبیر کی طرح مرثیہ کے جملہ اجزاء کے التزام کے ساتھ مرثیہ کہا ہے۔ ڈکشن کے معاملہ میں بھی زیادہ تر کلاسیکی ڈکشن کی پیروی کی گئی ہے اور مرثیوں کا مجموعی آہنگ بھی وہی ہے جو انیسویں صدی کے اودھ میں مرثیہ نگاروں کے یہاں ملتا ہے۔ اس طرح وحید اختر نے مرثیہ کی تشبیب کو اپنی انفرادی فکر اور شعری صلاحیت کے اظہار کی جولان گاہ بنایا۔ کلیات میں ان کے چودہ مرثیے شامل کیے گئے ہیں جن میں سے آٹھ پہلے بھی مرثیوں کے ایک مجموعہ کی شکل میں چھپ چکے ہیں۔

وحید اختر کا رجحان طویل نظمیں لکھنے کی طرف تھا۔ 'شہر ہوس' سے زیادہ طویل نظمیں شاید اردو میں نہ ہوں۔ مرثیے بھی انھوں نے زیادہ تر طویل کہے ہیں۔ وہ شعر موزوں کرنے کی حیرت انگیز صلاحیت رکھتے تھے۔ ایک سو دس بند کا اپنا پہلا مرثیہ انھوں نے صرف ایک رات میں لکھا تھا، لیکن مرثیہ لکھنے کے لیے شعر کہنے کی صلاحیت کافی نہیں ہوتی۔ وحید اختر نہ صرف یہ کہ اردو اور فارسی کی کلاسیکی شاعری سے بخوبی واقف تھے۔ انھوں نے اسلامی تاریخ اور روایات کا گہرا مطالعہ بھی کیا تھا اور اُن کی یادداشت بھی ایسی تھی کہ بروقت مطلوبہ تلمیحات کے حصول میں کوئی دقت نہیں ہوتی تھی۔ ان کے بیان میں جو روانی ہے اُس سے اندازہ نہیں ہوتا کہ ان طویل مرثیوں کے کہنے میں کتنی محنت کی گئی ہے۔ یہ مرثیے زبان کے امکانات کو بروئے کار لا کر اپنے ثقافتی ورثہ کی تجدید اور اُس میں اضافہ کی ایک نہایت قابلِ

قدر کاوش ہیں۔

زیرِ نظر مراثی میں دو مرثیے ایسے ہیں جو کربلائی مرثیوں کے ضمن میں نہیں آتے۔ یہ مرثیے حضرت فاطمہ زہراؑ اور حضرت علیؑ سے منسوب ہیں اور ان میں شاعر کا مرکزی سروکار کردار نگاری سے ہے۔ بی بی فاطمہؑ کے چکی پیسنے کا بیان نہایت موثر اور بے مثل ہے۔ حضرت علیؑ کی شہادت کے بیان میں اُن کے اقوال کا ذکر صرف مکالمہ کی شکل میں بڑی خوبی سے ہوا ہے۔ کربلائی مرثیوں میں ایک مرثیہ مطلوبانِ شہادت کے عنوان سے امام حسینؑ کے اُن حامیوں کے نام ہے جو امام کے ساتھ کربلا میں نہیں تھے لیکن جو جذبۂ شہادت سے سرشار تھے۔ غالباً یہ اپنے موضوع کے اعتبار سے ایک لاثانی مرثیہ ہے۔

تمہید اور تشبیب کے باب میں وحید اختر کے جس مرثیہ نے سب سے زیادہ شہرت پائی وہ 'در بیان فضائل قلم و سفر اہل بیت، واپسیِ اہل حرم' ہے۔ تقریباً پندرہ صفحات پر درج یہ اشعار جو بادی النظر میں قلم کا قصیدہ معلوم ہوتے ہیں مدحِ محمدؐ اور آلِ محمدؐ کے علاوہ خود شاعر کی زندگی اور فن پر خود نوشت سوانح عمری کے زمرہ میں آنے والی ایک دستاویز بھی ہیں۔ اپنے کوائف کا ایسا تفصیلی بیان مرثیہ کی روایت میں ایک نئے عنصر کا اضافہ ہے۔ اپنے بیان میں شاعر نے عصری ادبی صورتِ حال کی طرف بھی اشارے کیے ہیں:

غُل آج ہے بے مقصدی شعر و ادب کا
احساس ادیبوں کو ہے صرف اپنے لقب کا
راقم ہے قلم کربِ دروں، تنگیِ شب کا
ترک اس کا تعلق ہوا ماحول سے کب کا
مظلوم سے رشتہ ہے نہ ظالم سے غرض ہے
بس اپنے تصور کے عوالم سے غرض ہے

کہتے ہیں قلم کرتا ہے خلق اپنی ہی اقدار
جزو ذوق نہیں اور ادب کا کوئی معیار
ہو رنگ کی تفریق کہ آزادیوں پر وار
ہو جنگ کہ امن، ان سے نہیں فن کو سروکار

تطہیر قلم کرتی ہے، نابستگیِ فن
ہر فرض سے آزاد ہے وابستگیِ فن

میں مان لوں نابستگیِ فن کا یہ دعویٰ
پر ڈال لوں آنکھوں پہ کس طرح سے پردا
برسوں مری اس چشمِ گنہ گار نے دیکھا
نابستگیِ فن نے کیا ظلم سے سودا

انکارِ سیاست نے چھوئے پائے سیاست
نابستگیِ فن ہوئی رسوائے سیاست

وحید اختر کی طویل نظم شہر ہوس میں بھی یہ تھیم (theme) نمایاں ہے۔ اس طرح مرثیہ اُن کی شاعری کے مجموعی کردار کا ایک جزو بن گیا ہے لیکن ایک اہم فرق کے ساتھ کہ نظموں میں تشکیک اور یاس کی جو کیفیت ہے وہ اپنے وجود کا احساس تو دلاتی ہے مگر اہلِ بیت سے محبت کی سرشاری نے اُس کو ایک بامعنی اور مثبت تجربے کی شکل دے دی ہے۔ یہ امر بھی قابلِ غور ہے کہ اِس مرثیہ میں صرف ایک لفظ قلم کس طرح مضمون کے سارے اجزاء کو وحدت کی ایک لڑی میں پروتا ہے، مثلاً گریز کا یہ بند ملاحظہ ہو:

جب حق کے مدینے کے لیے ابرِ غم اُٹھّے
ڈھانے کو درِ علم ستم کے علَم اُٹھّے
مصحف کی طرف بے ادبوں کے قدم اُٹھّے
قرآں کی حفاظت کو بہتر قلم اٹھّے

تطہیر صداقت کی ردائیں بھی ہوئیں ساتھ
لوح و قلمِ حق کی دعائیں بھی ہوئیں ساتھ

نظموں اور مراثی کے باہمی ربط کا اندازہ اس طرح بھی ہوتا ہے کہ 'شہیدِ عطش' کے عنوان سے جناب علی اصغر کے مرثیے کی تشبیب میں وحید اختر نے اپنی ایک مطبوعہ نظم کے کئی بند درج کیے ہیں جو شہر آشوب کی روایت میں لکھی گئی تھی۔ مرثیہ اس طرح شروع ہوتا ہے:

برسی نہیں نغموں کی گھٹائیں کئی دن سے

نظم کی ابتدا بھی اسی طرح ہوئی ہے۔ ایک اور مرثیہ میں اُس مضمون کی طرف واپسی ہوئی ہے جو ان کی مشہور نظم 'پتھروں کا مغنّی' کا ہے۔ حضرت عباسؑ پر وحید اختر نے دو مرثیے لکھے ہیں۔ ان میں سے پہلے مرثیہ میں بعد از حمد ساقی نامہ کے تحت عصرِ حاضر کی تصویر اس طرح کھینچی ہے:

سرمائے کو یہ فکر کہ دنیا غلام ہو
انساں کا دل گرفت مشیں میں مدام ہو
احساس اور جذبے کا کم احترام ہو
تہذیبِ رنگ رنگ کا برہم نظام ہو
ہر صبح ایک عذاب کی ایجاد ہوتی ہے
ہر شام ایک خون شدہ یاد ہوتی ہے

بارود کے غبار کا چھایا ہوا دھواں
سینہ سمندروں کا ہوا ہے شرر بہ جاں
جوہر کا قلب پھٹ کے ہوا قہرِ دوجہاں
ملکِ خدا ہے گم شدۂ گردِ کارواں

ایک ایک ذرہ خنجرِ خوں ریز کا جواب
ایک ایک کل سکندر و چنگیز کا جواب

کہتے ہیں کہ میر انیس کے مرثیوں میں سلطنتِ اودھ کے زوال اور انگریزوں کے تسلط کا بیان براہِ راست نہ سہی لیکن اُس عہد کا المیہ میر صاحب کے استعاروں اور images میں کہیں نہ کہیں ظاہر ہوتا رہتا ہے۔ وحید اختر کے مرثیوں کا ہر پڑھنے والا یہ محسوس کر سکتا ہے کہ یہاں ایٹمی عہد کا آشوب موضوعِ سخن ہے۔ یہ تو تھی عالمی صورتِ حال کی بات۔ اپنے ملک اور اپنے گھر میں جو ہو رہا ہے اُس کا ذکر وحید اختر نے جناب علی اکبرؑ پر اپنے ایک مرثیہ میں کیا ہے جس کا عنوان ہے شہادتِ نطق۔ یہاں وہ سکوت اور کلام کے اپنے پسندیدہ موضوع کی طرف ایک بار پھر لوٹے ہیں جس پر انھوں نے ایک طویل نظم صحرائے سکوت کے نام سے لکھی ہے۔ مرثیہ کی تمہید اور اس نظم میں اشتراک کے کئی پہلو ہیں۔ اردو زبان پر جو برا وقت آیا ہے اس کے احوال میں اُن کی ایک مختصر نظم 'زبان کی موت' کی بازگشت موجود ہے جو اسی موضوع پر تھی۔ یہاں مرثیے کے دو بند پیش کیے جاتے ہیں:

یہ وہ زباں جو عشق کے اظہار کی زباں
برسوں کہا گیا اسے غدّار کی زباں
رُکتی ہے اس کے ذکر سے سرکار کی زباں
کھُلتی ہے اس کے قتل کو اشرار کی زباں

برسوں رہی تغافلِ جاناں سے جاں بہ لب
اب ہے ہجومِ بردہ فروشاں سے جاں بہ لب

زنجیر جب سے قیدِ فرنگی کی ہے کٹی
یہ قیدِ ہر مقام سے آزاد ہو گئی
آئین نے کہا کہ ترا گھر ہے بے گھری
بن باس پایا لفظوں نے یہ دیکھتی رہی

جو آشنا تھے شکل بھی پہچانتے نہیں
اپنے ہی گھر کے بچے اسے جانتے نہیں

یہ دیکھیے کہ اگر کربلا کا بیان نہ ہو تب بھی مرثیہ کی رثائی فضا کس طرح اشعار کے آہنگ اور تاثیر پر اثر انداز ہوتی ہے۔ ڈکشن بھی لاشعوری طور سے مرثیہ کی مخصوص زبان سے اثر پذیر ہوتا ہے، مثلاً لفظ اشرار کا استعمال جو مرثیہ کے باہر کم ہی سننے میں آتا ہے۔

اس مرثیہ میں لفظِ نطق وحدتِ تاثر کے قیام کے لیے اُسی طرح استعمال ہوا ہے جس طرح ایک دوسرے مرثیہ میں لفظِ قلم استعمال ہوا تھا۔ نطق کی تھیم کا تسلسل حضرت زینبؑ کے مرثیہ میں بھی نظر آتا ہے جس کو 'تیغِ زبانِ زینب' کا عنوان دیا گیا ہے۔ حضرت امام حسینؑ کے جو دو مرثیے ہیں اُن میں سے ایک مرثیہ اس طرح شروع ہوتا ہے: 'بند ہے قفل درِ ساقیِ صہبائے وِلا'۔ اس مرثیہ کے شروع کے تقریباً تیس بند ایسے ہیں جن کی مثال شاید ہی اردو کے کسی دوسرے مرثیہ میں ملے۔ اِن کا موضوع بیسویں صدی کی عرب دنیا ہے جس کو شاعر نے انتہائی بے باکی کے ساتھ تنقید کا ہدف بنایا ہے۔ تفصیل کا یہاں موقع نہیں۔ صرف ایک آدھ مثال ہی اس لہجہ کا اندازہ لگانے کے لیے کافی ہو گی جو اپنی تلخی کو چھپانا نہیں چاہتا:

یوں تو اس سمت ہیں امریکی مدد کے انبار

فوجیں بھی ہیں کمکِ حفظ شہی کو تیار
عربی تیل پہ ڈالر ہوئے جاتے ہیں نثار
آدمی بھی ہیں فراہم ہیں فراہم ہتھیار

پھر بھی ہر قلعۂ ایماں ڈھاجاتا ہے
پیچھے ہر دین سے اسلام رہاجاتا ہے

قولِ صادقؑ ہے کہ ہر یوم ہے یوم عاشور
ہر زمیں کرب وبلا کی ہے زمیں، زخموں سے چور
اب بھی قربانیِ عاشور ہے جینے کا شعور
اب بھی ہے کرب وبلا مقتلِ حق، مصدرِ نور

نام عاشور شہادت کا ہے، حریت کا
کربلا نام ہے انکارِ ملوکیت کا

یہ مرثیہ ۱۹۸۳ میں لکھا گیا تھا۔ مختلف مراثی کے تمہیدی اشعار کے قدرے تفصیلی جائزے سے شاید یہ گماں ہو کہ یہی رنگِ سخن ان مرثیوں کا غالب رنگ ہے۔ ایسا نہیں ہے۔ وحید اختر نے مرثیہ نگاری کی ساری رسوم کو مدِّ نظر رکھا ہے۔ مصائب کے بیان میں جہاں نرمی اور سوز وگداز کی ضرورت ہے وہاں سخن کا لہجہ کس طرح بدلتا ہے اس کی صرف ایک مثال دیکھیے:

دیر ہوتی تھی تو وہ غمزدہ گھبراتی تھی
جا کے دروازے پہ ہر بار پلٹ آتی تھی
ذکرِ شبّیر ہی سے جی کو وہ بہلاتی تھی
ڈانٹیں پہرے کے سپاہی تو سہم جاتی تھی

کبھی خود روٹھتی من جاتی کبھی آپ سے وہ
گلے کرتی تھی تصور میں کبھی باپ سے وہ

کہتی تھی آپ سے بولوں گی نہ میں اے بابا
دہم ماہ محرم کو زمانہ گذرا

میں نے مرکب کے قدم پکڑے تو فرمایا تھا
اے سکینہ تجھے لینے کو میں جلد آؤں گا

واپس آئے نہیں کیوں شاہِ مدینہ اب تک
آپ کے وعدے پہ جیتی ہے سکینہؑ اب تک

ان مرثیوں میں صنائع اور بدائع کا التزام بھی اُسی قدر ہے جتنا کہ لکھنؤ کے نمائندہ مرثیوں میں ملتا ہے۔ قدرے محتاط انحراف اور روایت کی پاسداری نے ان مرثیوں میں بحیثیتِ مجموعی کیا اثر ڈالا اِس کا جواب پڑھنے والے کی ذہنی ساخت اور مذاقِ سخن پر منحصر ہے۔ جس امر میں کسی شک کی گنجائش نہیں وہ یہ ہے کہ وحید اختر کے مرثیے اُن کی شعری صلاحیت کے اظہار کی مختلف مثالوں میں ایک نہایت وقیع اور قابلِ قدر مثال ہیں۔

قادرالکلامی ایک ایسا تصور ہے جس کی معنویت اب مشکوک ہو چکی ہے۔ لفظ و معنی سے قطع نظر اگر قادرالکلامی کو استعاراتی معنی دیے جائیں تو اشارہ شاعر کی اُس صلاحیت اور کارکردگی کی طرف ہو گا جو اُسے الفاظ کی ایک بڑی تعداد کو جوڑ کر متنوع تخلیقی ہیئتیں خلق کرنے کا اہل بناتی ہے۔ اس عمل میں مقدار، تعداد اور پیمانے کو نظر انداز نہیں کیا جاسکتا۔ اوصاف اور قدر و قیمت کے لحاظ سے یہ تمام تخلیقات ایک جیسی نہیں ہوں گی لیکن اُن کا ایک قلم سے وجود میں آنا صاحبِ قلم کی باکمالی کی دلیل ہے۔ وحید اختر ان معنوں میں قادرالکلام شاعر تھے۔ اُن کی انفرادی صلاحیت کے پھلنے پھولنے کے لیے حالی، اقبال، جوش، فیض اور راشد جیسے شاعروں نے زمین تیار کر دی تھی۔ قدیم شعرا کے دواوین سے انھیں شغف تھا۔ یہی نہیں وہ فرصت کے اوقات میں لغات کا مطالعہ بھی کرتے تھے۔ فلسفہ، مذہب، تصوف اور مختلف علوم کی کتابیں وہ ہمہ وقت پڑھتے رہتے تھے۔ وہ اس کلچر کے داعی تھے جس کا سب سے اہم جزو زبان کو مانا جاتا ہے۔ یہ لسانی تہذیب صرف صحتِ زبان وغیرہ تک محدود ہو کر رہ جائے تو اور بات ہے ورنہ اس کا دائرہ حیوانِ ناطق کی ہر سرگرمی کا احاطہ کرتا ہے۔

وحید اختر شاعری کو سچائی کے اظہار کا ایک وسیلہ مانتے تھے۔ اس اعتبار سے اُن کا شاعری کا تصور اخلاقی (moral) تھا۔ نطق اور سکوت ان دو لفظوں کا تضاد ان کی شاعری کی تمام علامتوں اور استعاروں میں جاری و ساری ہے۔ اگر شاعری کا سروکار سچ بولنے اور جھوٹ کو بے نقاب کرنے سے

ہے تو شعر کی جہادی جہت خود بخود متعین ہو جاتی ہے۔ ضروری نہیں ہے کہ اپنے موقف کی سچائی پر شاعر کا یقین معروضی حقائق پر مبنی ہو۔ اس طرح شاعری اظہارِ ذات اور عرضِ ہنر کی حدد سے باہر جاکر ایک وسیع تر میدان میں خیمہ زن ہوتی ہے۔ اس جولان گاہ میں شعر کی خالص فنّی اقدار پامال بھی ہو سکتی ہیں۔ شاعری نثری خطابت کی سطح پر بھی آسکتی ہے اور شاعر خود اپنی ناپختہ تلخ نوائی کا شکار بھی ہو سکتا ہے۔ یہ بھی ممکن ہے کہ شاعر حقیقت کے ایک جزو کو مکمل حقیقت سمجھ رہا ہو اور اُس نے سچائی کی اضافیت کو نظر انداز کر دیا ہو۔ وحید اختر ان خطرات سے آگاہ تھے لیکن انھوں نے اپنی شاعری کا مقصود نہیں بدلا۔ اپنی روایت کا علم اور زبان سے غیر معمولی شغف انھیں مقصدی شاعری کے خارزار کی کئی کلفتوں سے بچالے گیا۔ بہر نوع انھوں نے شاعری اپنی افتادِ طبع کی رہنمائی میں کی۔ رومانی اور انقلابی شعر گوئی کا جو آمیزہ ترقی پسند شاعروں نے تیار کیا تھا اُس سے بھی وحید اختر کی شاعری فیض یاب ہوتی رہی، البتہ جدید اور جدید ترر نگِ سخن کے چیستانی ابہام کو انھوں نے قبول نہیں کیا۔ اپنی طویل نظم شہر ہوس میں انھوں نے اس قبیل کی شاعری کی ہجو اس طرح کی ہے:

اندھیرے کمرے میں کالی بلّی کی چشمِ روشن کلامِ شاعر
چراغ ہنستا ہے یا بھڑکتا ہے خود مرے ہاتھ کا اندھیرا

وحید اختر نے جس پیمانے پر شاعری کی اُس کی نظیر اقبال کے بعد کے شعرا میں کم ملتی ہے۔ وہ ایک حوصلہ مند اور جفاکش شاعر تھے جو زبان کے تحفظ اور توسیع کی ایک بڑی تہذیبی خدمت تقریباً پینتالیس برس تک انجام دیتے رہے۔ بے شک انھوں نے اپنی شاعری میں ذاتی غموں اور محرومیوں کا اظہار کیا ہے لیکن اس دائرے کے باہر بھی انھوں نے بہت کچھ دیکھا، سوچا اور محسوس کیا اور اُس کو یادگار لفظوں کی شکل دی۔ زبان سے بے اعتنائی کے اِس دور میں زبان سے محبت اور اُس کے امکانات کو بروئے کار لانے کی جو سعیِ مسلسل وحید اختر کے کلام میں ملتی ہے اُس نے ہماری لسانی اور ثقافتی روایت کی تونگری اور تحفظ کا سامان بہم پہنچا کر ہمیں ایک بار پھر اپنے ادبی ورثہ کی قدر و قیمت سے آگاہ کیا ہے۔ اس اعتبار سے بھی کلیاتِ وحید اختر ایک نہایت وقیع دستاویز ہے۔

سید وقار حسین

(علی گڑھ)

انتسابات

(یہ انتسابات شاعر نے اپنے مطبوعہ شعری مجموعوں کے لیے لکھے تھے)

(پتھروں کا مغنی)

مہ لقا کے نام

تم چلی آئی ہو آنکھوں میں بسائے ہوئے خوابوں کے جہاں
تم نہیں جانتیں تعبیر کے صحرا میں جو حیرانی ہے

(شب کارزمیہ)

حسن، حسین اور محسِن، اپنے بیٹوں کے نام

اپنے شعلے سے وجود اپنا منوّر رکھو
بھیک کی آگ سے جلتی نہیں یہ شمع کبھی

(زنجیر کا نغمہ)

برادرِ عزیز سید علی قلی قرائی کے نام، محبت و خلوص کے ساتھ

ہے متاعِ حیات وحید آہی کیا، یہی حرفِ غزل، یہی شہر نوا

پیش لفظ

(یہ پیش لفظ پتھروں کا معنّی کے لیے لکھا تھا)

میری پہلی نظم ۱۹۴۸ میں شایع ہوئی تھی۔ اُس وقت سے اب تک ہمارے معاشرے میں بھی بہت کچھ تبدیلیاں ہوئیں اور ادب میں بھی کئی نئے رجحانات پیدا ہوئے۔ اس مختصر سی مدت میں خارجی حقیقت کے ساتھ ذہنی زندگی بھی کئی محسوس و نامحسوس انقلابات سے گزری ہے۔ نیا ذہن بنا نہیں، بن رہا ہے۔ اکثریت اب بھی انھی کی ہے جو پُرانے زمانے کے ماتم گسار اور سسکتی ہوئی سماجی، اخلاقی اور روحانی قدروں کی لاشوں کے نگہدار ہیں۔ قدیم و جدید، فرسودگی و ترقی، تعصبات و تغیرات، جہالت اور علم، جنوں اور عقل کی آویزش جاری ہے۔ نئی اقدار جنم لے رہی ہیں مگر ابھی اُن میں وہ توانائی نہیں آئی کہ وہ اپنے پیروں پر کھڑی ہو سکیں اور لوگوں کو سہارا دے سکیں۔ لوگ ایک دوسرے سے دوٗر ہو گئے ہیں۔ زندگی کی جدوجہد اور معاش کی تگ و دو میں ہر ایک اپنا اعمالنامہ لیے نفسی نفسی پکار رہا ہے۔ کوئی کسی کی داد کو نہیں پہونچتا۔ نہ داورِ محشر ہے نہ میزانِ عدل، مگر میدانِ محشر ضرور آباد ہے۔

تعلیم کی روشنی زیادہ سے زیادہ ذہنوں تک پہونچ رہی ہے مگر تعصب و توہم، تنگ نظری و تنگ دلی، شک اور خوف کے اندھیرے اب تک گہرے ہیں۔ ذہنی سفر میں یہ اندھیرے اور دلدل بھی راہ روکتے ہیں اور روشنیوں کے ہجوم بھی ملتے ہیں۔ بڑے بڑے لوگ سمجھوتے اور سودے بازی کرتے ہیں۔ زبانیں جن اصولوں کے ذکر سے روشن ہوتی ہیں، عمل اُن کا انکاری ہے۔ وہ اقدار کونسی دنیا میں بستی اور سرخ روٗ ہوتی ہیں جن کا سبق ہم نے روشن ذہنوں اور خونچکاں انگلیوں سے لکھی ہوئی اجالے کی تحریروں میں پڑھا ہے۔ ہم اپنے خوابوں کو تصور میں بسائے انھیں اسی زمین پر اسی دنیا میں ڈھونڈ رہے ہیں۔ خواب تعبیر کے صحرا میں گم ہو جاتے ہیں تو تنہائی آدبوچتی ہے۔ اس تنہائی کو ہجوموں، انجمنوں، مجمعوں میں گم کر دیں تو نعروں کے شور اور کھوکھلی آوازوں کے سکوت میں اپنے خوابوں کی آواز بھی سنائی نہیں دیتی۔ نغماتِ طرب کے سب دلدادہ ہیں، ذوقِ نغمہ کی فغاں سننے کا کوئی روادار نہیں۔ یہ پچھلے سولہ برسوں کی اجتماعی روداد بھی ہے اور انفرادی تجربہ بھی۔

اٹھتی ہوئی تعمیروں کی اس دنیا میں کھنڈروں کے جہاں بھی پہلو بہ پہلو کھڑے ہیں۔ ایسا ایک جہاں میں نے اودھ کے ایک قصبے میں دیکھا۔ یہ قصبہ ہے نصیر آباد، جائس سے ملحق۔ کبھی علم و اجتہاد کی روشنیاں یہاں طلوع ہوئی تھیں۔ یہ جگہ میرے آباؤ اجداد اور والدین کا وطن ہے۔ بچپن میں گزارے ہوئے چند مہینوں کی یادیں لیے جب میں بیس بائیس برس بعد کچھ دنوں کے لیے اپنے ماضی کے اِس مزار پر پہونچا تو شرفا کا وہ طبقہ جو چھوٹی زمینداری کے سہارے اپنے پُرکھوں کی بچی کھچی آبرو کو سو جتن سے سنبھالے، تنگدستی میں قانع اور آہستہ آہستہ چھنتی ہوئی خوشحالی میں ذہنی طور پر آسودہ حال تھا، کہیں نظر نہیں آیا۔ کچھ پریشان روحیں چیختے ڈھانچوں کی زنجیر میں لپٹی اپنے شکستہ مزاروں کے گرد وغبار میں اٹی ہوئی دکھائی دیں۔ تنگ اور ویران گلیاں ملیں جہاں دِن میں بھی لوگ یوں چلتے ہیں جیسے خوابوں کے کسی بھیانک ویرانے سے ڈرتے ڈرتے گزر رہے ہوں۔ بوسیدہ مکانوں کی سوگوار قطاریں، جھکے ہوئے دروازے، شکستہ کھڑکیاں، ماضی کے بوجھ سے چٹختی ہوئی چھتیں، حال کی بدحالی کی پردہ در دیواریں مجھ سے ملنے آئیں۔ یہاں لوگ اب بھی بزرگوں کی ہڈیوں، شجروں کے کرم خوردہ دفتروں اور سادات کی لٹی ہوئی عزّتوں کے مجاور بنے ہیں۔ اِن میں نئی دنیا، نئی قدروں سے آگاہی ہے نہ آگاہی حاصل کرنے کی تشنگی۔ یہ میرا وطن نہیں اُن کا وطن ہے جو اپنی دنیا کی آسودہ حالی، سکون، فراغت اور قدریں اپنے ساتھ لے جا چکے۔ یہاں میرا دم گھٹتا ہے۔ یہاں زندگی بھی موت کی ہمزاد ہے اور بیداری بھی نیند کی پروردہ۔ میں اس دنیا سے دامن چھڑاتا ہوں مگر پھر بھی یہ میرے ساتھ لگی ہوئی ہے۔ یہ ہر جگہ میرا پیچھا کرتی ہے۔ اس نے ملک کی وسعتوں تک اپنی جڑیں پھیلا رکھی ہیں۔ یہ ہمارا ماضی ہے جو حال کی گردن پر سوار ہے، یہاں دنیا کے دوٗر افتادہ گوشوں میں ہونے والی تبدیلیاں، جنگیں، امن کے لیے اٹھنے والی آوازیں کوئی معنی نہیں رکھتیں، حالانکہ یہ سب ہمارے ہی دل کی آوازیں اور دھڑکنیں ہیں۔ کسی چھوٹے سے غریب ملک میں لوگ اپنی آزادی کے لیے اپنا سب کچھ لٹا رہے ہیں۔ کسی نو آزاد دیس میں زندگی کی از سرِ نو تعمیر ہو رہی ہے۔ کہیں نفرتیں ملکوں کے درمیاں آگ اور خون کی دیواریں کھڑی کر رہی ہیں، کہیں محبتیں ٹوٹے ہوئے دلوں پر مرہم رکھ رہی ہیں۔

یہ سب کچھ دنیا میں بھی ہو رہا ہے دیس میں بھی۔ اور یہی سب کچھ ہماری زندگی، ہمارا مقدر اور ہمارا سرمایہ ہے۔ سیار و ثوابت پر کمندیں پھینکی جا رہی ہیں، فضا کے نارسا مقامات، جہاں فرشتوں کے بھی پر جلتے تھے اور تخیل کا بھی دم ٹوٹتا تھا، اب ہماری رسائی میں ہیں۔ فاصلے گھٹ گئے ہیں، دوریاں سمٹ گئی ہیں۔ پھر بھی ایک قیامت ہے جو ہماری آغوش میں رہ کر بھی ہم سے دوٗر ہے۔ ہم سے دوٗر ہو کر بھی

ہمارے ساتھ ہے۔ غربت اور بیکاری، بھوک اور بیماری سے جہاد بھی جاری ہے اور ان کی نئی فصلیں بھی اٹھائی جارہی ہیں۔ سائنس ہمارا مسیحا بھی ہے اور اُسکے ہتھیار ہمارے قاتل بھی، عقل ہماری زندگی بھی ہے اور ہماری خودکشی بھی۔ علم ہماری آزادی بھی ہے اور ہماری غلامی بھی۔ آدرش ہمارے مسجود بھی ہیں اور مقتول بھی۔ ماضی ہم سے پیچھے بھی رہ گیا ہے اور ہمارے ساتھ بھی لگا ہوا ہے۔ حال ہماری دسترس میں بھی ہے اور ہماری آنکھوں سے اوجھل بھی۔ مستقبل ہمارے قدموں میں بھی ہے اور ہم سے ہراساں بھی۔ زماں مکاں کی تمام حدیں ایک دوسرے میں الجھ کر گڈمڈ ہوگئی ہیں۔ سب کچھ ہمارا ہے اور کچھ بھی ہمارا نہیں۔

یہ وہ دنیا ہے جسے میں نے اپنے اندر اور باہر دیکھا، پایا، محسوس کیا اور برتا ہے۔ اسی نے میری زندگی کی بھی تشکیل کی ہے اور شاعری کی بھی۔ اسی لیے میں نے اپنی زندگی اور شاعری کو کبھی ایک دوسرے سے الگ نہیں پایا۔ زندگی میری شاعری ہے اور شاعری میری زندگی ہے۔ زندگی اور شاعری کی اس وحدت کو پانے کے لیے مجھے بہت کچھ کھونا اور ترک کرنا پڑا ہے۔

میں نے اورنگ آباد دکن میں ہوش سنبھالا۔ یہیں زندگی کے ابتدائی سولہ، سترہ برس گزارے۔ میری ادبی تربیت کا آغاز اورنگ آباد کے ادبی حلقے کے بزرگوں اور دوستوں کے ہاتھوں ہوا۔ جب میری پہلی نظم چھپی ہے تو میں ہائی اسکول کا طالب علم تھا۔ میٹرک پاس کرنے کے بعد میں نے انٹر سائنس اور ریاضی میں داخلہ لیا۔ انٹر کے یہ دو سال میرے لیے سخت ذہنی کشمکش کے سال رہے۔ شاعری مجھے اپنی طرف کھینچتی تھی اور سائنس اپنی طرف۔ والدین اور استادوں کا اصرار کہ سائنس اور انجنیرنگ روشن معاشی مستقبل کی ضمانت ہیں، ریاضیات سے خود مجھے بے انتہا شغف تھا۔ مگر آہستہ آہستہ شاعری کی محبت اُس پر غالب آتی جارہی تھی۔ نتیجہ یہ ہوا کہ جب ۱۹۵۲ میں انٹر پاس کرنے کے بعد میرے لیے انجنیرنگ اور اُس کے توسط سے آسودہ حال مستقبل کا دروازہ کھلا ہوا تھا، میں نے شوقِ فضول کے ہاتھوں یہ جُرأتِ رندانہ کی کہ سائنس کی تعلیم کو جاری رکھنے کے بجائے بی، اے میں فلسفہ، نفسیات اور سیاسیات کے ساتھ داخلہ لے لیا اور اس خطا پر برسوں بزرگوں اور استادوں کا معتوب رہا۔

گھر کے معاشی حالات کی وجہ سے تعلیم بذاتِ خود میرے لیے جہاد کا درجہ رکھتی تھی۔ زندگی میرے لیے کبھی پھولوں کی سیج اور لڑکپن کی بے فکری نہیں رہی۔ ریڈیو میرے لئے ادبی ذوق کی تسکین کا ہی نہیں بلکہ رشتۂ جسم وجاں کو برقرار رکھنے کا بھی وسیلہ تھا۔ فرسٹ ڈویژن میں امتحان پاس کرنا جودتِ طبع ہی نہیں بلکہ زندہ رہنے اور تعلیم جاری رکھنے کے لیے اسکالرشپ پانے کا بھی بہانہ تھا۔

اِن حالات میں تعلیم کے ساتھ اپنے شوق کی آگ کی پرورش کرنا آسان نہ تھا۔ بہت پہلے میں پنٹینگ کے کچھ امتحانات پاس کرنے کے بعد تعلیم کی خاطر اسے ترک کرچکا تھا۔ مگر شاعری کو ترک کرنا میرے بس کی بات نہ تھی۔ اس کے لیے مجھے اپنی فطرت اور مزاج بدلنا پڑتا۔ انسان سب کچھ کرسکتا ہے، یہی نہیں کرسکتا۔ شاعری میرے لیے زندگی کی تلخیوں کو بھلانے کا ذریعہ بھی رہی اور اس سے مقابلہ کرنے کا ہتھیار بھی۔

بی اے میں داخلے کے لیے ۱۹۵۲ کے وسط میں میں نے حیدرآباد کی زمین پر پہلا قدم رکھا۔ اس وسیع شہر میں میرا کوئی جاننے والا نہ تھا۔ گھر چھوڑا تو والدہ بستر مرگ پر تھیں۔ حیدرآباد پہونچا تو اُن کے انتقال کی خبر پہلے سے میرا استقبال کرنے کے لیے مجھ سے آگے وہاں پہنچ چکی تھی۔ چند ماہ بعد والد کا بھی انتقال ہوگیا۔ گھر کا شیرازہ جو کچّے دھاگے سے بندھا ہوا تھا، بکھر گیا اور اس طرح بچپن اور لڑکپن کی زندگی سے میرے رشتے ایک ساتھ منقطع ہوگئے۔ دوُر دوُر تک کوئی شجرِ سایہ دار مسافر نوازی کے لیے نہ تھا، چاروں طرف زندگی کا تپتا اور آگ برساتا ہوا صحرا تھا۔ حیدرآباد کی متنوع، رنگارنگ اور چمکتی دمکتی زندگی کے ہجوم میں اپنی بے سروسامانی اور تنہائی کا شدید احساس ہی میرا شریک تھا۔ اس احساسِ تنہائی کو میں نے تعلیم اور شاعری میں گم کردیا۔ ایک بار اس عالمِ گمشدگی سے اُس وقت چونکا جب ۱۹۵۸ میں مجھے اپنے ایک چھوٹے بھائی کی خودکشی کی خبر ملی۔ زندگی کی جدوجہد میں اسے میں نے اپنی ہی خودکشی سمجھا اور یہ احساس آج تک میرے ساتھ لگا ہوا ہے۔

۱۹۶۰ میں میں نے علیگڑھ کے لیے حیدرآباد چھوڑا۔ اُن آٹھ برسوں میں اس حسین شہر نے مجھے تعلیمی زندگی کی شاندار کامیابیاں بھی دیں۔ عملی زندگی کی تلخ ترین ناکامیاں بھی۔ خوشگوار لمحوں کی جاں نوازیادیں بھی دیں اور جان گداز شب و روز کی سختیاں بھی۔ شہرتیں بھی ملیں اور رسوائیاں بھی۔ بلند آدرشوں کو اپنائے رکھنے کا حوصلہ پایا اور ٹوٹے ہوئے خوابوں کی کِرچوں کی چبھن کو سمیٹ کر دل میں رکھ لینے کی سزا بھی پائی۔ جامعہ عثمانیہ کی فضا میرے لیے کعبہ بھی رہی اور بُت خانہ بھی، میرا ایمان بھی رہی اور کفر بھی، میرا ذہنی وطن بھی رہی اور جلاوطنی کا حکم دینے والی تعزیر گاہ بھی۔ انجمن ترقی پسند مصنفین نے میرے ادبی شعور کی تربیت کی۔ یہاں میں نے بہتر اجتماعی اور سماجی زندگی کے لیے قلم سے جہاد کرنے والوں کا مقدس فلسفہ بھی اپنایا اور ان لوگوں کی زندگیوں کی خوبیاں اور خامیاں، طاقتیں اور کمزوریاں، کامرانیاں اور نامرادیاں بھی اپنائیں۔ تنقید کی بیباکی، بے مروتی اور بے لوثی بھی سیکھی اور تنقید کو بندھے ٹکے ضابطوں اور اصطلات میں الجھا ہُوا بھی دیکھا۔ پھر اُس مقدس فلسفے کی فریاد بھی سُنی

جس کے ہم سب پرستار تھے۔

ادب میں سطحی، اصطلاحات پرستی کا تلخ تجربہ اُس وقت ہوا جب میں نے "صبا" کی ادارت سے وابستگی کے زمانے میں "سخن گسترانہ بات" کے عنوان سے ادب و شعر کے مسائل پر مضامین کا ایک مستقل سلسلہ شروع کیا۔ یہی وہ موڑ تھا جب ادب میں ترقی پسندی کا مفہوم معرضِ بحث میں آیا، زندگی، سماجی رویّے اور فکر میں ترقی پسندی انسان کا بھی لازمہ ہے اور ادب کا بھی خاصّہ، لیکن میں اس کا وہ تنگ اور محدود سیاسی مفہوم ادب کے لیے مضر سمجھتا ہوں جس سے ادب کی اپنی شریعت پر حرف آئے اور ادب وقتی ہنگامی سیاست کا حلقہ بگوش بن کر رہ جائے۔ ادعائیت، ملائیت ہے اور تنگ نظری ہر صورت میں ترقی دشمن۔ اس نقطۂ نظر نے مخالفت کا وہ طوفان کھڑا کیا جس کے سامنے مجھے اپنے قدم استوار رکھنے کے لے بہت کچھ برداشت کرنا پڑا۔ البتہ اس مباحثے نے میرے تنقیدی شعور کو ایک واضح سمت دی اور میں نے ہم عصر اور قدیم ادب کے بعض مسائل و موضوعات کو اپنی نظر سے دیکھنا اور اپنے ذہن سے پرکھنا شروع کیا۔ میرے بیشتر تنقیدی مضامین اسی بحث کے بعد وجود میں آئے۔

میں نے ۱۹۶۰ میں بھرے دل کے ساتھ حیدرآباد چھوڑا۔ میری نئی منزل تھی علی گڑھ اور راہبر تھی تلاشِ معاش۔ مسلم یونیورسٹی نے مجھے علمی زندگی میں وہ منصب دیا جس کے نہ ملنے کی میں جامعہ عثمانیہ سے بجا طور پر شکایت کر سکتا تھا۔ علی گڑھ نے معاشی طور پر مجھے فکرِ حیات سے ایک حد تک آزاد کیا۔ یہاں مجھے بعض بزرگوں اور دوستوں میں وہ انسانی ہمدردی اور خلوص نظر آیا جو زندگی اور انسان پر ایمان تازہ کرتا ہے۔ یہاں میری برسوں کی خانہ بدوشی اور بے سروسامانی کو زمین میں جڑیں پیوست کرنے اور دنیا اور زندگی سے دوستانہ تعلق پیدا کرنے کا موقع ملا۔ پہلی بار مجھے یہ محسوس ہوا کہ زندگی ہر ہر سانس کے ساتھ رشتۂ جسم و جاں کو برقرار رکھنے کی جہد ہی نہیں، بلکہ اک گونہ فراغت و سکون بھی ہے۔

لیکن معاش، زندگی اور ذہن کے تمام مسائل کا حل تو نہیں۔ علی گڑھ جو بظاہر پرسکون ہے اپنے اندر وہی شور و شر، ہنگامے اور الجھنیں چھپائے بیٹھا ہے جو آج کی پوری دنیا میں زندگی کو اعصاب کا مسلسل امتحان بنا دیتی ہیں، قدیم و جدید، تنگ نظری و روشن خیالی، مفاد پرستی، جھوٹ اور سچائی کی جنگ یہاں بھی جاری ہے اور چونکہ یہ ساری کشمکش اُس ایک نقطے پر مرتکز ہے جس کا نام یونیورسٹی ہے اس لئے اس میں شدت بھی کچھ زیادہ ہی ہے۔ باہر کی تمام طوفانی لہریں اس جزیرے سے ٹکراتی بھی ہیں اور اسے متزلزل بھی کرتی رہتی ہیں۔ وہی سب کچھ جو علی گڑھ سے باہر ہو رہا ہے، یہاں بھی ہے مگر چھوٹے

پیمانے پر، ایک تنگ حصار میں۔ یہاں ایک چھوٹے علمی شہر کی فضا کی برکات بھی ہیں لیکن زندگی کے دایرے اور دلچسپیوں کے حدود تنگ ہونے کی وجہ سے گھٹن بھی اُتنی ہی ہے۔ جہاں زندگی ایک دایرے میں محصور ہو، وہاں تازہ ہوا اور روشنی کے لیے خاصی جدوجہد کرتی ہے۔ شاعری اسی تازہ ہوا اور روشنی کے حصول کا وسیلہ ہے۔ فن وسعتوں میں پروان چڑھتا ہے، زمین کی طرح دریادل، ہوا کی طرح آزاد اور فضا کی طرح بے کراں ہوتا ہے۔ فن کار کی شخصیت کو بھی اسی آزادی، کشادگی اور وسعت کی ضرورت ہے۔ علی گڑھ میں زندگی کا دائرہ تنگ ہے۔ ادبی نشستیں، بحثیں، سمینار، ساتھ کا اُٹھنا بیٹھنا اور دنیا بھر کے ضروری غیر ضروری مسائل پر گفتگو کرنا اسی وسعت کی تلاش کے وسیلے ہیں۔ علی گڑھ میں وسعت کے یہ وسیلے کم یاب نہیں۔ لہو گرم رکھنے کے یہ بہانے تخلیق کے سرچشموں کو خشک نہیں ہونے دیتے بشرطیکہ ذہن اور نظر مقامی رنگ کے بہت زیادہ خوگر نہ ہو جائیں۔ علی گڑھ نے زندگی کے لمبے سفر سے تھک جانے کے بعد مجھے آسایشِ منزل مہیا کی۔ زندگی سے اب میرا جھگڑا حریفانہ نہیں، دوستانہ ہو گیا۔

میں شاعری اور زندگی کو ایک ہی وحدت کے دو پہلو سمجھتا ہوں، میری شاعری کے موضوعات وہی ہیں جو زندگی کے مسایل ہیں۔ میری شاعری کا یہ پس منظر شاید بڑی حد تک میرے شعر کی زبان کو سمجھنے میں مدد دے سکتا ہے۔ یہ تجربات شخصی بھی ہیں، غیر شخصی بھی، انفرادی بھی ہیں اور اجتماعی بھی۔ ہمارا معاشرہ جس معاشی نااستواری، تیز رفتار تبدیلی اور بین الاقوامی سطح پر ذہنی خوف سے گذر رہا ہے اُس میں یہ تجربات کئی نسلوں کے مشترکہ تجربات ہیں۔ شاعر خواہ کسی مابعد الطبیعاتی نظریے کو مانتا ہو بنیادی طور پر خواب پرست ہوتا ہے۔ ہم سب بہتر زندگی، حسین تر دنیا، انفرادی اور اجتماعی سطح پر سماجی انصاف، نفرت کے خاتمے، امن اور آسودہ حالی، محبت اور اعلیٰ قدروں کی بقا کے خواب دل و دماغ میں بساتے اور اُن کی پرورش کرتے ہیں، لیکن حقیقت خوابوں سے ٹکرا کر اُنھیں پامال بھی کرتی ہے اور قتل بھی۔ اِن خوابوں کو دلوں میں بسانے والے ویران آنکھوں کی خالی جھولی پھیلائے، در در اُن کی بقا کی بھیک مانگتے پھرتے ہیں۔ خواب پرستی ادب اور شاعری، فلسفے اور فنونِ لطیفہ کا سرچشمہ رہی ہے، آج بھی ہے۔ مستقبل کی دنیائیں ماضی کے خوابوں میں ڈھل کر نکھرتی اور سنورتی رہی ہیں۔ یہی خواب جمالیاتی مسّرت بھی بہم پہنچاتے ہیں اور عارفانہ بصیرت بھی۔ فن اور ادب کی جمالیاتی اقدار خواب، حقیقت اور انسان کے رشتوں کی ہم آہنگی سے پیدا ہوتی ہیں۔ وہ جو خواب دیکھنے کی صلاحیت سے محروم ہیں یا انھیں حقیقت میں تلاش نہیں کر سکتے سستی تفریحوں سے لذت حاصل کر لیتے ہیں۔

ہمارے معاشرے میں اقدار کے بُحران اور اجتماعی طور پر تہذیب کی اعلیٰ قدروں کا واضح تصور نہ ہونے کی وجہ سے اعلیٰ تر جمالیاتی مسرت کے حصول کا جذبہ کم یاب ہوتا جارہا ہے۔ آرٹ تک جنسِ تجارت بن چکا ہے۔ دوسری طرف ہمارے عہد کی سخت گیری ذہن کو اتنی فراغت بھی کم ہی دیتی ہے کہ خوابوں کی کچھ دیر ہی سہی، پرستش کرلی جائے۔ ہمیں اپنے خوابوں کی آبرو کو بچانے کے لیے حقیقت سے بھی آنکھیں ملانی پڑتی ہیں۔ اسی لیے آج کا شاعر خوابوں اور حقیقتوں کو رومانیت کی عینک سے نہیں بلکہ حقیقت پسندی کی آنکھ سے دیکھنے پر مجبور ہے۔ جو کچھ ہمارے لیے مقدس اور محترم ہے وہ بدلتی ہوئی حقیقت اور تجارتی ذہنوں کیلئے محترم نہیں۔ ہمیں اپنے خوابوں کی بقا کے لیے اپنی روح کے اندر بھی سفر کر کے وہ زمین تلاش کرنی ہے جہاں یہ پودے پھل پھول سکیں اور ساتھ ہی ساتھ خارجی حقیقت کو ان خوابوں کے لیے زیادہ سازگار بنانے کا فرض بھی انجام دینا ہے۔ شاید اسی لیے اُردو ہی میں نہیں ساری دنیا کے ادب میں ایک طرف تو رومانیت کا حصار ٹوٹ رہا ہے، دوسری طرف خارجی مسائل کو بھی داخلی اور شخصی (subjective) محسوسات کے قالب میں ڈھالنے کی کوشش ہورہی ہے۔ رومانیت سے حقیقت پسندی تک کے سفر کا یہ بھی ایک ناگزیر موڑ ہے۔

میری ابتدائی نظموں کی رومانیت نوجوانی کی اُس رجائیت کی آئینہ دار ہے جو خواب کو سچّا مانتی ہے۔ بعد کی نظموں میں خوابوں کی شکست کی آواز سنائی دے گی۔ لیکن خواب ٹوٹ کر بھی تو ساتھ ہی رہتے ہیں، تعبیر کے صحرا میں انھیں ڈھونڈنے نکلو تو دُور سے اپنا جلوہ بھی دکھاتے رہتے ہیں۔ جو چیز ہاتھ آجائے، وہ خواب نہیں رہتی۔ اپنے خوابوں کی گمشدگی اور دوُری کا یہ احساس ہی انسان کی ازلی اور ابدی تنہائی کا سبب ہے۔ میری نظموں میں تنہائی کا یہ احساس اکثر جگہ ملے گا۔ کہیں کم کہیں زیادہ، اور یہی احساس اپنے غم کو دوسروں کے غم میں گم کردینے کا بھی محرک بن گیا ہے۔ اپنے خوابوں کی تلاش کے سفر میں ہم سب ایک دوسرے سے قریب آجاتے ہیں۔ جس دنیا میں عالمگیر جنگ کا خوف اُن تباہ کن اسلحوں کے ساتھ جن کا تصوّر بھی چنگیز و ہٹلر کے بس کی بات نہ تھی انسانیت کے سر پر منڈلا رہا ہے وہاں رومانیت زیادہ پنپ بھی نہیں سکتی۔ ہمیں خواب اور حقیقت کو ایک دوسرے سے قریب تر لانا ہے۔ یہ آج کی شاعری کا مقدر بھی ہے اور منصب بھی۔ اسی لیے میں نے کبھی سیاسی اور سماجی موضوعات پر لکھنے کو ادبی گناہ نہیں سمجھا۔ خالص ترین فن کا مرعوب کن سے مرعوب کن نظریہ بھی شاعر کو اپنے عہد اور اُس کے مسائل سے بے تعلق رہنے کا گُر نہیں سکھا سکتا۔ یہ تاریخ کا جبر نہیں فنکار کی آزادی کا سوال ہے۔

ایک اور اہم مسئلہ شعر کے ابلاغ کا مسئلہ ہے۔ صنعتی اور مشینی تہذیب کی برکات نے آنکھوں کو اس قدر خیرہ کر دیا ہے کہ فن کی نگہداشت، جمالیاتی ذوق کی تربیت اور زندگی میں اسکی اہمیت نظر انداز ہوتی جارہی ہے۔ شاعری کی اس کساد بازاری کے ساتھ اُردو کے لکھنے والوں کا اپنا جداگانہ مسئلہ بھی ہے۔ اُردو پڑھنے والوں کی تعداد جس تیزی سے گھٹ رہی ہے اُس کے پیشِ نظر اس زبان میں کچھ لکھنا ایسی نیکی ہے جس کا ثواب بھی نہیں مِلتا۔ نوجوان پڑھنے والے جو نئے ذہن کی نمایندگی کر سکتے تھے، بہت کم ہیں، اور جو ہیں وہ اُردو شاعری کے مزاج، روایات اور زبان سے ناآشنا ہیں۔

ہمارے بیشتر پڑھنے والے روایت پرست ہیں، نئے علایئم ورموز، نئے اندازِ بیان اور پُرانی علامتوں کے معانی کی توسیع کے روادار نہیں۔ جدّت وروایت کے زندہ رشتے کو بھی اکثر نظر انداز کر دیا جاتا ہے۔ اس گناہ میں پڑھنے والوں کے ساتھ کبھی لکھنے والے بھی شریک ہو جاتے ہیں۔ کہیں تو جدیدیت سے لگاؤ محض فیشن بن گیا ہے اور کہیں روایت پرستی جدیدیت کے خلاف اندھا تعصب بن جاتی ہے۔ جدیدیت ادب کا نیا فیشن نہیں، موجودہ عہد کے زندہ تقاضوں اور میلانات کا نام ہے۔ ایک طرف سائنسی فکر عام ہورہی ہے دوسری طرف ادب و فلسفہ میں عقل پرستی کے مجرد رجحان (intellectualism) پر بھی حملہ ہو رہا ہے۔ یہ تضاد اس لیے ہے کہ موجودہ صنعتی تہذیب نے فرد کو زندہ حقیقت اور اپنی ذات میں "عالمِ اصغر" ماننے کے بجائے بڑی مشین کا ایک پُرزہ، اعدادوشمار کے لامتناہی دفتروں کا ایک بے جان عدد سمجھ لیا ہے۔ انسانوں کو گِنا جاتا ہے انھیں سمجھا نہیں جاتا۔ مردُم شماری اور مردُم شناسی میں بڑا فرق ہے۔ اس لیے آرٹ کی دنیا میں فرد اپنا وہ حق منوانے کے لیے جو اجتماعی نظام کی اتنی بڑی مشین میں کہیں الجھ کر کھو گیا ہے اپنی ذات کے اظہار کی طرف متوجہ ہے۔ یہ اظہارِ ذات بھی زندگی اور کائنات سے انسان کے مثبت اور صحت مند رشتے کے عرفان اور اُسکی تلاش ہی کا وسیلہ ہے۔

شاعری کے علایم شخصی اور داخلی ہوتے جارہے ہیں مگر اُن کو سمجھا جائے تو تصویر حقیقت ہی کی بنے گی۔ اس کشمکش میں ابلاغ کا مسئلہ روز بروز الجھتا جارہا ہے اور نتیجہ یہ ہے کہ شاعری کی زبان سمجھنے والوں کی تعداد سکڑتی جارہی ہے۔ تجربہ کوئی بھی ناقابلِ ترسیل نہیں ہوتا، اصل خرابی شاعر اور قاری کے درمیان پوری ہم آہنگی نہ ہونے سے پیدا ہوتی ہے۔ شاعری میں محض خیال کا ابلاغ اتنا اہم نہیں جتنا اُس کیفیت، تاثر اور جذبے کا ابلاغ اہمیت رکھتا ہے جو شعر کی روح ہوتے ہوئے بھی "ماورائے سخن" ہوتا ہے۔

میں نے اپنے تجربوں کو اپنی زبان میں پیش کرنے کی کوشش کی ہے لیکن ہیئت اور تکنیک کے جدید تر تجربوں کو ادبی فیشن سمجھ کر کبھی مستحسن نہیں مانا، بلکہ جہاں ان کی ضرورت سمجھی وہیں انھیں برتا ہے۔ دراصل ہیئت، تکنیک اور ڈکشن کے سوالات ضمنی ہیں کیونکہ ہر تجربہ یا خیال یا احساس اپنے ساتھ اپنا موزوں لباس مخصوص ڈکشن اور مناسب ہیئت لے کر ذہن پر وارد ہوتا ہے۔ شاعر کا کام یہ ہے کہ جو خیال یا تجربہ اپنی "زبانِ استعداد" سے جیسا لباس مانگے اسے وہی پہنادے۔ اسی لئے آپ کو میری مختلف نظموں میں نہ صرف ڈکشن بلکہ کہیں انداز بیاں بھی نمایاں طور پر الگ نظر آئے گا۔ مثال کے طور پر "سنگسار" کا موضوع اپنے ساتھ صحایف کی زبان اور بیان لے کر میرے ذہن پر وارد ہوا اور "بن باس" کا خیال ہندوستانی روایات اور ہندی الفاظ کے تانے بانے میں کسا ہوا سامنے آیا۔ "دشت گرداں" ایک طویل نظم ہے اس کا انداز داستان گوئی کی روایت سے مِل گیا ہے۔ "عہد آشوب" اور "کہاں کی رباعی، کہاں کی غزل" ایک طرح سے شہر آشوب ہیں اس لیے ان کا فارم اور ڈکشن کلاسکیت سے قریب تر ہے۔ "بندِ نقاب"، "زکنارِ ما بہ کنارِ ما" اور اس قبیل کی دوسری نظمیں خارجی حقیقت کی طرف داخلی اور شخصی ردِّ عمل کا نتیجہ ہیں اس لیے ان کا آہنگ الگ ہے۔ آزاد نظمیں انہی موضوعات پر ہیں جن کے لئے میں نے یہ محسوس کیا کہ مقفیٰ یا معریٰ نظم ان کی پوری ادائیگی میں رکاوٹ بن سکتی ہے۔ میں نے کسی بھی نظم کے لیے پہلے سے کسی مخصوص ہیئت یا ڈکشن کا انتخاب نہیں کیا۔ نظم خود بخود جیسی نازل ہوئی اُسے ویسا ہی قبول کر لیا۔ اب یہ فیصلہ پڑھنے والوں پر چھوڑتا ہوں کہ اس طریقِ کار سے ابلاغ کا مسئلہ کس حد تک الجھا یا سلجھا ہے۔

اپنی غزلوں کے لیے صرف اتنا عرض کرنا ہے کہ میں نے غزل کے فارم کے آداب کو ملحوظ رکھتے ہوئے اپنے تجربات کی انفرادیت پر کسی خاص طرزِ اظہار کی پابندی نہیں لگائی اور نہ ہی کسی مروجہ فیشن یا متروک روایت کی پیروی کی ہے۔ ہمارے یہاں ابتک نظم اور غزل کے درمیاں بھی خاصا تعصب ہے اور "شعریت" ایک ایسی مبہم اصطلاح ہے جسکو ہر شخص اپنی مرضی کے مطابق استعمال کرتا ہے مگر کوئی اُس کے حدود و معانی کا تعین نہیں کرتا۔ اگر شعریت ایسی کیفیت ہے جو شاعر کے تجربے کے بیان اور اُس کے اندازِ نظر سے پیدا ہوتی ہے تو پھر کسی شاعر کے لیے نظم یا غزل کی تخصیص شعریت کے مفہوم کو محدود کرنے کے علاوہ اور کچھ نہیں۔ وہی تجربہ اور اندازِ فکر و نظر جو نظم لکھواتا ہے، غزل کا بھی محرک ہوتا ہے۔ فرق صِرف ایجاز اور تفصیل کا ہے۔ میری غزلوں میں بعض اپنی زبان اور اندازِ بیان کے لحاظ سے کلاسیکی رنگ کی ہیں، اور بعض جدید۔ اس کا سبب یہ ہے کہ میں شاعری میں تجربات

کے اظہار کی حد بندی کا قایل نہیں۔ اور اسی لیے میں اپنی نظموں یا غزلوں پر کوئی خاص لیبل چسپاں کرنا بھی پسند نہیں کرتا۔

"پتھروں کا مغنّی" میری وہ نظم ہے جسے اس کتاب کا منظوم پیش لفظ سمجھ لیجیے، اسی لیے اسے تاریخی ترتیب کا لحاظ کیے بغیر ابتدا میں رکھّا گیا ہے۔ اس مجموعے کی آخری نظم "صحرائے سکوت" طویل نظم ہے جو چھ ابواب پر مشتمل ہے۔ پہلا باب آپ بیتی کا سا ہے۔ بعد کے ابواب میں آپ بیتی کا واحد متکلم اجتماعی ضمیروں "ہم"، "تم" اور "وہ" میں گم ہو گیا ہے۔ میں نے اُسے تلاش کرنے کی کوشش بھی نہیں کی۔ اس نظم کی اہم علامتیں ہیں رات، تاریکی اور خاموشی، الفاظ، معانی، آوازیں۔ پہلی تین علامتیں فرسودہ اقدار، پُرانے سماجی ڈھانچے کو برقرار رکھنے کی مجرمانہ کوشش اور جہل وتعصّب کی نمایندگی کرتی ہیں، بعد کی تین علامتیں سچائی کی تلاش، روحِ حقیقت اور زندگی کی صحتمند قوتوں کی نمائندہ ہیں۔

پوری نظم انھی عوامل کی کشمکش اور آویزش سے تعمیر ہوئی ہے۔

۱۹۴۹ سے ۱۹۶۶ کے اوایل تک سترّہ سال پر پھیلی ہوئی شاعری کا یہ ایک انتخاب ہے، ایسی کئی نظمیں اور غزلیں جو اس انتخاب میں جگہ پا سکتی تھیں صفحات کی تنگ دامنی کی وجہ سے جگہ نہ پا سکیں لیکن انھیں اگلے مجموعے میں پیش کرنے کی ہوس ضرور ہے۔

آخر میں میرا خوشگوار فرض ہے کہ میں اپنے دوست اور رفیقِ کار جناب اطہر پرویز کا شکریہ ادا کردوں جن کے خلوص توجہ، دلچسپی اور اصرار نے میری زندگی کے اِن اوراقِ پریشان کو ترتیب دے کر کتاب کی شکل دے دی۔ اگر اُن کا حوصلہ محرک نہ ہوتا تو یہ اوراق ابھی اور کئی برسوں تک پریشان ہی رہتے۔

وحید اختر

۱۵ مارچ ۱۹۶۶

شعبہ فلسفہ علی گڑھ مسلم یونیورسٹی، علی گڑھ

پس نوشت

(زنجیر کا نغمہ کے لیے لکھی گئی تھی)

پورے آٹھ سال کے وقفے کے بعد میرا یہ تیسرا مجموعہ شایع ہو رہا ہے۔ میرا پہلا شعری مجموعہ ۱۹۶۶ میں اور دوسرا ۱۹۷۳ کے اواخر میں چھپا۔ اِس آٹھ سال میں بہت کچھ کہا۔ طویل نظم 'شہر ہوس' جو ۱۹۷۳ سے بھی بہت قبل لکھنی شروع کی تھی، ہنوز نامکمل ہے۔ ۱۲ مراثی کئی کئی سو بند کے، اشاعت کے لیے زیرِ ترتیب ہیں۔ میں نے مراثی کیوں لکھّے؟ اور آیا انھیں جدید شعری اظہار کا وسیلہ مانا جاسکتا ہے یا نہیں؟ اِن سوالات کے جواب تو مجموعۂ مراثی اور خود مرثیوں سے ملیں گے۔ فی الوقت میرا مختصر جواب یہ ہے کہ ہر موضوع، ہر تجربہ، ہر صنف بشرطیکہ وہ وجودی داخلی تجربہ بن جائے، شعری اظہار کے شایانِ شان ہے۔

آج کی شاعری نہ مخصوص موضوعات کی پابند ہے، نہ مخصوص طرزِ اظہار و لفظیات کی، نہ کسی ایک صنف کی۔ وہ ہر طرح آزاد ہے، صنف کے قیود اور وزن کے انتخاب میں بھی آزاد ہے۔ محض علامتی اظہار یا آزاد نظم یا کسی ایک طرز و اسلوب کی پابندی آزادی نہیں۔ خاص قسم کی آزادی کا پابند ہو جانا نئی طرح کی پابندی ہے۔ تجربہ شاعر کا اپنا ہونا چاہیئے، وہ کسی بھی روایت، قصّے، اسطور، سیاسی حادثے، تاریخی واقعے یا نجی مسئلے کے وسیلے سے شعری اظہار کا اہل ہو سکتا ہے۔ موضوع، روایت، قصّہ یا واقعہ وسیلہ ہے اور شاعری مجرّد تصور نہیں اس لیے وہ ہمیشہ کوئی نہ کوئی وسیلہ تجربے کے اظہار کے لیے اپنائے گی۔

زمان کی وحدت کو ناقابل تقسیم ماننے کے بعد ماضی اور تاریخ کو عہدِ حاضر سے غیر متعلق سمجھنا تاریخی اور زمانی شعور کی نفی ہے۔ 'شہر ہوس' میں تو ہزاروں برس پیچھے کی دنیا کا میں نے سفر کیا ہے، پابرہنہ، خود راہ تراش کر، ہر ہر منزل پر دم لیتے ہوئے۔ قبل تاریخ تہذیبوں سے کربلا تک اور کربلا سے آج تک کے بہت سے انسانی تجربے میرے تہذیبی لاشعور ہی کا نہیں، شعورِ حاضر کا بھی حصّہ ہیں۔ جبکہ خود اپنے سامنے کے بہت سے تجربات کا میرے تجربۂ وجود سے کوئی رشتہ نہیں، اس لیے وہ حاضر ہوتے

ہوئے بھی میرے لیے معدوم و بے معنیٰ ہیں۔

مادّی وجود ایک حال اور ایک مخصوص ماضی کا پابند ہے، مگر روحانی وجود اپنے حال اور اپنے ماضی کا خود انتخاب کرتا، اور کبھی کبھی انھیں تخلیق کرتا ہے۔ یہی انتخاب و تخلیقِ حال و ماضی کسی کے تصوّرِ فردا یا مستقبل کے خوابوں کا سرچشمہ ہے۔ اسی لیے مستقبل کا تصور بھی ہر ایک کا ایک سا نہیں ہوتا۔ حال سے ماضی کی طرف ایک سمت میں، اور ماضی سے مستقبل کی طرف دوسری سمت میں سفر کسی فرد کی اقدار کا تعین کرتا اور یہ اقدار اس کی تخلیقات میں بالواسطہ اور بلاواسطہ کبھی شعوری اور اکثر غیر شعوری طور پر مضمر و جلوہ گر ہوتی ہیں۔ اس دورخی سفر کا مرکزی نقطہ فرد کا تاریخی موقف ہے جو انسانی وجود کی تاریخیت ہے۔ یہی اس کے عصری اور تاریخی شعور و اظہار کی اساس بھی ہے اور مواد بھی۔

میں نے زمان و مکاں کے وحدانی تناظر میں جو تخلیقی سفر کیا ہے، وہ صرف شعری اظہار کا سفر نہیں، میرے وجود کا سفر ہے۔ اگر میرا تجربہ کہتا ہے کہ

آج انساں نہیں، زنجیریں جنم لیتی ہیں

تو پھر ان زنجیروں کے نوحے یا نغمے، رزمیے یا مرثیے، قصیدے یا ہجو کو شعری قالب میں ڈھالنا تقاضائے وجود ہے۔ اگر ہمارا وجود آزاد ہے تو وہ تقاضائے وجود کی تکمیل کا پابند ہے، یہاں انتخاب اور آزادی نہیں۔ یہ داخلی جبر ہے، خارجی نہیں۔ اسی لیے اس کا حق ادا کرنا آزادی ہے۔ آج ذات کے تجربۂ وجود سے لے کر اجتماعی تجربے کی ہر سطح پر اور ہر شکل تک آزادی سب سے بڑا مسئلہ ہے۔

آزادی مطلق نہیں ہوتی اس کی ان گنت شکلیں ہیں: انفرادی اور قومی آزادی، معاشی اور سماجی آزادی، سیاسی اور ذہنی آزادی، گروہی اور بین گروہی آزادی۔ آزادی کی طرف ہمارا رویہ ہی ہمارے ذاتی، سماجی، قومی، مذہبی اور بین الاقوامی رویّوں اور تصورات اور ان سے وابستہ اقدار کی تشکیل کرتا ہے۔

حیاتی ارتقا کے سفر کا منتہا آزادی ہے، لیکن سماجی اور سیاسی، علمی اور تہذیبی ترقی ہر قدم پر ہماری زنجیروں میں نئی گرہیں بڑھاتی جارہی ہے۔ روسو کو غم تھا کہ انسان آزاد پیدا ہوتا ہے، مگر اسے زنجیر بستہ کر دیا جاتا ہے۔ اس کے بعد سے اب تک انسانی تہذیب اور عُلوم نے جو ترقی کی ہے وہ فطرت اور خلا کی تسخیر پر تو آمادہ ہے، مگر افراد کی ذمّہ داریاں بھی اسی تناسب سے بڑھاتی جارہی ہے۔

ہر فرد اپنی ذمّہ داری دوسرے پر ڈھکیل دے تو ذمہ داری زنجیر بن جاتی ہے۔ ہمارا معاشرہ حقوق کے نام پر یہی زنجیریں بانٹتا ہے۔ ہمارے دور کا انسان پیدا ہی زنجیر بستہ ہوتا ہے۔ ہم حقوق کے نام پر،

زنجیریں ڈھالنے والوں سے جو مانگتے ہیں اس کے جواب میں ایک اور نئی زنجیر ملتی ہے۔ فرد حکومت اور اداروں سے اور پسماندہ ملک ترقی یافتہ ممالک یا بین الاقوامی مالی فنڈ سے امداد کے نام پر زنجیریں ہی مانگتے اور خوشی خوشی قبول کرتے ہیں، یہ سوچے سمجھے بغیر کہ آزادی کی خاطر ہم اور گرفتار ہو رہے ہیں۔ حصولِ زر، تحصیلِ منصب و جاہ، معاشی تعاون، سیاسی امداد، اکثریت پر اقلیت کا تکیہ، طاقتور پر کمزور کا بھروسا زنجیر شکنی نہیں زنجیر کوشی و سلاسل بستگی ہے۔ لیکن انفرادی، سماجی اور بین الاقوامی سطحوں پر اس سے مفر بھی نہیں۔ یہی ہمارے عہد اور اس کے انسان کا المیہ ہے۔

اس سے اوپر اٹھنے ہی کی کوشش تخلیقی عمل ہے جو عقیدے، خیال یا محبوب سے وابستہ ہو کر عشق بن جاتی ہے۔ وفاداری میں استواری کی شرط ہو یا نہ ہو، عشق خود آزادی اور تخلیقی عمل ہے۔ وجود کی اس آفاقی زنجیر بستگی میں اگر کہیں آزادی اور آزادی کا تجربہ ممکن ہے تو محبت کے رشتے میں۔ محبت کی وابستگی ہی آزادی ہے۔ یہ تاجرانہ تعلق، ربطِ حاکم و محکوم، فرقِ مراتبِ خورد و بزرگ سے بالاتر ہے جہاں افراد ایک دوسرے کو مکمل آزادی کے تجربے کی دنیا میں اپناتے ہیں۔ عشق کی کشاکش جبر کی نہیں آزادی اور آزاد وجودوں کی کشاکش ہے۔ عشق تخلیقی جدلیات کا تناؤ اور داخلی تضاد ہے جو اپنی ترکیب میں آزادی پر منتج ہوتا ہے۔ یہیں زنجیریں ٹوٹ کر وصل کا نغمہ بنتی ہیں، عملِ تخلیق کا حکمِ 'کُن' بن جاتی ہیں۔ عشق کی طلب آزادی کی لگن ہے۔ یہ روایتی خود سپردگی، فنادگی اور فنا سے مختلف تجربہ ہے۔ اس لیے آج کی نظمیہ شاعری ہو یا غزلیہ، تجربۂ عشق کے اظہار کا لہجہ و آہنگ روایتی عشق بستگی سے یکسر مختلف ہے۔ تصوف کے تصوّرِ فنا کے تحت فارسی اور اردو کی عشقیہ شاعری کا منتہا فنا تھا، آج وجود کی آزادی کا تقاضا بقا ہے۔ اسی لیے آج طالب و مطلوب میں آزاد کشاکش کا اظہار شعری تجربے کا خاصّہ ہے۔ یہی کشاکش وجود کی تکمیل کرتی اور زنجیروں کو پوری طرح نہ سہی، کچھ تو کمزور کر ہی دیتی ہے۔

میرے اس مجموعے میں غزلوں کی تعداد نظموں سے زیادہ ہے، شاید اس لیے کہ غزل میں شکستِ زنجیر کا نغمہ سنائی دیتا ہے اور یہ عشق کے اُن تجربات کے اظہار پر زیادہ قادر ہے جنھیں میں آزادی کی کشاکش و حصول کہتا ہوں۔ نظموں میں اگر طنز کا لہجہ کہیں کہیں، تیز محسوس ہو تو اس کا ذمّہ دار اُن زنجیروں کی گراں باری کو ٹھہرایئے جن میں ہمارا وجود جکڑا ہوا ہے۔ زنجیر بستہ کو کم از کم طنز اور زہر خند کی آزادی تو ہونی چاہیے۔ یہ طنز کچھ مقامات پر غزلوں میں بھی در آیا ہے۔ تجربۂ عشق دنیا و مافیہا، اطراف و امصار اور خود اپنے وجود اور اس پر مسلّط زنجیروں سے بے خبری نہیں، اس کا شعور ہی تو ہے۔ اگر آپ توجہ سے پڑھیں تو زنجیروں کے ان نغمات میں عہد حاضر کا المیہ بھی مل سکتا ہے اور طربیہ

بھی، مرثیہ بھی اور رزمیہ بھی۔ اگر کوئی زنجیر کا نوحہ اور شکستِ زنجیر کا نغمہ نہ سن سکے تو وہ آزاد ہے کہ اپنی بستگی کو میرے اظہار کی پابندی کا نام دے دے۔ میں یہاں جدید حسیّت، احتجاج کی شاعری، تیسری دنیا کی آواز وغیرہ کی اصطلاحوں سے بحث نہیں کرنا چاہتا اس لیے کہ شاعر اگر تنقید کا منصب اپنائے تو وہ 'خود دفاعی' اور 'خود اظہاری' کا آسانی سے مرتکب ہو سکتا ہے۔ شعری تنقید کے یہ ایسے مسایل و موضوعات ہیں جو شاعر کو عملِ تخلیق میں یاد بھی نہیں آتے۔ ان کا تجزیہ اور ان پر محاکمہ تنقید کا کام ہے۔ کسی شاعر کو خود اپنا نقاد نہیں بننا چاہیے۔ نہ کسی نقاد کو وکیل بنا کر اپنا دفاع کرنا چاہیے۔ میں نے اپنی کسی کتاب پر کسی اور سے تعارف یا پیش لفظ نہیں لکھوایا۔ جب فرشتے مسلسل کتابتِ اعمال فرما رہے ہیں تو اپنے داخلی تجربات کے اعمالنامے پر کسی اور کو مہر لگانے کا اختیار کیوں دیا جائے۔ کسی اور کے توسط سے اپنی شاعری کو پہچنوانا یا اس کی تعریف و توصیف کروانا اپنی آزادی کو بھی سلب کر لینا ہے اور قارئین کی آزادی پر بھی شک یا حملہ ہے۔ ہر قاری کو رائے کی آزادی حاصل ہے۔ اسی لیے میں نے خود بھی پیش لفظ نہیں لکھا۔ پس نوشت میں جو عرض کیا ہے، اگر اسے آپ پڑھیں گے تو شاعری پڑھنے کے بعد:

خود کو لکّھا بھی ہے میں نے ہی، مٹایا بھی ہے خود
قلمِ غیر نے سایا بھی نہ میرا دیکھا

وحید اختر

۲۶ نومبر، ۱۹۸۱

شعبۂ فلسفہ، مسلم یونیورسٹی علی گڑھ (یو۔ پی)

نظمیں

جسے زمانہ سمجھتا ہے، پر نہیں کہتا
وحید آپ ہی تنہا وہ داستاں کہیے

اے دانشِ حاضر ہمیں پہچان، ہمیں مان
ہم ہی تیری کھوئی ہوئی آواز رہے ہیں

آنسو

ایک آنسو، جو چھلک اٹّھا تھا چشمِ نم سے
تو نے کیوں خشک کیا، چشم پہ دو بھر تو نہ تھا

یہ چراغِ رہِ منزل تھا، جو بھڑکا تھا ابھی
کیوں بجھایا، مہ و خورشید سے کم تر تو نہ تھا

دلِ غم دیدہ کی آغوش کا پالا ہی سہی
تو نے کیوں توڑ دیا، یہ دلِ مضطر تو نہ تھا

پی کے یہ خونِ تمناؤں کا پروان چڑھا
آئینہ تھا یہ تمنّا کے برابر تو نہ تھا

ایک ہی بوند تھی آتش کدۂ دل میں فقط
لوحِ ہستی پہ یہ کچھ حرفِ مکرّر تو نہ تھا

ساحلِ چشم پہ آیا تھا سفینہ غم کا
کشتیِ عیش و مسرت کا یہ لنگر تو نہ تھا

آخری قطرۂ مے تھا، میں اسے پی جاتا
تو نے کیوں چھین لیا، یہ ترا ساغر تو نہ تھا

۱۹۴۹

زادِ راہ

کتنی افسردہ وویراں ہے یہ تنہائی کی شام
تنگیِ قبر کا کمرے پہ گماں ہوتا ہے
در و دیوار، دریچے شجر و صحن و بام
سب کی خاموشی سے اک درد عیاں ہوتا ہے
جانی پہچانی ہوئی میز، کتابیں، کرسی
قرب بھی آج مجھے اِن کا گراں ہوتا ہے
دن کے ہنگاموں میں بہلا ہوا ہر صدمۂ جاں
دل کے ہر گوشے میں پھر نوحہ کناں ہوتا ہے
محفل و مجمع و بازار میں کھوئی ہوئی فکر
جب سنبھلتی ہے تو ہر درد جواں ہوتا ہے

کھِل گئے ہیں شفقستاں سرِ دامانِ فلک
شام دامن کو حسیں پھولوں سے بھر آئی ہے
وقت کی اُڑتی ہوئی پریوں سے رخصت کے لئے
دستِ مشاطۂ فطرت سے سنور آئی ہے
اِس قدر شوخ، شفق رنگ ہے ملبوسِ حریر
رنگ و ریشم کی پری جیسے اُتر آئی ہے
کتنی نکھری ہوئی رنگین فضا ہے، پھر بھی
شام میرے لئے بادیدۂ تر آئی ہے
روح کی پلکوں پہ کچھ اشک چمک اُٹھے ہیں
غم کی ہر شکل مرے دل میں اُبھر آئی ہے

رات آہستہ خرامی سے چلی آتی ہے
وقت ظلمات کی آمد کا پتا دیتا ہے
جب الجھتے ہیں اندھیروں کے قدم تاروں سے
کوئی دو چار دیے اور جلا دیتا ہے
گرنے لگتا ہے اگر ٹوٹ کے تارا کوئی
ہر تمنائے شکستہ کو صدا دیتا ہے
سرد ہوتی ہوئی نم ناک ہوا کا ہر لمس
میرے احساس میں اک آگ لگا دیتا ہے
شب کی ٹھہری ہوئی ظلمات کا گمبھیر سکوت
کتنے سوئے ہوئے جذبات جگا دیتا ہے
اپنے کاندھے پہ اُٹھائے ہوئے نعشِ ماضی
زندگانی کا ہر اک لمحہ پلٹ آیا ہے
فرصتِ عمرِ دو روزہ نے کیے ہیں جو ستم
دل نے اُن سب کو نئے رنگ میں دکھلایا ہے
زخم اپنوں سے، عزیزوں سے ملے ہیں جتنے
نشتروں سے انھیں پھر آج اُدھڑوایا ہے
پردۂ یاد میں لپٹا ہوا ہر فقرۂ تلخ
قہقہے مار کے احساس میں چلایا ہے
چند معصوم سی خوشیوں کا اثاثہ لے کر
کوئی ایسے میں دبے پاؤں چلا آیا ہے

وہ مری مادرِ مرحوم کا چہرہ اُبھرا
کیسی بے پایاں محبت کی ہوا آتی ہے

تلخیِ زیست سے بھینچے ہوئے لب کھُلتے ہیں
مامتا پیار سے پیشانی پہ جھک جاتی ہے
رُخِ افسردہ پہ ہوتی ہے بہاراں کی نمُود
اک اسی پیار سے چہرے پہ ضیا آتی ہے
میرے تپتے ہوئے، سلگے ہوئے احساس کی آنچ
اسی آنچل سے تو مُنہ ڈھانپ کے سو جاتی ہے
جی کے بہلانے کو مِل جاتا ہے اک آئینہ
عہدِ طفلی کی ہر اک یاد پلٹ آتی ہے

بھائیوں، دوستوں، استادوں کے ہنستے چہرے
دامنِ دل سے ہر اک داغ مٹا دیتے ہیں
باپ کے شفقت و الطاف میں ڈوبے الفاظ
ظلمتِ یاس میں شمعیں سی جلا دیتے ہیں
بوئے اخلاص سے مہکے ہوئے دو چار خطوط
تلخیِ گردشِ ایّام بھُلا دیتے ہیں
کامیابی کے گلاب اور مشقت کے چراغ
منزلِ راہِ تمنا کا پتا دیتے ہیں

مضمحل چہروں پہ اُمیّد کی ہلکی سی کرن
جہدِ انساں پہ یقیں کرنا سکھاتی ہے مجھے
اپنی محنت سے سمیٹے ہوئے حاصل کی خوشی
لذّتِ شوق کے اسرار بتاتی ہے مجھے
حجلۂ شعر میں بیٹھی ہوئی فن کی دیوی
نغمۂ انفس و آفاق سُناتی ہے مجھے
شاعروں اور ادیبوں کی کھنکتی محفل
دعوتِ فکر و نظر دے کے بلاتی ہے مجھے
چند معصوم سی خوشیوں کی یہ دنیائے حسیں
غم و آلام میں جینا بھی سکھاتی ہے مجھے

انہی محدود سی خوشیوں پہ گذر کر لوں گا
صبح کے واسطے یہ رات بسر کر لوں گا

۱۹۵۳

تنہائی

بہت ہی سخت مراحل ہیں زندگانی کے
ہر ایک گام نیا جادہ، مشکلات نئی
نئے تقاضے، نئے تجربے، نئے آلام
ہر اک مقامِ سفر پر ہے کائنات نئی
وہی ستارے، وہی چاند، اور وہی سورج
مگر نیا ہے ہر اک دن، ہر ایک رات نئی
عجیب بات ہے مرنے کی آرزو کر کے
کبھی کبھی تو ملی ہے مجھے حیات نئی
بزورِ جہدِ مسلسل، بہ فیضِ عزم و عمل
ہر ایک مشکلِ راہِ سفر ہوئی آساں
بہ تابِ شمعِ یقین و بہ گرمیِ رفتار
ہر ایک منزلِ دشوار کے ملے ہیں نشاں
جنھوں نے مجھ کو سہارا دیا تھا آج تلک
وہ حوصلے وہ عزائم جوان ہیں اب بھی
جو تنگ تھے مری مشکل پسند ہمت پر
وہی حدودِ زمان و مکان ہیں اب بھی
مگر حیات میں آیا ہے کونسا یہ مقام
ہوا ہے آج مرے دل کو شکوۂ آلام
دلِ جواں سے عبارت ہے زندگی اپنی
اسی سے نشہ ہے کس طرح اس کو ٹھکراؤں
یہ کشت زار مرے ہی لہو نے سینچی ہے
یہی رفیقِ سفر ہے، یہی ہے راہ نما
اسی کے فیض سے ہے سیلِ زندگی جاری
بہت ہی سخت مراحل ہیں زندگانی کے
بغیر ہمرہیِ دل نہ چل سکوں گا میں
نہ جانے کونسی منزل پہ آج آپہونچا

نہ جانے کس کا مجھے آج انتظار سا ہے
میں خود کو جتنا بھی بہلاوے دینے کی خاطر
ہجوموں، انجمنوں، محفلوں میں لاتا ہوں
پکارتا ہے یہ دل، تُو تو اب بھی تنہا ہے

اداس رات! طویل و خموش و نوحہ کناں
تمام عرصہ گہہِ زیست خواب گاہِ عظیم
ہوا بھی چلتی ہے تھم تھم کے سسکیاں بھرتی
دکھا رہا ہے غمِ دل کو جیسے آئینہ
چہار سمت اڑاتا ہے چاندنی کا غبار
بہت گراں ہے شبِ ماہتاب و تنہائی
یہ چاند تارے مرے دردِ دل کو کیا جانیں
ضمیرِ ارض کی اونچائیو سہارا دو
یہ تیرگی ہے کہ گھٹتا ہے دم اجالوں کا
مجھے امید کی پرچھائیو سہارا دو

خوشا کہ موجِ تصور ہوئی ہے بال کشا

مقامِ میکشی و بے خودی پہ آپہونچا
خیالِ یار کا پیکِ سبک خرام آیا
دیارِ دوست سے دل کے لئے پیام آیا
ٹھہر بھی جا کہ ستاروں کو نیند آتی ہے
جگا کے چاند کو ان کی سواری آتی ہے
سکوتِ شب کو بھی اذنِ نواگری دے دو
نفس نفس کو زبانِ پیمبری دے دو
بہت حسیں ہیں شب و روز و آفتاب و قمر
کسی کے حسن کا پرتو ہے یا عروجِ نظر
خیالِ یار کی رنگینیاں معاذ اللہ
وصالِ دوست کی ساعت، گناہِ پاکیزہ
کچھ اتنی مست ہوئی جا رہی ہے بزمِ خیال
تمام عشق کا پرتو، تمام عکسِ جمال
یہی صنم کدۂ ذہنِ شاعرِ تنہا
یہی ہے معبدِ فکر و نظر، یہی قبلہ
یہاں نہیں کبھی دل کو ملالِ تنہائی
ہجومِ ناز و ادا کی ہے محفل آرائی
غرورِ حسن ہے خود عشق کا تمنائی
بہت طویل ہے یوں تو حدیثِ بزمِ خیال
مگر زباں کو نہیں شرحِ حرفِ دل کی مجال

بہت عزیز سہی مجھ کو بزمِ فکر و خیال
بہت طویل سہی یہ حضوریِ جاناں
عزیز تر ہیں مگر زندگی کے ہنگامے
طویل تر ہے مگر ساعتِ غمِ دوراں
زمیں پہ کھینچ ہی لاتی ہے بے پناہ کشش
خمار ٹوٹ ہی جاتا ہے ایک منزل پر
جسے کیا تھا بہ مشکل اسیر دامِ خیال
نکل ہی جاتا ہے وہ دسترس سے پھر باہر
فقط خیال سے تنہائیاں نہیں کٹتیں
فقط بیان سے دشواریاں نہیں گھٹتیں

مرے صنم کدۂ ذہن کی حسیں معبود
تخیلات کے پردہ سے باہر آجاؤ
زمین کو ہی بنانا ہے جنتِ انساں
فرازِ جنتِ تخئیل سے اُتر آؤ
نہ جانے کتنے فسانوں کا آج عنواں ہو
حقیقتوں کو بھی اب اپنا رنگ دکھلاؤ
ہزار روپ سے چھپ چھپ کے مسکراتی ہو
کسی بھی روپ میں اب سامنے تو آجاؤ
ڈرا رہی ہے غمِ روزگار کی ظلمت
نظر نظر میں غمِ دل کی روشنی لاؤ
سفر طویل ہے، منزل ہے دور، سخت ہے راہ
اب اور سختیِ ہجراں میں یوں نہ تڑپاؤ
بہت ہی سخت مراحل ہیں زندگانی کے
رفاقتِ دلِ تنہا اب آ کے فرماؤ

تمہاری آنکھوں سے پیتا رہوں شراب اگر
ہر ایک زہر کو پی کر بھی جی سکوں گا میں

تمہاری زلف کے سایہ میں ہے پناہ اگر
بھڑکتی آگ کے شعلوں سے کیا ڈروں گا میں
متاعِ زیست گراں ہے اگر زمانہ میں
تمہارا حرفِ محبت حیات پرور ہے
بہت ہی تیرہ و مایوس کن ہے رات اگر
تمہاری اک نظرِ التفات رہبر ہے
ابھی تو اور بھی دشواریاں ہیں راہوں میں
تمہارا ساتھ اگر ہو تو سہل ہے سب کچھ

۱۳ اکتوبر، ۱۹۵۳

مداوا

یہ جہانگیر اندھیرا، یہ امڈتی برسات
دل کی بجھتی ہوئی شمعوں کو نگلتی ہوئی رات
زد میں بے رحم ہواؤں کی دیا کیسے جلے
اس اندھیرے کا مداوا کوئی کس طرح کرے
سینۂ ہستیِ تنہا سے دھواں اٹھتا ہے
ہر نفس اَب تو بہ اندازِ فغاں اٹھتا ہے
کتنی دوشیزہ تمناؤں کی جلتی ہے چتا
کتنی مٹتی ہوئی قبروں کے نشاں ملتے ہیں
سر کو نیوڑھائے ہوئے فرشِ عزائے دل پر
کتنے ارمان بہم گریہ کناں ملتے ہیں

دل دھڑکنے کی صدا آج ہے یوں کھوئی ہوئی
جیسے آوارہ کوئی اپنے وطن میں آکر
ہر شناسا در و دیوار سے مایوس پھرا
اپنے ہی شہر میں ہر در پہ صدائیں دے کر
سر جھکائے ہوئے محرومِ جواب آیا ہے
اور اب دوٗر کسی کوچۂ تنہائی سے
اُس کے تھکتے ہوئے قدموں کی صدا آتی ہے

دل کہ واقف نہیں آدابِ محبت سے ابھی
چاہے جانے کی تمنا میں دُکھا کرتا ہے
صِرف اِک حرفِ محبّت کی چھُپائے ہوئے آس
جانے پہچانے خد و خال تکا کرتا ہے
پوچھ لے حال بھی کوئی تو بڑا احساں ہے
زخم بھی کوئی کریدے تو نشاطِ جاں ہے
دل کے رِستے ہوئے زخموں کا کہاں ہے مرہم
بے اثر آتشِ گل ہائے جگر پر شبنم
اس قدر تیز ہے بے مہریِ ایام کی دھوپ
چند لمحے بھی ٹھہرتی نہیں شبنم کی نمی

دل کچھ اس کرب سے رویا ہے دمِ آخرِ شب
اُس کی خاموش فغاں جانے کہاں تک پہونچی
اب جو لوٹی ہے تو اک مجمعِ یاراں لے کر
اجنبی چہروں میں ہر رنگِ گلستاں لے کر
جانے کِن کِن در و دیوار سے ٹکرائی ہے
ایک آواز میں شامِل ہیں کئی آوازیں
میری فریاد، مرا درد نہیں ہے تنہا
چارہ گر آئے ہیں خود ہی دلِ بیمار کے پاس

بزمِ تنہائی میں آئے ہوئے یہ ہم نفَساں
کس قدر پیار سے سمجھاتے ہیں آدابِ فغاں
"دل کا شکوہ بھی بجا، اور تڑپنا بھی درست
لیکن اے دوست یہاں کون نہیں ہے ناخوش
مطمئن کون ہے اِس عہدِ ستم گاری سے

کون شاکی نہیں حالات کی سفّاکی سے
کِس کے سینے میں نہیں عہدِ گذشتہ کی کھٹک
کون محفوظ ہے اندیشۂ فردا سے یہاں
سب کے سینوں میں غمِ ذات کے جلتے ہیں الاؤ
سب کے دل کھائے ہوئے بیٹھے ہیں کتنے ہی گھاؤ
دیکھ سکتے ہو تو اشکوں کی ہنسی بھی دیکھو
مسکراتی ہوئی آنکھوں میں نمی بھی دیکھو"

کتنی نرمی سے یہ مجمع مجھے سمجھاتا ہے
"عظمتِ غم سے جو منکر ہے وہ دل پتھّر ہے
اسی شعلے سے رگِ سنگ میں جلتے ہیں چراغ
اسی حِدّت سے چٹختے ہیں اندھیروں کے ایاغ
اسی قوت سے ہے بے بال و پری کی پرواز
اسی آتش سے دلِ شعر میں آتا ہے گداز
پھر گدازِ دلِ غم خوردہ سے کیوں کام نہ لیں
ہو جو تریاق بھی اُس زہر کا کیوں جام نہ لیں"

بزمِ تنہائی میں آئے ہوئے یہ ہم نفساں
دوُر و نزدیک سے آواز دیے جاتے ہیں
آؤ اک دوُسرے کے غم کو سمجھنے کے لیے
آؤ انسان کی تقدیر بدلنے کے لیے

۱۹۵۴

دعائے نغمہ

میں کہ اک جنّتِ نادیدہ کا افسانہ طراز
اپنے بچھڑے ہوئے خوابوں کو صدا دیتا ہوں
لوٹ کر زیست نے بخشا مرے غم کو وہ گداز
راہزن مانگے تو دل راہِ خدا دیتا ہوں
زخم کاری ہو تو قاتل کو دعا دیتا ہوں
نقرۂ وزر ہی میں تُلتا ہے جہاں ذوقِ نظر
قیمتِ حُسنِ نظر اور بڑھا دیتا ہوں
کوئی دل ٹوٹے تو ہوتی ہے مرے دل کو خبر
کوئی بھی چشم ہو نم، ہے وہ مرا دیدۂ تر
اہلِ دل، اہلِ نظر قیمتِ فن جانتے ہیں
خون رونے ہی سے تخلیق پہ آتا ہے نکھار
شپّرہ چشم کہاں صبح کو گردانتے ہیں
سینۂ سنگ ہے محرومِ متاعِ گلزار
آبِ شمشیر نہیں چارہ گرِ زخمِ بہار
مِرا فن دادطلب ہے غمِ انساں تجھ سے
اِس لطافت پہ کہ دھڑکن دلِ نازک پہ ہے بار
آشنا پھر بھی ہوں اے شورشِ دوراں تجھ سے
عمر بھر ساتھ نبھانے کا ہے پیماں تجھ سے
ثمرِ محنت آدم سے نکھرتا گلزار
بن کے عنواں مِری نظموں کو صدا دیتا ہے
تپشِ تیشۂ ہمّت سے پگھلتا کہسار
دولتِ بطنِ زمیں مُجھ کو دکھا دیتا ہے
دوُدھ کی نہر چٹانوں میں بہا دیتا ہے
ظلمتِ خاک سے اٹھتی ہوئی فصلوں کا چراغ
شمعِ افکار کی لو اور بڑھا دیتا ہے
گرمیِ خونِ شہیداں سے ہیں گردش میں ایاغ
خاک کے ذرّوں سے ملتے ہیں ستاروں کے سُراغ

گونجتے شہر، رواں اور دواں راہ گزر
کارخانوں کے دھڑکتے ہوئے سینے کا دھواں
مکتبِ اہلِ ہُنر، مدرسۂ فکر و نظر
زندگانی سے چھلکتے ہوئے میدان و مکاں
عَرَقِ جہد سے مہکی ہوئی کشتِ دہقاں
دستِ محنت میں پگھلتی ہوئی روشن دھاتیں
پائے رہرو سے لپٹتی ہوئی منزل کا نشاں
جاگتے دوڑتے دِن، نیند میں لپٹی راتیں
روز لاتی ہیں سخنور کے لئے سوغاتیں
آتشِ عشق کی حدت میں تپائے ہوئے دل
اپنی گرمی مرے افکار کو دے دیتے ہیں
یادِ محبوب میں آنکھوں سے بہائے ہوئے دل
اپنا اخلاص مرے پیار کو دے دیتے ہیں
اپنی دھڑکن مرے اشعار کو دے دیتے ہیں
چشمِ جانانہ کے در پردہ فسوں سازِ سخن
نطق اپنا مری گفتار کو دے دیتے ہیں

ہے وہی موجِ صبا، جس سے ہو آسودہ چمن
ہے وہی گیت، جو بن جائے دِلوں کی دھڑکن

اے غمِ زیست! ترِی راہبری کیا کہیے
شوق پر تنگ ہیں کیوں شمس و قمر کے جادے
خوں بہا مانگتی ہے، دیدہ وری کیا کہیے
وحشتِ عشق کو آدابِ وفا سکھلا دے
دشت پیما جو کیا، حوصلۂ دریا دے
طرزِ دل داریِ امواجِ صبا مل جائے
نہ سہی آبِ بقا، زہرِ غمِ دنیا دے
سخن آگاہ کو نغمے کی رضا مل جائے
دل سرِ دار دعا دے تو خدا مل جائے

۱۹۵۴

لہو کے چراغ

ترے جمالِ سحر پاش و تاب ناک کی خیر
وہی سحر ہے جو چمکے اُمیدِ دید کے ساتھ
وہ صبح جس میں نہ شامل ہو روشنی تیری
اُسے بھی رات سمجھتے ہیں تیرے ہجر زدہ
نہ جانے کون سی ساعت میں تجھ کو دیکھا تھا
یہ جانتے ہوئے چاہا کہ پا نہیں سکتا
یہ جانتے ہوئے مانگی تھیں زلف کی راتیں
کہ اِن کے بعد اُجالا پھر آ نہیں سکتا
یہ جانتے ہوئے چہرے کی چاندنی ڈھونڈی
کہ تجھ سے چھوُٹ کے مہتاب بھا نہیں سکتا
یہ جانتے ہوئے پوُجا تجھے خیالوں میں
کہ پتھروں کو دھڑکنا سکھا نہیں سکتا

یہ جانتے ہوئے بھٹکا ہوں تیری راہوں میں
کہ لُٹ بھی جاؤں تو میں داد پا نہیں سکتا
جہاں سے گذری نہیں ہے ترے بدن کی نسیم
وہاں بھی میں نے کھلائے ہیں تیری یاد کے پھوُل
جہاں پہونچ بھی نہ پائی تِری نظر کی کرن
وہاں بھی میں نے گرائی ہے آنکھ سے شبنم
وہ راہیں جو رہیں محرومِ پائے جادہ نواز
تِری تلاش میں پہونچے وہاں بھی میرے قدم
وہ روز و شب جو گذارے ہیں میں نے تجھ سے دوُر
تمام عمر کے صدموں کا بار اٹھائے ہیں

ہر ایک لمحے نے رگ رگ میں نیشتر توڑے
ترے فراق نے کیا کیا عذاب ڈھائے ہیں
نہ جانے کہہ گئی کیا بات اک نگاہِ وداع
میں تجھ کو بھولنا چاہوں بھی تو بُھلا نہ سکوں
ترے بلند در و بام سے یہ کون کہے
بھٹک رہے ہیں ترے راستوں پہ میرے خواب
مجھے یہ ڈر ہے وہ آوارگانِ کوئے وفا
ترے حریم میں در آ گئے تو کیا ہو گا
پہونچ کے تیرے شبستاں کے شیش محلوں تک
جو تیری نیند سے ٹکرا گئے تو کیا ہو گا
تِری نگاہوں سے وابستہ نرم و نازک خواب
شکستِ خواب سے گھبرا گئے تو کیا ہو گا

اگر ملیں کہیں تجھ کو وہ سر برہنہ خواب
نظر بچا کے گذر جانا اُن کے آگے سے
وہ تیری خوشبوئے زلفِ رسا کو جانتے ہیں
تِری ادا، ترے رنگِ قبا کو جانتے ہیں

وہ تیرے دستِ حنا آشنا کو جانتے ہیں
فروغِ روشنیٔ نقشِ پا کو جانتے ہیں
کسی سے کہنا کہ بتلا دیں اُن کو میرا پتہ
وہ میری نیند اڑا لے گئے ہیں ساتھ اپنے
تِری نگاہِ سکوں آشنا سے کون کہے

کہ لُٹ گئیں مِری نیندیں، بھٹک گئے مِرے خواب

میں تیرے واسطے رسوائے عام ہوں، پھر بھی
غضب تو یہ ہے کہ ہے پاسِ ننگ و نام ابھی
ہزاروں مصلحتیں ہاتھ تھام لیتی ہیں
بقدرِ حوصلہ دامن بھی تار تار نہیں
غمِ زمانہ نے سمجھا دیا نہ جانے کیا
کہ تجھ سے چھوٹ کے بھی زیست ناگوار نہیں

تجھی سے چاہتا ہوں سادگیِ شوق کی داد
اِسی اُمید پہ روشن ہیں خونِ دل کے دیے
کبھی الجھنے لگے دم ترا جو ظلمت میں
تجھے نہ مجھ سے گِلہ ہو کہ روشنی نہ رہی
اِسی چراغ سے تو اپنا راستہ پائے
بلا سے، آج اگر رایگاں لہو جائے

۱۹۵۴

پذیرائی

اپنے لَو دیتے شب و روز کی تنہائی سے
میں نے گھبرا کے پکارا تھا کسے، کیا معلوم
دستِ تخئیل نے کن زلفوں میں کی شانہ کشی
مدتوں چھپ کے سنوارا تھا کسے، کیا معلوم

خود تراشیدہ بتوں ہی کی پرستش کر کے
ذہن کو رشکِ صنم خانۂ آذر سمجھا
میرے پندارِ طبیعت نے محبت میں بھی
اپنے ہی ساختہ اصنام کو معبود کہا

میرا شہکار مرے ذہن کے بت خانہ سے
جانے کب یورشِ افکار اُڑا لائی تھی
میں نے پایا نہ کسی محفلِ خوباں میں اسے
جستجو اس کی بہت شہرِ نگاراں میں کی

جا کے ہر کوئے بتاں میں اسے آوازیں دیں
چاکِ دل، زخمِ جگر، دیدۂ تر دکھلائے
وہ مرا محرمِ اسرار کہیں مل نہ سکا
ہر نگر میں اُسے خود دیدہ و دل ڈھونڈ آئے

اور تھک ہار کے جب آبلہ پا بیٹھ گیا
تیرے قدموں کی صدا پاس سے یوں آئی ہے
میں یہ سمجھا کہ مرے ذہن کی دیواروں سے
میری گونجی ہوئی آواز ہی ٹکرائی ہے

آنکھ بھر کر تجھے دیکھا تو یہ محسوس ہوا
جیسے پوجا ہے تخیل میں تجھی کو برسوں
تیرے اندازِ تکلم سے ہوا دل کو یقیں
گفتگو کی ہے خیالوں میں تجھی سے پہروں

تو نے سازِ دلِ مضطر پہ رکھی یوں مضراب
عشق نے چھیڑ دیئے ہیں نشنیدہ نغمے
قربِ محتاط کی مانوس حرارت پا کر
کھُل اُٹھے شاخِ تمنا پہ ہزاروں غنچے

خندۂ زیرِ لبی سے ترے معلوم ہوا
کیسے کلیوں کے چٹکنے کی صدا آتی ہے
تیرے مہکے ہوئے انفاس نے بتلایا ہے
کس کی خوشبو میں بسی بادِ صبا آتی ہے

تو نے آنکھوں سے پلائی تو ہوئی ہے یہ خبر
آبِ حیواں کی روایات کہاں سے آئیں
تابشِ مصحفِ رخسار نے کی ہے تفسیر
شعلۂ طور کی آیات کہاں سے آئیں

میرے ویران شب و روز کی محرابوں میں
تو نے وہ شمع جلائی کہ بجھا بھی نہ سکوں
دل کی ہر دکھتی ہوئی رگ کو چھوا ہے کچھ یوں
بھولنا چاہوں جو تجھ کو تو بھلا بھی نہ سکوں

میری راتوں میں تری یاد کے تاروں کا ہجوم
مہرِ دیدار کی امید سے صبحیں روشن
قرب کی آنچ سے چمکائی ہوئی دوپہریں
شامیں تیرے ہی تصور کی شفق کا دامن

تیری چاہت نے دیا ہے جو گلابِ تازہ
دل کے گلدستۂ رنگیں میں سجا رکھا ہے
مئے امید سے لبریز ہے امروز کا جام
گردِ اندیشہ سے دامن کو بچا رکھا ہے

تو اگر چاہے تو وہ خواب حقیقت بن جائیں
میں نے اب تک جنھیں سینے سے لگا رکھا ہے

۲۲ ستمبر، ۱۹۵۴

جدائی

آج لوٹا ہوں کہیں سے غمِ تازہ لے کر
منزلِ ضبط پہ ہر گام چھٹی جاتی ہے
مقتلِ عشق کے جادے پہ قدم رکھا ہے
ہر طرف چیخنے، رونے کی صدا آتی ہے
دل کی چوکھٹ پہ ہر امید بصد حسرت و یاس
دور سے ٹوٹا ہوا آئینہ دکھلاتی ہے
راستہ روکے ہے ارمانوں کا انبوہِ کثیر
دیکھیے وحشتِ دل لے کے کدھر جاتی ہے
یادیں چپکے سے پکڑ لیتی ہیں آکر دامن
کیسے گنواؤں کہ کس کس سے حیا آتی ہے
مجھکو رو رو کے بلاتے ہیں مرے زخمی خواب
رخصت اے صبر کہ اب دیر ہوئی جاتی ہے

کِس کی چوکھٹ پہ محبت نے کیا تھا سجدہ
آج ہر خواب کے ماتھے سے لہو جاری ہے
ناوکِ دہر کی چوٹیں تو سہی تھیں لیکن
عشق کی تیغ کا یہ زخم بہت کاری ہے

آج تو ضبط کے ہاتھوں سے عِناں چھوٹ گئی
دانہ دانہ مرے اشکوں کی لڑی ٹوٹ گئی
دل کو اس طرح بھی خوں ہونا تھا سو آج ہوا
یہ نگر بس بھی نہ پایا تھا کہ تاراج ہوا

اُن کی آمد سے یہ سمجھا کہ گئی تنہائی
ابھی چھیڑے ہی تھے نغمات پذیرائی کے
جبر حالات نے نغموں کا گلا گھونٹ دیا
مجھکو لوٹا دیے پھر گیت وہ تنہائی کے
یہ اگر جانتا میں دل نہ لگاتا اُن سے
کاش رسم و رہِ الفت نہ بڑھاتا اُن سے

بھولتی ہی نہیں وہ ساعتِ ظلمت انجام
جسکا آغاز جدائی کی خبر لایا ہے
دیکھتے رہنا مسلسل وہ مجھے حسرت سے
کیا خبر تھی کہ یہی عشق کا سرمایہ ہے

ہائے اس نیم نگاہی کے کڑے تیر کا زخم
اب بھی رہ رہ کے کھٹکتی ہے دل میں کوئی شئے
ڈبڈباتی ہوئی آنکھوں کا خیال آتا ہے جب
نیند پہروں مری آنکھوں سے اڑی رہتی ہے
اُن کی آنکھوں میں جو اُمڈے ہوئے دیکھے آنسو
خون رو رو کے پکار اُٹھا مرا ہر بُنِ مو
کشتیِ چشم کو خوں میں نہ ڈبو جانِ بہار
دامنِ ضبط نہ اشکوں سے بھگو جانِ بہار
ابر رولیں گے مجھے تو تو نہ رو جانِ بہار

ہائے وہ حرفِ محبت جو ادا ہو نہ سکے
اپنا مفہوم ابھی پوچھ رہے ہیں مجھ سے
میری بے خواب سلگتی ہوئی راتیں ہیں گواہ

چین لینے نہیں دیتے ہیں سوالات ان کے
کوئی بتلاؤ کہ کیا کہہ کے انھیں سمجھاؤں
ان کے معصوم سوالات کدھر لے جاؤں

۱۶ اکتوبر، ۱۹۵۴

ہاسٹل کی ایک شام

دِن ڈھلے ہی سے ہے فضا گُم صُم
خامشی، بے کلی، ہراسانی
در و دیوار پر برستی ہے
آخرِ روز کی سنہری دھوپ
سقف و محراب سے اُتر آئی
صحن میں ایستادہ پیڑوں سے
اب لپٹ کر وداع ہوتی ہے
سایے لپٹے ہوئے ہیں قدموں میں
رو رہی ہے ہوا درختوں میں

خالی خالی اداس کمروں میں
خامشی سرسراتی پھرتی ہے
ایک وحشت بدوش ویرانی
ہر طرف دندناتی پھرتی ہے
بھولا بھٹکا کوئی مکین اگر
مضمحل مضمحل گذرتا ہے
سُن کے قدموں کی چاپ، سناٹا
دیر تک اُس کو یاد کرتا ہے

جب کوئی نغمۂ نشاط آگیں
ریڈیو روم سے دبے پاؤں
دوشِ امواجِ باد پر آکر
پردۂ گوش سے لپٹتا ہے
اور بھی سوگوار کرتا ہے
کوئی آثارِ زندگی ہی نہیں
یہ فضا جیسے بولتی ہی نہیں

شام نے آ کے ڈیرے ڈال دیے
سرمئی ملگجے پہاڑوں میں
تیرگی کی ردائیں اوڑھے ہوئے
پیڑ کھوئے گئے دھندلکوں میں
سوئے سوئے ہیں کھیل کے میداں
سوچ میں گم ہیں زرد زرد مکاں
چھوڑتے جا رہے ہیں راہ نورد
رہ گذاروں پہ اپنے نقشِ قدم
سوچتا ہوں کہ دل کی راہوں پر
وقت بھی یوں ہی چھوڑ جاتا ہے
کتنی یادوں کے گہرے پھیکے نقوش
کوئی گذرا ہوا سبک لمحہ
پوچھتا ہی نہیں پلٹ کے کبھی
سینۂ رہ گذر پہ کیا گذری
خاکِ دامن نگر پہ کیا گذری
یوں ہی ہر آنے والا لمحہ بھی
اپنے ہی نقشِ پا کو دیکھتا ہے
یہ نہیں دیکھتا کبھی رُک کر

کون سا نقشِ پا مٹا ڈالا
کون سا زخم ہو گیا آلا
چھوڑتے جا رہے ہیں راہ نورد
رہ گذاروں پہ اپنے نقشِ قدم

بلب رستوں کے جگمگا اٹھے
روشنی کا سہارا پاتے ہی
سایے پیڑوں سے پھر اُتر آئے
شمع بر دوش روشنی کے ستوں
ایستادہ ہیں سر جھکائے ہوئے
رہ نوردوں کے انتظار میں ہیں
محو غم ہائے رہ گذار میں ہیں
کوئی دیکھے نہ دیکھے، آئے نہ آئے
کوئی رُت ہو، کوئی پہر شب کا
شمعِ رہ یوں ہی جگمگاتی ہے
رات بھر راستہ دکھاتی ہے
میں بھی ہر رات اپنے سینے میں
شمعِ سوزِ نہاں جلاتا ہوں
کوئی پوچھے نہ پوچھے آئے نہ آئے
میں کسی بھول جانے والے کو
آج بھی یاد کرتا رہتا ہوں
گو مجھے انتظارِ دوست نہیں
چہرہ چہرہ شمار کرتا ہوں

اشک ٹھہرے ہوئے ہیں پلکوں پر

گاہے گاہے کوئی جواں لمحہ
افقِ چشم تک بڑھا کر ہاتھ
ایک دو منجمد ستاروں کو
مِری پلکوں سے توڑ لیتا ہے
جس طرح کوئی طفلکِ معصوم
روتے روتے ہی نیند میں کھو جائے
اور سوتے ہوئے میں گاہ بہ گاہ
ہچکیوں سے لرز لرز اُٹھے
نااُمیدی کی دھند میں یوں ہی
ایک بے نام، دردِ خفتہ سے
پوچھتا ہوں کہ وقت کی رو میں
زندگی آ گئی کہاں سے کہاں

وسطِ سرما کا نیلگوں آکاش
وسعتِ ارض پر ہے خیمہ زن
چودھویں رات کا مکمل چاند
دھیرے دھیرے ہوا ہے جلوہ فگن
چھال بے برگ و بر درختوں کی
چاندنی سے چمک چمک اُٹھّی
تیرگی پوش پیلی پیلی گھاس
لمسِ مہ سے بھڑک بھڑک اٹھّی
چاندنی بڑھ رہی ہے میداں میں
زرد سوکھے خزاں زدہ پتّے
آ کے پیروں تلے کراہتے ہیں

زیست میں موت سے نباہتے ہیں
اپنی تقدیر کو سراہتے ہیں
مہرباں چاندنی کے نازک ہاتھ
اُنھیں کس چاؤ سے سُلاتے ہیں
جب گراتی ہے بادِ نومیدی
شجرِ آرزو کے برگ وبار
ڈالی ڈالی لپٹ کے روتی ہے
اِس گھڑی جو بھی یاد آتی ہے
اضطراب آفریدہ ہوتی ہے
نوجوانی میں ہر شبِ مہتاب
دامنِ دل میں اشک بوتی ہے

غوطہ زن چاند پھر نکل آیا
ورطۂ ابر سے اُچھل آیا
پھر مناظر نے کھول دیں آنکھیں
جامعہ کی عمارتِ سنگیں
چاندنی میں کھڑی ہے سرافراز
ایک جانب کتاب خانے کے
بند یا نیم وا دریچوں میں
نیم شفاف آئینوں سے لگی
روشنی سر نکالے جھانکتی ہے
سوچتا ہوں کہ علم وحکمت کا
یہ عظیم وبلند مینارہ
ظلمتوں کے سیاہ سینے میں
کتنی شمعیں جلا چکا ہو گا
پھر بھی وہ لوگ جن کے ہاتھوں نے
اِس عمارت کو سربلند کیا
جن کے دل کا لہو، جبیں کا عرق
اِس عمارت کی نیو میں ہے جذب
وہی ظلمات کا رہے پیوند
کیوں اُنھی پر یہ در رہے ہیں بند

سوچتا ہوں کہ میرے ماہ وسال
اس عمارت میں خون ٹپکا کر
پا بھی جائیں سند تو کیا ہو گا
میرے فردا کی ہے ضمانت کیا
دیں گے مصرِ معاش کے بازار
یوسفِ علم وفن کی قیمت کیا

۱۹۵۵

واپسی

واماندگیِ عافیت اندیش کے ہاتھوں
چاہا تھا ذرا دیر کہیں ٹھہر کے دم لوں
پیکارگہہِ زیست کا ہر لمحہ مُصر تھا
زخموں کی زباں دیر سے کیا کہتی ہے سمجھوں
دم توڑتی امیدوں کی آنکھوں میں تقاضا
سینے سے لگالوں اُنھیں آنکھوں میں چھپالوں
تحریر تھکے ماندے عزایم کی جبیں پر
جینا ہے اگر، رخصتِ آرام اُنھیں دوں
غربت کے کڑے کوسوں کے تیور سے یہ ظاہر
اِس راہ سے بے راحلہ و رخت نہ گذروں
یہ دیکھ کے منزل نے بھی دی دور سے آواز
ستانا بھی اک فرض ہے، گر آبلہ پا ہوں

یہ سُن کے کمر کھولی اک آرام سرا میں
آیا نظر اُس جا بھی ہر اک شاکیِ دوراں
واماندہ و مجروح و دل افگار سبھی تھے
اِتنوں کے لئے تنگ تھی آسایشِ داماں
زخموں سے تڑپتے ہوئے ہر شخص کا آرام
بستر کے لئے دوسروں کی موت کا خواہاں
ہر ایک ہو جب اپنے ہی زخموں کا پُجاری
اوروں کے لئے کون کرے کوششِ درماں
جنگاہ سے دُور اور بہت دُور بھی آکر
نظروں میں ہیں اک مسخ شدہ جنگ کے عنواں
جو بیٹھ گیا تھک کے یہاں، پھر نہ اُٹھے گا
سنگیں ہے بہت فکرِ غمِ ذات کا زنداں

دم لینے کو آیا تھا، مگر سوچ رہا ہوں
آرام سرائیں بھی مسافر کو ہیں زنداں
وہ لوگ یہاں قید ہیں اپنی ہی رضا سے
جو چھوڑ گئے معرکۂ زیست کا میداں
کچھ وہ ہیں جنھیں وقت نے پامال کیا ہے
کچھ وہ ہیں کہ تھے مصلحت اندیش و تن آساں
کچھ وہ ہیں کہ سمجھے نہیں اِس جنگ کے اسباب
کچھ وہ ہیں کہ تھے سمتِ تغیر سے ہراساں
خود ساختہ زنجیروں میں یہ لوگ گرفتار
اپنے ہی تضادات سے فکر ان کی پریشاں
معلوم ہوا جُرم ہے دم لینے کی خواہش
پس ماندوں کی قسمت نہیں جُز نالۂ حیراں

واماندہ و مجروح و دل افگار ہوں، پھر بھی
یہ سوچ کے لوٹ آیا ہوں میدانِ وغا میں
جب شعلوں کی زد میں ہو ہر اک شاخِ گلستاں
کیا ہوگا نشیمن میں اگر سر بھی چھپائیں
جو آگ بجھانے کے لئے سینہ سپر ہیں
اُن کے لئے امکاں ہے کہ اپنے کو بچالیں

جو بیٹھ گیا توڑ کے اپنے پر و بازوُ
لازم ہے نہ چھوڑیں اُسے شعلوں کی زبانیں
پیکار گہہِ زیست کی گرمی سے ہیں بیدار
جینا ہے عزایم کو تو دم لینے نہ پائیں
دامن نہ چھُٹے قافلۂ وقت کا اِک پل
روندے ہوئے گُل کو نہ اُٹھائیں گی بہاریں

۱۹۵۵

سفر نکہت گل

یہی گھٹاؤں کی رُت تھی، یہی پھوار کے دن
مہکتی راتوں، برستے ہوئے ملھار کے دن
وہ ایک غنچۂ نشگفتہ، وہ دلِ تنہا
جسے سموم نے پالا، خزاں نے اپنایا
بھری بہار میں نادیدۂ ادائے بہار
ہجومِ خندہ میں ناواقفِ تبسّمِ گُل
گزرتے قافلۂ روز و شب کی راہوں میں
ہر ایک لمحۂ پرّاں کی سمت تھا نگراں
مگر کسی سے تبسم کی بھیک پا نہ سکا
ملِے جواب کچھ ایسے کہ مسکرا نہ سکا

یہی گھٹاؤں کی رت تھی، یہی پھوار کے دن
یہی تھے حسرتِ دیدار و انتظار کے دن
سفر عماریِ بادِ نسیم میں کرتی
کہیں سے آئی تھی اک موجِ نکہتِ بے تاب
اُس التفاتِ مجسّم کی گنگناہٹ میں
وداعِ غنچہ کی آواز پا ہوئی محسوس
نمودِ خندۂ گل کی صدا ہوئی محسوس
خیامِ گل کے حریری لطیف پردوں میں
بڑے ہی ناز سے چھُپتے ہوئے کسی نے کہا
یہی ہیں زندگی مختصر سے پیار کے دِن
یہی حیاتِ دو روزہ پہ اعتبار کے دِن

تمام عمر ہے نامعتبر، مگر وہ پل
جو دل کو حاصلِ صد انتظار بن کے ملے
ازل ابد اُسی اک پل کے ہیں طلوع و غروب
جو قربِ دوست میں گذرے بہار بن کے ملے
وہی گھٹاؤں کی رُت ہے، وہی بہار کے دن
وہی نمو کی چبھن ہے، وہی نکھار کے دن
وہی گلاب سرِ شاخِ دل ہے اب بھی، مگر
وہ روحِ خندۂ شاداب ہو گئی رخصت
کھُلے تھے جن کے لئے پردہ ہائے خیمۂ گُل
وہ موجِ نکہتِ بیتاب ہو گئی رخصت
بہت ہی چاؤ سے محرابِ گُل میں شبنم نے
جو شمعیں رکھّی تھیں لا کر، وہ سوگوار ہیں اب
حنائی ہاتھوں نے جو بیل بوٹے کاڑھے تھے
وداعِ بوئے رمیدہ کی یادگار ہیں اب
وہ آرزوئیں کہ محفل سجا کے بیٹھی تھیں
نقوشِ پائے گریزاں کی طرح خوار ہیں اب
ستم رسیدۂ و پس ماندۂ بہار ہیں اب

وہی گھٹاؤں کی رُت ہے، وہی پھوار کے دن
وہی عروسِ چمن ہے، وہی سنگھار کے دن
نہ جانے چھوڑ کے اُس جانِ رنگ و بو کو کہاں
پلٹ کے موسمِ دیوانہ گر پھر آیا ہے

لہو کی بوندیں ٹپکتی ہیں کیسے یادوں سے
یہ راز دامنِ تر میں چھپا کے لایا ہے
بھڑکنے لگتی ہے کس طرح آگ پانی سے
جُھلس کے روح کو پروانے اب بتایا ہے
برستے بھیگتے موسم سے آج کون کہے
صبا سے بات کیے ایک سال بیت گیا
وہ پھول چھوڑ کے جس کو چلی گئی نکہت
ہر ایک برگ کو دے کر دہانِ زخم کے لب
یہ دے رہا ہے دُعا نکہتِ پریدہ کو
کِسی بھی دل میں رہے، وہ قرار بن کے رہے
کِسی بھی پھول میں مہکے، بہار بن کے رہے

۱۹۵۵

عہدِ آشوب

یہ عہدِ کرب، یہ تشکیک و انتشار کا دَور
دماغ دیتے ہیں لو تیرگی کے دامن میں
اُتر رہا ہے خمارِ شرابِ عہدِ کُہن
سمجھ رہی ہیں فضا کو ابھی نئی شمعیں
خموش ہوتے چلے ہیں چراغِ آخرِ شب
دلوں کے داغ ہیں لے دے کے روشنی کے لیے

تمام رات کی بیداریوں نے چھین لیا
بچا بچا کے رکھا تھا جو خونِ تشنہ لبی
اُسی کو صبح کا تارا سمجھ لیا ہوتا
مِژہ تک آ نہ سکا میر اماہِ نیم شبی
فریضۂ سحری کے لیے وضو کیا ہو
اب اشک ہی نہیں اس ظرفہ بندگی کے لیے

سیاہیوں میں بھٹک کر افق سے تا بہ افق
نظر لڑی بھی تو ٹوٹے ہوئے ستاروں سے
کرم کی آس دلانے کے ساتھ ہی، جیسے
شکستہ جام بھی چھن جائیں بادہ خواروں سے
کھڑے ہیں کاسہ بکف ظلمتوں کی چوکھٹ پر
مہ و ستارۂ و خورشید روشنی کے لیے

فریب کھائے ہیں اتنے بہ نامِ فصلِ بہار
اب اعتبارِ مسیحائیِ صبا بھی نہیں
حصارِ لالہ و گُل توڑ کر کدھر جائیں
جو قید بھی نہیں، پرواز آشنا بھی نہیں
عبارت آج ہے زخموں کے مُسکرانے سے
شگفتِ گل کبھی تشبیہ تھی ہنسی کے لیے

چمن سیاستِ گل چیں سے ہے خزاں آثار
نسیمِ صبح پہ در بند ہے، سموم آزاد
وہ جن پہ آج بھی ثابت ہے جرمِ بے گنہی
قفس میں کاٹ رہے ہیں سزائے بے میعاد
حضورِ مرگ عروسِ حیات رو رو کر
خطا معاف کراتی ہے زندگی کے لیے

علوم و نغمہ و تہذیب و شعر کے خالق
طلا و سیم کے بازار میں ہیں جنسِ حقیر
پیمبرانِ زمانہ، مزاج دانِ حیات
بتانِ جہل و توہم کی زلف میں ہیں اسیر
جبینِ عظمتِ انساں کے راز داں کعبے
صنم کدوں میں بھٹکتے ہیں بندگی کے لیے

کچھ اس طرح سے لٹے رہروانِ راہِ حیات
عقیدتوں کا سہارا نہ تکیۂ تقدیر
ہر اک اُمید گریزاں، ہر ایک خواب تباہ
جو آج دوڑ کے ہوں بھی تو کِس کے دامن گیر

ہزاروں صدیوں نے دی تھیں جو گل شدہ شمعیں
پڑا جو وقت، نہ کام آئیں روشنی کے لیے

بہت ہی سخت ہے یہ جادۂ ثباتِ طلب
پُرانے راہنماؤں کے ساتھ چھوٹ گئے
جنھوں نے دی تھیں پناہیں قدم قدم پہ کبھی
وہ آسرے بھی مثالِ حباب ٹوٹ گئے
کچھ ایسی منزلِ دشوار آگئی ہے قریب
خضر بھی سر بہ گریباں ہے رہبری کے لیے

یہ کس مقام پہ واماندگی نے روکا ہے
نظر کے سامنے ہے منزلِ طلب کا سواد
سمیٹنا ہے ابھی تجربوں کو دامن میں
کہ خستگیِ جنوں بھی ہے مرحلہ ایجاد
دھواں دھواں سے مناظر، تھکی تھکی سی نظر
یہی تو حربے ہیں اب سعیِ زندگی کے لیے

پکارتی ہے دلِ کائنات کی دھڑکن
یہی نہ معرکۂ خیر و شر کی منزل ہو
بلند اُٹھ کے بھی موجیں پلٹ پلٹ آئیں
یہیں کہیں نہ یمِ کشمکش کا ساحل ہو
اٹھا رہا ہے نیا جام ساقیِ دوراں
جو ہو گا فتح کی تقریبِ آخری کے لیے

شعاع ریز نہیں دستِ وقت میں ساغر
چمک رہا ہے ہماری ہی تشنگی کا لہوٗ

ہر ایک ریزۂ مینا بنے گا پیمانہ
ہزار بار بھی ٹوٹے جو خونِ دل کا سبوٗ
یہ میکدہ تو نہ اجڑے گا لٹ کے بھی سو بار
ہزار راہ ہیں تسکینِ تشنگی کے لیے

۱۹۵۵

حیات و موت

اک عمر گنوا کے سوچتا ہوں
کیوں زہرِ حیات پی رہا ہوں
حاصل نہیں کچھ بہ جز تباہی
ہر عیش کو آزما چکا ہوں
بڑھتی ہے کچھ اور نامرادی
خوشیوں کا مآل جانتا ہوں
آلام کو غرقِ مے بھی کر کے
خود کو نہ فریب دے سکا ہوں

جب موت کی جستجو میں نکلا
قدموں کو زمین نے نہ چھوڑا
دامن سے لپٹ گئیں ہوائیں
پایاب ہوئیں بلند موجیں
مہتاب نے مسکرا کے دیکھا
چاندی کی رِدا اُڑھا کے دیکھا
حسنِ شبِ مہ میں کھو گیا میں
لوری سے فضا کی سو گیا میں

ٹوٹا جو سکوتِ شب کا افسوں
پہلی ہی کرن سے جی اُٹھا ہوں
نجمِ سحری کی آنکھ جھپکی
چڑھتے ہوئے دِن کی دھوپ چمکی
سورج نے بلائیں لے کے پوچھا
کرنوں نے دعائیں دے کے پوچھا
کیوں تنگ ہے زندگی کا جادہ؟
کیا تیری زمیں نہیں کشادہ؟
کیا موت تغیر آفریں ہے؟
کیا موت حیات سے حسیں ہے؟

۱۹۵۶

اپنی تنہائی کے نام

اے مری ہم دم و ہم راز مری تنہائی!
تو مرے روز و شب و شام و سحر کی ہم راز
تو مری روح میں ٹوٹا ہے نشتر بن کر
رُخِ احساس پہ ہے کرب و الم کی غمّاز
تو ہے میرے ہی حسیں خوابوں کی تعبیرِ حزیں
تو ہے میری ہی بھٹکتی ہوئی زخمی آواز
تیرے حلقے میں مقیّد ہے میرا ہر انجام
میرے ہر کارِ تمنّا کا تجھی سے آغاز

تجھ سے آغازِ شناسائیِ دل یاد نہیں
پہلے کیا جانیے کس رنگ میں پایا ہو گا
ہاں مگر یاد ہے اتنا کہ بہ جُز تیرے کوئی

میری دنیا پہ نہ اس طرح سے چھایا ہو گا
ہر تباہی مری کہتی ہے کہ اب تک تجھ کو
کوئی ویرانہ بھی یوں راس نہ آیا ہو گا
اور محروم بھی ہیں تیرے گرفتار مگر
یوں کسی نے بھی نہ سینے سے لگایا ہو گا

تجھ سے اک بار بغاوت کی قسم کھائی تھی
مگر احساسِ ندامت کے سوا کچھ نہ ملا
تجھ کو اک شخص کی الفت میں بھلانا چاہا
پھر بھی یادوں کی مسرت کے سوا کچھ نہ ملا

چند نظمیں ہیں ان ایّامِ جنوں کی سوغات
آنسوؤں آہوں کی دولت کے سوا کچھ نہ ملا
عشق کی حد میں بھی اے جانِ رفاقت مجھ کو
تیرے قرب اور معیّت کے سوا کچھ نہ ملا

تجھ سے جب بھاگنا چاہا تو سزا یہ پائی
کوئی پُرساں بھی بہ جُز رہزن و قاتل نہ ہوا
تجھ سے جب آنکھ چرائی ہے بھری محفل میں
کوئی بھی مونسِ آشفتگیِ دل نہ ہوا
دوست احباب کے ہنگامے گواہی دیں گے
رہ کے محفل میں بھی میں شاملِ محفل نہ ہوا
تو دبے پاؤں بھی آئی جو بہ ہنگامِ نشاط
میں کبھی تیری پذیرائی سے غافل نہ ہوا

تیرے سناٹے کو اشعار سنائے میں نے
اپنی گیتوں کا گلا گھونٹ کے دی تجھ کو زباں
اک ترے واسطے کس طرح مٹایا خود کو
خود پیا زہر، پلایا تجھے آبِ حیواں
خود پرستی کے ترے ساتھ اُٹھائے ہیں وہ ناز
بن گیا آپ ہی میں گردِ پسِ تیز رواں
کتنی تاویلیں تراشی ہیں ترے حق میں وہاں

گنہہِ زیست ہے اک عذر کا محتاج جہاں
اے مری ہمدم و ہم راز، مری تنہائی!

تو مری ہمدمِ دیرینہ و دم ساز سہی
جیتے جی موت کے آئین نبھاؤں کیسے
سخت ہوتا ہے حقائق کا ستمگر پتھراؤ
شیش محلوں کو ترے آج بچاؤں کیسے
آج توڑوں نہ ترا خول تو جینا ہے محال
زیست کو موت کے آداب سکھاؤں کیسے
آج توڑوں نہ اگر تیری نظر سے پیماں
سامنا زیست کا ہے آنکھ ملاؤں کیسے

۱۸ اپریل، ۱۹۵۶

شب تاب

مدتیں بیت گئیں ساعتِ دیدار کو آئے
اک زمانہ ہوا اُس پیکرِ خوبی کو بُھلائے
گردِ غم ہائے دگر، صرصرِ نومیدی سے
سال ہا سال ہوئے یاد کے شعلوں کو بجھائے

پھر بھی اس راکھ تلے ہے کوئی چنگاری سی
گاہے گاہے جو اندھیرے میں چمک اُٹھتی ہے
عشقِ ناکام کی محراب میں رکھّی ہوئی شمع
شبِ تنہائی کے زنداں میں بھڑک اُٹھتی ہے
اور اس ڈوبتے سورج کی پگھلتی ہوئی آگ
اشک بن کر سرِ مژگاں بھی دہک اُٹھتی ہے
دامنِ دل میں بکھر جاتے ہیں ٹوٹے تارے
سینۂ ضبط میں پھر پھانس کھٹک اُٹھتی ہے

کل کی شب بھی اِسی عالم میں یہ سوچا پہروں
کون اٹھائے گا یہ پلکوں سے پروئے ہوے ہار
کیا گلہ اُس سے فراموش کیا ہے جس نے
میرے غم خانے کی شمعیں بھی نہیں شب بیدار

نیم خوابیدگی یاس میں وہ پیکِ اُمید
سَامنے آگئی اس شانِ دل آرائی سے
سرِ مژگاں ابھی روشن تھیں وفا کی شمعیں
کچھ نہ کہہ کر بھی کہا آنکھ کی گویائی سے

کوئی دنیا میں خریدار نہیں اشکوں کا
میں نے ہی اِن کو چنا ہے تری تنہائی سے
تیرے آنسوٴ مری پلکوں نے اُٹھا رکھّے ہیں
ہار ٹوٹے بھی تو آنکھوں سے لگا رکھے ہیں

۱۹۵۷

صلیب

کِس بلندی پہ محبّت مجھے لے آئی ہے
صاف وشفاف ہے آئینے کے مانند فضا
چھٹ گئی دھند، پھٹے ابر، ہٹے گرد و غبار
ہر طرف گرتی ہوئی نور کی ہلکی سی پھوار
آسماں مطلعِ انوارِ سحر کی صورت
اب سے پہلے تو ہر اک چیز نظر خیز نہ تھی
کائنات اتنی حسین و کشش انگیز نہ تھی
اب سے پہلے تو غمِ ذات کا آئینہ تھا
آج آنسو میں بھی ہے کون و مکاں کی وسعت
قطرۂ خوں میں ہے چشمِ نگراں کی وسعت
موم پہلے ہی تھا دِل، اب تو ہے شمعوں کا گداز
گرمیِ بزم ہی لے دے کے ہے جینے کا جواز
کون ساز ہر بنا میرے غموں کا تریاق
میری آنکھوں میں ہے سقراط کی نظروں کا وقار
قاتلوں پر بھی محبّت کی نظر پڑتی ہے
وہی اندازِ مسیحانہ ہے دِل کا سرِ دار
یہ بلندی، یہ جہاں گیر نگاہیں، یہ گداز
یہ شہیدانِ رہِ عشق کا معصوم انداز
میں نے پایا ہے ترے نام پہ خود کو کھو کر
یہ سکوں پایا ترے ہجر میں پہروں رو کر
اب تو ہر منظرِ فطرت ہے ترا محرمِ راز
ہر حسیں شے ہے ترے لطف و کرم کی غمّاز

حُسن ہے ایک ادا، جس کا کوئی نام نہیں
جس جگہ ہو یہ ادا، ہے وہی تیرا انداز

جب سرِ شاخ کوئی غنچۂ نَو کھلتا ہے
یاد آتا ہے وہ لمحہ جو تری دِید کے ساتھ
پھول بن کر چمنِ دل میں مہک اُٹھّا تھا
جب کرن آ کے اُٹھا لیتی ہے شبنم کے گُہر
میں سمجھتا ہوں کہ تو نے مِرا آنسو پونچھا
جب صبا دیتی ہے دستک درِ گل پر آ کر
میں سمجھتا ہوں کہ تو نے ہی مجھے یاد کیا
میرے ویران دریچوں پہ اُترتی ہے جو دھوپ
یک بیک ذہن میں وہ وقت چمک اُٹھتا ہے
جب اُٹھا کر تری پلکوں کی سنہری جھالر
تیری نظروں کی شعاعیں مِرے دِل میں اُتریں
ابر کی چھاگلیں بھر بھر کے جب آتی ہے ہوا
میں سمجھتا ہوں ترے شہر کے آوارہ گرد
آئے ہیں میرے لئے زیست کا انعام لیے
میگھ دوت آئے ہیں اُمید کا پیغام لیے
صبح کا جھونکا لطافت سے جو پاس آتا ہے
تیری آہستہ خرامی کی قسم کھاتا ہے
گیت طائر کا کچھ اس طرح سے چونکاتا ہے
جیسے ہر نغمے کا رشتہ ہے ترے پیار کے ساتھ

ہر صدا ہے تِری آواز کی جھنکار کے ساتھ

جب کوئی گیت، کوئی نظم، کوئی بیتِ غزل
تیری باتوں کی طرح دل کو پسند آتی ہے
اشک بن کر تِری یاد آنکھوں میں آجاتی ہے
چھوٹ کر تجھ سے میں دنیا میں اکیلا بھی نہیں
تو نہیں پاس تو کیا تیری تمنا بھی نہیں

دل کا آباد خرابہ بھی ہے کعبہ کہ جہاں
لذتِ قرب و غمِ ہجر کے اصنام نہیں
ہے یہاں نامِ خدا صرف تِری یاد کا نور
میں نے پوجا ہے تجھے اپنے خدا کے مانند
بات بھی تجھ سے اگر کی تو دعا کے مانند

اُس بلندی پہ محبّت مجھے لے آئی ہے
نفرت و تشنگیِ خوں کی تجارت گہہ میں
اپنی پاکیزگیِ دل کی قسم کھاتا ہوں
لُٹ کے بھی پیار کا سرمایہ بچا لایا ہوں
میں ہوں آئینِ فقیہانِ ہوس کا مجرم
ہونٹ سی دو مِرے، سولی پہ چڑھا دو مجھ کو
میں محبت ہی محبت ہوں سزا دو مجھ کو
اور مقصود ہے ہر سانس پہ گر قتل مِرا
بے محبت کیے جینے کی دعا دو مُجھ کو

۱۹۵۷

سکوتِ شہر آرزو

(اورنگ آباد کے نام)

آج اس شہر میں آیا ہوں کئی سال کے بعد
اس کی ہر راہ ہے یادوں کے نگر سے منسوب
ہر گلی کوچے میں ہیں کتنی امنگیں مصلوب
کل کسی موڑ پہ اک پل کو ٹھہرتا تھا اگر
کتنی بے نام نگاہوں کے پیام آتے تھے
کن اداؤں سے مِری سمت سلام آتے تھے
کتنی آنکھوں میں مِرا نام چمک اُٹھتا تھا
کتنے ہونٹوں پہ مِرا پیار مہک اُٹھتا تھا
کل تک اس شہر میں دشمن بھی تھے، احباب بھی تھے

آج تو چند ہی چہروں سے شناسائی ہے
دل کہاں جائے جو ہر رنگ کا شیدائی ہے
یونہی بے کار بھٹکتا ہوں کہ شاید کوئی
روک کر کہہ دے بس اتنا کہ تمھیں دیکھا ہے
کوئی دشمن ہی مِلے دیکھ کے جس کی صورت
یاد آجائے کہ اس شہر سے کچھ رشتہ ہے
نہ سہی لُطف تو نفرت سے مرا نام آئے
نہ سہی پیار کی باتیں، کوئی دشنام آئے
آشنائی کے لیے کوئی تو الزام ملے
تلخ یادوں ہی سے لبریز کوئی جام ملے

آج تو یاد بھی کترا کے نکل جاتی ہے
ذہن میں کھنچ کے بھی تصویر بدل جاتی ہے

لوگ کہتے ہیں کہ اب شہر کی رونق ہے فزوں
بستیاں اور زیادہ ہی ہوئی ہیں آباد
نئے چہرے، نئے چرچے، نئے افسانے ہیں
نئی محفل، نئے ساقی، نئے پیمانے ہیں
جنھیں کلیوں کی طرح مہر بلب دیکھا تھا
اب اُنہی پھولوں سے آباد ہے گلزارِ شباب
کل جو مکتب ہی کی اک راہ سے واقف تھے فقط
آج وہ عشق کی ہر راہ گزر جان گئے
کل جو دل والوں میں مشہور تھے "ننھے قاصد"
آج وہ خط کے مضامین کو پہچان گئے
کل جنھیں آنکھ اُٹھانے کا سلیقہ بھی نہ تھا
آج وہ آنکھ لڑانے کا ہنر جان گئے
یہ نئے گل مِری آشفتہ سری کیا جانیں
آج جو ہنستے ہیں شبنم کی تری کیا جانیں
میں نے بھی کل یہیں ہنسنے کی ادا سیکھی تھی
وضعِ آوارگی بادِ صبا سیکھی تھی
آج لوٹا ہوں تو ہنسنے کی ادا یاد نہیں

مرے گلشن کو مرا عہدِ وفا یاد نہیں
وہ ہوائیں بھی مجھے بھول گئی ہیں شاید
جن کے ہر لمس میں ہے دستِ شناسا کا اثر
وہ فضائیں بھی مجھے دیکھ کے انجانی سی ہیں
جن کے سینے میں دبے ہیں مرے ماضی کے شرر
بند ہے میرے لیے آج وہ دروازہ بھی
جس کی چوکھٹ مرے قدموں سے بسی رہتی تھی
آج گھر بھی مِرا پتھر کی طرح بے حِس ہے
اس کے ہر ذرے میں دل میرا دھڑکتا تھا کبھی
آج محرابوں پہ ہے گرد، دروں میں جالے
چونا جھڑتا ہوا، گرتی ہوئی مٹی چھت سے
طاق مفلس کے چراغوں کی طرح ہیں بے نور
گود کل اِن کی کتابوں سے بھری رہتی تھی
صحن میں خاک اُڑاتی ہوئی چلتی ہے ہوا
یہہ گماں بھی نہیں ہوتا کبھی رہتا تھا کوئی
جس خرابے کو رکھا مدتوں ہم نے آباد
کون اُس خانۂ ویراں کو بساتا آکر
جس کے ہر ذرّے میں ہے جذب مری ماں کا لہو
کون اُس خاک کو ماتھے سے لگاتا آکر
قصر خالی نہیں رہتے ہیں مکینوں سے کبھی
کوئی مٹی کے گھروندوں میں نہیں آتا ہے
مقبروں میں بھی جلا دیتے ہیں شمعیں کچھ لوگ
یہاں کون آتا کہ قبروں کے نشاں بھی تو نہیں
شمع کیا، بجھتے چراغوں کا دھواں بھی تو نہیں
ایسا سناٹا کہ آواز کا دم گھٹتا ہے
گیت پھر گیت ہیں، آوازِ فغاں بھی تو نہیں
اپنے ہی دل پہ دھڑکنے کا گماں بھی تو نہیں

اب تو اس گھر کی زیارت سے بھی ہول آتا ہے
جس سے ہنگامے بھی کتراتے ہیں، گھر بھی کاٹے
کوئی بتلاؤ کہ وہ شخص کہاں جاتا ہے؟

۳ مارچ، ۱۹۵۸

بندِ نقاب

شہر انسانوں کے چہروں کا اُمڈتا سیلاب
ہاتھ بڑھتے ہیں، نظر ملتی ہے، لب ہلتے ہیں
دل اس انداز سے چُپ چاپ تکا کرتا ہے
جس طرح خواب میں کچھ لوگ ملیں آپس میں
واہمہ طرزِ نظر، بات کا انداز فریب
مِلنا پرچھائیں کا پرچھائیں سے کچھ بات نہیں
رُوح پہنے ہوئے پھرتی ہے سراپا کا لباس
خود تو محبوبۂ نادیدہ ہے چہرے ہیں نقاب
جن میں احساس نہ جذبات نہ افکار نہ جاں
کاغذی پیرہنوں ہی سے ہے آباد جہاں

آئینہ خانۂ صد جلوۂ انسانی میں
آنکھ ہے حیرتِ آئینۂ خود بینی
سب ہی زندانِ طلسماتِ انا میں ہیں اسیر
در و دیوار کا نادیدۂ و ساکت پتھراؤ
مستقل جلتا ہے بے آتش و دوٗد ایک الاؤ
روح خاموش سلگتی ہے، چٹختے ہیں دماغ
اور اس آگ کا ظاہر میں نہیں کوئی سراغ

کون جانے کہ نقاب اُلٹے تو کیا صورت ہو
اسی اندیشے سے ہیں مُنہ کو چھپائے ہوئے لوگ
قفسِ رنگ میں جی کر یہ سمجھ لیتے ہیں
زندگی بستۂ و تاریک گپھاؤں کا قیام
عُمر تنہائی میں کاٹا ہوا اک حبسِ دوام

۱۹۵۸

پتھروں کا مغنی

مطربِ خوشنوا زندگی کے حسین گیت گاتا رہا
اُس کی آواز پر انجمن جھوم اٹھی
اُس نے جب زخمِ دل کو زباں بخش دی
سننے والوں نے بیساختہ آہ کی
عشق کے ساز پر جب ہوا نغمہ زن
شورِ تحسیں میں خود اُس کی آواز دب سی گئی

مطربِ خوشنوا پھر بھی تنہا رہا
تشنگیِ مشام اُس کو بادِ صبا کی طرح گُل بہ گُل لے گئی
کاسۂ چشم نے پرتوِ گُل بھی پایا نہیں
درد اُس کا کسی محرمِ درد کے واسطے
در بہ در، شہر در شہر پھرتا رہا
داد و تحسیں کے ہنگامۂ ذوق کُش میں اُسے
ہر طرف سے ملامت کے پتھّر ملے
مطربِ خوشنوا پتھروں سے پٹکتا رہا اپنا سر
پتھروں کو زباں تو ملی، پر تکلّم نہیں
پتھروں کو ملے ہونٹ، لیکن تبسم نہیں
پتھروں کو ملی آنکھ، لیکن نظر کون دیتا اُنھیں
پتھروں کو ملے کان، پر ذوقِ نغمہ نہیں
پتھروں کو خدوخالِ انساں ملے، دولتِ درد و غم کب ملی

پتھروں کو حسیں صورتیں تو ملیں، دل نہیں مل سکا
پتھروں کو ملے پاؤں، پر اعتمادِ سفر کون دے

پتھروں کو ملے ہاتھ، پر عزمِ تیشہ زنی کون دے
سنگ سنتے ہیں، لیکن سمجھتے نہیں
دیکھتے ہیں، مگر فرق کرتے نہیں
بات کرتے ہیں، محسوس کرتے نہیں
ٹوٹ سکتے ہیں، لیکن پگھلتے نہیں
گرد بن کر یہ اڑ جائیں، سانچوں میں ڈھلتے نہیں

مطربِ خوشنوا پتھروں سے پٹکتا رہا اپنا سر
مطربِ خوشنوا پتھروں کو سناتا رہا دردِ دل
اپنا غم
اُن کا غم
سب کا غم
پتھروں نے سنا اور چپ چاپ ہنستے رہے
پتھروں کی اسی انجمن کا مغنّی ہوں میں
اور بے درد، بے حس، ستم گار پتھر سنیں گے کبھی
اُن کا وہ مطربِ خوشنوا
شکوہ سنجِ زماں
اپنے نغمات کی آگ میں جل گیا
یا پھر اُن ہی کے مانند پتھر کا بت بن گیا

۱۹۵۹

بساطِ ہوائے دل

زخموں کا بیاں پڑھیے، نشتر کی زباں سنیے
کُچھ حال ہمارا بھی اے چارہ گراں سنیے
گُل بار نگاہوں سے کچھ خار بھی چُن لیجے
گر ذوق ہے نغمے کا یہ حرفِ گراں سنیے
جو چشم و سماعت کی ناگفتنی حسرت ہوں
کیوں دیکھئے خواب ایسے، کیوں ایسی زباں سنیے
جب تجربہ ہنستا ہے ارمانوں کی میّت پر
پھر مرگِ تمنا پر کب دل کی فغاں سنیے
اپنے ہی گریباں پر جب زور نہیں چلتا
بہتر ہے یہی پندِ پیرانِ مغاں سنیے

بشگفتگیِ غنچہ ہے چاک گریبانی
ہر منظرِ خنداں ہے نظروں کی پریشانی
ہیں روشنیِ رُخ میں ظلمت کی کمیں گاہیں
نفرت کے غنیموں سے آباد یہ ویرانی
سِن دار، جہاں دیدہ آنکھوں کی بصارت میں
آلودگیِ دل سے ہے تجربہ نورانی
امن اور محبت کی باتوں کا جگر چھلنی
ہے اسلحہ خانوں کا یہ فنِّ جہاں بانی
ہیں مصلحتیں حاکم، جذبات غلام اُن کے
پتھر سے ضرورت کے مجروح ہے پیشانی

صدیوں کی روایت کی میراث ہیں کچھ لاشیں
گھر نور سے خالی ہیں، روشن ہیں بہت قبریں
مرتی ہوئی قدروں کے ملبے میں پگھلتی ہیں
سیّار و ثوابت پر پھینکی تھیں جو زنجیریں
بازاروں کی ظلمت پر قربان ہیں پروانے
نظروں کو ترستی ہیں شب تاب حسیں شمعیں
اُن باتوں سے خالی ہیں اذہان کے تہہ خانے
جن باتوں کی ہوتی ہیں ہونٹوں پہ مداراتیں
کیا ٹوٹ گیا دل میں، کیا پاکے گنوایا ہے
گرتی ہوئی تعمیروں کی گرد میں کیا ڈھونڈیں

گم گشتہ نشانوں کی یادیں بھی گنوا دیجے
ہر صوتِ جرس پر کیوں بیکار صدا دیجے
اس دشت نوردی میں اپنی ہی تباہی ہے
ہر نقشِ کفِ پا پر کیوں خود کو مٹا دیجے
کتنے ہی جہانوں کا مدفن ہے یہ ریگستاں
بنیادِ مکاں اس پر رکھتے ہی بُھلا دیجے
جو لوگ بچھڑتے ہیں اس وقت کے دریا میں
ہر موج کو رو رو کر کیوں اُن کا پتا دیجے

پژمردہ اُمیدوں کا بے برگ و ثمر جنگل
گر خود ہی نہ جل اُٹھے، آپ آگ لگا دیجے

۱۹۵۹

یوسفِ گم گشتہ

اپریل ۱۹۵۹ میں میرے چھوٹے بھائی حمید اختر نے آگرے میں ۲۱ برس کی عمر میں زہر پی کر خودکشی کر لی

اے مقبرۂ تاج! تری ارضِ کُہن پر
اک تاج محل ٹوٹ گیا، تجھ کو خبر ہے
اے گردشِ دوراں! تری بے مہر نظر سے
اک شخص کا جی چھوٹ گیا، تجھ کو خبر ہے
اے دُزدِ اجل! زیست کی اک دولت بیدار
سوتے میں کوئی لوٹ گیا، تجھ کو خبر ہے
اے یورشِ سنگ! آج مِرے شیش محل میں
اِک گوہرِ جاں پھوٹ گیا، تجھ کو خبر ہے

اے دردِ غریب الوطنی! ایک مسافر
سینے میں لیے تجھ کو بھٹکتا رہا حیراں
اے غیرتِ افلاس! تری آن کی خاطر
اک ہاتھ نہ پھیلا تھا کبھی پیشِ عزیزاں
اے آئینۂ حُسنِ نظر! تجھ میں کوئی شکل
اِس طرح ہوئی ہوگی نہ گم، ہو کے درخشاں
اے بھائی یوسف کے! تمھیں مصر کی سوگند
کِس چاہ میں کھویا گیا میرا مہِ کنعاں

اک قبر مِرے دل میں ہے،
اک خاک پہ، اب بول
اے ہمّتِ تعمیرِ جہاں، خالقِ عالم
کیا مرگِ مسلسل ہی کا عنوان ہے جینا

کیا جامِ سم آلود ہی ہے قیمتِ آدم
کیا زیست فقط حاصلِ دریوزہ گری ہے
کیا قسمتِ خود دار ہے ناکامیِ پیہم
کیا دزدِ اجل کی ہے کمیں گاہ جوانی
کیا جینے کے لایق ہے فقط ضعف کا عالم

اے قافلۂ وقتِ رواں! تھم کے گذرنا
اے شورِ صد آشوبِ جہاں! با ادب آنا
اے شورشِ ہنگامۂ دوراں! نہ اِدھر آ
سویا ہے ابھی تھک کے شہیدِ غمِ دنیا
نیند اُس کی اچٹ جائے نہ تنگیِ لحد میں
آرام سے سونے دے، ہے اِک عمر کا جاگا

یہ لاش ہوئی لقمۂ صد نشترِ جاں کاہ
یہ جسم رہا کشتۂ شمشیرِ زمانہ

۱۹۵۹

متاعِ ہنر

ہنر متاعِ خرد، کارِ زندگی آموز
ہنر ہے علمِ کتاب اور ہنر ہے علمِ حضور
خیال و فلسفہ و فکر سے شعاع بکف
بڑی ہے قدرِ سخن، شاعری ہے خلاّقی
یہی سمجھ کے ہوئی ابتدائے شوقِ سخن

کِسی بزرگ نے کچھ تجربوں کا ذکر کیا
کِسی حکیم نے اک نکتۂ خرد کھولا
کِسی نبی پہ کوئی آیتِ جلی اُتری
کِسی جَری پہ کوئی لمحہ سخت تر گذرا
کِسی نے وصلِ صنم کی حکایتیں لکھیں
کِسی نے ہجر کے احساس کو زباں بخشی
خود اپنی عمر کے ہر لمحۂ گریزاں نے
وداع ہوتے ہوئے سرِّ زیست فاش کیا
غرض جہاں سے ملا جو، اُسے سمیٹ لیا
ہنر کا بادۂ صد رنگ یوں کشید ہوا

جو تم ملے تو ہر اک رنگ بن گیا تصویر
ہنر کے بادۂ رنگیں میں زندگی جھلکی
تمھارے نام سے منسوب ہو گیا ہر رنگ
تمھاری آنکھوں نے سکھلائی کیفیت مے کی
مِری متاعِ خرد نشّہ آشنا نکلی
لبِ سخن سے تمھارے لئے دعا نکلی

مگر یہ بات ہے آغازِ ذوقِ نغمہ کی
رہِ ہنر میں اب آئی ہے منزلِ دشوار

مِرا غرورِ ذہانت، مِری لطافتِ طبع
حصولِ علم میں میری سمندر آشامی
مِری حیات کا ہر تجربہ بُرا، اچھّا
وہ شوقِ زیست میں ہر لمحہ جامِ سم پینا
وہ تلخیوں کو بھی شہد و شکر بنا دینا
جو تم کو پا نہ سکا، سوچتا ہوں کیا یہ سب
بس اس لئے تھا کہ پردہ تمھارے غم کا ہو
ہنر بھی ہجر میں جی رہنے کا سلیقہ ہو

۱۹۵۹

انتظار

بھڑک کے بجھ گئیں شمعیں، ہوا چلی کیسی
چراغِ نالۂ شب کی بھی سانس اُکھڑ سی گئی
ہوا چلی کیسی

بجھے بجھے سے ہیں امید و آرزو کے چراغ
چمک رہا ہے فقط اک تمھارے ہجر کا داغ
یہ شمع بجھ نہ سکی

نہ انتظار ہوا کم، نہ ہم تمھیں بھولے
جلاؤ جب بھی کوئی شمع یہ بھی یاد رہے
کسی کی عمر ہوئی وقف بس اسی کے لیے
جو شمع تم نے جلائی تھی، خونِ دل سے جلے

شعاعِ مہر ہے آسودۂ دُرِ شبنم
خزاں شکار درختوں کو ہے اُمیدِ بہار
صدف کو قطرۂ نیساں سے مل رہے گا قرار
کبھی تو برسے گا دہقاں کے گھر پہ ابرِ کرم
مگر جلی ہوئی شمعوں سے کون پوچھے گا
کہ تم نے کِس کے لیے رو کے زندگی کاٹی

۱۹۵۹

سنگ سار

لوگ لائے اُسے حضورِ یسوع
اُس پہ الزامِ معصیت کاری
روٗح اُس کی گناہ آلودہ
اُس پہ کی زاہدوں نے حد جاری
مفتیِ وقت ظلم کا خوگر
سنگ انداز رحم سے عاری
دل تہہِ دلق عدل ناآموز
زہدِ مغروٗر روٗحِ قہّاری
رشتۂ اقتدار و زر کے اسیر
حبلِ دینِ متیں کے زنّاری
وہ دلِ درد آشنائے مسیح
یوں ہوا مانعِ ستم کاری
"پہلا پتھر وہی اُٹھائے گا
بے گنہ جس کی عمر ہو ساری"

اے بنِ مریم! اے خدا کے رسول
اب بھی تیری زمیں ہے عصیاں کار
اب بھی الزامِ بے گناہی میں
سادہ دل ہو رہے ہیں سنگ شکار
تیرے مصلوب جسم کی سوگند
آج بھی مفتیانِ مکر شعار

مل کے چہرے پہ غازۂ تقدیس
باندھ کر عصمتِ نظر کے حصار
رُخ پہ ڈالے ہوئے نقابِ ریا
روٗح کے آئینے میں گرد و غبار
بصد اندازِ شانِ قدّوسی
باہزاراں ادائے عِزّ و وقار
لیے آنکھوں میں مریمی انداز
بھر کے دامن میں سنگ کے انبار
قتل کرتے ہیں بے گناہوں کو
رخصتِ دم زدن نہیں زنہار
آنکھ کو اذنِ دید، لب پر مُہر
جائے عبرت ہے یا اولی الابصار
اہرمن ہے لباسِ یزداں میں
خوں ہے زینت دہِ صلیب و دار
اونچی دوکاں ہے منبر و محراب
اور ایماں ہے سوٗد کا بیوپار
معرفت کی شراب خانہ کشید
ساغرِ جم امام کی دستار
قایدِ ملّت و مجاہدِ قوم
خانہ زادانِ دولتِ سرکار
جو بِکے وہ عزیزِ مصر بنے

ہائے کیا شے ہے مِصر کا بازار
بے خبر اپنے چاکِ دامن سے
عصمتِ یوسفی کے دعویدار
چشمِ خفّاش کر رہی ہے فاش
روشنی کے ڈھکے چھپے اسرار

اے رسولِ خدائے عزّ و جل
عبدِ معبودِ عادل و ستّار
شرم رکھ لیتا ہے گناہوں کی
تیرا رب عیب پوش و پردہ دار
عدل کی شرط کیا ہے، بتلا دے
کیا ہے تعزیر کا طریقِ کار
عیب بیں، جرم کوش، اہلِ ریا
کر رہے ہیں سزا جزا کا شمار
فیصلہ حق کا کر رہی ہے ہوس
دل ہے اپنی شکستگی کا مزار
راز اس مصلحت کا سمجھا دے
تا نہ شک میں رہیں صغار و کبار
صاحبِ مسندِ قضا کیوں ہیں
مقتلوں، مشہدوں کے پہرے دار

۱۹۵۹

گُم گشتگی

میں تنہا ہوں انسانوں کے اس جنگل میں
چہرہ چہرہ کھوج رہا ہوں
وہ آنکھیں، وہ عارض ولب، وہ خال وخد کھوئے ہیں کہاں
کون پتا اُن کا دے گا
جن لوگوں نے انھیں دیکھا ہے
وہ دُشنام طراز ہیں، جان کے بھی انجان بنے پھرتے ہیں
اپنے غم میں مصلحتوں کے ہاتھوں مجبور ومعذور
اُس کا پتا، اس کی خیریّت جان کے بھی انجان سے ہیں
اُس کے عارض ولب میں کوئی رنگ نہیں اب، دیکھ چکے ہیں
پھر بھی مُجھ سے رنگ کی باتیں کرتے ہیں
میں تنہا ہوں انسانوں کے اس جنگل میں

کون کِسی کا دُکھ سہتا ہے، کون کسی کو اپناتا ہے
میں نے اُسے چاہا تھا لیکن
آج میں اس سے ہو کے جُدا شکوہ سنجِ تنہائی ہوں
نشّۂ غم میں بھول چکا ہوں
وہ ہو دُور، مگر اس کا غم دُور نہیں ہے
کاش مجھے کوئی سمجھا دے
یہ میرا غم ہے، اُس کا غم کس نے جانا
میں نے اُس کے لفظوں میں اپنے ہی معانی ڈھونڈے ہیں
میں نے غزلوں نظموں میں اُس کی تصویر اُتاری ہے

پر وہ مجھ سے کہتی ہے یہ:
"تم نے مجھ کو یاد کیا ہوتا تو میں آ بھی جاتی
تم تو اپنی شخصیت کو کھوج رہے تھے
تم تو اپنی ہی تکمیل کے خواہاں تھے
تم نے مجھے چاہا بھی نہیں، پایا بھی نہیں، ڈھونڈا بھی نہیں
تم نے مجھے کھویا بھی نہیں
تم نے خود کو چاہا تھا، ڈھونڈا تھا، خود کو پایا تھا
اور اب اپنے غم کے ہاتھوں خود کو بھی کھوتے جاتے ہو۔"

میں تنہا ہوں انسانوں کے اس جنگل میں
خود میں اپنے ساتھ نہیں ہوں

۷ جنوری، ۱۹۶۰

کھنڈر، آسیب اور پھول

یہ بھی طلسمِ ہوش ربا ہے
زندہ، چلتے پھرتے، ہنستے روتے، نفرت اور محبت کرتے انساں
صرف ہیولے اور دھویں کے مرغولے ہیں

ہم سب اپنی اپنی لاشیں اپنے توہّم کے کاندھوں پر لادے سست قدم وامانده
خاک بہ سر، دامان دریدہ، زخمی پیروں سے کانٹوں انگاروں پر چلتے رہتے ہیں
ہم سب ایک بڑے قبرستاں کے آوارہ بھوت ہیں
جن کے جسم تو ہاتھ لگانے سے تحلیل خلا میں ہوں
جن کی روحوں کا ظاہر سے ظاہر گوشہ ہاتھ نہ آئے

ہم کو ماضی سے ورثے میں کُہنہ قبریں، گرتے ملبے اور آسیب زدہ کھنڈروں کے ڈھیر ملے ہیں
وہ روشن شب تاب دیے جن سے ماضی کو نور ملا تھا
اس آسیب زدہ ماحول میں یوں جلتے ہیں
جیسے اک پرہول بیاباں کے تیرہ سنّاٹے میں
کچھ بھوتوں نے
رہ گم کردہ سیاحوں کو بھٹکانے کی خاطر آگ جلائی ہو
اب یہ اُجالے صِرف دھواں ہیں
اور آسیب زدہ کھنڈروں کی چھت کے چٹختے شہتیروں کے شور میں کوئی ہنستا ہے
جھڑتا چونا، گرتی مِٹّی، نیم معلّق دیوار و در
چپکے چپکے روتے ہیں
طاقوں کے خاموش دیے ظلمت کو بڑھاوا دیتے ہیں
صحن کے صدہا سال پُرانے بوڑھے پیڑ

قبروں کے بے درد مجاور بنکر لاشوں پر سوکھے پتوں کے ڈھیر لگا دیتے ہیں

ہم سب اپنی لاشیں اپنے انا کے دوش پہ لادے
اک قبرستاں کی پُر ہول اداسی سے اکتائے ہوئے
ایک نئے شمشان کا رستہ ڈھونڈ رہے ہیں
منتظرِ مرگِ انبوہ ہجوم آنکھوں کے خالی کاسے کھولے ہر سوُ دیکھ رہا ہے
جانے کب کوئی آئے گا جو اپنے دامن کی ہوا سے آگ لگا کر
بھوتوں کا جلنا دیکھے گا
اور بھیانک سائے گلے مِل مِل کر کھو کھلی آوازوں میں روئیں گے
اس منظر میں جانے پھر ایسا کوئی آئے کہ نہ آئے
جو ویران مایوس نگاہوں کی خالی جھولی پھیلائے
راکھ میں پھول کُریدے گا

۱۹٦۰

ازل تا ابد

آج کی رات اک دوست سے دیر تک تیری باتیں رہیں
بزمِ جام و سبو کے ہر اک قطرۂ مے میں تیرے ہی غم کی مدارات تھی
گریۂ نیم شب میں ترا عکس تھا، شاعری میں تری ہی مناجات تھی
اُلجھے فقرے، بہکتے ہوئے لفظ، بے ربط یادوں کا سیلاب تھا
سب جہاں ہنس رہے تھے وہاں تیرا غم سینۂ ضبط کی حد میں بے تاب تھا
نشّۂ مے نے سرگوشیوں میں کہا، پی چکے، اب اُٹھو
غم غلط ہو سکا ہے، نہ ہوگا کبھی، شب ڈھلی، گھر چلو
سختیِ گردشِ دہر کے حادثے ہم کو معلوم ہیں
وقت کی دوریاں، فاصلوں کی حدیں حرفِ معدوٗم ہیں

میکدہ ذہن کا قتل، جذبات کی خودکشی
میکدہ زرد چہروں پہ آئی ہوئی تازگی
میکدہ مسخ روحوں کی بے وجہ افسردگی
میکدہ کھوکھلے قہقہوں کے تلے حبس کا اک خلا
میکدہ بے لباس اور آوارہ معنوں سے بوجھل فضا
میکدہ بے دیار اجنبی، بے کفن زندگی کی چِتا
اس فضا میں ترے غم نے آنکھوں سے بہہ کر کہا
بزمِ جام و سبو کی ہر اک بوند میں تم نے میرے ہی غم کی مدارات کی
ہم سخن دوست سمجھے نہ سمجھے، اشاروں میں تم نے مری بات کی
اب اُٹھو، گھر چلو، یہ فضا سخت مسموم ہے
یہ بہکتی ہوئی کاٹھ کی پتلیاں ان کا ہر فعل معصوم ہے

اِن کی بے جان ہنسی، بے سبب سعیِ عشرت بھی مغموم ہے
میکدہ وقت کے سیلِ بے انتہا میں وہ چھوٹا سا نقطہ جو معدوم ہے

پاس بیٹھے ہوئے لوگ ہنستے رہے، بات کرتے رہے
ایک نے دوسرے سے کہا کیا، کسی نے بھی سمجھا نہیں
جام سے جام ٹکرائے، آنکھوں سے آنکھیں ملیں
پر دلوں کے جہنّم میں اک بوند تک بھی تو پہونچی نہیں
دشتِ غم میں کسی بھی نظر سے کوئی آرزو پھول بن کر تو مہکی نہیں
کاگ اڑتے رہے کھنکھناتی رہی ساغروں کی ہنسی

بے خودی ہوش کی سرحدوں سے پرے گیت گاتی رہی، رقص کرتی رہی
شکلیں پہلے تو مدّھم ہوئیں، امتیازات کی سرحدیں مِٹ گئیں
ایک دیوار نے دوسری کو چھوا، میز سے میز ٹکرا گئی
کرسیاں چھت سے اونچی ہوئیں اور اُن کے مکیں دیر تک دوٗر تک یوں معلّق رہے
جیسے مرغولے اُڑتے رہیں اور آہستہ آہستہ شکل اپنی کھوتے رہیں
پھر جہاں میں تھا، کوئی نہ تھا
ہم سخن تھا کوئی اور نہ تھا رازداں
صرف تو، تیری یادیں، تِری بات تھی
صِرف میں تھا، مِرے ساتھ پیکر ترا
اپنی اِک اِک ادا دشتِ ماضی سے میرے لیے ڈھونڈ کر لے کے آیا ہوا
نشّۂ مے نے سرگوشیوں میں کہا، اب اُٹھو
یہ رفاقت کے لمحات ہی از ازل تا ابد وقت کا ماحصل
یہ رفاقت کی یادیں ہی ہیں جاوداں
اور زبان و مکاں میں ہے جو کچھ بھی، سب جھوٹ ہے

دوُریاں، فاصلے، ہجر، غم جو بھی ہے حرفِ موہوم ہے
میکدہ وقت کے سیلِ بے انتہا میں وہ چھوٹا سا نقطہ جو معدوُم ہے

میکدہ ایک چمکے ہوئے درد کی بے کراں روشنی
میکدہ اپنے گم گشتہ فردوس کی مختصر زندگی
میکدہ روُحِ عریاں کے زخموں کے گلشن کی پایندگی
میکدہ ذہن کی تازگی اور جذبات کی خودسری
میکدہ ہوش کی بازیافت اور پروازِ عقل و خرد کی حدِ آخری
میکدہ ظلمتوں کے سمندر میں مینارۂ نور کی رہبری
میکدہ شہرِ خواب و طلسمات میں جاگتے غم کی پیغمبری
تیری قربت کے احساس نے نشّۂ مے سے ہنس کر کہا
میکدہ جھوٹ ہے، زندگی جھوٹ ہے، یہ زمان و مکاں جھوٹ ہے
تم مرے نشّۂ قرب سے اب بھی سرشار ہو — پہلی اور آخری اِک صداقت ہے یہ

۱۹۶۰

آئینہ بندی

ایک در بند ہوا، ایک دریچے نے سسک کر دیکھا
روشنی آئینوں سے جھانک کے یوں تکتی تھی
جیسے مہتاب لیے آنکھوں میں وہ جانِ وفا
دوُر تک جاتے ہوئے دیکھ رہی ہو مُجھ کو
یہ تقاضا کہ مجھے چھوڑ چلے کیوں تنہا
عذر یہ بھی کہ میں پابستۂ آئینِ جفا
آئینہ توڑوں تو خود جسم ہو اپنا ہی فگار
اور نہ توڑوں تو نہ خواب آئے نہ آنکھوں میں قرار
پسِ آئینہ چمکتی رہے اشکوں کی قطار
وقت دھندلاتا رہے راہوں کو پھیلا کے غبار

ایک در بند ہوا، ایک دریچے نے سسک کر دیکھا
اب مِری آنکھیں ہیں اور بند دریچوں کی قطار
کہیں شیشے کے مکاں اور کہیں پتھر کے حصار
کیا خبر راہ میں در کتنے ہیں خواب آلودہ
نیم وا کتنے دریچے ہیں حجاب آلودہ
در و دیوار کا ہر ذرّہ فسانہ خواں ہے
خامُشی قتل شدہ نغموں کا قبرستاں ہے

ایک در بند ہوا، ایک دریچے نے سسک کر دیکھا
گُھپ اندھیرے میں شرارہ کبھی تھرّاتا ہے
سسکیاں گھٹتی ہیں سینے میں، فضا روتی ہے

کوئی مجبور کبھی جبر پہ چلّاتا ہے
شمع رو رو کے کسی گوشے میں گُل ہوتی ہے
آئینہ بند دریچوں سے جھلکتا ہوا نور
مجھ سے کہتا ہے کوئی ہو گا اسیر ظلمات
آئینہ بجھتے ہی چھا جاتا ہے نظروں میں دھواں
جانے اُس پیکرِ انوار پہ کیا گذری ہو
شیش محلوں کے گرفتار پہ کیا گذری ہو

کوبہ کو قریہ بہ قریہ یہی وحشت یہی غم
جام در جام اسی منظرِ جاں کاہ کا عکس
نغمۂ و لفظ و صدا سب میں اسی آہ کا عکس

در ہے گر بند، دریچوں میں بھی شمعیں کیوں ہوں
دوٗر تک راہ کو تکتی ہوئی آنکھیں کیوں ہوں

۱۹۶۰

دربدر

اک دشتِ بے گیاہ، نہ پانی، نہ برگ و بر
در پیش کالے کوسوں کا صبر آزما سفر
آگ اور دھوپ ہی کا سمندر رہے آفتاب
نے چترِ ابر سایہ فگن، نے گھنے شجر
آلامِ روزگار کی لو گرم و تند و تیز
پوشاک تار تار مُسافر برہنہ سر
ہر گام ضبطِ درد کا دشوار امتحاں
جلتی ہوئی جُھلستی ہوئی ارض سخت تر
اک خطِّ خوں ہی راہنما، منزل آشنا
پیروں کے آبلوں کی شہادت ہی معتبر
ہو گر کہیں سبیل بھی پانی کی راہ میں
ہے شرطِ شوق، حلق تو کیا لب بھی ہوں نہ تر
کہتی ہیں منزلیں نہ رُکے پائے رہ نورد
ہر منظرِ حسیں کا تقاضا کہ اک نظر
کرتا بھی ہے اگر کوئی پیمانِ ہمرہی
کرتے ہیں قید اُس کو بھی دیوار و بام و در
تنہائی کہتی ہے کہ اُمیدِ شریکِ رہ
شوقِ فضول، عیشِ غمِ انجام، دردِ سر
اک اور درد، درد بھی ایسا کہ لا دوا
اک اور آہ، آہ بھی ایسی کہ بے اثر

پہلے تو قافلے کا ہر اک فرد تھا رفیق
اب قافلے میں رہ کے بھی تنہا و بے خبر
پہلے تو منزلوں پہ پہونچنے کی تھی لگن
منزل پہ شام کاٹیے کس طرح اب یہ ڈر
پہلے تھی یہ اُمید کہ مقصود ہے قریب
اب فکر یہ کہ مِل بھی گیا سب تو بے ثمر
پہلے تھا یہ خیال کہ مقصد ہے زندگی
اب صرف ایک گردشِ روز و شب و سحر
پہلے بہت بلند تھے جو نارسا مقام
پا کر بھی اُن کو قلب گرفتہ ہے، چشم تر
اُن کا وہ چند روز کا مِلنا سرورِ جاں
آبِ حیاتِ قرب کی ہر بوند زہر اثر
اب زندگی خمارِ مسلسل سے مضمحل
ہو کر بھی کامیاب ہے ناکام سر بسر
مِلتا ہے راستے میں کوئی کیا اسی لیے
ہو جائے عمر بھر کے لئے کوئی دربدر

اک دشتِ بے گیاہ، نہ پانی، نہ برگ و بر
در پیش کالے کوسوں کا صبر آزما سفر
سب کے دِلوں میں قربتِ منزل کی آرزو
میں اس لیے شریک کہ گھر ہے نہ سنگِ در

میرے لیے وبال جو سب کے لیے خوشی
آوارگی مِرے لئے، سب کے لیے سفر
دامن پکڑ کے روکے تو منزل بھی ہے قبول
ویسے تو ہے مِرے لیے دنیا ہی رہ گذر

۱۹۶۰

جشنِ عزا

تمام روز رہا گرم عرصۂ پیکار
جُھلستا دشتِ الم، آفتاب آتش بار
زمین آگ کا دریا، فرات صِرف سراب
حقیقتِ ابدی تیغ و تیر و خنجر و خار
تمام روز رہا العطش کا ہنگامہ
گرسنگی ہی میں گذرے تھے کتنے لیل و نہار
تمام دِن رہے سیر اب و سیر خوک و شغال
ستم رسیدہ رہے عہد ساز و حق آثار
تمام روز اُڑی گرد پائے اسپاں سے
چٹختی دھوپ میں بھی دوپہر تھی تیرہ و تار
تمام روز بجا فتحِ ظلم کا ڈنکا
جوانا مرگ ہوئی ہمّتِ زمانہ شکار
تمام روز رہا حدِّ ضبط میں بے تاب
کسی یتیم کا آنسو، کسی جگر کا قرار
تمام روز ہوا نرغۂ عدو میں شہید
کسی دُلھن کا سہاگ اور کِسی ضعیف کا پیار
تمام روز رہا خشک ماں کا دُودھ مگر
گلے لپٹ کے بنا ایک تیر دُودھ کی دھار
تمام روز رہی کشتگاں کی آمد و رفت
جو ایک لاش اُٹھی، دوسری ہوئی تیّار
تمام روز رہے منتظر کِسی کے لیے
سرِ سناں، خمِ شمشیر اور لبِ سوفار

تمام روز پُھنکے قلب، تر رہیں آنکھیں
تمام روز رہا زخم و داغِ دل کا شمار
جو دن تمام ہوا، تیرگی کے ڈیرے میں
سکوتِ شامِ غریباں کا زہر پھیل گیا
بڑھا اندھیرا تو چمکے سرِ مژہ مہتاب
اجالے سوئے تو خوابیدہ درد جاگ اُٹھا
ہزاروں خوں شدہ یادیں، ہزاروں زخمی خواب
نظر جھکائے نہ جانے کہ ڈھونڈتے ہیں کیا
جلی قنات، عطش، بھوک، درد، نومیدی
اندھیری رات میں لاشوں کا شہر ہے صحرا
ذرا ہی دوُر کہیں جشن گاہِ فاتح میں
شراب و شاہد و عیش و نشاط کا ڈیرا
کسی کے قلب میں پھوٹی ذرا سی نور کی دھار
کِسی نے ڈرتے ہوئے غمزدوں کا ذکر کیا
بڑے جتن سے ہوا اہتمامِ آب و طعام
چراغِ شامِ غریباں لبِ فرات جلا
ہمارے شہر میں بھی یوں ہی عید آتی ہے
کہ جیسے گنجِ شہیداں میں جل اُٹھا ہو دیا
ہماری بزم میں اس طرح لوگ ہنستے ہیں
وفورِ کرب میں جس طرح خندۂ بے جا
ہمارے عہد میں یوں روزِ جشن آتا ہے
کہ جیسے شمر ہو آکر شریکِ بزمِ عزا

۱۹۶۰

داد گر کون ہے

اک طرف محفلِ غنچہ دہناں، گل بدناں، سیم تناں
اک طرف حلقۂ ہجراں زدگاں، چاک دلاں، نوحہ گراں
سرِ دربار صفِ کج کلہاں، مجمعِ زر پیرہناں
سرِ بازار جنوں ہے ہدفِ خندۂ طفلانِ جہاں
کس کا افسانہ لکھیں، مدح کریں؟
مسندِ عدل پہ ہیں تیرہ دلاں حق کی طرف شعلہ فشاں
جن کی نظروں میں خطا حق طلبی لبِ صاحب نظراں
پا بہ زنجیرِ تقاضائے شکم روشنیِ ذہن ہے یاں
"طوقِ زریں ہمہ در گردنِ خر" مقصدِ پیرانِ مغاں
کس کا افسانہ لکھیں، مدح کریں؟
اُن سے تقسیمِ مناصِب کا گلہ ہو تو گنہ گار ہمیں
اُن کی تعریف پہ خود اپنی ہی نظروں میں سزاوار ہمیں
ہونٹ سی لیں تو ضرورت کا یہ اعلاں کہ زیاں کار ہمیں
اُن سے پوچھیں کہ اصول آپ کا کیا ہے تو خطا کار ہمیں
ہم نوا کس کے بنیں، کس کی سنیں؟
کچھ اگر کہیے تو اندیشۂ بشکستگیِ رشتۂ جاں
چپ اگر رہیے تو جو دل میں ہے اُس حق کا زیاں
مانعِ بزم نشینی ہے نگاہِ غضبِ ہم قفساں
دعوتِ دشت نوردی ہے ہوائے طرفِ کوئے بتاں
ہم نوا کس کے بنیں، کس کی سنیں؟
ترکِ گلشن پہ یہ گُل چینوں کا فرمان کہ آگے ہے خزاں

ہم نشینی پہ ہیں گُل ہائے تر و غنچۂ نو طنز کناں
اُن کے مُنہ کون لگے، ہیں وہی محبوبِ دِل تنگ دلاں
شکر کیجیے کہ گلہ، وہ تو سمجھتے ہی نہیں اپنی زباں
داد گر کون ہے، ہم کس سے کہیں؟
فن کی ہو دولتِ بیدار کہ ہو دِل کی گراں مایہ دکاں
سنگریزوں کی تجارت میں بھلا ان کا خریدار کہاں
شعر ہے خونِ جگر، مشغلۂ خود کشیِ دیدہ وراں
دوش پر لادے ہوئے ہم ہیں عبث علم کا اک بارِ گراں
داد گر کون ہے، ہم کس سے کہیں؟

۱۹۶۰

بن باس

رام کو جب بن باس ملا تو سیتا جی کا پیار بھی تھا
لچھمن ایسا بھائی سنگھاسن تجنے کو تیار بھی تھا
اُن کے دُکھ کو باٹنے والے جنگل جنگل ساتھ رہے
پربت پربت، صحرا صحرا اُن ہاتھوں میں ہاتھ رہے
بارہ سال کی لمبی مدّت ہنستے کھیلتے کاٹ گئے
دُکھ کٹھنائی، بوجھل گھڑیاں ہنس کر پیار میں باٹ گئے

عہدِ اسپتنک کے شہر تمدن کا اِک بنجارہ
دوش پر اسناد اور کتب خانوں کا بھاری پُشتارہ
نگری نگری، صحرا صحرا مارا مارا پھرتا ہے
دُکھ کا ساتھی، سکھ کا ساجھی ڈھونڈے سے کب ملتا ہے
اُس کو بھی بن باس ملا ہے، بارہ سال نہ چودہ سال
عمر تمام کی تنہا قید کے بوجھ سے زخمی، چوُر، نڈھال
لچھمن کو دنیا والوں نے وِش کا جام پلایا ہے
سیتا کو جھوٹی اقدار کے بُت پر بھینٹ چڑھایا ہے
گھر کے بندھن ایسے ٹوٹے زنجیریں بھی ساتھ نہیں
اگلے زمانے کے لوگوں کی تقدیریں بھی ساتھ نہیں
علم کی جوت تعصب کے محرابوں میں دم توڑ گئی
اور یقیں کی مِشعل ایک بھیانک موڑ پہ چھوڑ گئی
فطرت نے بن باس دیا، پر پیار دیا نہ رفاقت دی
جس کا گاہک کوئی نہیں ہے، دل کی ایسی دولت دی

عہد اسٹپنک کے شہر تمدن کا اک بنجارہ
سنتا ہے اِک مدت سے قزاقِ اجل کا نقارہ
اُس کے پاس ہے ٹھاٹ ہی کیا جو کوئی آ کر لوٹے گا
دِل ٹوٹا ہے اتنی بار کہ اور کہاں سے ٹوٹے گا
گہرے کھڈ میں گر نہ پڑے وہ، اُمید و تم تھام بھی لو
موت سے ہار وہ مان نہ جائے، سورج کی کرنو دَوڑو
سیتا اُس کا ہاتھ پکڑ کر راج سنگھاسن تک لے آئے
تب ہی یہ بن باس کٹے گا، کوئی ذرا تو پیار جتائے
وہ اس عہد کا خالق ہے، بھٹکا تو سب کی تباہی ہے
وہ انسان ہے، اُس کی ازل سے کُل عالم پر شاہی ہے
اُس کو یوں پیاسا تو نہ مارو، کون تمھیں امرت دے گا
اُس کو بلا لو، وہ تنہا دنیا بھر کا دکھ سہ لے گا

۱۹۶۰

ز کنارِ ما بہ کنارِ ما

زباں بریدہ، نظر بند، دست و پابستہ
ہجومِ عام سرِ رہ گذار ہے حیراں
گرسنگیِ شکم، تشنگیِ دیدۂ و دل
ندیدہ چشمۂ حیواں کی فکر میں غلطاں
شمارِ سبحۂ انفاس، دھڑکنوں کا حساب
کچھ ایسا پھیر کہ حاصل ہے بس زیاں ہی زیاں
ہر ایک ہاتھ میں اعمال نامۂ یک عمر
مگر نہ داورِ محشر، نہ عدل کی میزاں
ہر ایک آئینہ در دست، خود نما، خود بیں
مگر کسی کو کسی کا پتہ، نہ اپنا نشاں
ہے ایک عرصۂ عبرت یہ عالم برزخ
نہ زندگی ہے رفیق اور نہ موت ہے پُرساں

میں اس ہجوم میں کس سے کروں سوالِ نظر
کسی کا دے گی پتہ کیا یہ بزمِ گم شدگاں
ہے کون کان دھرے جو صراط کے پُل پر
مجھے یہ ڈر ہے، اکارت نہ جائے میری فغاں
میں اپنے زخم دکھادوں، مگر ہے یہ بھی یقیں
یہ لوگ بھی تو ہیں میری ہی نوع کے انساں

اگر مجھے ہے یہ فرصت کہ ان کا حال سنوں
مری نظر میں ہے وسعت کہ ان کے زخم گنوں

مرے قدم میں ہے طاقت کہ ان کے ساتھ چلوں
تو پھر مجھے بھی یہ حق ہے کہ ان سے بات کروں

۱۹۶۰

سُورج کی تلاش

بہت حسیں ہے طلوعِ سحر کی جلوہ گری
شعاعِ مہر سے ہے زخمِ شب کی بخیہ گری
گرہ کشائیِ ظلمت، شگفتنِ خورشید
وہ کیا کریں نہیں تقدیر جن کی دولتِ دید
جو روز سوتے ہیں آنکھوں میں لے کے حسرتِ خواب
فراقِ دوست میں ہوتی ہے جن کی عمر خراب
چلو یہ مان بھی لیں ہے ہر ایک شب کی سحر
مگر اُجالوں میں بھٹکی جو شب شناس نظر
تو چارہ سازیِ فطرت پہ حرف آئے گا
نگاہ و دل کی شرافت پہ حرف آئے گا
اگر ہے پھر بھی یہ اصرارِ پیرِ مے خانہ
کہ ہر سحر ہے نئی زندگی کا نذرانہ
وہ جن کی آنکھ کھُلے فکرِ آب و دانہ سے
سحر کو مان بھی لیں ذکرِ غایبانہ سے
تو پھر دکھائیں کسے، دل ہے کتنے داغ لیے
تلاش کرتے ہیں سورج کو ہم چراغ لیے

۱۹۶۰

ماورا

راہ چلتے ہوئے اک موڑ پہ دُور از اُمید
آنکھ جھپکی تو مرے سامنے وہ شوخ پری پیکر تھا
میرے پہلو سے وہ گزرا مگر اس طرح کہ چہرے پہ تھا ہاتھ
ایک میٹھی سی خلش چھوڑ گئی دل میں یہ جاں سوز ادا
ماورائی سا یہ جلوہ جو گریزاں ہے مری نظروں سے
میری بانہوں کی حرارت میں کبھی شمع کے مانند پگھل جاتا تھا
قُرب کی آنچ سے یہ پیکرِ نور
عشق کی آتشِ سیّال میں ڈھل جاتا تھا
ایک شعلہ سا رگ و پے میں مچل جاتا تھا
یہ کوئی دشتِ تصوّر کا حسیں موڑ نہ تھا
جہاں رم دیدہ غزالانِ تخیّل نے اُسے دیکھا ہو
یہ کوئی خوابِ دل آویز نہ تھا
موڑ او جھل ہوا نظروں سے تو پھر راہ وہی، لوگ وہی
صرف وہ چہرہ، وہ آنکھیں وہ خد و خال نہ تھے
جن سے بڑھ کر کوئی نظروں کا شناسا بھی نہیں
ہائے وہ لمحۂ پرّاں، وہ دل آویز ادا
یوں ملے جیسے کبھی میں نے انھیں دیکھنا چاہا بھی نہیں
ہے روایت کہ خداوندِ خدایانِ جہاں
اپنی رویت سے مشرّف یونہی فرماتا ہے اُن بندوں کو
جو اُس کی لگن میں شب و روز
حمد و تسبیح و ثنا اور مناجات و دُعا کرتے ہیں

صرف اک دید کی حسرت میں جیا کرتے ہیں
آنکھوں میں کاٹ دیا کرتے ہیں رات
تب کسی لمحے میں وہ ذاتِ منزہ کہ جو ہے خاتمۂ جملہ صفات
شعلۂ حُسنِ ازل، روحِ جہاں، جانِ حیات
صبح کے نُور کے مانند نگاہوں کو منوّر کرتا
عرش سے فرش پہ کرتا ہے نُزول
اور اُسی لمحہ وہ بدبخت، وہ مرتاضِ تسبیح ورکوع وسجدہ
نشۂ تشنگیِ دید سے چُور
خانقاہوں کے کسی گوشے میں سو جاتے ہیں
جس طرح حسرتِ دیدار میں اک عمر گزاری ہی نہیں
آرتی جیسے کبھی اُس کی نگاہوں نے اُتاری ہی نہیں

اور وہ ربِّ جہاں راحتِ جاں
ماورائے نگہِ کون ومکاں
مُنہ چھپائے ہوئے ہاتھوں سے گزر جاتا ہے
حسرتِ دید در و بام سے سر پھوڑتی رہ جاتی ہے

۱۹٦۰

مسیحائی

تمھارے ایک ایک آنسو کی خاطر میں نے پہروں خون ٹپکایا
تمھارے اک تبسّم کے لیے برسوں ہی اپنے دل کو تڑپایا
تمھاری اک خوشی کے واسطے سارے جہاں کے درد اپنائے
تمھاری نیک نامی کے فسانے ہی مری رسوائی کہلائے
تمھارا ذکر جب آیا، بھری دنیا مجھے دشمن نظر آئی
تمھاری کچھ خبر پائی تو پھر مجھ تک نہ اپنی کچھ خبر آئی

مگر وہ درد اب کم ہے، ابھی تو دو بہاریں بھی نہیں گزریں
میں یوں زندہ ہوں جیسے وصل نے وہ چہرہ وہ آنکھیں نہیں دیکھیں
تمھارا ذکر آئے یا تمھارا نام وہ حالت نہیں ہوتی
کسک اٹھتی ہے، دل دُکھتا ہے، پر وحشت نہیں ہوتی
میں اپنا چاکِ دامن سی چکا ہوں، تم بھی اپنا درد بہلاؤ
مداوا زندگی خود بن گئی ہے، تم مسیحائی کو کیوں آؤ

۱۹۶۰

سراب

دور تک پھیلی ہوئی راہوں کے سنگم پہ کسی موڑ کے پاس
دو بھٹکتے ہوے جسموں نے بجھانے کے لیے روح کی پیاس
کر کے پیمانِ وفا باندھی تھی اس دشت میں ہمراہی کی آس
وقت کی بہتی ہوی موج کسی کے لیے ٹھہری ہے کہیں
اور وہ معصوم تھے خوش ایسے کہ رکھ دی ہے محبت کی اساس
کوئی آوارۂ وحشت، کوئی پس ماندۂ امواجِ بلا
آج اسی ریت کے ساحل پہ بہت دور تلک ڈھونڈ آیا
کسی ذرے ہی کے سینے میں ہو محفوظ وہ پیمانِ وفا
رک کے ہر چاپ پہ سوچا کہ یہ آواز اسی کی تو نہیں
اور لوٹا تو یوں، اپنے کو بھی جیسے کہیں بھول گیا

یکم جنوری، ۱۹۶۱

فریب

دو جواں جسموں کی وحدت میں ہے سرشارِیِ تقدیسِ وصال
ہیں ہم آہنگ دھڑکتے ہوے دل، پھر بھی یہ آتا ہے خیال
طنزِ بے رحمیِ حالات کا حاصل کہیں دوری ہی نہ ہو
قیدِ تنہائیِ یک عمر نہ ہو جبرِ مشیّت کا مآل

ساعتِ وصلِ گریزاں کا ہے انعام ہی کیا
چند لمحوں کی مسّرت کا ہے انجام ہی کیا

آؤ ہنگامۂ آشوبِ زمانہ میں کہیں کھو جائیں
ساتھ اس قافلۂ بے جرس و جادہ کے یوں ہو جائیں
جیسے وہ جنتِ گم گشتہ کبھی ہم نے بھی دیکھی ہی نہ ہو

یکم جنوری، ۱۹۶۱

شاعری

خلوتِ ذات کے محبس میں وہ بے نام اُمنگ
جس پہ کونین ہیں تنگ
چھان کر بیٹھی ہے جو وسعتِ صحرائے زماں
جس کو راس آنہ سکی رسم ورہِ اہلِ جہاں
نشۂ غم کی ترنگ
خود سے بھی بر سرِ جنگ
پستیِ حوصلہ و شوق میں ہے قید وہ رُوحِ امکاں

شورِ بزمِ طرب و شیونِ بزمِ دل میں
دہر کی ہر محفل میں
جس نے دیکھی ہے سدا عرصۂ محشر کی جھلک
بوئے بازار میں گم کردہ رہی جس کی مہک
عالمِ آب و گل میں
جہد کی ہر منزل میں
اپنے ہی ساختہ فانوس میں ہے قید وہ شعلے کی لپک
اِسی زندان کی دیواروں پہ آتے ہیں نظر شام و سحر
عکس بن کر شجرِ دہر کے سب برگ و ثمر
یہیں احساس کی شاخوں پہ کلی بنتی ہے دوشیزۂ گُل
یہیں جذبات کے آئینے میں آتا ہے نظر جزو میں کُل
یہیں ادراک کو ملتے ہیں تعقّل کے حسیں پیمانے
یہیں تخئیل میں نادیدہ جہانوں کے ہیں دولت خانے

اپنا ہر نقشِ قدم چھوڑ کے جاتا ہے یہاں قافلۂ وقتِ رواں

حادثہ کون و مکاں میں ہو کہیں نقش اُبھرتا ہے یہاں
یہی دیوارِ مصوّر ہے شناسائے ہر آیندہ جہاں
یہیں آزاد زماں اور مکاں سے ہے وہ روحِ دوراں
جس پہ کونین ہیں تنگ
نشّۂ غم کی ترنگ
خود سے بھی برسرِ جنگ
یہیں تخلیق ہوا کرتی ہے وہ بادۂ افشردۂ فن
جس کی ہر بوند میں ہے زمزمۂ کُن فیکوں عکس افگن

دہر کی ہر محفل میں
عالمِ آب و گِل میں
جہد کی ہر منزل میں
اک یہی جرأتِ نادیدہ ہے صورت گرِ بزمِ امکاں
چھان کر بیٹھی ہے جو وسعتِ صحرائے زماں
جس کو راس آ نہ سکی رسم ورہِ اہلِ جہاں

یہیں خود ساختہ فانوس میں ہے قید وہ شعلے کی لپک
ہم نفس جس کی ہے صد گونہ جہنّم کے عذابوں کی کسک
پھر بھی دکھلاتی ہے ہر آنکھ کو جو جنتِ فردا کی جھلک

۲۸ جنوری، ۱۹۶۱

رائیگاں

کچھ رات ڈھلے کوچۂ جاناں کی فضا میں
جب شمعِ سرِ راہ کی لو کانپ رہی تھی
اک درد کی خاموش فغاں گونج اٹھی تھی
سوتی ہوئی دنیا کو خبر بھی نہ ہوئی تھی
اِک جذبۂ بے فیض کی پرواز یہی تھی
لہریں سی اُٹھیں، بیٹھ گئیں سرد ہوا میں

سِل برف کی ظلمات کے سینے پہ دھری تھی
آتش کدۂ مے کے چمکتے ہوئے شیشے
پیمانہ بکف، شعلہ بجاں رندوں کے حلقے
اِن حلقوں میں گاتی ہوئی بوتل کے وہ پھیرے
اِس رقص میں ہر گام پہ بھڑکے ہوئے شعلے
یہ جشن تھا یا آگ کی دریوزہ گری تھی

ٹھٹھری ہوئی یخ بستہ سیہ رات کے دل سے
دو ایک شراروں کے سِوا کچھ نہیں مِلتا
دیتی نہیں میخواروں کو کچھ آگ کی پوجا
بے وقت کے نغمات بھی سُنتی نہیں دنیا
یہ بھی نہیں حاصل کہ غم اپنا ہی بہلتا
سو جائیں تو آتے نہیں خواب آنکھوں سے ملنے

محرومیِ جاوید کا غم اور بھی بھڑکا

اب کوچۂ جاناں ہی میں آواز لگائیں
اُس عہد فراموش کی زنجیر ہلائیں
ٹوٹے ہوئے پیمانوں کا آئینہ دکھائیں
اک جنگ سہی، اپنے رقیبوں کو جگائیں
احباب کا یہ پند ”بھٹکنا نہیں اچھّا“

سب چھوڑ گئے ساتھ رہیں دل کی دعائیں
جلتی رہیں رستوں کی بھڑکتی ہوئی شمعیں
پہروں ہی بھٹکتی رہیں در در پہ اُمیدیں
نرغے میں لیے بڑھتی رہیں یاس کی فوجیں
حافظ ہیں رقیبوں کی اندھیروں کی فصیلیں
تنہائی کے اس دشت سے اب لوٹ بھی جائیں

کچھ رات رہے منزلِ پیمانِ وفا میں
ہم اپنے ہی خوابوں کو بھی دشمن نظر آئے
پہرے پہ عدو بن کے رہے اپنے ہی سائے
فریاد، فغاں، درد کا انبار اٹھائے
جب اُن سے مِلے وہ بھی تو پہچان نہ پائے
ہر شمع سرِ راہ تھی گُل تیز ہوا میں

۱۹۶۱

اجنبی

تمام عمر مِلے
تمام عمر رہے ساتھ
روز دیکھا ہے
مگر وہ چہرہ، وہ آنکھوں کا اجنبی انداز
مگر وہ ہونٹ، وہ اِک زہر میں بجھی آواز
مگر وہ چینِ جبیں، نفرتوں کی وہ غمّاز

وہ کوئی اور تھا
وہ تم نہ تھے
جو صبح و مسا
اجالے اور اندھیرے میں روز ملتے ہو

تمام عمر رہے دوٗر
اجنبی کی طرح
مگر وہ چہرہ، وہ شرمندگی سے نم آنکھیں
مگر وہ رمز شناسِ غم والم آنکھیں
مگر وہ عقدہ کشا، مایلِ کرم آنکھیں
وہ دل کی ٹھیس سے بشکستہ جام جم آنکھیں
خیالِ خاطرِ احباب کا بھرم آنکھیں

وہ کوئی اور تھا
وہ تم نہ تھے
جو صبح و مسا
اُجالے اور اندھیرے میں روز ملتے ہو

تمام عمرِ رفاقت بس ایک لمحہ ہے
تمام عمر کے دوست اور دشمنوں کی نظر
وہ اجنبی ہے جو دل سے گذر چکی ہے مگر
نہ کھُل سکا کہ کسے روز دیکھتے ہیں ہم
نہ پا سکے کہ کسے آج تک نہیں دیکھا

۱۹۶۱

پرومیتھیس

(Prometheus)

اگر میں کہتا ہوں جینا ہے قیدِ تنہائی
تو زندگانی کی قیمت پہ حرف کیوں آئے
اگر نہ آیا مجھے سازگار وصلِ حبیب
تو اعتمادِ محبت پہ حرف کیوں آئے
اگر مِلے مجھے ورثے میں کچھ شکستہ کھنڈر
تو کائنات کی وسعت پہ حرف کیوں آئے
اگر دکھائی دیے مُجھ کو آدمی آسیب
تو عصرِ نو کی بصیرت پہ حرف کیوں آئے
اگر نہ راہِ یقیں پا سکی مِری تشکیک
تو فکر و فن کی شرافت پہ حرف کیوں آئے
اگر خزاں ہی مِلی مجھ کو آنکھ کھلنے پر
تو فصلِ گُل کی امانت پہ حرف کیوں آئے
اگر مِرے غمِ بے نام کو ملی وحشت
تو بزمِ جشنِ مسّرت پہ حرف کیوں آئے
میں اپنے عہد کا ہوں نوحہ خواں، نہ دیجے داد
قصیدہ خواں کی روایت پہ حرف کیوں آئے
اگر ہُنر ہے مِرا جنسِ کم عیار تو ہو
ضمیر و دل کی تجارت پہ حرف کیوں آئے

میں اپنے خوابوں کا بھٹکا ہوا مسافر ہوں
اگر مجھے نہ مِلی منزلِ نجات تو کیا
میں اپنی روح کی تنہائیوں کا شعلہ ہوں
ہوائے دہر میں حاصل نہیں ثبات تو کیا
میں اپنی ظُرفگیِ طبع کا تو پی لوں زہر
جو دسترس میں نہیں چشمۂ حیات تو کیا
میں اپنی ذات کی خلوت کا حیرتی ہی سہی
جو مجھ پہ کُھل نہ سکا رازِ کائنات تو کیا
میں اپنے خوں کے چراغوں کو روشنی دے دوں
سحر نصیب نہ ہو پائے میری رات تو کیا
میں آپ سے نہ کہوں گا کہ ہے زیاں جاں کا
خیالِ شیشۂ دل سنگ آزمانہ کرے
میں آپ سے نہیں چاہوں گا دادِ جاں بازی
دعا ہے آپ کو غمِ درد آشنا نہ کرے
میں آپ سے نہیں مانگوں گا خوں بہائے وفا
کوئی تو ترکِ رہ و رسمِ عاشقانہ کرے
میں آپ کو نہ دکھاؤں گا اپنے زخمی خواب
خلل ہو آپ کے آرام میں خدا نہ کرے

مگر زمین پر و میتھیس کو کیوں روکے
جو دو جہاں کے خداؤں سے جنگ کرتا ہے
اُسے نہ موت کے آسیب پاس آنے دیں
جو آسمانوں سے لے کر حیات اُترتا ہے
ہے ڈر پگھلنے کا، دیکھیں اِدھر نہ برف کے بُت
جو کوئی شعلۂ عریاں پہ ہاتھ دھرتا ہے
عذاب اُس پہ کریں کم نہ قہر کے دیوتا
جو اپنی آگ میں جل کر بھی رقص کرتا ہے
اُسے نہ مانے کبھی بے حِسی حیات پرست
ہر ایک سانس پہ جو زندہ ہو کے مرتا ہے

کریں نہ آپ مداوائے سوزِ آتشِ غم
یہ ظلم مجھ پہ تو ہر روز و شب گذرتا ہے
سلامت آپ کا ایمان، میں تو ہوں کافر
ہر ایک وضع سے اپنی حیات کرتا ہے

۱۹۶۱

جلا وطن

ہوا کی کاٹتی تلوار جسموں میں اُترتی ہے
فضا میں خون کی بوندیں لویں بن کر چمکتی ہیں

مِرا سنسان بے ترتیب کمرہ، قبرِ تنہائی
جہاں ایک ایک پل بھاری ہے یادوں کے رسولوں پر
جہاں شبنم ٹھہرتی ہی نہیں ہے آ کے پھولوں پر
وہ کُرسی جس کے دستے پر اَٹی ہے گرد مدّت سے
حنائی انگلیوں کا نقشِ نازک ڈھونڈتی ہو گی
وہ بستر کی شکن جو بن گئی تقدیر کا لکھا
کِسی کے جسم کی نرمی سے مٹنا چاہتی ہو گی
وہ تکیے جو ہیں بازاری غلافوں کا کفن پہنے
کِسی کے ہاتھ کی بخیہ گری کو یاد کرتے ہیں
میں اِن یادوں کی دیواروں میں ہوں اک عمر کا قیدی

مری دیرینہ ہمدم، میرے بچپن اور جوانی کے
حسیں خوابوں کی محرم کچھ کتابیں، مجھ سے کہتی ہیں
"ادھر آؤ، اُٹھا کر ہم کو سینے سے لگا لو تم
ہمارے آشنا لفظوں کو حال اپنا سُنا لو تم"
کتابیں، جن کے اوراقِ جہاں دیدہ کے سینے پر
معانی اور لفظوں کا امڈتا سیل بہتا تھا
بہ چشمِ منتظر رہ رہ کے تجھ کو یاد کرتی ہیں

صدف لفظوں کے معنی کے گہر سے ہیں تہی ایسے
کہ جیسے تیری نظریں چُن کے موتی لے گئیں سارے
یہ بے پایاں سمندر ابرِ نیساں کو ترستے ہیں

ہوا کی کاٹتی تلوار تیرے شہر کی حد میں
بڑی نرمی سے موجِ صبح گاہی بن کے چلتی ہے
ترے پھولوں کے دامن پر نہ ہوں گی خون کی بوندیں
کہ آنسو بھی مِرے اب دھوپ میں گم ہو چکے ہوں گے
وہ آئینہ کسی انجان رستے میں پڑا ہو گا
جو شامِ وصل و صبحِ قرب کا شاہد رہا برسوں
وہ آئینہ گذرتے عورتوں، مردوں کے چہروں میں
ہمارے خال و خط کا عکس اب کیا ڈھونڈتا ہو گا
ہزاروں روز و شب کی گرد سے دھندلا چکا ہو گا
وہ چشمِ منتظر بھی جاگ کر پتھرا گئی ہو گی
اداسی اُس کو نسیاں کا کفن پہنا گئی ہو گی
مری آنکھیں کھُلی ہیں، شہر تیرا سو رہا ہو گا
ہزاروں کوس کی دوری بھی وہ سفاک قاتل ہے
جو یادوں کے چراغوں سے چمک تک چھین لیتی ہے

چھٹا جب شہرِ جاناں غم نے زادِ راہ بخشا تھا
اسی غم کے اجالے میں ابھی تک جاگتا ہے دل
یہ دولت بھی کہیں گم ہو نہ جائے دشتِ غربت میں
کہ ہر اک موڑ پر ہیں گھات میں رہزن بھی قاتل بھی
غمِ فکرِ حیات اب بھی لگا ہے ساتھ پہلو کے

یہ رہبر رہزنوں کے ساتھ مِل کر لوٹ لیتا ہے

میں اُن راتوں سے ڈرتا ہوں کبھی جو یوں بھی آئیں گی
کہ آنکھیں جاگتی ہوں گی مگر دل سو رہا ہو گا

۱۹۶۱

دشت گرداں

(۱)

خواب کی بستیوں کے آوارہ
آ کے شہروں میں ہو گئے ہیں گُم
جو سفینے انوکھے دیسوں کے
کھوج میں بادباں اُٹھائے ہوئے
موج در موج تھے صدف آسا
گوہرِ آرزو چھپائے ہوئے
آج لہروں میں ہو گئے ہیں گم

کون جانے وہ اب کہاں ہوں گے
یوں کہ آنکھیں ہیں خواب کے مدفن
صدفِ آرزو تہی دامن

لوگ کہتے ہیں، اگلے وقتوں کے
وہ جواں، دشت گرد، بحر شناس
لیے آنکھوں میں خواب کی دنیا
از افق تا افق بھٹکتے تھے
راہ میں ملتے تاجروں کے جہاز
اہلِ مشرق کی محنتوں کی فصل
لے کے مغرب کی سمت جاتے ہوئے
آگ، بارود، آہن و فولاد
توپ و تیغ و تفنگ سے بوجھل

لوٹتے بستیوں کو خوابوں کی
گر کہیں پُر سکوں سمندر میں
کوئی چھوٹی سی من چلی کشتی
چاند کی چشمِ وا کی طرح ملے
قید کر لیتے اُس کے مانجھی کو
چھین کر اُس کے خواب، اسکے صدف
قیدِ فکرِ معاش میں کرتے
ڈال کر مصلحت کی زنجیریں
ظلم کے پہرے اُس پہ بٹھلاتے

داستاں گویوں سے روایت ہے
ایک اِک کر کے سارے بحر نورد
خون کے تاجروں کی نذر ہوئے
یا ہوئے لقمۂ نہنگِ ستم
یا اسیرِ غمِ معاش ہوئے
یہ کولمبس نئے جہانوں کے
نئی دنیاؤں کو تو کیا پاتے
ایسے لوٹے گئے یہ گم شدگاں
لوٹ کر اپنے گھر بھی آ نہ سکے
آج بھی اُن کے قافلے ہیں رواں

دشت در دشت ریگ زاروں میں
ایک بے منزل و مقام سفر
زندگی ہے کہ سست گام سفر
آسماں پھینکتا ہے سر پر آگ
اور زمیں کشتِ آبلہ پائی
توشۂ راہ نانِ جَو طلبی
اور زادِ سفر ہے تشنہ لبی
رہبر راہِ غم ہے تیرہ شبی
خواہشِ سایہ جرمِ بے ادبی
شدتِ درد ہے سر و ساماں
ہر نفس خوابِ چشمۂ حیواں
آئے لب پر جو شکوۂ بیداد
ہونٹ سی دیتے ہیں ستم ایجاد
شرط ہے لب کشائی کی بس ایک
یا دعا دیجے اپنے قاتل کو
یا قصیدہ ہو ظلم کا ارشاد

کوئی آوارۂ خیال و خواب
کوئی مے نوشِ خود فراموشی
بھول کر اپنے درد اک پل کو
اپنے مقصود کے تصور میں
ہو کے گُم، چھیڑ دے اگر نغمہ
آتشیں چابکوں سے ملتی ہے داد

نگراں آ کے یہ دلاتے ہیں یاد
"تیرے پیروں میں بھوک کی بیڑی
تیرے ہاتھوں میں مصلحت کی رسن
تیری گردن میں طوقِ فکرِ معاش
تیری آنکھوں میں ہے سراب کی لاش
پھر بھی ہے تجھ کو شوقِ نغمہ گری
تو یہی ہے سزائے بے خبری
چھین لی جائے تجھ سے ہمتِ دل
قتل ہو جائے تیری غیرتِ دل"

پھر ستم پیشہ راہزن جلّاد
لاد کر اس پہ بارِ محرومی
اُس کو رکھتے ہیں اس طرح زندہ
نہ اُسے زندگی مِلے نہ قضا
عالمِ نزع میں حیات کٹے
جاگتے زندگی کی رات کٹے

داستاں گویوں سے روایت ہے
وہ جواں دشت گرد، بحر شناس
کھو چکے اپنی دولتِ احساس
نہیں آنکھوں میں اُن کے خواب کی پیاس
سحر و شام ظلم سہتے ہیں
لاش کی طرح زندہ رہتے ہیں

اگلے وقتوں کے عہد ساز تھے یہ
زندگی جن کی داستان ہے آج
جن کا انجام بے نشان ہے آج

(۲)

سنتے آئے ہیں اپنے عہد میں بھی
ہیں کچھ آوارۂ خیال و خواب
اگلے وقتوں کے اچھّے لوگوں کی
داستاں سے سبق نہیں لیتے
اور اُنھی راستوں پہ چلتے ہیں
جن کا حاصل نہیں بجز آلام
داد ہے جن کی طعنہ و دشنام
منزلِ آخری ہے زہر کا جام

ایسے کچھ لوگوں سے ملے ہم بھی
دیکھے ہیں اُن کی زیست کے انداز
اس طرح ہیں وہ زمزمہ پرداز
جیسے پیغمبرانِ عہدِ سلف
دیتے تھے اپنی قوم کو آواز

لیے کشکولِ چشم و دل ہر سوٗ
گُل بہ گُل پھرتے ہیں برنگِ نسیم
جا کے ہر در پہ دیتے ہیں آواز
اُن پہ ہنستے ہیں طفل و پیر و جواں
فقرے کستے ہیں جان کر ناداں
کہتے ہیں یہ معاش ہے کہ زیاں
ہر گلی کوچہ اُن پہ بارشِ سنگ
اُن پہ ہر بزمِ عیش کے در تنگ

اور یہ انبیا صفت پاگل
مفتیِ شرعِ دہر سازی سے
روز سنتے ہیں طعنۂ الحاد
اس زمانے کے سب امام و فقیہ
حق میں ان کے یہ کرتے ہیں ارشاد
"کوئی زنہار ان کے پاس نہ جائے
ان کی باتیں کوئی نہ سُنّے پائے"

گھومتے پھرتے یوں ہی شہر بہ شہر
ہر جگہ سے سمیٹ کر ہر غم
نامرادی و یاس و محرومی
ہجرِ محبوب، خوں شدہ ارماں
غمِ اہل و عیال، فکرِ جہاں
دوش پر لادے یہ ستم گر بوجھ
تھک کے گر پڑتے ہیں بہ حالِ تباہ
جان دیتے ہیں اُس بیاباں میں
جہاں سایہ، نہ برگ و بار، نہ چاہ
کفن اُن کا ہے گردِ بے وطنی
قبر اُن کی ہے دردِ خودشکنی

(۳)

ایسے ہی ایک شخص کو ہم نے
صرف دیکھا نہیں ہے، اُس کے ساتھ
دشت در دشت اور شہر بہ شہر
رہے آوارہ سایے کے مانند
ہے وہ دیوانۂ خیال و خواب
اگلے دیدہ وروں کا ہے وہ جواب
جُرم اُس کا بلند پروازی
شوق اُس کا ہے نغمہ پردازی
وہ بھی ہے بے نیازِ مال و منال
وہ بھی ہے اک حریفِ جاہ و جلال
وہ بھی ہر در سے مانگتا ہے غم
وہ بھی ہے اک گدائے چشمِ کرم
وہ بھی الزامِ بے ریائی میں
حکمِ حاکم سے سنگسار ہوا
اور رسوا ہزار بار ہوا
آج تک اُس کے زخم تازہ ہیں
آبلہ پا، ستم رسیدہ، حزیں
تھکا ماندہ، شکستہ قلب، غمیں
ڈھونڈتا ہے ذرا سی راحتِ جاں
بے قدم بوسی کب ملی ہے اماں
اس لیے آج تک بھٹکتا ہے
کوہساروں سے سر پٹکتا ہے

کھُلی آنکھوں سے دیکھتا ہے خواب
روز سہتا ہے جبر و قہر و عذاب
پھر بھی کرتا ہے جرأتِ نغمہ
سر میں اب بھی گلوں کا ہے سودا
تھک گئے ہم تو اُس کو سمجھا کر
پر نہیں مانتا ہماری بات
ایسے پاگل کو کون سمجھائے
ایسے مجرم کو کون اپنائے

ساتھ تھا اُس کا ہر نفَس کی قضا
یوں کوئی جی سکا ہے دنیا میں
آج ہم اُس کا ساتھ چھوڑ آئے
آخر ش اُس سے رشتہ توڑ آئے
کچھ نہ بولا، نہ رویا وقتِ وداع
نہ تو روکا ہمیں نہ ساتھ آیا
سر کو تھامے ہوئے تھا ہاتھوں پر
اشک روکے ہوئے تھا پلکوں پر
کہتی تھی ہر نظر کہ شاد رہو
اہلِ دنیا میں بامراد رہو

چھوڑ کر اُس کو آ گئے ہیں مگر
اب بھی محسوس ہوتا ہے اکثر
ساتھ ساتھ آ رہی ہے اُس کی دُعا

مصلحت کوشیِ زمانہ ساز
زندگانی سے صلح کے انداز
جب بھی اک لمحے کو بھلائے گئے
وہ صدا لوٹ لوٹ کر آئی
دل میں دھڑکی، رگوں میں گرمائی

وہ صدا ہے ہمارے خوں کی فرات
وہ صدا ہے ہماری اپنی نجات
قید کر دو اُسے کہ قتل کرو
کاٹ لو اُس کا سر، زباں سی دو
چنو دیوار میں کہ دفن کرو
کھینچ دو دار پر کہ زہر پلاؤ
وہ صدا وہ مسیحِ کون و مکاں
وہ صدا، وہ نجاتِ اہلِ جہاں
بار بار اپنا سر ابھارے گی
نوکِ نیزہ سے بھی پکارے گی

۱۹۶۱

کہاں کی رباعی، کہاں کی غزل

برسی نہیں نغموں کی گھٹائیں کئی دِن سے
سنکی نہیں مدھ ماتی ہوائیں کئی دِن سے
ناکردہ ہیں معصوم خطائیں کئی دِن سے
لب بستہ ہیں جینے کی دعائیں کئی دِن سے

وہ حبس ہے آواز کا دم ٹوٹ رہا ہے
ہر گیت کا، ہر ساز کا دم ٹوٹ رہا ہے

اے خالقِ الفاظ، مسیحائے معانی
اے صانعِ لوح و قلم و سحر بیانی
اے صاحبِ کُن، سازِ سکوتِ ہمہ دانی
اے نغمۂ گُل، صوتِ لبِ غنچہ دہانی

زاغ و زغن و بوم نوا سنج ہیں کب سے
لب بستہ ہیں مرغانِ خوش الحان ادب سے

تو نے ہی زباں بخشی ہے پتھر کے دہن میں
پھولوں کو کیا محتسبِ غنچہ چمن میں
بوجہل کیے پیدا رسولوں کے وطن میں
پھر حکم دیا صبر کا ہر رنج و محن میں

جس سینے کو عرفان کے بخشے ہیں سمندر
اُس سینے پہ رکھوا دیے خاموشی کے پتھر

مدّت سے معانی نے نہ کی چہرہ نمائی
الفاظ لیے پھرتے ہیں کشکولِ گدائی

تخئیل نے پرواز کی مہلت نہیں پائی
بے رنگ ہیں نظریں کہ دھنک ہاتھ نہ آئی

کیا شعر و ادب، گردِ لطافت نہیں ملتی
یوں زندہ ہیں، جینے کی اجازت نہیں ملتی

یہ عہدِ پر آشوب کہ جو ہم کو ملا ہے
اِس بانیِ بیداد کا انداز نیا ہے
دِن نکلے تو معلوم ہو دل ڈوب رہا ہے
شام آئے تو بجھتا ہوا مرقد کا دیا ہے

ہر ایک نفَس عمرِ عذابِ دو جہاں ہے
دھڑکن بھی مزاجِ دلِ نازک پہ گراں ہے

ہے قافلۂ وقتِ رواں سیلِ فنا کا
اڑتے ہوئے لمحات کا رکتا نہیں ریلا
اُمید کا ہر لمحہ ہے اک خوابِ رمیدہ
ڈھونڈو تو نشانِ کفِ پا بھی نہیں ملتا

اس راہ میں ہر موڑ کمیں گاہِ اجل ہے
جو ہاتھ ہے مجروح ہے، جو پاؤں ہے شل ہے

اک سمت یہ پروازِ ترقی ہے بشر کی
ہے قبضۂ قدرت میں عناں شمس و قمر کی
افلاک میں ہے دھوم زمیں زادِ نظر کی
منّت نہیں درکار دعاؤں کو اثر کی

ہر عقدۂ تقدیرِ جہاں کُھلنے لگا ہے
خورشید بھی ہم وزنِ خزف تُلنے لگا ہے

اور دوسری جانب ہیں غمِ زیست کے سائے
اندیشۂ جاں سے نہ یہاں نیند بھی آئے
اس آگ کے طوفاں میں کوئی چین نہ پائے
آنکھوں کے لئے خواب بھی اپنے ہیں پرائے

ذرّے کا بھی دل ٹوٹے تو ہل جاتی ہے دنیا
پُرساں نہیں کوئی دلِ انساں کی تڑپ کا

انسان ہے انسان کی صحبت سے گریزاں
نے پاسِ مروّت ہے، نہ ہے عشق پہ ایماں
اخلاص کے پھولوں سے بھی خوشبوٗ ہے پرافشاں
ہر نقش تعلق کا ہے خود آپ سے نالاں

اسرارِ زماں اور مکاں کے تو ہیں روشن
کُھلتا نہیں کون اپنا ہے، اور کون ہے دشمن

دل محض ہے اک آلۂ خوں فیضِ مشیں سے
دنیا سے تعلق، نہ علاقہ کوئی دیں سے
ہے علم کا سینہ بھی تہی سوزِ یقیں سے
احساس کا رشتہ ہے زماں سے نہ زمیں سے

ہیں جسم کہ مرغولے بھٹکتے ہیں ہوا میں
ہیں ذہن کہ بے فیض بھڑکتے ہیں خلا میں

ہے شعبدۂ مکر فنِ اہلِ سیاست
بک جاتی ہے، لٹ جاتی ہے افکار کی عصمت

ممنوع ہے، معتوب ہے ذہنوں کی دیانت
ممدوح ہے، مرغوب ہے ایماں کی تجارت

یہ طُرفہ ستم وقت نے ایجاد کیا ہے
ویران ہیں گھر روضوں کو آباد کیا ہے

گر کوئی کرے عظمتِ انساں کا سبق یاد
آوارہ وطن ہوتا ہے وہ خانماں برباد
ہے فکرِ معاش اُس کے لیے روز کی بیداد
آئینِ فقیہانِ ہوس کرتا ہے ارشاد

یہ شمع تہہِ دامنِ فکر آنے نہ پائے
تقدیسِ محبت کا بھی ذکر آنے نہ پائے

بیدار نگاہوں پہ ہے نظّاروں کی قدغن
حسّاس دلوں کے لیے ہر بات ہے الجھن
تابندہ دماغوں میں ہیں افکار کے مدفن
فرخندہ جبینوں کا ہر اک سنگ ہے دشمن

اے بے ہنری! پاؤں اماں جاں کی تو بولوں
میزانِ مژہ پر غمِ کونین کو تولوں

بازارِ زر و سیم میں کھولی ہے وہ دوکاں
جس جنس کی قیمت نہیں جُز نالۂ حیراں
در در پہ گیا لے کے میں شمعِ دلِ سوزاں
ہے کون خریدارِ دُرِ اشکِ غریباں

جو آنکھ بھی چھلکے، وہ مرا دیدۂ تر ہے
جو قلب ہو صد چاک مرا لختِ جگر ہے

اس طور سے مضمونِ سخن جمع کیا ہے
ہر دامنِ گل بن کے صبا میں نے سیا ہے
شبنم میں تھا جو زہر کرن بن کے پیا ہے
ہر ایک صدف کو دُرِ نایاب دیا ہے

تب فن نے بھی یوں میری مسیحائی ہے مانی
گر لفظ کو چھولوں تو پکارا اٹھّیں معانی

اِک عمر میں عقدہ یہ کھلا طبعِ رواں پر
سودائے سخن کی ہے بنا صِرف زیاں پر
نغمہ جو کوئی چھیڑیں تو بندش ہے زباں پر
دانش کے گہر رولیں تو بن جاتی ہے جاں پر

پتھر سے جو سر پھوڑیں تو نغمات کا خوں ہو
سورج سے اگر رشتہ ہے ذرّات کا خوں ہو

ہے طبعِ رواں موردِ بیداریِ جاں کاہ
جھپکی بھی ہو گر آنکھ تو شاہد ہے خود اللہ
اِس دشتِ سیہ بخت میں سایہ نہ کہیں چاہ
بچھڑے ہوئے خوابوں کو جو ڈھونڈوں تو نہیں راہ

بے مونسِ دل شامِ بلا کاٹ رہا ہوں
تنہائی کی سفّاک سزا کاٹ رہا ہوں

شمع سرِ رہ بن کے میں صدیوں سے ہوں بیدار
انداز سے ہر موجِ ہوا کے ہوں خبر دار
اِن آنکھوں نے دیکھی ہے زمانے کی بھی رفتار
محفوظ تصوّر میں ہیں ہر عہد کے آثار

آدم ہوں سفر میرا ازل تا بہ ابد ہے
عیسیٰ ہوں، مِرا گھر ہے پتہ ہے نہ لحد ہے

تاریخ کے ہر صفحے پہ ٹوٹا ہے نیا قہر
بن باس مِلے رام کو، گوتم کو غمِ دہر
عیسیٰ تو چڑھے دار پہ، سقراط پیے زہر
پیاسا پسرِ ساقیِ کوثر ہو لبِ نہر

مہتابِ شبِ چار دہم چاندنی مانگے
چوکھٹ پہ اندھیروں کی سحر روشنی مانگے

خسرو کا محل دولتِ شیریں سے غنی ہو
فرہاد کے تیشے کو غمِ خود شکنی ہو
جو شخص سرافراز ہے گردن زدنی ہو
بوئے گلِ تر وقفِ غریبُ الوطنی ہو

کیوں اس کو ستم گاریِ دنیا نہ کہیں ہم
جلادوں کے آگے ہیں نبیّوں کے بھی سر خم

ہر عہد میں بو جہل رہے صاحبِ دولت
پائی ہے تہی ذہنوں نے وسعت پہ حکومت
اندھوں ہی کو مانا گیا اربابِ بصیرت
کم ظرفوں سے منسوب ہے حاتم کی سخاوت

جو ہے ستمِ دہر سے فریاد بلب ہے
کلیوں سے سبب چُپ کا جو پوچھیں تو غضب ہے

آزادیِ اظہار مے قند نہیں ہے
جو لب ہے حق آگاہ وہ خورسند نہیں ہے
سُن لے کوئی، اُمّید یہ ہر چند نہیں ہے

پھر بھی تو زندانِ شہد ابند نہیں ہے

کٹ جائے زباں، ہر بُنِ موٗ بول رہا ہے
سر تن سے جدا ہیں تو لہوٗ بول رہا ہے

افسردہ ہیں جو شورشِ دنیائے دنی سے
دل تنگ ہیں جو نیزۂ غیرت کی انی سے
پامال ہیں جو گردِ غریب الوطنی سے
نالاں ہیں جو آلام کی ناوک فگنی سے

کچھ سوچ لیں، کچھ بول لیں اتنا ہی بہت ہے
یہ بھی نہ میّسر ہو تو جینا ہی بہت ہے

۱۹۶۱

دوام

ہماری زندگی ہے
یا کسی اڑتے ہوئے طائر کا سایہ
بے کراں جوئے رواں پر
گریزاں عمر کے بے فیض روز و شب کا حاصل
یہی اک نقشِ پرّاں
کہیں جو بوند خوں کی
کہیں ترسی ہوی آنکھوں کا آنسوٗ
کہیں کھلتے ہوے غنچے کا نغمہ

اگر پائی کسی نے دشتِ غم میں آبلہ پایانِ راہِ دل کی سالاری
لٹائی گر کسی نے سنگ دل بے حِس بُتوں کی انجمن میں
دلوں کی آگ میں تپ کر چمکتے راگ کی تزئین کاری
دکھایا گر کسی نے قحط میں دیدہ وروں کے
بہ فیضِ طاقت و زر طمطراقِ کج کلاہی
مِلی بھی گر کسی کو بے ضمیروں کے دلوں کی مملکت میں بادشاہی
عدالت گاہِ حق نا آشنا سے
جو پایا بھی کسی نے اختیارِ دین و دنیا
تو کیا حاصل؟
ہماری زندگی اڑتے ہوے طائر کا سایہ
ہمارے خواب بے تعبیر، تشنہ لب سرابوں کے دہکتے گرم صحرا
مگر وہ نقشِ پرّاں

جو کہیں آنسو، کہیں نغمہ، کہیں اک بوند خوں کی
ازل سے تا ابد پھیلا ہوا ہے
اُسی اک نقشِ پرّاں سے تسلسل وقت کا قایم رہا ہے
اُسی اک نقشِ پرّاں پر لگا دیں مُہر اپنی

۱۹۶۱

دودِ چراغِ محفل

ہم کو بے ننگ سمجھتے ہوئے وہ کہتے ہیں
کون ہو تم کہ تمھیں اپنا بنائے کوئی
تم نہیں رکھتے بجز قلب و نظر کوئی متاع
کیوں تمھیں دل کے دیاروں میں جگہ دے کوئی
تم ہو رسوا و خرابِ مے و جام و مینا
زندگی کرنے کے آداب تو سیکھے کوئی

رہ کے چپ موردِ دشنام جہاں ٹھہرے ہیں
ہم بھی کچھ کہتے زمانے نے جو پوچھا ہوتا
ناصحو ہم کو بھی انجامِ جنوں ہے معلوم
اُس کو سمجھاؤ جو یہ سب نہ سمجھتا ہوتا
اپنی تقدیر میں کیا جانئے کیا لکھا ہے
ورنہ ہم وہ تھے فرشتوں نے بھی پوجا ہوتا
اہلِ دنیا کو بہت ہم سے بھی امیدیں تھیں
زندگی سے مگر اے کاش نہ جھگڑا ہوتا
مفت مانگا تھا کسی نے سو اُسے بخشا دل
اتنا سستا بھی نہ تھا دل جسے بیچا ہوتا

ہم زیاں کار کہ اپنوں کو بنا لیتے ہیں غیر
زخم کاری ہو تو قاتل کو دعا دیتے ہیں
وہ مسلماں کہ زمانے کے خدا ہم سے خفا
ایسے کافر ہیں کہ دل راہِ خدا دیتے ہیں

گمرہی میں بھی حق آثار و جہاں بیں ایسے
خضر کو ہم رہِ منزل کا پتہ دیتے ہیں
جن کا حاصل نہ ہو جز خندہ و لطفِ دو نفس
عمر سے وہ سحر و شام گھٹا دیتے ہیں
دشمنوں کے بھی ہیں یوں خلوتیِ قلب شناس
بزم تو کیا ہم انھیں دل میں بھی جا دیتے ہیں
سنگ ریزوں ہی میں تلتا ہو جہاں ذوقِ نظر
قیمتِ حُسنِ نظر اور بڑھا دیتے ہیں
ہم گنہ گار کہ پتھر کو بھی دیتے ہیں لہو
محترم وہ ہیZں جو کعبوں کو بھی ڈھا دیتے ہیں

آج ہم صدر نشینِ دلِ خوباں ہوتے
اعتبار اپنا مگر یوں نہ بڑھایا ہم نے
محفلِ معتبراں آنکھوں میں جاں دے دیتی
پیشِ ظلمات مگر سر نہ جھکایا ہم نے
آج انبارِ زر و سیم میں تُل سکتے تھے
خود کو پر جنسِ تجارت نہ بنایا ہم نے

تلخیِ نشۂ غم کا کوئی تریاق بھی ہے
آج رسوا و خرابِ رہِ مے خانہ سہی
سختیِ گردشِ دوراں! کوئی فردا بھی تو ہے
ہم گنہ گارِ طربِ خانۂ جانانہ سہی

دلِ صد پارہ کا کوئی تو خریدار بھی ہے
آج ہم وقت کا ٹوٹا ہوا پیمانہ سہی

(صبا، دسمبر، ۱۹۶۱)

عدم سے عدم تک

بہت دنوں سے خیال کا خواب سے کوئی سلسلہ نہیں ہے
خموش راتوں کی ہولناکی میں نغمگی کا پتہ نہیں ہے
درِ تخیل پہ کوئی دستک، نہ کوئی پرتو، نہ کوئی آہٹ
جو وقت گذرے ہزاروں سانپوں کی صاف سن لیجے سرسراہٹ
پھسل پھسل کر ہر ایک لمحے کی لاش دریا میں گر رہی ہے
زماں کی گدلی سیاہ گہرائیوں میں یوں رات ڈوبتی ہے
کوئی صدا ہے تو تیز سیٹی کی تلملاتی ہوئی فغاں ہے
پولیس کی موٹروں کی آواز ہی خموشی پہ حکمراں ہے
حسین یادوں کا کوئی جھرمٹ اگر حدودِ نظر تک آئے
تو سرسراہٹ بھی آنچلوں کی فضا کے عفریت کو جگائے
ہمارے دل کی اداس بستی میں اس سے پہلے بھی کب سکوں تھا
جو یاد بھی تھی تو سر بہ زانو، خیال بھی تھا تو سرنگوں تھا
ہماری راتوں کو یوں بھی کب تھی حسین خوابوں کی سیج حاصل
نہ نیند آتی نہ چین ملتا، جنوں ہی رہتا شریکِ محفل
خرد کا پہرا کہیں ہو لیکن ہماری بستی میں کب اثر تھا
جنوں ہی شیرازہ بندِ غم ہے، جنوں ہی برہم زنِ خبر تھا
یہ ہم نے مانا کہ زندگانی خود اپنی آتش میں تپ رہی تھی
مگر شکستہ فگار اُمیدوں کے خوں کی مالا تو جپ رہی تھی
وہ خوں کی مالا کچھ ایسی ٹوٹی کہ دانہ دانہ بکھر گیا ہے
انھیں اٹھا کر خموش لمحوں کا قافلہ بھی گذر گیا ہے

چلو کہ اب کِس کو ڈھونڈتے ہو
کوئی نہیں ہے، کوئی نہیں ہے
افق کے اُس پار دیکھنا کیا
زمیں کہیں، آسماں کہیں ہے
جو تم نے دیکھا، جو تم نے سوچا
خیال تھا وہ سراب کا سا
جو تم نے چاہا، جو تم نے مانگا
سوال تھا وہ حباب کا سا
عدم کی ظلمت سے جو چلے تھے
کہیں وہ اب تک تھمے نہیں ہیں
زمیں کے اِس گھومتے کُرے پر
قدم کسی کے جمے نہیں ہیں
جسے سمجھتے ہو رات اپنی
وہ نصف دنیا کا روزِ روشن
جسے سمجھتے ہو دن کی رونق
وہ نصف دنیا کی شب کا مدفن
جہاں تمدن کی لَو ہے اونچی
مَرض دماغوں میں پل رہے ہیں
اجالا کیسا، وہاں اندھیرے
ابھی چراغوں میں پل رہے ہیں
اخوت و حریت کے لب پر
سوال حیرت سے تھم گیا ہے
جبیں پہ انسان دوستی کے

لھولو ممبا کا جم گیا ہے

بہت دنوں سے خیال کا خواب سے کوئی سلسلہ نہیں ہے
خموش راتوں کی ہولناکی میں نغمگی کا پتہ نہیں ہے
کتابیں کہتی ہیں زندگانی حسین خوابوں کا مدعا ہے
پیمبروں نے دیا ہے مژدہ زمین کا بھی کوئی خدا ہے
ہے قولِ شعر وادب محبت سے آسمان وزمیں ہیں قائم
ہے رقص ونغمہ کا حکم سرشاریِ تمنا جہانِ دائم
اٹھو ہم اپنے غموں کی لاشوں کو گہری قبروں میں دفن کردیں
جہاں اندھیروں کے ناگ بیٹھے ہیں اُن دراڑوں کو ضو سے بھر دیں
چلو کہ اک قافلہ مہ ومہر کے سفر پر روانہ ہو گا
مکاں کی نارساحدوں تک ہر اک قدم فاتحانہ ہو گا

مگر یہ کیا ہے جہاں بھی جاؤ
زمین ہی مرکز نظر ہے
زمین زائیدہ آرزو ہے
کہیں ستارہ، کہیں قمر ہے
یہی وہ معشوقِ بےوفا ہے
جسے کہیں بھی نہ بھول پائیں
یہ دوٗر ہو کر بھی کھینچتی ہے
کشش کی ہیں جاں نواز ادائیں
یہی سفر کی ہے ابتدا بھی
یہی سفر کی ہے انتہا بھی
یہی ہے جادہ، یہی ہے منزل

یہی اثر بھی، یہی دعا بھی

چلو کہ پھر اپنے اس حقیر و عظیم مرکز کی سمت لوٹیں
خیال کا رشتۂ شکستہ تصورِ گمشدہ سے جوڑیں
کتابِ ماضی کو حافظے کے نہاں کدے سے اٹھا کے دیکھیں
غلافِ شام و سحر ہٹائیں، غبارِ نیرنگِ وقت جھاڑیں
مٹے مٹے سے حروف بخشے گئے ہیں یادوں کے اس نگر کو
نہ جانے کتنے ہی موسموں کے قدم نے روندا ہے رہگذر کو
انہی میں کچھ سرخیاں ہیں ایسی جو خونِ دل سے چمک رہی ہیں
کچھ ایسے عنوان بھی ہیں جن میں ابھی تک آنکھیں چھلک رہی ہیں
یہ ایک چہرہ جو یاد آتا نہیں ہے دیکھا تھا کب، کہاں، کیوں
یہ اک تبسم کی جگمگاہٹ لکھی ہوئی ہے بھلا یہاں کیوں
یہ ایک نشتر نہ جانے کِس کے تغافلِ ظلم کا نشاں ہے
یہ ایک غنچہ نہ جانے کس بے زبان لمحے کی داستاں ہے
یہ ایک گرمی کی دوپہر اس جگہ ابھی تک کھڑی ہوئی ہے
یہ ایک بارش کی شام کس کے فراق میں اب بھی رو رہی ہے
یہ ایک جاڑے کی صبح کِس کے لبوں کے شعلے کی منتظر ہے
یہ ایک تنہا اداس شب کیوں کِسی سے ملنے کو یوں مصِر ہے
یہ ایک چہرہ، یہ اک تبسم ہزاروں چہروں کی انجمن ہے
یہ ایک نشتر، یہ ایک غنچہ سکوت کے ساز کا سخن ہے
یہ صبح، یہ شام، یہ دھندلکے عبارت ان سے کتابِ ماضی
یہ انتظار اور نااُمیدی، یہ زندگی ہے خرابِ ماضی
جنھیں نہ پایا، جو مل گئے تھے، ہیں سب ہی گم گشتہ و رمیدہ

جو آرزو ہے خزاں چشیدہ، جو یاد ہے سو اجل رسیدہ
ہر ایک پل آفرینشِ یک جہانِ نو اور ازل کا پیماں
مگر وہی پل قیامتِ یک جہانِ کہنہ کا بھی ہے عنواں
جسے سمجھتے ہو زندگی تم ہے اڑتے طائر کا اڑتا سایہ
جسے ازل اور ابد کہیں وہ عدم ہے یا ہے عدم کا سایہ
حیات خود موت کے سمندر میں ایک ننّھا سا ہے سفینہ
اُسی اندھیرے میں ڈوبتا ہے یہ چیر دیتا ہے جس کا سینہ

سُنو کہ انفاس کا جرس منزلِ قضا کا پیامبر ہے
یہ زندگی زندگی ہے کوئی کہ مرگ ہی مقصدِ سفر ہے
کتاب بھی حافظے کی ہے مُردہ گھر جہاں میتیں بھری ہیں
ذرا سی بھی روشنی مِلے تو نکل کے قبروں سے ناچتی ہیں
بہ حکمِ اربابِ دین و دنیا جو یادیں زندہ چُنی گئی ہیں
جو حسرتیں نااُمیدیوں کی چتا میں جل کر ستی ہوئی ہیں
بغیر ہم سے کہے سُنے کچھ جو پیارے چہرے بچھڑ گئے ہیں
مسّرتِ قتلِ عام میں جو بھرے پُرے شہر اجڑ گئے ہیں
وہ دل کی خلوت میں حافظے سے ابھر ابھر کر پکارتے ہیں
غم و خوشی، مرگ و زندگی کے نئے نئے روپ دھارتے ہیں
یہ چاہِ کنعانِ خود کشی میں جو ایک چہرہ چمک رہا ہے
جو زندگانی کے زہرِ قاتل کا جام پی کر دمک رہا ہے
یہ آج سے چند سال پہلے ہماری دنیا کا ہم نفس تھا
یہ گوشت اور پوست تھا ہمارا، مسرت و غم میں ہم قفس تھا
نگاہیں ڈھونڈیں تو اُس کو پاتی نہیں ہیں زندانِ آرزو میں

کہیں نہیں ہے سراغ اُس کار گوں کے بہتے ہوئے لہو میں
ابھی تو گذرے ہیں چند موسم کہ نام اُس کا بھی زندگی تھا
گواہ ہیں یہ رُتیں خزاں کی کہ وہ بھی اِک دن شگفتگی تھا
مگر اب اس کا خیال اپنے وجود پر ہے عدم کا سایا
چھپتی یادیں بھی خواب آنکھوں سے چھین لیتی ہیں کیوں خدایا

ہم اپنی بے خواب جلتی آنکھوں میں زندگی کی چِتا جلائے
جہاں بھی زندہ وجود ڈھونڈیں ملیں وہاں موت ہی کے سائے
کروڑوں لمحوں کی لاش اٹھائے ہر ایک دِن تھک کے ڈوبتا ہے
اِسی جلوسِ قضا کو لوگوں نے زندگی کا لقب دیا ہے

۱۹۶۲

جبر

بہت دنوں رہی دنیا سے جنگ، اب مَن جاؤ
تم ایسے بھی تو نہیں ہو کہ زندگی تج دو
جو اپنی جان نہیں ہے تمہیں عزیز تو کیا
کچھ ایسے لوگ تو ہیں جو ہیں جان سے پیارے
اُنھی کو دیکھ کے جینے کے سیکھ لو آداب
کچھ ایسے چہرے تو ہوں گے جو دشتِ ظلمت میں
چمکتے ہوں گے محبت کی روشنی بن کر
کچھ ایسی یادیں تو ہوں گی جو تلخیِ دوراں
تمھارے دل سے گذرتی ہے زندگی بن کر
اُنھی کے نام پہ لازم ہے زندگی کرنا

یہ سچ کہ ایسا زمانہ تمھیں نصیب ہوا
کہ لمحے لمحے میں ہوتی ہے عمرِ خضر بسر
نفَس نفَس کو ہے دینا حساب صدیوں کا
کہاں وہ عہد کہ بزمِ حیاتِ انساں سے
گذرتی رہتی تھیں صدیاں سبک قدم چپ چاپ
کہاں یہ عہدِ قیامت شعار، اک اک پل
پیامِ صورِ سرافیل بن کے آتا ہے
ابھی نہ آیا تھا لب تک کہ لفظ قتل ہوا
ابھی تھا سینے میں نغمہ کہ دم ہی گھٹنے لگا
وہ فلسفے جنھیں ایماں کا نور جانا تھا
ہمارے دل میں چھپے ہم پہ طنز کرتے ہیں
نجاتِ دہر سمجھتے تھے جن اصولوں کو
ہمارے سامنے کھا کھا کے زخم مرتے ہیں

یہ کیا کہ جنگ کی چوکھٹ پہ امن خاک بسر
یہ کیا کہ خوف کے زنداں میں ہے اُمید کا گھر
یہ بات کیا ہے کہ سورج گدائے ظلمتِ شب
یہ کس لیے ہے سرابوں سے ابر آب طلب

وہ حرفِ حق کہ ہے واجب ہر ایک انساں پر
کچھ ایسی دولتِ نایاب ہے کہ جو اپنائے
ہر ایک حیرت و حسرت سے اُس کو تکتا ہے
یہ کیسا شخص ہے جس نے تجا ہے عیشِ جہاں
بس ایک حرف کی خاطر جو ہے گماں ہی گماں
یہ کیا کہ حرفِ صداقت کا اب نہیں کوئی مول
یہ کیوں ہجومِ معانی میں لفظ ہے کشکول

تم ایسے کون صداقت شعار، حق آثار
کہ زندگی میں کہیں بھی مصالحت نہ کرو
تمھارے ایسے بہت لوگ ہم نے دیکھے ہیں
جو آج ہار کے بیٹھے ہیں دست و پابستہ
کوئی ہے دست شکستہ، کوئی حِنابستہ
اسیر سلسلہ ہائے دراز و دوُر ہیں سب
خمارِ عشرتِ امروز ہی سے چوُر ہیں سب

۱۹۶۲

تشبیب

کل تک یہی مکان تھا اِک دشتِ بے اماں
دیوار و در پہ ہونکتے صحرا کا تھا گماں
کھُلتی تھی آنکھ صبح کو پتھّر کے درمیاں
دن بھر گزرتیں روٗح پہ صحرا کی سختیاں
آتی جو شام زیبِ بدن کر کے پرنیاں
لاتی جلو میں اپنے سیہ پوش اداسیاں
آتیں سمٹ کے دل میں زمانے کی سختیاں
پھر تازہ ہوتیں بادہ و مینا کی سُرخیاں
ہر جرعہ خونِ عمرِ گریزاں کا اک نشاں
ہر لحہ قتل گاہِ تمنا کا نوحہ خواں
ذکرِ نشاط پر وہ تہی جیب قہقہے
سرمستیوں پہ اپنی ہی تضحیک کا گُماں
ظاہر میں زیرِ بحث تو حالاتِ حاضرہ
باطن میں چاکِ زخمِ تمنّا کا امتحاں
انسانیت کی ہجو، مروّت کے مرثیے
در پردہ اپنی ذات ہی کی نوحہ خوانیاں
درد و الم کی کیفیتِ بے سبب کا بار
ہنستے چمکتے جھوٗمتے فقروں سے بھی عیاں
ڈوبی ہوی عزا کی فضاؤں میں بزمِ جشن
بے فیض رت جگوں میں غمِ عمرِ سرگراں
محرومیِ حیات کو دے کر وفا کا نام
اشکوں میں غرق جھوٹی محبت کی داستاں
انسان پر یقین نہ خود زندگی سے پیار
نامنصفیِ دہر کے شکووں کے درمیاں
علم و ادب بھی وقت گزاری کے مشغلے
ہر کام زندگی کا فقط شوقِ رایگاں
راتوں کے پچھلے پچھلے پہر تک یہ سلسلے
بے خواب جلتی آنکھوں میں نیندوں کا کارواں
اک قیدِ بے سلاسل و زنجیرِ زندگی
دیواروں کے فِشار کو کہتے رہے مکاں

ہیں آج بھی وہی شب و روز اور وہی مکاں
سورج، ستارے، چاند وہی ہیں کہ تھے جہاں
پھر بھی ہر ایک دِن ہے نیا، رات ہے نئی
دھج صبح کی نرالی، نیا شام کا سماں
ہیں سنگ و خشت مونس و ہمدرد و غم گُسار
آغوشِ در کشادہ ہے دیواریں مہرباں
ہر ذرّے کی نگاہ محبت کی اک شعاع
پتھّر کی آنکھ سے بھی ٹپکتی ہیں نرمیاں
اب بھی طلوع ہوتا ہے مہتاب جام سے
تمہیدِ سرخوشی کی سُناتا کہانیاں
بے خواب چشم خوابوں کا مقتل نہیں ہے اب

رنگین خواب جاگتی آنکھوں سے ہیں عیاں
ہے اب بھی قیدِ بے رسن وطوق زندگی
اس قید پر نثار ہے آزادیِ جہاں
زلفوں کی چھاؤں میں لب وعارض کی روشنی
خاموشیاں ہیں لطف وکرم کی فسانہ خواں
ساکت فضا میں ڈولتا پچھلے پہر کا چاند
یا چشمِ ملتفت پہ ہے بارِ حیا گراں
موجِ ہوا دریچوں کے پردوں سے خندہ ریز
یا پیرہن شمیمِ بدن سے ہے نغمہ خواں
دیوانگی کی باتوں پہ ہے بے سبب ہنسی
بے ربطیاں ہیں ربطِ محبت کی داستاں
نظموں کے ضبط ونقشہ وتعمیر کی جگہ
ایمائے حرفِ شوق غزل کا ہے رازداں
بے نظم زندگی کو غزل کس نے کر دیا
شہد وشکر میں ڈوب گئی تلخیِ بیاں

وہ نظم ابتدا میں تھی جو نوحۂ حیات
اُس پر ہے اب قصیدے کی تشبیب کا گماں
ہر مصرع ہے دعا تو ہر اک لفظ عرضِ شوق
کس کے لبوں نے بخشی ہیں لہجے کو نرمیاں
معشوق مل گیا تو غزل کہہ رہا ہے عشق
ممدوح مل گیا تو زباں ہے قصیدہ خواں
وہ کیا ملے، حیات ملی، شاعری ملی
وہ ہیں رفیقِ شوق تو دنیا ہے مہرباں
معشوقِ زندگی کو دعا دیجیے وحیدؔ
اب سر بسر حیات ہے عاشق کی داستاں

مارچ، ۱۹۶۳

پیمانِ وفا سے پہلے

تم سیہ خانۂ تنہائی میں اُترا ہوا اک ماہِ تمام
یا تمھیں اپنے ہی خورشید بکف خواب کا چہرا سمجھوں
تم خموشی کے سمندر میں ہو سرشاریِ موجِ نغمہ
یا تمھیں اپنی ہی کھوئی ہوئی آواز کا نغمہ سمجھوں
تم تڑپتے ہوئے صحرا میں نسیمِ سحری کا ہو خرام
یا تمھیں تشنگیِ عمرِ تمنا کا مداوا سمجھوں
تم ہو انسان کے پیکر میں ز سر تا بہ قدم روحِ نشاط
یا تمھیں اپنی ہی روٹھی ہوئی خوشیوں کا سراپا سمجھوں

تم وہ معصوم مسرت ہو کہ دیکھی نہیں گردِ غم بھی
تم نے دنیا کو حسیں خواب کے مانند ہی دیکھا ہو گا
تم تمنا ہو جو اک عمر تخیّل میں رہی آسودہ
زندگانی سے تعارف کا بھی موقع نہیں آیا ہو گا
خواب زخمی بھی ہوا کرتے ہیں، تخیُل بھی لٹ جاتی ہے
تم نے بے فکر لڑکپن کی امنگوں میں نہ سوچا ہو گا
رنگِ فردا کی دھنک ٹوٹ کے کیوں بنتی ہے اشکوں کی لڑی
تم نے اٹھکھیلیاں کرتی ہوئی کرنوں سے نہ پوچھا ہو گا

تم نے باندھا تو ہے اک عمر کا پیمانِ وفا میرے ساتھ
منزلیں اور بھی ہیں منزلِ پیمانِ وفا سے پہلے
تم مری چاکِ داماں کی حکایات نہ سمجھو گی ابھی
میں نے دیکھے ہیں بہت رنگِ جہاں رنگِ حیا سے پہلے

حق ہے وہ زہرِ ہلاہل کہ جو کچھ کہیے تو لب جلتے ہیں
مصلحت سیتی ہے لب شکوۂ اربابِ جفا سے پہلے
داد کیوں چاہے لبِ تیغِ بروٹس سے وفائے سیزر
سنگسار اپنے کو کر لیجے صداقت کی سزا سے پہلے
زر خدا بھی ہے، خدائی بھی ہے، قانون بھی ہے، مذہب بھی
بخشوا لیجے خطا اپنوں سے، غربت کی خطا سے پہلے
تم ہو ناواقفِ آدابِ جہاں سازیِ ابنائے زماں
زیست کا زہر بھی پی لو مِرے نغمے کی صدا سے پہلے

زندگی اک سفرِ بے جرس و جادۂ و بے رخت بھی ہے
صرف آسائشِ منزل کا طربناک شبستاں ہی نہیں
زندگی جبر بھی، سمجھوتہ بھی، پیماں شکنی بھی، غم بھی
صِرف دل داری و دل جوئیِ حُسنِ رُخِ جاناں ہی نہیں
زندگی قیدِ معیشت بھی، تہی دامنی و جیب بھی ہے
صِرف ایمانِ محبّت ہی نہیں، عشق کا پیماں ہی نہیں
زندگی ذہن کی تاجر بھی ہے اور قلب کی بیوپاری بھی
صِرف دیوانگیِ شوق میں اک دیدۂ گریاں ہی نہیں

تم چلی آئی ہو آنکھوں میں بسائے ہوئے خوابوں کے جہاں
تم نہیں جانتیں تعبیر کے صحرا میں جو حیرانی ہے
تم کو اصرار کہ اک اشک کی قیمت بھی بہت ہوتی ہے
تم کو معلوم نہیں اشک تو کیا خون کی بھی ارزانی ہے
دوٗر سے تم کو بھلی لگتی ہے شیرینیِ قصرِ پرویز
تم کو کیا علم کہ فرہاد کی کیا بے سروسامانی ہے

تم جو چاہو تو میں مزدورِ آسایشِ پرویز کروں
ورنہ تم غیرتِ احساس کے تیشے کی زباں بن جاؤ
رہن رکھ دو جو مری روح تو پھر عیشِ فراغت ہیں بہت
ورنہ پاکیزگیِ قلب کا سرمایۂ جاں بن جاؤ
جودتِ ذہن جو بک جائے تو پھر جنسِ تجارت بن جائے
ورنہ تم میری محبّت، مِرا قبلہ، مرا ایماں بن جاؤ
تم جو چاہو تو بھٹکنے دو مجھے آگ کے صحراؤں میں
تم جو چاہو تو مِری راہ میں اک ابرِ رواں بن جاؤ

۱۹۶۳

عکس در عکس

چاند نکلا ہے بہت راتوں کی تاریکی کے بعد
دشت میں ظلمات کے چمکا ہے کس کا نقشِ پا
پھر سراغِ چشمۂ حیواں ملا
تیرگی کی شاخ پر
روشنی کا غنچۂ تازہ کھِلا

کوہ و صحرا، دشت و دریا جاگ اُٹھے
شہر و قریہ جاگ اُٹھے
پھینک کر سر سے اداسی کی رِدائیں بام و در ہنسنے لگے
بند کمروں کے دریچے کھل گئے
کتنی ہی ہنستی ہوئی آنکھوں میں عکسِ مہ ہنسا
کتنے ہی گاتے ہوئے ہونٹوں پہ نغمہ بن گیا

کشتیِ مہتاب گاتے جھومتے دریا کی موجوں پر چلی
کھیلتی لہروں سے، ہنستی زندگی کے ساتھ ساتھ
نرم و نازک انگلیوں سے لہر کی ایک ایک رگ کو چھیڑتی
قطرے قطرے کی نظر میں ڈوبتی
سطح سے گہرائی تک ہر تہہ میں اپنی شکل چمکاتی ہوئی
آئینہ خود دیکھتی، اوروں کو دکھلاتی ہوئی

ایک تنہا پیڑ کی سوکھی ہوئی شاخوں میں اٹکا ماہتاب
آپ اپنی روشنی کا صید ہے
آپ اپنے دیدۂ بیدار ہی میں قید ہے

سو رہا ہے دوٗر تک پھیلے ہوئے ویران سنّاٹے میں قبروں کا جہاں
چاندنی آسیب کے مانند چلتی ہے دبے پاؤں یہاں

بے کسی، آوارہ گردی، بے سروسامانیوں کی راہ میں
چاند شمعِ رہ گزار
خانۂ افلاس کے ظلمت گزیدہ، سم چشیدہ قلب میں
چاند ہے شمعِ سرِ لوحِ مزار
دامنِ ظلمت پہ دھبّا نور کا

برق زائیدہ چراغوں کی دہکتی روشنی کے شہر میں
قمقموں کی آفتاب آسا شعاعوں کی سنہری لہر میں
چاند آکر کھو گیا
دیکھنے والا نہ تھا کوئی تو اپنی روشنی کو رو گیا
نیم شب اس دوپہر کی چلچلاتی دھوپ میں
تیرگی کے اس چمکتے روپ میں
چاند آکر بجھ گیا

قہقہوں کے شورِ وحشت خیز میں
نغمہ در نغمہ فضا کے سازِ حشر انگیز میں
نغمۂ مہتاب کیا
چاندنی کے زخمۂ و مضراب کیا

چاند اک گہرے کنویں میں گر پڑا
تنگ تر ہوتی ہوئی لہروں کے حلقوں میں سمٹتا کانپتا
حلقۂ گرداب میں، موجوں کے پیچ و تاب میں

جگمگاتی دوٗر تک پھیلی فضاؤں کے لئے روتا ہوا
سنگدل یخ بستہ بانہوں میں تڑپتا ہے پڑا

اس زمیں کا ایک چاند
عکس ہیں آنکھوں کے آئینہ کدے میں بے شمار
ایک چہرہ، روپ ہیں اُس کے ہزار
اور ہر پرتو بقدرِ ظرفِ چشم

۱۹۶۳

خاموشی کی آواز

خبر نہیں کہ اور کتنی بار ٹوٹنا پڑے
شکستِ جسم و جان و دل تو ہر نفس کے ساتھ ہے
ہر ایک منزل و مقام سے بڑھے لُٹے ہوئے
کہ شورِ گریۂ وداع بھی جرس کے ساتھ ہے
ہوائے گُل کے ساتھ تو چلیں گے ہم چمن چمن
مگر وہ وعدۂ وفا جو خار و خس کے ساتھ ہے
ہماری کامیابیاں بھی جبر ہیں حیات کا
کہ شرطِ مرگ زندہ رہنے کی ہوس کے ساتھ ہے

ہر ایک نقشِ پا عزیز ہے، کہاں کہاں مٹیں
کہ ایک دل ہے اور ہر ایک موڑ پر ہیں دِلِستاں
سبھی کو جانتے رہے ہم آبروئے آرزو
حسین و دل نواز ہیں ہزار ہا پری رُخاں
ہم اُن کی زندگی کو مانتے ہیں اپنی زندگی
ستم رسیدہ انجمن در انجمن نظر وراں
ہوئے نہیں جو تلخ پی کے زہرِ روزگار بھی
ہماری داستاں میں ہے شریک اُنکی داستاں

تمام ظرف جس پہ تنگ ہیں بجز دلِ تباہ
پیا کیے ہم ایک عمر وہ شرابِ غم بہت
تصورات کو کہیں بھی سجدہ گہہ ملی نہیں
کوئی خدا نہیں مِلا، مِلا کیے صنم بہت
کوئی بھی دے سکا نہ ایک خواب کا بھی خوں بہا
بصد جلال و جاہ اہلِ زر ہوئے بہم بہت
نہ تھا دماغ عرضِ حال کا ہمیں کو، کیا کریں
نگاہِ یار تو رہی ہے مایلِ کرم بہت

ہر ایک بزم سے اُٹھے شکستہ دل، شکستہ جاں
اُمیدیں روکتی رہیں، سفر پکارتا رہا
ہزاروں یادیں سدِّ راہ اور ایک اکیلا دل
جو قرض ایک ایک یاد کا اُتارتا رہا
نہ جانے کتنی حسرتوں کی قتل گاہ بن گیا
جو ذہن گیسوئے حیات کو سنوارتا رہا
جو سر کہیں جھکا نہیں وہ بارِ دوش ہو گیا
زمانہ زہر میں بجھا کے تیر مارتا رہا

ہمیں ہی راس آ سکی نہ راہ و رسمِ زندگی
نہ جانے عمر کاٹ دی ہے کون سے خیال میں
جواب کچھ مِلا ضرور، کیا مِلا پتہ نہیں
سوال کر کے کھو گئے تھے لذتِ سوال میں
ہے یہ نشاطِ تشنگی تو وہ عروجِ تشنگی
بجز فریب کیا دھرا ہے ہجر اور وصال میں
اسی لیے بنالیا شعار اپنا خامشی
کریدا جب تو کچھ نہ پایا گرمیِ مقال میں

کسے سنایئے ہزار قصّہ ہائے دردِ دل
تمام سنگ و خشت ہیں، کسے ہے گوشِ آرزو
جو نکلا حرفِ مدعا تو یار غیر ہو گئے
یہی بہت ہے گر بچی رہے زباں کی آبرو
مکاں حدِ نگاہ ہے، زماں بھی سدِّ راہ ہے
وسیع تر ہے شش جہت سے اپنی ہی رگِ گلوٗ
ہزار آسمان کی خبر بھی لائے ہم تو کیا
پلٹ پلٹ کے آ گیا زمیں پہ ذوقِ جستجو

امیر شہر کا ہر اک وطن ہے وہ جہاں رہے
غریب شہر خواب و آرزوٗ جہاں میں اجنبی
سموم کے لیے خیامِ گل کے در بھی باز ہیں
نسیمِ غنچہ آشنا ہے گلستاں میں اجنبی
حصار میں ہوس کے عصمتِ وفا بھی کھو گئی
نگاہِ دلبری دیارِ دلبراں میں اجنبی
دروغ لطفِ خاطر و قبولِ عام کی سند
حقیقتوں کے چہرے ساری داستاں میں اجنبی

ذرا سی بات تو فسانہ در فسانہ چل پڑی
کسے ہے فرصتِ نفس جو زخم کی زباں سُنے
کوئی جگہ نہیں جہاں کسی سے چھپ کے رویئے
کہاں وہ آنکھ جو نظر نظر کی داستاں سنے
ہزار گیت گونجتے ہیں، چیختے ہیں بزم میں
کسے پڑی ہے کون ذوقِ نغمہ کی فغاں سنے
وہ شور ہے کہ اپنی بات بھی نہ پہونچے کان تک
خود اپنے دل کی بات کوئی بیٹھ کر کہاں سُنے

١٩٦٣

صد حساب باقیست

کبھی چومی ہے تم نے ڈوبتے سورج کی پیشانی
کہ چڑھتے سورجوں کے سامنے ہی سجدہ کرتے ہو؟
کبھی بپھرے ہوئے، اُمڈے ہوئے طوفاں بھی جھیلے ہیں
کہ تم پایاب پانی ہی میں ڈر کر پاؤں دھرتے ہو؟
کبھی ساحل کو آہستہ خرامی سے بھی کاٹا ہے
کہ موجِ تند کے مانند ہی اُٹھ کر بکھرتے ہو؟
کبھی عینِ خزاں میں بھی بہار آثار بن پائے
کہ گل پیراہنی کی فصل ہی میں تم نِکھرتے ہو؟
کبھی اپنے کو دو عالم کا آئینہ بھی سمجھا ہے
کہ خود بینی کے آئینہ کدے ہی میں سنورتے ہو؟
کبھی دیکھے ہیں وحشت کے چلن دشتِ غزالاں میں؟
کبھی بیٹھے ہو آکر مجمعِ آشفتہ حالاں میں؟

کبھی پایا کسی برباد محفل کا سماں دل میں؟
کبھی آنکھوں سے اترا بجھتی شمعوں کا دھواں دل میں؟
کبھی بیکار کوئی رات صرفِ رہ گذر کی ہے؟
کبھی جشنِ مسرت میں بھی اپنی آنکھ تر کی ہے؟
کبھی بے وجہ شب بیدار بنکر بھی سحر کی ہے؟
کبھی خالی شکم کی آگ بھی رگ رگ میں دوڑی ہے؟
کبھی پگھلے ہوئے سیسے کی سی شے دل میں اتری ہے؟
کبھی اک نانِ گندم خوشۂ پرویں نظر آئی؟

نہ اپنی کچھ خبر پاؤ، کبھی ایسی خبر آئی؟
کبھی اک تن کے جوڑے کو بھی سمجھا ہے سر و ساماں؟
برہنہ پا کبھی بھٹکے ہو دشتِ زیست میں حیراں؟

تم ان باتوں کو چھوڑو، اِن سوالوں کو بہکنے دو
انھی کو زندگی کہتے ہیں جو، اُن کو بھٹکنے دو
تمھاری محفلِ صدرنگ آتش زیرِ پا کیوں ہو
تمھارا نغمہ سُرمہ در گلو حرفِ دعا کیوں ہو
تم اپنے طالعِ بیدار پر اپنی نظر رکھّو
نہ دیکھو تیرگی، جشنِ چراغاں کی خبر رکھّو
تم اپنے سورجوں کی روشنی اپنے ہی گھر رکھّو
تم اپنی سب بہاریں دامنوں سے باندھ کر رکھّو

ہم اپنے ڈوبتے سورج اٹھا لیتے ہیں مژگاں پر
جنوں کو آزما لیتے ہیں اپنے ہی گریباں پر
یہی تقسیمِ فطرت ہے، یہی رمزِ مشیت ہے
تم اپنے جام و خم لے لو، ہم اپنی تشنگی لے لیں
جو لے لو شہر و گلشن تم تو ہم آوارگی لے لیں

مسیحائی کے سب ساماں اٹھا کر چارہ گر رکھیّں
بچا کر ہم بھی اپنی آبروئے چشمِ تر رکھیّں

۱۹۶۳

عمرِ رائگاں

اک ترا ساتھ چھوٹ جانے سے
رک گئی کیسے گردشِ ایام
کیسے برہم ہوا جہاں کا نظام
وقت ٹھہرا ہوا ہے ایک جگہ
پا بہ زنجیرِ غم ہیں صبح و شام

تو یقیں مان، میرے آنگن میں
کئی دِن ہو گئے ہیں صبح ہوئے
دھوپ اُتری، نہ روشنی آئے
تیرا پیکر طلوع کب ہو گا؟

میں بھی عمرِ گریز پا سے کہوں
زندگی سے گھٹا دے یہ شب و روز
تو بھی اپنے خدا سے پوچھ کبھی
کیا شب و روزِ ہجر بھی یارب
زندگی میں شمار ہوتے ہیں

۱۹۶۴

طوفان گذر گیا

سنتے ہیں اپنے سر سے وہ طوفاں گذر گیا
رفتار جس کی کھیلنے والی ثبات سے
انداز کہہ رہے تھے لڑے گا حیات سے
جو قطرہ قطرہ جمع کیا ماہ و سال نے
وہ جام چھین لے گا تمنا کے ہات سے

سنتے ہیں آزمائشِ زخمِ جگر ہوئی
کھوئے رہے ہم ایسے نہ کچھ بھی خبر ہوئی
گذرے غمِ حیات کی راہوں سے اس طرح
قدموں سے مس نہ خاکِ سرِ رہ گذر ہوئی
دامن ہوا تہی نہ ہوئی آستین نم
ہر کاوشِ سموم و صبا بے اثر رہی
آنکھوں میں گرد اُڑی، نہ غبار آیا قلب میں
رستے کی خاک رستے کے دامن ہی پر رہی

تم جب تلک مِلے نہ تھے راہِ حیات میں
سر پر گرجتا رہتا تھا طوفان صبح و شام
ہر صبح قتل کرتی تھی، ہر شام سنگ سار
ہر روز مانگتا تھا لہو دل کا روز گار
ہر شب بنانے آتی تھی اُمید کا مزار

یہ سب اسی لیے تھا کہ تنہا تھی آرزوٗ
رسمِ حیات سے نہ شناسا تھی آرزوٗ
تب آرزوٗ کسی کو بھی پہچانتی نہ تھی
سب دیکھتی تھی کچھ بھی مگر جانتی نہ تھی
جب سے تمھیں نگاہِ طلب ماننے لگی
چہرہ ہر ایک چیز کا پہچاننے لگی

تم سے مِلے تو ہم پہ کھلا رازِ زندگی
اب حادثاتِ وقت کا کوئی اثر نہیں
طوفان سر سے گذرا تو دل کو خبر نہیں

۱۹۶۴

بیا تا گل بیافشانیم

ہوائے زمستاں کی تیزی رگوں میں لہو منجمد کر رہی ہے
برودت فضا کی بہت روز ہوتے ہیں ضِد کر رہی ہے
بُلالو اُنھیں جن کی قربت کی گرمی سے پگھلے یہ موسم
شمیمِ نفس سے فضا ہو معطّر تو بدلے یہ موسم

خزاں چپکے چپکے چلی آ رہی ہے
کہ پھولوں کا زر اور شاخوں کا زیور
چرا کر چھپا دے کہیں دامنِ خاک میں
وہ خوں چوس لے جو ابھی دوڑتا ہے رگِ تاک میں
گرا دے، بہا دے، لنڈھا دے اُسے
جو ساغر چھلکتا ہے مے خانۂ چشمِ نمناک میں

ہوائے زمستاں نے کر لی ہے سازش خزاں سے
درختوں کا پیراہنِ سبز اُترنے لگا ہے
کہ مال و متاعِ بہاراں زمیں پر بکھرنے لگا ہے
رگِ تاک کا خون ہم ہی چُرا لیں
کہ گردش لہو کی ہماری رگوں میں کہیں تھم نہ جائے
جو دل زندگی کے بدلتے ہوئے موسموں کے مقابل رہا ہے
کہیں دامنِ زیست پر قطرۂ موم کی طرح سے جم نہ جائے

یہ پت جھڑ کی رُت آرزوؤں کی شاخوں سے اُمیّد کے برگ و بر چھین لے گی
یہ احساسِ تنہائی کا نشتر زہر آلودہ بنکر رگِ جاں میں اُترے
تو اشکوں کی دولت کے ساتھ آبروئے نظر چھین لے گی

متاعِ شکیب، اعتبارِ اثر چھین لے گی

خزاں جیسے آئی ہے اک روز یوں ہی چلی جائے گی
گل و گلستاں، شہر و صحرا پہ پھر سے بہار آئے گی
مگر ایسے بھی ہوں گے کچھ نونہالانِ بخت گزیدہ
کہ پھر ملگجا زرد پیراہن اپنا بدلنا بھی چاہیں
تو تازہ بہاروں سے خلعت نہیں پا سکیں گے

اگر تم کو سبز و شاداب رکھنا ہے تنہائیوں کو
بُلا لو اُنھیں جن کے آنے سے بدلے گا موسم
شمیمِ نفس روح کو جب معطّر کرے گی تو سنبھلے گا موسم

رگِ تاک کا خون پینے سے حاصل
خزاں کو نہ دیکھو
اُدھر دیکھو-- آنکھوں میں مہتاب اُترے ہوئے ہیں
نگاہوں سے صحن و در و بام چمکے ہوئے ہیں
وہ چہرہ گلابی، وہ عارض شہابی، وہ لب ہیں شرابی
وہ قامت کہ سر تا قدم پھول چٹکے ہوئے ہیں
وہ رفتار، جھونکا نسیمِ سحر کا خراماں
وہ گفتار، دل کے اندھیرے میں جشنِ چراغاں

اُدھر دیکھو اپنی رگوں میں لہو کو ہی نغمہ سرا ئندہ رکھّو
دلِ زندہ رکھّو
بدلتے ہوئے موسموں میں بہاروں کے اوراق تابندہ رکھّو

۱۹۶۴

مفاہمت

کل تک تمام رستے کتنے الگ الگ تھے
رستوں کے پیچ وخم میں منزل الجھ گئی تھی
ہر ہر قدم پہ گردِ رہ تھامتی تھی دامن
آنکھوں میں گرد، بالوں پر دھول جم چکی تھی
ہر موڑ پر دوراہا پیروں کو روکتا تھا
ہر راہ زخمِ پا سے کچھ خون مانگتی تھی
کوئے خرد کی تنگی اُکتا چکی تھی دل کو
دشتِ جنوں کی وسعت بھی تنگ ہو رہی تھی
طوفِ درِ بُتاں سے گھبرا گئی تھی وحشت
مے خانوں کی فضا بھی بوجھل سی لگ رہی تھی
مرنے کے راستے سب سنسان ہو چکے تھے
جینے کی راہ ساری ویراں پڑی ہوئی تھی
سچ یہ ہے عاقبت سے ایمان اُٹھ چکا تھا
قدموں سے لپٹی دنیا سے جنگ ٹھن چکی تھی
اس جنگ میں نہ جانے کیا گزری چشم و دل پر
اک عمر ہم نے اپنا کوئی پتا نہ پایا
زخموں سے چور ہو کر جب آنکھ موند لی تو
اک چشمِ ملتفت کو پرسانِ حال دیکھا
دل نے تمام رازِ سربستہ اُس کے آگے
یوں رکھ دیے کہ جیسے تھا اک یہی مداوا
اُس نے کہا کہ اُٹھّو رستے کی گرد جھاڑو
اُس کی نظر سے ہم نے دنیا کو پھر سے دیکھا

کل تک تمام رستے کتنے الگ الگ تھے
اب سارے راستوں کا تھا ایک ہی سا نقشہ
کوئے خرد کی تنگی دشتِ جنوں کی وسعت
طوفِ درِ بُتاں ہو یا میکدے کا پھیرا
مرنے کے راستے ہوں یا زندگی کی راہیں
عقبیٰ کی بے یقینی، قدموں سے لپٹی دنیا
سب ایک ہی نشانِ منزل دکھا رہے تھے
اب سارے راستوں کا رُخ ایک ہی طرف تھا

مدّت کے بعد دنیا نے آج مسکرا کر
دیکھا تو عقل و وحشت نے ایک ساتھ جانا
دنیا سے لڑتے لڑتے دنیا کے ہو گئے ہم
کچھ ہار ہم نے مانی، کچھ ہم سے ہاری دنیا

۱۹۶۴

مرگِ انبوہ

ہم ہیں یاں منتظرِ مژدۂ عیدِ دیدار
واں ابھی اُلجھی ہوئی زلف نہ سلجھی ہو گی
ہو گا آنکھوں میں ابھی رات کے خوابوں کا خُمار
نیند پلکوں کی گھنی چھاؤں میں سمٹی ہو گی

دن کے صحرا میں پھر اک بار بھٹکنے کے لیے
حجلۂ شرق سے خورشیدِ جہاں تاب اُٹھا
کب سے بے کار بھٹکتا ہے یہ سودائی بھی
روز و شب پاؤں کی زنجیر بنے پھرتے ہیں
اک کڑی اور بہر گام بڑھی جاتی ہے

دھوپ چڑھتے ہوے سورج کا سہارا لے کر
در و دیوار سے آنگن میں اُتر آئی ہے
رات بھر سوئی ہوئی خاک نے کروٹ بدلی
ذرّے آئینے شعاعوں کے لیے بیٹھے ہیں
ایک خاموش سا غل ہے کہ سحر آئی ہے
نیند کو آنکھوں سے دھو ڈالیں، اٹھیں بستر سے
لوگ اب جشن منانے نکل آئے گھر سے
ہم بھی دیکھیں گے کن آنکھوں میں سحر ہوتی ہے
کون سے چہرے ہیں جو جشن میں کھل جاتے ہیں
کس طرح چاک گریبانوں کے سِل جاتے ہیں

ہم بھی دیکھیں کہ یہ بے وجہ خوشی کیسی ہے
عمر بھر فکرِ معیشت کے کڑے بوجھ تلے
جو دبے رہتے ہیں، ہنستے ہیں تو کیوں ہنستے ہیں
کس طرح گردِشِ شب و روز جھٹک دیتے ہیں
نئے ملبوس کہاں جا کے پہن لیتے ہیں

ہم نے اس جشن میں ہر چہرے کو جا کر دیکھا
آنکھ کے آئینے سے روح کے اندر جھانکا
جس کی آمد کا ہے یہ جشن چھپی ہے وہ کہاں
ہم تو ڈھونڈ آئے کہیں اُس کا نشاں بھی نہ ملا
نور کیا، بجھتے چراغوں کا دھواں بھی نہ ملا

۱۹۶۴

صحرائے سکوت

(طویل نظم)

(۱)

ابھی تو رات کے پچھلے پہر کا سنّاٹا
صدائے پہرہ سے چونکا تھا لے کے انگڑائی
دھڑک رہی ہے ابھی جاگتے رہو کی صدا
ابھی تو کروٹیں لیتی ہے شب کی پہنائی
یہ پہرے دار کے قدموں کی ڈوبتی آواز
زیادہ دیر نہ رہ پائے گی سکوت نواز
کسی بہانے تو ٹوٹی ہے مُہرِ نیم شبی
کسی نے کی تو حضورِ سکوت بے ادبی

اٹھے جو موجِ صدا خامُشی کے دریا میں
تو مدّ و جزر بہت دیر تک نہیں تھمتا
حدیں گذشتہ زمانوں کی ملنے لگتی ہیں
صدائیں ڈوب گئی تھیں جو قعرِ ماضی میں
ابھرتی آتی ہیں قطرہ بہ قطرہ، موج بہ موج
سُنے اگر کوئی بیتے ہوئے دِنوں کی صدا
تو خامشی کی زباں داستان دُہرائے
کئی برس ہوئے، گذرے ہزاروں روز و شب
یہ بات ایسے دنوں کی ہے، جن کا ذکر بھی اب
خیال و خواب کی دنیا کا ذکر لگتا ہے
وہ دِن کچھ ایسے تھے جیسے ہو عالم سکرات
نہ موت پاس پھٹکتی، نہ راس آتی حیات
سکوتِ غم پہ عجب بے حِسی کا عالم تھا
لگی تھی چوٹ پہ چوٹ ایسی شیشۂ دل پر
کہ دل تو دل ہے، زمانہ بھی ہو گیا پتھر
وہ محفلیں کہ جہاں اُٹھنا بیٹھنا تھا سدا
دکھائی دیتی تھیں بزمِ بُتانِ ایلورا
سکوتِ نیم شبی ہو کہ نیم روز کا شور
گذرتے محفلِ دل سے نظر جھکائے ہوئے
لبوں پہ مُہر لگائے، قدم دبائے ہوئے
غنودہ آنکھوں میں کٹ جاتا روزِ بیکاری
حواس پر وہ سراسیمگی کا عالم تھا
کہ دن تو شب کی طرح سوتے جاگتے کٹتا
طلوع ہوتا سرِ شام دردِ گُم کردہ
لگا کے جس کو کلیجے سے نیند سو جاتی
وہ درد خواب کی وادی سے پھر پلٹ آتا
تمام شہر جو سوتا، وہ جاگتا تنہا

وہ شام ہوتی جو تمہید نیند آنے کی
کبھی تو کیفوں کی بحثوں میں قتل ہو جاتی
کبھی تو پیچ و خمِ رہ گذر میں کھو جاتی
کبھی تو دِن کے اجالے سے صبح ہونے تک
طوافِ جام کیا کرتی مثلِ پروانہ
اجڑنے لگتی جو میخانے کی چہکتی بزم
بھرے بھرے خُم و مینا وٗ جام ہو کے تہی
اٹھائے جاتے کبھی، گاہ خود ہی اُٹھ جاتے
وہ میکدے بھی جو آغوشِ مہرباں کی طرح
زمانے بھر کے نکالے ہووں پہ کھُلتے ہیں
نِڈھال سی آنکھوں کے مانند بند ہو جاتے
رفیق ایک کے بعد ایک گھر چلے جاتے
مگر وہ درد کہ جس کا نہ کوئی گھر، نہ مقام
تمام رات اکیلا پکارتا پھرتا
کہیں جو آنکھ کوئی جاگتی ہوئی مِلتی
کہیں جو ذہن کوئی سوچتا نظر آتا
کہیں جو درد کوئی جاگتا ہوا ملتا
وہیں پہ رُک کے بہت دیر تک کھڑا رہتا
غم اپنے بانٹتا، اوروں کے درد و غم سہتا

☆

کِسی دوراہے کا نکّڑ، کسی مکاں کی منڈیر
کِسی دُکان کا تختہ، کِسی سڑک کا موڑ
کسی جگہ پہ ٹریفک کے آئی لینڈ کے بیچ
کِسی بلند عمارت کی خالی بالکنی
کِسی غریب سے ہوٹل کی غم زدہ کرسی
کسی بھی پارک کا شبنم سے بھیگتا ہوا لان
کِسی اجاڑ سے فٹ پاتھ پر پڑے ہوئے ٹیوب
جہاں بھی ٹھہر گئے، آگئی وہیں منزل
جہاں بھی بیٹھ گئے، جم گئی وہیں محفل
ہزاروں مسئلے ایسے کہ جن پہ بحث چھڑے
تو رات دیکھتے ہی دیکھتے گذر جائے

☆

مصنفین کی تحریک اور مسایل سے
مہ و ستارہٗ و خورشید کا تو رشتہ ہے
مگر یہیں کہیں گردش میں ہے زمیں کا نصیب
مسایلِ غمِ دوراں، غمِ بُتاں، غمِ ذات
حدوٗد سب کی اسی ایک حد سی ملتی ہیں

(۲)

ابھی تو ریڈیو پاگل کی طرح چیخا تھا
بھڑک اٹھے ہیں کہیں پھر سے شعلہ ہائے جنگ
کِسی غریب ستم دیدہ ملک کے اوپر
جھپٹ رہے ہیں عقابوں کی شکل میں راکٹ
ہمارا شہر تو لپٹا ہوا ہے سپنوں میں
ہوا ابھی چلتی ہے تو نیند کا خمار لیے
اِسی زمیں کا کوئی شہر دوٗر افتادہ
تڑپ کے کاٹ رہا ہو گا رات کی گھڑیاں

کسی ہماری ہی بستی کی ایسی بستی میں
ہر ایک آنکھ کا در کھٹکھٹاتی ہو گی نیند
کہ کوئی تو اُسے آغوش میں سمیٹے گا
مگر سکون کہاں، نیند کے جو ناز اٹھائے
ہر آنکھ خوف کا مسکن، مکانِ وحشت ہے
لگے جو آنکھ تو پھر کیا خبر کھُلے نہ کھُلے
یہ سہمے سہمے ہوئے پھول کی طرح بچّے
انھیں یہ علم نہیں، ان کے سن رسیدہ بزرگ
اندھیری رات میں کیوں کھیلتے ہیں آگ کا کھیل
جہاں گلاب کا تختہ ابھی مہکتا تھا
وہاں چمکتا ہے کِس کا یہ تازہ تازہ لہو
جو ہاتھ جھولے کی ڈوری ہلا رہے تھے ابھی
وہ خشک و سرد کٹی شاخ کی طرح کیوں ہیں
وہ لب جو لوریاں دیتے تھے گنگناتے ہوئے
اب اُن کے بول ہیں کیوں سرد لفظوں کے لاشے
وہ آنکھیں جن میں محبت کی نرمیاں تھیں تمام
کہاں سے خوف کے آسیب اُن میں در آئے

یہ ریڈیو بھی عجب چیز ہے کہ دنیا میں
کہیں بھی درد اُٹھے، جاگتا ہے ساری رات
مریضِ غم پہ گذرتی ہے اور بھاری رات
یہ آدمی کی ہے آواز یا مشیں کی صدا
کہ آدمی کی صدا میں تو دل دھڑکتا ہے
کہ آدمی کی صدا میں تو آنکھ روتی ہے
کہ آدمی کی صدا کا تو چہرہ ہوتا ہے
مگر یہ کیسی ہے آواز، جس کا دل ہے نہ آنکھ
مگر یہ کیسی ہے آواز، جس کا چہرہ نہیں
یہ اور کچھ نہیں، چلاّ رہا ہے ذہن کا خوف
وہ ذہن جس کے نہاں خانے میں بھری ہے آگ
جہاں پہ رینگتے، پھنکارتے ہیں موت کے ناگ
جو رنگ دیتا رہا قلب کی سیاہی کو
جو جنم دیتا رہا موت اور تباہی کو
یہ آدمی کی نہیں، خوف کی صدائیں ہیں
جو اپنی ذات سے مقتول بھی ہے قاتل بھی
یہ خوف روز پکارے گا، روز چیخے گا
سکوتِ شب ہی نہیں، دن کی رزم گاہ میں بھی
یہ خوف ہی ہے جو کھُلتے ہی آنکھ جاگتا ہے
نقب لگاتا ہے دیوارِ خواب میں شب بھر
تمام روز بھٹکتا ہے شاہراہوں پر
یہ خوف ہی ہے جو سینہ بہ سینہ چشم بہ چشم
کہیں ہے دردِ نہاں، اور کہیں ہے اشکِ عیاں
یہ خوف ہی ہے جو قریہ بہ قریہ، شہر بہ شہر
کہیں ہے بھوک کی کھیتی، کہیں ستم کی دُکاں
یہ خوف ہی ہے جو دریا بہ دریا، دشت بہ دشت
کہیں ہے سیلِ تباہی، کہیں ہے ریگِ تپاں
یہ خوف ہی ہے جو خانہ بہ خانہ، راہ بہ راہ

کہیں معاش کا غم ہے، کہیں غمِ دوراں
یہ خوف ہی ہے جو مجرم کی طرح چھپ چھپ کر
ہزاروں بھیس بدلتا ہوا نکلتا ہے
اِسی نے جمع کئے ہیں ذخیرۂ اجناس
اُس ایک نفع کی خاطر جو زندگی کا زیاں

یہ خوف ہی ہے جسے ہم نے پچھلے برسوں میں
پلا کے اپنا لہو، اپنی آنکھ کے آنسو
کیا ہے اتنا بزرگ و عظیم، ایسا قوی
کہ آج رات کو اُس سے اماں نہ دِن کو سکوں
جو ذہن ہے تو پراگندہ، قلب ہے تو زبوں

یہ اور کوئی نہیں، ہم، ہماری وحشت ہے
ہم اپنے آپ سے کیسے بچیں، کہاں جائیں

(۳)

گھنے کچھ اور ہوئے جا رہے ہیں گیسوئے شب
لبِ سکوت سے کچھ بولتا ہے جادوئے شب
چراغِ راہ کی لَو نیچی ہوتی جاتی ہے
تمام رات کے جاگوں کو نیند آتی ہے
طلوعِ صبح میں باقی ہے اور ایک پہر
اٹھو کہ دیکھیں کوئی میکدہ کھلا ہو گا
ابھی کہیں نہ کہیں میکشانِ شب بیدار
بجھانا چاہتے ہوں گے دِلوں کے آتش زار
مگر وہ آگ بھڑکتی ہی جا رہی ہو گی

☆

یہ ایک چہرۂ پژمُردہ، خون سے محروم
پلا رہا ہے جو شعلوں کو اپنے دل کا لہو
کہاں کی آگ میں جلتا ہے یہ، کسے معلوم
یہ اپنے عہد کی لٹتی ہوئی امانت ہے
یہ اپنی نسل کی مٹتی ہوئی ذہانت ہے
یہ جامعات کی تعلیم کا گزیدہ ہے
یہ انتظامِ معیشت کا سم چشیدہ ہے
یہ ایک بھٹکی ہوئی روحِ بے قراری ہے
یہ ایک بجھتی ہوئی روشنی ہماری ہے
اسے کتابوں کے اوراق نے فریب دیا
یہ رہزنوں کا نہیں، راہبر کا مارا ہے

ہوئے تھے جمع حکیمانِ شرق و غرب تمام
گزشتہ دیدہ وراں، عاقلانِ موجودہ
سبھوں نے جوڑ کے سر اس کے ساتھ سازش کی
کہ اور کچھ ہو، اِسے زندگی نہ راس آئے
سکھایا سب نے اسے حق ہے کیا، صداقت کیا
پڑھایا سب نے کہ ہے فرضِ آدمیّت کیا
مگر کسی نے نہ اتنی سی بات بتلائی
کہ زندگی میں ان اقدار کو نہ اپنانا
وگرنہ ٹھوکریں کھاتے رہو گے عمر تمام
بنیں گے پاؤں کی زنجیر خالی جیب و شکم

تو پھر کسی کا بھی باقی نہیں رہے گا بھرم
ہے اقتدار کے ہاتھوں میں عدل کی میزان
ہے دولتوں کے قدم میں فضیلتوں کی دُکاں
کوئی خدا کا نمازی، کوئی کرشن کا بھکت
کسی جبیں پہ تِلک، کوئی نورِ سجدہ لیے
مگر قریب سے دیکھو تو سب بتانِ سنگ
نہ ہونٹ سچے، نہ ماتھوں پہ ہے یقین کا رنگ

یہ جامعات و مدارس، یہ علم کے معبد
یہاں بھی جہل لیے ہے سند فضیلت کی
وہی اصولِ مناصب، قواعدِ جاگیر
بتانِ مذہب و ذات و زبان کی پوجا
نجاتِ آدمِ خاکی کا ہر جگہ چرچا
پر آدمی کا پتہ دوٗر تک نہیں ملتا

تمام بیعتیں توڑو بدستِ پیرِ مغاں
کہاں کی یادِ بُتاں، کیا چراغِ شعلۂ جاں
حیات شوقِ فضول اور عبثِ غمِ دوراں
تمام فلسفے، علم و ادب کے سب آدرش
وہ بُت ہیں جن کو تراشا ہے خود فریبی نے
جوان کو لے کے چلو رزم گاہِ زیست میں ساتھ
قدم قدم پہ ہو احساس بارِ دوش ہیں یہ
ذرا بھی تیز ہوا ہو تو مُنہ کے بھل گر جائیں
یہ اپنے پیروں پہ اُٹھ کر کھڑے نہیں ہوتے

ہمیشہ چلتے ہیں اُن زخمیوں کے کندھوں پر
چہار سمت سے کرتی ہے جن پہ وار حیات
جنھیں کبھی نہیں آتی ہے سازگار حیات

یہ سب بُتانِ خود آرا ہیں پیرِ تسمہ پا
دکھاتے ہیں جو بہت دوٗر کے سنہرے خواب
بس اس لیے کہ جو ہے سامنے، نہ ہاتھ آئے
اٹھائے دوش پہ پیرانِ تسمہ پا کا بوجھ
جو گر پڑے کوئی زخمی، شکستہ دل تو یہی
لگا کے قہقہے اُس کو چھبوتے ہیں نشتر
وہ جتنا کرب سے دم توڑے، اتنا ہنستے ہیں
وہ کامیاب جو اِن کو اتار پھینکتے ہیں
وہی ہیں اچھّے جو ہیں ان کے بوجھ سے بیزار
کچھ ایسے ان کے پجاری بھی ہم نے دیکھے ہیں
یہ بت ہیں جن کے لیے خود نمائی کے معبد
یہ سنگِ راہ ہیں اُن کے لیے نہ بارِ دوش
ہے زیست اُن کی بہ عیش، اور عاقبت ہے بخیر
اگر ضمیر ملامت شعار چپ ہو جائے
تو ہم بھی کھول لیں آدرش کی کوئی دوکاں
ہر ایک وضع کے بُت ڈھال لیں بڑے چھوٹے
کوئی بہ طرزِ قدیم اور کوئی برنگِ جدید
کُچھ ایسے چیختے بُت اپنی بولی آپ لگائیں
کُچھ ایسے چُپ کہ خریدار اُن پہ قرباں جائیں

ہمارے شہر میں ہر آرٹ کی دُکانیں ہیں
جہاں خریدے نہیں جاتے صرف فن پارے
ضمیر و ذہن پہ بولی لگائی جاتی ہے
نظر، زبان، قلم، تیشے بیچے جاتے ہیں
ملے جو صاحبِ توفیق کوئی قدر شناس
تو فن ہی کیا ہے، وہ فنکار کے بھی دام لگائے
لگیں نہ دام جو فنکار و پارۂ فن کے
تو خود ہی فن کے سب آدرش ٹوٹ جاتے ہیں

کہیں یہ کہتا تھا اک شوخ چشم اور بے باک
کہ نقلِ کفر نہیں کفر، میرے منہ میں خاک
خریدی جاتی ہے جنّت بھی آستانوں پر
خدا بھی بِکتا ہے مدّت سے کچھ دکانوں پر

(۴)

اِدھر تو موج بہ موج اُٹھ رہا ہے اک طوفاں
اُدھر خموشی کا فرماں "سکوت، اتھاہ سکوت"
جو لہر فکر کی دریائے خامشی میں اُٹھے
کِنارے اُس کو جھپٹ کر دبوچ لیتے ہیں
جو موج پھیلتی جاتی تھی حلقہ در حلقہ
وہ ٹوٹتی ہے تو ہر حلقہ پابہ گِل ہو کر
اُسی اتھاہ خموشی میں ڈوب جاتا ہے

☆

خموشی اوڑھے ہوئے رات کی سیاہ ردا
فضا میں پھونکتی پھرتی ہے سحر مرگ آثار
زمیں کی گود میں بکھرے ہوئے مناظر کو
پلا کے زہر سُلاتی ہے اور گہری نیند
وسیع کھیتیاں پھیلائے پاؤں سوتی ہیں
کھڑے ہیں سنتری بن کر ہزاروں کوہ و جبال
اداس اداس سے بہتے ہیں سست رو دریا
کہ تیز پائی ہے آدابِ خامشی کے خلاف
چمکتے گونجتے شہروں کی شاہراہوں پر
ہر ایک چیز بہت دیر سے ہے پابستہ
دُکانیں بند ہیں، فٹ پاتھ سرد و ویراں ہیں
خود اپنے نور کو روتے ہیں روشنی کے ستوں
وہ راستے جو مضافات تک پہونچتے ہیں
قدم قدم پہ انھیں بند گیٹ ملتے ہیں
بٹی ہوئی ہے بڑے چھوٹے خانوں میں فطرت
یہ تیرگی ہے جو وحدت کو توڑ دیتی ہے
یہ خاموشی ہے جو ہر مظہر حقیقت کو
اکیلا جہل کی ظلمت میں چھوڑ دیتی ہے
ہر ایک چہرے کو دے کر نقاب ظلمت کی
تمام دہر کو ظلمت میں ڈھانپ لیتی ہے
کہ کوئی آنکھ کسی اور کو نہ دیکھ سکے
کہ کوئی چہرہ کسی اور کو نہ پہچانے
اٹھو جو پھینک کے چہرے کی روح پوش نقاب
اِس آرزو میں کہ فطرت کی بھی نقاب اُٹھے

تو ہر طرف سے جھپٹتی ہے رات، تیرہ رات
خموشی حلقۂ گرداب تنگ کرتی ہے
کہ مِل سکے نہ زبانوں کو نغمگی کی نجات
کہ ہونے پائے نہ صبح اور نہ آفتاب اٹھے

کوئی یہ کہتا ہے سرگوشیوں میں "چپ سو جاؤ"
زبان داں ہے کوئی اور نہ کوئی محرمِ راز
نہ کوئی آنکھ ہے بینا، نہ کوئی قلب گداز
تمھارے چاروں طرف خاموشی کے پہرے ہیں
"کہو نہ کچھ کہ ہیں دیواریں گوش بر آواز
کہو نہ کچھ کہ ہیں دروازے آنکھ کھولے ہوے
دریچے دُزدِ معانیِ ناشنیدہ ہیں"
ہیں یوں تو آدمی بھی سنگ و خشت کے پیکر
جو لفظ سلطنتِ خاموشی میں ہو ممنوع
اُس ایک لفظ کو سننے کے واسطے ہر دم
ہیں سنگ و خشت تمام آنکھ کان کھولے ہوئے
کہ ایک لفظ بھی نکلے تو چھین لیں منہ سے

نظر نظر سے یہ کہتی ہے "آنکھ بند کرو"
زباں زباں سے یہ کہتی ہے "کوئی کچھ نہ کہو"
ہر ایک لفظ کی منّت "ہم اَن کہے اچھے"
معانی کی یہ لجاجت "ہمیں زباں نہ ملے"

سکوت پیشہ زبانوں کی گفتگو بھی سکوت

جو لوگ پہنے عبا و قبا سرِ منبر
بہت بلندی سے پیغمبرانہ بولتے ہیں
جب اُن کے لفظوں کی کھولو گرہ تو خاموشی
زباں پہ ذکر ہے اقدارِ روح و مذہب کا
مگر جو سینوں میں جھانکو تو ہو نکتے صحرا
کہیں جو دل کو ٹٹولو تو ایک زر کے سِوا
کوئی ضمیر نہ ایمان، کوئی حق نہ خدا
سکوت کے ہیں پیمبر یہ غازیِ گفتار
کہیں جو پوچھو کہ تنقید کی اجازت ہے
تو ہے رُخِ طلبِ علم و سیلیِ استاد
خیال جوڑنا چاہے صدا سے گر رشتہ
تو بات ہی نہیں کٹتی، زبان کٹتی ہے
وہی خموشی جو کرتی ہے ضبط کی تلقین
ذرا سے زخم پہ مجروح ناگ کے مانند
صدا کو ڈسنے کی خاطر وہیں پلٹتی ہے
جہاں جہاں بھی جلیں لفظ کے سنہرے چراغ
اُدھر اُدھر کو وہ کف در دہاں جھپٹتی ہے

اندھیری سلطنتِ خامشی کے آئیں ساز
زباں کو کرتے ہیں آدابِ گفتگو تعلیم
وہ جن کے مُنہ میں زباں ہے، نہ ذہن میں آواز
سکھاتے پھرتے ہیں لہجہ ہے کیا، زبان ہے کیا
وہ لہجہ جس پہ ہو تاریکیوں کی گہری تہہ

وہ لہجہ جس میں نہ اظہارِ مدّعا کی ہو راہ
وہ لہجہ جو کہ تملّق کے رنگ سے ہو سیاہ
وہ لہجہ جس میں بہم یک دگر ریاؤ گناہ

ریا ہی مملکتِ خاموشی کا آئیں ہے
یہی زباں ہے، یہی ہے صدا یہی دیں ہے
اسی زبان میں کرتی ہے بات خاموشی
کُچھ اس طرح کہ سنائی نہ دے صدا دل کی
جہاں بھی جاؤ، وہی خامشی کی گونج کا شور
یہ گونج ہے وہ اندُھیرا ڈراؤنا جنگل
جہاں زبان ہے گُم، لفظ گُم، معانی گُم
دل و دماغ و نظر کی ہر اک کہانی گُم

بہت زمانے سے ہم دشتِ خامشی میں گم
زبان و لفظ کے رشتوں کی جستجو میں ہیں
اندھیری راتیں چراغوں کی آرزو میں ہیں
مگر یہ کھوکھلی آوازوں کا مہیب سکوت
ریا کا زہر پیے لفظ کا لیے تابوت
بُلا رہا ہے کہ آؤ مشایعت کے لیے
یہ چاہتا ہے کہ لفظوں کو گہری قبروں میں
کچھ اس طرح سے کرے دفن، پھر وہ اُٹھ نہ سکیں
یہ چاہتا ہے معانی کو بیوگی دے کر
جلائے ایسی چتا میں کہ پھر وہ جی نہ سکیں
یہ چاہتا ہے کہ اس سازشِ گناہ میں ہم
شریک ہو کے گلا اپنا آپ ہی کاٹیں

بہت زمانے سے اس دشتِ خامشی میں ہم
یہ دیکھتے ہیں کہ ہر روز ایک زندہ لفظ
کسی گناہ کے تاریک قید خانے میں
سسک سسک کے خموشی کا زہر پیتا ہے
پھر اُس کے بعد بہت سارے بے زباں عفریت
قرونِ وسطیٰ کے گونگے غلاموں کے مانند
جھکائے آنکھ کفن اُس کا قطع کرتے ہیں
کہ حاکموں کے گناہوں کا پردہ رہ جائے

بہت زمانے سے اس دشتِ خامشی میں ہم
یہ دیکھتے ہیں معانی کی اک دُلھن ہر روز
زماں کی سیج سے تشنہ اٹھائی جاتی ہے
حضورِ خامُشی لب بستہ لائی جاتی ہے
دبوچ کر اُسے بانہوں میں اپنی خاموشی
اشارہ گونگے غلاموں کی سمت کرتی ہے
جو اُس پہ ایسے جھپٹتے ہیں جیسے لاش پہ گِدھ
لباس اُس کا سرِ بزم اتارا جاتا ہے
غلام اُس کے اچھوتے بدن پہ ہنستے ہیں
خموشی ناخن و دنداں سے اُس کو نوچتی ہے
اور اُس پہ کھوکھلی آوازوں کا مہیب سکوت
ہزاروں قہقہوں کے تازیانے مارتا ہے

بہت زمانے سے اس دشتِ خاموشی میں ہم
یہ دیکھتے ہیں زباں کی کنواری ماں ہر روز
کسی صلیب پہ لٹکی صدا کی لاش تلے
ازل کا کرب لیے آنکھ میں سسکتی ہے
فغاں قریب کھڑی بے بسی سے تکتی ہے

(۵)

سکوتِ آخر شب ٹوٹنے ہی والا ہے
طیور چھیڑنے والے ہیں صبح کا نغمہ
فضا سمیٹنے والی ہے رات کی چادر
ہوا چلی ہے گلستان و دشت سے اُٹھ کر
کہ بوئے تازہ سے مہکے مشامِ قریہ و دیہہ
سیاہی اور خموشی کی سازشِ پیہم
کِسی بھی غنچۂ نو کی ہنسی نہ روک سکی
فضا ہزاروں شگوفوں کے مُنہ سے ہنستی ہے
ہوا ہزاروں شگوفوں کے لب سے گاتی ہے
ہمارے شہر تک آئی نہیں ابھی یہ ہوا
ابھی تو نیند ہی میں کسمسا رہی ہے فضا
سوادِ شہر کے نزدیک گرد کا طوفاں
کچھ اس طرح سے اٹھا، ہو گئی فضا دھندلی
یہ گیس تیل کا طوفان گرد اڑاتا ہُوا
ہر ایک راہ کے سینے پہ چڑھتا آتا ہے
ہر اک مکان کا دروازہ کھٹکھٹاتا ہے
یہ گرد پھولوں کے دامن پہ چھائی جاتی ہے
لبوں سے نوچ کے ہر تازگی، شگفتہ لبی
ڈُھلے ڈُھلے سے مناظر پہ پھینکتی چھینٹے
مہکتی جھومتی موجِ صبا کو بٹھلا کر
تمام شہر کو دامن میں ڈھانپ لے گی ابھی
ابھی تو کُھل کے سحر مُسکرا نہ پائی تھی
مشامِ جاں نے ابھی تازہ سانس لی بھی نہ تھی
کہ دِن کو پیچھے ہٹاتی، ڈھکیلتی، چڑھتی
بدل کے روپ چلی آئی پھر اندھیری رات
سکوت پھر سے نئے پیرہن میں آیا ہے
لپکتی بھاگتی پاگل مشینوں کے منہ سے
وہ شور اٹھا ہے کہ کوئی صدا سنائی نہ دے
وہ گرد اُڑی ہے کہ چہرہ کوئی دکھائی نہ دے
وہ غل پڑا ہے کہ نیندوں نے کھول دیں آنکھیں
گھروں سے لوگ نکل آئے بوکھلائے ہوئے
غبار نیند کا آنکھوں سے ملتے نکلے ہیں
جو خواب رات کو دیکھے تھے، جھوٹے نکلے ہیں

☆

قطار بس کے لیے لمبی ہوتی جاتی ہے
پلیٹ فارم پہ حشراتِ ارض کے مانند
ہر ایک سمت سے انساں امڈتے آتے ہیں
ذرا سی دیر میں آئے گی ریل اڑاتی دھواں
اور ان کو دوسری منزل پہ یوں، اگل دے گی
کہ جیسے صورِ سرافیل سُن کے حشر کے روز

ہر ایک قبر سے مُردے نکل رہے ہوں ہزار

یہ سانس لیتے ہوئے جسم روز صبح کے وقت
گھروں سے اپنے پریشاں نکالے جاتے ہیں
یہ روز شہر بدر ہوتے ہیں بہ حال تباہ
یہ روز شام کے دامن میں مُنہ چھپائے ہوئے
نڈھال قدموں سے آتے ہیں شہر میں واپس
ڈرے ڈرے سے خود اپنے ہی گھر میں گھستے ہیں
انھیں یہ خوف کہیں پیٹ کی سلگتی آگ
دوبارہ رات کو بھی پھر جلاوطن نہ کرے
جلانہ دے کہیں نیندوں کی جھومتی کھیتی
وہ خواب جن کی تمنا میں آنکھ کھولے ہوئے
تمام روز گذرتا ہے، لٹ نہ جائیں کہیں
کچھ اور تو نہیں حاصل انھیں زمانے میں
حسین خواب کبھی بھولے بھٹکے ملتے ہیں
جو وہ بھی چھین لے کوئی تو پھر جییں کیونکر
ترستے رہتے ہیں ہونٹ ان کے مسکرانے کو
جو خواب میں بھی نہ ہنس پائیں تو ہنسیں کیونکر
مشیں کی طرح سے دن کاٹتے ہیں چپ رہ کر
جو خواب میں بھی نہ بولیں تو لب کھلیں کیونکر

یہ گھر کو جانیں نہ ہمسائے کو نہ دنیا کو
ضروریات کے اتنے تقاضے ہوتے ہیں
کہ ان کو جینے کی مہلت بھی مل نہیں سکتی
یہ ایسی روحیں ہیں دِن میں بھٹکتی رہتی ہیں
جو رات آئے پلٹتی ہیں اپنی قبروں میں
یہ حادثہ بھی گذرتا ہے روز ہی ان پر
کہ ان کے ساتھ کی کچھ روحیں راہ گم کر کے
نشانِ قبر بھی پاتی نہیں پلٹ کے کبھی
نہ جانے کون سی راہیں انھیں نگلتی ہیں
کہ ان کا کوئی پتہ پھر کبھی نہیں مِلتا

ٹرینیں روز سٹیشن پہ یونہی چیخیں گی
بسیں ٹرامیں بھی دیوانہ وار دوڑیں گی
مِلوں کی چمنیاں یونہی دھواں اڑائیں گی
گرج کے روز یونہی سائرن پکاریں گے
دفاتر اپنے دہن روز یونہی کھولیں گے
مگر کوئی نہ بتائے گا گم شدہ کا پتہ
کہ ان کو دی ہی نہیں ہے سکوت نے وہ زباں
جو دل سے بات کرے، اشک آنکھ سے پونچھے

اٹھو کہ تم بھی اس انبوہ سے الگ تو نہیں
اٹھو کہ راہ تمھاری یہی صراط کا پُل
یہ راستہ ہے وہ تلوار کی چمکتی دھار
وجود جس پہ ہر اک گام آگے بڑھتے ہوئے
اندھیری کھائی میں کٹ کٹ کے گرتا رہتا ہے
زرا سے پیر ڈگیں اور جسم کٹ جائے
جو ایک پل بھی رُکو، وقت کا امڈتا سیل

نشاں مٹاتا ہوا پایمال کر کے بڑھے
جو عضو کٹ گیا، کٹنے دو، مت سمیٹو اُسے
وجود تیغ کی اس تیز دھار سے یونہی
ہمیشہ ہوتا رہا پارہ پارہ، ہونے دو
وجود تم کو اگر ہو چکا ہے جاں کا وبال
تو اس کو پھینک کے نیچے کی گہری کھائی میں
جہاں نہ حال، نہ ماضی، نہ کوئی مستقبل
جہاں نہ راست وچپ، پیش و پس نہ کوئی سمت
اگر نہیں ہے یہ جرأت تو آگے بڑھتے رہو
وجود خود ہی کسی لمحۂ غنیمت میں
تمھارے ہاتھ سے دامن چھڑا کے بھاگے گا

وجود شہر خموشاں کی حد میں کچھ بھی نہیں
وجود شہر خموشاں کی حد میں کچھ بھی نہیں

(۶)

یہ پُل صراط کا، یہ وقت کی چمکتی دھار
اِس انتظار میں ہے روزِ آفرینش سے
وہ ظلمتیں جو ہیں پوشیدہ گہری کھائی میں
وجود وار سے جن کے ہے پارہ پارہ تمام
بدل کے راہ جو شب خون روز مارتی ہیں
کبھی تو تیغ کی اس دھار پر قدم رکھیں
کبھی تو وقت کی رفتار سے بھی ٹکرائیں
گلا سکوت کا جس روز کٹ گیا، اُس دِن
یہ پل صراط کا جنّت کی راہ کھولے گا
جو لفظ قتل ہوئے ہیں، وہ جاگ اُٹھّیں گے
برہنہ روحیں معانی کی، اپنے جسموں میں
پلٹ کے آئیں گی تازہ لباس پہنے ہوئے
دعائیں جامِ سم آلود توڑ ڈالیں گی
صدائیں اپنی صلیبوں سے نیچے اتریں گی
بڑھا کے سوگ زباں کی کنواری ماں، اٹھ کر
گلے لگائے گی لوٹی ہوئی صداؤں کو
لبوں سے چومے گی بچھڑی ہوئی دعاؤں کو

وجود پھینک کر آئے گا پارہ پارہ بدن
نئے لباس میں اس شان سے کہ وقت کی تیغ
قدم قدم پہ بچھائے گی اُسکے تازہ پھول
مگر وہ وقت، وہ موعودہ خوابِ نادیدہ
نہ جانے گم ہے کہاں آنے والے وقتوں میں
وہ نور کھویا ہے کن ظلمتوں کے دامن میں
ابھی تو رات ہے، لمحہ بہ لمحہ، تہہ در تہہ
سکوت کا ہے تسلط ابھی تو رہ در رہ

ابھی تو حال کے لمحات ہی میں جینا ہے
جو وقت گر چکا ماضی کے بحرِ اعظم میں
پلٹ پلٹ کے وہ طوفاں اُٹھاتا رہتا ہے
کنارے حال کے کٹ کٹ کے گرتے رہتے ہیں
اُس اندھے بحر کی آغوش میں جو ماضی ہے

ہمارے پیچھے ہیں ماضی کی بے کراں لہریں
وجودِ حال کی لہروں میں غرق سرتاپا
نظر اٹھائیں تو یہ لہریں پھیل جاتی ہیں
نشانِ تازہ افق کا کہیں نہیں ملتا

اِدھر تو موجوں کا طوفان کف اڑاتا ہوا
اُدھر نگاہ کے آگے ہے دھند، برف، دھواں
امڈتے آتے ہیں اندیشوں کے سیہ بادل
وہ خوف جس کی کمیں گاہ میں ہے موت چھپی
کڑکتا رہتا ہے بجلی کی طرح رہ رہ کر
اگر یہ خوف الٹ دے وجود کی کشتی
تو آنے والے زمانے کبھی نہ آئیں گے
گرج گرج کے امڈتا رہے گا وقت کا سیل
یہ سیل حال کی لہروں کو بھی نگل لے گا
نہ کوئی حال، نہ ماضی، نہ کوئی مستقبل
کراں سے تابہ کراں چیختا پھرے گا سیل

کسی وجود کا ننھا سا بھی سفینہ کہیں
نہ سر اٹھائے گا موجوں پہ اور نہ دوڑے گا
یہ ظلمتیں اُسے اِس طرح سے نگل لیں گی
وجود اپنے دیے پھر جلائے گا نہ کبھی
یہی ہمارا مقدر، ہمارا منصب ہے
کہ روشنی سے منوّر رکھیں زمانے کو
لَویں وجود کی محفوظ کرلیں لفظ بہ لفظ

جہاں جہاں بھی جلیں لفظ کے سنہرے چراغ
وہاں وہاں سے چھٹے تیرگیِ دشتِ سکوت
ہماری زیست کی لَو جب تلک بھڑکتی ہے
ہمارا ذہن ہے جب تک معانی کا مسکن
ہماری روح میں جب تک ہے لفظ شعلہ فگن
اُتارتے رہیں رگ رگ میں زہرِ خاموشی
نفس نفس سے اندھیروں کا خوں کشید کریں
یہ زہر اور یہ خوں پی لیا تو پھر کل کو
کوئی نہ بھٹکے گا صحرائے دشتِ ظلمت میں
معانی پھر نہ سروپا برہنہ بھٹکیں گے
سرِ سراب نہ بے روح لفظ تڑپیں گے
جو آنے والے ہیں اُن کا نہ قرض رہ جائے
ہمیں اتار لیں سینے میں زہرِ دشتِ سکوت

۱۹۶۴-۱۹۶۵

شجرِ ممنوع

بہت روز پہلے یہ فرما گئے شیخ سعدی
کہ جب شہر میں قحط آیا تو یارانِ عشق آشنا عشق کو بھول بیٹھے
کہ ہے قحط ہی عاشقوں کا رقیب اوّل آخر
ہمارے زمانے میں کچھ ایسا وقت آ پڑا ہے
(کہ قحطِ رجال آ گیا ہے)
جو گنتی کے مردانِ عشق آشنا رہ گئے ہیں
اُنھیں عشق کرنے کی فرصت کبھی بھی میسر نہ آئی
کہ اُٹھتی ہیں ہر سال زرخیز فصلیں
مہکتے ہیں ہر فصل میں گندم و جَو کے خوشے
زرِ زندگی سے چھلکتے ہیں ہر رُت میں کھیتوں کے دامن
مگر شہر میں قحط سالی پڑی ہے
وہ زرخیز فصلیں نہ جانے کہاں کاٹی جاتی ہیں،
کِن کے نہاں خانوں میں دفن ہو جاتی ہیں
کہ گندم کے پودے تہی جیب ہو کر بگولوں کے آنچل میں مُنہ ڈھانپتے ہیں
زرِ زندگی سے بھرے کھیت دامن میں مٹی اٹھائے نئے بادلوں کی دعا مانگتے ہیں
زمینوں کے شاداب قطعے پڑے ہانپتے ہیں
کِساں حاصلِ فصلِ آئندہ کے خوف سے کانپتے ہیں
وہ مردانِ عشق آشنا جن کی بے باک جرأت کے رستے میں
نجم و قمر اور خورشید گردِ پسِ قافلہ ہیں
پڑے خاک پر اپنے قدموں سے لپٹی ہوئی گردِ رہ چاٹتے ہیں
خلا پیٹ کا پاٹتے ہیں کہ ہر لمحہ نان و نمک مانگتا ہے

خوشا وہ زمانہ کہ فطرت تھی جب مہرباں عاشقوں پر
کبھی قحط سالی میں جب بھول جاتے جوانانِ عشق آشنا اپنا منصب
تو فطرت انھیں آنے والی بہاروں، نئے موسموں میں نئی زندگانی کا مژدہ سُناتی
مگر آج فطرت ہماری مشیت کے ہے زیرِ فرماں
ہماری مشیت کا دل اس قدر نرم و نازک نہیں ہے
جو عشقِ طرب پیشہ پر رحم کھائے
جو اک فصل لوٗٹے تو آیندہ فصلوں کو سب میں لٹائے
ہماری مشیت کا فرمان ہے یہ
"ذخیرہ ہوس کا سمٹنے نہ پائے
نہاں خانۂ جرم و عصیاں ہر اک فصل کے ساتھ ہی بڑھتا جائے
جہاں عشق نے زندگانی کا گھونگھٹ ہٹا کر کوئی گیت چھیڑا
وہیں اُس کو اندیشۂ قحط کے تازیانے لگاؤ
وہ ساری زمینیں ہی بنجر بنا دو جہاں زندگی کی نئی کونپلیں پھوٹنے جا رہی ہیں
وہ بنجر زمینیں جہاں چھپ کے سنجوگ ہوتا ہے مرگ و ہوس کا
اُنھیں سارے سرسبز و شاداب کھیتوں کو اپنے ہوسناک دامن میں
بھر کر زمیں پر حکومت کا فرمان دے دو"

تو کیا یہ ہمیں ہیں
جنھوں نے کہا عشق سے
"شاخِ گندم نہ چھونا"
تو کیا یہ ہمیں ہیں، جنھوں نے بنایا ہے آئیں
کہ پھل زندگی کا جو چکھّے گنہ گار ہے وہ

۱۹۶۵

جُھوٹی سچائی

چند آوارہ چرواہوں کو رات کے آسماں پر دکھائی دیا
نور کا ایک مولودِ نو، اک ستارا نیا
ایک آواز نے بادلوں کی گرج، بجلیوں کی چمک میں کہا
اور صدیوں کی بیمار روحوں میں خوابیدہ امید نے یہ سنا
روح کے گھاؤ بھرنے کا وقت آگیا
حرص کا پیرہن پھینک کر جسم قعرِ مذلّت سے اُٹھنے لگے
قبرِ افلاس و نکبت میں مردے بھی کروٹ بدلنے لگے
رات کے جنگلوں میں بھٹکتے ہوئے جسم کو جاں ملی
منتشر ریوڑوں کے لیے گلّہ باں آگیا
آج کی رات صدیوں کی ظلمت میں لپٹی ہوئی وہ صدا پھر اٹھی
رات کے آسماں پر ستارا ذرا دیر کو پھر ہنسا
اور پھر رات کے جنگلوں میں بھٹکتے ہوئے خانہ بر دوش چرواہوں نے یہ سُنا
منتشر ریوڑوں سے کہو امن کی سانس لیں
خوف کو اپنی آنکھوں سے رخصت کریں
آج کی رات موعودہ اُمید کی رات ہے
گلّہ بانوں کسانوں کے گھر عید کی رات ہے
مائیں بچّوں کو گودی میں اپنی سنبھالے ہوئے
اس مقدس کنواری کے آگے جھکیں
کوکھ جس کی ہے تخلیق کے کرب کی رازداں
اور کنواری کی تصویر ممتا کے انوار میں ڈوب کر مسکرانے لگی
روحِ معصومیت کی جبیں نورِ فردا کی تقدیس سے جگمگانے لگی

رات کے جنگلوں میں بھٹکتے ہوے گلّہ بانوں کی آنکھوں نے دھوکا دیا
راکٹوں اور بمبار طیّاروں کی گھڑگھڑاہٹ نے ایمان کو ڈس لیا
گَن کے منہ سے ابلتی ہوئی آگ نے جسم کیا، روح کو بھی بھسم کر دیا
تازہ فصلوں نے فوجوں کے جوتوں تلے دب کے فریاد کی
اجڑی کٹیاؤں نے شعلۂ مرگ کے رقص سے بزم آباد کی
ساری آبادیاں جل گئیں
ساری آزادیاں لٹ گئیں
بیس صدیوں سے زندہ صداقت کے الفاظ کی آبرو لٹ گئی
گلّہ بانوں، کسانوں سے کوئی کہے
وہ صدا جس کی سچّائی پر تم کو ایمان تھا
جھوٹ کے گندے ہونٹوں پہ مصلوب ہے

۱۹۶۵

دیوار

تم نے ہم نے مل کر اس دیوار کی بنیادیں ڈالی تھیں
اپنے خوں، اپنے بوڑھوں اپنے بچوں کے خوں سے اس پر گل کاری کی
اپنے گھر، اپنے اسباب، اپنے اقدار میں آگ لگا کر
اس دیوار کی اینٹوں کو فولاد کیا
یہ دیوار جسے ہم نے تم نے بے جان سمجھ رکھّا تھا
روز بروز اونچی ہوتی جاتی ہے
اور نئی دیواریں اس کی کوکھ سے پھوٹ رہی ہیں
یہ دیواریں پھن پھیلائے سر اکڑائے راہ کو روکے بیٹھی ہیں
ہم تم ان کے داتا تھے لیکن اب ہیں ان کے گزیدہ
ہم تم اپنی بین لیے نفرت کے نغمے چھیڑ رہے ہیں
دیواریں پھن پھیلائے، آنکھوں میں نفرت کی جوالا،
سانسوں میں موت کا زہر لیے
آنکھوں میں آنکھیں ڈالے ہم کو دیکھ رہی ہیں
ایک طرف تم کھڑے ہو تنہا
دوسری جانب ہم تنہا ہیں
ہم تم دیواروں کی آنکھوں کے ہیں صیدِ سحر زدہ
بھاگیں تو دیواریں پیچھے پیچھے ڈسنے آتی ہیں

ہم تم اپنی دیواروں کے قیدی ہیں
ہم میں تم میں کچھ ایسے دیوانے ہیں
جو نوکِ زباں سے

دیواروں کو چاٹ رہے ہیں
اور سمجھتے ہیں دیواریں گر جائیں گی
دیواریں اُن پر ہنستی ہیں
اُن کی زباں سے دیواروں پر جمے ہوئے خوں کا ہر قطرہ
مانگ رہا ہے اور لہو — اور لہو
یا وہ دب کر پس جاتے ہیں
دیواریں قبروں کے فشار کا منظر دکھلا دیتی ہیں
یا پھر اُن کی زبانیں خوں کے تلخ کسیلے ذائقے کی عادی ہو کر
سو جاتی ہیں

اور زمیں یہ پوچھ رہی ہے
کیا یہ وہی انسان ہیں جن کو میں نے ایک ہی مٹی،
ایک ہی سورج کی کرنوں کا دودھ پلایا
جن کو میں نے ایک سے موسم، ایک سی فطرت،
ایک ہی سے انداز دیے
جن سے میں نے کہا تھا سورج، چاند، ستارے
تیری راہ کے ذرّے ہیں
کیا یہ وہی انسان ہیں
جن کے قد سے جن کے بزرگوں، جن کی تہذیبوں کے
قد سے دیواریں اونچی ہیں

آج انسان بہت چھوٹا ہے
اس کے قد سے دیواروں کا قد اونچا ہے

۱۸ نومبر، ۱۹۶۵

رات کا مکان

ایک آسیب صدیوں سے منڈلا رہا ہے یہاں

یہ مکاں
مردہ روحوں سے آباد ہے
سر بسجدہ عقیدت یہاں سر اُٹھاتی نہیں
مردہ روحوں سے آنکھیں ملاتی نہیں
اور پرچھائیاں
رات بھر چیختی، روتی، چلاّتی، لڑتی جھگڑتی پھرا کرتی ہیں ہر طرف

ایک پرچھائیں کے ہاتھ میں بان ہے اور ترشول ہے
اُس کی گردن میں لپٹے ہوئے پیچ در پیچ ناگ اپنی آنکھوں کے
ہیروں کا تاج اُس کے سر پر اُٹھائے ہوئے خندہ زن
اُس کی خونی زباں منہ سے لٹکی ہوئی
اُس کے ہاتھوں میں جکڑے ہوئے ان گنت سر بدن سے جدا
اُس کے قدموں میں لاشوں کے انبار ہیں
اور بے جان بے گوشت ڈھانچے عقیدت سے ہیں سرنگوں

ایک پرچھائیں پہنے ہوئے تیاگ کا گیروا پیرہن
اپنے ہاتھوں میں کاسہ لیے
مُردہ ڈھانچوں کا پس خوردہ چنتی ہوئی گھومتی ہے یہاں
اور پھر ہر طرف سے جھپٹتی ہیں پرچھائیاں
مردہ ڈھانچوں کا خوں چوسنے کے لیے
روز ہوتا ہے شب خوں یہاں

یہ مکاں
مردہ رُوحوں سے آباد ہے
ایک پرچھائیں مصلوب ہے
اُس کے ہاتھوں میں، پیروں میں کیلیں ٹُھکی
روز اُترتی ہے کمزور امید کی سیڑھیاں
یہ مکاں آسماں کی طرف اُس کی پرواز میں آج حایل نہ ہو
روز کتنی ہی پرچھائیاں اُس کے کاندھوں پہ اپنی
صلیبوں سے کرتی ہیں وار
ہر صلیب اُس کو اپنی نجات، اپنا سرمایۂ عاقبت جان کر
چاہتی ہے اُسی کا وہ زیور بنے

ایک پرچھائیں محراب کی تیغِ ابرو نما میں جھکاتی ہے سر
اُس کے سر پر چمکتا ہے یرقاں زدہ ریگ زاروں کے طوفان میں
خون روتا ہلال
اور چاروں طرف سے جھپٹتے ہیں مینار و گُنبد اُسے پیسنے کے لیے
روز ہی جنگ ہوتی ہے پرچھائیوں میں یہاں
روز ہی قتل ہوتی ہیں پرچھائیاں

یہ مکاں مُردہ رُوحوں سے آباد ہے
اور یہاں رات ہے
جھاڑ، فانوس، شمعیں، دیے
سب اُگلتے ہیں اپنی لووں سے اندھیرا یہاں
اک امر رات ہے، اک اٹل رات ہے
صبح آتی ہے، لیکن یہاں اس مکاں میں نہیں

دھوپ، تازہ ہوا، روشنی اس مکاں کا مقدر نہیں
یہ مکاں رات کی اِک کمیں گاہ ہے

آسماں پر ہے تنہا خُدا
اور زمینوں پہ ہے آدمی سے جُدا
راج کرتی ہیں چاروں طرف مُردہ پرچھائیاں

۱۸ نومبر، ۱۹۶۵

دیمک

کرم خوردہ کاغذوں کے ڈھیر میں مدفون ہے
چاٹتا ہے حرف حرف
دایرے، قوسین، سن، تاریخ، اعداد و شمار
نقطۂ وزیر و زبر، تشدید و مَد
حاصلِ بینائی و ذوقِ نظر
باندھتا ہے وہم و تخمین و گماں کے کچھ حصار
پونچھتا ہے وقت کا گرد و غبار
چومتا ہے کتبۂ لوحِ مزار
چند نقطے اُڑ گئے ہیں، لفظ کچھ کاواک ہیں
اس کی نظروں میں خزینہ علم کا خار و خس و خاشاک ہیں

کیا علائم، کیا رموز، اشکال، الفاظ و حروف
آتشِ تغییر کے ہاتھوں پگھل جاتے ہیں سب
وقت کی بھٹی میں تپ کر اک نئے سانچے میں ڈھل جاتے ہیں سب
لحہ لحہ منکشف ہوتا ہوا سرِّ حیات
منجمد الفاظ کے سینے میں اپنا نور پھیلاتا نہیں
کِرم خوردہ کاغذوں کی لاش میں
خوں اپنا دوڑاتا نہیں
کرمِ کاغذ ہے حریفِ روز و شب
چاٹتا ہے فضلۂ علم و ادب
اور سر اکڑائے خلاّقانِ معنی کی طرف خندہ بہ لب

۲۴ دسمبر، ۱۹۶۵

شہر سوختہ

(ٹی ایس ایلیٹ کی Four Quartets سے پہلی نظم Burnt Norton کا ترجمہ[۱])

(۱)

زمانِ حال و زمانِ رفتہ
یہ دونوں شاید زمانِ آئندہ میں ہیں موجود
زمانِ آئندہ ہے شریکِ زمانِ رفتہ
اگر زماں ہے تمام ابد تک ازل سے موجود اور مشہود
تو پھر زماں سے نجات ممکن نہیں کہیں بھی
جو آنے والا ہے وہ مجرّد خیال سا ہے
حقیقت اُس کی جہانِ فکر و خیال کا ہے اک ایسا امکاں جو مستقل ہے
تمام آئندہ اور رفتہ

اُس اِک سِرے کا نشاں بتاتے ہیں جو ازل تا ابد ہے موجود
سُنائی دیتی ہے چاپ قدموں کی حافظے میں
(وہ راستہ جو صدائے پا سے نہیں شناسا
وہ راستہ جو بہشتِ گل کا سنہرا دروازہ کھولتا ہے)[۲]
وہ در جو ہم نے کبھی نہ کھولا

یہ چاپ قدموں کی اُس رہِ ناشناسِ آوازِ پا سے ہو کر
درِ اِرم کھٹکھٹا رہی ہے

---

[۱] اس نظم کے ابتدائی دو حصے ۱۹۶۵ء میں ترجمہ کیے تھے جو اردو ادب شمارہ ۴، ۱۹۶۵ء میں شائع ہوئے تھے۔ باقی تین حصوں کا ترجمہ ۳ دسمبر ۱۹۶۷ء میں کیا۔ پوری نظم "شب خون" ۶۸ء میں ایک ساتھ چھپی۔

[۲] قوسین کے مصرعے میں نے تسلسل اور مفہوم کی ترسیل کے لیے اپنی طرف سے اضافہ کیے ہیں۔ مقامات، اشیا اور اسمائے خاص کا ترجمہ کرنے کے بجائے اردو کی شعری روایت کے لحاظ سے مناسب تبدیلیاں کر دی گئی ہیں۔

اسی طرح سے مرے لبوں سے نکلنے والے تمام الفاظ
تمھارے ذہنوں میں گونجتے ہیں
مگر مجھے یہ خبر نہیں ہے
کہ اس طرح برگِ گُل کے ساغر کی گرد کو چھیڑنے سے حاصل؟
اسی طرح کی بہت سی گونجوں سے باغ آباد ہو رہا ہے
کہو تو ان کا کریں تعاقب
کہا کسی طائرِ خوش الحاں نے اُن کو ڈھونڈو
ہر ایک گوشے میں اُن کو ڈھونڈو
تو کیا کریں ہم تعاقب اُن کا
گزر کے اُس پہلے راستے سے
جہاں سے پہلے گزر چکے ہیں
اور اپنے پہلے جہانِ رفتہ میں اُن کو ڈھونڈیں
صدائے طائر فریبِ نغمہ ہے
کیا ہم فریب کھائیں؟
(گریز پا ہیں صدائیں جن کی)
وہ پہلی دنیا میں پہلے بستے تھے اس طرح سے
وہ مفتخر تھے، وہ محترم تھے
وہ تھے، مگر ان کو اپنی آنکھوں سے دیکھ سکتا نہ تھا کوئی بھی
وہ مُردہ پتوں کے ڈھیر پر سے حرارتِ موسمِ خزاں میں
ہوا کی موجوں کے ساتھ چلتے
(وہ ہلکے ہلکے قدم اُٹھاتے
کہ برگ ہائے خزاں رسیدہ کے مردہ سینوں پہ بوجھ پڑتا نہ چر مرا کر کراہتے وہ)
کہیں نہ رفتار بار ہوتی

یہ نغمۂ ناشنیدہ آنچل میں جھاڑیوں کے چھُپا مہکتا
جواب میں ناشنیدہ نغموں کے، طائرِ خوش نوا کے لب سے نکلتے نغمے
نظر کی نادیدہ روشنی کی شعاعیں بڑھ کر گلے لگاتیں
نگاہیں جھرمٹ میں اپنے لے کر حجاب آلودہ چہرۂ گُل کو گُدگُداتیں
وہاں ہمارے جہانِ رفتہ میں تھے وہ ایسے ہمارے مہماں
قبولِ خاطر تھی بات جن کی
ہم اُن کے ہاتھوں میں ہاتھ ڈالے اُداس ویراں روِش سے ہو کر
وہاں پہنچتے جہاں سے ساگر کی خالی تہہ تک نظر اترتی
وہ خشک ساگر، وہ خشک کنکریلی تہہ کہ جس کے کنارے
خاکستری ہوے ہوں......
تمازتِ مہر میں شعاعوں کے پانیوں سے چھلکنے لگتا
اور اس کے شفاف وصاف پانی پہ سر اُٹھاتے کنول کے پودے
وہ سطحِ شفاف روشنی کی نظر سے مَس ہو کے مسکراتی
اور اُن کے چہرے پڑے جھلکتے ہمارے پیچھے چمکتے پانی کے آئینے میں
کہیں سے اک ابر کا بھٹکتا ہوا سا ٹکڑا گزرتا
اور روشنی کے ساگر کو ڈھانپ لیتا
وہ خشک ساگر چمکتے پانی سے ہو کے خالی،
تہی نگاہوں کی جھولی پھیلائے تکتا رہتا
پکار کر طائرِ خوش الحاں یہ حکم دیتا ہے
جاؤ۔ جاؤ۔ یہاں سے جاؤ
کہ برگ و بر چھوٹے چھوٹے بچوں سے ڈھک گئے ہیں
جو چھُپ کے پتّوں کے پیچھے دیوانہ وار کلکاریاں لگاتے
چہک رہے ہیں

ہنسی سے شاداب چہرے اُن کے چھلک رہے ہیں
یہاں سے جاؤ کہ نوعِ آدم حقیقتوں کو بہت زیادہ نہ سہہ سکے گی
(کہ نوع آدم حقیقتوں سے نظر چُرانا ہی جانتی ہے)
زمانِ رفتہ، زمانِ آئندہ اور وہ سب
جو آنے والا ہے، اور جو کچھ گزر چکا ہے
اُس اک سرے کا نشاں بتاتے ہیں جو ازل تا ابد ہے موجود

(۲)

یہ چرخِ گرداں
(کہ جس کی گردش نصیبِ دوراں)
قدم قدم پر اُلجھ رہا ہے
گڑوئے پنجے زمیں میں یاقوت اور لہسن
نصیب کے گھومتے کُرے کو تمام قوت سے روکتے ہیں
لہو میں رقصاں ہے نشتروں کی کھٹک جو زخموں میں زیرِ لب گنگنا رہی ہے
(یہ گنگناہٹ
سنا رہی ہے گزشتہ جنگوں کے بھولے بسرے قدم کی آہٹ)
یہ گنگناہٹ گزشتہ جنگوں کی بھولی یادوں میں
صُلح کروا کے اُن کے شعلے بُجھا رہی ہے
لہو کی گردش چہک رہی ہے
عروقِ تازہ کا رقص شریان سے گزر کر
نجوم کے سیلِ بے کراں کے مصوّر اوراق میں سنورتا
شجر کے پیکر میں ہے اُترتا
ہم اس شجر کی نمو پذیری کے ساتھ اوپر کی سمت اُٹھتے ہیں

روشنی کی ردا میں لپٹے
اُسی مصوّر ورق کی نادیدہ رفعتوں سے
سنائی دیتی ہے فرشِ نم پر قدم کی آہٹ
وہاں، کہیں پستیوں کے دامن میں دوڑتے ہیں شکاری کُتّے
یہ صید وصیّاد کا تعاقب اسی طرح سے ہے اب بھی جاری
مگر ستاروں کے زیر سایہ مفاہت ان میں ہو گئی ہے
ہمیشہ کروٹ بدلتی دنیا میں ایک نقطہ ہمیشہ ساکن
اس ایک نقطے پہ جسم اور روح کچھ نہیں ہیں
نہ ابتداء ہے نہ انتہا ہے
اس ایک نقطے پہ رقص جاری ہے
لیکن اس رقص میں سکوں ہے نہ کوئی حرکت کسی طرح کی
مگر اسے تم نہ کہنا جامد
کہ مل رہے میں یہیں پہ آکر زمانِ آئندہ اور ماضی
یہاں نہ حرکت، نہ کوئی منزل
یہاں بلندی نہ کوئی پستی
یہ ایک نقطہ...... فقط یہیں رقص ہو رہا ہے
یہاں سے ہٹ کر کہیں نہ پاؤ گے رقصِ ہستی
میں صرف اتنا کہوں گا
ہم بھی "وہاں" رہے ہیں
مگر کہاں؟...... یہ بتا نہ پاؤں
بتا نہ پاؤں کہ میں نے کتنا زمانہ آخر وہاں گزارا
اگر بتاؤں تو یہ تعین ہے اور تعین وہاں نہیں ہے
(کہ وقت قیدِ تعیناتِ زماں مکاں سے بھی ماورا ہے)

نجات دُکھ سے، عمل سے، خواہش سے
جبرِ حالات کے تقاضوں سے مل سکے گی،
ہے یہ تو ممکن
مگر اک احساس اپنے حلقے کی روشنی میں لیے رہے گا
وہ دودھیا روشنی جو ثابت بھی اور سیاّر بھی بیک وقت
وہ مرتکز ہے کچھ اس طرح سے
کہ اس سے روشن جہانِ کہنہ
جہانِ تازہ بلا کم و کاست اپنے امکان کی حدوں میں چمک رہا ہے
یہ لمحہ لمحہ پھسلتی لذّت جو ہاتھ آتی ہے پارہ پارہ
کمال کو گر پہنچ سکے تو ہو منکشف کرب و دہشت اس کی
مگر تغیّر پذیر پیکر کے کچّے دھاگے میں پابہ زنجیر دوش و فردا
نجاتِ آدم کی ہیں ضمانت
(کہ ابنِ آدم کے جسمِ خاکی میں خوں کی گردش یہ کہہ رہی ہے)
ہمیں نہ جنت ہی راس آئے نہ ہم مسلسل عذابِ دوزخ سہار پائیں
ہمارے جسموں کے گرد لپٹی ہوئی یہ زنجیرِ دوش و فردا
بہشت و دوزخ سے دے رہی ہے امان ہم کو

زمانِ رفتہ، زمانِ آئندہ ہم کو فرصت
شعور کی جو عطا کریں بھی تو مختصر سی
شعور قیدِ زماں سے باہر نکل کے آنے سے ہے عبارت
مگر وہ لمحہ جو باغِ جنت سے آشنا ہے
وہ لمحہ جس نے سنا ہے بارش کی بوندیوں کا کھنکتا نغمہ
وہ لمحہ جس نے کُہر میں ڈوبے ہوئے کلیسا میں آنکھ کھولی

جو یاد میں آج تک ہے باقی
(یہ لمحے یادوں کی حد میں آ کر زماں سے آزاد ہو چکے ہیں)
ہے یاد خود ہی زماں کی باسی
یہ لمحے خود ہیں زماں کے قیدی
یہ سارے لمحے زمانِ رفتہ، زمانِ آئندہ سے بندھے ہیں
(یہ کہہ رہے ہیں)
اگر زماں پر ہے فتح پانا تو ہم حدودِ زماں میں رہ کر ہی پا سکیں گے

(۳)

یہیں ہے وہ انحراف کی جا
جہاں پہ آئندہ اور رفتہ زماں دھندلکے میں گم شدہ ہیں
نہ دن کی تاب و تواں
جو پرچھائیوں کو آہستگی سے
بہتا پھسلتا روشن لباس بخشے
وہ گردشِ سست گام جس پر گُماں قیام و ثبات کا ہو
گریز پا روشنی کے پیکر کو برق آسا جمال دے دے
نہ وہ مسیحا نَفَس اندھیرا
جو روح کے تزکیے کی خاطر
بدن کی آلایشوں کو دھو دے
امید و حرماں، غم و مسرّت کی تلخ مے سے طلب کے
ساغر کو خالی کر دے
گریز پا خواہشوں کو مایا کے بندھنوں سے نجات دے دے
کمال و کثرت کی رنگا رنگی رہے نہ بے رنگ و شکل تنزیہ

نہ با ہمہ ہو، نہ بے ہمہ ہو

وہ چہرے جو امتدادِ دوراں سے جل چکے ہیں، سُتے ہوے ہیں
ذرا سی اک ٹمٹماتی لو سے بھڑک رہے ہیں
قدم قدم لغزشوں میں جادہ ہی گم ہوا ہے
وہ چیختی بے حِسی جو رنگین واہموں سے چھلک رہی ہے
تہی معانی ہے، اُس کے الفاظ کھوکھلے ہیں
بگولا آسازماں کی برفیلی موجِ رقصاں میں اڑتے پھرتے ہیں آدمی،
ریزہ ہائے کاغذ
تمام آئندہ اور رفتہ میں یہ ہوا دندنا رہی ہے
زمانِ آئندہ اور رفتہ سے آتی جاتی
مریض وناکارہ پھیپھڑوں سے گزر رہی ہے
مریض روحیں چیخ چیخ کر بھٹکتی موجِ ہوا کے دامن میں گر رہی ہیں
بکھر رہی ہیں
غنودگی بے حِسی کی چادر میں منہ لپیٹی
سوار دوشِ ہوا پہ لندن کے کوہساروں کو اپنے
دامن سے ڈھانپتی ہے
محلّے، قریے، نواح کی بستیاں
اسی بے حِسی کی چادر میں سر کو ڈھانپے ہوے پڑی ہیں
یہاں پہ اس چہچہاتی دنیا میں وہ مسیحا نفَس اندھیرا نہیں ملے گا
(جو روح کے تزکیے کی خاطر
بدن کی آلائشوں کو دھو دے
نہ با ہمہ ہو، نہ بے ہمہ ہو)
اُتر چلو

اُس جہانِ تنہا کی گہری خاموشیوں کی تہ تک اُترتے جائیں
جہان، جو ہے نفی جہاں کی
جو اک جہاں ہے بھی، اور نہیں بھی
وہ ذات کا داخلی اندھیرا
وہ بے نوایانہ بے صفاتی
جہاں نہ محسوس ہو نہ مدرک
جہاں پہ ارواح بے اثر، بے نشاں، تہی ہیں
یہ ایک جادہ ہے اس جہاں کا
یہ راستہ ہو کہ دوسرا ہو
طریق و مسلک ہے ترکِ حرکت
حیات جہد و عمل سے دوری
مگر ہمارا جہانِ محسوس دوڑتا ہے
نہ جانے کس منزلِ طلب کی کشش میں ہر دم
زمانِ رفتہ، زمانِ آئندہ کی حدوں میں
رواں ہے فولادی پٹریوں پر جہانِ گرداں

(۴)

گجر ہے پائے زماں کی آہٹ
ان آہٹوں میں ہے دفن دن کی سسکتی میّت
سیاہ بادل چمکتے سورج کو اپنے دامن میں لے اُڑے ہیں
کبھی ہماری طرف بھی سورج مکھی پھرے گا؟
یہ عشقِ پیچاں کی بیل نیچے اُتر کے ہم کو بھی
اپنی باہوں میں بھینچ لے گی؟

عظیم برگد کی مہربان و شفیق زلفیں ہمیں بھی حلقے میں اپنے لیں گی؟
مہکتے پھولوں کے نشّے سے لڑکھڑاتی شاخیں
ہماری گردن کا ہار ہوں گی؟

اے خنکیِ لرزہ خیز
تیرے ٹھٹھرتے ہاتھوں کا لمس ہم پر کرم کرے گا؟
طیورِ پرّاں کے جگمگاتے پروں نے ہر روشنی کو روشن جواب بھیجا
اور اب وہ چُپ ہیں
خموش ہے روشنی کی آوازِ پا بھی اب تو
جہانِ گرداں کے نقطۂ خامشی پہ ٹھہرے ہوئے ہیں
رفتار و نور دونوں

(۵)

حروف و اصوات و لفظ و نغمہ
زماں کے ہونٹوں سے بولتے ہیں
مگر وہی جو ہے آج زندہ
اُسی کے امکاں میں موت بھی ہے
وہ لفظ جو گفتگو میں آئے
سکوت میں ڈوبتے ہیں آخر
وہ لفظ و نغمہ جو شکل و ترتیب میں ڈھلے ہیں
وہی سکوتِ ابد کو آخر میں چھو سکیں گے
کہ جامِ جم کا سکوت بھی گردشِ زمانہ کا رازداں ہے[1]

---

[1] Chinese jar کا لفظی ترجمہ فضول ہوتا، اس کے لیے مجھے جامِ جم کا استعارہ زیادہ بامعنی معلوم ہوا۔

سرود کے بطنِ خامشی میں ہزاروں نغمات پر فشاں ہیں
سکوت و نغمہ ہیں دونوں توأم
ہے انتہا ابتدا سے پہلے
رہے ہیں آغاز اور انجام ازل سے یک جا
رہے ہیں قبل ابتدا سے، بعد انتہا کے دونوں کے دونوں یک جا
تمام رفتہ گزشتہ "اب" ہے
حرف و الفاظ کسمساتے ہیں اور چٹختے ہیں کشمکش میں
کبھی کبھی بوجھ سے تڑختے ہیں ٹوٹتے ہیں
کشاکشِ باہمی سے سطحِ زباں پہ چلتے ہیں لڑکھڑاتے
پھسل کے گرتے ہیں خامشی میں
تباہ ہوتے ہیں بے بسی میں
(کہ ساتھ دیتے نہیں معانی ہمیشہ لفظوں کا اس سفر میں)
یہ لفظ اپنی جگہ سسکتے نہیں رہیں گے
یہ لفظ خاموش ہیں نہ ہوں گے

فغان و فریاد و شور و غوغا
تمسخر و طنز و زجر و توبیخ و نعرہ بازی
دبے گھٹے، سہمے سہمے ہونٹوں کی بھِن بھناہٹ
ہمیشہ لفظوں کو روندتی پائمال کرتی رہے گی بڑھ کر
خموشیوں کے دہکتے صحرا میں حملہ آور صدائیں لفظوں کو اپنی جانب گھسیٹتی ہیں
فغاں کی پرچھائیاں اٹھاتی ہیں رقص کرتے ہوئے جنازہ
ملول و بے کس ہوا کے نوحوں سے گونجتی ہے فضائے صحرا
نظامِ دوراں کے تانے بانے میں گردش و حرکت و عمل کی ہے کارسازی

کہ جیسے دس سیڑھیوں کے نقشے میں خود ہے حرکت
(ہر ایک زینہ بجائے خود ہے نشاں نمائے کمال و رفعت)
ہے خواہش اپنی جگہ پہ حرکت
اگرچہ خواہش برائے خواہش نہیں ہے ہرگز طلب کے لائق
(محبت اپنی جگہ عمل ہے نہ رقص و حرکت
نہ مدّعا ہے، نہ ابتدا ہے، نہ منتہا ہے
محبت اپنی جگہ زمان و مکاں کی قیدوں سے ماورا ہے)
محبّت اپنی جگہ ہے ثابت
طلب کی علّت ہے اور حرکت کی انتہا ہے
یہ بے زماں ہے، غنی ہے، اور مدّعا سے خالی
زماں کی حد میں تعینّاتِ جہاں کی قیدی

وجود و نابود کی کشاکش میں مبتلا ہے
اچانک آتا ہے ایک تیر شعاع پیکر
ابھی دھندلکے نے رخت باندھا نہیں ہے اپنا
غبارِ ظلمت افق سے رخصت نہیں ہوا ہے
مگر اچانک ہمکتے بچّوں کی بے محابا ہنسی کی بھولی ہوی صدائیں
اٹھی ہیں پتّوں کی جھرمٹوں سے
اٹھو شتابی
یہ ایک لمحہ جو "اب" ہے حاصل ہے زندگی کا
ابھی یہاں سے اٹھو (کہ یہ لمحۂ غنیمت نہ پھر ملے گا)
ہمیشہ یہ رائگاں فسردہ زمانہ پھیلا رہے گا
آئندہ اور گزشتہ کی سرحدوں تک!

۱۹۶۵-۶۷

تاریک شعلہ

(نباکانتابروا-Nabakanta Barua- کی آسامی نظم کا آزاد ترجمہ)

سرِ شام اُجالوں کا زائیدہ مہتاب چمکا
ذرا دیر تک شمع کی لو کے مانند کانپا
اُجالوں کے سیّال جادے نے پھیلائیں بانہیں
وہ اک بوند بھر روشنی کا مچلتا سفینہ
پگھلتی ہوئی شمع کے اشک کی طرح ٹپکا
بچھڑتے ہوے دن نے جاتے ہوئے ایک نامہ
شفق کی پگھلتی ہوئی لاک سے مُہر کر کے
سوئے شام اُچھالا
وہ خط ہے کہ مکتوبِ عاشق، نجی، درد آگیں
(کسی چاہنے والے دل کی طرح سے اتھاہ اور گہرا)
سکوت اس کا گمبھیر، بات اس کی معنوں سے بوجھل
مگر تم، کہ سورج کو تکتے ہوئے تم نے اپنی بصارت گنوادی
کہ تم چڑھتے سورج کو سورج مکھی کی طرح پوجتے ہو
اُسے پڑھ نہ پائے
مگر میں، کہ میں نے لیا جنم اندھیروں ہی کی کوکھ سے
اُسے پڑھ چکا ہوں
نہیں بات کچھ خوف کی
نہیں اور کچھ اُس اندھیرے کے مکتوب میں
صرف اتنا لکھا ہے
"کہ ہم جانتے ہیں تو بس اس قدر جانتے ہیں

کہ ہم کچھ نہیں جانتے"
وہ دن جب کہ اس واژگوں آسماں کے دیے میں
اندھیروں کے شعلے بھڑکنے لگے تھے
وہ دِن جب کہ اک گھومتے کرۂ آتشیں کے پگھلتے ہوئے جسم سے
ایک ٹکڑا، چمکتا ستارا، پگھل کر گرا تھا خلا کی لحد میں
جہاں خون کو منجمد کرنے والی حرارت نے پھیلا کے بانہیں
سمیٹا تھا اُس کو
مجھے علم ہے، یہ زمیں اک ستارا ہے پگھلا ہوا اور ٹوٹا ہوا،
مری سمت دیکھو، سنو مجھ کو
یہ بھی مجھے علم ہے، اس سیاہی کی آغوش سے بدھ اُٹھا تھا
عقیدے کے ہاتھوں میں بدھ ہے کھلونے کی کل دار گڑیا
عقیدے کی ظلمت کا ترشا ہوا بُت
اور اندھے چراغوں کا تاریک شعلہ

۱۹۶۵

معراج

نیند آنکھوں سے لگی بیٹھی ہے
نیم خوابیدہ نگاہوں نے سجا رکھےّ ہیں احساس کے آئینوں میں ان گنت اوراق
ساری تصویریں ہیں دھندلائی ہوئی
مَطلع ذہن پہ چھایا ہے دھندلکے کا سماں
خوابِ نادیدۂ و دیدہ ہیں بہم رقص کناں

نیند کے در پہ ہوئی دستک سی
کس نے زنجیرِ خیالات کو جنبش دی ہے
جگمگانے لگے احساس کے آئینوں میں رنگیں اوراق
بول اُٹھیں جاگتی سوتی ہوئی تصویریں بھی
مطلع ذہن سے پھوٹی شفقِ نور آثار
خوابِ نادیدہ نے آنکھوں سے ہٹادی چلمن
ماضی وحال نے آیندہ زمانوں کی حدوں میں جھانکا
پاؤں کی چاپ سے گونج اٹھاّ سراپردۂ خواب
کھنچ گئیں پھیلی فضاؤں کی، خلاؤں کی طنابیں اک بار
چشمِ سیار و ثوابت سے لڑی ارض کی چشمِ بیدار
رقصِ افلاک بھی اب دسترسِ شوق میں ہے
خواب ہی خواب ہیں ہر سو رقصاں

جل گئے شہپرِ جبریل کہیں سِدرہ پر
اب ہے خود شوقِ سفر جادہ طراز و رہبر

کب کا تکمیل کو پہونچا سفر ہفت افلاک

پھر بھی زنجیرِ تخیّل میں ہے جنبش اب تک
اس سے آگے بھی ہیں شاید کئی نادیدہ جہاں منتظرِ چشمِ بشر

۱۹۶۶

یہی تو ہو گا

غضب ہے روشنیِ طبع کی سیہ بختی!
ملا ہے دل کی شرافت کا دردِ تنہائی
ستم ہے فقر کی غیرت کا کربِ محرومی
جو ہاتھ بخششِ لطف و کرم کی عادت سے
تہی ہوئے ہیں، کوئی کاٹ لے تو ہو احساں
جو دل زمانے کی خاطر دھڑکتے رہنے سے
شکستگی کی صدا ہے، ہوا ہے بارِ گراں
جو سر بلند رہا چوکھٹوں کی پستی سے
ہجومِ سنگ میں، اچھا ہے، ٹوٹ ہی جائے
جو روشنی کا ہے مصدر، وہ سینۂ صد چاک
جو ایک بار ہی ہو جائے شق تو صبر آئے

جو ایک نجمِ جہاں تاب ٹوٹ جائے تو کیا
جو ایک گوہرِ نایاب پھوٹ جائے تو کیا
یہی تو ہو گا اندھیرے منائیں گے اِک جشن
وہ چہرے جن پہ حروفِ جلی میں لکھّے ہیں
حماقتوں کے فرامین، ہوں گے صدر نشیں
وہ آنکھیں جن میں سیاہی گھلی ہے دوزخ کی
سجا کے عدل کی میزان، اندھیرے اُگلیں گی
وہ ہونٹ جن پہ جہالت چھلکتی رہتی ہے
ترانے چھیڑیں گے اس جشنِ بد مذاقی میں

وہ کان جن پہ گراں ہے صدائے اہلِ درد
طرب کے بے حس و بے روح گیت نگلیں گے
وہ سینے جن میں ہے دل کی جگہ پہ سنگِ سیاہ
ہوس کے تمغوں کی دوکاں سجا کے نکلیں گے
وہ سر جو جھکتے ہیں ہر آستانِ دولت پر
بصد غرور سنیں گے قصیدۂ ذلّت
تعصبات کے شعلے دھواں اڑائیں گے
توہمات کی لو ظلمتوں میں ناچے گی
جہالتوں کے دیے نفرتوں کو پوجیں گے
ہوس کے سینے میں بیٹھا ہوا ستم کا ناگ
تمام نور کی نہروں کا دودھ پی لے گا
قدامتوں کی سیاہی سے بیج پھوٹیں گے
خباثتوں کے قلم داستان لکھیں گے
کسی کا ہاتھ نہ تھامے گی بڑھ کے سچائی
زباں کسی کی نہ پکڑے گا حرفِ حق بڑھ کر
خباثتوں پہ کوئی روشنی نہ ڈالے گا

جو ایک روشنیِ طبع بجھ گئی تو کیا
جو ایک دل کی شرافت کو موت آئی تو کیا
جو ایک فقر کی غیرت ہوئی شہید تو کیا
یہی تو ہو گا کہ جو آج تک ہوا ہے، وہی

ہوا کرے گا، مگر کوئی لب نہ کھولے گا
نہ آنکھ روئے گی کوئی، نہ درد بولے گا

۱۳ فروری، ۱۹٦٦

ایک شام: دو نظمیں

(۱)

شام کا راستہ
کتنا پُر ہول، چُپ چاپ، ویران ہے
ایک بے نام اُداسی کی خاموش فریاد کا شور ہے
غیر محسوس سرکش ہواؤں کے طوفان کا زور ہے
ایسا انجان موسم کہ سرما کی یخ بستگی ہے نہ گرما کی لوٗ دھوپ ہے
پھر بھی رستے کی آغوش میں برف ہی برف ہے
اور لوٗ خاک اڑاتی ہوئی ہر طرف نوحہ خواں

اک دھندلکا ہے
جو تیرگی بھی نہیں، روشنی بھی نہیں
ایک سنّاٹا ہے جو صدا بھی نہیں خامشی بھی نہیں
دِن کا ہنگامہ زا کارزارِ حیات
رات کی گود کا خوابِ آسودگی
شام کی خالی جھولی میں کچھ بھی نہیں

چھُپ چکا دِن کا سورج کہیں گوشۂ غرب میں
آسماں دور تک نورِ مہتاب کی آمد آمد سے مایوس ہے
کالی خم دار سڑکوں پہ دن کا جنازہ اٹھائے ہوئے اِک ہجوم
اپنے قدموں کی آواز کے نیچے کُچلا ہوا
اپنی ہی سست پائی کی زنجیر میں قید ہے
دھول اُڑاتی ہوئی موٹریں ایک آسیب کے خوف سے بھاگتی

کالج، اسکول دفتر کے دامن تہی
چمنیاں کارخانوں کی، کالا دُھواں
شام اعمال نامہ لیے
فائدے اور نقصان کو جوڑتا اور گھٹاتا ہوا ایک دیوالیہ
کل جو تھا، آج وہ بھی نہیں
کل جو ملنا ہے، وہ بھی ہے کھاتوں کے انبار میں گُم شدہ

(۲)

شام کا راستہ
پیچ در پیچ گلیوں سے ہوتا ہوا
بند دروازوں اور کھڑکیوں سے گزرتا ہوا
گھر میں در آیا ہے
میرے سینے پہ ہے خیمہ زن

میرے معصوم بچّوں کی غم ناشناسا ہنسی
زندگی بخش کلکاریاں
گُل صفت ننھے ننھے سے قدموں کی نرم آہٹیں
ٹوٹے پھوٹے ادھورے سے تتلاتے الفاظ کی کیف آور زباں
تین پہیوں کی اک سائیکل
پنسلیں، خالی ڈبے، برش، کانچ کی گولیاں
کچھ کھلونے جو ہیں ٹوٹ کر بھی مگن
اس گراں مایہ سرمایے کی رازداں باسکٹ
دودھ کی شیشی، بسکٹ کے ڈبوں کے ڈھیر
ایک جھولا مہینوں سے ٹھہرا ہوا

شام کے راستے کی طوالت میں گم

شام کی انگلیاں اپنے بے کیف پوروں سے چھوتی ہیں ہر چیز کو
چیخ اُٹھتی ہیں تنہائیاں
آج تم بھی بہت دور ہو جانِ جاں
فاصلے شام کا راستہ بن گئے
ہجر کی دوریاں اس دھندلکے میں لپٹی ہوئی
تم کو آواز دیتی ہیں، تم ہو کہاں
شام چُپ چاپ ہے
اُس کے آنگن میں آواز کی نغمگی گھول دو
شام بے نور ہے
اس کی آنکھوں میں اپنے خط وخال کی شمعیں روشن کرو
شام کا راستہ
میرے ویران گھر سے جدائی کے سنسان صحرا میں ہوتا ہوا
دستکیں دے رہا ہے تمھاری محبت کے در پر کھڑا شام کو
اپنی صبحوں کی بیداریِ جاں فزا
اپنے مصروف دن کی تھکن
اپنی راتوں کی آسودہ نیندوں تک آنے نہ دو
شام بے درد، بے حس، ستم گار ہے
کور و کر، گُنگ ہے
شام کے دل میں اپنی محبّت کا نشتر اُتارو
کہ اب یا تو مہتاب شمعِ جدائی کا آنسو بنے
یا سحر آئے بچوں کی روشن نگاہوں، چمکتی صداؤں میں ہنستی ہوئی

۳۰ جنوری، ۱۹۶۷

نقطوں کا سفر

جبر نے ہم کو نکالا ہے، تراشا ہے عدم کے دل سے
زندگی جبر مسلسل ہے
عدم نقطۂ آغاز بھی ہے، نقطۂ انجام بھی ہے
اور ہم کھنچتے چلے جاتے ہیں اک نقطے سے
دوسرے نقطے کی جانب
کہ جہاں جبر عدم سے مل کر
ایک بھولا ہوا افسانہ بنے

ہم وہ نقطہ ہیں جو آوارہ رہا روشنیِ زیست کی کرنوں کی گزر گاہوں پر
روشنی کچھ بھی دکھاتی نہیں مانگے کے اُجالے کے سوا
راہ میں ملتے ہیں ٹھہرے ہوئے ٹھٹھرے ہوئے جامد نقطے
اپنی رفتار کی زنجیر میں قید
کاٹھ کے آدمی، دل پتھر کے
کرسیاں بیٹھی ہیں میزوں کا بچھائے ہوئے جال
کاونٹر راہ میں اِستادہ ہیں
بند دروازوں کی تھامے ہوئے ڈھال
سرخ فیتوں میں بندھی فائلیں سینے میں دبائے ہوئے
فریاد و شکایات کا سیل
حرف و الفاظ ہیں نقطوں کا اُلجھتا ہوا جال
نور چہروں پہ نہ تحریروں میں
نقطہ در نقطہ سرکتی ہوئی ظلمات سے دنیا ہے نڈھال

سڑکیں نقطوں کو بھگاتی ہوئی لے جاتی ہیں
در بہ در، شہر بہ شہر
خاک کے ذرّوں پہ تہمت ہے سفر
برف کے تودوں میں دب جاتے ہیں
دھوپ کی آگ میں جل اُٹھتے ہیں
باد و باراں میں پھرا کرتے ہیں آوارہ و خوار
ان کی منزل نہ مقام
ان کی تقدیر ہے بے سمت ہواؤں کا خرام
تند طوفانوں کے ہاتھوں میں ہے سمتوں کی لگام

ریل کی پٹریاں، پگڈنڈیاں، دشت و دریا
ہونکتے، گونجتے شہروں کی بڑی شہ راہیں
بے عناں بھاگتے ذرّوں کی گزرگاہ بھی ہیں، مقتل بھی
راہیں انسانوں کو پامال کیا کرتی ہیں
راہیں ذرّوں کو نگل جاتی ہیں
کُرسیاں فائلیں، میزیں، فیتے
شور و فریاد و شکایات کا سیل
حاکمِ شہر ہو یا فریادی
سب کی تقدیر ہے پامالیِ راہ
جبر زائیدہ ہے یہ بھی، وہ بھی
یہ بھی پابندِ عدم، وہ بھی عدم کا ہے غلام

کیا خبر کون سی منزل پہ یہ کھنچتے ہوئے نقطے پھٹ جائیں
اور رفتار کی زنجیر کٹے

جبر کی راہ بھسم ہو جائے
کیا خبر تیرگیِ جبر و عدم کی دل سے
روشنی اتنی نکل آئے کہ ظلمت مر جائے
اور پھر کچھ نہ رہے

فروری، ۱۹۶۷

شب کا رزمیہ

ایک غولِ بیاباں ہے جو شہر میں
ہر طرف سے چلا آرہا ہے اندھیرے کی چادر میں لپٹا ہوا
اپنے ہاتھوں میں نیزے لیے
اپنے دامن میں پتھّر بھرے
اپنے سینے کے تاریک غاروں کی پُرہول گہرائی میں
جرم کی گود میں پلنے والے قوانین کے اسلحوں کا ذخیرہ چھپائے ہوئے
اپنے گندے عفونت زدہ تنگ و تیرہ ضمیروں کی جھوٹی صداؤں کے چابک لیے
اپنے چہروں پہ بے حِس فرشتوں کی نیکی کا غازہ لگائے ہوئے
سود، رشوت، ڈکیتی، زنا
قرق ہوتی ہوئی کھیتیوں اور مکانوں کی دولت چرائے ہوئے
اونچے محلوں کی نیچی کمیں گاہ میں بیٹھ کر
شہر کے راستوں کے ہر اک موڑ پر
دیکھتا ہے کہ شاید خیالوں کی دنیا کا بھٹکا ہوا کوئی
آوارۂ شہرِ خواب اجنبی
ان کے ہاتھوں، ضمیروں، خزانوں کی زد میں جو آجائے تو
ان کے نیزوں کی نوکوں کو خوں مل سکے
پتّھروں کو مہکتے ہوئے زخم کے گُل ملیں
اور گندے ضمیروں کی نیکی کو رسوائیِ اہلِ دل سے تسلّی مِلے
دوسرے روز یر قاں زدہ زرد چھتڑوں کے چہرے سیاہی مَلے
کو بہ کو، راہ در راہ ہنستے پھریں
اور غولِ بیاباں کمیں گاہ میں بیٹھ کر قہقہوں کی لووں سے

دھواں اور اندھیرا اُگلتا رہے

ایک وارفتگی، تشنگی
بے خودی کی حدوں سے اُدھر
اپنا گھر بھول کر
آئی اس موڑ پر
جس جگہ زخم ہی زخم تھے
نیکیاں بی حسی اور گناہوں کی چادر میں لپٹی ہوئی
اس تماشے کی اندھی تماشائی تھیں
گونگے بہرے ضمیروں کا اک جمگھٹا
خون کے چھینٹے دامن میں اپنے چھپاتا رہا
ایک آواز گھر گھر کے دروازے پر دستکیں دے کے چپ ہو گئی
اور نیندوں کی سیجوں پہ سوئی ہوئی بے حسی اور بھی گہری
نیندوں میں گم ہو گئی
دوسرے روز غولِ بیاباں نے چہروں پہ نیکی کا غازہ مَلا
جھوٹی عصمت کا باندھا حصار
اور اوڑھا نقابِ ریا
پھر صحائف کے لفظوں سے معنی الگ کر کے
لفظوں کو اپنے سیاہ کار اندھے ضمیروں کی آواز سے باندھ کر
لب بہ لب اور زباں در زباں
جھوٹ کی خوب تشہیر کی
اور صحائف کے الفاظ اپنے معانی سے کٹ کر زبانوں کی سولی پہ
لاشوں کی صورت لٹکتے رہے

سرفرازوں کے نام

نیزۂ شمر و خولی پہ رسوا ہوئے

رات کا جھوٹ دن کو بھی تاریک رکھتا ہے کیوں؟

خون تو چپ ہے
زخموں نے لب سی لیے
لیکن اس رات کی داستاں کل کو لکھے گا کون؟
گونگے بہرے ضمیروں کی اندھی نگاہوں میں
اس روشنی کو انڈیلے گا کون؟

۴ فروری، ۱۹۶۷

راکھ کا گھر

تنہائی کے صحرا میں کل آگ لگی ایسی
نیندوں کے دیاروں تک شعلوں کی زباں پہنچی

جب آنکھ کھُلی دیکھا گھر آگ میں پھُنکتا ہے
شعلوں کی زبانوں سے دیواریں چٹختی ہیں
دروازے پگھلتے ہیں
تصویروں کے پیراہن لو دیتے ہیں سر تا پا
خط دردِ رفاقت کی حِدّت سے تڑپتے ہیں
خبروں کی حرارت سے اخبار ورسایل کے اوراق دہکتے ہیں
بُک شیلف کتابوں کی خاموش تمازت سے جل جل کے تڑختے ہیں
ہر تار ہے بستر کا شمشیر سم آلودہ
تکیہ ہے کہ اک رقصاں آتش کا بگولا ہے

تنہائی کہ اک کوہِ آتش بہ دہن بن کر
چپ چاپ تھی برسوں سے
پھوٹی ہے تو لاوے کی حِدّت نے جلا ڈالا
ہر چیز بھسم کر دی
جلتے ہوئے خوابوں نے مجروح حقیقت سے یوں آنکھ ملائی ہے
سوئے تھے جو آنکھوں میں، وہ شعلے بھڑک اٹھے

کون آگ بجھا سکتا
تنہائی کے صحرا سے ہر شخص گریزاں تھا
سب اپنے ہی دامن کو شعلوں سے بچاتے تھے

سب اپنے ہی خوابوں کو آنکھوں میں چھپاتے تھے
ہم خود ہی جلے تنہا
اوروں کا تو کیا شِکوہ
اُس کو بھی نہ ہو پائی تنہائی کے جلنے کی، لٹنے کی خبر اب تک
ہم کعبۂ تنہائی کا جس کو خدا سمجھے

اب راکھ میں بیٹھے ہیں مجروح، شکستہ دل
دل سوختہ، غم خوردہ
کیا جانے کریدیں گے اس راکھ کو ہم کب تک
تنہائی کے ملبے میں ہم ڈھونڈتے پھرتے ہیں لاش اپنی کئی دن سے
اس راکھ سے ہاتھ آیا ہے ایک سوال اب تک
وہ لاش جو مل جائے
آنکھ اُس سے ملانے کو دل لائیں کہاں سے ہم؟!

۱۳ فروری، ۱۹۶۷

لفظوں کی پوجا

آسماں کا گوشہ گوشہ چھان ڈالو
یہ خلا بے سمت، بے آواز ہے
چاند سورج، زہرہ و مریخ کی آنکھوں کے معنی پڑھنے والو
اپنے سینوں کے خلا میں
اُن معانی کو ٹٹولو
جن کو آوازوں کے بے معنی سمندر کھا گئے ہیں

تم نے جب سے آنکھ کھولی
ہوش نے جب سے سماعت تم کو بخشی
تم نے آوازوں کو دامانِ سماعت میں سمیٹا
اور لفظوں کو نہ تولا
اُن کی پرتوں کو نہ کھولا
ساری آوازوں کے سینے میں خلا ہے
اس خلا کو کب ٹٹولا

خوابِ فردا دیکھنے والوں کی آنکھوں میں سنہری کھوکھلی تعبیر کا گرد و غبار
مملکت کے مقتدر ارکان کے جھوٹے دعاوی کا حصار
کُرسیوں پر لفظ کے دھاگے سے لپٹے کاٹھ کے پتلوں کے
احکام و اوامر کا طلسم
مندروں کے کیرتن سے مسجدوں کے وعظ تک
مکتبوں کے بوریوں سے جامعاتی کانووکیشن کے رنگیں ہال تک
اک خلا ہے

اس خلا میں گونجتی ہیں اَن گنت آواز کی لہریں

یہ لہریں
معنی و مطلب کے ناموجود ساحل کی طلب میں سر پٹکتی

گنبدِ بے در سے ٹکرا کر خود اپنے تک پلٹتی

دوسری لہروں سے بے مقصد الجھتی اور لڑتی

ہر طرف آواز کی لہریں

یہ لہریں ہی ہماری زندگی ہیں

اب یہ لہریں چاند سورج، زہرہ و مریخ کی جانب بڑھی ہیں

اپنی آوازوں کے سناٹے سے بھر دیں گی خلائے آسماں

آسمانوں کا خلا پہلے بھی غیر آباد تھا

اب بھی تہی

نغمۂ افلاک بھی فکرِ زمیں کی بازگشت

ہے ضمیرِ ارض چُپ تو نغمۂ افلاک سے رشتہ نہیں

اِک خلا ہے حکمراں

از کراں تا بے کراں

اب نہ جبریل و پیمبر ہیں نہ الفاظ و کتاب

کالے بازاروں میں سارے ہی صحایف، سب کتابیں

بک گئیں ردّی کے بھاؤ

فلسفے از کار رفتہ

مذہبوں کی روح ہے آسیب خوردہ

اور سائنسی نظر اس وقت تک کم بین و کم آگاہ ہے

ڈھیر ہیں الفاظ کے، تابوت ہیں آواز کے

بولتی ہیں کُرسیاں اور آدمی چپ چاپ ہیں
منبروں پر لفظ ہے زر کی قبا پہنے ہوے
پستیوں میں چیتھڑے پہنے معانی سر بہ زانو، بے وقار

میرے تخئیل و تصور سے تمھارے ذہن تک
اک خلا حائل ہے لفظوں کی قبا پہنے ہوے
میرے لب سے جو نکلتا ہے
خلا میں دوڑتے لفظوں سے ٹکرا کر اُلجھ جاتا ہے
رستے ہی میں گر جاتا ہے
تم اُس تک پہنچ سکتے نہیں
میں ہٹاؤں لاکھ اپنے راستے سے بے ضرورت چیختے لفظوں کے ڈھیر
پھر بھی معنی سے چمٹ جاتے ہیں زاید لفظ جونکوں کی طرح
تم کہ لفظوں ہی کے عادی
بے ضرورت لفظ چُن لیتے ہو معنی پھینک کر
اور پھر اُن کو سجا دیتے ہو طاق و منبر و محراب میں
لفظ کی پوجا میں معنی بھینٹ چڑھتے ہیں سدا

میں نہیں کہتا کہ بے معنی ہے دنیا، زندگی ہے بے حقیقت
اور تسخیرِ خلا بے فیض ہے
تم نے دنیا، زندگانی، آسماں سے چھین رکھے ہیں جو معنی
ڈھونڈ لو
آسماں کا گوشہ گوشہ مانگ بھر دے گا زمیں کی نور سے
اور زمیں کی گود بامقصد معانی خیز لفظوں سے ہری ہو جائے گی

۱۴ فروری، ۱۹۶۷

زبان کی موت

ہزاروں اصوات نوحہ خواں ہیں کہ اک زباں پر ہے نزع طاری
حروف والفاظ سر بہ زانو
خموش ہے اک جہانِ معنی
کہ اس کے باسی
تلاشِ گندم میں اپنے شہروں کی فاقہ کش عافیت کو تج کر
نئے جہانوں کے اجنبی راستوں پہ آنکھوں میں پیاس لے کر
بھٹک رہے ہیں
نیانِ کی روشنی میں لکھّی نئی زبانیں چمک رہی ہیں
جلاوطن لفظ اور معانی کو شور کرتی وسیع سڑکیں نگل رہی ہیں

خموش ہے اک جہانِ معنی
کہ اُس کے باسی
نئی زبانوں کے شور وغل سے وطن میں بھی اجنبی ہوے ہیں
وہ اپنے شہر زباں میں بھی بے زباں ہوے ہیں
جو بات کرتے تھے، اب وہ شہر و دیار و دیوار و در ہیں ساکت
جو محرمِ مدعا تھے وہ دشت و کوہ و صحرا سدا کے گونگے بنے ہوئے ہیں
جو حرف کی آگ سے پگھلتے تھے وہ شجر اور حجر ہیں ساکت

پُرانی آبادیوں کے رستے شکستہ کھنڈروں میں کھو گئے ہیں
وہ محل وایوان وطاق و گنبد جہاں سے اصوات کا سمندر اُبل رہا تھا
اُجڑ چکے ہیں
وہ شاہراہیں وہ تنگ گلیاں، وہ سیڑھیاں، چوکھٹیں، دریچے

حرم سرائیں، غلام گردش، وسیع دالان، ہنستے آنگن
گھروں کے کونے، لبوں کے گوشے
جو لفظ کو دے رہے تھے معنی
جو صوت کو دے رہے تھے نغمہ
خموش ویرانیوں کے مرقد میں اپنی دنیا کو دفن کر کے
سکوت کی چشمِ حسرت آگیں سے اپنی میّت پہ رو رہے ہیں

ہزاروں اصوات نوحہ خواں ہیں کہ اُن کا پُرساں نہیں ہے کوئی
ہزاروں الفاظ کھو کھلے ہیں کہ اُن کے معنی تلاشِ نانِ جویں میں
اپنا لباس بدلے بھٹک رہے ہیں
زبان سے ہے شکم کا رشتہ
ہیں لفظ کشکولِ نان و گندم
نئی زبانوں کے لفظ جہدِ معاش میں بے زبان لفظوں کو روندتے ہیں
نئی زبانوں کی سلطنت میں کسے پڑی ہے
جو اپنے لفظوں کو چھوڑ کر دوسروں کے لفظوں کو دے معانی
کسے پڑی ہے جو فاقہ کش اور برہنہ معنی کو لفظ کے پیرہن سے ڈھانپے
ہمارے الفاظ مر رہے ہیں، ہم اپنی سانسوں کو گن رہے ہیں

ہمارے بعد آنے والی نسلیں
ہمارے الفاظ اور معانی کی قبر کو دیکھ کر
(اک نئی زباں کے انوکھے لفظوں میں)
یہ کہیں گی
کہ آج سے چند سال پہلے یہ لفظ و معنی بھی بولتے تھے
صلیبِ جمہوریت پہ لفظوں کو موت آئی

کہیں کتابوں کے مقبروں میں ابھی تلک بے صدا معانی
سسک رہے ہیں

۱۹جون،۱۹۶۷

زندہ مردے

چہرے روحوں کی بے مائگی
ذہن کی تیرگی
کے سیہ آئینے
سرد آنکھوں کے تاریک روزن میں دبکا ہوا اِک خلا
ایک سنّاٹا ہونٹوں کے بستہ مکاں میں ہے سویا ہوا
روح کو جہدِ تحصیلِ زر کھا گئی
ذہن کی روشنی ناامیدی کی ظلمت میں دھندلا گئی
آنکھیں ناکامیوں کے کھنڈر میں مکاں کے تصور سے عاری ہوئیں
ہونٹ کشکولِ دریوزہ گر بن کے لفظوں کی عصمت کی دوکاں بنے
اور اب کچھ نہیں

......اور اب کچھ نہیں
ایک دیوانہ گر خواہشِ زیست ہے
خال وخط، دست وپا
سینہ وسر، شکم اور زیرِ شکم
ایک دیوانہ گر خواہشِ زیست اعضا میں دوڑی ہوئی
ایک بے معنی، بے کار اپاہج ہوس جسم کے تانے بانے کو تھامے ہوئے
صرف اُس ایک لمحے کی آمد کا ہے انتظار
جب کہ روحوں کے ذہنوں کے آئینے
آنکھوں میں دبکا خلا
اور ہونٹوں سے لپٹا سکوت

ایک بار
خواہشِ زیست سے کہہ سکیں
”زیست ہم پر ہمیشہ سے الزام ہے
ہم نہ زندہ رہے ہیں کبھی، اور نہ زندہ ہیں اب
ایک دیوانہ گر خواہشِ زیست ہی تھی ہماری لیے زندگی“

۲۵ جون، ۱۹۶۷

معانی کی تلاش

ہمارے پاس اور کیا ہے
زیست کو سنوارنے کا بے قرار حوصلہ
حیات و کائنات کو نئے معانی بخشنے کی جستجو
طلب کے جام میں فگار مقصدوں کا کچھ لہو
شکستِ خواب میں بھی خواب دیکھنے کی آرزو
نظر کی آگ لاکھ بجھنے پر بھی آفتاب خو، زمین و آسمان جو

ہمارے پاس اور کیا ہے
خود سے اور اپنے خواب دیکھنے کے حوصلے سے عمر بھر نباہنے کا ولولہ
ہمیں دیا ہی کیا ہے زندگی نے
زخم کھانے، مرنے، اور مر کے زندہ رہنے کے سِوا
مگر یہ ہم بھی جانتے ہیں
زخم کا شمار اور بار بار موت کا حساب ہی نہیں ہے زندگی
جو ایک بار کُل کی کُل لِکھی ہوی ملی ہے وہ کتاب ہی نہیں ہے زندگی
جو لمحہ لمحہ ٹوٹتا ہے جسم و جاں پہ، وہ عذاب ہی نہیں ہے زندگی
فضائے بے کراں و بحرِ بے کنار بھی ہے، اک حباب ہی نہیں ہے زندگی
ہمیں ملا ہی کیا ہے آگہی سے
جہل کا فروغ، بے بصیرتی کا اوج دیکھ دیکھ کر سُلگتے رہنے کے سوا
مگر یہ ہم بھی جانتے ہیں
روشنیِ طبع ان جہنموں کا قہر اور بلا نہیں، کچھ اور ہے
فروغِ جہل اہلِ دہر کے لیے سزا نہیں، کچھ اور ہے

یہ بے بصیرتی کا اوج روشنی کا مدعا نہیں، کچھ اور ہے
سُلگتے رہنا، کچھ نہ کہنا، آگہی کا منتہا نہیں، کچھ اور ہے
ہم آگہی و زندگی کی رمز خوب جانتے ہیں ناقدانِ جستجو!
محققانِ مُردہ جو!
مدرِّسانِ کہنہ خو!

تمھارے پاس اور کیا ہے
اقتدار کی ہوس
بلند کرسیوں کی تشنہ آرزو
رٹے رٹائے کچھ سبق
کتاب، دوسرے جو تم کو لکھ کے دے گئے ہیں،
اس کے کچھ ورق
وہ زندگی، جو رایگاں، فضول عیش کی طلب
فروغِ جہل نے جو تم کو دی ہے بے بصیرتی کے
ہاتھ سے، وہ اِک سند
تمھارے پاس اور کیا ہے
مستعار فلسفے
جو میٹھی گولیوں کی طرح گھُل سکیں
نہ مُنہ کا ذایقہ خراب ہو نہ تلخ ہو زباں
تمھیں دیا ہی کیا ہے زندگی نے
دوُر کارزارِ وقت سے بھٹکتے رہنے، قبریں گننے
اور دوسروں کے زخم کی ہنسی اُڑاتے رہنے کے سوا
تمھیں کوئی خبر نہیں

کہ زخم کا شمار اور بار بار موت کا حساب بھی ہے زندگی
نئے سرے سے جس کو لکھنا ہے، وہ اک کتاب بھی ہے زندگی
نئے معانی کی تلاش میں جو لمحہ ٹوٹتا ہے، وہ عذاب بھی ہے زندگی
جو ٹوٹ ٹوٹ کر بھی بار بار سر اٹھا سکے وہ اک حباب بھی ہے زندگی
تمھیں ملا ہی کیا ہے آگہی سے
کھوکھلی شکستہ سیپیوں، چمکتے شوخ سنگریزوں کے سوا
تمھیں کوئی خبر نہیں
کہ روشنیِ طبع اپنی آگ کے جہنموں کا قہر ہے
فروغِ جہل امتحانِ دہر ہے
ہوس کا اقتدار، اقتدار کی ہوس کا زہر ہے
خود اپنے دل کی بات کہنے کی امنگ خوں کی ایک لہر ہے
ہمارے پاس کچھ نہیں
تمھارے پاس سب سہی
مگر تمھارا سب کا سب نہ آج کو بدل سکا، نہ کل کے کام آئے گا
ہمارے پاس جو بھی ہے
وہ آج کی ہے آگہی
ہم اپنی خود کتاب ہیں، ہم اپنے خود کتاب خواں
ہم آج لکھ سکیں اگر
تو آج ہی کی آگہی بنے گی کل کی زندگی

۱۹٦٧

دوسرے کنارے کی آواز

(ملیالم کی ایک نظم کا آزاد ترجمہ)

عمرِ رفتہ کی دہلیز پر وہ کھڑا
دیکھتا ہے پلٹ کر غمِ بے بسی سے
گزرتے ہوئے وقت کا کارواں
سیلِ عمرِ رواں ہے کہ اک دولتِ رائگاں

بھولے بسرے زمانوں میں اس بے نہایت سفر کی ہوئی ابتدا
راستے جن کو قدموں نے روندا ہے،
خودرو درختوں کے جنگل میں چھپتے گئے
اور آغاز کو دھند اور بادلوں کے اندھیرے نے گم کر دیا
زندگی ایک دھارے کے مانند رستہ بناتی
پہاڑوں کی ڈھلوان سے پتّھروں کو ہٹاتی
درختوں کو جڑ سے گراتی رہی
وہ گُم ہے خیالوں میں
چاندی سے بالوں میں کھویا ہوا
گھٹ گیا اس کی آنکھوں کا نور
اس کی نظریں بہت دور ماضی میں آوارہ ہیں
گُل گزشتہ بہاروں میں مہکے تھے جو
اب تک ان کی مہک راستوں کی ہواؤں کی
دامن میں آباد ہے
وہ سب خواہشیں، ذائقہ جن کا چکّھا ہے
اب ہیں شکست آشنا، دل پہ بارِ گراں

جب امید اور خواہش نے مل کر کیا عقل کو زیر
دلِ بے عناں خواہشوں کے بیاباں میں دوڑا کیا
وحشی لمحوں کی آغوش میں ایک بے درد لذت مچلتی رہی
خارزاروں، سلگتے ہوئے ساحلوں، اور اَن جانے گہرے کھڈوں میں
اُلجھتی ہوئی، دندناتی ہوئی رتھ گزرتی رہی
اور جوانی کے صحرا میں گُم ہو گئی

بے عناں رخش افسردہ ہیں
وادیِ مرگ کی بو سے ہیں مضمحل
عمر کے دشت میں زندگی لمحہ لمحہ سسکتی ہے اب
ہانپتی زیست کف در دہاں عمر بھر کی تھکن سے ہے نوحہ کناں
قبل اس کے کہ اعصاب اپنی عناں چھوڑ دیں
چابک انفاس کا گر پڑے ہاتھ سے
اس نے اِک اور رتھ ڈھونڈ لی
زیست کی راہ پر آ گیا
اور گناہوں کی وادی نے آواز دی
آسماں کی طنابیں گریں ٹوٹ کر
خواب کی اپسراؤں نے نغمات کا نشّہ اس کو دیا
زندگی نے بچا کر رکھی تھی جو شوق و تمنّا کی سرکش شراب
اس کی ہر بوند نے ایک گُم گشتہ جنّت کی تعمیر کی

آنے والے زمانوں سے بیماریاں
دہشت انگیز آنکھوں سے تکنے لگیں
گزرے وقتوں کی ظالم تپش سر اٹھانے لگی

اس سے بڑھ کر بھلا اور کیا ہو گا کربِ شکست
چیختی، شور کرتی گزرتی ہے دیوانہ گر خواہشوں کے سروں سے ہوا
وہ سمندر کے مانند گمبھیر، سینے میں طوفاں دبائے ہوئے
اپنی خود کی جوانی کی تصویر کو
اجنبی بن کے آئینۂ وقت میں دیکھتا ہے ابھی
نیم باز اور دزدیدہ نظروں کے شعلوں سے تابندہ ہے
وارداتِ محبت کی سیّال آگ
قہقہے، دھیمی دھیمی ہنسی، شکوے، فریاد، آہ و فغاں
لعنتیں اور دشنام ہیں آج بھی خامشی کی زباں
وہ شب و روز ایسے تھے، جن پر رہا ہے جنونِ ہوس حکمراں
وہ تھے روز و شبِ جشنِ جذباتِ آتش بجاں
آج چُنتا ہے کون اُن کی آواز کی پتّیاں
تشنہ کام آرزوؤں کی مستی نے تازہ گُلابوں کا رس پی لیا
خواہشیں اپنی تکمیل کی آگ میں جل گئیں
اور دیوانگی نارسیدہ کی خاطر بھٹکتی رہی
رات کے جنگلوں، تیرگی کے سمندر میں لپٹے ہوئے
راز کی طرح عصیاں کدے
تشنہ کام آرزوؤں کے مسکن بنے
اور شوریدہ جذبات کے سامنے خوف گُم ہو گیا
سر کے بل سارے آئین کے بُت گرے
اور خدا کا تصور دھواں بن کے اڑنے لگا
اس تبہ کار طوفاں میں جتنے بھی زخم آئے ہیں
رزم گاہِ نشاطِ ہوس میں فتوحات کے امتیازی نشاں بن گئے

اب وہ بوڑھا ہے
اور زندگی ایک بستہ کتاب
پشت ہی جس کی پڑھنے کو باقی ہے اب
اس کا احساس آسیب خوردہ مکاں میں بھٹکتا ہے بھوتوں کی
پرچھائیوں کی طرح
وہ غریب آدمی اپنے بچپن کی دنیا میں لوٹا ہے پھر
ایسی معصوم دنیا، جہاں نیکیوں کے مقدّس کھلونے ہیں محفوظ ابھی
کائنات و حیات اُس سے یا تو گریزاں ہیں آج
یا پھر اب اس کی دنیا ہے سارے جہاں سے جُدا
روشنی اس کی آنکھوں سے چپ چاپ رخصت ہوئی
اور وہ دروازہ اب بند ہونے کو ہے
جس کی دہلیز پر وہ کھڑا دیکھتا ہے پلٹ کر جہاں کی طرف
رات آنے کو ہے اور کنارا ابھی دور ہے
ساحل آواز دیتا ہے اُس سمت سے
جھٹ پٹا ہو گیا، سائے بڑھنے لگے، تیرگی چھا گئی
اُس کنارے پہ اب جلد پہنچو کہ دن ڈھل گیا
اور رات آ گئی

۱۹٦۷

لوحِ غیر محفوظ

سنگِ در گھس گئے
اور پیشانیوں کے نشاں مٹ گئے
پتھروں پر اوامر کی تحریر کو سرد بے رحم موجِ ہوا کھا گئی
لاکھوں برسوں کے جاگے خداؤں کو نیند آگئی

سال ہا سال سے تنگ و تاریک غاروں میں سوئے ہوے
اژدھے جاگ اٹھے
راکشس اپنے خونخوار دانتوں کو چمکاتے پاتال سے سطح پر آ گئے
سحر کے صید جِن بوتلیں توڑ کر شہر میں بس گئے
گاؤں کے چھوٹے چھوٹے مکاں کوہ آثار دیووں کے قدموں کی
آواز سے دب گئے

روشنی کے ریاروں میں عفریت سایہ بہ سایہ بسے
تہہ سمندر کی پانی کے اوپر چمکنے لگی
برف آلودہ کہسار کی چوٹیوں کے دہانوں پہ جوالا دہکنے لگی
اونگھتے دیوتا مندروں کے کواڑوں کے پیچھے نظر بند ہوتے گئے
ساتویں آسماں پر خدا کو فرشتوں نے معزول کر کے مقید کیا
لوحِ محفوظ پر اور سب کچھ عیاں تھا
مگر یہ نہ معلوم تھا
لکھنے والا قلم کُچھ چھُپا جائے گا
ایک ایسا بھی دِن آئے گا
جنت اپنے مکینوں کے ہاتھوں ہی لٹ جائے گی

دوزخ اپنے ہی شعلوں میں جل جائے گا
آسماں تک زمیں کی حدیں پھیل جائیں گی
اور آدمی
سدرۃ المنتہیٰ سے پرے عرش و کُرسی تک آجائے گا
لوحِ محفوظ کے رازِ سربستہ ہر شخص پا جائے گا
لوحِ محفوظ کو یہ نہ معلوم تھا

۲۰ فروری، ۱۹۶۸

بے بدن

توانا خوب صورت جسم
اعضا کا تناسب
رگوں میں دوڑتے زندہ جواں سرشار خوں کی گنگناہٹ
ہمیں دیتے ہیں دعوت عشق کی
لیکن

ہماری چشمِ آہن پوش پیراہن شناسا ہے
لباسوں کی محبّت
وضعِ پیراہن کو سب کچھ مان کر
نابینا آنکھیں عشق کرتی ہیں

ہماری زندگی تہذیبِ پیراہن ہے
ظاہر کی پرستش ہے
ہمارے سارے آدابِ نظارہ فرض کرلیتے ہیں انساں بے بدن ہے
بدن دراصل انساں ہے تمدن ہے، محبّت ہے
بدن ہی روح ہے نور و حرارت، زندگی ہے
بدن ہی کا کرشمہ ذہن کی تخلیق، تسخیرِ خلا ہے

ہماری چشمِ آہن پوش پیراہن شناسا ہے
بدن کی تاب لا سکتی نہیں
تہذیبِ پیراہن نہ زندہ ہے، نہ روح و جسم رکھتی ہے
ہمارے بوڑھے کُہنہ اور فرسودہ لباسوں سے عبارت ہیں
ہمارے نوجواں مغرب کے تازہ فیشنوں کے چلتے پھرتے اشتہاری ہیں

بدن معدوم ہے
اور بے بدن روحیں دھواں ہیں
بے بدن اذہاں آسیبِ نظارہ ہیں

ستمبر، ۱۹۶۸

مردُم گَزیدہ

کس کس شخص کا نوحہ لکھیں
جو زندہ ہیں اُن کا نوحہ یا اُن کا جو مردہ ہیں؟
جیتے جی مر جانے والے بہت ہیں لیکن مر کر جینے والے کم
اپنا اپنا زہر اٹھائے پھرنے والے بہت ہیں لیکن زہر کو پینے والے کم

شہروں میں اب غولِ بیابانی بستا ہے
اونچے منصب والے اپنی مسند دابے سر نیوڑھائے بیٹھے ہیں
جو دو چار انسان ہیں باقی اُن کی خاموشی پر غوغا ہوتا ہے
خاموشی کی ایک زباں ہے، شوروغل کی آوازیں ہیں کئی ہزار
فکر پہ نعروں کا پہرا ہے، ذہن پہ کذب کی مہریں ہیں
لوگ یہاں آئینوں سے شرماتے ہیں

کل کے دِن تک اس بستی میں ایک رفیقِ سخن رہتا تھا
اس کو رسوائی کا زہر پلا کر مار دیا لوگوں نے
اپنے اپنے گھر جا کر پھر اُس کی موت کا جشن کیا
ہم اُس کے گھر گئے تھے اُس کو اُس کی اپنی موت کا پُرسہ دینے کو
دیکھا وہ اب بھی زندہ ہے
لوگ تو موت سے پہلے ہی مر جاتے ہیں
اُس کے تحمّل، حلم، شرافت، وضعِ مروّت، سچائی نے زہر پیا
اُس کی آنکھوں میں وہ زہر چمکتا تھا
اُس کے چہرے سے وہ زہر چھلکتا تھا
اُس کی باتوں سے وہ زہر ٹپکتا تھا

ہم نے اُس کے چہرے، آنکھوں، باتوں کا وہ زہر پیا
ہم بھی اُس کے گھر سے اُٹھے تو ایک وجود کو چھوڑ آئے
اور دوسرا زہر آلودہ وجود اٹھالائے
اب ہم اُس سے ملتے ہوئے کتراتے ہیں
اُس کا زہر چشیدہ چہرہ ہم لوگوں کی مصلحتوں کو آئینہ دکھلاتا ہے
اور ہم اپنے اپنے وجود سے شرمندہ
آئینے سے گھبراتے ہیں

۱۲نومبر،۱۹۶۸

ایک اور عالم آشوب

قرن ہا قرن سے ہر گام پہ ہوتا رہا ہم کو یہ گماں
ناخنِ عقل سے کھُلنے ہی کو ہے عقدۂ دشوارِ جہاں
میر صاحب نے جو فرمایا تھا یہ "کارگہہِ شیشہ گراں
کارِ نازک ہے" تو ہم سانس بھی روکے رہے حیراں ترساں
محفلِ غنچۂ خوابیدہ میں اس طرح رہے مُہر بہ لب
جیسے آتی ہے دبے پاؤں صبا پرسشِ احوال کو یاں
خلوتِ ذہن کے دروازے پہ آیا جو خیالوں کا ہجوم
کی یہ تاکید کہ ملحوظ رہے خاطرِ خوابیدہ جہاں
حکم آیا تھا ہمارے لیے در پردۂ نغماتِ سکوت
سوتے سنسار میں تنہا رہے بیدار بہ ہر سو نگراں
ہر نفس قطعِ رہِ عمر عذابِ دو جہاں کے ہم وزن
دھڑکنیں بھی تھیں مزاجِ دلِ نازک کے لیے بارِ گراں
انتظار ایسا کیا ہر بُنِ مو بن گیا چشمِ امید
قیدِ تنہائی میں بے مونسِ غم کٹ گئی شامِ ہجراں
آنکھ اٹھا کر بھی نہ دیکھا کہ مضامینِ سخن جمع ہیں سب
ہم رفو کرتے رہے زخمِ نظارہ کا ہر اک چاکِ نہاں
روٹھ جائیں جو معانی تو پھر الفاظ ہیں خالی کشکول
اسی اندیشے سے کھولی نہیں الفاظ کی رنگین دُکاں
قرض اکیلے ہی ادا کرتے رہے زیست کے ہر لمحے کا
غیرتِ دل نے اٹھایا نہ محبت میں وفا کا احساں
ہم نے اک عمر اٹھایا ہے وہ خاموشی جاں کاہ کا بار

سینۂ ضبط میں الفاظ و معانی کا سمندر رہے رواں
ایسی تیزی سے چلے نور کی رفتار کا دم ٹوٹ گیا
یوں اڑے، گردِ کفِ پا سے بھی پیچھے ہی رہی کاہکشاں
ایسے لمحات بھی آئے ہیں کہ اِک لمحے کی یہ وسعت تھی
قیدیوں کی طرح گزری ہیں جھکائے ہوئے آنکھیں صدیاں
پھر بھی اُس معجزۂ فکر کے دیدار سے محروم رہے
جو یہ فرماتا کہ اب ایک قصیدہ ہو برائے انساں

اِک جہاں گم شدۂ گردِ رہِ آتش و بارود ہے آج
وقت کے شاہ سواروں کی تگاپو سے اُٹھا وہ طوفاں
وحشت آثارئ تخریب سے ایامِ جہالت کا سماں
بربریت کے وہ اسباب کہ چنگیز و ہلاکو لرزاں
آدمیت کی تباہی کے وہ اسباب بہم آج ہوئے
مرگِ تہذیب پہ تیمور سے تا ہٹلر و رومل گریاں
زندگی جس کو بتاتے رہے پیغمبر و اَوتار ثواب
اُس کی ہر سانس ہے سینے میں جہنم کے عذابوں سے گراں
بوجھ ایسا کہ اُٹھائے نہ بنے اور اُتارے نہ بنے
ہے سزا ایسی کہ میعاد و مشقت کا نہیں کچھ عنواں

زیست نا کردہ گُنہ ہے کہ مفر جس سے نہ جس کی توبہ
طوقِ انفاس سے ہر لمحہ اُلجھتی رہے اک برقِ تپاں
کاینات آج سے پہلے تھی مفکر کے لیے درسِ نظر
شش جہت لاکھوں برس سے رہے جولاں گہہِ تخئیلِ جواں
مقصد و معنی و ترتیب و ترقی کے جو آئینے تھے

ہو گئے آئینۂ لغویت و بے سر و پائی وہی کون اور مکاں
وہی قاتل ہے خدا کا جو زمیں پر تھا خدا کا نائب
کل جو خود عالمِ اکبر تھا، وہی ہو گیا بے سمت دھواں
آج انسان کی عظمت کا تصوّر ہے کفن کا محتاج
فلسفہ فکر کے رِستے ہوئے زخموں کا کرے کیا درماں
آج معلوم ہوا، حق سے بڑا جھوٹ نہیں دنیا میں
ظلم ہے ظلم، ہر انصافِ عدالت گہہِ ابنائے زماں
محترم وہ ہے، جو سجدہ کرے لات و ہبلِ دولت کو
ٹوٹ جاتا ہے، اگر خم نہ ہو قد پیشِ خدایانِ جہاں
پا بہ زنجیرِ تقاضائے شکم علم ہے مجرم کی طرح
ہیں ابو جہل لیے ہاتھ میں انصاف و خرد کی میزاں
غاصب و خاین و راشی کو ہوس صاحبِ منبر ہو جائے
چور اچکّوں کی تمنّا کہ بنیں قاضیِ حاجاتِ جہاں
قتل کے جرم میں ماخوذ ہیں سقراط و حسین و منصور
خوں لگا کر ہیں شہیدوں میں کھڑے حرملہ و شمر و سِناں
اندھوں بہروں کو یہ دعویٰ کہ وہ رکھتے ہیں حواسِ خمسہ
ہوے مختل جو حواس ان کے تو دنیا کی طرف ہیں نگراں
مُہر آنکھوں پہ تعصب نے لگا دی تو بنے اہلِ نظر
بولیاں بولتے ہیں خوب حماقت نے عطا کی جو زباں
جن کے ذہنوں میں ہے تاریک خیالات کے خفّاش کا گھر
مطلعِ ذہنِ جہاں تاب کو ٹھہراتے ہیں ظلمت کا مکاں
اپنے کاندھوں پہ اٹھائے ہوئے پھرتے ہیں جنازہ اپنا
اور یہ زعم کہ ہیں مہدیِ موعود و مسیحِ دوراں

کفشِ اربابِ حکومت کو صحیفے کی طرح سر پہ دھرے
دہر کو دیتے ہیں تعلیمِ سرافرازی و درسِ ایماں
جن کا شیوہ ہے سگِ اہلِ اَمارت کی پرستش کرنا
کعبۂ حق کے نگہبانوں میں لکھواتے ہیں اپنا بھی نشاں

نکتہ چینوں کے لیے ہے ادبِ حاضرہ خوانِ کرگس
ادبِ عالیہ ہے مردہ فروشوں کی تجارت کی دُکاں
ہم کل اک بزم میں پہونچے تو عجب نقشۂ عبرت دیکھا
ادب و شعر کی تنقید میں مصروف تھے سب خورد و کلاں
خوش ہوا جی کہ صداقت کے طلب گاروں کے اس مجمع میں
گیسوئے شعر کے الجھاؤ کو سلجھائیں گے صاحب نظراں
نقد و افسانۂ و تحقیق کے معیاروں کا ہوگا چرچا
فن و تہذیب کی اقدار کے بحران کا ہوگا درماں
ساغرِ معرفتِ دردِ جہاں ہوگا عطا نام بنام
ظرفِ مے خواراں سے انصاف کرے گا کرمِ پیرِ مغاں
کذب پر ہوگا تبرّا طلب حق سے تولاّ ہوگا
پائیں گے داد غمِ عشق و غمِ دہر و غمِ شعلۂ جاں
مژدۂ دید سے ہو جائیں گے روشن دل و چشمِ یعقوب
اشکِ ہجراں کو سمیٹے گی شعاعِ غمِ ماہِ کنعاں
غم گساروں سے چھلک جائے گا تنہائی کا ساکت صحرا
فکرِ گم گشتہ کو مل جائے گا بھٹکی ہوئی منزل کا نشاں
رہنما ہوگا کوئی رمز شناسِ رہِ ایمان و یقیں
اہلِ تشکیک کو بتلائے گا ہے مرکزِ ایمان یہاں

سرِّ تخلیق، معانی و علایم سے اٹھیں گے پردے
اور ناکامیِ ابلاغ کے اسباب بھی ہو ویں گے بیاں

لیکن اے وائے مقدّر کہ وہاں بھی تھی بصیرت معدوم
واں بھی اربابِ سیاست کے قدم تھامے تھے ابنائے زماں
یہ نئی وضعِ تکلّف کہ ادیبوں سے نہ پوچھو احوال
حکم تھا یہ کہ رہیں قفل بہ لب صاحب دل، دیدہ وراں
احتیاط ایسی کہ ہر ذکر ہو، تخلیق کا مذکور نہ ہو
التزام ایسا کہ انصاف کی کُرسی پہ ہوں خود مدعیاں
عقل نے حکم دیا شعر و ادب لعنتِ شہرت طلبی
دل نے فرمایا کہ تنقید بھی ہے بردہ فروشوں کی دُکاں

عقل و دل دونوں سے ہم نے بہ لجاجت بہ ادب یہ پوچھا
گر یہاں بھی نہیں انصاف تو معتوبِ جہاں جائیں کہاں
علم نے فیصلہ فرمایا کہ دانش کدۂ اہلِ خرد
بے نیازانِ رہ و رسمِ زماں کے لیے ہے بیتِ اماں
یہ بجا ہے کہ وہاں دولت و ثروت ہے نہ جاہ و حشمت
لیکن اچھا ہے، ان امراض سے محفوظ رہے دل کا مکاں
دور سے دیکھا تو واں چہروں پہ تقدیس کے ہالے دیکھے
علم کے نشّے سے سرشار نظر آیا ہر اک پیر و جواں
ہم کہ وارفتۂ تحقیق و تجسُّس تھے، چلے آئے کھنچے
کہ ہمیں تشنگیِ شوق کا انعام عطا ہو گا یہاں
پہرے داروں نے درِ داخلہ پر آنکھیں دکھائیں، پھر بھی
ہم بصد نازِ خرد بڑھ گئے سوئے حرمِ پیرِ مغاں

تھے وہاں منتخب اربابِ خرد جمع برائے انصاف
زعم ہر شخص کو تھا، اپنی جگہ ہے وہ فلاطونِ زماں
اپنے کاندھے پہ اُٹھائے ہوئے پشتارۂ علم واسناد
ہم بھی اک صف میں کھڑے ہوگئے الطاف وکرم کے خواہاں

ایک نے پوچھا کہ "مذہب" تو کہا "علم وصداقت کی تلاش"
ایک نے نسل ونسب پوچھا تو بولا کہ "ہوں فردِ انساں"
ایک نے پوچھا کہ "کچھ رشتہ ہے اربابِ حکومت سے ترا"
باادب سر کے اشارے سے کہا "میں ہوں غریبِ دوراں"
ایک نے پوچھا کہ "تو جھوٹ کو سچ کرکے دکھا سکتا ہے؟"
کہا "سقراط وحسین ابن علی سے ہے مجھے ربطِ نہاں"
ایک نے پوچھا کہ "کیا کی ہے کبھی مشقِ قدم بوسی بھی"
تو کہا "زخمِ سر اپنا ہے سرافرازی کا تابندہ نشاں"
سخت بدحظ ہوئے وہ منتخب اربابِ زمانہ مجھ سے
اُٹھا غیظ وغضبِ شرعِ ہوس شعلہ بہ لب، کف بہ دہاں
اور فرمایا کہ "تو علم کی خدمت کے نہیں ہے لایق
تیری تقدیر ہے آوارگیِ کوئے ملامت ناداں
علم ہے مذہبِ اربابِ سیاست کا غلامِ ادنیٰ
فضل ہے خادمِ ذات ونسبِ صدر نشیں کے شایاں
سب سے اعلیٰ سند اربابِ حکومت کی قرابت داری
کفش برداریِ حکام سفارش کا ہے روشن عنواں
مسندِ علم کے شایاں ہے، جسے ذوق ہے پابوسی کا
سرفرازی کا جسے خبط ہے، کھاتا رہے سنگِ طفلاں

سچ کے مقتول ہیں سقراط و حسین و منصور
سچ کا حاکم ہے وہی، کذب و صداقت کو جو کہتا ہے گماں"

علم ہے نسل و نسب، دین و وطن، قوم و قبیلہ کا اسیر
علم خانوں میں، لکیروں میں، حصاروں میں ہے تقسیم یہاں
علم اسناد کا پابند ہے، اسناد ہیں بو جہل کے ہاتھ
علم ہے مسند و منصب کی بلندی کا فقط ایک نشاں
علم ہے نقل نویسوں کے سیہ خانے کا اک زندانی
علم ہے عقل سے معذوروں کے اذہان کا پیچیدہ دھواں
علم کی عقدہ کشائی پہ ہیں مامور وہ بوڑھے طوطے
شیر خواروں کی طرح جن کی زبانوں پہ ہے اب بھی غوں غاں
علم کے مسلخ و زندان ہیں سب مدرسے، دانش گاہیں
علم کے مشہد و مقتل ہیں دفاتر کے سنہرے ایواں
علم کی مسندِ عالی کے سزاوار ہیں جہّال کے بیٹے پوتے
کوثرِ علم پہ فایز ہیں غلامانِ غلامانِ جہاں
علم کے قتل پہ مامور ہیں کم بین و کم آگاہ بزرگ
علم کی لاش کے کرگس ہیں بزرگوں کے جواں فرزنداں

اے دریغا کہ نہیں ایک بھی ممدوح سزاوارِ مدیح
اے دریغا کہ نہیں ایک بھی معشوق غزل کے شایاں[1]
اے دریغا کہ ہمیں ایک قصیدہ بھی نہ لکھنا آیا

---

[1] ای دریغا نیست ممدوحی سزاوار مدیح
وی دریغا نیست معشوقی سزاوار غزل (انوری)

اے دریغا کہ ہوئی ہجو سے آلودہ پھر اک بار زباں
عصرِ حاضر کا ہے یہ جبر کہ پڑھتے رہو اپنا نوحہ
اور جب لکھنے کو بیٹھو تو لکھو مرثیۂ اہلِ جہاں
نظم لکھنے کی ہو خواہش تو لکھو خون میں تر عہد آشوب
غزل آمادہ طبیعت ہو تو کرتے رہو نفرت کا بیاں
اگر اس دور کا بھی کوئی خدا ہو تو یہ اس سے پوچھیں
ہم نے کیا ایسی خطا کی تھی کہ مِلتا نہیں تیرا بھی نشاں
جُرم کیا تھا کہ ملا منصبِ خونابہ فشانی ہم کو
تو نے کیوں ہم کو دیا روشنیِ ذہن و نظر کا ساماں
کیا گُنہ تھا کہ ہیں پاداش میں جس کی دل و دیدہ ماخوذ
تو نے کیوں روزِ ازل سے ہمیں دی قسمتِ خونیں جگراں
ہم کو بھی اہلِ سیاست کی طرح تیرہ دلی دے دیتا
کامیابانِ زمانہ کی طرح دل میں نہ اُٹھتا طوفاں
ہم کو بھی مسندِ اعلیٰ کے لیے سر کا خلا مِل جاتا
ہم کو بھی جہل کی دولت سے بنا دیتا فلاطونِ زماں
ہم کو بھی صدق کو جھٹلانے کی تھوڑی ہی سی جرأت ملتی
ہم کو بھی جہل کی پابوسی کا کچھ حوصلہ ہوتا ارزاں
ہم بھی اربابِ زمانہ کی طرح خود سے دغا کر سکتے
ہم بھی عمر اہلِ ریا بن کے بسر کرتے بہ حالِ شاداں
تو نے یہ سب نہ دیا، ذہن و نظر، صدق و صفا ہی جو دیے
تو کرم ہوتا جو دیتا نہ مِرے مُنہ میں سخنور کی زباں

میں ہوں گستاخ خدایانِ جہاں سے تو مشیّت ہے تری

میں ہوں گردن زدنی، سو خفتنی، تب بھی ہے تیرا احساں

(۶۸-۱۹۶۲)

اس نظم کے ابتدائی اشعار ۱۹۶۲ میں لکھے گئے۔ کئی برس بعد ۶۸ء میں مکمل ہوئی۔

دوری کا نغمہ

یہی آسماں جو مرے سر پہ سایہ فگن ہے
تمھارے بھی سر پر کیسے ہو گا سایہ
یہی آسماں جو اُگلتا ہے میرے لیے حبس، دھوپ، آگ، اذیت پسینہ
تمھارے وطن کی حدوں میں
گلستاں گلستاں لطافت طراوت ہوا بانٹتا ہے

تم اک پھول ہو
آسماں مہرباں ہے
تمھیں غنچۂ و گل، نسیم و صبا چاہتے ہیں
میں ہوں اک بگولہ
خفا آسماں ہے
زمین اپنے سینے پہ میرے قدم جمنے دیتی نہیں ہے
ہوا مُجھ کو کاندھوں پہ اپنے اُٹھائے ہوئے گھومتی ہے
مگر کوہ وصحرا
نگر اور قریے
گلستاں، بیاباں
کوئی مجھ کو دامن میں اپنے چھُپانے کا اقرار کرتا نہیں ہے
ہوا تم کو چھوتی ہے، پر ڈرتے ڈرتے
تمھارے بدن، پیرہن، گیسوؤں سے اڑاتی ہے خوشبو
زمیں چومتی ہے قدم کو تمھارے
جہاں پاؤں رکھ دو، وہاں کِھل کِھلا اُٹھیں غنچے ستارے

تمھارے لبوں پر مچلتی ہوی مسکراہٹ چُرا کر
ہوا دشت در دشت مسرور و سرشار پھرتی ہے گاتی

ہوا دور دیسوں کے کُہسار، دریا، پل اور شاہراہوں سے
ہو کر گزرتی پہنچتی ہے مُجھ تک
تو میں اپنی وحشت کا بے تاب رقصاں بگولا
اُسے جیب و دامن میں، سینے میں، آنکھوں میں بھر کر
تمھارے وطن کی طرف بھاگتا ہوں
یہ کہُسار و دریا، یہ پل شاہراہیں مری راہ روکے
کھڑی ہنس رہی ہیں

مجھے اور تم کو
ہوا جوڑتی، آسماں باندھتا ہے
مگر یہ زمیں توڑتی ہے
جُدا کرتی ہے
ملنے دیتی نہیں ہے
اُٹھار کھّی ہیں اِس نے دیواریں راہوں میں
رستے میں دریا بچھائے ہیں، کہسار ڈھالے ہیں
آؤ
ہوا سے کہو
آسماں بے کراں ہے
فصیلوں، حصاروں سے آزاد ہے
اس کا وہ گوشہ جو میرے سر پر ہے خیمہ فگن
اس طرح لے اُڑے

دوسرا گوشۂ آسماں جو تمھیں دیکھتا ہے
سمٹ آئے اُس میں

زمیں
آسماں کی حدوں کو لپٹتا سمٹتا ہوا دیکھ کر
اپنی تنگی پہ اس طرح شرمائے
سب دوریاں، فاصلے حرفِ موہوم کی طرح مٹ جائیں
اور یہ زمان و مکاں اس طرح سے سمٹ جائیں
بس ایک نقطہ رہے
جس پہ ہم تم ملیں

۱۱ جولائی، ۱۹۶۹

لاحاصلی

(بیادِ اریبؔ)

وہ اِک جادہ جو شب بھر جاگتا تھا
وہ اِک کھڑکی جو سب کچھ دیکھتی تھی
وہ اک در جو دلِ درد آشنا کی طرح ہر غم کے لیے وا تھا
وہ جادہ سو گیا ہے
وہ کھڑکی بُجھ گئی ہے
وہ در بھی اندھی آنکھوں کی طرح سونا پڑا ہے

قدم پڑتے ہیں اب بھی راستوں پر
لیکن اُس جادے کے سینے پر کوئی تحریر اُبھرتی ہی نہیں ہے
اب اُس جادے کی منزل بے نشاں ہے
نگاہیں روشنی کی سمت اب بھی اُٹھ رہی ہیں
مگر کھڑکی نے آنکھیں بند کر لی ہیں
کوئی بھولا ہوا غم جاگ کر دیتا ہے دستک آج بھی در پر
وہ در اب بھی کھُلا ہے
مگر جو ہاتھ اس کو کھولتے تھے، کٹ چکے ہیں
چلو اس گھر سے پوچھیں
تُجھ پہ کیا گزری
جو شب بیدار جادہ سو رہا ہے
جو تیری روشنی گل ہو گئی ہے
جو تیرا دِل دھڑکتا ہی نہیں ہے

خموشی کچھ نہیں کہتی

اندھیرا کچھ نہیں سنتا

اُداسی بولتی ہے

وہ شب بیدار آنکھیں

جادہ پیما، رہ نُما آنکھیں

اُجالا کرنے والی، درد کی تحریر پڑھنے والی آنکھیں

تمنّاؤں کی ناآسودگی کے بوجھ سے تھک کر

منوں مٹّی کے نیچے سوگئی ہیں

نہ اُن میں خواب ہیں اب اور نہ ہیں خوابوں کی تعبیریں

نہ اُن میں کوئی منزل ہے، نہ ہیں جادوں کی تصویریں

وہ آنکھیں عمر بھر کی تشنگی کے دشت میں گم ہوگئیں آخر

وہ آنکھیں آج خود ہی نارسیدہ خواب، نورِ نارسا ہیں

کوئی سرگوشیاں کرتا ہے دل سے

تمنّا دشتِ بے منزل

تعاقب زندگی کا مرگِ لاحاصل

چلو چل کر نشاں اُس قبر کا ڈھونڈیں

جہاں اُن منتظر آنکھوں کی تشنہ روشنی ہے خواب آسودہ

جہاں ڈوبا ہے اُن آنکھوں کا سورج

وہیں شاید کوئی زندہ کرن اب بھی تڑپتی ہو

اُٹھالیں اُس کو پلکوں سے

لگالیں اُس کو آنکھوں سے

ہمارا بھی مقدر ہے

یہی لاحاصلی کا دشتِ بے منزل

جہاں تک عمر کا صحرا ہے، ہم کو بھی بھٹکنا ہے

اُن آنکھوں سے جو مٹی میں چمکتی ہیں
قرینہ سیکھ لیں جادہ شناسی کا
سلیقہ سیکھ لیں خوابوں کی پوجا کا
کہ اُن آنکھوں کی شب بیداریاں
شاید کسی منزل پہ کام آئیں
یہ بیداری کا سرمایہ
متاعِ روشنی
اتنی بھی لاحاصل نہیں ہے

۱۰ اکتوبر، ۱۹۷۰

شب و روزِ تماشا

ذہن جب تک ہے
خیالات کی زنجیر کہاں کٹتی ہے
ہونٹ جب تک ہیں
سوالات کی زنجیر کہاں کٹتی ہے

بحث کرتے رہو، لکھتے رہو نظمیں غزلیں
ذہن پر صدیوں سے طاری ہے جو محبس کی فضا
اس خنک آنچ سے کیا پگھلے گی
سوچ لینے ہی سے حالات کی زنجیر کہاں کٹتی ہے

نیند میں ڈوبی ہوئی آنکھوں سے وابستہ خواب
تیز کرنوں کی سنانوں پہ ہیں رسوا سرِ عام
یہ شہید اپنی صلیبوں سے پلٹ آتے ہیں دل میں ہر شام
صبح ہوتی ہے، مگر رات کی زنجیر کہاں کٹتی ہے

دن گزر جاتا ہے بے ثمرہ و بے فیض کد و کاوش میں
ایک اَن دیکھے جہنم کی تب و تابش میں
جسم اور جاں کی تگ و تاز کی پُرسش میں
غم و حسرت و محرومی کی ہر کاہش میں
طلب و ترکِ طلب سلسلۂ بے پایاں
مرگ ہی زیست کا عنوان ہے ہر خون شدہ خواہش میں
غم سے بھاگیں بھی تو فریاد و شکایات کی زنجیر کہاں کٹتی ہے

وقت وہ دولتِ نایاب ہے آتا نہیں ہاتھ
ہم مشینوں کی طرح جیتے ہیں پابندیِ اوقات کے ساتھ
وقت بے کار گزرتا ہی چلا جاتا ہے
کُرسیوں میزوں سے بے معنی ملاقاتوں میں
سینکڑوں بار کی دُہرائی ہوئی اُگلی ہوئی باتوں میں
زندہ رہنے کی تمنا کی مداراتوں میں
شکم و جاں کی عبادات کی زنجیر کہاں کٹتی ہے

جن کو مانا ہے نہ پوجے گی کبھی دیدہ وری
جن خداؤں سے طبیعت ہے نفور
اُن کے حضور
ہر گھڑی حمد و سلام اور دُرودٗ
اُن کی چوکھٹ پہ قیام اور قعود
اُن کے قدموں پہ سجود
جانتی ہے یہ مری بے ادبی
ہے یہ سب خدمتِ دنیا طلبی
کیا کریں پھر بھی ستائے جو بہت تشنہ لبی
ہائے آشفتہ سری
مدح و تسبیح و مناجات کی زنجیر کہاں کٹتی ہے

صبح سے شام تلک اتنے خدا ملتے ہیں ہر کافر کو
سجدۂ شکر سے انکار کی مہلت نہیں ملنے پاتی
سینکڑوں لاکھوں خداؤں کی نظر سے چھُپ کر
خود سے مل لینے کی رخصت نہیں ملنے پاتی

خود پرستوں سے بھی طاعات کی زنجیر کہاں کٹتی ہے

رات آتی ہے تو دل کہتا ہے، ہم اپنے ہیں
خلوتِ خواب میں دنیا سے کنارہ کر لیں
کل بھی دنیا ہے لہو اپنا، دل و دیدہ کی جھولی بھر لیں
جسم کے شور سے اور روح کی فریاد سے دم گھٹتا ہے
دِن کے بے کار خیالات کی زنجیر کہاں کٹتی ہے

بے نیازانہ بھی جینا ہے فقط ایک گماں
فکرِ موجود کو چھوڑیں تو غمِ ناموجود
ساتھ ہر سانس کے ہے سلسلۂ ہست و بود
غمِ آفاق کو ٹھکرائیں، کریں ترکِ جہاں
پھر بھی یہ فکر کہ جینے کا ہو کوئی عنواں
بے نیازی سے غمِ ذات کی زنجیر کہاں کٹتی ہے

ذہن میں اندھے عقیدوں کی سیاہی بھر لو
تاکہ اس نگری میں
کبھی افکار کے شعلوں کا گزر ہو نہ سکے
جبر کا حکم سُنو، ہونٹ تم اپنے سی لو
تاکہ اِن راہوں سے
کبھی لفظوں کا سفر ہو نہ سکے
ذہن و لب پھر بھی نہیں چپ ہوتے
اِن کے خاموش سوالات کی زنجیر کہاں کٹتی ہے
پیچ در پیچ خیالات کی زنجیر کہاں کٹتی ہے

۲۸ اکتوبر، ۱۹۷۰

رات، چہرہ در چہرہ

اپنے بیٹے حیدر کے نام، رات نے جس کے وجود کی شمع بُجھادی......

"تین برس پہلے ایک رات آئی تھی۔ دواؤں کی شیشیاں، انجکشن، تھرما میٹر کا اوپر کی طرف چڑھتا، تڑپتا ہوا پارہ، ڈاکٹروں کی آمدورفت، اُلجھی ہوی سانسوں کی کشمکش۔ اس رات کی صبح ہونے سے پہلے وجود کا ایک ننّھا سادیا بجھ گیا۔ وہ میرے اپنے وجود کی موت کی رات تھی۔ سیکڑوں روز وشب گزرے، وقت نے کئی بار اپنی پوشاک بدلی، موسم آئے اور گئے۔ مگر وہ رات اب بھی باقی ہے۔ زندگی کٹ جائے گی۔ مگر وہ رات نہ کٹے گی۔ وہ رات میرے اپنے وجود میں شامل ہوگئی ہے۔ وہ رات میرے وجود کو موت کا ایسا تجربہ دے گئی ہے جو اٹل ہے۔ مرگ وزیست کی کشمکش تو ہر لمحہ، ہر سانس جاری رہتی ہے، مگر وہ لمحہ جس کا نام موت ہے ہمارے وجود میں شامل ہے۔"

(۱)

رات کا کوہِ گراں سینے پہ اِستادہ ہے
میرے اعضا میں گڑوے ہوئے پنجے اپنے
میری آنکھوں میں جلائے ہوے دوزخ اپنا
رات کی آخری ساعات کا بوڑھا عفریت
میری رگ رگ سے لہو پیتا ہے
رات کی صبح تو ہوتی ہے مگر رات نہیں کٹتی ہے

راتیں آتی تھیں، ٹھہرتی تھیں گزر جاتی تھیں
لمحۂ وصل کے مانند گریزاں راتیں
برق آسا، شرر آثار، پریشاں راتیں
سرد و خاموش و سیہ روشن و رقصاں راتیں
گنگناتی ہوئی بوندوں کے ترنم میں غزل خواں راتیں
چاندنی بن کے نگاہوں میں نہائی ہوئی خنداں راتیں

آج کی شام تک اک رات بھی پایندہ نہیں
ان گنت گزری ہوئی راتوں میں اک رات بھی اب زندہ نہیں
یہ بھی اک رات ہے
جس رات کو آئے ہوئے برسوں گزرے
روز و شب آئے گئے بیت چکے ماہ و سال
وقت نے بدلی کئی بار پُرانی پوشاک
گرمیاں مینہ کے چھینٹوں میں نہا کر گزریں
اور برسات نے جاڑے کو جگہ دی اپنی
ایک رُت آئی گئی دوسری رُت
ایک یہ رات ہے، جو گردشِ پیہم میں بھی گزری نہ کٹی
موسم آتے رہے جاتے رہے یہ رات نہ رستے سے ہٹی

(۲)

آج سے تین برس پہلے یہ رات آئی تھی
کئی دِن پہلے سے دروازے پہ استادہ تھی
جھانکتی رہتی تھی دیواروں پہ چڑھ کر گھر میں
روزنوں اور دریچوں پہ دیا کرتی تھی دستک دِن بھر
رات بھر نقب لگاتی تھی اندھیرا اوڑھے
زیست کی کشمکشِ لاحاصل
اُس کی بے صوت صدا سُن نہ سکی
اُس کی بے چہرگیِ رخ کو نہ پہچان سکی
اور وہ چُپکے سے گھر میں در آئی
اُس کے بڑھتے ہوئے ہاتھ

ایک ننھے سے دیے پر لپکے
اُس کی خوں خوار زباں
موت کے زہر سے آلودہ تھی
ایک ننھا سا وجود
اُس کی زد میں کئی دِن
زہر پیتا رہا خاموشی سے
زیست اُس قالبِ نازک کو بنائے ہوئے ڈھال
موت سے لڑتی رہی
اور ہم میں سے کسی کو بھی خبر ہو نہ سکی
ایک دِن شام کی تاریکی میں
رات کے چہرۂ بے چہرہ سے اُٹھّی جو نقاب
اُس کے چہرے میں نظر آیا ہمیں موت کا گہرا سایا

گولیاں گھٹتی رہیں
میز پر رکھی ہوئی شیشیاں ہوتی رہیں خالی چُپ چاپ
تھرمامیٹر میں تڑپتے ہوئے پارے نے بلندی کو چھُوا
چارہ گر آتے رہے جاتے رہے
پُرزے نسخوں کے بکھرتے رہے اوراقِ خزاں کی صورت
بے بسی تکتی رہی نوحہ گراں کی صورت

رات کے سخت و سیہ چنگل میں
سانس بھی سینے میں رُکتی رہی گھبراتی رہی
دلِ نازک کی ہر اک دھڑکن سے
موت کے پاؤں کی چاپ آتی رہی

ڈوبتی نبض، کھُلی آنکھوں میں
زندگی موت سے کتراتی رہی

رات بھر میرا وجود
موت کے سائے میں ہوتا رہا ریزہ ریزہ
موت کی آنکھوں سے تکتا رہا اپنا چہرہ
موت اُتری مری آنکھوں سے مرے سینے میں
خون بن کر مری رگ رگ میں بہی
زہر بن کر مری نس نس میں چُبھی
اور ہر سانس پہ مر مر کے میں جیتا رہا مرنے کے لیے
زیست کرنے کے لیے

صبح ہونے میں ذرا دیر ابھی باقی تھی
صبح کے نور سے امیدِ مسیحائی تھی
ایک بے چاپ ہوا کا جھونکا
حابس و گرم و سیہ رات کے دل سے لپکا
بُجھ گئی شمعِ وجود
اور پھر صبح کبھی نہ ہو سکی
اور وہ رات ابھی تک ہے کھڑی
ہیں شب و روز اسی رات کی پیہم تجدید
اور اس رات کے سینے میں مری شمعِ وجود
موم کی طرح پگھلتی ہے، جلا کرتی ہے
بحرِ ظلمات میں گُم ہوتی ہے قطرہ قطرہ
نیستی زیست میں در آتی ہے لمحہ لمحہ

جب بھی بُجھتا ہے کہیں کوئی دیا
میرے سینے میں اترتی ہے عدم کی ظلمت
جب کوئی دوست، رفیقِ شبِ غم راہ میں گُم ہوتا ہے
بھڑک اٹھتی ہے مری شمع کی لو
میرا کُچھ نور بھی ساتھ اُس کے بچھڑ جاتا ہے
نور، جو ایک ہے جو کُل ہے وہ ہو جاتا ہے پارہ پارہ
اور ہر پارۂ نور
کھوجتا گم شدہ لمحوں کو اندھیرے میں بھٹک جاتا ہے

عمر بھر ڈھونڈتے رہیے اُس کو
لمحہ جو بیت گیا
نور جو ڈوب گیا
خواب جو ٹوٹ گیا
ہاتھ کہاں آتا ہے

زندگانی کا جلوس اُس کے مِرے بیچ میں استادہ ہے
لاکھوں ہنستے ہوے چہروں کی اٹھائے دیوار
اُس کی ظلمات کے اطراف ہے جلتی ہوئی شمعوں کی قطار
پھر بھی وہ چہرۂ بے چہرہ مرا چہرہ ہے
لمحہ جو ڈوب گیا
وہ مری عمرِ گراں مایہ کا اک لمحہ ہے

بجھ گیا وہ تو یہ معلوم ہوا
وہ جو زندہ تھا وہ میں تھا
جو بُجھا وہ میں ہوں

(۳)

رات کی ظلمتِ بے پایاں میں
ایک سیلابِ بلا چیختا چلاتا ہے
کاٹتا عمر کی بنیادوں کو
بند دروازوں میں درآتا ہے
ڈھاتا پھرتا ہے تمنّا کے سکوں زاروں کو
قہقہے مار کے ٹھکراتا ہے آرام کی دیواروں کو
آنکھیں ملتے ہوئے جاگ اُٹھے ہیں خواب
کربِ بیدار کی موجوں میں ہیں نیندیں غرقاب

توڑ کر اپنے کناروں کو نکل آیا تڑپتا دریا
شہر کے کوچۂ و بازار میں سیلاب اُمنڈ آیا ہے
جوئے کم آب کو بھی حوصلۂ دریا ہے
بدرویں اپنی کمیں گاہوں سے
بھُتنیوں کی طرح سیلاب کے عفریت سے ملنے کو بڑھی آتی ہیں
شاہراہوں، چمنوں اور مکانوں پہ چڑھی آتی ہیں
باہیں پھیلائے بڑھے آتے ہیں ندی نالے
از افق تا بہ افق چھائے ہیں بادل کالے
بجلیاں کوندتی ہیں، تند ہوا ہنستی ہے
آسماں ٹوٹ رہا ہے کہ زمیں دھنستی ہے
از کراں تا بہ کراں سیلِ بلا رقصاں ہے
رقص گہہِ موت کی یہ ظلمتِ بے پایاں ہے

سیل پا موجوں کے کاندھوں پہ نکل آیا ہے لاشوں کا جلوس

مرد وزن، طفل و جواں کی لاشیں
موج در موج تڑپتی ہوئی عریاں لاشیں
غنچہ تن، گُل بدن، اوراقِ بہاراں لاشیں
موجِ نکہت سے سبک، سنگِ ملامت سے بھی بھاری لاشیں
دودھ میں بھیگے ہوئے ہونٹوں سے ہنستی ہوئی پیاری لاشیں
موت سیلاب کے ہونٹوں سے ہنسے جاتی ہے
شہر کے شہر کو ساتھ اپنے لیے جاتی ہے

اپنے کاندھے پہ اُٹھائے ہوئے نعشِ ماضی
زندگانی کا ہر اک لمحہ پلٹ آیا ہے
ٹوٹتے بنتے حبابوں میں ہر اک چہرۂ گم گشتہ سمٹ آیا ہے
سب ہی چہرے مرے لمحاتِ رفاقت کے گریزاں چہرے
سب ہی چہرے ہیں مرے اپنے پریشاں چہرے
کبھی ہنستے، کبھی روتے، کبھی حیراں چہرے
چہرہ در چہرہ ہے سیلابِ قضا کی یہ رات
شب بہ شب، سال بہ سال ایک ہی بے پایاں رات

رات جو جسم کے باہر ہے، وہی جسم میں ہے
رات جو روح کے باہر ہے، وہی روح میں ہے
میرے ہی سینے کے تنوّر سے پھوٹا ہے یہ سیلابِ بلا
میرے ہی سینے میں ہو جائے گا پابند یہ طوفانِ قضا
ضِد تھی سیلاب کی ہر دل کو بہا کر لے جائے
میں نے اس رات کو سینے میں اُتارا ہے کہ پھر رات نہ آئے

(۴)

میں اکیلا بھی نہیں رات کی پہنائی میں
آنسوؤں کی طرح روشن ہیں ہزاروں شمعیں
موم کی طرح پگھلتی ہوئی جلتی ہوئی تنہائی میں

زیست کیا ہے، انھی شمعوں کی نگہ بانی ہے
گم شدہ نور ہے اپنا ہی وجود، اپنا زیاں
جب تک آنکھوں میں تب و تاب ہے، دل میں دھڑکن
بجھتی شمعوں کا دھواں
جلتی شمعوں کی ضیا
سانسوں کے فانوس میں کرلیں محفوظ
ایک بھی پارۂ نور
دشتِ ظلمات میں گُم ہو نہ سکے
اور گم ہو بھی تو آگ اس کی رہے سینے میں اپنے روشن

"جس نے جو شمع جلائی ہے نہ بجھنے پائے
اب تو لے دے کے یہی کام ہمارا ٹھہرا
کوئی دیکھے کہ نہ دیکھے، یونہی جلنا ٹھہرا"

۱۶ اکتوبر، ۱۹۷۰

مَن عَرَفَ نَفسَہٗ

شروع کرتا ہوں نامِ رحیم و رحماں سے
کہ اس نے اِس لیے پیدا کیا ہے انساں کو
وہ اک خزینۂ مخفی تھا منکشف ہو جائے
اس انکشاف کے بعد آج تک یہ حیرت ہے
کہ اس خزینہ مخفی کو ڈھونڈنے والے
کہاں گئے کہ اب اُن کا نشاں نہیں ملتا
چراغِ کشف سے روشن ہوئے ہیں ہفت افلاک
مگر زمیں سے کبھی آسماں نہیں ملتا
ہمیں تو بُجھتے دیوں کا دھواں نہیں ملتا

کہا تھا اُس نے کہ آدم ہے وجہِ خلقِ جہاں
کہ اپنی شکل پہ اس نے بنایا انساں کو
مگر یہ احسنِ تقویم عکسِ حیراں ہے
کہ اُس کے زیرِ قدم تو ہیں مہر و ماہ و نجوم
زمیں سے تا بہ فلک اُس کے عکس کا پرتو
مگر وہ آئینہ جو اُس کی شکل دکھلائے
دکھا رہا ہے خط و خال و رنگ و عکس ایسے
کہ آج خالق مطلق کو بھی یقین نہیں
یہی وہ شکل ہے جس پر ہوا گماں اپنا
اسی کے ہاتھوں میں سونپا تھا کیوں جہاں اپنا

کروڑوں، اربوں برس بلکہ اس سے بھی زائد
گزر چکے ہیں زمان و مکاں کو خلق ہوئے
مگر یہ قافلۂ ارتقا کی گم شدگی
کچھ ایسی بھول بھلیاں میں آج پہنچی ہے
کہ خود کو ڈھونڈتا ہے آدمی چراغ لیے
اکیلا بیٹھا ہے خالق اِرم کا باغ لیے

یہ کائنات بھی اک زندہ لاش ہے شاید
خدا کو آج خود اپنی تلاش ہے شاید

۲۰ نومبر، ۱۹۷۰

شہرِ ہوس

(طویل نظم)

پہلا باب - باب الداخلہ

(۱)

شکستہ اینٹوں پُرانے گارے کی ایک فصیلِ بلند بطنِ زمیں میں پنجے گڑوئے
ہنستی کھڑی ہوئی ہے
شکستہ اینٹیں نہ جانے کتنے ہی موسموں کی تمازتوں میں جُھلس کے
فولاد بن چکی ہیں
ہوائے دوراں کی سرد مہری سے لڑ چکی ہیں
تغیراتِ زماں کی بھٹّی میں تپ چکی ہیں
زمیں میں ان کی جڑیں ہزاروں برس سے پیوست ہو رہی ہیں
حدِ نظر تک زمیں کو ان سے مفر نہیں ہے
بلند و بالا عظیم و برتر فصیل میں راستا نہیں ہے
بس ایک در ہے
جہاں یہ کتبہ شکستہ اینٹوں کے درمیاں جگمگا رہا ہے
"یہاں وہ آئے
جو اپنے سر سے دماغ کا بوجھ اُتار کر رکھ چکا ہو پہلے
یہاں وہ آئے
جو اپنے سینے سے دل کی ایسی فضول شے کو کھُرچ چکا ہو
یہاں وہ آئے
جو اپنی آنکھوں کو نقرۂ و زر کی تابناکی میں رہن رکھ دے
یہاں وہ آئے

جو اپنے لب پر زر و جواہر سے مُہر کر لے
یہاں نہ داخل ہوں وہ جو سر میں دماغ،
سینے میں دل، لبوں پر کلام، آنکھوں میں نور لائیں۔
یہ شہر بے دماغ و دل، بے نگاہ و لب ہے۔"
حروف بجلی کی طرح ہنستے چمکتے گرتے ہیں آنے والوں کے راستے میں
چمکتے روشن حروف کے تیرہ بادل معانی برسنے لگتے ہیں ابر بن کر
دماغ و قلب و نظر کو ملتا نہیں ہے رستہ

(۲)

فصیلِ کہنہ کھڑی ہوئی ہنس رہی ہے پیہم
بلند دروازہ بانہیں کھولے بُلا رہا ہے
نگاہبانِ فصیل و در مستعد کھڑا ہے
نگاہباں کی چمکتی آنکھوں میں دو دہکتے ہوئے جواہر جڑے ہوئے ہیں
وہ سر سے پا تک چمکتے سونے کا زندہ پیکر بنا ہوا ہے
طلائی خود اُس کے سر پہ رکھّا دمک رہا ہے
لہو کے مانند سُرخ چہرہ سُنہری کڑیوں کے درمیاں مسکرا رہا ہے
بجائے دنداں قطارِ یاقوت و لعل و نیلم چمک رہی ہے
سنہری ڈاڑھی طلائی تاروں کا سلسلہ ہے
جو تابہ سینہ زرہ کے اوپر بکھر گیا ہے
بدن کو جکڑے ہوئی ہیں دو دو طلائی زرہیں
جگہ پہ دل کے سیاہ پتھر جڑا ہوا ہے
کمر سے قدموں تلک بدن کا پتہ نہیں ہے
بس ایسا لگتا ہے اک سنہرا مجسّمہ ہے

جو اک طلائی چبوترے پر دھرا ہوا ہے
گلے میں ترکش پڑا ہوا ہے
کہ جس میں ہیرے کی نوک والے سُنہرے پیکاں بھرے ہوئے ہیں
اور اُس کے کاندھے پہ حُرملہ کی کماں رکھی ہے
بندھے ہیں بازو پہ دو طلائی چمکتے جوشن
ہے اُسکے اک ہاتھ میں وہ نیزہ
انی میں جس کی پرو کے رکھّے ہیں ان گنت سر
ہے دوسرے ہاتھ میں وہ برہنہ شمشیر خون افشاں
جو قاتلانِ پیمبر اں نے دیا ہے تحفہ
کمر کا زیور بنا ہوا ہے وہ تیرہ خنجر
ہیں جس کے قبضے پہ شمر کی انگلیوں کے خونیں نشان اب تک

قریبِ در اِک عظیم بھٹّی دہک رہی ہے
غضب کی حدّت سے ایٹوں کے کلیجے شق ہیں
شعاعیں ہیں تاب کار جس کی
پڑے پگھلتے ہیں اس میں وہ دل دماغ جن کو
تمام نوواردانِ شہرِ ہوس کے سینوں سے اور سروں سے
نوچ نوچ کے نگاہبانِ فصیل و در پھینکتا رہا ہے
یہیں پہ داغا گیا ہے آنکھوں کو اور زباں کو
یہیں پہ ہوتی ہے ثبت مُہرِ زر و جواہر نگاہ و لب پر
کہ جو بھی داخل ہو شہر میں وہ
نگاہباں کی نظر سے دیکھے
نگاہباں کے لبوں سے بولے

خود اپنی آنکھیں زبان ولب سب نگاہباں کے حضور رکھ دے

(۳)

بغیر نذرِ دل و دماغ و نگاہ ولب داخلہ نہیں ہے
مگر اک انبوہِ تشنہ کاماں فصیل کے ہر چہار جانب بھٹک رہا ہے
شکستہ اینٹوں پُرانے گارے پر اپنی نظریں پٹک رہا ہے
فصیل کے ہر چہار جانب سلگتا تپتا وسیع میداں دہک رہا ہے
یہ پورا میداں حدِ نظر تک ہجوم ہی سے چھلک رہا ہے
ہجوم جس کے سروں پہ آتش برس رہی ہے
قدم کے نیچے زمین سانپوں کے مُنہ سے اک اک کو ڈس رہی ہے
نہ پائے رفتن نہ تابِ ماندن
سروں پہ گرتی پگھلتی آتش سے کوئی جائے پناہ ہے تو فصیل میں ہے
زمیں کے سانپوں سے کوئی جائے اماں ہے تو اِس فصیل میں ہے
ہجوم لاکھوں فگار پیروں سے چل رہا ہے
ہجوم لاکھوں برہنہ جلتے سروں کی شمعیں اُٹھائے آگے کو بڑھ رہا ہے
فصیل میں راستا نہیں ہے
فصیل و میداں کے درمیاں اک عمیق خندق کھُدی ہوئی ہے
جو خون کی ایسے رقیق گاڑھی سیاہی مایل غلیظ شے سے بھری ہوئی ہے
یہ کون شے ہے؟
اگر یہ خوں ہے تو کس کا خوں ہے
لہو کا ٹھہرا ہوا یہ جامد عمیق دریا غلاظتوں کے لبوں سے ہنستا پڑا ہوا ہے
کسے ہے جرأت جو پاس آئے
فصیل کے اُس طرف سے بُرجوں میں چھُپ کے بیٹھے ہوئے محافظ

کماں کے چلّوں میں تیر جوڑے نظر جمائے ہجومِ گریاں کو تک رہے ہیں
ہزاروں روزن دہکتی آنکھوں کی تیز کرنیں بدن بدن میں چبھو رہے ہیں
عظیم جُثّہ گرجتی طیّارہ مار توپیں دہانے کھولے کھڑی ہوئی ہیں
کہ آسماں کی طرف سے کوئی اُتر نہ پائے

ہجومِ آشفتگانِ گریاں بھٹک رہا ہے
چہار جانب سے نامراد و شکستہ دل آ رہے ہیں در کی طرف لپکتے
بلند دروازہ بانہیں کھولے بُلا رہا ہے
نگاہ بانِ فصیل و در مستعد کھڑا ہے
تمام نو واردانِ شہرِ ہوس کے سینے کھُلے ہوئے ہیں
سروں کے ڈھکنے ہٹے ہوئے ہیں
کھرُچ کھرُچ کر نکالتا ہے نگاہبانِ دل
سروں کو بارِ دماغ سے کر رہا ہے ہلکا
پھر اُن کی آنکھوں اور اُن کے ہونٹوں پہ مُہر کرتا ہے لعل و زر سے
اور اُن کے سینوں میں ٹانک دیتا ہے سنگِ اسود
یہ کامراں اب فصیلِ شہرِ ہوس کے مانے ہوئے مکیں ہیں

دوسرا باب۔ بچھڑی صدائیں

(۱)

بساطِ نوحہ گراں سے ہٹ کر کھڑا ہوا تھا
میں شورِ محشر خود اپنے کانوں سے سُن رہا تھا
ہجومِ آتش بپا و شعلہ بسر تھا نالاں
کوئی کسی کا شریکِ غم تھا، نہ کوئی پُرساں
ہر ایک اپنی طلب کی آتش میں جل رہا تھا

دلِ تپیدہ دماغِ سوزاں پگھل رہا تھا
سیاہ اعمال نامے رُخ پر لکھے ہوئے تھے
ہوس کے پوشیدہ ناگ آنکھوں میں جھومتے تھے
میں اپنی آنکھوں سے اس خرابی کو دیکھتا تھا
یہ زہرِ نظارہ میرے سینے میں بھر گیا تھا
ہوس کا شعلہ طلب کے فانوس میں چُھپا تھا
بغیر جانے میں تشنہ کامی میں رُل چکا تھا
بنا بتائے مجھے مرا دل بچھڑ گیا تھا
میں اپنی نظروں میں آپ ہی اجنبی ہوا تھا
خبر نہ تھی میں کہاں سے چل کر کہاں کھڑا ہوں
میں دسترس میں نگاہباں کی پہونچ چکا تھا
جو ہوش آیا تو پیچھے ہٹنے کی تھی نہ مہلت
عقب میں سیلِ ہجومِ آورگاں کی موجیں
حصار بن کر سمٹتی آتی تھیں دائیں بائیں
سنبھلنے پایا نہ تھا کہ دستِ نگاہباں سے
لپک کے نیزے نے میرے سینے کے چاک کھولے
ابھی میں سینے کے چاک میں دل سنبھالتا تھا
کہ سر پہ شمشیرِ خوں فشاں کا شرارہ لپکا
اِدھر تو دل سے اَنی کا شعلہ لپٹ گیا تھا
دماغ اُدھر آتشِ جہنم میں پُھنک رہا تھا
پلک جھپکتے اَنی نے دل کو نکال پھینکا
دماغ کو تیغِ خوں فشاں نے اُدھیڑ ڈالا
تصور و فکر و خواب سب کُچھ پگھل رہے تھے

تڑپ تڑپ کر ہوس کی بھٹّی میں جل رہے تھے
بنی نہ آنسو، تصور و فکر کی جدائی
نہ ماتمِ مرگِ دل کی مہلت ہی ملنے پائی
طلائی ترکش سے تیر اُچھل کر کماں تک آئے
کماں کے آغوش سے ہُمک کر نظر پہ لپکے
میں اپنی آنکھوں کا نور پل بھر میں کھو چکا تھا
سنہرے تیروں کا ہیرا آنکھوں میں کھُب گیا تھا
یہاں تو آنکھیں ہوئی تھیں رہنِ زر و جواہر
دہکتے یاقوت و لعل رکھّے تھے واں لبوں پر
دماغ و دل تو وداع پہلے ہی ہو چکے تھے
نگاہ و لب بھی اب اپنے محرم نہیں رہے تھے

(۲)

نہ جانے کب تک حصارِ شہرِ ہوس میں بے حس کھڑا رہا میں
نہ دل نے کوئی خبر سنائی، نہ ذہن ہی تھا جو سوچتا میں
نہ آنکھ تھی جو نظارہ کرتی، نہ ہونٹ ہی تھے جو بولتا میں

وجود میرا مِرے پُرانے وجود کا تھا خموش سایا
نہ کوئی حرکت، نہ کوئی پرتو، نہ کوئی خدشہ، نہ کوئی پھڑکا
بچھڑ گئے تھے وہ خواب جن کو نگاہ و دل نے لہو سے پالا

نہ علم تھا گرد و پیش کا کُچھ، نہ آپ اپنی کوئی خبر تھی
وہ جس کو اپنی نظر سمجھتا تھا رہنِ لعل و دُر و گُہر تھی
نہ پہلی احساس کی سی شدّت، نہ خوں فشانیٔ چشمِ تر تھی

بس اتنا احساس تھا کہ چاروں طرف کھڑا ہے حصارِ زریں

طلا و سیم و گُہر کی سڑکیں حسین پتھّر اُگل رہی تھیں
دُکانیں تھیں معدنِ جواہر، مکاں جواہر نگار و رنگیں

زمردیں سبزہ و شجر تھے، تنے طلائی تو شاخیں سیمیں
لدے تھے اثمارِ زرد و سُرخ و سیاہ و سبز و سفید و لعلیں
گلوں کے عارض تھے ایسے رنگیں کہ آنکھیں اک پل ٹھر نہ پائیں

میں جگمگاہٹ کے اس دیارِ حسیں میں سہما ہوا کھڑا تھا
دماغ کی ہو نکتی خلا سے ہوس نے چپکے سے سر اُبھارا
کہا یہ سینے کے سنگِ اسود نے ہے یہ دولت تمھارا حصّہ

رُکا ہوا پائے حرص لپکا، گرا ہوا دستِ غصب اُٹّھا
نگاہِ خیرہ میں ایک شعلہ ہوا و آز و ہوس کا چمکا
پُرانے دل کی طرح سے شوقِ طلب میں سنگِ سیاہ دھڑکا

ابھی نہ آئے تھے ہاتھ سیم و زر و جواہر کہ اک صدا نے
پکارا ایسے کہ یوں لگا جیسے لوٹ آئے گئے زمانے
صدا تھی ایسی پیامِ حرص و ہوس سُنا پھر نہ دست و پا نے

تمھارے دل نے مجھے صداقت کے حرف و الفاظ سے سنوارا
تمھارے ذہنِ خیال پرور نے مجھ کو حق کا سبق پڑھایا

جو مجھ کو سمجھو تو 'میں' ہی 'تم' ہوں جو مجھ کو جانو تو 'تم' ہی 'میں' ہو
مجھے ہی پاؤ گے اپنے دل و دماغ میں تم مجھے جو ڈھونڈو
ہوں میں ہی نغمہ طراز و گرداں رگوں میں اپنی اگر ٹٹولو

یہ کیا ہے جو تم نے آج مُجھ کو خود اپنے دل سے نکال ڈالا
یہ کیا ہے جو تم نے آج مُجھ کو دماغ سے یوں کھُرچ کے پھینکا
یہ کیا ہے جو تم نے آج مُجھ کو لہو میں اپنے نہیں جگایا

حصارِ شہرِ ہوس کے باہر تمھارے قدموں کو میں نے پکڑا
تمھاری آنکھوں کو میں نے کھولا، تمھارے ہاتھوں کو میں نے تھاما
تمھارے احساس و فکر کو شعلۂ ہوس سے بچائے رکھا
مگر نگہبانِ سیم و زر کی نگاہ نے کیا تمھیں پڑھایا
کہ تم نے اک عمر کی رفاقت سے ایک لمحے میں ہاتھ اُٹھایا
وجود سے اپنے مُجھ کو پھینکا، نظر سے اپنی مجھے گرایا

تم اپنے ذہن و نگاہ و لب جب ہوس کے ہاتھوں پہ وارتے تھے
تم اپنی آنکھیں گنوا کے جب دو جواہر اُس جا سنوارتے تھے
تم اپنے سینے کی قبر میں جب سیاہ پتھر اتارتے تھے

میں تم سے رو رو کے کہہ رہی تھی تمھاری آنکھیں ہیں میرا پردا
تمھارا دل ہی مری محبت، تمھارے لب پر ہے میرا نغمہ
تمھاری نظریں مرا سراپا، تمھارے سر میں ہے میرا سودا

مجھے نہ چھوڑو کہ تم نے مُجھ سے کیا ہے عمرِ ابد کا پیماں
مجھے نہ چھوڑو کہ مجھ سے چھُٹ کر تمھاری قسمت ہے دشتِ ہجراں
مجھے نہ چھوڑو کہ میں تمھارے بغیر ہوں اک صدائے حیراں

تمھارے پیروں میں اپنے عہد و وفا کی زنجیر میں نے ڈالی
تمھارے ہاتھوں سے حلقۂ بیعتِ محبت ہوا سوالی
تمھاری آنکھوں کے ساغروں میں انڈیلی اپنے لہو کی لالی
مگر تمھاری نظر حصارِ ہوس کے اندر بھٹک گئی تھی
تمھارے دل کی ہر ایک دھڑکن زر و جواہر میں تُل گئی تھی
تمھارے فکر و خیال و لب پر بھی مُہرِ دولت لگی ہوئی تھی

مُجھے بھلا کر تمھاری جھوٹی وفا نے جانا کہ ساتھ چھوٹا

مجھے جھٹک کر یہ تم نے سمجھا کہ عہدِ رفتہ کا سحر ٹوٹا
مگر نہ جانا وہ غم ہی سچّا ہے جسکو ٹھہرا رہے ہو جھوٹا

تمھاری آنکھوں کے تیرہ حلقوں میں دو جواہر جڑے ہوئے ہیں
اُنھیں کرید و تو اُن کے پیچھے مرے دفینے گڑے ہوئے ہیں
جہاں تمھارے تمام خوابوں کے زخمی پیکر پڑے ہوئے ہیں

تمھارے کان اب بھی میرے نغموں کو اپنے پردوں میں چھانتے ہیں
تمھارے ہاتھ اب بھی میرے دستِ وفا کی گرمی کو جانتے ہیں
تمھارے پائے طلب ابھی تک مری رفاقت کو مانتے ہیں

حصارِ شہر ہوس میں آکر مجھے بھُلانا ہو بھُول جاؤ
مگر میں تم سے یہ چاہتی ہوں تم اپنے نغمے بھی مُجھ سے لے لو
تم اپنے خوابوں کا بوجھ میرے شکستہ کاندھوں سے تو اُتارو
تم اپنے پیماں بھُلا دو لیکن میں کیسے عہدِ وفا کو توڑوں
رہے ہیں اک عمر کے جو محرم وہ خواب کیسے بھٹکتے چھوڑوں
جو یادیں آکر لپٹ رہی ہیں میں اُن سے کس طرح مُنہ کو موڑوں"

نہ جانے کیسے دماغ و دل کی خلائے تیرہ میں لفظ گونجے
وہ دونوں ہیرے جو میری آنکھوں میں تھے جڑے جگمگا کے پگھلے
مرے وہ لب جن پہ مُہرِ زر تھی نہ جانے کس طرح چیخ اُٹھّے

"سُن اے صدا، اے متاعِ رفتہ، غمِ گذشتہ، وجودِ مُردہ
تو میرا ماضی، تو میری غربت، تو میرے عہدِ الم کا نوحہ
تو حق کا جھُوٹا سبق، صداقت کے دردِ غربت کا خالی کاسہ"

میں اپنی آواز خود نہ پہچانتا اگر یہ پتہ نہ ہوتا

کہ میرے لب ہل رہے ہیں، میرے دماغ و دل میں ہے گونج پیدا
مگر یہ آواز اجنبی تھی، یہ اور کوئی گرج رہا تھا

"ہمیشہ تیرے حسیں سبق نے مجھے تہی دست وجیب رکھّا
جو خواب تو نے دیے تھے مجھ کو انھوں نے میرا سکون لوٹا
جو دل کہ تیرا تھا اُس نے مجھ کو شکست کا آئینہ بنایا

دماغ جس پر تھا ناز تجھ کو جب اُس کی ساری متاع لے کر
میں بیچنے کو چلا تو برسے چہار جانب سے مُجھ پہ پتّھر
ہیں سنگریزے بھی اُس سے اچھے، گدا کا کاسہ بھی اُس سے بہتر
تو خوب واقف ہے میں نے طبعِ رواں کے ہاتھوں جو ظلم جھیلے
تو جانتی ہے کہ تیرے خوابوں پہ کیسے کیسے عذاب ٹوٹے
نہ تیرے ہونٹوں کے غنچے چٹکے، نہ میرے سینے کے پھول مہکے

تری رفاقت کو یہ پتہ ہے کہ دشتِ تعبیرِ خواب کیا ہے
تری محبت کو یہ خبر ہے کہ عہدِ الفت سراب سا ہے
تری وفا کو یہ علم ہو گا کہ زندگی بھی تو بے وفا ہے

رُشی ولی ہادی و پیمبر نہ جانے تھے کس جہاں کے باسی
جنھوں نے حکمت کے راز کھولے، مگر نہ اتنی سی بات جانی
خدا اگر ہے تو آسماں پر، زمیں پہ اُس کی نہیں خدائی

یہ تو نے دیکھا، یہ میں نے دیکھا، کہ سب سے اچھے وہی نفر ہیں
جو حق، صداقت، وفا کے رنگیں چمکتے لفظوں سے بے خبر ہیں
اُنہی کے آگے زمانہ جھکتا ہے جو بظاہر اسیر زر ہیں

گناہ کیا ہے، ثواب کیا ہے، جزا ہے کیا اور عذاب کیا ہے
خدا ہے کس کا، نبی ہیں کیسے، قلم ہے کیا شے، کتاب کیا ہے

جو حال ہو دسترس میں اپنی، تو نیلِ فردا کا خواب کیا ہے

یہ علم و حکمت، یہ عقل و جودت، دماغ کی ہے کرشمہ سازی
یہ شعر و نغمہ، یہ کیف و وجداں، ہے خود فریبی، فسوں طرازی
ہیں نیکیوں کے تمام قصّے ہوس پرستوں کی مُہرہ بازی

سُن اے صدا، اے متاعِ رفتہ، مِرے ضمیرِ ستم رسیدہ
میں اب نہ دیکھوں گا تیری آنکھوں کے خوابِ نادیدہ و رمیدہ
میں تیری باتوں میں اب نہ آؤں گا تیری باتیں ہیں سم چشیدہ

وفا اگر بوجھ بن گئی ہو تو اُس سے اچھی ہے بے وفائی
جو عہد و پیماں وبالِ جاں ہوں، اُنھیں بھلانے میں ہے بھلائی
رفاقتِ درد و غم سے بہتر ہے عیش کا کاسۂ گدائی

میں اپنی آنکھوں کا نور لے کر اندھیری شب میں پھرا ہوں در در
میں اس بصارت کو کیا کروں جو نہ ہاتھ آنے دے ایک گوہر
میں اس بصیرت کو پھینک آیا جو خوش تھی مُجھ کو بنا کے بے زر

میں ایسے ہونٹوں پر لفظ و معنی سجا سجا کر تھکا ہوا تھا
جو وردِ حق میں ہوں محو ایسے سُنیں نہ خالی شکم کا نوحہ
زر و جواہر سے پُر ہو کیسہ، تو ان لبوں کا سکوت اچھا

تو جس جہاں کی ہے رہنے والی وہ کھوکھلے حبس کی خلا ہے
دماغ کہتی ہے تو جسے وہ دھوئیں کے چھلّوں کا سلسلہ ہے
جسے سمجھتی ہے دل وہ زخمی غریب یادوں کا قافلہ ہے

میں اُس جہاں کو تیاگ کر اس نئے جہاں کا مکیں بنا ہوں
دماغ و دل سے گزر چکا ہوں، میں چشم و لب اپنے تج چکا ہوں

نہیں یہ ممکن کہ تجھ سے میں اس جہانِ نَو میں وفا نبا نہوں۔"

(۴)

وہ اک صدا جو مِرے ہی اپنے وجود کا ہے بھٹکتا سایا
وہ پہلے مجھ میں تھی، مجھ سے ہی تھی، میں جو بھی جیسا بھی تھا اُسی کا
وہ میرے اندر تھی روح میری، وہ میرے ظاہر کا تھی سراپا

وہ مجھ سے کٹ کر، علیحدہ ہو کے بھی مری ہی بنی ہوئی ہے
میں اُس سے دامن چھڑا رہا ہوں، وہ ساتھ میرے لگی ہوئی ہے
جدھر بھی جاتا ہوں میرے رستے کو روک کر وہ کھڑی ہوئی ہے

کہا یہ سینے کے سنگ اسود نے مجھ سے تھوڑا سا مکر سیکھو
بُلا کے اپنے قریب، بانہوں میں لے کے اُسکو شہید کر دو
دماغ کی ہونکتی خلا نے کہا گلا اس صدا کا گھونٹو

زر و جواہر کی مُہر والی زباں کو زہرِ ریا پلا کر
میں اُس صدا کے قریب پہونچا دغا کے اشک آنکھ سے بہا کر
میں چاہتا تھا مٹا دوں اُسکو لبوں سے چھو کر گلے لگا کر

میں اُس کے جتنا قریب آیا، وہ مجھ سے اتنا ہی کھنچ رہی تھی
وہ میری آنکھوں سے میرے لب سے مری نظر سے ڈری ہوئی تھی
وہ میرا اپنا وجود تھی، وہ مرے ارادہ کو پا گئی تھی

وہ مجھ سے بولی "تمھاری آنکھوں کا لعل میری نظر نہیں ہے
تمھارے سینے کے سنگ و پتھر کو میرے دل کی خبر نہیں ہے
تمھاری باتوں میں میرے پچھلے خلوص کا اب اثر نہیں ہے

تم اتنے احمق ہو یہ سمجھتے ہو مجھ سے مکر و دغا کرو گے
یہ بھولتے ہو کہ تم ہو مجھ سے، فریب مجھ سے نہ کر سکو گے

مرا لہو بولتا رہے گا، مرا اگلا گر دبا بھی دو گے

میں تم کو دیتی ہوں اذن، جاؤ، زر و جواہر سے عقد کر لو
تم اپنی جھولی میں دو جہاں کے تمام رنگین سنگ بھر لو
ہوس کے دستِ طلب کی حد تک خراجِ لعل و زر و گہر لو"

جو اذن دستِ ہوس نے پایا تو ہاتھ لعل و گہر پہ ڈالا
زمردیں سبزۂ و شجر پر نظر نے للچا کے دام پھینکا
طلائی شاخوں کے برگ و گُل کے سمیٹنے کو قدم بڑھایا

مگر میں جتنا قریب پہنچا، وہ مجھ سے اتنے ہی دور تر تھے
مری ہوس کی دراز دستی پہ قہقہہ زن زر و گہر تھے
مری رسائی سے اب بھی باہر نہالِ دولت کے برگ و بر تھے

صدائے رفتہ نے سعیِ ناکامِ شوق پر قہقہہ لگا کر
کہا کہ "سہل اسقدر نہیں ہے حصولِ دولت کی راہِ پُر شر
ابھی گذرنا ہے امتحاں کی منزلوں سے قدم قدم پر

اک امتحاں یہ حصول زر کے لیے کسی کا لہو بہا دو
اک امتحاں یہ ریا کو روح و ضمیر و جزوِ بدن بنا لو
اک امتحاں یہ کہ اہل طاقت کے سامنے سر جھکانا سیکھو

ہے یہ بھی ممکن تمہارے سینے میں دل کے ٹکڑے چھُپے ہوئے ہیں
تمھارے سر میں بچے کُھچے کچھ خیال اب بھی دبے ہوئے ہیں
تمھاری اپنی نظر کے ٹکڑے کہیں ابھی تک بچے ہوئے ہیں

یہ امتحاں دو خیال کوئی خیالِ زر کے سوا نہیں ہے
یہ امتحاں دو تمھارے اندر کہیں بھی دل کا پتا نہیں ہے
یہ امتحاں دو تمھاری اپنی نظر میں کُچھ بھی رہا نہیں ہے

ان امتحانوں کی موجِ خوں سی جو تیر جاؤ تو پار اُترو
کوئی بھی عضوِ بدن نہ لرزے کسی کا تم جب گلا دباؤ
خیالِ جُرم و گناہ نہ آئے تم اس طرح سے جرائم اوڑھو

یہ منزلیں امتحاں کی چل کر تمھارے نزدیک آ رہی ہیں
بتانِ مہوش کا روپ دھارے سیاہیاں جگمگا رہی ہیں
چلو، اُٹھو کیا کھڑے ہوئے ہو یہ ساری راہیں بلا رہی ہیں

یہ پائے نا آشنائے جادہ بھٹک نہ جائیں، نگاہ رکھنا
یہ نشّہ نا آشنا عزائم بہک نہ جائیں، نگاہ رکھنا
یہ جرم نا آشنا نگاہیں جھجک نہ جائیں، نگاہ رکھنا

دبا ہوا کوئی پارۂ دل دھڑک اُٹھے تو بھٹک نہ جانا
نظر میں کوئی شعاعِ رفتہ چمک اُٹھے تو جھجک نہ جانا
تصورِ حق کا خفتہ شعلہ بھڑک اُٹھے تو بہک نہ جانا

خدائے زر سے دعا ہے ان منزلوں سے تم بامراد گذرو
پڑے نہ اب تم پہ غم کا سایا خجستہ خو، خوش نہاد گذرو
تمھیں سپردِ ہوس کیا ہے، مقامِ غم سے بھی شاد گذرو

تیسرا باب – شہرِ ہوس کی مقتول صدائیں

(۱)

حصارِ شہرِ ہوس زمیں میں گڑوئے پنجے کھڑا ہوا ہے
یہ اپنے باہر سے گو شکستہ پُرانی اینٹوں کا سلسلہ ہے
جو دیکھو اندر سے چمچماتی چمکتی دھاتوں کا سلسلہ ہے
سیہ رُپہلی سنہری دھاتوں کی تہہ پہ تہہ جگمگا رہی ہے
فصیل انمول پتھروں کے چمکتے دنداں دکھا دکھا کر لُبھا رہی ہے

کہیں تو یاقوتی ہونٹ چھلکا ہوا تبسم چھپا رہے ہیں
کہیں نگاہیں ہنسی کا پگھلا ہوا ترنم لُٹا رہی ہیں
ہزار شیوہ حسین بن کر ہر ایک زرّہ بُلا رہا ہے
اداؤ غمزہ کے تیر سونے کے ترکشوں سے نکل رہے ہیں
دماغ مسحور ہو رہا ہے نظر پہ جادو سے چل رہے ہیں

حصارِ کہنہ کے ساتھ آؤ
جدھر چلے یہ اُدھر چلیں ہم
زمیں سے کہدو طناب کھینچے
فصیل کو حکم دو، وہ دوڑے
مکان اپنے حدود توڑے
زمانہ پیچھے کی سمت بھاگے
حصارِ شہر ہوس کی تاریخ اپنے سینے کا راز کھولے
شکستہ اینٹیں پرانا گارا زر وجواہر کا یہ ملمّع اتار پھینکے

یہاں پہ شق ہے حصارِ کہنہ کا سرد سینہ
ملمّع اُترا ہوا پڑا ہے
شکستہ اینٹوں پُرانے گارے کا بخیہ بخیہ ادھڑ گیا ہے
زمیں کی پرتیں الٹ گئی ہیں
تہیں زمانے کی کٹ گئی ہیں
فصیل کی تہہ میں ہیں فصیلیں
پُرانی اینٹوں کے نیچے اُن سے پُرانی اینٹیں جمی ہوئی ہیں
قدیم شہروں کا سلسلہ ہے کہ جن کو سیلِ زماں کبھی کا الٹ چکا تھا
حوادثِ دہر کا بھیانہ ہاتھ جن کو پلٹ چکا تھا

تغیراتِ ہوائے دوراں
زمیں کے بے رحم اندھے جھٹکے
پگھلتا آتش فشاں کا لاوا
سمندروں کی تباہ کار و بلند موجیں
گرجتے طوفانِ برق و باراں
سبھوں نے مل کر پُرانے شہروں پہ یورشیں کیں
جلو میں اُن کے ہوس پرست آدمی کا سیلابِ بے اماں چلا کیا ہے
کروڑوں قدموں سے چل کے شہروں کے روندنے کو بڑھا کیا ہے
نئے ہوس راں قدیم اہلِ ہوس پہ بھاری ہوا کیے ہیں
ہوس نے ایک ایلیم کو جب بھی اجاڑ ڈالا
ٹرائے کی قوتِ نمو نے ہوس کا تازہ نگر بسایا
ہوس کے شعلے فرس سواروں کے دل سے بھڑکے
تو شہر جل کر کھنڈر ہوئے ہیں
ہوس کے شعلے بجھے تو جبر و ستم نے پھر اک نیا حصارِ ہوس بنایا

غلام بھوکے شکم کی بیڑی پہن کے آئے
خود اپنی سانسوں کے طوق گردن میں ڈال کر سر جھکائے آئے
طلب نے ہاتھوں میں ڈال دی ہتھکڑی لپک کر
ضرورتوں کی اٹوٹ زنجیرِ آہنی نے جھپٹ کے باندھا
اور اُن کے ہونٹوں پہ فاتحوں کی ہوس نے مُہرِ دوام کر دی
جبیں کو داغا
نظر کی سیدھی کڑی کماں کو مروڑ ڈالا
اور اُن کی روحوں کو زہرِ احساسِ بے بسی میں ڈبوئے رکھّا

دلوں سے دھڑکن کے گیت چھینے
دماغ میں جو شرارِ افکار بچ رہے تھے اُنھیں بجھایا

غلام یونان و مصر و ایراں کی مملکت کے حصار و سقف و ستوں کی اینٹیں بنے ہوئے ہیں
غلام کاندھوں پہ ہند و روما کی سلطنت کے
عظیم ایواں لدے ہوئے ہیں
غلام کا ہے نہ کوئی مذہب نہ کوئی ملت نہ کوئی نسل اور نہ کوئی رنگت
غلام کو قول و فعل و روح و ضمیر کچھ بھی نہیں میسّر
غلام عضلات و استخواں کی مشینِ رقصاں
غلام اعصابِ آہنی سے بُنی ہوئی دھات کا ہے پیکر
غلام درّوں کے تلخ کانٹے بھری زباں کے کڑے اشاروں پہ ناچتا ہے
غلام شمشیر و سنگ و آتش کے اندھے فرمان جانتا ہے
غلام طاقت کے آگے جُھکتا ہے زر کے سکّوں کو پوجتا ہے
غلام ایواں و تخت و منبر کے حکم ہی کو خدا کا پیغام جانتا ہے
یہ سارے شہر ہوس غلاموں سے بس چکے ہیں
حصارِ شہر ہوس کی خندق
انہی غلاموں کے خوں سے اب تک چھلک رہی ہے
فصیل کی یہ پُرانی اینٹیں انہی غلاموں کی ہڈیاں ہیں
پُرانا گارا انہی غلاموں کے جسم و عضلات سے بنا ہے
فصیل کے روزنوں میں اب بھی انہی غلاموں کی سرد آنکھیں چمک رہی ہیں
انہی غلاموں کے شوقِ زر سے طلائی پرتیں دمک رہی ہیں

حصارِ شہر ہوس کہ تہہ میں دبے پڑے ہیں تمدنِ زرگرانِ کہنہ
موہنجوداڑو، اسیریا، نینوا و عکا، کریٹ و بابل دبے پڑے ہیں

فراعنہ پتھروں کے روضوں میں اپنا سارا زر و جواہر لیے گڑے ہیں
زماں کے ساحر نے سحر پھونکا کچھ اس طرح سے
کہ قاہروں کے تمام لشکر نئی فصیلوں کے نیچے دھنستے چلے گئے ہیں
تمام قاروں خزانہ اپنا اُٹھائے سر پر
زمیں کی تاریکیوں کے اندر اُتر گئے ہیں
وہ فوج در فوج اُمڈتے انساں زمین جن کے قدم کے نیچے لرز رہی تھی
زمیں کا فضلہ بنے ہوئے ہیں
زمانِ رقصاں، زمینِ گرداں کے دونوں پاٹوں میں پِس کے
سُرما بنے ہوئے ہیں
حوادثِ دہرِ بے اماں کے دہن کا لقمہ بنے ہوئے ہیں

حصارِ شہرِ ہوس کی پرتیں
ہزاروں صدیوں سے بطنِ نسیاں میں سو رہی تھیں
جہاں سے شق ہے فصیلِ کہنہ
وہاں کی مٹّی میں اپنا سونا سمو رہی تھیں
ہوس کے تیشوں نے بھولے بسرے ہوئے زمانوں کو پھر جگایا
کریٹ و یونان و مصر و روما کے سب دفینے
موہنجو داڑو، اسیریا، نینواؑ و بابل کے سرد سینوں کے سب خزینے
زمین پھر سے اُگل رہی ہے
ہزاروں انساں فصیلِ ماضی کی تہہ میں تیشے چلا رہے ہیں
زر و جواہر میں غرق لاشوں کے سرد تابوت اُٹھا رہے ہیں
زمانِ رفتہ کے لعل و گوہر
زمانِ موجود کی دکانوں میں سج رہے ہیں

ہوس کے قیدی تو سنگ و آہن میں ڈھل چکے ہیں
ہوس ہے زندہ

(۲)

ہمالیہ کی ترائی سے اک نگاہِ حق بیں نے صاف دیکھا
حصارِ شہر ہوس کے اندر
نقابِ عشرت میں غم کا چہرہ چھپا ہوا ہے
زر و گہر کے خزینہ داروں کے دل میں دہشت کا ناگ بیٹھا ہے
پھن اُٹھائے
نہالِ عمرِ رواں کے برگ و گل و ثمر ہیں ہزاروں امراض کا دفینہ
ضعیف کاندھوں پہ حاصلِ زندگی کا بارِ گراں دھرا ہے
حصارِ شہر ہوس کی خوشیاں ہیں غم چشیدہ
حریر و دیبا و تخت و ایواں کی نعمتیں ہیں ستم چشیدہ

وہ عقلِ انساں، ضمیرِ انسانیت تھا، بولا
کہ سب سے پہلی اٹل صداقت یہ حرفِ غم ہے
بنائے شہر ہوس بھی غم ہے،
حصار بھی غم، مآل بھی غم
جو غم سے دُکھ سے نجات چاہے
ہوس کو سینے سے نوچ پھینکے
ہوس سے آزاد ہے جو سینہ
وہی مسرّت کا ہے خزینہ
پروہتوں کی کرشمہ کاری صداقتوں کی امین بن کر
لہو صداقت کا پی رہی ہے

نقابِ عرفان و علم پہنے
غرورِ جہل و سیاہ کاری پنپ رہا ہے
جفاو ظلم و دغا کے ہاتھوں میں عدل کی ہے سنہری میزاں
حصارِ زر نے غلام و آقا میں بانٹ رکھا ہے آدمی کو
غلام کا ہے وجود شر سے
بلند ذاتوں کا ظلم و جہل وریا بنائے فسادِ عالم
اگر دُکھوں سے نجات پانا ہے آدمی کو
بنائے تفریقِ ذات و رنگت مٹا کے رکھ دو
جمود کے قلعۂ کہن کو تباہ کر دو
زماں تغیر سے ہے عبارت
جہاں تغیر کی تازہ کاری
پروہتوں کے تصوراتِ کہن ہیں نا قابلِ تغیر
پروہتوں کی بنائے عرفاں جمودِ مطلق
جمودِ مطلق کے بطن ہی میں توہّم و جہل کا ہے مسکن
تغیراتِ زماں کے دھارے کے ساتھ دوڑو
تغیرِ تازہ کار انساں کی زندگی ہے
تغیراتِ زماں ہیں نورِ شعورِ انساں
نہ حق ہے جامد، نہ علم جامد،
نہ خیر جامد نہ عدل جامد
تغیراتِ زماں کے دھارے پہ روحِ نرواں بھٹک رہی ہے
ہے اب بھی نروان سر بہ زانو، تہی سبو، خوابِ چشمِ حیراں
بلندی و بہتری کے دعوے
جہالتوں کے اندھیرے سینوں میں پھوٹتے ہیں

توہّم و جہل کے اندھیرے چھٹیں تو عرفاں کا نور چمکے
جہاں میں اک فرد بھی اگر ہے غریب و جاہل دُکھی ستم کش
تو مجھ کو نرواں نہ مل سکے گا
کسی کو نرواں نہ مل سکے گا

ہر آدمی کی نجات سے ہے نجاتِ انسانیت عبارت
نجات کا راستہ دکھا کر وہ پیکرِ عقل و علم گوتم جہاں سے گذرا
ہوس سے آزاد بُدھ کے پیرو گدا کا کاسہ اٹھائے در در بھٹک رہے ہیں
ہوس کا پس خوردہ چُن رہے ہیں
انھوں نے گوتم کو سنگ دل مورتوں میں ڈھالا
انھوں نے گوتم کو بھی بنایا جمودِ مطلق
ہوس سے آزاد بُدھ کے پیرو جمودِ مطلق کو پوجتے ہیں

(۳)

میں آ کے شہرِ ہوس میں در در بھٹک رہا ہوں
مری وہ بچھڑی ہوئی صدا جو مرے ہی ساتھ اب بھی آ رہی ہے
بھٹک رہی ہے زبان و معنی کی جستجو میں
کبھی میں اُسکی بھی بات سُن لوں،
بھٹک رہی ہے اس آرزو میں
مِرے قدم اک وسیع میداں میں آ کے ٹھہرے
جہاں زمیں میں گڑی ہوئی اک صلیب سے میری اپنی آواز نے پکارا
مری صدا کے صلیب کو پھر زباں عطا کی
وہ مجھ سے بولی
سُن اے دیارِ ہوس کے نووارِدِ پریشاں!

میں بیس صدیوں سے دیکھتی ہوں کہ خوں مرا رائیگاں ہوا ہے
مسیحِ دوراں فلک سے اُترا حصارِ شہرِ ہوس میں آکر
تو اُس نے دیکھا کلیم کی اُمتِ پریشاں اسیر رومِ ہوس ہوئی تھی
غلام گر روم کے شہنشہ نے اُن سے نطقِ کلیم چھینا
ہوس نے سینوں کو اُن کے لعل وزر و گہر کی طلب کا آتش کدہ بنایا
وہ جلوۂ حق کلیم نے جس کے نوٗرِ رقصاں سے ان کا سینہ کیا تھا روشن
ہوس کے سرد و سیاہ دامن میں چھُپ گیا تھا
یہ طور جل جل کے بجھ چکا تھا
مسیح نے زرپرست اُمت کے سود خواروں کو قہر کا تازیانہ مارا
مسیح نے صاحبانِ دولت کو یوں ڈرایا
تمھاری خیرات و خیر دھوکا
تمھاری نیکی سراب آسا
عبادتیں ہیں تمھاری مکر وریا کا پردہ
خدا کو بھی تم سمجھ رہے ہو ہوس کا بندہ
ہے یہ تو ممکن کہ چشمِ سوزن سے اونٹ گذرے
مگر یہ ممکن نہیں ہے بابِ ارم سے سرمایہ دار گذرے
مسیح نے گھر نہیں بنایا
کہ سقف و دیوار و در بھی منت گذارِ زر ہیں
مسیح نے دولتِ جہاں سے لیا نہ اک حبّۂ سیاہ بھی
وہ پابرہنہ، پُرانے کمبل کے پیرہن میں یتیم و مسکیں کے ساتھ گھوما
غریب و فاقہ زدہ ہجوموں کی گلّہ بانی میں مطمئن تھا
غلام گر روم کے شہنشہ کے اک غلامِ سیاہ باطن کے لعل و گوہر پرست لب نے
دیا ہوس کی زبان سے فتویٰ

کہ اِس کا پیغام ہے بغاوت

یہ مردِ حق بیں غلام زادوں کی حریت کا پیام بر ہے

یہ مردِ آزاد اپنے کاندھے پہ حق کی بھاری صلیب اُٹھائے

اگر یہ تھک کر گرے زمیں پر تو زر خریدوں کے تازیانے اُسے اُٹھائیں

اور آخرِ کار اس کو اپنی صلیب ہی کا بناؤ زیور

صلیب اسکے لہو کی برسوں سے منتظر ہے

صلیب تھی اُسکی سرفرازی

صلیب پر کھنچ کے بھی رہا وہ ہوس کے ہاتھوں سے ناشناسا، بلند و بالا

مقدس و محترم کلیسا کے قابلِ احترام والی

صلیب کو پوجتے ہیں

جنت کے مال و دولت کی آرزو میں

تمام امّت یہ چاہتی ہے

کہ سارے آیندہ و گذشتہ گناہکاروں کا بوجھ اٹھائے صلیب تنہا

صلیب کی آنکھ دیکھتی ہے

کہ اُسکی آواز سُننے والا نہیں ہے کوئی

مسیح کا خوں صلیب کو اب بھی روز دیتا ہے رنگ اپنا

ہوس بناتی ہے اس لہو سے شرابِ دولت

(۴)

ہے یاد شہر ہوس کو اب بھی

کہ ریگ زارِ عرب سے اُٹھّی تھی اک صدائے امین و صادق

کہا تھا جس نے کہ

فقر ہے آدمی کا زیور

کہا تھا جس نے کہ
میری دنیا غریب و مسکیں کی بے نوائی
کہا تھا جس نے کہ
حشر میرا غریب و مسکیں کے ساتھ ہو گا
بتانِ دولت کے معبدوں سے پجاریوں کی ہوس نے دامِ فریب پھینکا
امین و صادق غریب و مسکیں صدا سے پوچھا
کہ ہم تجھے دولتِ زمان و مکاں پر کُل اختیار دیں گے
جو تو کہے تو تری ہتھیلی پہ چاند سورج اُتار دیں ہم
جو تو کہے تو عرب کی شاہی بھی تیرے قدموں پہ ڈال دیں ہم
زر و جواہر کے سارے ارماں نکال دیں ہم
مگر وہ آواز امینِ حق تھی
صدائے صادق تھی، اُن سے بولی
کہ چاند سورج، زماں کی دولت، عرب کی شاہی، زر و جواہر
نگاہِ میزانِ حق میں ادنیٰ سی اک صداقت سے بھی سبک ہیں

پیامِ حق سے حصارِ شہرِ ہوس کی بنیاد ہل گئی تھی
برہنہ پائی حجاز و یثرب کے ریگ زاروں میں نقشِ پا کے دیے جلاتی گذر رہی تھی
غلام آزاد ہو رہے تھے
غریب خانہ بدوش شہروں میں آ کے آباد ہو رہے تھے
ستم رسیدہ یتیم و مسکیں نے دستِ غاصب مروڑ پھینکا
غلام آقائے سابقیں پر ہوئے جو حاکم تو کعبۂ دل سے زر کے لات و منات نکلے
بتانِ شہرِ ہوس جو ٹوٹے تو کارِ بعثت ہوا مکمّل
پھٹے پُرانے حقیر کپڑوں میں بے نیازی کی شان لے کر

غریبِ مکّہ شہہِ مدینہ کے فقر و غیرت کا تاج پہنے
ہوس سے نا آشنا نگاہوں کی تیغِ گردوں شکار اُٹھائے
محمدِ مصطفٰے کے قاصد حصارِ شہرِ ہوس کا در کھٹکھٹا رہے تھے
لرز رہا تھا جلالِ فغفور و تختِ قیصر، غرورِ فرعون و نازِ کسریٰ
ہوس کے آتش کدے
جو صدیوں سے زر کے سینوں میں جل رہے تھے
غبارِ فقرِ غیور کے دامنِ ارم آفریں میں چہرہ چھپائے
سرد و خموش و ویراں پڑے ہوئے تھے
محمد مصطفٰے کا پیراہنِ دریدہ قبائے سلطاں پہ ہنس رہا تھا

(۵)

خبر ہے شہرِ ہوس کو، شاہد ہے بابِ خیبر کہ دستِ محنت کا زور کیا ہے
زمینِ یثرب کی جانتی ہے
کہ کس کی محنت جبیں سے ٹپکی پسینہ بن کر تو پھول مہکے
عراق کی ریگِ تشنۂ خوں کو ہے خبر بوتراب ہے کون
زمیں سے رشتہ ہے کس کا گہرا
زمین ہے کس کے دستِ محنت سے ہم سرِ عرش و خلد ساماں
وہ جس کے گھر نے کیے ہیں فاقے یتیم و مسکیں کا پیٹ بھر کر
کیا ہے کارِ حکومت آغاز دستِ محنت کی شمع بن کر
وہ جس نے پہلی ہی شام شمعِ ہوس بجھا دی دلوں کے اندر
امیر ہو کر بھی جس کے کامِ دہن نے نانِ جویں سے رشتہ کبھی نہ توڑا
امارت ایسی کہ جس کی غربت کی اہلِ زر کو خبر نہیں ہے
وہ دردِ انساں کہ دل بھی اشکوں کے ساتھ ٹپکا تو چشمِ تر کو خبر نہیں ہے

وہ جس کا مکتوبِ عدل ہیں اب بھی چشمِ تاریخ کی ضیا ہے
"قبول کرنا نہ دعوتِ اہلِ جاہ و دولت
کہ اُن کے خوانِ کرم کا ہر ایک لقمۂ تر
لہو میں ڈوبا ہوا ہے،
فاقہ کشوں کے اشکوں کا خوں بہا ہے
امیر سے انکسار و دولت کے آگے جھکنے سے ہے عبارت
امیر کا تحفۂ گراں ہے نگاہِ حق کو ہوس کی رشوت
غریب کے حق کی پاسداری ہے اہلِ قلب و نظر کی دولت"
خلیفۃ المسلمیں کا پیراہنِ دریدہ قبائے سلطاں پہ ہنس رہا ہے
عراق کی ریگِ تشنۂ خوں کی آستیں میں ہوس کا خنجر چھپا ہوا ہے
ہوس کی شمشیرِ خوں فشاں بزدلی کا حربہ بنی ہوئی ہے
علی کا فقرِ غیور اپنے ہی سر کے خوں میں نہا چکا ہے
اک آفتابِ صدائے حق خوں کے تند دریا میں ڈوبتا ہے
ہوس کا ہاتھ اک نیا حصارِ زر و جواہر بنا رہا ہے
محمد مصطفٰے کا پیغام اپنے لفظوں سے پوچھتا ہے
تمھارے معنی، تمھاری قوت کہاں گئی ہے
کلیم و عیسیٰ، محمد مصطفٰے کے پیرو ہوس کی امّت بنے ہوئے ہیں

(۶)

عراق کی ریگِ تشنۂ خوں کی پیاس اب تک بجھی نہیں ہے
فرات اک جوئے تشنگی ہے
زمینِ کوفہ کی دعوتوں میں سراب آسا لہو کا دریا چمک رہا ہے
سناں کے جنگل اُگے ہوئے ہیں
ہوائیں تیروں کی سنسناہٹ سے لے کے رفتار چل رہی ہیں

دہکتے زہراب خوردہ خنجر عطش کے دریا کی موجِ خوں ہیں
چمکتے پھل نیزہ و تبر کے لدے ہوئے ہیں نہالِ دولت کی ٹہنیوں پر
امڈتی تیغوں کے بادلوں سے لہو کی برسات ہو رہی ہے
حسین دشتِ بلا میں تنہا کھڑے ہوئے ہیں

جفا کی تپتی سُلگتی ریتی پہ سر کٹائے وفا کے پیکر پڑے ہوئے ہیں
عزیز اقارب رفیق و انصار و خویش و یاور نہا کے خوں میں بچھڑ چکے ہیں
عساکرِ قہرماں کے ناوک کی زد پہ خیموں میں ننھے بچے تڑپ رہے ہیں
ہے خشک ماؤں کا دودھ، آنکھیں ہیں تر زباں میں عطش سے کانٹے پڑے ہوئے ہیں
حسین دشتِ بلا میں تنہا کھڑے ہوئے ہیں

ستم کی بیعت نہ کی، غریبِ وطن ہوئے، دربدر پھرے، جاں لبوں پہ آئی
خود اپنے قدموں سے اپنے مقتل کی سمت آئے، خدا کے گھر میں اماں نہ پائی
جو عمر بھر کی کمائی تھی وہ لُٹائی لیکن ہوس کے در پر نہ کی گدائی
ہر اک قدم پر شہید ہو کر جوان بھائی جوان بیٹے کی لاش اٹھائی
حسین دشتِ بلا میں تنہا کھڑے ہوئے ہیں

فرات آنکھوں کے سامنے ہے، خیامِ عصمت کی سمت سے العطش کی آواز آ رہی ہے
بدن پہ زخموں کا پیرہن، سر پہ تاج تیروں کا، تیغ سایہ کیے کھڑی ہے
لرزتے ہاتھوں پہ چھ مہینے کا طفل بن کر اک آیتِ حق دھری ہوئی ہے
نہالِ غم کٹ چکا ہے موجِ خزاں سے، لیکن یہ شاخ نازک ابھی ہری ہے
حسین دشتِ بلا میں تنہا کھڑے ہوئے ہیں

حصارِ شہر ہوس کی بنیاد ہل رہی ہے، حسین فریاد کر رہے ہیں
زمین چپ، آسمان چُپ ہے، فضا ہے ساکت، سکوت کے لب کھُلے ہوئے ہیں
سیاہی دل کی چمک اُٹھی ہے، ہوس کے پردے نظر کے آگے سے ہٹ گئے ہیں

عطش سے سوکھی زبانِ اصغر کے تیر سینوں کے سخت پتھر میں کھُب چکے ہیں
حسین دشتِ بلا میں تنہا کھڑے ہوئے ہیں

نگاہبانِ فصیلِ زر نے سیاہ دل حُرملہ کی سنگیں نظر سے دیکھا
کلامِ خاموش قطع کرنے کو طمعِ زر کی کماں نے تیرِ ستم کو چھوڑا
گلوئے معصومیت نے ہونٹوں سے تشنگی کے ہوس کے پیکان کا زہر چوسا
قرآنِ ناطق نے خون اُگلا، محمد مصطفےٰ کا پیغام خوں میں ڈوبا
حسین دشتِ بلا میں تنہا کھڑے ہوئے ہیں

لرزتے ہاتھوں پہ لاشِ اصغر دھری ہوئی ہے
حیاتِ جاوید ہاتھ باندھے کھڑی ہوئی ہے
اُمڈ رہے ہیں سنان و شمشیر و تیر و خنجر
دہک رہی ہے زمیں، برستی ہے آگ سر پر

سگانِ اربابِ اقتدار و غلامِ دولت
دیارِ شامِ ہوس کے پروردگانِ ذلّت

بھرے ہوئے جھولیوں میں پتّھر جھپٹ رہے ہیں
دلوں کے خونیں سیاہ بادل سمٹ رہے ہیں

ثباتِ پائے حسین ظلم آزما ہوا ہے
یزید کے تخت و تاج و ایواں میں زلزلہ ہے

سُنو کہ لب ہائے حق میں جنبش ہوئی ہے پیدا
ہوس شکن آنکھ میں صداقت کا نور چمکا
شہید ہوتی ہوئی صدا نے دیا سنبھالا
ہوس کی ظلمت میں نطق نے پھر کیا اُجالا

"یہ صاف سُن لے یزید کی اُمتِ پریشاں
قسم زماں کی کہ ہے خسارے میں آج انساں

ہوس نے جو کچھ کہا ہے تم سے، سراب سا ہے
جو خواب زر نے دکھایا تم کو، حباب سا ہے

تم اپنے قلب و ضمیر ناحق گنوا رہے ہو
تم اپنے ہاتھوں سے اپنی میت اُٹھا رہے ہو

ملوکیت تم کو اپنے پیروں سے روند دے گی
تمھاری تیرہ نگاہی اک دن تمھیں ڈسے گی

تمھاری گردن پہ خوں تمھارا سدا رہے گا
تمھارا ہی ظلم تم سے کل انتقام لے گا

مجھے خود اپنی تباہیوں کا الم نہیں ہے
مری صداقت کو اپنے لُٹنے کا غم نہیں ہے

مگر یہ غم ہے کہ لوٹ کر مجھ کو تم لُٹو گے
مجھے مٹا کر خود اپنی نظروں میں خوار ہو گے

تمھارا اپنا وجود تم پر کرے گا لعنت
تمھاری اپنی ہوس بنے گی تمھاری تربت

تمھارے سینے میں دل کی جا ہے سیاہ پتھر
تمھارے سر کی سیہ خلا میں ہے جھوٹ کا گھر

تمھاری آنکھوں پہ مُہرِ دولت لگی ہوئی ہے
تمھارے کانوں پہ مُہرِ ذلت لگی ہوئی ہے

نہیں ہے ہاتھوں پہ میرا اصغر تمھارا دل ہے
لہو میں ڈوبا ہوا یہ پیکر تمھارا دل ہے"

پیامِ حق پتھروں سے سر اپنا پھوڑتا ہے
نگاہبانِ فصیلِ زر مستعد کھڑا ہے

گلوئے حق کاٹنے کو شمر آرہا ہے نزدیک
حسین کا قلبِ مطمئنہ ہے سعیِ ظلم و جفا پہ خنداں
اُمڈتے لشکر سے دشت و میداں چھلک رہے ہیں

حسین دشتِ بلا میں تنہا کھڑے ہوئے ہیں

حسین دشتِ بلا میں تنہا کھڑے رہیں گے
صدائے حق پتھروں سے سر پھوڑتی رہے گی

(۷)

نہ جانے کتنی ہی صدیاں گذریں
صدائے حق سنگسار ہوتی رہی ہمیشہ
صدائے حق سولیوں پہ لٹکی
صدائے حق کو پہنائے زنجیر و طوق شاہوں نے، حاکموں نے
یہ اپنے ہی خون میں نہا کر جب آئی دربارِ جابراں میں
مصاحبانِ زمانہ جو نے لگائے عریاں بدن پہ فتووں کے تازیانے
ضمیر کے تاجرانِ حیلہ تراش نے مصلحت کے رنگیں نقاب چہرے پہ اُسکے ڈالے
ہمیشہ تاویل کے حصاروں میں قید رکھّا
صدائے حق نے کہا غریبوں کو اُن کا حق دو
مدبّروں نے کہا قناعت ہے خوانِ نعمت
صدائے حق نے یتیم و مسکیں کا ہاتھ تھاما
فقیہِ شہرِ ہوس پکارا پڑھا دو اُن کو توکّل و صبر کے مضامیں
صدائے حق نے ستم کے دامن کو جب بھی کھینچا

غلام دانش کے بے عمل علم نے یہ فتویٰ انہیں سنایا
کہ "حاکمانِ زمانہ جو بھی کریں بجا ہے
ہے ظلم اُن کا رضائے کامل
ہے قہر اُن کا عتابِ عادل
یہی اولی الامر ہیں، یہی ہیں خدا کا سایہ
خدائے مطلق نے آدمی کو بنایا مجبور
اُسے نہیں اختیار حاصل کہ اپنی تقدیر کو بدل دے
ستم گروں کا ستم بھی عینِ رضائے حق ہے
ستم گزیدوں کا فرض ہے وہ ہر اک ستم کو بغیر شکوہ قبول کرلیں"
یہ جبر کا فلسفہ پڑھا کر ستم نے سوچا کہ اہلِ قدر اب کتابِ حق سے دلیل کوئی نہ لاسکیں گے

مدبرانِ زمانہ پرور نے حق کے سالم بدن کے ٹکڑے کیے ہیں
ٹکڑوں کو رنگ و مذہب، گروہ و ملت، حسب نسب میں کچھ ایسے بانٹا
کہ سب کے حصّے میں ٹوٹے پھوٹے شکستہ بے معنی لفظ آئے
کتابِ حق پارہ پارہ نسیاں کے طاق و محراب میں دھری ہے
کسے پڑی ہے
جو روشن آیاتِ حق سے ہونٹوں کو روشنی دے
کسے یہ جرات
کہ مفتیِ حیلہ جو کے قولِ دروغ آمیز کو رد کرے
کسے یہ طاقت
کہ قاضی و محتسب کی شرعِ زمانہ سازی کو کفر و الحاد و شرک کہدے
کسے یہ ہمت
کہ منطقِ ظلم و غصب و حق پوشی و خیانت کو

حق کی بُرہانِ سادہ سے قطع کر کے رکھ دے
کہ حق کی منطق بدیہ و روشن، صریح و سادہ
ہے کذب منطق کا ایسا پُر پیچ و تیرہ جادہ
جہاں اندھیرے کو نور کہنا ہی صرف سچ ہے
جہاں تظلم کو عدل کہنا ہی عقل و دانش کا فیصلہ ہے
جہاں مساوات اور اُخوّت ہے ظالموں میں
جہاں پہ اظہار و حریت کے حقوق ہیں حاکموں کے حق میں
جہاں غریبوں کو بس غلامی کا حق ہے حاصل
جہاں پہ مقتول اپنے قاتل کو خوں بہا دیتے آئے پیہم
جہاں پہ مظلوم اپنے عصیانِ بے گناہی کی پا رہے ہیں سزائیں ہر دم
جہاں پہ سارق، اُچکّے، رہزن ہی مدّعی بھی ہیں، محتسب بھی
جہاں پہ جلاّد اور ڈاکو ہیں حاکمِ وقت کے مقنّن
جہاں پہ مجرم ہی عدل و نظم و نسق کے سب سے بڑے معاون

صدائے حق پتھروں سے سر پھوڑتی تھی اپنا
کہ منطقِ کذب و شرعِ اہلِ ہوس نے سب کی زبان و دل کو کیا تھا پتھّر
دماغ اندھیروں کے تھے محافظ
زبان ظلم و ہوس کی آیات کی تھی حافظ
وہ سارے ادیان جن کا مقصد ہوس کے دوزخ کا خاتمہ تھا
وہ ساری تحریکیں جو اُٹھی تھیں کہ ظالموں سے نجات دے دیں
خود اپنی آتش میں جل رہی تھیں
فقیہِ حیلہ تراش کے لب کو چھو کر
ضیا کے بدلے دھواں، اندھیرا اُگل رہی تھیں

کہ اک یہودی نژاد کافر
پیمبر بے صلیب و بے طور و بے تجلّی
حریفِ افلاک و باغِ جنت
زمیں کے درد و الم کا محرم
ضمیرِ انسانیت کی روشن کتاب ہاتھوں میں لے کے آیا
ہزاروں برسوں میں آدمی کو ہوس نے جو فلسفہ پڑھایا
جو منطقِ کذب و ظلم ڈھالی تھی
اُس میں پنہاں دروغ و جبر و ہوس کے پردوں کو چاک کر کے
غریب انسانیت کے ذہنوں پہ ایک سادہ، صریح سچائی منکشف کی
تمام ظالم تمام حاکم ہوس زدہ ہیں
تمام انسانیت کی تاریخ خوں فشاں ہے معاش کی جہد کا تسلسل
زمین پر جو خدا کے نائب بنے ہوئے ہیں
خدا کے مسکین و سادہ بندوں کو لوٗٹتے ہیں
فقیہ و مُلاّ، برہمن و شیخ و سنت و مفتی و معلّم
خدا کو ہر روز قتل کرتے
ہوس کے قدموں میں سجدہ کر کے ہوس کے آئین ڈھالتے ہیں
ہوس کے احکام مانتے ہیں
تمام محنت کشوں کو انساں نہ مان کر وہ ہوس کے آلات جانتے ہیں

اُسے کتابوں کی مفلسی
علم و فکر و دانش کی تیرگی نے دیا یہ عرفاں
کہ آدمی کی نجات مقصد ہے آدمی کا
زمیں ہی موعودہ خلدِ آدم

اُسے چراغوں کی ظلمتوں
معبدوں کی انساں کُشی نے سمجھا دیا
کہ مذہب کے بُت ہیں جھُوٹے
ہے دو گروہوں میں جنگ جاری
ہے ایک طبقے کو فکر سارے جہاں کی نعمات
اُسی کے شوقِ ہوس کو پورا کریں ہمیشہ
ہے ایک طبقے کو ضد کہ حصّے میں سب کے آئے زمیں کی دولت
کہا یہ اُس نے ہوس کے قلعوں کو ڈھا دو
انسانیت کو شر سے نجات دے دو
نجات کی تشنگی میں جلتی سسکتی انسانیت
جو صدیوں سے خاک وخوں میں نہا رہی تھی
ہزاروں صدیوں سے کہنہ قبروں میں سو رہی تھی
اُٹھی تو نظمِ ہوس کے قلعوں میں زلزلہ تھا

چوتھا باب-دشتِ ندا کی سیر

(۱)

صدائے حق پتھروں سے سر پھوڑتی ہے اپنا

حصار سنگیں، زمین سنگیں
دریچے، در، سقف و بام سنگیں
نگاہیں پتّھر، زبانیں پتّھر
خیال واحساس و درد پتّھر میں ڈھل گئے ہیں
قلم کی نوکیں، لویں چراغوں کی پتھروں میں بدل گئی ہیں
عقیدے پتھر کے بُت ہیں

اقدار پتھروں کے سیاہ کُہنہ بلند اہرام
زباں سے نکلیں تو لفظ پتھر
دلوں میں اُتریں تو معنی پتھر
محبتیں پتھروں کی پوجا
تو نفرتیں پتھروں کے قدموں میں خوں کا نذرانہ بن گئی ہیں

صدائے گم گشتہ چیختی ہے خموش ویران مرقدوں میں
چلو یہاں سے یہ کیسی دنیا ہے
کس نے پھونکا ہے سحر ایسا
کہ دل کی دھڑکن، نظر کی جنبش، زباں کی گرمی
خیال و خواب، آرزو، تمنا کسی کا کوئی نشاں نہیں ہے
حدِ نظر تک نئے پُرانے بُتوں کا گونگا صنم کدہ ہے
ہوس کی نظروں نے اپنے جادو سے شہر کو پتھروں کی نگری بنا دیا ہے

صدا، جو نطق و زباں کی خالق ہے
لفظ و معنی کی چارہ گر ہے
سکوتِ اصنامِ سنگ پیکر میں اپنا رستہ نہ پا سکے گی
پتھروں کے مہیب جنگل میں خامشی کی سیاہیوں میں بھٹک نہ جائے
وہ پتھروں کی لہو چشیدہ زباں سے ٹکرا کے خود بھی پتھر میں ڈھل نہ جائے

وہ دل جو شہرِ ہوس میں آنے سے پہلے اپنی صدا سے بھی منحرف ہوا تھا
کسی طلسمی اثر سے اب تک صدا کی زنجیر میں بندھا تھا
صدا نے اپنی طرف بُلایا
تو زخم خوردہ قدم سسکتے ہوئے کراہے
صدا نے کھینچا

تو پتھروں سے اُلجھتے پیروں میں آئی جنبش
صدا نے دوڑا دیا رگوں میں لہو
تو جاگا سفر لہو میں
قدم سے لپٹے بُتوں نے پیروں کے خون سے اپنے سیاہ چہروں کو تازگی دی
سکوت پروردہ تیرگی کے دیوں نے اپنی لوؤں کو اس خون میں ڈبویا
تو دوُر صحرا میں کُچھ صدائیں ہتھیلیوں پر چراغ اُٹھائے نقابِ ظلمت میں جھلملائیں
نظر کے اندھے سیاہ مرقد میں روشنی کی شعاعیں اُتریں

ندا نے کھینچی طنابِ گیتی
طلسمِ سنگ و سکوت ٹوٹا
حصارِ شہرِ ہوس میں دشتِ ندا بلندی پہ جگمگایا
بہت بلندی سے جھلملاتے ستارگاں کی طرح لرزتی شعاعیں سرگوشیوں میں بولیں
"وہ جس کے خوں میں ہے لفظ زندہ
ہے جس کے سینے میں کربِ نغمہ
وہ لفظ و معنی کی غیر مرئی شعاعیں تھامے
صدا کی امواجِ برق آسا سے خود کو باندھے
تو میں دکھاؤں صدا کے ہر پل بدلتے جلوے
تو میں دکھاؤں قریب سے ان نواؤں کے جگمگاتے چہرے
جو دوُر سے چھب دکھا رہی ہیں"

مری صدائے گریز پا نے صدا کے اس سلسلے کی انجانی ڈور تھامی
تو میں نے خود کو طلسمِ سنگ و سکوتِ شہرِ ہوس سے اُوپر کو اُٹھتے دیکھا
حصار و دیوار و در بتوں کو لپیٹے بانہوں میں چُپ کھڑے تھے
کسی کے دل میں شرارِ جاگا نہ لفظ مہکا

کہ پتھروں کی سماعتوں پر لگی تھیں مُہریں
کہ پتھروں کے سیاہ سینے میں اک خلا تھا
خلا میں بے حس سکوت پہرے پہ مستعد تھا
میں اپنی بچھڑی صدا سے لپٹا اکیلا دشتِ ندا کی برجوں پہ اُڑ رہا تھا

(۲)

صداؤں کے وہ چمکتے چہرے جو دوُر سے جھلملا رہے تھے
قریب آئے
تو نور اُن میں ہے اور نہ شعلہ
تمام چہرے تمازتِ مہرِ آتشیں سے جُھلس رہے ہیں
نگہ کی کرنوں میں گرد سی اُڑ رہی ہے
آنکھوں میں نوُر سویا ہوا پڑا ہے
بدن، تڑختی چٹختی دھرتی کی طرح بنجر اُداس ویراں
وہ آگ جس نے کبھی رگوں میں لہوُ کے شعلے جگائے ہوں گے
بھڑک بھڑک کر رگوں کے اندر ہی سو چکی ہے
وہ گرم روشن پگھلتا لاوا
جو ذہن و دل سے اُچھلتا ہوگا تو زندگی تابشِ تمنا میں ڈھلتی ہوگی
اب اُن کے لاغر برہنہ جسموں پہ راکھ بن کر جما ہوا ہے
اس اپنے اندر کی راکھ میں کُچھ سنہرے ذرّے چمک رہے ہیں
جو سونا چاندی کبھی بدن نے نگل لیا تھا
مریض چہروں پہ زخم بن کر دہک رہے ہیں
وہ انگلیاں جن میں آگ سے کھیلنے کی جرأت کبھی تھی زندہ
اب اُن کی پوریں جھُلس کے بے جاں، خمیدہ شاخوں کی طرح بے برگ و بر ہوئی ہیں

وہ ہونٹ جن سے کبھی زمانے کو زندگی کا سبق ملا تھا
اب ایسے ویراں ہیں جیسے اُن پر قضا نے کر دی ہو مُہر اپنی
زباں جو پہلے مسیح و خضر و کلیم و بُدھ کے دہن سے حق بن کے بولتی تھی
اب اُس پہ چھالے پڑے ہوئے ہیں
ٹپک رہا ہے سیاہ گندہ لُعاب اُس سے
دہن جو پہلے کبھی نسیم وصبا کو رقصِ بہار کے گُر سکھاتا ہو گا
اب اُس میں بادِ سموم یوں چل رہی ہے
جو ہڑ سے جیسے گذرے ہوا کا بوجھل کثیف جھونکا
صداؤں کے یہ نحیف، لاغر مریض چہرے
بدن سے ایسے جُڑے ہوئے ہیں کہ جسم کو روح سے ہے شکوہ
جُذام خوردہ بدن پہ تہمت ہے زندگی کی
اجل گزیدہ رُخوں پہ الزامِ روشنی ہے
گلو گرفتہ زباں پہ تہمت ہے نغمگی کی
خلا میں ذہنوں کے فکر واحساس کا سمندر سرابِ ظلمت بنا ہوا ہے
دلوں کے اندھے گڑھے میں جذبات کا لہو بھی نہیں رہا ہے

میں اپنی رہبر صدا کا دامن جھٹک کے اُس سے یہ پوچھتا ہوں
یہی وہ دشتِ ندا ہے جو مجھ کو نور بن کر بُلا رہا تھا؟
یہی وہ دشتِ ندا ہے جسکی طرف لپکتی رہی ہے صدیوں سے زندگانی؟
یہی وہ دشتِ ندا ہے جسکی حسین روشن صدائیں شہر ہوس میں پاتی رہیں شہادت؟
یہی وہ دشتِ ندا ہے جو میرے خوں میں صدیوں سے جاگتا تھا؟
یہی وہ دشتِ ندا ہے جس سے ازل ابد کی حدیں ملی ہیں؟
یہی وہ دشتِ ندا ہے جو حرفِ "کُن" کا راز داں رہا ہے؟

یہی وہ دشتِ ندا ہے جس نے اُٹھایا بارِ امانتِ حق ؟
یہی وہ دشتِ ندا ہے جسکی طرف تو مجھ کو بُلا رہی تھی ؟

مرے سوالوں سے تنگ آکر
کہا یہ رہبر صدا نے مجھ سے
تو ان صداؤں کے چہرے اچھی طرح سے پڑھ لے
ہر اک صدا نے جو ڈھیر لفظوں کے چُن رکھے ہیں
تو پہلے اُن کے چمکتے رنگوں بھڑکتے پیراہنوں کو پڑھ لے
ہے عین ممکن یہیں کہیں تیرے سرد مُردہ چمکتے الفاظ بھی پڑے ہوں
تو اُن کو اپنی صدا کی جھولی میں پھر سے بھر لے
تو میں تجھے آخری حدوں تک دکھاؤں دشتِ ندا کی وسعت
ابھی تو ہے تو سوادِ شہر ندا کی حد میں

میں لڑکھڑاتا برہنہ سر دھوپ میں کھڑا ہوں
زباں پہ چھالے پڑے ہوئے ہیں
لبوں پہ کانٹے اُگے ہوئے ہیں
لہو کفِ پا سے بہہ رہا ہے
صدائے رہبر کشاں لے چلی ہے مجھ کو
ہر ایک چہرہ خود اپنے لفظوں کے ڈھیر میں گُم گذر رہا ہے نظر سے میری

(۳)

دشتِ ندا کے صفحاتِ اولیں پر
کھڑی ہے دیوار اک پُرانی
لگے ہیں جسکی شکستہ اینٹوں کے درمیاں کُچھ قدیم کتبے
لکھے ہیں جن پر چمکتے لفظوں میں نام اگلے سخنوروں کے

پڑے ہیں قدموں میں جن کے انبارِ لفظ و معنی — خزاں زدہ برگ و بر کی صورت
یہ وہ شجر ہیں نموٗ کی قوت نے جن کو صدیوں حریفِ دورِ خزاں بنایا
بلندی جن کی ہے اپنے اندر کی آگ کا اک امر منارہ
جو پھوٗل ان پر کھِلے ہوئے ہیں
وہ ان کے خونِ جگر سے پاتے رہے ہیں نکہت کی موج، رنگوں کی آبیاری
خزاں کے جھونکوں نے وار ان پر کیے ہیں صدیوں
تو وہ گُل و غنچہ و ثمر جو لہوٗ کی گردش سے کٹ چکے تھے
گرے پڑے ہیں اب ان کے قدموں میں سر بہ زانو، اجل رسیدہ، خزاں چشیدہ
ہر ایک کتبے کے زیرِ پا اک ہجومِ حیراں کھڑا ہوا ہے
جو لفظ اوٗپر سے گَل کے گرتا ہے اُسکو ہونٹوں سے تھام لیتا ہے کوئی بڑھ کر
تھپیڑے کھا کر ہوا کے شاخوں سے ٹوٹ جاتا ہے جو کوئی پھل
تو اس کے خالی بدن کی جانب لپکتی ہیں ان گنت زبانیں
کسیلا، کڑوا، سڑا ہوا ذایقہ لبوں سے ٹپک رہا ہے
جو پھول گرتا ہے رنگ و بو سے چھڑا کے دامن
تو کھو کھلے پیرہن کو اُسکے ہوائیں کرتی ہیں ریزہ ریزہ
گداگروں کی نگاہیں چُنتی ہیں پتّی پتّی
غبارِ رنگ اس طرح سے اُڑتا ہے کشمکش میں
کہ خالی آنکھوں میں گرد بن کر کھٹکنے لگتے ہیں ریزۂ گُل
گلوں کی خوشبو، پھلوں کی دولت تو ہاتھ آئی نہیں کسی کے
جھڑے ہوئے زرد و سرد پتوں کے ڈھیر حاصل ہیں کشمکش کا
انہی کو چُن چُن کے گوندھتے ہیں خیالی دھاگوں میں لوگ بیٹھے
ہر اک کی خواہش کہ دوُسرے سے جھپٹ لے گلدستۂ مضامیں
ہر اک کو ضِد ہے کہ اُسکے سر پر ہی تاجِ معنی رکھا ہوا ہے

مگر معانی شکستہ کتبوں کی اُن دراڑوں میں مُنہ چھپائے ہوئے پڑے، ہنس رہے ہیں پیہم
جہاں تک ان سائلوں کے دست ولب وزباں کی نہیں رسائی

(۴)

گداگرانِ شکستہ پا کا ہجوم پیچھے ہی رہ گیا ہے
بلند کتبوں کی پُشت پر اک وسیع میدان پُرانی قبروں کے بوجھ سے تلملا رہا ہے
یہ قبریں وہ ہیں جنھیں میسر نہیں ہیں کتبے
سرہانے طاقوں میں جلنے والے دیوں کا حاصل دھویں کا دھبّا
مجاوروں کا لباس پہنے ہوئے بھٹکتا ہے غولِ صحرا
تمام قبروں کو چوُمتا ہے
کبھی جو کتبے نہیں لگائے گئے ہیں، اُن کی تلاش میں ہے
کبھی جو شمعیں نہیں جلائی گئی ہیں، اُن کو سمیٹتا ہے
کبھی جو آنکھیں نہیں بچھائی گئی ہیں، اُن کو کُرید تا ہے
کبھی جو زندہ نہیں رہے ہیں وہ لفظ قبروں پہ لکھ رہا ہے
کبھی جو روشن نہیں رہی ہیں وہ شمعیں اُن میں ڈھونڈتا ہے
کبھی نہ گرمی رہی ہے جن میں، وہ سانسیں مُردوں سے مانگتا ہے

کہیں کہیں ان مجاوروں کے ہجوم میں گورکن کھڑے ہیں
سروں پہ بوسیدہ پگڑیاں ہیں غبار خوردہ
لبوں پہ مونچھوں کے بال سانسوں کے زیر و بم سے الجھ رہے ہیں
اداس چہروں پہ جھاڑ جھنکاڑ داڑھیاں ہیں
گلے سے ٹخنے تلک لٹکتے ہیں لمبے کُرتے
کھُلے گریباں میں ہڈیوں سے گُندھی ہوئی ہے
سروں کے خالی شکستہ کاسوں کی خونی مالا

بجھے ہوئے حلقہ ہائے چشمِ شغال میں ہیں ہوس کے شعلے
لیے ہوئے استخوانی ہاتھوں میں بیلچے پھاوڑے کدالیں
شکستہ قبروں کا بخیہ بخیہ ادھیڑتے ہیں
گلا سڑا جو کفن بھی ہاتھ آ گیا تو خوانِ کرم کا تازہ صحیفہ جانا
کسی مزارِ کہن کی مٹی سے کرم خوردہ ورق ملے تو اُنھیں زبانِ قلم سے چاٹا
کسی لحد میں شکستہ ڈھانچوں کی ہڈیاں ہی ملیں تو ان کو قبا میں ٹانکا

بچھائے بوسیدہ کاغذوں کے عریض دفتر
نظر پہ ٹوٹی کمانیوں کے کثیف چشمے لگائے، کانوں پہ اپنے رنگیں قلم جمائے
جھکے ہوئے منشیانِ کُہنہ حساب قبروں کے مال و دولت کا لکھ رہے ہیں
مجاوروں کو گِلہ ہے دزدِ کفن سے
دزدِ کفن کو شکوہ ہے گور کن سے

(۵)

کرسیوں کا جادو نگر

جہاں سے دشتِ ندا کی سرحد کی ابتدا ہے
وہاں گڑی ہیں قدم قدم پر کچھ ایسی جادوئی کرسیاں
جو چہار جانب کو گھومتی ہیں اشارہ ہلکا سا پا کے فربہ دبیز کولھوں کا لمحہ لمحہ
جو وزنِ کرسی نشیں سے مِٹّی میں دھنس چکی ہیں
غریب بیچاری کُرسیوں پر لدا ہوا ہے وہ بارِ دانش
کہ اُن کی رگ رگ چیخ رہی ہے
یہ علم و دانش کے پہرہ داروں کا ہے رسالہ
ہے ایسی بھاری نشست ان کی
جگہ جگہ سے مسک گئے ہیں ضخیم گدّے

ہر ایک روزن سے علم کی ننھی ننھی دھاریں نکل رہی ہیں
جو علم و عرفاں، جو فضل و دانش ٹپک رہا ہے
چمکتے روشن حسین جوتوں پہ جم رہا ہے
ہزار ہا طالبانِ دانش
ہزار ہا تشنگانِ عرفاں
جو جانتے ہیں کہ سارا عرفان و عقل و دانش
ہے پہرہ دارانِ علم و عرفاں کی کُرسیوں کے قدم سے لپٹا
جو مانتے ہیں تمام فضل و کمال و علم و عمل کا مصدر
ہے کفشِ کُرسی نشیں کا تلوا
بڑے ادب سے پڑے ہوئے ہیں زمیں پہ اوندھے
ہزار ہا کا نصیب گرد و غبارِ پسماندگی
ہزاروں خود اپنے قدموں کی خاک چاٹیں
ہزاروں انساں زمیں پہ کیڑوں کی طرح اپنے شکم سے رینگیں
کہ سر اُٹھانا ہے اس زمیں پر گناہِ کبریٰ
جو سر اُٹھے گا رگڑ دیا جائے گا زمیں پر
اگر کسی سر میں ایک مدّھم سا بھی شرارہ ہے
اُسکو اپنے ہی اس شرارہ میں زندگی بھر جھلسنے جلنے کا حکم ہو گا
اگر کسی دل میں عزتِ نفس ہو رتی بھر
وہ دل خود اپنا لہوٗ پیے گا
اگر کسی دست و پا میں اتنی سکت ہے کُرسی نشیں کے دامن کو چھوٗ سکے وہ
تو ہاتھ ایسے کریں گے تا عمر سینہ کوبی
تو پاؤں ایسے زمیں کے کیڑوں کا رزق ہوں گے
وہ طالبانِ نجات جن کو ہے رینگنے میں مہارت

اور جن کے سر میں اندھا خلا ہے
سینے میں جن کے دل کی جگہ ہے چربی کا لجلجاتا پگھلتا ٹکڑا
وہ جن کے ہاتھوں نے گڑگڑا گڑگڑا کے مانگی ہے بھیک، جوتوں پہ کی ہے پالش
وہ جن کے پیروں نے اپنے بل پر کھڑا بھی ہونا کبھی نہ سیکھا
اس اندھی جہد و تلاش میں ہیں سبھوں سے آگے
یہ خوش نصیبانِ کفش پرور
بڑے جتن سے زمیں پہ لیٹے بلند کُرسی نشیں کے جوتوں کو چاٹتے ہیں
وہ سارا افسردۂ کمال و فنون و دانش جو کشفِ آقا پہ جم گیا ہے
اُسی کو پلکوں سے چُن رہے ہیں
اُسی کو آنکھوں پہ مل رہے ہیں
اُسی کو اپنے لبوں پہ ٹپکا رہے ہیں
اپنی زباں پہ خوش ہو کے رکھ رہے ہیں
کہ ہے یہی عطرِ فضل و دانش

اگر کسی سرپھرے نے کُرسی نشیں کو گھورا
اگر کسی کی زبان پر انکشافِ حق کا چراغ چمکا
تو خاک بوسی میں منہمک سب زبان و لب سر اُٹھا اُٹھا کر اسے نگاہوں سے چھیدتے ہیں
زبان کو یہ غریب شہر ہوس کے در پر ہی چھوڑ آئے
غیظ میں جب دہن کو دیتے ہیں بولنے کی ذرا سی زحمت
تو حلق سے اک صدا نکلتی ہے بھونکتی سی
بلند ہوتی ہیں ہر طرف سے صدائیں ایسی
کہ جن کے آگے صدائے خوک و شغال و سگ بھی ہے روح پرور
وہ سرپھرا سر جھکائے علم و کمال و فن سے نظر چُرائے کسی بیاباں میں سر پٹکتا ہے پتھروں سے

کہ اتنے سارے شغال و خوک و سگاں سے لڑنے کا آدمی کو نہیں ہے یارا

بلند مسند نشیں کی ہے زندگی ہی کُرسی
تمام علم و کمال و فن کا ہے راز کُرسی
تمام فہم و فراست و عقل اور تدبّر
ہے کُرسیوں سے
اگر یہ کُرسی سے ایک پل کو اُٹھیں تو جانو کہ سر ہے خالی
نگاہ ویراں، دماغ اندھیرا، زبان گونگی
یہ جادوئی کُرسیاں بھی شہرِ ہوس کا اک ایسا معجزہ ہیں
کہ ان پہ جو آکے بیٹھ جائے وہی فلاطونِ عصر، اُسی پر ہے ختم دانش
کوئی بھی کُرسی نشیں ذرا سے بھی اپنی کُرسی کو چھوڑ دے تو
وہ کفش پروردگاں جو کُرسی نشیں کا بول و براز چاٹیں
جھپٹ کے کُرسی پہ بیٹھ جائیں
وہ اپنے آقائے سابقیں پر تمام حلق و زباں کی قوت سے خوب بھونکیں
یہ جہدِ کُرسی نشینی آسان بھی نہیں ہے
کہ ایک کُرسی کے عاشقوں میں ہزار سجدہ گذار سر ہیں
زباں تو قدموں کو چاٹتی ہے
مگر نظر ہر کسی کی کُرسی کے خالی ہونے ہی پر لگی ہے

یہ جادوئی کُرسیاں ہیں ایسی
کہ اُن پہ بیٹھو تو ساری فطری ضرورتوں سے کنار کرلو
نہ بھوک اک پل کو بھی ستائے، نہ پیاس کاٹے
نہ جنس کی خواہشیں کبھی سر اُٹھائیں اپنا
غذا و مشروب و صنف و نازک

ہر اک کا نعم البدل ہے کُرسی

گھروں کو جائیں اگر یہ کُرسی نشیں کبھی بھی

تو کُرسی اِن کے بدن سے چپکی ہوئی رہے گی

یہ اپنے پیروں سے چلتے ہیں کب

انھیں چلاتی ہے اپنے پہیے پہ خود ہی کُرسی

یہ اپنے بچوں کو پیار کرتے تو ہیں

مگر یہ تمام بچے ہیں کُرسی زادے

جنھیں گلے سے لگا کے ہوتی ہے شاد کُرسی

یہ کھانا کھاتے ہیں پانی پیتے ہیں

جب بھی ان سے تقاضا کرتی ہے ان کی کُرسی

جو لقمہ ان کے دہن میں جاتا ہے رزق بنتا ہے کُرسیوں کا

سلامتی کُرسیوں کی ان کی سلامتی ہے

تقاضے کُرسی کے پورے ہوں تو رہیں یہ زندہ

یہ اپنی زوجہ سے مسکرا کر اگر کریں التفات ظاہر

تو مسکراتی ہے ان کے ہونٹوں سی ان کی کُرسی

اگر یہ اُس باوفا کی گردن میں بانہیں ڈالیں

تو ہاتھ کُرسی کے اُسکے رخسار و لب پہ کرتے ہیں ثبت بوسہ

یہ اپنی کُرسی کی انگلیوں ہی سے کھولتے ہیں

قبائے ہم بستری کے تکمے

یہ اپنے بستر پہ لیٹے رہتے ہیں بارِ کُرسی سے مضمحل فسردہ

مباشرت کے فریضے کرتی ہے پورے ان کے بجائے کُرسی

یہ جادوئی کُرسیاں ہیں ایسی

کہ ان پہ بیٹھو تو سارے انسانی رشتے ناتے
خلوص، الفت، وفا کے وعدے
اصول، اقدار اور عقیدے
سب اپنا دامن چھڑا کے بھاگیں

یہ جادوئی کُرسیاں ہیں ایسی
کہ ان کے پہلو سے جنم لیتی ہیں اور بھی کُرسیاں ہزاروں
ہر ایک کُرسی پہ اُنکو ملتی ہے جا
جو اپنے اصول، اختیار، قدریں فروخت کر دیں
جو اپنے آقا سے خوں کے رشتے تلاش کر لیں
جو اپنے مالک کو عمر بھر کی غلامی لکھ دیں

جو کُرسیاں ہیں حقیر چھوٹی
یہی تو کل کو ترقی کر کے بلند ہوں گی
یہی پھلیں گی تو ان کے قدموں میں بھی ہزاروں کے سر جھکیں گے
یہی جو پھولیں گی تو زمیں کی تمام وسعت کو گھیر لیں گی
یہ کیسا جنگل ہے ہر طرف کُرسیاں ہیں یا کُرسیوں کے طالب
یہ کیسا جنگل ہے ایک جانب ہزاروں کُرسی نشیں سروں کی سُنہری فصلیں چمک رہی ہیں
اور ایک جانب ہزاروں سریوں زمیں میں خود کو گڑو رہے ہیں
کہ خاک ان کو قبول کر لے
تو اِن سروں سے اُگیں گی آئندہ کُرسیوں کی جوان فصلیں
یہ کُرسیوں کا سنہرا جنگل جو لاکھوں میزوں کا جال پھیلا رہا ہے
قدموں کو روک لے گا
اگر یہاں رُک گئے تو صحرا نورد پیروں کو خود سے چلنا نہ آئے گا پھر

اگر یہاں رُک گئے تو ہاتھوں میں بیڑیاں ڈال دیں گی میزیں
اگر یہاں رُک گئے تو یہ رینگتے سنپولے تمھارے اعضا میں زہر اپنا انڈیل دیں گے
تمھیں بھی اپنے ہجوم میں گُم کریں گے
تم کو بھی اپنا ایسا غلام زادہ بنا کے چھوڑیں گے
بھاگ نکلو
یہ کُرسیوں کا کریہہ جنگل حدودِ دشتِ ندا میں پھیلا ہوا ہے ہر سوٗ
یہ دوٗر ہی کی صدا سے جتنی بھی بھیک پالے
اُسی کو علم و کمال و دانش کا عطر جانے
یہاں سے بھاگو
اگر یہاں تم رُکے رہے تو صلائے دشتِ ندا کبھی پھر نہ مل سکے گی
یہ ساحرانِ ندا کا جادو نگر ہے
جس میں ہزاروں لاکھوں ندا کے طالب پھنسے ہوئے ہیں
رُکا یہاں جو وہ کُرسیوں میں اُلجھ گیا ہے
رُکا یہاں جو وہ خود بھی کُرسی میں ڈھل گیا ہے

۱۲ فروری ۱۹۷۱

(۶)

شہرِ ندا

میں پہرہ دارانِ علم و دانش کی دسترس سے پرے
صدائے کوہِ ندا کے شہپر سے اُڑ رہا ہوں
حدودِ شہرِ ندا میں آخر پہنچ گیا ہوں
رسالہ دارانِ علم پیچھے سے بھونکتے ہیں

مگر صدائیں اب اُن کی گرد و غبارِ پس ماندگی میں ڈوبی
خود اُن کے کانوں سے لڑ رہی ہیں

کسی نے چُپکے سے میری آنکھیں
مرے لب و گوش و ذہن، دل اور زبان دے دی ہے مجھ کو واپس
مِرا تکلّم، مِری سماعت، مِری بصارت، مِری چھٹی حِس
تمام بیدار ہو چکی ہیں
جو زنگ ان پر لگا ہوا تھا اُتر گیا ہے

میں اپنی آنکھوں سے دیکھتا ہوں قدم قدم پر ندا کے جلوے
زباں پہ میری اُتر رہی ہیں وہ آیتیں
جو ندِا کی شکلوں میں فرق کرنا سکھا رہی ہیں

ندا کے روشن نگر میں
ہر روشنی سے الفاظ پھوٹتے ہیں
تمام رنگوں میں اُن کے معنی جھلک رہے ہیں
خطوط و اشکال اور دوائر
حروف و اصوات اور ضمائر
نظر کی جنبش
قدم کی لغزش
گلے کی ہلکی سی گنگناہٹ
لبوں کی مدھم سی تھرتھراہٹ
بدن کی حرکت
بدن کے اعضا کا رقصِ خفتہ
ہر ایک زیر و بمِ صدا میں

ہزار معنی تڑپ رہے ہیں
سماعت اپنے وسیع دامن میں اُن کو چُنتی
بصارت اُن کو سمیٹتی ہے
زبان اُن کو دماغ و دل سے گزارتی ہے
دماغ و دل اپنی اپنی سطحوں پہ اُن کو رکھ کر
تہیں معانی کی کھولتے ہیں
دماغ و دل کی تمام سطحوں پہ رنگِ معنی جدا جدا ہے
دماغ یا دل کی سطح پہ معانی
جو نقش چھوڑیں قبول کر لو
مکمل ابلاغ کی تمنا
سرشتِ معنی کی ناشناسی ہے
اور نامحرمی ہے فن کی
معانی
نامحرمانِ الفاظ کے لئے مرگ
معانی
لاف و گزافِ دانش کے دعوے داروں پہ منکشف ہوں
تو پستیاں کُرسیوں کی ظاہر ہوں ایک پل میں
تو لفظ کو پوُجتے لبوں پر سکوت مُہرِ دوام کر دے
تو برتری کے تمام دعوے اندھیرے سینوں کی قبریں کہنہ چھپا لیں اپنا
تو فضل و علم و کمال کے یہ عمامے جُبّے عبا قبا سب زمیں پہ لوٹیں
کہ ردّی کاغذ کے چیتھڑوں سے زیادہ وقعت نہیں ہے ان کی
معانی خود کو گزافِ فصل و کمال و دانش سے بے تعلق کیے ہوئے ہیں
فضیلتوں کے عمامے معنی کو سر میں آنے سے روکتے ہیں

عبا قبا کی بلند پستی کی دسترس میں نہیں معانی
مناصبِ اقتدار و دولت
مراتبِ اختیار و ثروت
علاقہ رکھتے نہیں معانی کی سرحدوں سے
کہ بھیک معنی کی مانگتے ہیں ہمیشہ کوہِ ندا کے افتادہ پتھروں سے

(۷)

جزیرۂ آئینہ گراں

میں آکے شہرِ ندا میں بھی دیکھتا ہوں
کچھ ناشناسِ معنی
جو پہرہ دارانِ علم و دانش کی کُرسیوں کے حضور
ذہن و دل و نظر رہن رکھ چکے ہیں
اور اُس کی قیمت میں گونگے تتلاتے تاجرانِ زبان سے
عجزِ بیاں کی تھوڑی سی بھیک پاکر
بزعمِ خود ہیں کلیمِ لفظ و مسیحِ معنیٰ
دماغ میں تمکنت کا گرد و غبار بھر کر
پُرانے لفظوں کا رنگ دھو کر، ملمع کر کے
شکستہ اور کھوکھلے علائم کا رنگ و روغن لبوں پہ مل کر
دلوں کی تاریکیوں کو روشن چمکتے لفظوں کا روُپ دے کر
حصارِ شہرِ ندا میں درّانہ گھوُمتے ہیں
معانی ان سارقانِ لفظ و بیاں کو زنجیرِ شوق و شہرت سے باندھ کر
اک حسیں جزیرے میں قید کرتے ہیں
تاکہ دزدانِ فن کا آکر تماشہ دیکھیں ندا کے طالب

جزیرۂ سازمانِ فن کے چہار جانب
چھلک رہی ہے وہ جھیل
دامن میں جس کے ساتوں سمندروں کا ہے تھوڑا تھوڑا سا آب شامل
ہر اک سمندر کا پانی اپنے علاحدہ رنگ کی بدولت
ہے باقی چھ پانیوں کا دشمن
یہ سارے رنگوں کی جھیل اپنے جُدا جُدا پانیوں کی موجیں سمیٹتی ہے
تو ناچتا ہے جزیرہ موجوں کی کشمکش میں
رُکے ہوئے پانیوں میں اُٹھتا ہے نرم طوفاں
لپیٹ لیتا ہے جو جزیرے کو چار سوٗ سے
ہوائیں طوفاں کی ایک حد میں ہمیشہ چلتی ہیں
سمتیں ان کی مقرّرہ ہیں
ہوائے دوراں کی تیزی و تندی و تباہی
جزیرے والوں تلک پہونچتی نہیں
کہ اُن کا حصارِ آبی قبول کرتا نہیں ہواؤں کی تیز گامی

جزیرہ رنگیں دھندلکا اوڑھے
تمازتِ مہرِ آتشیں سے نہیں ہے واقف
زمیں یہاں کی تصوراتی ہے
جو جھُلستی نہیں کبھی بھی
مکاں یہاں کے ہیں شیشہ گر کے فنِ لطیفہ کے شاہ پارے
یہاں کی سڑکیں، یہاں کی گلیاں
ہیں ست رنگے کاغذوں کے نقشے
بگولے اُٹھتے نہیں یہاں سے

یہاں پہ گرد و غبار ڈھونڈے سے بھی کسی جا نہ مل سکے گا
یہاں کسی کے قدم کے نیچے زمیں نہیں ہے
یہاں کسی کے بھی سر پہ وہ آسماں نہیں ہے
جو پیستا ہے زمین والوں کو روز و شب، ماہ و سال پیہم
یہاں زماں ہے وہ ٹھہرا دریا
جو سیکڑوں ہی برس سے ساکت پڑا ہوا ہے

سخنورانِ جزیرہ ہیں گردشِ زمان و زمیں سی عاری
یہ اپنی تخییل کے جزیرے کو مانتے ہیں خُلاصۂ کائناتِ انساں
یہ اپنے اصنامِ ذہن ہی کو تراشتے ہیں، سنوارتے ہیں
اور اُن کی پوُجا میں روز و شب کا ہر ایک لمحہ گذارتے ہیں
یہ اپنی انسانی روُح و صورت سے اجنبی ہو چکے ہیں
اپنے دماغ و دل سب حسیں دھندلکوں میں کھو چکے ہیں
یہ اپنے سارے حواس نہرِ شرابِ فن میں ڈبو چکے ہیں
اب اِن کو اپنے اور اپنی فن کے علاوہ اطراف کی خبر ہے تو صرف اتنی
کہ اُن کا خود بین و خود نما فن کُچھ ایسے آئینے مانگتا ہے
جو صرف اُن کی ہی شکل کا انعکاس کرتے رہیں ہمیشہ
اور آئینوں کی قطار اپنے حضور رکھ کر
یہ فن کے نرم و لطیف سانچوں میں خود سنورتے رہیں ہمیشہ
تمام انساں وہ آئینے ہیں
جو اِن کی شکلوں کو اپنے سینوں میں بند کرلیں
جو اِن کی باتوں کو اپنے ذہنوں پہ نقش کرلیں
جو اِن کی صنعت گری کو روُحوں میں جذب کرلیں

جو اِن کے ڈھالے ہوئے ہیولوں کو اپنی آنکھوں میں بند کر لیں
سخنورانِ جزیرہ رہتے ہیں آئینوں کے نگر میں
آئینے ڈھالتے ہیں
اور آئینوں میں خود اپنی صوٗرت کو پوٗجتے ہیں
یہ رکھ کے آئینے اپنے آگے
خود اپنے عکسوں کو سجدہ کرتے ہیں
دیکھتے ہیں کہ عکس بھی کر رہے ہیں اِن کے حضور سجدہ
تو ساری دنیا کو اپنا سجدہ گذار و مخلوق جانتے ہیں
خیالی عکسوں کی اس پرستش میں خود کو معبود مانتے ہیں

سخنوروں کو یقین محکم
"کہ اُن کی دنیائے ذات ہی سے زماں مکاں کی حدیں ملی ہیں
وجودِ برحق ہے ذات اُن کی
ہے اور جو کُچھ بھی، نقشِ باطل
وجود اِن کا ہی امرِ کُن ہے
ہیں اور جتنے وجود دنیا میں حرفِ معدوم و منتشر ہیں
ہیں آدمی وہ ہیولے بارِ وجود سے جو دبے ہوئے لڑکھڑا رہے ہیں
وہ دستِ محنت زمیں کے سینے کو جو ٹٹولے
ہے رمزِ تخلیقِ فن سے جاہل
جو اپنا خوں اور پسینہ ٹپکا کے خشک مٹی کو گوندھتا ہے
جو اپنا اور اپنے بال بچوں کا پیٹ بھرنے کی فکرِ بے فیض میں مگن ہے
یہ جانتا ہی نہیں کہ فن وہ عظیم دولت ہے
جو شکم کی ضرورتوں کو مٹا کے انساں کو ماورائی وجود دیتی ہے

اُس کو انسانی بندھنوں سے نجات دیتی ہے
ایسی دنیا میں لے کے جاتی ہے خیریت ہے جہاں ہمیشہ"

یہ خیریت، عافیت کے نغمہ سرانِ خفتہ حصارِ گم گشتگی کے قیدی
یہ ایسے شہرِ طلسمِ ظلمات کے ہے شہری
جہاں نہ فکرِ معاش ہے اور نہ فکرِ دوراں
دہاں نہ شر ہے نہ خیر ہے اور نہ کوئی حق ہے نہ کوئی باطل
جہاں معیشت مآل سے ہے تہی
سیاست، سماج، جہدِ بقا، تباہی، صعوبتیں، ابتلا، شہادت
مجرداتِ خیال ہیں اور خیال دنیا سے بے خبر ہے
سخنورانِ جزیرہ لفظوں کے شعبدوں کو سخن کا عنوان مانتے ہیں
علامتوں کو علحدہ کر کے اُن کے معروضِ خارجی سے اپنی نظموں میں ٹانکتے ہیں
وہ استعاروں کو توڑ کر ریزہ ریزہ معنی کو پیستے کوٹتے ہیں اتنا
کہ اُن کا سونا بھی راکھ بن کر نظر سے گم ہو
بیان کے تجربے کی خاطر زبان کو یوں مروڑتے توڑتے ہیں پیہم
کہ اُن کی گرہوں کو کھول دو تو سکوت کا شور وغل ہی نکلے سخن کا حاصل

(۸)

(شورِ سکوت)

سکوت کے شور وغل میں گُم ہے سخن کی دولت
خیال کے کاغذی درختوں کی نرم شاخوں سے اُلٹے لٹکے ہوئے سخنور
سمجھ رہے ہیں کہ آسماں سے بلند ہیں وہ
نجوم و مہر و قمر ہیں اُنکے قدم کے نیچے
زمین اُن کی نظر سے اوجھل ہے

اور زمیں کے تمام باسی حقیر کیڑے ہیں، رینگتے ہیں جو پستیوں میں
سمجھ رہے ہیں ہر ایک رشتہ اُلٹ گیا ہے
ہر ایک شے واژگوں ہوئی ہے
ہر ایک رستے نے اپنے رُخ کو بدل دیا ہے
اگر کوئی تند و تیز جھونکا، کہیں سے آجائے بھولا بھٹکا
خیال کے کاغذی درختوں کو توڑ ڈالے
زمیں پہ گرتے ہیں مُنہ کے بھل اور بزعمِ خود آسماں کے تاروں سے کھیلتے ہیں
زمین اُن کو اُٹھا کے سیدھا کھڑا کرے تو یہ جانتے ہیں کہ سارا منظر اُلٹ گیا ہے
وہ سارے منظر کو اپنی اُلٹی نظر سے سیدھا نہ کر سکیں تو
نئی خیالی بلندیوں پر اُگائے اشجارِ واہمہ پر لپک کے چڑھتے ہیں
پھر سے اُلٹا لٹک کے دنیا کو دیکھتے ہیں
اور اپنے اس تجربے کو لفظوں کے واژگوں ساغروں میں پیہم انڈیلتے ہیں
کہ اُن کی باتیں زمین کے بے وقوف باسی
(جو زندگی کے جھُلستے میداں کے خارزاروں میں اپنے پیروں سے چل رہے ہیں)
کبھی نہ شاید سمجھ سکیں گے
سکوت بھی اُن کا ہے اندھیرے میں غرق ایواں
کلام بھی اُن کا ورق درورق خموشی کا ایک بنجر اداس میداں

(۸)

سکوت کے شور و غل میں گُم ہے سخن کی دولت
مُراقبے میں ہے غرق برسوں سے اک سخنور
کروڑہا رنگ لمحوں نے اُڑتے اُڑتے سدا یہ دیکھا
کہ اُس کی آنکھیں مُندی ہوئی ہیں

ہزار ہا روز و شب نے اُس کے حواس کو جب چھُوا تو پایا ہے اُن کو مُختل
قریب ہی اُس کے ایک طوطا قفس میں بیٹھا پکارتا ہے
کہ یہ سخنور ہے ذات کے اُس اندھیرے جنگل میں راہ پیما
رِشی مُنی اولیا پیمبر جہاں پہونچ کر سُراغ پاتے ہیں زندگی کا
ہے سبز طوطے کی سُرخ منقار میں جریدہ
لِکھا ہے جس پر کہ یہ سخنور ہے عارفِ رمزِ ذات، اس کا کلام سُن لو
قفس میں بیٹھا ہوا پرندہ جریدۂ شب کے پہلے کاغذ الٹ الٹ کر سُنا رہا ہے
سیاہ حرفوں میں لکّھا کج مج کلامِ شاعر

سمٹ گیا ہے مری نظر میں سیہ طلسمات کا اندھیرا
ہے میرے اندر ہے میرے باہر بھی میری ہی ذات کا اندھیرا

حیات کا بے کراں سمندر شعور کی تہہ میں چیختا ہے
میں جذب کرتا ہوں قطرہ قطرہ وجود میں رات کا اندھیرا

زوال ذلت، ظہور زائد، زمین ضیغم، ذخیرہ زخمی
کسی طرح سے بھی لفظ جوڑو، گھٹے گا کب بات کا اندھیرا

میں ہار کر بھی شکستہ خاطر، میں جیت کر بھی شکستہ خاطر
ہے فتح کی روشنی میں شامل حریف کی بات کا اندھیرا

بکھرتا ہے لمحہ لمحہ میرا وجود دِن بھر کی کشمکش میں
مجھے دوبارہ سمیٹتا جمع کرتا ہے رات کا اندھیرا

اندھیرے کمرے میں کالی بلّی کی چشمِ روشن کلامِ شاعر
چراغ ہنستا ہے یا بھڑکتا ہے خود مِرے ہاتھ کا اندھیرا

مِری سماعت میں پگھلا سیسہ ٹپک رہا تھا
اندھیری آیاتِ ذات مُجھ پر اُتر رہی تھیں

کہ ہر طرف سے بہت سے طوطوں کی داد و تحسین کے شور و غل نے
مِرے مذاقِ سخن کو اس طرح سے جھنجھوڑا
میں چونک اُٹھا
وہ سر جو زانو پہ تھا، اُٹھا تو عجیب منظر نگاہ میں تھا
طیورِ نغمہ طراز پنجروں سمیت اُڑ اُڑ کے آ رہے تھے ہر اک طرف سے
ہر اک کی منقار اپنے پر سے جریدۂ شب نکالتی تھی
سیاہ اوراق کے اندھیروں سے کالے الفاظ گر رہے تھے
رٹے رٹائے، سجے سجائے، بنے بنائے یہ لفظ مجھ پر برس رہے تھے
مِری نگاہوں کے آگے لفظوں کا ایک پردہ تنا ہوا تھا
مِری سماعت سے کھوکھلے چیختے سخن کا سمندر آ کر اُلجھ رہا تھا
کسی طرف سے فرار کا راستہ نہیں تھا
مجھے یہ محسوس ہو رہا تھا
کہ میں بھی اک بند اندھا، بے روزن و دریچہ سیاہ کمرہ بنا ہوا ہوں
اگر نہ اُن کھوکھلی صداؤں کا تنگ و تیرہ حصار ٹوٹا
تو میں ابد تک رہوں گا زندانیِ طلسمِ حصارِ ظلمت
کبھی نہ کوہِ ندا کی سب سے بلند چوٹی پہ جا سکوں گا
کبھی نہ سچّی ندا کے طورِ تجلیاتِ سخن سے نظریں ملا سکوں گا

سخن نے کی میری دستگیری
ورائے کوہِ ندا کی بجلی نے آگے بڑھ کر حصار توڑا
تمام لفظوں کے تیرہ پردے جلا دئے اور تمام دیواریں بھسم کر دیں
تھے اب وہ دھونی رمائے سادھو نہ اُن کے طوطے
نہ اُن کے کاغذ، نہ اُن کی منقار اور نہ پنجرے

بس اک تجلّیِ برقِ معنیٰ سے راکھ بنِ کر سب اُڑ گئے تھے
جزیرہ الفاظ کے سمندر کی تہہ میں گم تھا
سکوت صحرا بکف کھڑا تھا
صدائیں بھی ہیں سکوت کی پردہ پوش شکلیں
سکوت کے ہیں ہزار چہرے[1]

[1] (ظاہرا یہ نظم نامکمل رہی اور تلاش کے باوجود اسکا صرف پہلا مسودہ دستیاب ہو سکا۔ ذیل کی نظم اگرچہ مستقل طور پر شایع ہوئی، لیکن تیور، افکار اور بحر کے لحاظ سے یہ گمان ہے کہ شاید اسی طویل نظم میں شامل کرنے کے لیے لکھی گئی ہو—مرتب)

اکہرے بے تہہ آدمیوں کا چڑیا گھر

بلند و بالا گھنے درختوں کا ہر طرف سے حصار باندھے
زمیں جزیروں اور ٹکڑوں میں بٹ گئی ہے
ہر ایک ٹکڑے کے گرد لوہے کے سخت تاروں نے تان رکھی ہے ایک چادر

جزیرے پانی کی خندقوں سے بٹے ہوئے ہیں

وہی ہوا اور روشنی ہے جو اک جزیرے سے دوسرے تک گزر رہی ہے
وہی ہوا اور روشنی ہے جو ایک ٹکڑے کو دوسرے سے ملا رہی ہے
وہی فضا ہے جو اپنی بانہوں میں اس زمیں کو لیے ہوئے ہے
یہ خندق آلودہ پارہ پارہ زمیں اُسی اک زمیں کا حصّہ ہے
جو ہمارے تمہارے سب کے قدم کے نیچے بچھی ہوئی ہے

یہاں بھی سب کے سروں پہ خیمہ فگن وہی آسماں ہے
جس کے ستارے سورج زمیں کو کرنوں کے ایک رشتے میں باندھتے ہیں
مگر یہ آدم کا شعبدہ ہے اٹھائیں دیواریں اور کھودی زمیں میں خندق
مشین، لوہے، سمنٹ، پانی سے درمیاں میں حصار کھینچے
یہ علمِ آدم کا ہے کرشمہ کہ پارہ پارہ ہوئی زمان و مکاں کی وحدت
یہ آدمی کی نظر کا ہے معجزہ حقیقت بنی ہوئی ہے ہزاروں لاکھوں کروڑوں
ٹکڑوں کی ریزہ کاری
جزیروں ٹکڑوں میں قید انساں ہوا کو اجزاء میں بانٹتا ہے
حصار و خندق سے پارہ پارہ نظر فضا و فلک کو کرتی ہے ریزہ ریزہ
ہر اک جزیرے میں قید ہے اک گروہِ آدم
ہر ایک ٹکڑے میں اک قبیلہ بسا ہوا ہے

ہر اک قبیلہ، گروہ اپنے ہی تنگ زنداں کو جانتا ہے حقیقتِ کُل
ہر ایک قیدی خود اپنی ریزہ صفت نظر ہی کو جانتا ہے جہان پیما
حقیقتِ کُل نہ یہ جزیرہ، نہ وہ زمیں کا حصار آلودہ تنگ ٹکڑا
جہان پیمانہ یہ حدیں ہیں، نہ وہ فصیلیں
زمیں کی وسعت نہ خندقیں ہیں، نہ خندقوں میں چھلکتا پانی
مشین، لوہے، سمنٹ، پتھر کے بطن سے پھوٹتی ہے کثرت
خلا کی وسعت میں تیرتی دوڑتی مشینوں کی نارسائی کی حدِّ آخر ہے صرف ظلمت

جزیروں ٹکڑوں میں قیدیوں کے قبیلے تحقیق کر رہے ہیں
کہ اُن کے حصّے کے خشت و گِل کا مزاج کیا ہے
کہ اُن کی قسمت کی چند کرنوں کا راز کیا ہے
کہ اُن کے چُلّو میں قید پانی کی سمت کیا ہے
کہ اُن کی مٹھی میں بند موجِ ہوا کے اجزاء کی اصل کیا ہے

جزیروں کے درمیاں حصاروں میں چند روزن کُھلے ہوئے ہیں
لگائے اِن روزنوں میں آلے ہر اک قبیلے کا سرغنہ دوسروں کے
علم و نظر پہ خنداں
ہر اک سمجھتا ہے علم اُس کا حقیقتِ کُل کو پا چکا ہے
ہر ایک کو ہے گمان یہ کہ اُسی کی عینک نظارہ پیما بھی ہے نظر بھی
ہر ایک کو ہے یہ زعم اُس کی ہی خوردبیں کے قدم کے نیچے زماں مکاں ہیں

جزیروں ٹکڑوں میں قید انسان
خود اپنے ایسے ہی قیدیوں کو سمجھ رہا ہے عیارِ انساں
ہر اک قبیلے کو وہم ہے یہ اُسی کے افراد آدمی ہیں
ہوس نے ٹکڑے کیے زمیں کے

نگاہِ آدم کا ہے کرشمہ کہ ہے حقیقت بھی پارہ پارہ
ہے ارتقائے علوم کا معجزہ کہ وحدت ہے ریزہ ریزہ

ہماری دنیا حصار و دیوار کی ہے دُنیا
ہماری دنیا کے رہنے والے اکھرے بے تہہ وحوش وحیواں

۳ ستمبر، ۱۹۷۳

اعتراف

مجھے تسلیم ہے اپنی جہالت
کہ میں نے مشرق و مغرب کے ذہنوں کی رفاقت میں بسر کی زندگانی

مجھے تسلیم ہے اپنی حماقت
کہ ہر اک احمق و جاہل سے میں دنیا کی بازی ہار جاتا ہوں

مجھے تسلیم ہے اپنی شقاوت
کہ دل ٹوٹے کسی کا، میرا دل فریاد کرتا ہے

مجھے تسلیم ہے خود ذات سے اپنی محبت
کہ میں نے عمر کے ایک ایک لمحے کا لہو اپنے عزیزوں کو پلایا ہے
خود اپنی فاقہ کش جہد و کشاکش کا ثمر اُن کو کھلایا ہے

مجھے تسلیم ہے اپنی دنائت
کہ روئے آنکھ کوئی، میری پلکوں پر ستارے ٹوٹتے ہیں
مجھے تسلیم ہے اپنی بغاوت
کہ میری مے کشی جامِ مجازی کو نہیں کہتی حقیقی عشق کا نشہ
کہ میری معصیت ایمان کو دھوکا نہیں دیتی

مجھے تسلیم ہے اپنی انانیت
کہ وہ جادے، نشاں ہیں جن پہ اوروں کے قدم کے، مجھ کو ڈستے ہیں
میں ہر نقشِ قدم کو راہ کا پتھر سمجھتا ہوں
مٹایا اُن کو تب آگے بڑھا ہوں
اگر اصنافِ کہنہ کو چھوا ہے تازہ کار اُن کو بنایا

اگر پژمُردہ پھولوں کو اُٹھایا تو بہار اُن کو بنایا

مجھے تسلیم ہے اپنی خیانت
کہ میں ہر اک کی محرومی کو اپنا ہی مقدر جانتا ہوں
جو غم اوروں کے ہیں اُن کو بھی میں اپنی ہی دولت مانتا ہوں

مجھے تسلیم ہے اپنی گنہ گار آدمیت
خدایا!
اپنے ان سارے گناہوں کا اُٹھا کر بوجھ تیرے سامنے حاضر ہوا ہوں
سر افگندہ حضورِ مجمعِ روزِ جزا ہوں
میں سر تا پا خطا ہوں، مستحقِ ہر سزا ہوں
کِراماً کاتبیں نے کیا لکھا اعمال نامے میں
نکیرین آ کے اس عاصی کا کیا محضر سنائیں گے
وہ جانیں اور تو جانے

غفور و راحم و آمرز گارا
مِرا تو یہ عقیدہ ہے
شفیعِ روزِ محشر رحمتِ عالمؐ ہیں
جامِ ساقیِ کوثر مداوائے عطش ہے
شفاعت اُن کی، اِن کا جام مل جائے
تو میرے سب معاصی نیکیوں کے خالی پلڑے میں بہم ہو کر
تِرے انصاف کی میزاں کو میرے حق میں کر دیں گے

مجھے تسلیم ہے اپنی یہ بدعت
پرستش مصطفیؐ کی کر رہا ہوں، بندۂ شاہِ ولایت ہوں

تری حمد و ثنا کو چھوڑ کر مدّاحِ سلطانِ شہادت ہوں

۱۲ فروری، ۱۹۷۱

کفن فروش

ضعیفُ العقل، کہنہ سال بونے
کمر خستہ، خمیدہ فہم، حِس مردہ، ضمائر سوختہ بالشتیے
ایک لاش پر بیٹھے ہوئے ہیں
بصارت سے تہی آنکھیں اندھیرے میں چمکتی ہیں
بصیرت سے تہی اذہان اُجالوں میں بھٹکتے ہیں
خود اپنی قبر پر بیٹھے ہوئے بوڑھے مجاور
گھروں کو اپنے لاوارث کا ترکہ بھیجتے ہیں

جو ترکہ لاش کا تھا بٹ چکا ہے
اب اُس کے دفن کی تجویز ہوتی ہے
حکومت سے سنہرا اور روپہلا اِک کفن مانگا گیا ہے
مجاور اور کرگس پھر اکٹھا ہیں
چلو ہم بھی تماشہ چل کے دیکھیں
کہ اندھے بانٹتے ہیں اپنے کنبوں میں کفن کیونکر

بہت ہی دور کے ہم اِک تماشائی ہیں
پھر بھی محرمانِ راز سے پوچھیں
یہ نعشِ بے کفن کلچر کی ہے، مذہب کی ہے یا ہے زبان کی؟

۲۲ جنوری، ۱۹۷۲

نغمۂ زنجیر

قید خانے کی دیواریں اونچی تھیں
در اور دریچے نہ تھے
روزنوں سے ہوا، روشنی دُھوپ آتی تھی لاکھوں جتن سے
بیڑیاں پیر میں تھیں
گلے میں تھا طوقِ گراں
ہاتھ تھے رسّیوں سے بندھے
جسم جکڑا ہوا آہنی زنجیر سے
ہم نے اک عمر اسیریِ زندان و زنجیر میں کاٹ دی

سال ہا سال تک
دھوپ اور روشنی اور ہوا کی اک اک بوند ہم نے سمیٹی
اور اس دولتِ بے بہا سے
ایک مدّھم سا شعلہ بنایا
اُسے برسوں اپنے لہو میں تپایا، جلایا
اُس اک بوند بھر روشنی ہی سے خورشید ڈھالا
اُس اک بوند بھر دھوپ کو شعلگی دی
اُس اک قطرہ آسا ہوا کو
خود اپنے ہی انفاس کی گرمی و تندی و تیز گامی عطا کی
قید خانے میں اتنے ہی ہتھیار آئے میّسر ہمیں

اور اک روز دیکھا
شب و روز کی قطرہ قطرہ ٹپکتی ہوئی کاوشِ مستقل نے

وہ طوق ورسن اور زنجیریں سب کاٹ دیں
جسم سے خوں کا طوفان اٹھا اور دیواریں زندان کی ڈھے گئیں
سال ہا سال زنداں میں رہنے کے بعد
تیز دھوپ اور تازہ ہوا، اور اک بے کراں روشنی میں ہم آزاد تھے

ہم نے اپنے تئیں اک نئے، بے نہایت سفر کا کیا عزم
اور ہم جس جگہ بھی گئے
ایک بے قید وزنجیر دنیا بسائی وہاں
سال ہا سال تک ہم نے تازہ جہانوں کی ڈالی بنا
ہاتھ دیواریں ڈھاتے رہے
شعلۂ پائے رفتار سے ساری زنجیریں کٹتی، بکھرتی رہیں

اور اب تھک کے بیٹھے ہیں جو چند پل کیلئے
دیکھتے ہیں ہمارے ہی اطراف دیواریں پھر سے کھڑی ہو گئیں
جسم پھر سے گرفتارِ زنجیر ہے
اور پھر دھوپ اور روشنی اور ہوا کی بس اِک بوند اپنے مقدر میں ہے
جسم میں خوں کا طوفان سمٹا ہوا
اور زندان کی خامشی میں بس اک نوحۂ شورِ زنجیر ہے

اور اس نغمۂ شورِ زنجیر میں ایک آواز کہتی ہے یہ
قید خانے کی دیوار ہے خود تمھارا وجود
یہ گراں بار زنجیر و طوق ورسن ہیں تمہارے ہی انفاس کے سلسلے

توڑ دو ساری دیواریں زنجیریں اطراف کی
اور اپنے تئیں یہ سمجھ لو کہ آزاد ہو

پھر بھی آزاد ہو کر جہاں جاؤ گے
اپنی دیواریں زنجیریں تم ساتھ لے جاؤ گے
تم خود اپنے ہی صیّاد بھی، صید بھی
تم خود ہی اپنی زنجیر بھی اور دیوار بھی

فروری، ۱۹۷۲

سخنِ تازہ کا وقفہ ہے سکوت

چیختی گونجتی آوازوں کے صحرا میں کھڑا ہوں ساکت
موج در موج تڑپتی ہوئی آوارہ صداؤں کا ہجوم
ایسا سنّاٹا ہے آواز کا رشتہ نہیں ملتا جس میں

میں ہوں خاموش تو سمجھو نہ اِسے عجزِ بیاں ہم سخنو
پھوٹتا ہے لبِ خاموش کی شاخوں پہ سخن کا گلِ تر
رازِ فن جانتے ہیں رمز شناسانِ سکوت
قادرِ اظہار پہ ہیں صرف زباں دانِ سکوت
لفظوں کے ڈھیر ہیں آواز کا مردہ تابوت
شور ہی شور ہے بے ربطی و بے معنویت

تال ہی تال اگر ہو تو نہیں بنتی لے
لفظ ہی لفظ اگر ہوں تو نہیں ڈھلتے شعر
صرف آواز ہی آواز اگر ہو تو ہے شور و غوغا
سخنِ تازہ کا وقفہ ہے سکوت
خالی وقفوں میں گرہ پڑتی ہے خاموشی کی
تب کہیں راگ نکلتے ہیں ابھرتی ہے لَے
خامُشی گوندھتی ہے صوت سے نغمات کے ہار
لفظ در لفظ چمکتی ہے یہی خاموشی
غنچہ در غنچہ مہکتی ہے یہی خاموشی
پیش خیمہ ہیں بہاروں کا خزاں کے وقفے
جن کے لب صوت سے عاری ہیں، بھرے بیٹھے ہیں

ہے یہی فرصتِ لب نغمہ گر و شعر آثار

پے بہ پے آنکھوں سے گزریں جو مناظر تو نظر پردہ ہے
لفظ و آواز حجابات ہیں توڑے نہ اگر اُن کو سکوت

میں ہوں خاموش تو یہ جانو کہ لفظوں پہ اُترتی ہے خموشی کی وحی
میں ہوں ناطق تو یہ سمجھو کہ خموشی نے زباں پائی ہے

۱۰ اپریل، ۱۹۷۲

دعا

شکم فاقوں سے پُر
دل ریگ کا طوفان
آنکھیں خشک طغیانی

عجب طاقت تھی اِس ناطاقتی میں
عجب دولت تھی اِس بے مایگی میں

شکم سیری غرورِ فاقہ کی شوکت سے خالی ہے
شرابِ کامرانی تشنگی کے نشّے سے عاری
تہی ہے جراتِ آوارگی سے آنکھ جو آسودۂ گل ہے

خدایا!
اے خدائے فقر وفاقہ!
مِری سیرابیوں کو تشنگی بھی دے
مِری آسودگی کو جراتِ آوارگی بھی دے
مِرے نازِ خرد کو وحشت و آشفتگی بھی دے
مِرے اطراف اک میلہ لگا ہے
غرورِ فقر وفاقہ بِک رہا ہے
متاعِ بے نیازی لٹ رہی ہے

خداوندا!
یہ بِکنا، یہ خریداری
سراسر ہے زیاں کاری

عزیزِ مصر کے ہاتھوں بِکے یوسف تو دونوں ہی کا
نقصاں ہے

خدائے بے نیازاں!
تو میری روشنیِ ذہن کو
ظلمت کی چوکھٹ پر نہ رسوا کر
مِری بے منصبی کو تو دماغِ کج کلاہی دے
مجھے بے مایگی کی سلطنت دی ہے
تو شانِ بے نیازی دے

۱۰ اپریل، ۱۹۷۲

ایں چہ شوریست......؟

ہجوم آدمیوں کا تھا میرے گرد و پیش
تمام آنکھیں درِ داخلہ کی جانب تھیں
زبانیں کہتی تھیں اک دوسرے سے رُک رُک کر
شرف مآب، فضیلت مآب لوگوں کا
جلوس آنے کو ہے، آنکھیں سو نہ جائیں کہیں
تمام منتخبِ دہر، کاملانِ علوم
زعیمِ عصر کی سرکردگی میں آئیں گے
اور اس کے بعد بٹیں گے مناصب و اکرام
سندِ کمال کی تقسیم ہوگی نام بہ نام

ہجوم آدمیوں کا تھا میرے گرد و پیش
امیدوارِ کرم، دل براہ، گوش بہ در
کہ اک غبار اُٹھا رنگ و نور کا باہر
نقیب آدمیوں کی طرف اٹھا کر سر پکارے
"باادب و باملاحظہ ہشیار"
ہر ایک سمت سے لپکے کئی عصا بردار
کہ آدمی کوئی برہم جلوس کو نہ کرے
کہ اپنی صف سے کوئی بے ادب نہ آگے بڑھے

ہجوم آدمیوں کا تھا میرے گرد و پیش
مِری نگاہ نے دیکھا یہ خواب کا منظر
کہ ایک پیلِ سیہ مست پہنے زر کی عبا
جمائے فرق پہ دستارِ مہر و مہ آثار
اُٹھائے سونڈ میں اپنی عصائے جوہر دار
دبوچے سامنے کے دونوں پاؤں میں تلوار
بصد غرور، بصد طمطراقِ عزّ و وقار
یوں آ رہا تھا قیادت جلوس کی کرتا
کہ جیسے اُس کے جلو میں ہوں ثابت و سیّار
عقب میں موش و خر و خوک و سوسمار و شغال
کلاہیں کج کئے، زریں عبائیں اوڑھے ہوئے
دبائے سامنے کے پاؤں میں عصا و سند
کچھ ایسی شان سے بڑھتے تھے شہ نشیں کی طرف
کہ گنگ ہو گئی حیرت سے آدمی کی زباں
خدائے قادر و قہّار و عادل و جبّار
جسے بھی چاہے، عطا ہو اُسی کو فضل و شرف

ہجوم آدمیوں کا تھا میرے گرد و پیش
میں سُن رہا تھا وہ سرگوشیاں ادب آمیز
جو حلق ہی میں ہوئیں دفن، لب تک نہ آ سکیں
صدائیں لفظ نہ بن پائیں خوف و حیرت سے
نگاہیں اٹھ نہ سکیں رعب اور جلالت سے
کہ شہ نشین پہ تھا جلوہ گر جلوسِ وحوش

ہجوم آدمیوں کا تھا میرے گرد و پیش

اور اب جو دیکھ رہا ہوں میں اپنے چار طرف
کوئی رکوع میں ہے، اور کوئی سجدہ گزار
تمام آدمی مٹی کی مورتوں کی طرح
زبان و چشم سے محروم، گوش و لب سے بَری
جو جس جگہ تھا وہیں جم گیا ہے پتھّر سا
دل و دماغ نہیں صرف ہاتھ زندہ ہیں
وہ ہاتھ کاسۂ دریوزہ گر ہیں، دستِ سوال
وہ ہاتھ دستِ طلب، طالبِ متاع و مال
بلند کرسیوں پر ہیں وحوشِ با تمکیں
اور ان کے قہقہوں سے گونجتا ہے سارا ہال
میں سربلند کھڑا دیکھتا تھا حیرت سے
کہ گرد و پیش جنہیں آدمی سمجھتا تھا
وہ اور کچھ نہیں، دستِ طلب سراپا تھے
مجھے گمان یہ گزرا، ہجومِ سنگ و خشت
مِرے وجود کو اپنا زیاں سمجھتا ہے
مِری نگاہ کو طنزِ عیاں سمجھتا ہے
مجھے دبوچنے اُٹھے ہزاروں دستِ سوال
پکارے موش و خر و خوک و سوسمار و شغال
یہ آدمی ہے اسے بھی بناؤ دستِ سوال
جھکے نہ سر تو رکھو سر پہ بارِ مال و منال
شرارہ چیخ کا نکلا جو میرے ہونٹوں سے
تو سنگ و خشت کے سینوں میں دل دھڑک اُٹھے
فضا میں ہو گیا تحلیل وہ جلوسِ وحوش

کھلی جو آنکھ تو اب بند ہو نہیں سکتی
ہر اک جلوسِ فضیلت سے خوف آتا ہے
ہر ایک مسند و منصب سے ڈر یہ لگتا ہے
کہ یہ بھی ہو نہ عطائے وحوشِ آدم کُش
ہر آدمی پہ گماں ہے کہ ہے وہ دستِ طلب
اور اپنے ہاتھوں کو جب دیکھتا ہوں اُٹھتے ہوئے
تو سوچتا ہوں کہ ہاتھوں کو قطع کر ڈالوں
مجھے یہ ڈر ہے، نہ بن جائیں یہ بھی دستِ سوال

اگست، ۱۹۷۲

سالِ نو

سحر دم کھلی آنکھ تو چائے پی
روزنامہ اُٹھایا، سیاست کے اوراق اُلٹے
گرانی، سیاسی ایجی ٹیشنوں، زلزلوں، آسمانی بلاؤں
ہوا باز چوری کے قصّے پڑھے
کھیل کا صفحہ اوّل سے آخر تلک دیکھ ڈالا
ابھی تیسرا ٹسٹ ادھورا پڑا تھا
کہیں بھی کوئی جاں فزا، روح پرور کہانی نہ تھی
اک خبر تھی نہ ایسی، جسے کہہ سکیں وہ پرانی نہ تھی

روزنامے کو تہہ کر کے رکّھا
تو پہلے ہی صفحے پہ تاریخ بدلی ہوئی سن نیا تھا
یہی آج کی سب سے اچھی خبر تھی
چلو ایک اور سال کا پاپ تو کٹ گیا
عمر سے آزمائش کا اک اور برس گھٹ گیا
گذشتہ برس کے کِلنڈر کے اوراق پژمردہ برگِ خزانی کے مانند
اخبار کو تک رہے تھے
گھڑی حسبِ معمول لمحہ بہ لمحہ کھسکتی ہوئی چل رہی تھی
ڈائری میں نے سالِ گذشتہ کی کھولی
ہر اک صفحہ یادوں کے چھوڑے نقوشِ قدم گن رہا تھا
ہر اک روز اعمالنامہ اُٹھائے کھڑا تھا
نیا سال لمحوں کی پیشانیوں پر لکھا تھا

وہی لوگ، چہرے وہی اور باتیں وہی
وہی روزمرّہ کے معمول یکسانیت میں بندھے
نیا سال یوں سب کی عمروں میں شامل ہوا تھا
کہ سب اس کی زنجیر میں قید تھے
پر کسی کو بھی اس حادثے کی خبر تک نہیں ہو سکی تھی
سب تو اخبار میں اپنے گم گشتہ لمحات کی خبریں پڑھتے نہیں!
لوگ رہتے ہیں اپنی خبر تک سے بے خبر

کچھ تغیّر ہو، کچھ انقلاب آئے تو بات ہے
ورنہ ہر سالِ نو ہے وہی میلا، بوسیدہ، برتا پرانا برس
سالِ نو کی خبر
صرف اخبار میں دھوم سے ہوتی ہے مشتہر

۳۱ دسمبر، ۱۹۷۲

اَن کہی

مدّتیں بیت گئیں
جسم کا جسم سے یہ فاصلہ طے ہو نہ سکا
ہونٹ سے ہونٹ ملے
آنکھوں میں آنکھیں اُتریں
دو بدن ایک ہوئے
روح ناسودہ رہی
جسم نہ آسودہ ہوا

"اس سے آگے نہ کہو
جس سے شکوہ ہے تمھیں
وہ میں ہوں
نہیں وہ بھی 'تم' ہو
ناسمجھ دنیا سے
اپنا شِکوہ نہیں کرتا کوئی"۔

۳ مارچ، ۱۹۷۳

جسم اور جاں کی حکایات کہیں ہم کس سے
ہوں اگر خود سے شکایات کہیں ہم کس سے

چاند برسوں کی مسافت ہے
تو یہ دور فتادہ انجم
سیکڑوں صدیوں کا ہیں فاصلۂ ناپیدا
اِن سے آگے بھی ہیں نادیدہ جہاں
سرحدِ چشم سے دور
فاصلے دیدۂ و نادیدہ
یہ پہنائیاں پیمودۂ و ناپیمودہ
ایک دن طے ہوں گی
جسم سے جسم کا اک فاصلہ طے ہو نہ سکے گا شاید

جُھک کے کرتا ہے کوئی کان میں سرگوشی سی

تلوّن

آج اُن آنکھوں سے بیگانگیِ روح کے اُٹھتے شعلے
اس طرح سے مِری جانب لپکے
جیسے اُن آنکھوں میں
اشک اُمڈے ہی نہ تھے میری محبت میں کبھی
جیسے اُن نظروں میں
میرے جذبات کی پرچھائیں اُبھری ہی نہیں
سال ہا سال وہ آنکھیں مِرے ہمراہ رہیں
پیار کا ہالا بن کر
میرے ہر غم میں چھلک جاتی تھیں
مے کا پیالا بن کر
میری خوشیوں کی شرابوں میں گھُلی رہتی تھیں
چاند سورج کا اُجالا بن کر

بد دُعا دی ہے اُن آنکھوں نے مجھے سیکڑوں بار
اور ہر پیار کے بعد
جب بھی جھانکا میں نے
یہی دیکھا ہے وہ آنکھیں تھیں دعا میرے لئے
زندگی کرنے کا اِک درس نیا میرے لئے
بے یقینی میں خدا میرے لئے

اور پھر آج کے دن بھی یہ ہوا

جب خفا ہو کے چلا
وہی آنکھیں مِرے ہمراہ چلیں
حفظ اور امن کی دنیا بن کر
واپس آنے کا تقاضا بن کر
میں جو لوٹوں گا
وہ آنکھیں در پر
(بد دعائیں جو مجھے دیتی تھیں)
منتظر ہوں گی مِری
مجھ کو دعائیں دیں گی

عمر اس فکر میں گزرے گی
کہ آنکھوں کا تلوّن کیوں ہے
اور اُن آنکھوں کو پڑھنے کا طریقہ کیا ہے
شاید اُن آنکھوں نے اپنی تحریر
میری آنکھوں کی بیاضوں میں ابھی تک
نہیں پڑھنا سیکھا
اُن کی آنکھیں وہ پیمبر ہیں، سمجھتی نہیں اپنی ہی زبان
میری آنکھیں ہیں وہ جھیلیں جن پر
اَن گنت آنکھیں لکھا کرتی ہیں
موج در موج اشعار
اور میں اُن کو زباں دیتا ہوں

سوچتا ہوں کہ اُن آنکھوں سے کہوں
ڈوب کر آنکھوں میں میری اک بار

اپنے اشعار کے موتی چُن لیں
اور پھر سیکھیں مِری آنکھوں سے
دوسری آنکھوں کے اشعار کو پڑھنے کا طریقہ کیا ہے
میرے سینے میں دھڑکتا ہوا دل
اُن کو سمجھائے گا
شعر اُن آنکھوں سے جو اُترے ہیں
اُن کا مفہوم ہے کیا، اُن کی زباں کیسی ہے

پر یہ سب کون کہے
اُن کی آنکھیں تو ہر اک لمحہ کیا کرتی ہیں بات
اپنے اشعار کو پڑھنے کی سمجھنے کی وہ کیوں فکر کریں

۳ مارچ، ۱۹۷۳

خلیفۃُ فی الارض

یا خدائے ذوالجلال
خالقِ موجود و ناموجود، ذاتِ لایزال
عرش و کرسی، سلسبیل و کوثر و لوح و قلم تیرا جمال
جن و انس، ابلیس و جبریل و ملائک تیری قدرت کا کمال
جنّتِ موعود و جلوہ ہائے نامشہود کے پہلو بہ پہلو رقص کرتا خاک کا
ننّھا سا ذرّہ یہ زمیں
تو نے اس ذرّے کو دی ہے عرش و کرسی کی بلندی آسماں کی وسعتیں
تو نے آدم میں مجسم کر دیئے اپنے کمالات و صفات
از کراں تابہ کراں پھیلی خلاؤں میں بنایا خاک کے پُتلے کو تصویرِ حیات
دی اُسے تخلیق و آزادی پہ قدرت
روح کو اُس کی بنایا شعلۂ عرفانِ نفس و کائنات
عدل و صدق و حق کا ہے معیار یہ محدود ذات
ایک ننّھا سا شرارہ اور اس پر کل خدائی کا ہے بار
اک وجود اور اس کو حلقے میں لیے ہے ہر طرف سے ظلمتوں کا
بحرِ ناپیدا کنار
نور مبہم اور ظلمت آشکار
زندگی مجبور اور مرگ و عدم با اختیار
یہ امانت دارِ تخلیق آدمی
یا عدم، ظلمات اور اندھی خلا
کون ہے نائب ترا
میرے خدا؟

غیر موجودات پر ہے مشتمل یہ کائنات
طمطراقِ نقرہ وزر، لعل و گوہر کا ثبات
تشنگی کا ریگ زار، آسودہ کامی کی فرات
خواہشوں کے دشت و صحرا، آرزو کی کائنات
حسرتوں کے سرد لاشے، جستجو کے گرم ہات
جسم کے مصروف دن اور روح کی بے چین رات
درمیاں میں وقت کا کچھ فاصلہ رکھ لو تو سب نابوُد ہیں
شمع بجھ جائے تو یہ سارے مناظر حلقہ ہائے دوُد ہیں
ہست پر نابود حاکم
واقعی پر وہمِ ناموجود حاکم
شمع پر ہیں حلقہ ہائے دوُد حاکم
آدمی یا آدمی کی شکل کے نابود و ناموجود حلقہ ہائے دوُد
کون ہے نائب ترا
میرے خدا؟
لاؤ لشکر، طبل و اورنگ و علم، نقارے، حاجب، چوبدار
بم، مزائل، آسمانی لیب، راکٹ اور خلائی شہسوار
قحط و سیلاب و وبا، غصّے سے شق ہوتی زمیں، آتش بہ سینہ کوہسار
خوردنی ناخوردنی اجناس کے مسروقہ گودام
اور اشیائے ضرورت کی ڈکیتی کے حصار
ظلم واستحصال و ملکیت کے حافظ شرع و دستور و قوانینِ تشدد آشکار
قاتل اور سارق کے خانہ زاد ہیں نظم و نسق کے اختیار
مظہرِ شانِ خداوندی کی ہیں مجبوریاں نادیدنی، ناگفتنی
فاقہ و بیماری وافلاس کے روندے ہوئے انساں چچوڑی ہڈیوں کے واسطے

بھونکتے اک دوسرے پر، نوچتے اک دوسرے کی بوٹیاں
محنت اور ایمانداری ہے سگِ شہر ہوس
آدمی یا آدمی پر حکمراں قانوں کا ظالم حصار
کون نائب ہے ترا
میرے خدا؟

ہر طرف آباد ہیں بالشتیوں کی بستیاں
بانس کی ٹانگوں پہ چلتی قدِّ آدم پستیاں
بونے پن کی ہیں تلافی اونچی اونچی کرسیاں
پہلوؤں میں زیوروں سے سونے چاندی کے لدی نامردی کی داستاں
مسندِ کم خواب و دیبا پر سجی گلدار آنکھوں کو نچاتی پتلیاں
کڑکڑاتے کاغذوں اور چم چماتی دھات کے رنگیں کھلونے کے لیے کِلکاریاں
شہر ہیں بالشتیوں کے سر بزانو اور کمر سے ہیں خمیدہ آدمی
سر اُٹھا کر گر کھڑا ہو جائے پورا آدمی
عدل کی مسند بچھا کر، کمتری کی گرہ کو میزاں بنا کر
حکم دیں گے قتل کا بالشتیے
آدمی یا آدمی کی شکل کے بالشتیے
کون نائب ہے ترا
میرے خدا؟

یا خدائے ذوالجلال
جنّتِ موعود تیرے بارشِ انوار رویت کا جمال
تیری اس موجود دنیا میں تو ہے نابود حکم
ظلم و استحصال کا قانون حاکم

آدمی پر آدمی کی شکل کے بالشتیے ہیں حکمراں
کیا تِری موعود جنت میں بھی ہے نابود کے اندھے قوانین
اور انساں شکل بونوں کا مقام؟
کیا ہمیں ہو گا وہاں بھی صرف اپنے خونِ دل پر اختیار؟
کیا وہاں بھی کرنا ہو گا ہم کو ہر لمحہ سوال
کون نائب ہے ترا
میرے خدا؟

۲۰ اگست، ۱۹۷۳

"میں" کی تلاش

میرے اطراف آباد ہیں جسم کی بستیاں
آب و گِل میں ہیں پیوست سب کی جڑیں
سب بدلتے ہوئے موسموں کی ہواؤں کے پروردگاں
اندھی بے رحم فطرت کے ظلم اور الطاف کے ٹھوس مرئی نشاں
ارتقا کے مراحل کی بکھری ہوئی داستاں

کچھ بدن ٹھوس، فربہ، تنومند، اصنامِ سنگ
آہنی استخواں اور سنگیں عضلات کی گٹھریاں
زندہ روحِ نباتی سے عاری، جمادات کی سطح پر

کچھ بدن پھیلنے پھولنے اور زمیں گھیرنے کی جبلت کے آثار ہیں
روشنی اور ہوا کے لیے جن کی شاخیں ہیں دستِ سوال
روحِ حیواں سے عاری نباتات کی سطح پر صیدِ انفاس ہیں
کچھ بدن خواہشوں کے اُمڈتے ہوئے گرم طوفاں کی جولاں گہ
اشتہا اور شہوت کی چلتی ہوئی سانس لیتی دُکان
روحِ انساں سے عاری بہایم کی دنیا میں ہیں حکمراں

کچھ بدن روح کا بوجھ کاندھوں پر اپنے اُٹھائے ہوئے
رشتۂ جسم و جاں میں بندھے غیر مرئی حقیقت کی دیدار کے مُلتجی
جسم ہونے پہ بھی منکرِ جسم اور زندہ رہ کر بھی ہیں خواہشوں سے تہی

میں بھی اک عمر سے جسم کی ایک بستی میں محصور ہوں
میری ہم نام اک روح اِس خاک داں میں مرے ساتھ ہی قید ہے

جسم کہتا ہے تو ہے مری خواہشوں، احتیاجوں، تقاضوں کا پیکر
روح کہتی ہے تو میری نادیدہ امید و شوق و طلب ہی کی پرچھائیں ہے
جسم اور روح کی اس کشاکش میں مجھ کو پتہ اپنا ملتا نہیں

میں اگر روح ہوں جسم مجھ پر ہے بارِ گراں
میں اگر جسم ہوں، روح کا یہ جہنّم ہے میرے لیے اک وبال
میں اگر روح بھی جسم بھی تو کشاکش ہے دونوں میں کیوں؟

جسم کی بستیوں میں بھٹکتا ہوں اک عمر سے
روح کے راستے میں جمادات کا آہنی اور سنگیں حصار
خواہشوں کے دہکتے ہوئے دشت میں ہیں نباتات و حیوان میرے حریف
جسم کی کشمکش روح ورحانیت کے اندھیرے میں بجھتا دیا
جسم کی بستیاں اس کشاکش پہ خندہ زناں
ہاتھ آتا نہیں روح کا غیر مرئی جہاں
میں ہوں کیا اور کھڑا ہوں کہاں؟
میرے چاروں طرف جسم کا دشت ہے نوحہ خواں
میری پہنائی میں روح کا اک خلا از کراں تا کراں حکمراں
وہ جو "میں" ہوں
کہاں کھو گیا جسم اور روح کے درمیاں؟

۲۴ اگست ۱۹۷۳

سیلِ بے چہرگی

میرے اطراف گنجان جنگل ہے انسانوں کا
بوجھ اتنا زمیں سے سنبھلتا نہیں
روشنی اور تازہ ہوا جنسِ نایاب ہے
پیٹ کشکولِ دریوزہ گر،
سرد، ویراں، تہی
پھٹ نہ جائے زمیں بوجھ سے

اتنے چہرے کہ ہر چہرہ گم ہو گیا
اتنی آبادیاں ہیں کہ انسان جنگل میں گُم
میرے چاروں طرف جسم کا دشت ہے نوحہ خواں
یہ اُمڈتے ہوئے تند سیلاب کی طرح بے چہرہ آبادیاں
مجھ کو ڈر ہے بہا لے نہ جائیں کہیں زندگی کے نشاں

۱۵ ستمبر، ۱۹۷۳

باز گشت

جنازہ کاندھوں پہ اپنے اٹھائے ہم اپنا
گئے تھے آج حدِ ممکنات سے آگے
جہاں پہ ختم ہیں صحرائے زندگی کی حدیں
جہاں سے دشتِ عدم کا سُراغ ملتا ہے
گزشتگاں کے قدم کا سراغ ملتا ہے
یہ فکر تھی کسی گوشے میں خود کو دفن کریں
یہ زندگی جو ہے دشمن کی بد دعا کی طرح
ہم اس کا بارِ گراں دوش سے اُتار آئیں
غبارِ قافلۂ رفتگاں نے ہم سے کہا
کہ زندگی سے رہائی نہیں ہے سہل اتنی
تمام رفتہ و آئندہ کا ہے تم پر قرض
عدم میں حال نہ ماضی نہ کوئی مستقبل
نہ کائنات نہ تخلیق کا دھڑکتا دل
ہمیں بھی ہے یہ تمنا کہ پھر حیات ملے
ہماری خاک بھی لے جاؤ اپنے دامن میں
خدا کرے یہ نئی زندگی کے کام آئے
سُوادِ نیست سے ہم زیست کی طرف پلٹے
تمام رفتہ و آئندہ کو سمیٹے ہوئے

۲۹ اکتوبر، ۱۹۷۳

ملفوظات

(۱)

بزرگوں کی خطاؤں کو پکڑنا ہے گنہ ایسا ہماری مملکت میں
کہ اس جرمِ کبیرہ پر بزرگانِ گرامی
تم کو جینے کی اجازت بھی نہ دیں گے

(۲)

صحایف کی زباں سے
اولیاء، گیانی، رشی کہتے رہے تھے
جہالت قید ہے اور علم آزادی
جہالت ہے فنا اور علم ہی رازِ بقا ہے
مگر ہم دیکھتے ہیں
جہالت ہی سے آزادی عبارت ہے
جہالت ہی کو حاصل ہے بقا بھی اور ترقی بھی
ہمارے علم نے ہم کو کیا ہے قید آدرشوں، اصولوں کے حصاروں میں
ہمارا علم ہے زنجیرِ پا اور طوقِ گردن
جہالت علم کو مُنہ مانگے داموں مول لیتی ہے
جہالت علم کو بازار میں جب چاہتی ہے بیچ دیتی ہے
جہالت طاقت و زر ہے، حکومت ہے
ہمارے شہر میں ہے علم پستی، مفلسی، حرماں، غلامی
صحایف اور پیغمبر رشی اور اولیاء
کیا سب غلط کہتے رہے ہیں؟

(۳)

پڑھا ہے میں نے کتابِ وجود میں اپنی
کہ دوسروں سے تعلق کا نام ہے انساں
کہ لاکھ قید ہو کوئی حصار میں اپنے
تعلقات کے رستے نکل ہی آتے ہیں
کہ آدمی کی رفاقت ہے آدمی کا وجود
مگر یہ کہتا ہے مجھ سے ہر آدمی کا عمل
وہی غنی ہے جو ترکِ تعلقات کرے
کسی سے کوئی تعلق رکھے، نہ عشق کرے
ہے آدمی کے لیے بار آدمی کا وجود
ہیں اعتبار کے قابل نہ دوستی نہ وفا
نہ خوں کے رشتے، نہ ہم سایگی، نہ ہم سخنی
اگر نہ جیب میں ہوں نقرہ و طلا کے پھول
تمام رشتے ہیں برگِ خزاں سے بھی کمزور

(۴)

ہمارے شہر میں آیا تھا ایک دن قاروں
قریب و دور سے جو بھی ملا وہ ہے شاداں
ہزاروں لاکھوں زبانیں ہیں اُس کی مدح کُناں
کوئی ہے شاد کہ دیکھا تھا اُس نے میری طرف
کسی کو فخر ہے، کی اُس نے مسکرا کے بات
کسی کو ناز کہ اُس نے ملایا مجھ سے ہاتھ
کسی کو زعم، دیا میں نے اُس کو جامِ آب

کسی کو وجد کہ تھا میں شریکِ بزم اُس کا
خوشی کے لاکھوں بہانے، ہزاروں پہلو ہیں

قبا میں اُس کی چمکتے تھے گوہرِ نایاب
قدم سے لپٹی ہوئی کفش تھی جواہر پوش
زباں سے اُس کی ٹپکتے تھے پھول گوش بہ گوش
نگہ میں اُس کی تھا جادو، نفس میں تھی خوشبو
وہ شخص آیا، گیا
ہوا نہ اک متنفّس کو اُس سے حاصل فیض
خزانے اُس کے تھے پہلے بھی، اب بھی ہیں روپوش
ہزاروں لاکھوں میں اک شخص کو بھی کچھ نہ ملا
مگر ہر ایک کو وہ دے گیا ہے دولتِ ناز
غریب خوش ہیں کہ پائی تو دولتِ قربت
تمام عمر میں کچھ دیر کو سہی، لیکن
ملایا ہاتھ تو دولت سے
دیکھا ظلِّ ہما
کمال یہ ہے کہ اربابِ علم و دانش و فن
ہیں اُس کی مدح میں سَو سَو طرح سے زمزمہ خواں
یقین ہے نہ ملِے گا کسی کو فیض اُس سے
مگر ہیں دانش و علم اُس کے پھر بھی باج گذار
نہیں اُمید کہ پائے گا اُس سے داد ہُنر
ہر ایک فن ہے مگر غائبانہ اُس کا شکار

۱۹ مارچ، ۱۹۷۴

دُعائیں

آدمی کی دُعا

اے خدا
یہ بھی تیرا کرم ہے کہ تو نے
مسلّط کیا ہے ہمارے سروں پر
اُنھیں جو تجھے صرف ہونٹوں ہی سے مانتے ہیں
مگر جتنے حشراتِ ارضی ہیں
مسجُود و معبود اُنھیں مانتے ہیں

خدایا یہ حشراتِ ارضی
یہ حشراتِ ارضی کے سجدہ گزاروں کی دُنیا
مجھے ایسی دنیا میں تو نے
بنایا ہے انساں
یہ ہے تیرا احساں
کہ ہے میرا نقصاں
جو تیری رضا ہو نہ کرنا مجھے تادمِ واپسیں جنسِ ارزاں

آگہی کی دُعا

اے خدا، اے خدا
میں ہوں مصروفِ تسبیح و حمد وثنا
گو بظاہر عبادت کی عادت نہیں ہے
رند مشرب ہوں، زہد وریاضت سے رغبت نہیں ہے
مگر جب بھی چلتا ہے میرا قلم

جب بھی کھلتی ہے میری زباں
کچھ لکھوں، کچھ کہوں
تیری تخلیق کا زمزمہ مُدّعا، مُنتہا
حرف جُڑ کر بنیں لفظ تو کرتے ہیں تیری حمد و ثنا

یا خدا، یا خدا
میرے اطراف ہیں پیٹ خالی، بدن نیم جاں
کوئی تکتا ہے جب میرا دستِ تہی
شرم آتی ہے مجھ کو خدائے غنی
سوچتا ہوں میں اپنی زباں رہن رکھ دوں کہیں
رزق سے خالی پیٹوں کو بھر دوں
اور اپنے لیے تھوڑی آسائشیں مول لے آؤں بازار سے
اپنے بچّوں کی ضد پوری کر دوں
جو واقف نہیں ہیں معیشت کے انداز و رفتار سے
پھر یہی سوچتا ہوں
خدا، اے خدا
کیا زباں رہن ہو کر بھی تیری اطاعت کرے گی
کیا قلم بِک کے بھی نام تیرا ہی لے گا
دوسروں کو خدا مان کر
وہ نہ کرنے لگیں ماسوا کی بھی حمد و ثنا

اے خدا، اے خدا، ہے دُعا
یہ قلم، یہ زباں
آخری سانس تک

کہتے، لکھتے رہیں

لا الٰہ

تشنگی کی دُعا

اے مُسبِّب، جہانوں کے رب
توہی ہر چیز ہر بات کا ہے سبب
سُن رہاہوں کہ وہ جو تری چشمِ عادل میں مجھ سے بھی کم تر ہیں
کہتے ہیں یہ
خلق کے ہیں وہ روزی رساں

سیر وسیر اب کا، تشنگی کا بھی ہے توہی رب
میں کہ ناچیز اک ذرّہٴ دشتِ تشنہ لبی
پوچھتاہوں میں خاکم بہ لب، باادب
کیایہ توہی ہے جس نے دیاہے خسیسوں کے ہاتھوں میں تقسیم کا انتظام؟
توہے مبداءِ جودوکرم
خلق کے واسطے جن کو تونے بنایا تھا دریائے فیضِ رواں
مصلحت کیا تھی؟ ہم تشنگاں کا امام
صرف تیری رضا سے رہاساتھ اطفال کے تشنہ کام
یہ کیاعدل ہے شمر سے مانگنے جائیں ابنِ علی ایک جام
حُرملہ قطع کرتارہے تیر سم خوردہ سے تشنگی کا کلام
اور پھر تشنگی کا گلا کٹ کے بھی شکر کرتارہے تیراہی صبح وشام
اے خدائے ذوالاکرام
اعلیٰ تراز ہر مقام
ساقیِ کوثر اور ابنِ ساقیِ کوثر پہ میر اسلام

یہی مصلحت ہے، رضا ہے تیری
تو وہ صبر اور حوصلہ دے
علی اور ابنِ علی کے غلام
اپنے سرمایۂ تشنگی میں رہیں شاد کام
ہر اک تشنگی کو عطا ہو حُسینی صداقت کا جام

۲۲ اگست، ۱۹۷۴

سفر کی دُعا

میں یہاں قید ہوں
میری واماندگی نے مرے پاؤں میں ایک زنجیر ڈالی ہے
ماحول نے میری زنجیر میں اور کڑیاں بڑھا دیں
رشتۂ روح و جاں آج تک قفلِ زنجیرِ پا
فکرِ نانِ جویں پر کترتی ہے پرواز کے
پا پیادہ نہ طے ہو سکیں گے کبھی فاصلے دور سے آتی آواز کے
اک جزیرے میں محصور ہیں حوصلے سب تگ و تاز کے
مجھ سے چل کر مجھی تک پلٹ آتے ہیں سائے میری ہی آواز کے

پائے وحشت نہیں لنگ
(جیسا جزیرہ پرستوں کا ہے)
بزمِ امکاں نہیں تنگ
(جس طرح اندھی انا کے جزیروں کی ہے)
کرّۂ ارض تو ایک سیّارہ ہے
نیم روشن خلا میں مُعلّق
نوکِ سوزن پہ اک قطرۂ خوں گرفتہ

کیا مرے شوق کے پاؤں اِس نوکِ سوزن سے بھی ہیں حقیر؟
کیا مری جرأتِ آرزو نیم روشن گُرے سے بھی ہے کم مستنیر؟

نیلے، اُودے، ہرے، گہرے مٹیالے، کالے چمکتے ہوئے پانیوں کے سمندر
ہیں میری نگاہوں کے بھی منتظر
سخت اور نرم خشک اور نم اونچی نیچی زمینوں کے زینے
کہیں سبز پوش اور کہیں گُل بدامن
کہیں صرف بے رنگ گرد و غبار
اور کہیں ساتوں رنگوں کی آمیزشوں کے مصوّر ورق
یہ تنوع کے منظر بھی میری نگاہوں کے ہیں منتظر
کارواں کارواں شاہراہوں پہ چلتے ہوئے زندہ شاداب روشن بدن
تنگ سیلے سیہ قبر آسا مکانوں میں
بیٹھے ہوئے سرنگوں رنج و درد و تعب
ظلم کے آتشیں خون آلودہ ایوانوں میں
جبر و قہر و غضب
میرے چشم و لب و دست و پا کے بھی ہیں منتظر
حوصلے زیست کرنے کے میری دُعا کے بھی ہیں منتظر

عشق کے مکتب اور علم کے مدرسے
مقتل اور میکدے، سوچ کے سلسلے، جہد کے قافلے
ہوں جہاں بھی
مِرے ذہن و دل کی ضیاؤں کے ہیں منتظر
نطق و حرف و صدا کے ہیں جتنے بھی رنگ
آرزو کی امنگ

زندگی کی ترنگ
عشق اور غم کے ڈھنگ
میرے لفظ و معانی کی رقصاں شعاعوں کے ہیں منتظر
یہ زمیں اپنی وسعت تلک
آسماں اپنی رفعت تلک
دے رہے ہیں صدا
پانیوں کے سمندر
زمینوں کے منظر
مِرے منتظر ہیں
میں یہاں قید ہوں
اے خدا!
اس جزیرے کے محصور پانی میں بھی در کھُلیں
ساحلِ آغوشِ کشتی کے لنگر کھُلیں
میری زنجیر میں پر کھِلیں

۹ نومبر، ۱۹۷۵

کربلا! معنیِ عدل و رضا

کربلا!
تو ہے کیا
اے کربلا!
ایک مشتِ خاکِ صحرا
قطعۂ ریگِ تپاں
ایک جوئے تنگ داماں
تیری نہرِ علقمہ
خاک پر تیری بہا
آدم کا خوں
پھنس گیا منجدھار میں آکر سفینہ نوح کا
گریہ ابراہیم پر طاری ہوا
خاک میں تھا تیری شر
آفتابوں کو لگی تیری نظر
تجھ سے دامن کو بچاتے آئے ہیں کُل انبیا
کربلا! اے کربلا !
تو قتل گاہِ اتقیا
کربلا! اے کربلا! اے کربلا !
کس نے شر زائیدہ مٹی کو کیا خاکِ شفا
کر گیا کن کا لہو اس خاک کو گنجینۂ درہائے یکتا— کچھ بتا!
پیاس نے کس کی تری جوئے تنگ مایہ کو دریا کر دیا

کیسے تیری خاک سے اٹّھی تھی موجِ تشنگی
کس طرح سے گہرہائے ندامت بن گئے ہیں ایک بحرِ بے کنار، ایک دنیائے بہار
تیرے آنسو ہیں رواں دریا بہ دریا آج تک
تیرے قطرے ہیں سمندر در کنار
تیرے ذرّے دشت و صحرا
مہر و کوہ و شاہراہ
تیری پروردہ ہوائیں گلشن و شاخ و نہال
تیری زائیدہ فضائیں مدّ و جزرِ انقلاباتِ خیال
کربلا! اے کربلا !
ایک مشتِ خاک کیسے بن گئی ہے کائنات
بن گئی ہے شاخِ شر کس طرح سے شاخِ نبات
تیری موجِ تشنگی کیسے بنی آبِ حیات
تیرے لمحے بن گئے ہیں کس طرح سے پھیل کر تاریخِ صدہا انقلاب
تیرے ذرّے وقت کے صحرا میں کیسے بن گئے ہیں آفتاب
تیرے خوشہ چیں ہوئے کس طرح سے سیارگان و ماہتاب
کس طرح صبحِ قیامت سے ملی ہے تیری رات
کس طرح صدیوں کی کالی رات سے جاکر ملی ہے تیری اک صبحِ ممات
ایک نقطہ بن گیا ہے کس طرح سے کاروانِ ارتقا کی اک کتاب
ایک مشتِ خاک کیسے بن گئی گہوارۂ صد انقلاب
جو بھی ہے رفتہ تری تفصیل ہے
جو بھی ہے حاضر تری تشکیل ہے
جو بھی ہے آئندہ تیرا ثمرۂ تخییل ہے
کربلا!

کچھ تو بتا

تو ہے کیا؟

تجھ کو دنیا جانتی تھی ایک غیر آباد ویراں کوردہ

تجھ کو دنیا جانتی ہے آج کیوں انسان کا نورِ نگہ

کربلا! اے کربلا! اے کربلا !

کربلا کہتا ہے ”سن

اے واقفِ رمزِ حیات

اے عارفِ سرِ ممات

اے صیرفیِ کائنات

اے رہ نوردِ دشت ذات

کربلا شر ہے نہ خیر

کربلا صحرا نہ گلشن

کربلا دریا نہ پیاس

کربلا ہے قوتِ دورِ زماں

موجِ بحرِ بے اماں

کربلا گردابِ مرگِ بے محابا ہے نہ ساحل زیست کا

کربلا ہے نکتۂ رمزِ حیات

کربلا ہے معرفت گاہِ ممات

کربلا ہے صیرفیِ کائنات

کربلا عقدہ کشائے عقدۂ دشوارِ ذات

کربلا زر کی غلامی ہے نہ زورِ جبر ہے

کربلا ہے امتحاں گاہِ ضمیر

کربلا ہے آزمائش گاہِ ہر برنا و پیر

کربلا ہے انقلابوں کا خمیر

جس کا جتنا ظرف تھا، اتنا ہی اسکو مل گیا

جس کی جیسی شاخ تھی، گُل اس پہ ویسا کِھل گیا

کربلا میں پیاس کے سرمایہ دار آئے تو دریا بن گئے

کربلا میں حرص کے کاسہ بکف آئے تو صحرا بن گئے

کربلا پر جبر کے پروردگاں آئے تو لائے تشنگی

کربلا پر صبر کے پروردگار آئے تو پائے زندگی

کربلا جوئے تنک مایہ نہیں، دریا نہیں

ظرف تھا جن کا تنک مایہ سمجھ کر تنگ داماں نہر کو

پہرے بٹھائے نہر پر چاروں طرف

ظرف تھا جن کا سمندر دشمنوں کے واسطے بھی آئے وہ ساغر بکف

جو تھے چاہِ زمزم و کوثر کے ساقی کے خلف

کربلا کو کر گئے دریائے فیض و منبعِ جود و شرف"

"کربلا ہے عصرو دہر

کربلا ہے بے نہایت اور زماں ہے اسکی لہر

جس نے مانگے جتنے لمحے، مل گئی اتنی حیات

ظلم نے مارے تھے بس دو چار ہی لمحوں پہ ہات

اور ان لمحوں سے بڑھ کر تھی نہ اسکی کائنات

عدل نے لمحات کو ذرّاتِ صحرا جان کر

ریزہ ریزہ وقت کو مانگا نہیں

زندگی کو ریگ پیما وقت سے ناپا نہیں

اس کی نظریں تھیں ازل سے تا ابد پھیلی ہوئی

موجِ لمحاتِ گریز اں سے کیا اس نے گُریز
وقت کے بہتے ہوئے دھارے سے تھی اسکی ستیز
اسکے قدموں میں ازل تھا اسکے دامن میں ابد
ظلم کے دستِ تصرف میں رہا دو چار لمحے کربلا
دسترس میں عدل کی آیا تو لافانی ہوا"

کربلا! اے کربلا !
یہ بھی بتا
کون ہے وہ صاحبِ عدل وسخا
کون ہے تو جس کو کہتا ہے ابد پیما ازل کا آشنا
کربلا کہتا ہے "سن
ای رہ نورد عصر و دہر!
ای زماں کی اک تنک مایہ سی نہر!
اے تشکک کوش لہر!
"آدمؑ و نوحؑ و براہیمؑ و ذبیحؑ
موسیٰؑ عمراں، مسیحؑ
عدل کے روشن نشاناتِ قدم تھے
کربلا نے ان کو سینے سے لگایا
ان کو آنکھوں پر بٹھایا
وہ بقا کے راز جو تھے
زندگی کی آرزو تھے
لیکن اب تک کربلا نے خود بقا پائی نہ تھی
آیۂ رمزِ بقا اُس تک ابھی آئی نہ تھی

باقی و دائم ہے خلاّقِ حیات
ہے قدیم و ثابت و واحد اسی خالق کی ذات
ہے زماں اس کی رضا
ہیں عصر و دہر اسکی ادا"

"آدم و نوح و براہیم و ذبیح
موسیٰ عمراں، مسیح
سب رضا جوؑ تھے خریدارِ ادا
دہر میں ملتا نہ تھا کوئی خریدارِ رضا
اُس نے دی اپنے حبیبِ خاص کو اک شب صدا
اور فرمایا رضائے حق ہوئی تیری رضا
تو وطن کو ترک کر سارا جہاں تیرا وطن ہو جائے گا
تیرے بستر پر جو سوئے گا وہی تیرا بدن ہو جائے گا
تیرے خوں کی تشنہ تلواروں کے سایہ میں جسے نیند آئے گی
آج سے میری رضا اس کی رضا ہو جائے گی"

"ہے وہی نفسِ نبیؐ، نفسِ خدا
جو شریکِ نورِ پیغمبر وہی دستِ خدا، چشمِ خدا
ہجرتِ پیغمبرِ اسلام تھی حق کی رضا
فرشِ خوابِ مصطفا کی نیند ہی حق کی رضا کا دام تھی
جاگنے والے تھے تلواروں کے تاجر، ظلم در دل، موت کے حلقہ بگوش
سونے والا، مصدرِ عدل و شرف، حلقہ بگوش اس کی حیات
نیند نے اسکی خریدی ہے رضائے حق کے ساتھ
روحِ عصر و کائنات"

کربلا تو سیعِ ہجرت تشنہ تلواروں کے سایہ میں گزرتی سخت رات
اس کی بیداری رضائے حق کی قیمت خواب ہیں اسکے ابد تک کی حیات
ورثہ دارانِ خریدارِ رضا کی کائنات
مطمئنہ نفس کی رجعت رضائے حق کی سمت
جنتِ موعود کی ہجرت صدائے حق کی سمت
مرضیِ حق کی خریداری ہے عدل
انحراف اسکی رضا سے ظلم ہے
عدل ہے اسکی رضا
اور بے زماں اسکی رضا
عدل نے نفس اپنا دے کر مول لی حق کی رضا
اب زماں از ابتدا تا انتہا اس کی ادا جو ہے خریدارِ رضا
عدل اسکا نام ہے جو نورِ اول، باعثِ تخلیقِ کُل کون و مکاں
وہ خریدارِ رضا جس کا ارادہ خلق ہے
بن گیا جس کی نظر خود قوتِ سیلِ زماں
عدل اسکا نام ہے جو رحمتؐ للعالمیں
عدل اسکا نام جس کا خواب تھا ہجرت کی شب حق کا امیں
وہ خریدارِ رضا ہے فقر جس کا قوتِ نانِ جویں
ضرب جس کی ابتلائے شہپر روحُ الامیں
جس کی غیرت بار بار آتی ہوئی دنیا کی دولت سے حزیں
وہ امام المتقیں
وہ امیر المومنین
عدل اسکا نام ہے جو معنیِ ذبحِ عظیم
جو کریم ابنِ کریم

زندگی ہے جس کی ہجرت کا انوکھا سلسلہ
ہر قدم ہے جس کا ہجرت
ہر نفس جس کا خریدارِ رضا
زندگی اس کا سفر
اس کا وطن اندر سفر
اس کی ہجرت از مدینہ تا حجاز و کربلا
معنیِ تعظیم ہیں اسکے رکوع
معنیِ عہدِ وفا اسکے سجود
معنیِ صبر و رضا اسکا قیام
معنیِ مرضیِ حق اسکا قعود
وہ شہیدِ جادۂ تسلیم ہے
ظلم اسکے خون سے دو نیم ہے
عصر کی سوگند انساں تھا خسارے میں
کہ اس نے بیچ دی تھی ظلم کے ہاتھوں وفا
حاکموں کے حکم کو مانا رضا
جابروں کے غیظ کو مانا قضا
وہ شہیدِ کربلا
وہ معنیِ صبر و رضا
نام اسکا عدل ہے
اور نام ہے اسکا رضا
عدل ہے اک، نام ہیں اسکے کئی
ایک نام اسکا محمدؐ جس نے دی معراج ہفت افلاک کو
ایک نام اسکا علیؑ، جس کے خوابِ ناز نے

کر دیا ہم رتبۂ عرشِ معلی خاک کو
ایک نام اسکا حسینؑ
فیض نے جس کے بنایا چشمۂ آبِ بقاہر دیدۂ نمناک کو

کربلا ہے ہجرتِ پیغمبرِ اسلام
عدلِ اسوۂ خیرُ الانام
کربلا ہے صدقِ حیدر، عدل و چشمِ ذوالفقار
کربلا صلحِ حسنؑ، عدلِ سم آلودہ کا وار
کربلا ذبحِ عظیم و موجۂ خونِ حسینؑ
کربلا ہے عدلِ شاہِ مشرقین
کوفہ و بصرہ، دمشق و قاہرہ
نکہتِ پرّاں کی ہجرت کے سفر میں ایک دو پل کو شگفتہ ہونے والے غنچگاں
جبل طارق، آبِ دریائے کبیر
الجزائر، قرطبہ، غرناطہ و بغداد و استنبول و روم
غزنی و کابل، سمرقند و بخارا، رودِ سندھ
ساحلِ گنگ و جمن، لاہور و دہلی، مرشد آباد و بہار
لکھنؤ، بھوپال، میسور و دکن
ظلم کے سیلِ قضا میں عدل کی تلوار سے ٹپکے ہوئے لرزاں حباب
ایک موج اٹھی تو ساری بستیاں، آبادیاں غرقابِ سیلِ انقلاب
چند نقطے رہ گئے امواجِ دوراں کی کشاکش کا نشاں
منہدم آثار ہیں عہدِ گزشتہ کی بلندی پر ابھی تک نوحہ خواں
خاک اُٹھ اُٹھ کر پتا دیتی ہے اُن کا، جو کبھی تھے آسماں
زائرانِ عہدِ حاضر کے لیے عبرت کا ساماں

نقشِ پائے رفتگاں

پھیلتی، بڑھتی سمٹتی، گرتی اٹھتی، ڈوبتی لہروں میں ساحل ثابت و قائم نہیں
بیٹھ جاتی ہے جو پل دو پل کو موج
سر اٹھاتے ہیں حباب
ساحلوں پر جگمگا اُٹھتے ہیں دُرہائے خوشاب
غیظ میں آتی ہے جب موجوں کی فوج
ڈوب جاتے ہیں حباب
سنگریزوں کے تلے پامال ہو جاتے ہیں دُرہائے خوشاب
وقت سیلِ انقلاب
دہر موجِ التہاب
لحظہ لحظہ مٹ رہی ہے، صفحہ صفحہ اُڑ رہی ہے آدمی نے جو مرتب کی کتاب
ایک پل نظریں ہٹیں، معدوم ہے تحریرِ امواجِ رواں
مہلتِ اک دو نفس ہے فرصتِ تعمیرِ تہذیب اور پھر سب رائیگاں
ظلم ہے سیلِ زماں
ہیں ہوائے ظلم ہی کے برگ و بر سارے سفینے بادباں
جب خریدارِ رضائے حق سے ٹکراتا ہے سیلابِ زماں
ٹوٹ جاتا ہے غرورِ کامراں
اُس کے قدموں سے لپٹ جاتی ہیں امواجِ رواں
اس کی تعمیروں کے آگے سجدہ کرتی ہے تغیّر آفریں روحِ جہاں
گنبدِ خضرا، نجف اور کربلا
ہیں ازل سے اور رہیں گے تا ابد مینارۂ نورِ یقیں

۷ فروری، ۱۹۷۵ء

وصل کا نغمہ

تم وہ نقطہ ہو جو مرکزِ کائنات
تم وہ مرکز ہو، گرداں ہے جس پر حیات
اے مری گُل صفات!
اے مری کائنات!
میرے جھُلسے ہوئے روز و شب کی طراوت ہو تم
میرے سردائے دن کی حرارت ہو تم
تم سے روشن ہے میری ٹھٹھرتی ہوئی برف رات
تم ہو میرے بدن کی نجات
اے مری گُل صفات!
پگھلی چاندی کے مہتاب تکمے کھلیں
تو شفق رنگ منظر کھلے
جسم کے آفتاب آنکھ پر ہوں طلوع
پَو پھٹے، صبح کا در کھُلے

پیرہن کے گلستاں سے خوشبو کی موجیں اٹھیں
تو ہنسے غنچگی
حجلۂ گُل ہو وا، آفرینش کا جوہر کھُلے
ابر بن کر بہاریں زمینوں پہ زلفِ معنبر کھُلے
میری آنکھوں سے ہو جائیں اوجھل زمان و جہات
گرم انفاس، سرگوشیوں کے شرر
نرم آواز کے تارے ہنستے رہیں

جھومتی، رقص کرتی رہے مست رات
اے مری کائنات!

لذّتِ کربِ تخلیق کی شب ہو تم
تم ہو بالیدگی کی شگفتہ سحر
میرے آنگن کے ہنستے گلابوں کو بخشا ہے تم نے ہی زر
میرے ناآفریدہ جہانوں کی تم ہو خبر
تم مِری روح کے ناتراشیدہ آئینے کی چہرہ گر
تم سے مل کر مِرا جسم پورا ہوا
تم کو پا کر مِری روح کو پیکرِ گُل ملا
تم سے مل کر نظر بن گئی دور تک جگمگاتے چراغوں کی رنگیں برات
اے مری گُل صفات!
اے مری کائنات!

۲۹ اکتوبر ۱۹۷۵

مٹّی کی صدا

(مرحوم والدین کی رُوحوں کے نام)

زمیں آواز دیتی ہے
بدن میں روح اِس آواز کو سُن کر تڑپتی ہے
زمیں کی روح اپنے پیکرِ سنگ و سفالی میں مچلتی ہے
بدن زندان ہے اور دست و پا ہیں ہتھکڑی، بیڑی
گلا ہے طوق اور انفاس سم آلودہ شمشیریں
قدم ہیں قید خانے کے ستوں اور خواہشیں لوہے کی زنجیریں
زمیں کی روح ہو یا آدمی کی روح
قیدی یہ بھی ہے، وہ بھی
یہ قیدی مجلسِ تنہائی کے بے روزن و در، بے صدا، بے روشنی کمرے ہیں
عمریں ساتھ کٹتی ہیں
مگر اک دوسرے سے اجنبی ہیں
اِدھر ہے جسم اندھا گونگا بہرا
اُدھر بے چشم و گوش و لب بدن ہے

زمیں کی روح سے آواز آتی ہے
زمیں کے بطن میں پانی کے سوتے ڈھونڈنے والے
صدا سنتے ہیں پانی کی
چھٹی حِس گونگے بہرے اور اندھے جسم کی
سنتی ہے آواز اپنی مٹی کی
میں اُن روحوں سے واقف ہوں
جو میرے ساتھ ہی تھیں قید زندانِ بدن میں

وہ مجھ کو دیکھتی سنتی تھیں، مجھ سے بولتی تھیں
میں ان کو دیکھتا سنتا تھا، اُن سے بولتا تھا
مگر بے روزن و در، بے صدا، بے روشنی کمرے
کہاں کچھ دیکھتے، سنتے ہیں، کہتے ہیں
یہ سننا دیکھنا کہنا ہے لاحاصل
مگر وہ جو مِرے اندر رہے، سنتی دیکھتی تھی
مجھ سے کہتی تھی
کہ ہم زندان روحیں اپنی مٹی کی صدائیں سُن رہی ہیں
وہ روحیں اپنی مٹی کے لیے بے تاب ہیں کب سے
بدن نے سیکڑوں میلوں کی دیواریں کھڑی کی ہیں
بدن کو توڑنا آساں کہ بے تابی ہی کافی ہے
مگر دیوارہائے فاصلہ سدِّ سکندر ہیں
زمیں کے فاصلے ہوتے ہیں جسموں کے سفر سے طے
تہی جیبی کو اسبابِ سفر کیسے میسّر ہوں
سفر کا شوق ہے آزاد
لیکن خود سفر زندانیِ قیدِ معیشت ہے
بدن تو بے معیشت تھے
زمیں کی رُوح نے برسوں پکارا
مگر زر ہی بدن کو بال و پَر دیتا ہے
زر آتا کہاں سے
جہاں سے ریزۂ زر ہو مہّیا
شکم کی آگ کھا لیتی تھی ہیزم کی طرح اُس کو
وہ روحیں بے زر و بے پَر

بدن میں قید سدِّ فاصلہ سے سر پٹکتی تھیں
بہت بے تاب ہو کر اپنی مٹی کی صدائیں روز سنتی تھیں
بدن تو پھر بھی ہے کمزور، آخر ٹوٹ جاتا ہے
وہ روحیں فاصلوں سے ہار کر اپنے بدن ہی سے اُلجھتی تھیں
وہ آخر ایک دن قیدِ بدن کو توڑ کر نکلیں
زمیں نے تب سے اب تک بیس سے زائد ہی پھیرے
کر لیے ہوں گے مکمل اپنے سورج کے
وہ نامحسوس دیواریں کبھی کی گر چکی ہیں
جو مٹی کی صداؤں اور مقیّد روح کے مابین حائل تھیں
وہ دو مٹی کے تودے
جن میں لوگوں نے جتن سے جسم کی ٹوٹی ہوئی زنجیریں دفنا دیں
ہزاروں روز و شب کی گرد سے پامال ہو کر مِٹ چکے ہیں
اُسی مٹی سے پوچھیں
جو ہزاروں کوس سے آواز دیتی تھی
تِری محبوب روحیں کیا تری آغوش میں آرام سے سوتی ہیں اب تک
ہیں قبریں بے نشاں، پر روح کا کوئی نشاں ہو گا کہیں تو
کسی مٹی پہ چل کر فاتحہ پڑھ لیں
کہ مٹی کی صدا میں گم شدہ روحوں کی آوازیں بھی شامل ہیں
وہ آواز اب مرے صحرائے جسم و روح سے اٹھتی
مجھے لبّیک کہتی ہے
ہے روحوں اور صداؤں کے تعاقب سے تسلسل زندگی کا
صدا مٹی کی نغمہ بھی ہے، سرگوشی بھی، آہٹ بھی
نمودِ غنچہ و گل بھی، ہوا کی سرسراہٹ بھی

جو اکھوے جاگنے والے ہیں، ان کی کسمساہٹ بھی
یہ مٹی ایک کے بعد ایک کو آواز دیتی ہے
کبھی میلاد کے نغمے، کبھی نوحے کی صورت میں
کسی مٹی پہ چل کر فاتحہ پڑھ لیں
ثواب اس فاتحے کا زندگی ہی کو ملے گا

۵ دسمبر، ۱۹۷۶

چہل سالِ عمرِ عزیزم گذشت

چہل سالِ عمرِ گریزاں سرابِ رواں کی طرح میرے پیچھے ہیں پھیلے ہوئے
سرابِ رواں قطرہ قطرہ مری تشنگی کا حساب
سرابِ رواں لہر در لہر ناسودہ خوابوں تمناؤں کا التہاب
سرابِ رواں کا سمندر رہے گرداب کے بعد گرداب کا پیچ و تاب
سرابِ رواں کھو کھلے ٹوٹتے صف بہ صف حلقہ در حلقہ سرکش حباب

زماں بے کراں
مصدر اس کا عدم، موج اس کی وجود
زماں نقطۂ آفرینش، زماں منبعِ ہست و بود
زماں سیلِ تخلیق و تعمیر و تخریب کا تار و پود
چہل سالِ فرد انتہاؤں کی شمعوں کا لا انتہاؤں میں گم حلقہ در حلقہ معدوم دوٗد
حاضر و رفتہ، آئندہ کے مستقل سلسلے میں کسی فرد کی زندگی
صرف الزامِ موجود
اور تہمتِ زندگی کربلائے وجود و نبوٗد
میرا قصّہ سرابِ رواں
میری تقدیر پیمایشِ ریگِ دشتِ تپاں
زندگی کے فرستادہ قاصد ہوئے کوفۂ عہد و پیماں کے وعدہ گزیدہ شہید
ہے سرابِ رواں کے سفر میں ہر اک منزلِ نو بچھڑ جانے والوں کی اک داستاں
سدّ ِ راہِ سفر تو ہوئے شیخ و سالارِ فوجِ یزید
پر مِلا قاتلوں میں نہ حُر ایسا کوئی بھی فردِ فرید
کسی لحنِ حق کی جوانی نے بھی کی نہ جینے کی اک بار تاکید

اور آسمانوں سے اتری نہ عزمِ شہادت کی تائید
بس اک سرابِ رواں تھا
جسے آنے والے سفر کی سمجھتے رہے مرحلہ ہائے دشتِ سرابِ رواں
صرف تمہید...... تمہید...... تمہید

زندگی کی کتاب آج تک چند صفحاتِ تمہید ہیں
پردہ ہائے سماعت فقط لفظ ہی لفظ کی گونج ہیں
ہونٹ ناگفتہ، عریاں معانی کی قبروں کی تعویذ ہیں
ذہن اُلجھے خیالات کی قتل گہہ
آنکھیں اشخاص و اطراف و امصار کو ایک ترتیب دینے کی
بجھتی ہوئی حسرتِ دید ہیں
چہل سالِ عمرِ عزیزم گذشت

اس گذشتہ کی کیا داستاں
صرف رودادِ دشتِ سرابِ رواں

(۲)

کربلا کی شہادت کا میں تذکرہ خواں
مگر کربلا میرا حصّہ نہیں
قید خانے میں سقراط کے سچ کا سم میرے نوکِ زباں
سچ کے زندان کا زہر میرا نصیبہ نہیں
میں بھی کاندھے پہ اپنے اٹھائے ہوئے زندگی کی صلیبِ گراں
پر صلیبوں کے جنگل سے مجھ کو کسی نے ابھی تک پکارا نہیں
مجھ کو بھی سترہ سال کی عمر میں شہر سے، گھر سے، ماں باپ سے

چھوٹ کر ایک بن باس لینا پڑا
پر مرا لکشمن مر گیا اور بھرت گھر سے بے گھر ہوئے
اور پھر میں کبھی گھر کو لوٹا نہیں
میں بھی نروان کی کھوج میں سب علایق کی زنجیروں کو توڑ کر چل پڑا تھا کبھی
خواہشوں کے علایق مگر پاؤں سے ایسے لپٹے ہوئے ہیں کہ نروان کا
کوئی رستا نہیں
تین راہُل مِری آتما بن گئے
اور یشودھا کے در پر گیا بن کے سایل تو دامن مرا اُس نے چھوڑا نہیں

میں نے خلوت کے غاروں میں عرفانِ نفس و خدا کے لیے کی ریاضت بہت
منقبت، نعت اور حمد پر کی قلم نے مشقت بہت
پر حرِا دل کا، اِقرا باسمِ کی آیت سے گونجا نہیں
مکتب اور مدرسے، آرٹ کے بُت کدے، مقتل اور میکدے
علم و دانش کے مشہد، مذاہب کے معبد
ہر اک در پہ امیدوں سے ذہن بھر کر گیا اور خالی پھرا
کربِ انکار و تشکیک کے دشت میں پا برہنہ چلا
تشنہ لب، سر برہنہ پھرا
ہونٹ انکار کی آگ سے جل گئے
دل نفی، ترک اور نیستی کا سمندر بنا
آسمانی خدا اور زمینی خداؤں کے قہر و غضب کا ہدف بن گیا
کس کا اقرار کرتی زباں
کس کا اثبات کرتے جھُلستے ہوئے جسم و جاں
میرے ماضی کی قبریں شکستہ حبابوں کے مانند گم گشتۂ موجِ سیلِ زماں

کھو دیا میں نے خود اپنا نام و نشاں

(۳)

ماحصل اس سرابِ رواں کے سفر کا ہے کیا
چند ٹوٹے ہوئے لفظوں کی شعلہ افشاں زباں......
باتیں کہہ لو جنھیں
کچھ علایم میں پیراہنِ سعیِ اظہار کی دھجّیاں......
نظمیں کہہ لو جنھیں
چند مقتول جذبوں کی پرچھائیاں...... غزلیں کہہ لو جنھیں
چند بکھرے خیالات کا شورِ طوفاں...... مضامین کہہ لو جنھیں
چند سنگریزے چن کے بیابان میں کچھ صدف ہیں، یہاں اور وہاں......
کس مپرسی کی ناخواندہ تصنیفیں کہہ لو جنھیں
چند اوراق ترتیب دینے کی فرصت نہیں دیتا جن کو سرابِ رواں......
خود شکن بے نیازی کی امیدیں کہہ لو جنھیں
چند افکار و جذبات، قرطاس سے خامے تک جن میں حائل کئی دوریاں......
ساحلوں تک سرابوں کے آکر پلٹتی ہوئی لہریں کہہ لو جنھیں
اس سرابِ رواں کے سفر کا یہی ماحصل ہے......
تو اس کو بھی زاید سے زاید نقوشِ سرابِ رواں ہی کہو

چہل سالِ عمرِ گذشتہ حبابوں کی زنجیر ہیں
قہقہہ مار کر جو اُٹھے تھے ابھی
پھوٹ کر ایسا روئے کہ موجوں میں گم ہو گئے
وہ حباب ہاتھ آئیں تو رودادِ عمرِ گریزاں سُنو
ان حبابوں کو بچھڑی ہنسی مل سکے گر تو دریا بہ دریا بکھیر و اُسے

ان حبابوں کے آنسو اگر موج در موج تم چن سکو
تو مری خشک آنکھوں کے صحرا میں بو دو انھیں
چہل سالِ روز و شبِ پر فشاں
دولتِ رائیگاں
حاصلِ عمرِ بے حاصلی کا بیاں

۲ مارچ، ۱۹۷۶

لِور پوُل کا نیگرو مزدور

(افریقی شاعر ڈیوڈ روبادیری (David Rubadiri) کی نظم کا ترجمہ)

وہ مجھے راستے میں ملا
تیرہ گُم نام گلیوں کے فٹ پاتھ پر رینگتا
سر جھکائے ہوئے
مضمحل، سر گراں، اپنے اندر سے ٹوٹا ہوا
ایک تاریک سایہ ہزاروں ہی تاریک سایوں کی دنیا میں چلتا ہوا

میں نے رُخ اپنا بدلا کہ چہرے سے چہرا مِلے
اور آنکھوں سے آنکھیں ملیں
لیکن اُس کے سیہ نیگرو رُخ پہ کُچھ بھی نہ تھا
مسکراہٹ کی کرنیں نہ تھیں
ایک موعودہ امید کی آرزو بھی نہ تھی، آسرا بھی نہ تھا
صرف سہمی ہوئی آنکھ کے تیز نشتر بھٹکتے ہوئے
بے حس انبوہ میں تیرتے ڈوبتے
کِس تمنا سے ہر چہرے میں کھوجتے
ایک چہرہ
کس قدر دُکھ کے ساتھ ایک دل ڈھونڈتے
جو سمجھے اُسے
جس میں احساس کی لَو لرزتی مِلے

یہ وہی ہے
لِور پوُل کا نیگرو کارکن

جس نے چھوڑی تھی آغوشِ خاکِ وطن
بھاری دل
اور سو سال کے جبر کا بوجھ اٹھائے ہوئے
خود کو پانے کی خاطر وہ کس شان سے جہد کرتا رہا
اُس نے چاہا کہ مردانگی کا وہ شعلہ اُسے بھی ملے
جو ہے آزاد دنیا میں ہر فرد کی زندگی
لیکن اِس جا بھی آباد ہیں صرف آزاد مُردے
اُسی روشنی شعلگی کی تمنا لیے

کیا وہ سورج، وہ پیکِ امید
جو اُسے بطنِ مادر سے آنے پہ روشن جبینی سے ہنستا ملا تھا
کبھی اُس کی دنیا پہ چمکے گا پھر؟
نہیں، یاں کبھی بھی نہیں!
یہاں دستِ محنت کی امّید ہے صرف اک پھاوڑا
اور مقدّر رہے ہر آرزو سے کنارہ کشی

۱۹۷۴ اور ۱۹۷۷ کے درمیان

میں نے دیکھا حُسن

(ہنگری کے شاعر اٹیلا جوزف (Attila Jozesf) کی نظم کا ترجمہ)

میں نے دیکھا حُسن، وہ کتنا شیریں تھا
میں نے سوچا، پھول یونہی کھِلتا ہوگا
اور حقیقت کے پتھر برسے ایسے
گرتی چٹان کُچل ڈالے سر کو جیسے

لیکن پھر، چٹان ہے اک خالی تمثال
بہتر ہے سادہ لفظوں میں ادائے خیال
روز کے معمولات کے پاٹوں میں پس کر
میں نے سیکھی ہے یہ زبانِ زود اثر

میری فطرت راہِ راست سے تھی آگاہ
جب وہ میرے کمرے میں در آیا ناگاہ
گرج گرج کر بولیں یہ آوازیں ہزار
وہ توڑے گا روشنیوں کے سارے تار

چاقو میرے میز کے اوُپر رکھّا تھا
میں پنسل کی نوک بنانے والا تھا
دھار اگر اُس کے سینے میں اُتر جاتی
میری دنیا کی ہر چیز بکھر جاتی

میں تھا غم اور غصّے سے بے دست وپا
تاریکی میں گم ہوگئی میری دنیا

کرسکتے ہیں درندے اپنے بھٹ کا بچاؤ
جنگ ہماری الگ ہے، اس کے الگ ہیں داؤ

قتل و تشدد کمزوری کا ہے اک نام
مجھ سے بچھڑ جائیں گے چین، سکون، آرام
سب سے سوا دل کی نیکی ہوگی بدنام
نظم وضبط ہیں سرمایے کے اندھے غلام

طرزِ جنگ بدل دی ہے جاں بازوں نے
وہ نہیں لڑتے بندوقوں اور توپوں سے
بینک کے نوٹ وہ رستے میں بکھراتے ہیں
سِکّوں کے ریزے دل میں چُبھ جاتے ہیں

سوچ کے یہ دشمن کو میں نے سلام کیا
پلٹا اور اپنے بستر پر جا لیٹا
کرنوں نے چوُما تو خواب بھی جاگ اُٹھے
پورے چاند کی رات میں تارے ہنستے تھے

۱۹۷۴ اور ۱۹۷۷ کے درمیان

ایک شکستہ یوروپی انقلابی کے نام

والٹ وِٹ مَن (Walt Whitman)

اے مرے بھائی یا اے بہن جو بھی ہو
اپنی ہمت کو قایم رکھو
حریت کا تقاضا ہے ہر حال میں اُس کی خدمت کرو
مقصدِ حریت ناشناسِ شکست
اک دو ناکامیاں یا ہزاروں ہی ناکامیاں
قوم کی بے حِسی، ناسپاسی ہو یا ناوفاداریاں
یا کہ ہوں دھمکیاں طاقت و فوج کی، گولہ بارود کی
یا قوانینِ تعزیر کی دھمکیاں

حریت ناشناسِ شکست
وہ نہ پسپا ہوئی ہے نہ ہوگی کبھی
جو ہمارا ہے ایماں، ہمیشہ سے مستور ہے براعظم سے تا براعظم
ہمارے لیے منتظر
وہ کسی کو بلاتا نہیں، کوئی وعدہ بھی کرتا نہیں
روشنی میں سکوں سے ہے بیٹھا ہوا
اُس کو اپنا یقیں ہے، وہ ہے مطمئن، جانتا ہی نہیں ناامیدی کا وہ نام بھی
صبر سے منتظر ہے، زمانوں سے وہ منتظر

میرے نغمے وفابستگی ہی کے نغمے نہیں ہیں
یہ نغمات ہیں انقلابوں کے بھی
میں قسم بستہ شاعر ہوں ہر ایک بے خوف باغی کا، دنیا میں وہ ہو کہیں

اور جو ہم سفر ہے مِرا، تج کے چلتا ہے گھر سے سکون و قرار
جاں کی بازی لگی ہے،
کوئی لمحہ بھی مانگ لے،
ہے ہتھیلی پہ سر کو لیے جاں نثار

جنگ جاری ہے
خطرات کے سایرن چیختے ہیں مسلسل،
کبھی پیش قدمی، کبھی واپسی
جیت جاتے ہیں غدّار یا فرض کر لیتے ہیں فتح ہاتھ آگئی
تیرہ زندان اور سولیاں
ہتکڑی، بیڑیاں، طوق و زنجیر
پگھلی ہوئی سیسے کی گولیاں
کاروبار اپنا کرتی رہیں
نامور اور گم نام سارے شہید اپنے تن چھوڑ کر عالمِ نو کو جاتے رہیں
شعلہ افشاں ادیب و خطیب اپنے ملکوں سے ہوتے رہیں دربدر
دوٗر دیسوں میں بیماریاں اُن کی ساتھی بنیں

مقصدِ حریت کو سلاتے رہو، شعلہ افشاں زبانوں پہ مہریں لگاتے رہو
آتشیں نغموں کے حلق کو گھونٹ دو
نوجواں جب مِلیں شرم سے اپنی آنکھوں کو نیچی رکھو
لیکن ان سب مظالم سے بھی حریت اپنے میداں سے ہٹتی نہیں
اور غدّار پوری طرح غالب آتے نہیں
حریت چھوڑتی ہے اگر ایک میداں تو وہ پیچھے ہٹنے والوں میں
پہلی نہیں، دوسری بھی نہیں، تیسری بھی نہیں

منتظر رہتی ہے وہ کہ سب رن سے ہٹ جائیں، تب وہ ہٹے
جب مجاہد رہیں اور نہ یادِ شہیداں رہے
جب زمیں پر کسی جگہ بھی پوری ہی زندگی
روحیں مردوں اور عورتوں کی سرے ہی سے مٹ جائیں
تب ہی کہیں حریت، حریت کا تصورِ مٹے گا اُس اک گوشئہ ارض سے
اور تب ہی کہیں غالب آئیں گے غدار پوری طرح

جرأت اے یورُپی باغیو،
انقلابی زن و مرد، جرأت کرو
جب تلک جان ہے جب تلک زندگی ختم ہوتی نہیں
تم جہد اپنی جاری رکھو

میں نہیں جانتا تم ہو کس کے لیے تیغ در دست سینہ سپر
میں نہیں جانتا میں ہوں کس کے لیے نغمہ خواں،
اور نہ یہ جانتا ہوں کہ مقصد کسی چیز کا بھی ہے کیا
لیکن اتنا ہے میں سو جتن سے اُسے ڈھونڈنے جاؤں گا
خواہ پسپائی میرا مقدر بنے
ہیں شکست اور افلاس، قید و سقوط اپنی اپنی جگہ پر بہت ہی عظیم
فتح کو ہی فقط ہم نے جانا ہے شاید عظیم
وہ ہے بے شک عظیم،
اب یہ معلوم ہوتا ہے مجھ کو مگر،
فتح حاصل نہ ہو تو ہزیمت کو مانو عظیم
اور یہ جان لو موت بھی ہے عظیم اور مایوسیاں بھی عظیم

۱۹۷۴ اور ۱۹۷۷ کے درمیان

لکھ سکتا ہوں اشعار

(پبلو نرودا(Pablo Neruda) کی نظم کا ترجمہ)

لکھ سکتا ہوں میں اشعار اندوہ میں ڈوبے آج کی رات
لکھ سکتا ہوں جیسے
'رات کی گود ستاروں سے ہے بھری
اور اک نیلا تنہا تارا لرز رہا ہے دوٗر کہیں'
شب کی ہوائیں بگولہ آسا رقص میں ہیں، آغوشِ فلک میں گاتی ہیں
لکھ سکتا ہوں میں اشعار اندوہ میں ڈوبے آج کی رات
میں نے اُس سے عشق کیا تھا
ایک زمانے میں اُس نے بھی پیار کیا تھا میرے ساتھ
ایسی ہی تھیں راتیں، وہ میری بانہوں میں مچلتی تھی
میں نے کتنی بار اُسے چوما تھا لا محدود فلک کے سایے میں
(میرے لبوں کی حدت سے وہ پگھلتی تھی)
اُس نے مجھ سے عشق کیا تھا، ایک زمانے میں اُسکو میں نے بھی بہت چاہا ہو گا
اُسکی جھیل سی ساکن روشن بڑی بڑی آنکھوں میں کون نہ ڈوبا ہو گا

لکھ سکتا ہوں میں اشعار اندوہ میں ڈوبے آج کی رات
جو سوچو مِرے ساتھ نہیں وہ ہوتا ہے احساس وہ مجھ سے بچھڑ گئی
گہری پچھلی رات کی آہٹ سُننا اُس کی دوٗری میں
اور اتھاہ بنا دیتا ہے راتوں کو
روٗح پہ یوں اشعار ٹپکتے ہیں جیسے شبنم گرتی ہے پتّوں پر
اس کا سوال نہیں ہے میرا عشق نہ اُس کو روک سکا کیوں

رات کی گود ستاروں سے ہے بھری، وہ میرے ساتھ نہیں
یہی ہے سب کچھ، دوٗر کہیں کوئی گاتا ہے، دوٗر کہیں
اُسکو گنوا کر روٗح کو میری چین نہیں آرام نہیں
جیسے اُسے لے آئیں گی یوں میری نظریں اُٹھتی ہیں
ڈھونڈ تا ہے دل اُسکی قربت کے لمحے، وہ ساتھ نہیں
رات وہی ہے پیڑ وہی جو تاروں کا اجلا پیراہن پہنے ہیں
ہم جو کبھی ہوتے تھے، اب وہ نہیں رہے ہیں
یہ سچ ہے اب مجھ کو اُس سے عشق نہیں پر میں نے کتنا ٹوٹ کے چاہا تھا اُس کو
میری صدا اُس موجِ ہوا کو ڈھونڈتی تھی جو اُسکے کانوں کو چوٗمے
غیر کی ہے اب غیر کی ہے وہ جیسے میرے بوسوں سے پہلے تھی وہ
اُس کی آواز اور اُس کا رُپہلا جسم اور اُس کی گہری لامحدود آنکھیں
یہ سچ ہے اب مجھ کو اُس سے عشق نہیں پر شاید اُس سے عشق میں اب بھی کرتا ہوں
عمرِ عشق بہت چھوٹی ہے سعیِ فراموشی کی عمر بہت لمبی ہے
ایسی ہی راتوں کو اُسے میں نے اپنی بانہوں میں لیا تھا
اُس کو گنوا کر روٗح کو میری چین نہیں آرام نہیں
گرچہ یہ آخری غم ہے جو وہ میری روٗح کو دے سکتی تھی
آخری ہیں اشعار جو اُس کے نام پہ لکھتا ہوں

۱۹۷۴ اور ۱۹۷۷ کے درمیان

عظیم دعائے شکرانہ

(برٹولٹ بریخت (Bertolt Brecht) کی نظم کا ترجمہ)

کرو تعریف شب کی اور اندھیرے کی جو تم کو اپنے حلقے میں لیے ہے
تم آؤ، ساتھ آؤ
فلک کی سمت دیکھو
تمھارے واسطے دِن ختم ہے، دِن کا اجالا جا چکا ہے

کرو تعریف سبزے اور حیوانوں کی
وہ بھی جیتے اور مرتے ہیں پہلو میں تمھارے
اِدھر دیکھو، تمھاری ہی طرح
زندہ ہیں حیواں اور سبزہ بھی
اور اُن کو بھی تمھارے ساتھ ہی مرنا ہے اِک دِن

کرو تعریف پیڑوں کی جو مردار اور فضلے سے نکلتے اور نمو پاتے
فلک پر فاتحانہ مسکراتے ہیں
کرو تعریف مردار اور فضلے کی
کرو تعریف پیڑوں کی جو اُن کو کھا گئے ہیں

مگر تعریف کرنا تم فلک کی بھی نہ بھولو
کرو تعریف دِل سے تم فلک کے حافظے کی، جو رہا نسیاں گزیدہ
کرو تعریف اُسکی، وہ تمہارے نام اور چہرے سے بھی نا آشنا ہے
کسی کو بھی نہیں معلوم تم اب بھی وہیں ہو

کرو تعریف ٹھنڈک، تیرگی اور پیسنے والے فشارِ قبر کی تم

اٹھاؤ اپنی نظریں اور نہ شرماؤ
حقیقت میں نہیں ہے انحصارِ این و آں تم پر
تم اپنی موت مر سکتے ہو بے تشویش و بے غم

۱۹۷۴اور ۱۹۷۷کے درمیان

زادِ نجات

مہ و سال خوردہ ضعیف اپنے ہاتھوں پہ قشقے
لرزتی ہوئی کانپتی انگلیوں میں سیہ دانہ تسبیح تھامے
بغل میں مصلّے دبائے
خمیدہ کمر پر عبادات کا بوجھ لادے
سیہ میلے دھاگے سے باندھی ہوئی عینکیں ناک پر نیچے کھسکا کے
اوپر سے مجھ کو بہت دیر تک گھورتے ہیں
وہ بے دانت منہ میں زباں کو گھما کر
پھٹی، کپکپاتی، بد آہنگ آواز میں بولتے ہیں
"تمھاری بھی اب عمر آئی عبادت ریاضت کی
اللہ سے لو لگاؤ
یہ کیا زندگی ہے
سحر دم کھلی آنکھ، ہاتھوں میں اخبار
اور چائے پر چائے کی پیالیاں
ملحدانہ کتابوں کے اوراق کے دشت میں دن بھٹکتے گذرتا ہے
یا پھر قلم لے کے اعمالنامہ سیہ کرتے رہتے ہو
یا دوست احباب مل جائیں تو صبح سے شام تک شام سے صبح تک
بحثیں علم و ادب کی، سیاست کی، حالات کی
بے سبب شہر پیمائی، کوچہ نوردی
کبھی تو بہت رات ڈھلتے تم آتے ہو آنکھوں میں روٹھی ہوئی نیند بھر کر
اِدھر دیکھو
بچے تمھارے جوانی کی دہلیز پر آنے والے ہیں

اور تم جس زمیں پر کھڑے ہو، بہت جلد اپنے شکنجے میں کس لے گی تم کو
جاتے جاتے بھی تم اُن کو گمراہیوں ہی کی میراث دو گے؟
گئے دن کہ جب لغزشِ پا میں تھا رقصِ مستی
اب ان پائے لغزیدہ کو توڑ کر بیٹھو خلوت میں تم
سر اٹھا کر ملامت کے جادے پہ بھٹکے بہت روز تم
اب اس سرگرانی کو آدابِ سجدہ سکھاؤ
تمھیں تیس برسوں سے دانش گھوں میکدوں کی زباں یاد ہے
ہے لازم کہ بھولے ہوئے گم عقیدے کی تسکین آور زباں میں،
کبھی جو تمہیں یاد تھی، پھر سے باتیں کرو
مناجات و توبہ میں صرف اپنی راتیں کرو

سنا ہے تمھارے درِ دل پہ اب روز درد آکے دیتا ہے دستک
کسی دن رگوں میں لہو تھم نہ جائے
دھڑکتا سُلگتا ہوا قلب اک قطرۂ موم کی طرح سے جم نہ جائے
کسی زندگی کا بھروسا نہیں ہے
یہ آندھی میں جلتی ہوئی شمع، سیلاب میں بُلبلا ہے
وہ شمعیں جو دونوں سِروں پر سلگتی ہیں
وہ بُلبلے جو ہر اک سیلِ تند و غضبناک پر ہنستے ہیں سر اٹھا کر
ہوا کے کسی تند جھونکے سے بجھ جائیں گے اور بکھر جائیں گے
زندگی کر چکے، موت کرنے کے آداب بھی باقی انفاس سے سیکھ لو
یہ نہ ہو، موت اچانک چلی آئے اور اس سے چھُپتے پھرو تم
بساطِ تشکّک کرو تہہ، بُجھا دو تفکّر کے شعلے
تگ و تاز تخئیل کے بے کراں دشت کے دامنوں کو سمیٹو

کچھ اُخریٰ کی بھی فکر، بخشش کا بھی کوئی ساماں کرو
ترکِ لذّات و عصیاں کرو"

میں خود زندگی کی کشاکش، جہادِ مسلسل سے اب تھک چکا ہوں
شبِ عمر کاٹی ہے آنکھوں میں تو نیند آنے لگی ہے بہت
میں لاحاصلی کے شب و روز کے بوجھ سے مضمحل ہوں
نجات آزما، عاقبت بیں بہی خواہوں کی زجر و توبیخ و تلقیں سے منفعل ہوں
مگر کیا جوانی کی سرگشتگی، عشق کے سلسلوں
جہدِ فکرِ معاش و سماج و سیاست سے رہ کر الگ بھی عبادت ریاضت کا امکان ہے؟
کیا عبادت رسومات کی قید ہے اور ضعیفی کی بے چارگی کی پناہ گاہ ہے؟
کیا سب اعمال حواؑ آدم کے پہلے گنہ کا ثمر ہیں؟
یہ نغمات و لذّات، یہ زندگانی کی کشف و کرامات اشجارِ ممنوع ہیں؟
کیا یہ کُل کائنات اس لیے ہے کہ دیکھو نہ اس کی طرف بھی؟
فقط آخرت کے لیے زادِ راہِ نجات اپنے دامن میں بھرنے کے خواہاں رہو
خدا کیا فقط معبدوں ہی میں حاضر ہے، ناظر ہے اور اس سے آگے نہیں دیکھتا ہے؟
اُسے اتنی فرصت نہیں ہے شمارِ عبادات سے
جو وہ دیکھے کہ سجدہ گزار اپنے ماضی میں کیا تھے؟
وہ معبد سے باہر نکلتے ہیں تو اپنے معبود کو اُس کا در بند کر کے وہیں چھوڑ دیتے ہیں
ان کا خدا کارزاروں، دکانوں میں، بازار و دفتر میں ساتھ اُن کے آتا نہیں ہے

خدا کے یہ مخصوص بندے بتائیں
کہ کیا صرف حجلہ گزینی، مصلّےٰ نشینی و تسبیح چینی ہی اک راستا ہے؟
میں عاصی، گناہوں کا اپنے مُقر ہوں
کبھی اپنی ماتھے پہ سجدوں کے قشقے سجائے نہیں ہیں

احادیث و آیاتِ قرآں رہیں نقشِ دل پر
مگر اِن نقوشِ منوّر سے جشنِ چراغاں منائے نہیں ہیں
رہا کربلا میرے سینے میں زندہ، یزیدوں کے آگے جھکایا نہیں سر کبھی
یہ ہے بات اور، ایک سچ کے لیے بھی کٹایا نہیں سر کبھی
کہ منزل شہادت کی میرے مقدّر میں لکّھی نہ تھی
یہ شکلِ نجات اپنے اعمالنامے کے دفتر میں لکھی نہ تھی
مگر زندگی کرنا، ہر سانس پر مر کے جینا جہاد و عبادت نہیں ہے تو کیا ہے
ہزاروں جتن سے دماغ اور دل کو اندھیروں کے حملے سے محفوظ رکھنا ریاضت نہیں ہے تو کیا
ہے
رہے زندگی کا نہ کچھ قرض باقی، نہ ہو موت کے آگے خوف وندامت
نجات اس سے بھی گر عبارت نہیں ہے تو کیا ہے؟

اگست، ۱۹۷۸

نئی کربلائیں

بہت ہی گرم و غضب ناک ہو رہی ہے فضا
چلی ہے تند ہوا سولیوں کے جنگل سے
غضب کا حبس ہے، سینے میں دم الجھتا ہے
سروں کی ہونی ہے برسات اب کے بادل سے
لہو کسی نہ کسی کو تو نذر کرنا ہے
صدائے العطش اُٹھّی درندوں کے دل سے
نہیں حریفِ ستم گر کوئی تو تم ہی چلو
مبارزت کی ندا آ رہی ہے مقتل سے

گناہ بیٹھے ہیں اوڑھے قبائیں مسند پر
غرورِ زہد کے ہاتھوں میں تازیانے ہیں
جبیں پہ سجدے، زبانوں پہ وردِ الاّ اللہ
دماغ بتکدے ہیں، دل شراب خانے ہیں
ہے جن کے ہاتھوں میں تسبیح، اُن کے ہاتھوں سے
شہید دشت میں تسبیحِ حق کے دانے ہیں
یزید بیٹھے ہیں پھر مسندِ خلافت پر
لہو کے منتظر اک بار پھر فسانے ہیں
وہی وکیل، وہی مدّعی، وہی منصف
عدالتیں بھی ہیں اُن کی، گواہ بھی اُن کے

تمھارے جرم تو ہیں جرم، نیکیاں بھی گناہ
عیارِ خیر و صداقت گناہ بھی اُن کے
ہے عدل داشتہ، جمہوریت کنیز اُن کی
امیر اُن کے ہیں، خیلِ سپاہ بھی اُن کے
سفر ہے دشت کا، تھک کر کہاں کروگے قیام
شجر ہیں اُن کے، خیابان و راہ بھی اُن کے
تمھارا نامۂ اعمال لکھ رہے ہیں وہ
قلم بھی اُن کا، سفید و سیاہ بھی اُن کے

بہت اندھیرا ہے، لفظوں ہی کے چراغ جلیں
ہیں صوت اور سماعت کے درمیاں حایل
بلند و سنگ نظر گونگی بہری دیواریں
عجیب رُت ہے کہ پڑتا ہے گولیوں کا مینہہ
زمیں سے اُگتی ہیں دار و صلیب کی فصلیں
چھٹیں گی تیرگیاں پھانسیوں کے جنگل کی
ہوں شاخ شاخ پہ روشن سروں کی قندیلیں

۲۰ مارچ، ۱۹۷۹

چہرہ خانے میں

ابھی تو بیٹھا تھا تھک کر خود آگہی کا جنوں
کہ پھر حیات نے آئینے جڑ دیے ہر سُو
پھر ایک چہرے کے آئے نظر کئی پہلو
سکوتِ خلوتِ شب شور سے چٹخنے لگا
ہجومِ چہرہ سے ہر آئینہ تڑخنے لگا
تمام عمر کی کاوش سے جس کو ڈھونڈا تھا
وہ چہرہ آئینہ خانے میں اجنبی نکلا
جسے سمجھتے تھے عرفانِ ذات، یوں ٹوٹا
ہر اک کِرچ میں فریبِ خود آگہی نکلا
سمیٹتے رہو یہ ریزہ ریزہ خود نگری
مآلِ دیدۂ نظّارگی ہے بے خبری
ہزار رُخ ہیں، کہو گے کسے کسے نظری
تمھی ہو یہ بھی، تمھی یہ بھی، اور تمھی یہ بھی
ہیں اتنے رُخ کہ انھیں جاننا بھی ہے مشکل
خود اپنے چہرے کو پہچاننا بھی ہے مشکل
کچہری، بینک، دواخانوں، ڈاک خانوں میں
سینما، ریلوے، بس، دفتروں، دکانوں میں
ہزاروں کاؤنٹر اور سب پہ ہے قطار لگی
تم اِن قطاروں کا بے نام ایک نمبر ہو
تمھیں بھی کرنا ہے باری کا انتظار یہاں
نہیں ہے مسئلۂ جبر و اختیار یہاں

وہ بھیڑ علم کدوں میں، نہیں ہے جس کا شمار
اسیر خوف کے آسیب میں ہیں طالبِ علم
یہ خوف دانش و علم و ادب سے ناآگاہ
جلوس، جذبۂ تخریب اور ہڑتالیں
دہکتی کھولتی تقریریں، فقرے، آوازیں
عدم تحفّظِ فردا کے خوف کی شکلیں
اساتذہ کا ترقی کی کوششوں پہ مدار
مطالعہ ہو کہ تحریر، سب ہیں کاروبار
جو چہرے صاف چمکتے ہیں اس سمندر میں
وہ ڈوبتے ہیں اُٹھاتے ہی سر حباب آسا
وہ آنکھیں، ماتھے ذہانت سے جو چمکتے ہیں
غروب ہوتے ہیں ظلمت میں ماہتاب آسا
یہ بھیڑ اپنی طرح سب کو کر کے بے چہرہ
الگ جو کرتی ہے تو کرسیوں کے نمبر سے
جو جانتی ہے کسی کو تو اُس کے دفتر سے
تھا کون اہلِ نظر، کون کم نگہ، کج بیں
تھا کس جبین پہ سورج، تھی کس کی آنکھ کرن
نہ ڈھونڈو، کھا گئے سب کو علوم کے مدفن
جو خود کو دیکھ لو، پہچان بھی نہ پاؤ گے
کہاں ہو بھیڑ میں تم، جان بھی نہ پاؤ گے

جمی ہیں کرسیاں ایوانوں میں قرینے سے
بڑی، پھر ان سے ذرا کم پھر ان سے بھی چھوٹی
یہاں شمار میں انساں نہیں ہیں رُتبے ہیں
یہاں کسی کا نہیں چہرہ، صرف درجے ہیں
اسیر ہونے کو آئے تھے کرسیوں میں جو تم
تمھارا چہرہ تھا سب سے جدا، صدا تھی الگ
تمھاری بات کا انداز الگ، ادا تھی الگ
نگاہِ ظلمتِ شب بستگاں کے شعلوں سے
تمھاری آنکھوں، نگاہوں میں اک ضیا تھی الگ
کہاں اٹھا کے رکھا وہ نگہہ کا آئینہ
نکال کر اُسے دیکھو کبھی اکیلے میں
تو اپنے آپ کو پہچان بھی نہ پاؤ گے
ہو کرسیوں میں کہاں، جان بھی نہ پاؤ گے

وہ محفلیں جہاں رنگینیاں برستی ہیں
جہاں خود آگہیاں ملنے کو ترستی ہیں
ہر ایک چہرے پہ تنہائیاں ملیں گی وہاں
طرب میں درد کی پرچھائیاں ملیں گی وہاں
غرورِ شہرت و مقبولیت، فریبِ خودی
اثر کے طنطنے اور طمطراقِ زرداری
شکست و خوف کے ہیں نقرئی طلائی غلاف
یہ نشّے اور نقابیں ہیں چہرہ پوشی کو
بنا لیا ہے پنہ گاہ عیش کوشی کو

زمیں سے چھپتے ہیں بالائے بام کے چہرے
یہ رات کھا گئی ماہِ تمام کے چہرے
ہیں سارے چہرے دھندلکوں کے، شام کے چہرے
ہیں تا بہ حدِّ نظر ازدحام کے چہرے
کبھی کبھی ہوئے ان محفلوں میں تم بھی شریک
خود آگہی کا جنازہ اُٹھائے آنکھوں میں
کبھی جو دیکھو گے ان محفلوں کی تصویریں
تم اپنے آپ کو پہچان بھی نہ پاؤ گے
ہو محفلوں میں کہاں، جان بھی نہ پاؤ گے

ہر ایک موڑ پہ اک ازدحام بے چہرہ
حیاتِ عام ہو یا مرگِ عام بے چہرہ
ہے ازدحام کا اک چہرہ، تیرہ، بے خط و خال
ہے ازدحام کا اک جذبہ، خوف و حزن و ملال
وہ ہم ہوں، میرؔ ہوں، یا تم، بدل گئے ہیں سبھی
اس ازدحام کے سانچے میں ڈھل گئے ہیں سبھی
خود آگہی کے جنوں سے کہو، نہ فارغ بیٹھ
نہ راس آئیں گے جادے یہ خود نمائی کے
تم ایسے کون خود آگاہ ہو کہ بیٹھ گئے
نظر میں خواہشِ آرائشِ جمال لیے
جڑے گی آئینے خلوت میں زندگی لا کر
تو اپنے آپ سے بھاگو گے خود ہی گھبرا کر
ابھی نہ بیٹھو کہ تم اپنی ہی تلاش میں ہو

۷ مارچ، ۱۹۷۹ء

شہر آتش بازاں

قسم ہے شام کی سُرخی
سیاہی ڈھانپتی شب کی
قسم ہے چاند کی جب پوری تابانی سے ظاہر ہو
تم اُس دن ایک سختی جھیل کر
پھر دوسری سختی میں پھنسنے کے لیے بھاگو گے
(مجنونانہ وحشت سے)

پارہ عمّ، سورۃ الانشقاق، آیات ١٦ الی ١٩

ابھی گرما کی شب کا بدرِ کامل
افق پر دھیرے دھیرے مسکراتا بڑھ رہا تھا
فلک پر دور تک روشن دوائر ناچتے تھے
شعاعیں چاندنی سر پر اٹھائے
زمیں کی سمت اُڑتی آ رہی تھیں
گرجتا چیختا چنگھاڑتا دن تھک کے سونے جا رہا تھا
تعصب مشتعل جذبات کو لوری سناتا تھا
بھڑکتی نفرتیں مجروح نوزائیدہ احساسات کو بانہوں میں تھامے
چشیدہ زہر پستانوں کا خوں چُسوا رہی تھیں
فضا میں دھیرے دھیرے ایک افسردہ خموشی چھا رہی تھی
کہیں کچھ دوٗر چھوٹی بستیوں میں خود اپنے دل کی وحشت سے
اُداسی ڈر رہی، گھبرا رہی تھی
سکوں آور ہواؤں میں بھگو کر

محبت اور ہمدردی کے اشکوں میں ڈبو کر
اُداسی اور خاموشی کے زخموں پر ضیائے ماہ مرہم رکھ رہی تھی
مگر یہ کیا ہوا
مہتاب پر تاریک سایے کیسے لہرائے
سبک رَو نقرئی کرنوں میں شعلوں اور خوں کے رنگ کیسے جھلملائے
بھیانک چیخ سے افسردہ خاموشی نے لب کھولے
ہزاروں دل شکن نعروں سے وحشت ناک اُداسی بول اُٹھّی
نئے زائید گانِ اشتعال وخوف و نفرت بلبلا کر گودیوں سے ماں کی نکلے
ہر اک کے ہاتھ میں ہے اندرونی آگ کی مِشعل
وہ دوکانیں، وہ گھر جو جاگ کر دن بھر
ابھی سونے کو آنکھیں موندنے والے تھے، جاگ اُٹھے
مُندی آنکھوں سے در اور کھڑکیاں شعلوں کی دستک سُن رہی ہیں
شکستِ خواب کی جلتی چِتا میں
نِنداسی آنکھیں اپنی اپنی نیندوں کو بھڑکتا دیکھتی ہیں
اندھیرے کھیلتے ہیں آگ کا کھیل اور خوں پچکاریوں سے اُڑ رہا ہے
متاعِ عمر کو طفلانِ ظلمت لوٗٹتے ہیں
زباں پر شیر خوارانِ تعصّب کی اندھیروں کے ہیں شعلے
وہ رشتے، وہ تعلّق، وہ محبت جو کہ صدیوں میں کہیں پروان چڑھتی ہے
اُسے طفلانِ آتش باز کی دوچار پل کی دل لگی نے روند ڈالا
زمیں روشن ہے کچھ اس طرح دل کی آگ سے، نعروں کے شعلوں سے
فلک پر بدرِ کامل چاندنی کی کالی چادر اوڑھ کر سِمٹا ہوا ہے
شبِ مہتاب کے دل سے اُبلتی ہے سیاہی

جہالت سے خباثت، خوف سے نفرت، تعصّب سے توہّم ہیں بہم دست و گریباں
عبائے علم و دانش پھٹ رہی ہے
کتابیں جل رہی ہیں
کتب خانے پہ پہرہ دے رہے ہیں بند دروازے
زرہ پہنے کھڑی ہیں معملوں کے بند دروازوں پہ سنگینیں
نہالِ دوستی پامال ہے، اشجار نفرت کے ہیں بالیدہ
سیاست خوف و نفرت کی کتابوں میں چھپی بیٹھی تھی کب سے
حکومت کے بلند ایوان ہیں آباد یک جہتی، اہنسا، امن کے شور و شغب سے
مقدس لفظ بن جاتے ہیں تیغ و تیر و خنجر جب نکلتے ہیں ریاکاری کے لب سے
ہماری تازہ نسلیں سنتی رہتی ہیں ریا آلودہ پند و موعظت جھوٹے ادب سے
بزرگ اپنی زباں کی کارگہہ میں ڈھالتے ہیں اسلحے ہر دم
نئی نسلیں چھپالیتی ہیں یہ ہتھیار ذہنوں اور زبانوں میں
کہ ان کو بھی تو آخر آج یا کل رنگ بھرنا ہے سیاست کے فسانوں میں

وہ لب معصومیت کے
جن میں ہونی چاہیے تھی شیر مادر کی مہک، غنچوں کی خوشبو
مئے خانہ کشیدہ خوف و نفرت کی پیے یہ کہہ رہے ہیں
یہ گھر مُسلم ہے، وہ دوکان ہندو
میں اُن سے پوچھتا ہوں
کیا کسی نقصان میں ہے نفع کی صورت؟
کبھی میری زباں نے فرق کا یہ زہر اگلا تھا؟
یہ کس نے برگِ گُل پر خون کے چھینٹے اُڑائے ہیں؟
سماعت میں تمھاری کس نے یہ تیزاب اُنڈیلا ہے؟

وہ کہتے ہیں سم آلودہ، مئے نفرت چشیدہ آتشیں لب سے
بھری ہیں ہر طرف اس زہر کی بوندیں فضاؤں میں
لٹکتی ہے سروں پر خوف کی تلوار
نفرت ہے ہواؤں میں
میں کہتا ہوں
مگر اس زہر اس نفرت نے میرے گوش ولب کو کب چھُوا ہے
وہ کہتے ہیں
کہ تم نے کیا فضاؤں سے کبھی یہ سم نچوڑا ہے؟
کبھی تیزاب آلودہ ہواؤں کو جھنجھوڑا ہے؟
کبھی عزلت سے قرطاس و قلم کی اُٹھ کے دیکھا ہے
تمھارے چار سو کیا ہو رہا ہے؟

اگر اقدار قرطاس و قلم میں قید ہیں
محراب و منبر سے اُتر کر پستیوں تک آ نہیں سکتیں
اگر آدرش دستوروں، صحایف اور کتابوں ہی میں لکھّے ہیں
وہ گردِ کوچہ وبازار، محنت کے پسینے سے گریزاں ہیں
اگر روحانیت انسانیت کے اونچے دعوے دیر و مسجد سے نکل کر
جنوں کی کربلا میں پا برہنہ چل نہیں سکتے
تو قرطاس و قلم، محراب و منبر، دیر و مسجد سب ریا کی ہیں پنہ گاہیں
کتابیں اور دساتیر و صحایف مُردہ آدرشوں کے کتبے ہیں
حرم اور دیر سجدوں اور قشقوں کے چمکتے مقبرے ہیں
ہم اپنے مسلک و مشرب کا کوئی نام رکھ لیں
ہمارا بھی، تمھارا بھی ہے مسلک خوف و نفرت

وہ تم ہو یا کہ ہم انسان کی لاکھوں زبانوں میں سمجھتے ہیں کسی کو
تو سمجھتے ہیں زباں بندوق کی یا تیغ و خنجر کی
ہماری نفرتیں حاکم کسی کو مانتی ہیں تو فقط پولیس و لشکر کو
کھڑے کیا دیکھتے ہو
آسماں پر بدرِ کامل خیمہ زن ہو گا تو ہو گا
تمھارے شعلہ ہائے خوف کے کالے دُھنویں سے آسماں تاریک ہے
اب چاند اپنا مُنہ دِکھائے گا نہ تارے جھلملائیں گے
گھروں کے بلب، رستوں کے چراغ اندھوں کو تاریکی کا رستہ ہی دکھائیں گے
بہت دن تک تمھارے کوچہ و بازار میں سورج نہ اُترے گا
چلے گی ہر طرف نفرت اُٹھائے دوش پر سنگین اپنے بھاری جوتوں سے
تمھارے خالی بازاروں میں ہو گا خوف کا سودا
تمھارے بند دو کانوں پہ دہشت پہرہ دے گی، نفرتیں ساماں خریدیں گی
تمھارے دن اکیلے پن کی تاریکی میں ترسیں گے اُجالوں کو
تمھاری شب گھروں کو خوف کی یلغار سے بے خواب رکھّے گی
سحر دم اُٹھ کے تم اخبار میں اپنے ہی گھر کی خبریں ڈھونڈو گے
سیاست داں تمھیں کوسوں کی دوری سے بتائیں گے تمھارے شہر میں
آخر ہوا کیا ہے
حکومت کے بلند ایوان میں الزام دے گا کوئی تم کو، کوئی اوروں کو
زمیں کے دیوتا رتھ پر ہوا کی بیٹھ کر آکاش سے دھرتی پہ اُتریں گے
کہ گُل ان پر عقیدت کے چڑھاؤ، آرتی ان کی اُتارو
یہی بیمار دیوتاؤں مسیحاؤں کی بیماری کا درماں ہے
تمھارے ہی لہو کی موج اِن کے اقتدار و سرخ روئی کی رگِ جاں ہے
تعصّب پھولتا پھلتا رہے معصوم سینوں میں تو اچھا ہے

یہ کھیتی سوکھنے والی نہیں
ہر سال برگ وبار لائے گی سروں کے
یہ سال اس کشت کوراس آگیا ہے
ہمارے شہر ہی میں
سروں کی تین فصلیں کٹ چکی ہیں

چلو گھر میں کہ بے میعاد کرفیو حکمراں ہے
ہر اک جادہ ہے تنہائی کا، ہر گھر تنگ زنداں ہے
یہاں اب ایک مدّت تک نہ ہو گی چاندنی رقصاں
ہیں جتنے موڑ سب پر رائفل اور آہنی خودوں کے پہرے ہیں
روش کو سبزۂ و گُل کی سپاہی روندتے ہیں

ستارے سو رہے ہیں
بدرِ کامل گھٹتے گھٹتے گم ہوا ہے
اُسے بھی قید کرفیو نے کیا ہے
خدا ہے عرش پر بیزار تم سے
دیوتا ہیں مندروں میں سرنگوں بیٹھے
تمھیں بھی، اور تمھیں بھی، اور تمھیں بھی
ہر اک کو اپنی اپنی نفرتوں کا بوجھ اکیلے ہی اٹھانا ہے

۱۸ مئی، ۱۹۷۹ء

جینے کو اک عشق ہے کافی

تم جو گئے ہو، چاند تھا پورا، شہر میں کرفیو آدھا تھا
سوئی ہوئی تھیں راہ کی شمعیں، سڑکوں پر سنّاٹا تھا
بھولا بھٹکا اکّادُکّا راہرو گر آجاتا تھا
چاپ کو قدموں کی سنّاٹا دیر تلک دُہراتا تھا
پھر بھی تمھارے قُرب کی آنچ سے دل روشن ہو جاتا تھا

کرفیو کی پابندی سے ہر رہ زندانِ جُدائی تھی
سقف و بام و دیوار و در پر ویرانی چھائی تھی
خانہ باغ سے خواب کدے تک خاموشی کی خدائی تھی
لوگ تھے چاروں سمت آباد، مگر کیسی تنہائی تھی
پھر بھی یہ عالم بھی، تم تھے تو دل کو خوش آتا تھا

روز ہی شہر آتش بازاں آگ کے کھیل میں جلتا تھا
خوں کے پیاسے درندوں کا شور اہلِ دل کو کھلتا تھا
موت کے بھوت کے سایے میں پھل خوف وہراس کا پھلتا تھا
روز سڑک پر غولِ بیابانی کا جلوس نکلتا تھا
پھر بھی تمھارے لب چھوتے ہی امرت دل میں اُتر جاتا تھا

تم جو گئے تو گھٹنے لگا آہستہ آہستہ مہتاب
نیند کی ماتی آنکھوں سے رخصت ہوئے اک اک کر کے خواب
دیواریں زندان بنیں، دروازے تنہائی کے باب
کرفیو ڈھیلا ہونے لگا پر کسنے لگی سینے کی طناب
تم جو نہیں تو ٹوٹا ہو ا ہر راہ ورسم سے ناتا تھا

اب رستے آباد، کتب خانوں کے در بھی کشادہ ہیں
نفرت و خون کے تاجر اُنس و محبت پر آمادہ ہیں
دن علم و دانش کی کشاکش کے پھر سے دل دادہ ہیں
زہر چشیدہ شامیں راتیں رہنِ ساغر و بادہ ہیں
پھر بھی وحشت ہوتی ہے، تم تھے تو سب کچھ بھاتا تھا

ایک وفاؤ جذبۂ خدمت ہر نفرت کی تلافی ہے
سنّاٹا، تنہائی، اُداسی، قید و بند اضافی ہے
تم آجاؤ، میری طرف سے دشمن کو بھی معافی ہے
عشق کا بس اک رشتہ ہی جینے کو ہمارے کافی ہے
عشق سے پہلے میں کب ایسا دریا دل، سُکھ داتا تھا

جولائی، ۱۹۷۹

محوروں کی تلاش

بہت دنوں سے نہیں دل میں دردِ بے وطنی
وفاتِ یادِ وطن کو زمانے بیت گئے
سفر کی بھول بھلیاں میں بچھڑا گھر کا خیال
پرائے دیسوں میں ساتھی بسے، رفیق چھٹے
وہ جن سے گھر تھا گھر، اک عہد گزرا خاک ہوئے
جو زندگی تھے، غمِ زندگی سے پاک ہوئے
اک عمر گزری، رفو دل کے سارے چاک ہوئے
زمیں کے رشتے سب آلائشوں سے پاک ہوئے

زمیں کا ایک ہی محور، ہمارے سو محور
کسی کا نام وطن ہے، کسی کا ماضی ہے
کسی کو کنبہ، قبیلہ، کسی کو گھر کہیے
ہزاروں رشتے ہیں، ہر اک کو معتبر کہیے
زمین گھومتی ہے اپنے چاک پر یکساں
ہم اپنے محوروں کی گردشوں کے قیدی ہیں
جو محوروں کی کشاکش میں ٹوٹے اک محور
تو زندگی نئے محور تلاش کرتی ہے
مگر ہے اب کوئی محور، نہ زندگی کا مدار
نہ کوئی سمتِ سفر، نے شکستگی کا مدار
قبیلہ، کنبہ، وطن، خاندان ٹوٹ گئے
مسلمات کی بنیاد پر پڑیں ضربیں

عقیدے بیٹھے تھے جس عافیت کے گوشے میں
ہے اس کی سقف شکستہ، دریدہ دیواریں
کچھ ایسے ہیں کہ ہے جن کا شکستگی پہ مدار
کریدیے تو خدا پر نہ بندگی پہ مدار

ہماری نسل کی تقدیر ٹھہری دربدری
ہمارے بعد کی نسلوں کی زندگی ہجرت
یہ ہجرتیں ہیں وہ، ایماں ہے جن کا فکرِ معاش
سحر سے تا بہ شبِ تار جنگ ہوتی ہے
کبھی غنیم کا حملہ، کبھی خود اپنوں سے جنگ
کمینِ خواب میں اندیشہ ہائے دور و دراز
ہر ایک روز دفاعِ محاذِ نانِ جویں
ہر ایک رات ہے نیندوں پہ خوف کی یلغار
یہی دفاعِ شکم، خوف اور اندیشے
پرائے دیسوں میں ہجرت کے قافلوں کا مدار
نہ ٹوٹے رشتۂ انفاس و جسم، فکر یہی
شکست اور ترقی کے حوصلوں کا مدار

کہیں ہو جنگ، کہیں انقلاب آئے نہ آئے
پرائے دیسوں کی تعمیر کے تنوروں میں
مہاجرینِ شکم روز بنتے ہیں ایندھن
اسی تنور میں آسائشوں کے کچھ ساماں

ضروریات کے اسباب جمع کرتے ہیں
پرائے بینکوں کے لاکروں میں، کھاتوں میں
امیدیں، حسرتیں اور خواب جمع کرتے ہیں
کبھی خیال جو آجائے گھر، عزیزوں کا
تو یاد بھیجتی ہے ڈالروں کی سوغاتیں
وطن میں اپنے تنورِ شکم میں قید بزرگ
دعائیں دیتے ہیں، اور پڑھتے ہیں مناجاتیں
شکستہ رشتوں کی ہوتی ہیں یوں مداراتیں

کہا یہ کس نے کہ محور ہیں زندگی کے ہزار
تلاشِ رزق ہے لے دے کے زندگی کا مدار
یہاں ہم اپنے کئی محوروں کی گردش میں
سحر سے شام تلک ٹوٹتے ہیں لاکھوں بار
کبھی زبان کے مرنے کا خوف طوقِ گلو
کبھی یہ فکر کہ تہذیب پر نہ آئے زوال
تعصبات کے آتش فشاں پہ بیٹھے ہیں
یہ آرزو ہے اسے مولدِ بہار کریں
محاذِ جہدِ بقا پر یہ سوچتے ہیں کھڑے
اس اندھی جنگ کو ہم کیسے اختیار کریں
کہیں روایتیں زنجیرِ پا، رسوم کہیں
ہے دوزخِ ہوسِ اقتدار میں بھی یہ ضد
کہ دامنِ ہوسِ دل کو تار تار کریں
کہا یہ کس نے کہ بے محوری ہے آج حیات؟
جو محوروں کی کشاکش میں ٹوٹے اک محور
تو زندگی کئی محور تلاش کرتی ہے

(جنوری-فروری، ۱۹۸۰)

شبِ سالِ نو

آسماں سرد برفیلے موسم کی بے رحم بانہوں میں جکڑا ہوا
دیو زمستاں کی شب کا ہے کہرے کی میلی رضائی میں لپٹا ہوا
برف بستہ ہوا سرد مفلوج پیروں سے بڑھتی ہے اک اک قدم
چُپ دریچوں کی بستہ صفوں میں ہیں بجھتی ہوئی شمعیں غرقِ الم
شب سیہ شال اندھیرے کی اوڑھے شجر دیر سے سو رہے ہیں
اور سُن سُن کے نوحے ہواؤں کے پژمردہ گل رو رہے ہیں
ٹہنیوں سے ٹپکتے پگھلتے چراغ آنسوؤں کے بجھے جا رہے ہیں
رات کی یخ زدہ انگلیوں پر اُجالوں کے قطرے جمے جا رہے ہیں
کہیں کچھ مکاں اور کہیں پوری آبادیاں خواب میں ہیں
شبستانوں میں بلب خاموش ہیں، شمعیں گم طاق و محراب میں ہیں
کسی آنے والے کے ڈر سے ہیں دربند، دیواریں صف بستہ ہیں
گُم آنکھوں میں ہیں خواب، بینائی کے دُر صدف بستہ ہیں

اونچے ایوانوں اور ریستورانوں میں زرہے زریں لبادوں میں ساغر بکف
دعوتِ دید ہے ہر خم و پیچِ تن، نیم بستہ گریباں ہیں خنجر بہ کف
آنکھوں اور ساغروں، بوتلوں اور سینوں سے چھلکی ہوئی ہے شراب
تارے آنکھیں جھپکتے ہیں، رقصاں غزل خواں ہے سیلِ شباب
آنے والے کے دیدار کے راستے میں بچھی ہیں مچلتی نگاہیں یہاں
لڑکھڑاتے ہوے قدموں کو تھام لیتی ہیں گرنے سے پہلے ہی بانہیں یہاں
نیم شب بارہ گھنٹوں کی آواز پر شور اُٹھا کہ وہ آ گیا، آ گیا
سالِ رفتہ کی عشرت کا پس خوردہ اگلا، اُٹھایا، چھپایا گیا

جانے والا برس صرف اس بزم میں چھوڑ جاتا ہے رفتہ بہاروں کے گُل
آنے والا برس بھی انھی کے لیے لے کے آتا ہے تازہ بہاروں کے گُل
باہر اس بزم سے تیرہ کٹیائیں بستہ مکاں قید رفتہ سرابوں میں ہیں
آنے والے دنوں کے تردُّد سے نیندیں پریشان خوابوں میں ہیں
بند آنکھوں دریچوں دروں پر گذشتہ برس چھوڑے سوغات کیوں
سالِ نو دیکھنے آئے اندیشوں مایوسیوں کے سیہ خانوں کی رات کیوں
بے خط وخال فٹ پاتھ کے چہرے پر گنگناہٹ نہیں، مسکراہٹ نہیں
گونجتی ہے فقط جانے والے کی چاپ، آنے والے کے قدموں کی آہٹ نہیں
جشن اِن کا ہے دن کی تھکن کا نشہ پی کے ہونا نڈھال
قیمتی کاروں کی گرد اور شور سے نیند بھی ہوتی ہے پایمال

رات اندھیروں میں لپٹی ہوئی، چاک دھرتی کے محور پہ گردش کُناں
یاں نہ ہیں روز وشب، نے مہ وسال، بس دوڑتی روندتی موجِ سیلِ زماں
سرد خانوں میں زندوں کی لاشیں، سیہ خانوں میں بجھتی آنکھوں کے ڈھیر
آنے والا چراغوں میں آتا ہے، کیوں دیکھے بے نور شمعوں کے ڈھیر
کیا کبھی اپنے کشتوں کو دے گا ردا پھولوں کی جانے والا برس
کیا کبھی سرد خانوں سیہ خانوں کا رخ کرے گا کوئی آنے والا برس
بند در، کھڑکیاں، اُس کبھی آنے والے نئے سال ہی کی طرب گاہ ہیں
تشنۂ خواب فٹ پاتھ کے خال وخط اس کبھی آنے والے کی شہ راہ ہیں

۴ جنوری، ۱۹۸۰

شجرِ نور

وہ گیا جب
تو اُس کے نقوشِ کفِ پا بہت دوٗر تک
راستے میں دیوں کی قطاریں جلاتے گئے
میں اُسے ڈھونڈنے کو چلا
تو یہی جگمگاتے دیے دوٗر تک ساتھ آئے مرے
اور اُس موڑ پر
جس جگہ ایک رستے سے پھوٹے کئی راستے
رک کے دیکھا تو
ہر راستے پر اُسی کے نقوشِ کفِ پا کی شمعیں چمکنے لگیں
میں نے سوچا بہت
کون سے راستے پر چلوں
مجھ کو ہر راہ نے بانہیں پھیلا کے آواز دی
جتنے بھی راستے جگمگاتے ہیں
وہ سب کے سب
اسی کے نقوشِ کفِ پا کی تحریر ہیں
روشنی کا جو رستا بھی اپناؤ گے
اسی نور کے قدموں والے کی منزل کو تم پاؤ گے

۵ جنوری، ۱۹۸۰

ایک تصویر

زندگی کی اُڑائی ہوئی گرد بالوں میں ہے
وقت کی دھوپ ماتھے پہ ہے
اپنے شعلوں سے اُڑتی ہوئی راکھ گالوں میں ہے
بار بار حملہ آور خزِانوں سے پامال شادابیاں چشم میں
عکس دھندلائے خوابِ بہاراں کا نظروں کے ہالوں میں ہے
برف ناگفتہ اور ناشنیدہ سوالوں پہ ہے
نامُساعد زمانوں کا کُہرا کمالوں پہ ہے
رقص امر شعلگی کا خیالوں پہ ہے

امتدادِ زماں سب کی خاطر نہیں ایک سا
یہ کہیں تو گزرتا ہے بادِ صبا کی طرح
پھول آنکھوں جبینوں لبوں عارضوں کے کِھلاتا ہوا
نرم رَو نغمہ پا زندگی بخش حرفِ دعا کی طرح
پر یہاں سے یہ گزرا ہے موجِ بلا کی طرح
لمحے لمحے میں اک عمر کا کرب سمٹا ہوا
دھوپ اُتری تو چہرے ہی پر تھم گئی
برف باری کی رُت آ کے بالوں ہی میں جم گئی
وقت کا جزر و مد خوں میں طوفاں جگاتا رہا
دل تڑپتی اچھلتی ہوئی موجوں کے ناز اُٹھاتا رہا
دھڑکنیں درد کی دستکیں بن گئیں
خون کی سرکشی سے رگیں تن گئیں

اور اب چہرے پر صرف آنکھیں ہیں دو
یہ بھڑکتے دیے زورِ موجِ زماں سے نہیں بجھ سکے
عمر کی گرد، سیلابِ خوں اور بادِ فنا
سب آنکھوں کے صحرا کی وسعت میں گُم ہوگئے
بال، چہرہ، جبیں پیش از وقت پیرانہ سالی کی زد میں سہی
آنکھیں عمرِ گریزاں کی اس تند گامی پہ ہیں خندہ زن
ان کی گہرائیوں میں زمانے کی لاانتہا وسعتیں خیمہ زن

برف بے رحم موسم کی گرتی رہے، گرد اُڑتی رہے
اوپر اُٹھتے ہوئے خوں کی لہریں رگوں میں تڑپتی رہیں
آنکھوں کے دو چمکتے چراغوں تلے
دو اُپی تیغوں کی طرح لب ہیں بھنچے
دیکھتی ہے جو آنکھ
ہونٹ کرتے ہیں لفظوں میں اُس کو ادا

یاخدا
آنکھیں بینا رہیں، ہونٹ ناطق رہیں میری تصویر کے

۲ اپریل ۱۹۸۰

جُرم وسزا

جُرم کاروں کی بستی میں کوئی بھی مجرم نہیں
راہزن ہو کہ سارق کہ راشی کہ قاتل ہو، کوئی بھی ملزم نہیں
جو جرائم گزیدہ ہیں، مقتول ہیں صرف مجرم ہیں وہ
جو لُٹیں رات کی سرقہ پوشی کے دامن میں ملزم ہیں وہ

قشقے سینے کی سیّال نفرت سے ظلمت فشاں
مکر و دغل وریا کی جبینیں سجاتی ہیں سجدوں کے کالے نشاں
جھوٹ اٹھالے حلف، کھائے حق کی قسم
تو وہی آج سچائی ہے
مدّعی شمر وابنِ زیاد ویزید
پیش کرتے ہیں جرمِ شہادت کی دنیا کے آگے صفائی حسینؑ
بے وطن ہیں نبیؐ کے مدینے اور اللہ کے گھر میں پھر کربلائی حسینؑ

۳جون، ۱۹۸۰

مکتوبِ زمستاں

لہو گرم رکھیں تو کیسے
فضا ہجر و دوری کی سنگلاخ دیوار ہے
ہوا سم چشیدہ یخ آلودہ تلوار ہے
ہر اک سمت سے سرد موسم کی یلغار ہے
ہر آتی ہوئی رات پہلے سے بھی کچھ سوا تیرہ و تار ہے
رگوں میں چھکتا چمکتا لہو جم نہ جائے
اچھلتی مچلتی ہوئی نبض بھی تھم نہ جائے

دسمبر کی راتیں
لحافوں میں دبکی دسمبر کی راتیں
سرِ شام سے نیم بے ہوش بستر گرفتار راتیں
یہی سرد بیمار راتیں
کبھی پہلے آتی تھیں کرنے کو باتیں
وہ بے معنی فقرے، وہ معصوم جملے
وہ بیتے دنوں کی حماقت کے قصّے
بزرگوں عزیزوں کے بے ربط چرچے
اور ہر بات پر بے تحاشا ہنسی
آبشاروں کی مانند پیہم اُبلتی اُمڈتی ہنسی
لبوں کے کناروں پہ بے ساختہ بے سبب پھوٹتی اور مچلتی ہنسی
دسمبر کی راتیں بھی ہنستی تھیں پچھلے پہر تک
جواں گرم راتیں

سبک نرم راتیں

وہی راتیں اس سال آئی ہیں بیمار بن کر
سیہ بے سبب خامُشی کی گرفتار بن کر
ابھی ڈوبتا بھی نہیں گوشۂ غرب میں مضمحل زرد سوٗرج
ابھی کانپتا ہے افق پر تھکا سرد سوٗرج
ابھی جانے پاتی نہیں چند پس ماندہ کاہل شعاعیں
کہ لپٹی اندھیرے کی کالی رضائی میں آجاتی ہیں لڑکھڑاتی خمیدہ کمر بوڑھی راتیں
اپنے قدموں کے کالے نشاں در پہ دہلیز پر چھوڑتی، ہانپتی
سارے کمروں کو اپنی اُداسی کی آغوش میں ڈھانپتی
در دریچوں کو کرتی ہوئی بند، سرتاقدم کانپتی
لیٹ جاتی ہیں بستر پہ خاموش آنکھوں میں آنسو لیے
گُل بکف پیڑ رہ جاتے ہیں صحن میں منتظر اُڑتی خوشبو لیے
کس کے جوٗڑے میں چہرہ چھپا کر ہنسیں پھول
راتوں کے گیسو پریشان ہیں
کس کے عارض پہ بیٹھیں چمکتے ہوئے رنگوں کی تتلیاں
کہ راتوں کے رخسار ویران، لب منجمد اور حیران ہیں
برف کی پٹیوں میں بندھی انگلیاں گدگدائیں کسے
کہ یہ راتیں ہنستی نہیں، باتیں کرتی نہیں

تمھیں یاد ہوگا
کئی سال پہلے
زمستاں کی ایسی ہی راتوں میں لکھا تھا میں نے
”ہوائے زمستاں کی تیزی رگوں میں لہو منجمد کر رہی ہے

برودت فضا کی، بہت روز ہوتے ہیں، ضِد کر رہی ہے
بُلالو اُنھیں جن کی قربت کی گرمی سے پگھلے یہ موسم
شمیمِ نفس سے فضا ہو معطر تو سنبھلے یہ موسم"
میں ان بیتی راتوں کی یادوں میں کھویا ہوا
ان کے بعد آنے والی وصال اور قربت کی راتوں کے گُم قافلے کے
تعاقب میں نکلوں کہاں
مرے گرد راتوں کی یخ بانہیں لپٹی ہوئی ہیں
مری انگلیوں میں قلم جم گیا ہے
رگوں میں لہو تھم گیا ہے

مرے سرد بستر پہ بیمار خاموش شب نیم بے ہوش لیٹی ہوئی ہے
مرے نام سے تم کو تنہائی خط لکھ رہی ہے

۸ دسمبر ۱۹۸۰

کوہِ ندا

آتی ہے صدائے کوہِ ندا، یا اہلِ قریۂ دل زدگاں
آنا ہو جسے آ جائے یہاں، ہے منتظر اک نادیدہ جہاں

سب گھر سے نکل آئے باہر اکتائے ہوئے یک رنگی سے
محزوں غمِ بے آہنگی سے، افسردہ شہر کی تنگی سے
سوچا نہ کسی نے نئی دنیا گلشن ہے کہ مقتل یا زنداں
پوچھا نہ کسی نے ہو گا یہاں اک شہر نوا یا قبرستاں

بُت خانے کے در سے بھیڑ چھٹی، زہّاد نے صحنِ حرم چھوڑا
رندوں نے خُم سے منہ موڑا، ساقی نے جام و سبو توڑا
اس شہر کی پوجا میں لذت نے سجدوں میں سوزِ دل کا نشاں
پیمانۂ و خم میں تشنگیاں، مے بے کیفیت، تلخ دَہاں

مکتب ہو، کلب یا دانش گہہ، سب جھاڑ کے اُٹھے دامن کو
روحوں نے چھوڑ دیا تن کو، اور غنچۂ و گل نے گلشن کو
اس شہر کے مکتب اور کتب بے سوزِ یقیں بے تابشِ جاں
بے ذوق و شوق اطفال و جواں، بے فیض یہاں پیرانِ مغاں

اس شہر میں قید ضمیر و دل، پابستہ نظر، پابند سخن
آزاد ہیں نقب زن و رہزن اور گورکن و دزدانِ کفن
حکام شریکِ سرقہ ہیں، قانون ہے دشمنِ امن و اماں
دن روشنیوں کے قبرستاں، راتیں مضطر، بے خواب مکاں
اس شہر کی عشرت گاہیں تہی، بازاروں میں نقصاں کا سودا

دو کانوں میں ایماں کا سودا، روحوں کا زیاں، جاں کا سودا
بے آب و نمک ہیں روئے بُتاں، بے رنگ و بو ہیں نگارستاں
عشاق وفا بیگانہ ہیں، معشوق تہی آغوش یہاں

آئی جو صدائے کوہِ ندا یا اہلِ قریۂ دل زدگاں
دیوانہ وار نکل آئے سب پیر و جواں، اطفال و زناں
مسجد مے خانے سے پیراں، مکتب بازاروں سے طفلاں
آواز کے رُخ پر دوڑ پڑے حیراں گریاں، رقصاں خنداں

کچھ دوش سے پھینک کے بوجھ چلے، کچھ سر پر رکھ کر بار چلے
کچھ تج کے در و دیوار چلے، کچھ چھوڑ کے یار اغیار چلے
کچھ امیدوں کے فریب زدہ، کچھ مفرورِ قیدِ حرماں
سب خود بیزار و خود کوشاں، اک تبدیلی کے سب خواہاں

کچھ توڑ کے طوق و رسن دوڑے، کچھ زنجیروں کو اُٹھا کے چلے
کچھ ٹھٹکے، کچھ گھبرا کے چلے، کچھ رُک رُک کر شرما کے چلے
کچھ پاسِ حیا سے گراں پا تھے، کچھ آتشِ شوق سے تھے جولاں
لیکن بے تاب تھے سب یکساں، چلتے تھے سبھی افتاں خیزاں

تھا شوق و بے تابی کے لیے برسوں کی مسافت کوہِ ندا
ہر ایک قدم اک کوس کڑا، ہر سانس نزاعِ بیم و رجا
نومیدی کے ماروں کے لیے پردیس ہے اک موعودہ جہاں
ہر شہر ہے شہر خیالستاں، ہر مُلک نیا اک خوابستاں

پوچھا نہ کسی نے خواب وہاں حیراں تو نہیں تعبیروں میں
سوچا نہ کسی نے واں بھی کہیں افکار نہ ہوں زنجیروں میں

زنداں بھی قبول اکتاہٹ کو، مقتل بھی بہلنے کا ساماں
کچھ شور سہی، فریاد سہی، ٹوٹے تو سکوتِ قبرستاں

یہ لوگ ہیں ہیزمِ نارِ شکم، تقدیر ان کی ہے دربدری
کام ان کا ہے تسکینِ معدہ یا چاکِ بدن کی بخیہ گری
ماں باپ نے جنما تھا جب انھیں یہ لوگ بھی تھے شاید انساں
اب اِن کا وجود ہے محض عدم یا سلسلۂ زنجیرِ گراں
یہ فکر کسے کہسارِ ندا امیّدستاں ہے یا مقتل
دیدہ سے نادیدہ بہتر، اچھا ہو شاید آج سے کل
کھوئیں گے یہ کیا جُز زنجیریں، پائیں کہ نہ پائیں تازہ جہاں
ہے کوہِ ندا اے دل زدگاں، گم گشتہ وجود کا شورِ فغاں

۱۳اپریل، ۱۹۸۱

ماں

جب اُس سے میں رخصت ہوا
موت اُسے اپنی بانہوں میں جکڑے ہوئے تھی
وہ دنیا سے رخصت ہوئی ہے
تو اُس کے لبوں پر بھی اور موت کے ہونٹ پر بھی مرا نام تھا
اور میں دور انجانی بستی میں ہنستی مچلتی ہوئی زندگانی کے سیلاب کی
ایک بے نام موج
اپنی بے دست وپائی پہ حیران تھا
اور وہ جس نے دی تھی مجھے زندگی
موت کی خالی آغوش سے دے رہی تھی دعائیں مجھے
زندگی بدعائے مسلسل تھی، ہے
مگر مرگ آشام ہونٹوں کو چھو کر دعا بن گئی
مجھ پر احساں کسی کا اگر ہے
تو صرف اُس دعا کا ہے جس نے مجھے زندگی دی ہے
اور زندگانی کے ہاتھوں میں سونپا مجھے

جون ۱۹۸۲

شبِ برات

درو دیوار سے تا بام ہر گھر میں چراغاں ہے
کہیں شمعوں کے جھرمٹ ہیں، کہیں بجلی کا طوفاں ہے
کہیں محراب کے گھونگھٹ میں لَو دیپک کی لرزاں ہے
کہیں صرف ایک مدّھم سا دیا طاقِ غریبی میں
اُمڈتے نور کے سیلابِ رنگیں سے ہراساں ہے
اندھیروں کے نگر میں روشنی کا اہتمام اتنا
ہزاروں دیپکوں کا ایک ہی شب کیا ہے کام اتنا؟

سنا ہے آج روحیں رفتگاں کی آسمانوں سے
اُتر کر خاک کے پسماندگاں سے ملنے آئیں گی
اندھیرا ہو تو اپنے گھر کا وہ رستہ نہ پائیں گی
اور اپنی جنتوں یا دوزخوں کو لوٹ جائیں گی
اندھیرا ہے غریبی، کوئی زندہ ہو کہ مردہ ہو
اجالے ہی میں آتا ہے، اجالا ہی امیری ہے
کہو پسماندگاں سے ڈھانپ لیں وہ اپنے چہروں کو
اجالوں کی نقابوں سے، کہ روحیں رفتگاں کی
چراغوں کو ہٹا کر ظلمتوں کا رخ نہ دیکھیں گی
وہ خوانِ نذر پر لوبان کی خوشبو میں اتریں گی
دعائے مغفرت اور فاتحہ ایصالِ نیکی ہے
انہی کی روشنی میں پھر عدم کی راہ وہ لیں گی

جلائی ہیں جو شمعیں تم نے، ہمدم دو نفَس کی ہیں

لووں کے ساتھ لرزاں تیلیاں تن کے قفس کی ہیں
سنا ہے نیستی کا دشت بے آب و ہوا ہے
وہاں بوچھار کا خطرہ نہ ڈر طوفان کا ہے
ہم اپنی ساری شمعیں سونپ دیں بے جسم روحوں کو
وہ ان کی روشنی میں شاید اپنا راستا پالیں
ہم اپنے جسم سے پھر سال بھر شمعیں نئی ڈھالیں
کہ قرضِ رفتگاں ہر سال قسطوں میں چکانا ہے
ہے جب تک سانس، روحوں کو حساب اپنا دکھانا ہے
نہ ٹوٹے جب تلک، زنجیرِ تن کا بار اُٹھانا ہے

وہی اچھے ہیں جو زنجیرِ جسم و جاں اُتارے
خاک سے منہ اپنا ڈھانپے سو رہے ہیں
خدا توفیق دے پسماندگاں کو صرف اتنی سی
کہ اُن کی قبر پر ہر سال جا کر شمعیں رکھ دیں
پھول کی چادر چڑھا دیں، فاتحہ پڑھ لیں
تو ارواحِ گذشتہ ان کو جینے کی دعا دیں گی
وہ اور اِک حلقہ زنجیرِ تعلق میں بڑھا دیں گی

ہوئی اِک عمر ہم نے توڑ دی تھیں ساری زنجیریں
کیا ماضی کو دفن اور رشتہ توڑا رفتگاں سے
کیا قطع تعلق حاضراں، آیندگاں سے
بس اک اپنا وجود انفاس کے دھاگوں سے باندھے
زندگی کے دشت میں تنہا بھٹکنے کے لئے نکلے
نہ چھت کا سر پہ احساں تھا نہ دیواروں کا سایہ

نہ سلکِ جسم و جاں سے پیرہن اپنا بنایا
گریزاں عمر کے لمحوں کے سیلِ بے پنہ میں
اتنی مہلت بھی نہ پائی مدفنِ ماضی کو دیکھیں
جلائیں گم شدہ قبروں پہ شمعیں، گل چڑھائیں
وہ قبریں فاتحے، گل، شمع سے مایوس ہو کر
خاک کی موجوں کی رو میں مٹ چکیں کب کی
بدن کی ٹوٹی زنجیریں زمیں میں گل چکیں کب کی
نہیں پسماندگاں سے اُن کا اب کوئی تعلق
ہوئے سب خواب خاک اور اُن کی تعبیریں نہیں باقی
مبارک ہیں وہ روحیں، جن کی زنجیریں نہیں باقی

وہ ہم ہیں توڑ کر زنجیریں نکلے تھے، مگر اب
دیکھتے ہیں جسم خود زنجیر ہے، انفاس زنجیریں
یہی زنجیریں دیواریں بھی ہیں اور سقف و در بھی
یہی زنجیریں حاضر بھی ہیں، آئندہ بھی، گھر بھی
یہی زنجیریں قرضِ رفتگاں کا بار بھی ہیں
یہی موجودگاں کی گردنوں کا ہار بھی ہیں
ہم اپنی روح کی اک روشنی سے، کس کے کس کے واسطے
شمعیں جلائیں، اندھیرے گھر میں اک تنہا دیا ہے
اور اس سے مانگتے ہیں قرض اپنا رفتگاں، موجودگاں، آیندگاں سب

ہماری ہر شب اس اِک روشنی کو قطرہ قطرہ باٹتی ہے
نہ یہ آسودہ ہوتا ہے نہ وہ سیراب ہوتا ہے
ہمارے بخل سے شاکی ہیں سارے رفتگاں، بھی حاضراں بھی

مگر اس شمع کو روشن ہماری روح کو بے خواب رکھتی ہے
یہ خواہش کہ ہم سے رفتگاں، موجودگاں کو ہو تشفی
بُرا کیا ہے--- کہو ارواحِ رفتہ سے وہ آئیں
کہو موجودگاں سے ایک شب مانگیں نہ ہم سے قرض اپنا
کہو آیندگاں سے ہم عدم کے دشت سے واپس نہ آئیں گے
وہ اپنی شمعیں اپنے واسطے رکھیں منوّر
اور اپنے بعد آنے والی نسلوں کے لئے محفوظ رکھیں

اگر دشتِ عدم سے بھی ہوائے سیر دنیا کے سلاسل
پھینک کر اپنی کمندیں ہم کو کھینچیں گے
تو ہم آئیں گے، لیکن اپنی شمعیں ساتھ لائیں گے
ہمارے دوزخ و جنت جو کچھ بھی ہیں، ہماری روح میں ہیں
ہم اپنی نیکیوں کی روشنی یا شر کے شعلے سے
عدم سے زندگی تک آنے والے راستے کے ذرّے ذرّے پر
نقوشِ پائے نورِ خیر آئیں گے بچھاتے
ہماری اپنی زنجیروں کے ہر حلقے میں ہے اک شمع رکھّی
انہی شمعوں کی لو اونچی رہے بجھنے نہ پائے
تو زنجیروں کے حلقے روشنی کے ہار بن کر
روح میں اور روح کے اطراف چمکیں گے
یہی جشن چراغاں ہے، نجاتِ زندگی ہے

۳۱ جولائی، ۱۹۸۲

دفینہ

اِک مکاں تھا یہاں، اب مکاں بھی نہیں
بجھتی شمعوں سے اُٹھتا دھواں بھی نہیں
کہنہ، چوبی، منقش در اور چھت نہیں
ان کے سایے میں پوشیدہ غربت نہیں
پچھلے سارے نشاں خاک افتادہ ہیں
آر۔ سی۔ سی کی دیواریں اِستادہ ہیں
ہے وہی خاک، پر روپ ہے اجنبی
بلب نا آشنا، دھوپ ہے اجنبی
میرا بوسیدہ ماضی کہاں گُم ہوا
گھر ہوا بے نشاں، خانداں گُم ہوا
میری محبوب تاریکیاں گُم ہوئیں
میرے پیاروں کی پرچھائیاں گُم ہوئیں

ویڈیو اور کیسٹ کے نغمات میں
بے مشقت کی دولت کی برسات میں
فقرِ سادات کا ایک گوشہ ہے گُم
شاخِ زہرابِ غیرت کا خوشہ ہے گُم
مفلسی کی گھنی چھاؤں کے خواب گُم
چشمِ حسرت کے دُرہائے نایاب گُم
آسیائے مشقت کا نغمہ ہے گُم
نانِ جو میں بسی ماں کی ممتا ہے گُم
شب ڈھلے دستِ محنت کی چکی لیے
ڈھلتی تھی جو دعاؤ مناجات میں
وقت کے شور میں بھی کہیں زندہ ہے
شمع اُس کی ابھی دل میں تابندہ ہے
اُس کے آٹے کی نانِ جویں گُم ہوئی
وہ پسینے سے روشن جبیں گُم ہوئی
جو شرافت تھی پردہ نشیں گُم ہوئی
خونِ محنت سے تر آستیں گُم ہوئی
فاطمہؑ کی کنیز اپنے غم، اپنے اشک
کربلا کی شہادت میں بھولی رہی
ورثہ دارِ مصائب ہوئے دربدر
آسیائے سحر خیز چُپ ہوگئی
وہ صدائے دعاریز چُپ ہوگئی
اُس صدا، اُن دعاؤں کی بنیاد پر
جو سفالی مکاں تھا کھڑا، گر پڑا
دستِ دولت کی حرصِ زر اندوز نے
دفن ملبے میں کر دی کہیں آسیا
کہتے ہیں شب کی ظلمت میں زیرِ زمیں
رقص کرتا ہے مدفون زر خاک میں
روز سُنتے ہیں سکّوں کی جھنکار سب
اپنے گم گشتہ ماضی کے مدفن پہ میں
سُن رہا ہوں کھڑا آسیا کی صدا
اُن سحر خیز نغمات کی بازگشت
حمد و نعت و مناجات کی بازگشت
یہ خزانہ ہے مدفون زیرِ زمیں

ہے یہ آواز لبیک کی منتظر
دل کی دھڑکن میں کوئی چھپا لے اِسے
اِس کی آواز سے گھر بسا لے کوئی

۲۸ نومبر، ۱۹۸۲

فریاد

اے سرِ سلسلۃ الذہب اماماں! فریاد
جہل کے دشت میں سرگشتہ ہے ایماں فریاد
قلعۂ خیبرِ زر کے ہیں در و بام بلند

ضربِ قلعہ شکن و شاہِ غریباں! فریاد
جان ہے تن میں تپاں، تنگ ہے دل سینے میں

ناخنِ عقدہ کشائیِ دل و جاں! فریاد
چشم صحرا بکف، آئینے سراب آلودہ

گردِ امکان کے صحرا میں ہے جولاں، فریاد
کنجِ عزلت بھی نہیں صرصرِ غم سے محفوظ

آندھیاں شہرِ تمنا میں ہیں رقصاں، فریاد
آسماں صاعقہ در دست، زمیں شعلہ فشاں

مُلک در مُلک مہاجر ہیں پریشاں، فریاد
ہیں نسیم اور صبا دُزدِ زرِ دامنِ گُل

چاک ہیں پیرہن و جیب و گریباں، فریاد
غنچۂ خواہش و اظہارِ طلب ہیں لب بند

ساقیِ کوثر و لب تشنہ شہیداں، فریاد
غم غلط، شکوہ گناہ، جراتِ اظہار خطا

سرنگوں نالہ، خموش آہ، پریشاں فریاد
جاں ہے آزردہ، دل افسردہ، نفس پژمردہ

اے مسیح و نفس افروزِ مسیحاں! فریاد
آہیں کب تک رہیں درباں مری، حاجب نالہ

رہے تا چند مرے گھر کی نگہباں فریاد
کب تلک شہر بہ شہر آبلہ پا درد پھرے

کیوں ہو آوارہ بیاباں بہ بیاباں فریاد
جب تک آئیں نہ مدد کرنے کو خود عقدہ کشا

کُچھ بھی ہو کرتے رہیں یونہی دل و جاں فریاد
آپ کے بندے رہیں بندِ زمانہ میں اسیر

جانِ جاناں، شہِ شاہاں، یدِ یزداں! فریاد
غمِ انساں کی رسالت سے ہے دنیا محروم

اے وصی و اخیِ ختمِ رسولاں، فریاد
شہر در شہر ہیں پھیلے ہوئے گنجِ شہدا

مقطع ہر روز کا ہے شامِ غریباں، فریاد
قلمِ نور کی شاخیں ہیں قلم، خامے فگار

اے درِ بیتِ وحی، چشمۂ فیضاں! فریاد

نفسِ بے نفس کے آگے نہ پڑھو نوحۂ ذات

ہاں کہو یہ کہ زمیں آج ہے رقصاں، فریاد
آپ سے نور کے سائل ہیں ثوابت سیار

کرتے ہیں در پہ پڑے نیّرِ رخشاں فریاد

۲۲ دسمبر ۱۹۸۲

گھر مقتل ہے

(تلگو کے ممتاز حیدر آبادی شاعر غلام یٰسین اور ان کے خاندان کے نام
جو فرقہ وارانہ فساد میں گھر کے اندر قتل کر دیئے گئے)

آؤ چُپ چاپ چلیں اپنے مقاتل کی طرف
بیڑیاں پہنے ہوئے جبر معیشت میں ڈھلی
احتیاجات کا طوق اپنے گلے میں ڈالے
سر ہتھیلی پہ لئے
روح کو سلسلۂ تارِ نفَس سے باندھے
آؤ مقتل کو چلیں
کب سے دیتے ہیں ہر اِک شہر میں مقتل آواز
اُن کی آواز پہ لبیک کہو
نذر کرنے کو سر و جاں دوڑو

یہ تذبذب، یہ تامّل کیوں ہے
خوفِ جاں ہو متذبذب تو ہے نافرمانی
بند دروازے کیے بیٹھنا ہے نادانی
انتظار اب نہیں کرتے ہیں کسی کا مقتل
کریں تاخیر جو مقتول تو دروازے پہ آجاتے ہیں

میں نہ کہتا تھا، اٹھو
بڑھ کے لبیک کہو
دیکھو آپہونچا ہے دروازے پہ خود ہی مقتل

اب بھی بہتر ہے کہ در کھول دو خود ہی بڑھ کر
ہاتھ مقتل کے بہت لمبے ہیں
ہاتھوں میں انگلیاں ہیں خنجر کی
سُنو دستک کی صدائے پیہم
دن کی تاریکی ہو یا ظلمتِ شب
خنجری ہاتھ ہر اک در کی طرف بڑھتے ہیں
اُن کی دستک کی صداؤں میں ہے پیغامِ طلب
وار سے پہلے ہی اس شور سے دروازے چیخ جائیں گے
آپ ہی آپ سے کھل جائیں گے
اور اُگل دیں گے تمہیں
کام آئے گا تذبذب نہ ہراس
شور کے نرغے میں تنہا تمہیں چھوڑیں گے حواس

تم ملے تھے مجھے، اک سال ہوا
انجمن شعر کی تھی ہونٹوں پہ تھا حرفِ غزل
آنکھوں میں مانوس محبت کی چمک
بے وطن تم بھی تھے، میں بھی، سب ہی
تم نے در کھولا تھا حجرے کا کہ ہوں ہم سخن آکر مہماں
کیا تمہیں علم تھا
حجرے میں ہے مقتل بیٹھا
ساتھ جائے گا تمہارے جو وطن کو واپس
اور اک سال کے بعد
گھر میں در آئے گا

شعر بے کار ہے اور حرفِ غزل بے معنی
شعر کی دھار سے ہے تیز بہت تیغ کی دھار
کون سنتا ہے، سمجھتا ہے زبانِ اشعار
سب ہی سنتے ہیں، سمجھ لیتے ہیں خنجر کی پکار
مقتل آواز ہے تلواروں کی، خنجر کی زباں
ہے محبت کا سخن اس پہ گراں
کہو لبیک اٹھو، نذر کرو ہدیۂ جاں

مقتل آوازیں ہی آوازیں ہیں
ان کی آنکھیں نہیں جو فرق کریں
کان اِن کے نہیں جو بات سنیں
میں نہ کہتا تھا اٹھو
دیکھو دستک سے چٹختے ہیں کواڑ
خود بخود کھل گئے پٹ
اب کہو یا نہ کہو بڑھ کے رضاءً بقضا
مقتل آ پہنچا ہے گھر کے اندر
اُس کو تسلیم کرو
مرگ کی تعظیم کرو
سینے میں اُتری ہوئی تیغ کی تکریم کرو
سر و جاں نذر کرو

دیوتا ہے نہ کہیں کوئی خدا
آج مقتل ہے ہر انساں کی رگِ جاں سے قریب
یہی شاہد ہے، یہی عادل ہے

یہی منصف ہے، یہی قاتل ہے
یہی حاضر ہے، یہی ناظر ہے
یہی باہر ہے، یہی گھر میں ہے
آئے جس وقت بھی گھر میں مقتل
اُسے تسلیم کرو
اُس کی تعظیم کرو
آؤ چپ چاپ چلیں اپنے مقاتل کی طرف
انتظار اب نہیں کرتا ہے کسی کا مقتل
سب کے دروازوں پہ مقتل ہے کھڑا
منتظرِ نذرِ جاں

۴مارچ،۱۹۸۳

دشتِ سکوت

ہے کائنات سکوت، ایک بے کنار سکوت
سکوت، اتھاہ سکوت، ایک بے قرار سکوت
کسی بھی در، کسی دل پر بھی دیجیے دستک
جواب دینے کو آتا ہے بار بار سکوت

تھے کل تو نطق گیاہ و گل و در و دیوار
ہے آج ہر لب و چشم نگاہ دارِ سکوت
مکالمہ ہو تو کیسے کہ قطع ہوتی ہے بات
یہاں سوال ہزاروں، وہاں ہزار سکوت
ہزاروں میل کی دوری سمٹ بھی سکتی ہے
ہمارے گرد نہ کھینچے اگر حصار سکوت

یہ کائنات تو کل گفتگو سراپا تھی
ہر اک صدا پہ ہے کیوں آج خندہ بار سکوت

جو تم تھے ساتھ تو ہر لحہ تھا تکلمِ گُل
جو تم نہیں تو ہے ہر سمت خار زارِ سکوت
تمہارے ہاتھوں کے پروردہ سبزہ و گل و برگ
تمہاری آنکھوں سے روشن دریچہ و در و بام
تمہارے طرزِ خرامِ سبک کا شیدا گھر
تمہارے قرب کے نشے سے آشنا مے و جام

تمہارے خندۂ رخشاں کے خانہ زاد گلاب
تمہارے نطقِ خموشی کے راز داں در و بام
جو تم تھے ساتھ تو سب مجھ سے بات کرتے تھے
جو تم نہیں ہو تو کرتے نہیں ہیں مجھ سے کلام

میں چُپ رہوں تو اداسی سکوت بنتی ہے
میں لب ہلاؤں تو کرتا ہوں بات وحشت سے
قلم اٹھاؤں تو تنہائی تھام لیتی ہے ہاتھ
کتاب کھولوں تو معنی ہیں گم عبارت سے
اگر ہے نبض رواں خوں تمہیں پکارتا ہے
اگر دھڑکتا ہے دل، فاصلوں کی ہیبت سے
ہزاروں میل کی دوری سے یوں نہ یاد آؤ
سمیٹو فاصلوں کو دوریوں کی قربت سے
کہو زمان و مکاں سے وہ مجھ سے بات کریں
کہو سکوت سے، کھولے زباں محبت سے
تمہارے نامۂ و پیغام مجھ تک آتے رہیں
سکوت ٹوٹے حدیثِ وفا کی قرأت سے
یہ کائنات تو کیا، لاکھوں کائناتوں کو
کبھی تو میری صدا کے جواب دینے ہیں
یہ چند لمحے تو کیا ہیں ازل ابد کو بھی
زمانِ ہجر کے سارے حساب دینے ہیں
پکارتا ہوں تمہیں میں، مجھے پکارو تم

سرِ سکوت تمہارا جواب تو چمکے
سکوتِ تیرگیِ شامِ ہجر ٹوٹے گا
تمہارے نطق سے مہکا گلاب تو چمکے
گرانیِ شبِ یلدا میں خواب چمکیں گے
افق پہ، دور سہی، ماہتاب تو چمکے

۱۸ مئی، ۱۹۸۳

سلیقہ بھی نہیں فطرت کو دلنوازی کا

طلوعِ ماہ میں باقی ہیں کتنے روز و شب
زمانہ گذر امرے ماہتاب کو چمکے
نہیں ہیں نور کے آثار بام و در پہ کہیں
افق پہ عرصہ ہوا آفتاب کو چمکے
ستارے پلکوں پہ ہیں منتظر، ہوئی مدت
کسی ستارۂ کُنجِ نقاب کو چمکے
خزاں زدہ شجر و برگ و بر کی ہے فریاد
رُتیں گذر گئیں کتنی گلاب کو چمکے
یہ ایک ماہ بغیرِ رخِ مہِ خنداں
کچھ ایسے بیتا کہ بیتی ہوں جس طرح صدیاں

کسی کے طرزِ تکلم سے اجنبی ہو کر
صبا کو بھی نہیں شاید دماغِ نامہ بری
پیام بھیجا نہیں اُس نے جو بہت دن سے
ہوا کے جھونکوں کی تقدیر بھی ہے در بہ دری
نظر نے اُس کی اُٹھائے نہیں جو گوہرِ اشک
ہے شبنم اب بھی کفِ دستِ برگِ گل پہ دھری
نہیں جو پرتوِ رخسارِ یار میرے لئے
نہ ماہِ نیمۂ شب ہے نہ نیّرِ سحری
صلہ بھی کچھ نہیں شمعوں کی جاں گدازی کا
سلیقہ بھی نہیں فطرت کو دل نوازی کا

تمہاری نظروں کی نرمی کرن کو سکھلا دے
کہ جلتی آنکھوں سے چنتے ہیں کیسے دُرِّ نہاں
تمہارے ہاتھوں کے اعجاز سے صبا سیکھے
کہ ہوں گے کیسے رفو چاک زخمِ دل زدگاں
تمہارے رُخ سے کریں کسبِ نور مہر و ماہ
تو صبح کیا ہے شبِ بر شگال ہو رخشاں
تمہارا طرزِ تبسم، تمہاری شانِ سخن
جو سیکھ لیں تو ہوائیں ہوں نغمہ خواں رقصاں
جو تم چلے گئے فطرت کا ہے دبستاں بند
خفا ہیں نیندیں کہ ان پر ہوا شبستاں بند
جو تم نے لی نہ خبر میری ایک مدت سے
نظارے بھی مِری حالت سے باخبر نہ ہوئے

گواہ میری بنیں کیوں یہ کائنات و حیات
مرے وجود پہ شاہد تمہی اگر نہ ہوئے
تمام عمرِ سفر جیسے رائگاں ٹھہری
قریبِ ختمِ سفر تم جو ہم سفر نہ ہوئے
حسابِ عمر میں کیا جانے کس طرح ہوں شمار
تمہارے قرب میں جو روز و شب بسر نہ ہوئے
سکھا دو ہجر میں جینا ہمیں سلیقے سے
گذر ہی جائے گی عمر اک نہ اک طریقے سے

۴-۵ جون، ۱۹۸۳

راستے میں کہیں کربلا بھی ہو

ہے حکم اگر کہ مدحِ جفا و خطا بھی ہو
لازم ہے ذکر قتلِ وفا و صفا بھی ہو

نادیدہ کائناتوں میں ہجرت کے قافلو
دیکھو کہ راستے میں کہیں کربلا بھی ہو

سیر ابِ خوں فنا ہے تو اے ربِّ دو جہاں
تشنہ لبوں کے جام میں آبِ بقا بھی ہو

جشنِ شبِ شہادتِ عشاق ہے تو پھر
کوئی عروسِ زیست کا دولھا بنا بھی ہو

شور اسلحوں کا، جھوٹ کا غل، نفرتوں کی چیخ
روشن اذانِ اکبر گلگوں قبا بھی ہو

بود و نبود معرکہ آرا، ہیں اے حسینؑ!
عترت بھی ہو جلو میں، کتابِ خدا بھی ہو

مشک و علم کے ساتھ سرابِ فرات میں
ناوک کی زد پہ لعل اگلتا گلا بھی ہو

معصوم لب کے غنچۂ بستہ نوا کے ساتھ
نطقِ گلِ علیؑ و نبیؐ و خدا بھی ہو

ظلمات اور نور کے چہروں کے درمیاں
جلتی ہوئی قنات کا پردہ کھنچا بھی ہو

کرنی ہے تار تار قبائے شہی اگر
ہو بھائی بے کفن تو بہن بے ردا بھی ہو

عابد اسیر ہو کے بھی بے کارواں نہ ہوں
ہمراہ طوق و دار بھی، زنجیرِ پا بھی ہو

نیزوں پہ جگمگاتے چلیں ماہ و آفتاب
ناقوں پہ بے نقاب حدیثِ کسا بھی ہو

زینبؑ کے لب کلام کریں بن کے ذوالفقار
طوقِ گلو میں جوہرِ تیغِ خدا بھی ہو

عفوِ نبیؐ کی بات کرے سر حسینؑ کا
کلثومؑ اور سکینہؑ کے دل کی دعا بھی ہو

دیوارِ گریہ قید کی دیواریں ہوں تو ہوں
غرقابِ سیلِ اشک میں قصرِ جفا بھی ہو

کوفے سے شام تک ہے ہر اک گام معرکہ
یہ جنگ جیت جائیں تو سر کربلا بھی ہو

شاہوں کے سر سے تاج تو شانوں سے سر گریں
حیدرؑ کی ذوالفقار کا کچھ حق ادا بھی ہو

ہے آج بھی وحیدؔ ہر اک سانس کربلا
ایماں کے تن میں روحِ دلِ کربلا بھی ہو

۱۰ جون، ۱۹۸۳

کلّ یوم عاشورہ کلّ ارض کربلا

(بیروت میں فلسطینی کیمپوں میں ''فلانجسٹ قاتلوں'' کی غارت گری پر)

کھڑی ہے پچھلے پہر ابر کی ردا میں رات
مرے دریچوں پہ دیتی ہے دستکیں برسات
ہوائیں آتی ہیں بھیگے بدن سے کمرے میں
لجاتی، شور مچاتی، بلا سبب ہنستی
جبیں سے گرتی ہوئی بوندیوں سے نم ہے پلک
کوئی جھٹکتی ہے زلفوں سے قطرہ قطرہ مہک
لباس تر ہیں گریباں سے لے کے پانوں تلک
سکھاتی ہے کوئی پنکھے کے نیچے پیراہن
کوئی نچوڑتی ہے آنچل اور کوئی دامن
خمارِ خواب سے کم کم کھلی ہوئی آنکھیں
ہوا کی پریوں کے ہاتھوں کے لمس کا نشّہ
تمام دن رہا وہ حبس، شام تھی بوجھل
کھڑے ہوئے تھے سرِ بام سوچتے بادل
نہ جانے شوخ ہواؤں نے کس طرح چھیڑا
ہر ایک ابر نے اُلٹی بھری ہوئی چھاگل
لپٹتی پھرتی ہیں الھڑ کنواریوں کی طرح
ہوائیں کھڑکیوں، دروازوں اور پردوں سے
فضا کو دیکھتی ہیں نیند کے جھروکوں سے

ہم اپنے شہر کے محفوظ چُپ مکانوں میں
کبھی ہیں حبس و تمازت کے بازوؤں میں نڈھال
کبھی ہیں شوخیِ ابر و ہوا سے مست و نہال
یہ ابر و باد کا کھیل اور یہ نیم باز آنکھیں
گلہ تمازتِ آب و ہوا کا کرتی ہیں
تلونِ نگہِ آب و گِل سے ڈرتی ہیں

ہمارے شہر سے دور اک دیارِ بے خوابی
تمام شوخیِ ابر و ہوا سے بے پرواہ
تلونِ نگہِ آب و گِل سے خوار و تباہ
سکون ڈھونڈتا پھرتا ہے گھر کے گوشوں میں
تلاش کرتا ہے نیندیں کشودہ آنکھوں میں
لہولہان ہیں نیندیں، بدن دریدہ ہیں خواب
تعاقبِ تن و جاں میں ہے مرگ خانہ خراب
فلک سے گرتی ہے موت آ کے ہسپتالوں میں
مزائل آگ لگا دیتے ہیں خیالوں میں
ہوا کے دوش پہ بمبار آتشیں بادل
فضا کے سینے میں پیوست برچھیوں کے پھل
تفنگ و توپ کے غول اور ٹینکوں کے دَل
زمیں کے سینے کا ہر چاک مشہد و مقتل
دریدہ جسموں کی دیواریں، استخواں کے محل

شکستِ خواب کی فصلیں، مہاجرت کے پھول
تباہیوں کی حکومت، ستم کا دخل و عمل
مکان قبر ہیں آبادیاں ہیں قبرستان
ہیں سڑکیں بے کفن و گور لاشوں کے جنگل
ضعیف خاک بسر، نوجوان سینہ فگار
زنان برہنہ سر و بیوہ و پسر مُردہ
ہے شیر خواروں سے شیر و شکر فرشتۂ موت
مدارس و طلبہ لقمۂ دہانِ اجل

ستم گزیدۂ ماضی ہیں حال کے قاتل
اُٹھے ہیں گیس کے کمروں سے موت کے ڈھانچے
بھرے ہیں خول میں آنکھوں کے سرد انگارے
قفس سے پسلیوں کے جھانکتا ہے اندھا خلا
ہے پھیپھڑوں کی جگہ سم چشیدہ موجِ ہوا
جفا رسیدوں کی نسلیں بنیں جفا پرور
ہیں خانہ زادِ ستم خود ستمگروں کے امیں
اُگی ہے خاکِ مقاتل سے قاتلوں کی فصل
کہ قتل قتل کو دیتا ہے جنم، ظلم کو ظلم
طلسمِ ساحرِ مغرب کا یہ کرشمہ ہے
ہیں اُس کے ظلم کے مقتول اُس کے آلۂ کار
جو نفرتیں ہوئیں ایذا کدوں میں پل کے جواں
گُل ان کے بِک گئے اور خار دار شاخوں کی
قلم لگائی گئی لا کے ارضِ مشرق میں
کہ یہ بڑھے تو پھلے پھولے حرصِ صہیونی
ہر ایک شاخ سے پیدا ہوں غاصب اور خونی
رمائے بیٹھا ہے غرب امن کی دھونی

تمام ارض خدا ہے زمینِ بے وطناں
بسیں یہود نہ کیوں قلبِ شرقِ وسطیٰ میں
ہوں زادگانِ فلسطین دربدر تو ہوں
بسے بسائے ہوئے گھر اکھاڑ کر جڑ سے
تمام مشرقِ وسطیٰ میں یوں بکھیرے گئے
انھیں کوئی بھی زمیں آج تک نہ راس آئی
اُگے زمینِ وطن پر غلامیوں کے درخت
مسافرت میں ہیں افلاک کج، زمینیں سخت
جو مہرباں ہو، وہ بربادیوں کو دعوت دے
جو میزبان بنے اپنے گھر میں آگ لگائے
مہاجرین کو حاصل ہے گھر نہ بیتِ اماں
ہیں خیریت سے عرب کے شیوخ اور شاہاں
بفضلِ زر ہیں مہیا سکون کے ساماں
ہے ریگ زاروں میں ایواں سے دورِ تابستاں
شرابِ عیش کی جُو سے ہیں سبز نخلستاں
حرم سراؤں میں ہیں شرق و غرب کی پریاں
عوام کے لئے نافذ حدودِ شرع متیں
ہے حاکموں کے لئے کوئی حد نہ کوئی دیں
فلک سے ہوتا ہے امریکی ڈالروں کا نزول

زمینِ گرم سے اگتے ہیں شہوتوں کے پھول
نہ کوئی حق نہ کتاب و خدا نہ پیغمبر
کہ رب و رازق و آمرزگار ہے ڈالر

ہیں رہن غیرت و جراتِ تعیشات کے ہاتھ
جہاد ہے یہی عشرت کدوں میں رقص رہے
ہے سامراج کی مرضی خودی کا استحکام
اگر ہو رحمتِ امریکیاں جہاں میں عام
ملے گا دیں کو بھی، ظلّ اللہ کو بھی دوام
زمیں کی دولتیں، خلدِ نعیم اور نعمات
قصور و حور و حکومت، شراب و قند و نبات
ملیں یہیں تو کرے کون کل کی فکرِ نجات
ہیں کل کے خرما فروش آج نفت کے تاجر
ملے ہیں خانہ بدوشوں کو پنج تارہ محل
ہے ناقہ بانوں کے ہاتھوں میں راکٹوں کی لگام
ہے گلہ بانوں کے زیرِ نگیں زمانہ تمام
اور ان کے سر پہ ہے امریکی سامراج کا تاج
زمین دیتی ہے ان کو سیہ طلا کا باج
مہاجروں کا ہے کوئی تو ایک ربِّ انام

کوئی عطش کا ہے ساقی، نہ بھوک کا پرساں
مجاہدوں کے لئے زندگی ہے ریگستاں
مہاجروں کے لئے تنگ دہر کا داماں
کہاں ملے گی فلسطینیوں کو جائے اماں

کہو یہ اُن سے سفر ہے وطن بھی، منزل بھی
یہی سفینہ یہی موج بھی ہے ساحل بھی
کہو کہ عیش تمہارا ہے غسلِ خاک و خوں
تمہارا درد ہے سرمایہ اور زر ہے جنوں
تمہاری دربدری بے گھری شبستاں ہے
تمہارا قتل بھی جینے کا ایک عنواں ہے
تمہارے سامنے رقصاں قضا، غزل خواں ہم
تمہاری راہ کے ہیں سنگِ میل خوں کے نشاں

ہے غم ہی کس کو جو صہیونیت کے لشکر سے
ہوں پایمال زمینیں ز مصر تا لبنان
تمام ملکِ خدا ہے مہاجروں کا ملک
ہر ایک رُت میں اُگیں گے زمیں پہ قبرستاں

تمہارے واسطے ہر یوم روزِ عاشورہ
تمہارے واسطے ہر اِک زمیں ہے کرب و بلا
تمہارے سر پہ ہے چھائی ہوئی لہو کی گھٹا
تمہارے حُجلے میں عریاں ہیں موت کی پریاں
غمیں، حزیں بھی ہے، پر ہے ہمہ تبسم گل
وہ زندگی کہ تمہارے دِلوں میں ہے رقصاں
تمہارے ہونٹوں سے ہے نغمہ خواں تمام جہاں
تمہارے قدموں سے وابستہ ہیں زمان و مکاں
تمہاری دہشتوں کا سارا غرب شکوہ کناں
حیات و مرگ کی سب شوخیاں تمہاری ہیں

قدم بڑھاؤ، سلاسل اگرچہ بھاری ہیں
نہیں ہے غم جو بِکا ایک یا سرِ عرفات
تمہارے ساتھ ہے لبنان اور عجم کی سپاہ
جلو میں جس کے سحر ہو، وہ رات بھی ہو گی
اسی سفر کے غبارِ رواں کے پردے میں
رکاب تھامے ہوئے کائنات بھی ہو گی

۸ اگست، ۱۹۸۳

انقلابِ ایران

سیاہ سیال زر کی دھرتی

سیاہ سیال زر کا دریا زمیں کے نیچے تڑپ رہا ہے
زمیں کے اوپر گلاب زار آتشِ چمن سے دمک رہے ہیں
کنارِ دریا، کلاہِ کہسار و گنجِ گلشن
دھنک کے رنگوں کی نرم بانہوں میں ہنس رہے ہیں
یہ خطّۂ کورشِ کبیر و دیارِ دارا
یہ کاویانی دِرَفش کی سرزمینِ ایراں
یہ تختِ جمشید و جام جم کی سفالِ زرگر
یہ سرد میٹھے حیات افزا بہاریں چشموں کی موجِ سیمیں
سیاہ سیال زر کی دولت سمیٹے دامن میں منتظر ہے
کہ کوئی آئے
کوئی تو آئے
جو اُس کی آغوش کے جوانوں کو عزمِ نو دے
ہزاروں برسوں کے جورِ شاہی سے دل فسردہ ہیں، روح مردہ
سپیدیِ صبحِ زر سیاہ پوش
سیاہیِ شامِ جشن دودِ چراغِ خوں سے سیاہ تر ہے
کوئی تو آئے
جو اِس کی ماؤں کی گودیوں کو سکوں سے بھر دے
ضعیف باپوں کی نور روتی نگہ کو تابانیِ نظر دے
سیاہ زر کی اُڈتی موجوں کو اور دلوں کی آتشیں خاک سے بچالے
دہکتے لاوے پہ تیرتی اس زمیں کو مغرب کے تاجروں کے سفید خوں

کی سیاستِ زرگری کے چنگل سے دے رہائی
سیاہ سونے کی بہتی موجوں کو اپنے گلشن کی سمت موڑے
فرنگ وڈالر کے اسلحوں کا حصار توڑے
کوئی تو اٹھے
کوئی تو آئے

دِرَفشِ کاویانی

سیاہ سیال زر زمیں کی تہوں میں اِن روزوں سو رہا ہے
ابھی خوزستاں کا دل مطلّا نہیں ہوا ہے
شراب کے ساغروں میں سُرخی جھلک رہی ہے
لہو ہے اب بھی ستم کا مشروبِ خاص
آئندہ بھی رہے گا
ہے زیرِ ضحاک تختِ ایراں
گُنہ کا بد گوشت اُس کے شانوں سے سانپ بن کر لٹک رہا ہے
گنہ کا بد گوشت پھن اُٹھائے ستم کی آنکھوں سے
حاکمانہ نظر سے مستضعفین بندوں کو دیکھتا ہے
گُنہ کا بد گوشت اپنے پھلنے کو روز مغزِ بشر کا طالب
شراب مغزِ بشر کے خوں سے ملے تو نشّہ کچھ اور چمکے
ستم کی پیاس اس طرح بجھے تو کچھ اور بھڑکے
ستم کے قیدی، جفا کے مجرم، خطا کے ملزم
ہزار ہا در ہزار بھی ہوں تو عمرِ ظالم کے ان گنت روز و شب سے کم ہیں
جوانِ بے جرم و طفلِ معصوم اپنے مغز اپنے سر ستم کے حضور رکھ دیں
کہ حکمرانی کے بے دوا درد کی دوا ہے سرِ شہیداں کا خونِ تازہ

ستم کی عمر ایک دو برس بھی بڑھے تو لاکھوں کا خون پی لے
عوام اپنے جگر کے ٹکڑے کہاں تک آقا کو نذر کرتے رہیں
کہ آخر ستم اُٹھانے، شہید ہونے کی حد تو کچھ ہو
سپاہ سالار، امیر، حکمِ ستم کے نیزے
سروں کی قطع وبُرید، خوں کی کشید کے بے ضمیر آلے
جو صاحبانِ سپاہ و طبل و علم نہ اُٹھّیں
تو کوئی آہن گرِ دریدہ قبا ہی اٹھّے
کہ دھونکنی میں جفا کی کب تک سروں کا ہیزُم جلا کرے گا
نہیں ہے جوہر نگار، زریّں حسیں پھریرا
تو اپنے چرمِ نشست ہی کو علم میں باندھے
کہ اصفہاں سے ہے تختِ جم تک ستمگروں کے سروں کا اک پل
سروں کے اس پُل کو روندے جو
ہے تخت اس کے قدم کی گرد
اور فریدوں اُس کے اشاروں پر ناچتا کھلونا
علم بغاوت کا اُٹھ چکا ہے
مقدّرِ ابنِ جم علم سے بندھا ہوا ہے
علم میں باغی کے بادشاہوں کی آرزوئیں
زر و جواہر کے پھول ٹانکیں
تو کیوں بغاوت نئے سِرے سے ستم کا عنوان بن نہ جائے
درفشِ کاوہ زر و جواہر سے لد گیا ہے
ہزار ہا سال کی شہی نے اسے بھی اپنا نشان اپنے ستم کا پرچم بنالیا ہے

درفشِ کاوہ ہزاروں برسوں کا پیرِ کہنہ

جنوب کے ریگ زار صحرا سے اٹھتی آندھی کو تک رہا ہے
یہ کون طوفاں بدوش صحرا بکف مجاہد اُٹھے ہیں
جن کے قدم کی آہٹ سے قصرِ کسریٰ لرز رہا ہے
کہ ظلمِ نوشیرواں کے چہرے سے عدل و انصاف کی نقابیں
ستم زدہ اور غریب طبقوں کے شورِ فریاد سے اُلجھ کر
ہوا میں اڑتی ہیں پرزے پرزے
اہورامزدا کے موبدوں کی ہوس کی آتش بھڑک رہی ہے
مینارِ خاموشی میں شہی کی تمام لاشوں پہ کرگسوں کا ہجوم
دیتا ہے آنے والے دنوں کی کچھ کچھ خبر ابھی سے

کہاں ہے تیغ و کمان و گرز و تبر کا ارتش
طرب کی محفل کو چھوڑ کر یزدگرد اٹھّے
درفشِ کاوہ کو اپنی شوکت کا آسرا دے

مگر کسی کو خبر نہیں ہے
کہ تختِ جمشید گل چکا ہے
درفش کا چرم سڑ گیا ہے
یہ دشت زادے، یہ تند طوفاں کے برق راکب
درفش کو پارہ پارہ کر کے سپاہیوں میں زر و جواہر لٹا رہے ہیں
ہر ایک تخت اور ہر ایک شاہی کو موت کے گھاٹ اتارنا ہے
غذا ہیں دیمک کی تخت و مسند
ہوا میں برگِ خزاں عبا و قبائے سلطاں
شہی بھی باطل، ستم بھی باطل
ہے صرف باقی خدائے عادل

یالثارات الحسین

محمد مصطفیٰؐ کی جمہوریت کے حامل
حسینؑ ابنِ محمد مصطفیٰؐ کے خوں پر ملوکیت کی نئی عمارت بنا چکے ہیں
عرب سے لے کر بلادِ مغرب
عجم سے اقصائے ایشیا تک
دمشق و بصرہ ابھر چکے ہیں
خدا کا گھر اور نبیؐ کا روضہ دمشق کے تخت سے دبا ہے
خدائے عادل کے نیک بندے گھروں کے گوشوں، مجاہدوں اور مراقبوں میں
خشیّتِ رب سے رو رہے ہیں
صداقت و حق نگر غریب و اسیر زنداں
ائمہ اہل بیتؑ تیغِ جفا و زہرِ دغا کی زد میں
قلم ہے قرطاس کے حصارِ ضیا میں گوشہ گُزین کب سے
ملوکیت اہلِ دیں کے خوں سے شرابِ عشرت بنا رہی ہے
حسینؑ دشتِ بلا میں تنہا کھڑے ہوئے ہیں
حسینؑ کی قبر اب بھی دشمن کی غارتوں سے نہیں ہے ماموں
کوئی تو اُٹھّے
کوئی تو آئے
کہ نعرۂ ثارت الحسین ایک بار گونجے
گلوئے حق کے لہو کو بہہ کر زمانہ گذرا
مگر ہے اس خوں کی موج طوفاں بدوش اب بھی
عرب ہے محکومیت کے خوابِ گراں میں
تو پھر عجم ہی اُٹھے محمدؐ کا پرچم سربلند لے کر
حسینؑ کے نام پر شہی کے ستم سے اُلجھے

زمیں خراساں کی انقلاب آفریں ہو شاید
یہیں سے لے کر سیہ علم انتقامِ خونِ حسینؑ جاگے
بنو امیّہ کا قصرِ خونیں لہو میں ڈوبے

سیہ علم بھی درفشِ کاوہ کی طرح تازہ ملوکیت کا علم ہی نکلا
سیہ علم انتقامِ خونِ حسینیت کا نشان بن کر
حسینیت کے لہو میں ڈوبا
حسینیت کے لہو کی موجیں سیہ علم کے سیاہ سایے میں بے سکوں ہیں
مدینہ اُجڑا کہ اس کی رونق کو خاکِ مشہد پسند آئی
ابھی تو قبرِ حسینؑ پر ہل چلانے والے خلافتِ مصطفےٰؐ کی مسند پہ جلوہ گر ہیں
دیارِ قُم میں ہیں فاطمہ سوگوار و گریاں
غمِ شہیداں رسول زادی کا ہے مقدّر
امام زادی کا ہے اثاثہ
یزید اب بھی مرا نہیں ہے
ہیں مارِ ضحاک اُسکے شانوں پہ اب بھی خونِ بشر کے طالب
یزید کے جامِ سرخوشی میں حسینؑ کا خوں چھلک رہا ہے
حسینؑ دشتِ بلا میں تنہا کھڑے ہوئے ہیں
حسینیت کا مزار بھی بے نشاں ہوا ہے
کوئی تو اُٹھے
کوئی تو آئے
کہ نعرۂ ثارت الحسینؑ ایک بار گونجے
یزید اب تک نئے لباسوں میں تختِ حق پر جما ہوا ہے
حسینیت کے لہو کا دریا رُکا ہوا ہے

سفید انقلاب

سیاہ سیال زر سے جامِ شرابِ شاہی چھلک رہا ہے
فشردۂ بنتِ تاک ہے یا زمیں کے دل سے کشید کردہ سیاہ سونا
لہو سے انساں کے مل کے دو آتشہ بنے ہیں

غبارِ ساسانیاں ہوائے زماں میں کب کا بکھر چکا ہے
بنو امیّہ کا تخت سیلابِ خوں میں غرقاب ہو چکا ہے
سیہ علم کے امین عبّاسیوں کو تارتاریوں کے لشکر کچل گئے ہیں
نہ آلِ سلجوق ہے نہ صفوی
نہ زندہ افشار کا نشاں ہے
زماں کے دھارے حکومتوں کو مٹا چکے
حاکموں کو زندہ نگل گئے ہیں
حکومت و تختِ آل قاچار پر عمامہ بسر فقیہوں نے مہرِ توثیقِ مرگ کر دی
'بیار قلیان'
بجائے قلیان ملازمِ سر بکف ہے حاضر
ہو کشتِ توتون یا تجارت فرنگیوں کی اجارہ داری میں آ گئی ہیں
ہے مجتہد کا یہ حکم
ہر اک طرح سے توتون کا صرف ایران میں ہے ممنوع
اک آیت اللہ کے نرم الفاظ اوامر شہ کے طنطنے سے گراں و سنگیں
تصورِ حاکم و حکومت بدل رہا ہے
شہی کو مشروطیت نے جمہور کے سلاسل سے کس دیا ہے
مقامرانِ فرنگ ایرانیوں کی روح و بدن پہ بازی لگا رہے ہیں
گرا کے قاچار کی حکومت اک اور غاصب رضائے مغرب پہ چل رہا ہے

چہار جانب سے سامراجی گرفت مضبوط ہو رہی ہے
کہ تاجرانِ تمدنِ نو کی کرگسی نے تمام مشرق کو
نقشِ مردہ سمجھ کے لقمہ بنالیا ہے
زمینِ ایران زرگری کی عظیم جنگوں کے تند شعلوں میں جل چکی ہے
زمیں کے سینے کا تیل شعلوں کو خون اپنا پلا رہا ہے
یہ شعلہ بر کف سیاہ سیال
اُدھر سمندر کے پار دیسوں کے کارخانوں، سواریوں کو چلا رہا ہے
خود اُس کے گھر میں چراغِ امید بجھ گیا ہے
کہ باغِ اثمار و دام گیری و کشتِ دہقاں میں خاک اڑتی ہے،
بادگولے بھٹک رہے ہیں
شکم کے تنّور اپنا ہیزُم کہاں سے لائیں
کہ اس مشیں نے سیاہ سونے سے چلنا سیکھا نہیں ابھی تک
مصالحِ خسروی یہی ہیں
کہ حافظ و سعدی و غزالی کے خویش زادے
شکم کے کشکول اُٹھا کے ہاتھوں میں اہلِ مغرب سے بھیک مانگیں

سفید رنگ انقلابِ آوردۂ شہی نے
تمام رنگوں پہ پانی پھیرا
گلاب و لالہ، بنفشہ و زعفران کے رنگ
تمام میووں کی تازگی اور تمام وصفوں کی نان کے رنگ
گلابی و پرتقال و انگور و سیب و ہولو و ہندوانہ
سفیدیوں میں دبے پڑے ہیں
سفید نے ہر جگہ، جہاں بھی تھا سبز، اُسکو مٹا دیا ہے

کہ سبز شادابیوں کا ہے رنگ
نمو کا، بالیدگی کا ہے رنگ
بہار کا، زندگی کا ہے رنگ
نظر کی سیر ابیوں کی اور خواہشوں کی سیری کی ہے علامت
ہے سبز رنگ ارتقا کی، آبادیوں کی، قریوں کی،
وادیوں، جنگلوں کی پوشاک
تمام کہسار و باغ و میداں ہیں سبز رنگت
تمام شاخیں، تمام برگ و بر و نہالاں ہیں سبز رنگت
تمام زرد اور تمام سرخ اور تمام ٹیلے ہیں سبز ہی سے
سفید ہے بے بصر، سفیدیِ چشمِ یعقوب
سفید خوں کے جمود، رشتوں کے قطع کا رنگ
سفید مغرب کے ظلم و غصب و ستم کا ہے رنگ
سفید مستکبروں کا مستعمروں کا ہے رنگ
سفید برص و جذام سبز و سیاہ اور سانولے بدن پر
سفید نیرنگیوں کی رنگوں کی قبرِ بے رنگ
سفید کافور اور کفن ہے
سفید قبر و قضائے تن ہے
اگر سیہ قلبی و سفیدی ہوں ایک جا پر
تو زعفرانی، بنفشہ ای، سرخ و سبز جتنے ہیں رنگ،
اُن کا سراغ کوئی نہ دے سکے گا
گلاب زاروں کی خاک پر جب سفید چونا بچھائے چادر
نہ مسکرائیں شگوفے شاخوں پہ اور نہ پھوٹیں مہکتے اکھوے

تمام رنگ اور تمام جلوے بکھر گئے ہیں
کوئی تو اٹھے، کوئی تو آئے
نہیں ہے کوئی بھی رنگ باقی
کہو لہو سے رگوں میں کیا دوڑتا ہے، چھلکے
عطش زمیں کا تری کا طالب ہے اور رنگوں کا منتظر ہے
زمین کو خوں ملے تو کوکھ اُس کی پھر ہری ہو

یوم عاشورہ ۱۳۸۳ھ

ہلالِ ماہ عزا مژہ پر فلک کی پھر سے چمک رہا ہے
تمام شہر و دیار و قریہ سیاہ پوش و فغاں بہ لب ہیں
تمام اطفال و نوجواناں، تمام مرد و زناں کی آنکھوں میں غم کے تارے چمک رہے ہیں
بیانِ خونِ حسینؑ سے لب دہک رہے ہیں
مساجد و مدرسہ کے تن میں دلِ شہیداں دھڑک رہے ہیں
حسینیوں میں حسینیت کے لہو کے قطرے دمک رہے ہیں
زبان پہ ذکرِ عطش سے شعلے بھڑک رہے ہیں

محمدؐ و فاطمہؑ کے پُرسہ گسار بدلیں گے اس برس طرزِ روضہ خوانی
شہید کا خوں پکارتا ہے
کہ اب بھی تازہ ہے تیغ و خنجر تشدد و جبر کی کہانی
فرازِ نوکِ سناں سے امت کو دیکھتے ہیں سرِ شہیداں
کہ اب بھی ہیں زینبؑ و سکینہؑ اسیرِ زنداں
کہ اب بھی زین العباؑ کی گردن میں طوق، ہاتھوں میں ہتھکڑی ہے
کہ آنے والی ہے جو بھی منزل وہ اس صعوبت سے بھی کڑی ہے
ضعیف، تشنہ جگر پدر کے لرزتے ہاتھوں پہ نعشِ اصغر دھری ہوئی ہے

دغا کے نیزے کی نوک اکبر کے دل میں اب بھی گڑی ہوئی ہے
بریدہ بازوئے ابن حیدرؑ علم اٹھائے ہوئے ہیں اب بھی
حسینؑ خوں کی قبا میں، زخموں کے پیرہن میں بدن چھپائے ہوئے ہیں اب بھی
زبانِ زینبؑ ستم گزیدوں سے کہہ رہی ہے
ہوس کے بازار میں ابھی تک بناتِ عصمت برہنہ سر ہیں
ستم کے دربار میں ابھی تک ہیں پیاس کے لب صداقتوں کے جنازۂ بے کفن پہ گریاں
گلوئے اظہارِ حق ابھی تک زبان بندی کے آہنی طوق میں ہے نالاں
شہی کے طشتِ طلا میں فرقِ بریدۂ حرّیت دھرا ہے
حسینؑ کا خوں پکارتا ہے
یزید اب تک مرا نہیں ہے
حسینؑ دشتِ بلا میں تنہا کھڑے ہوئے ہیں
ہزاروں، لاکھوں، جوان، کمسن، مُسِن صدائیں پکارتی ہیں
حسینؑ دشتِ بلا میں تنہا نہیں ہیں اب کے
ہر ایک فصل و ہر ایک صفحہ پہ روضۂ سیدِ شہیداں کے تازہ غنچے چٹک رہے ہیں
نئے گلاب آج تازہ خوں کی شہید بو سے مہک رہے ہیں
ہزار سالہ بیاں عطش کا، شہادتوں کی بُکا طرازی
عقب زدہ شوقِ منفعل اور گھٹے ہوئے جذبۂ شہادت نے لی ہے کروٹ
جو ہاتھ اب تک خود اپنے سینوں کو پیٹتے تھے
قبا و دستار سے شہی کی اُلجھ رہے ہیں
ہے اُن کی ضِد اب کے سال ہو کر رہیں گے چاک آمروں کے دامان اور گریباں
یہ تازہ اسلوبِ روضہ خوانی کی تند موجیں
یہ شعلہ انگیز نوحہ خوانی کی اٹھتی لہریں
نظام شاہنشہی کو سیلابِ بے پنہ میں حقیر تنکے کی طرح پہلے بہا چکی ہیں

ملوکیت کے ہزاروں قلعے گرا چکی ہیں
یہ تند موجیں، یہ اٹھتی لہریں پھر آج شاہنشہی کی طاقت سے لڑ رہی ہیں
نہ اِن کے ہاتھوں میں تیغ و خنجر
نہ اِن کے ترکش میں تیر و نشتر
نہ اِن کے دامن میں بم گراتے عقابی شہپر
نہ اِن کی جھولی میں ظلم و مکر و دغا کے پتھر
نہ پشت پر اِن کی ہیں دبابے، نہ ہیں دبابہ شکن مزائیل
نہ اِن کے قبضے میں دار و زنداں
نہ روح و تن کو جلانے والی اذیتوں کے چمکتے ساماں
نہ ان کے قابو میں کالا سونا، نہ اِن کے بازار میں ضمیروں کی کوئی دوکاں
نہتّے بوڑھے، جوان بچے
ضعیف مائیں، کنواریاں، برقعہ پوش بہنیں
ہزار در صد ہزار پیروں سے چل رہے ہیں
ہزار در صد ہزار پیروں سے بڑھ رہے ہیں
ہزار در صد ہزار ہاتھوں سے کہہ رہے ہیں
ہماری زرہیں لباس کہنہ ہے، چادریں ہیں
ہمارے ہتھیار ہیں حسینی عطش کی سوکھی ہوئی زبانیں
ہمارا نعرہ ہے جُز خدا کے ہر ایک شاہنشہی کا انکار
ہمارے ہونٹوں پہ نعرۂ یا حسینؑ کے ہیں چراغ ضوبار

عجم میں آیا ہے اب کے سال اس طرح سے عاشورۂ محرم
محمدؐ و فاطمہؑ کے پرسہ گسار جلسوں پہ اور جلوسوں پہ سخت قدغن
حُسینیوں پر برس رہے ہیں دویست و پنجاہ صدیوں بوڑھی

شہنشہی کے دہن سے آگ اور پگھلتا آہن
زمیں پہ ہتھیار چل رہے ہیں
اجل کے شہپر ہوا میں پرواز کر رہے ہیں
مساجد و مدرسہ کے در پر قضا کھڑی ہے
ملازمانِ سپاہ و ساواک اپنے قدموں سے روضہ خوانوں، عزاگساروں کو
منبروں، عالموں، مصلّوں، مصلیوں کو کچل رہے ہیں
مصلّے خوں میں نہا گئے ہیں
اذاں کے گلدستے تازہ خوں سے مہک رہے ہیں
وضو کے پانی میں خون گشتہ شناسا چہرے چمک رہے ہیں
عبائیں خوں سے بھری ہوئی ہیں
ردائیں سر سے اُتر گئی ہیں
عمامے منبر پہ خوں میں ڈوبے ہوئے دھرے ہیں
سفید ہوں کہ سیہ دونوں ہی رنگِ خوں میں نہا کے قِرمز بنے ہوئے ہیں
ہر ایک حوزہ، ہر ایک مسجد لہو میں اپنے نہا گیا ہے
ہر اِک گلی کربلا بنی ہے
ہر ایک گھر ہے دمشق و کوفہ کا تنگ زنداں
ہر ایک گھر بن گیا ہے مقتل
حسینؑ کی رسمِ خوں فشانی ہوئی ہے تازہ
ہر ایک سینہ ہے مصدرِ نہضتِ حسینی
حسینؑ میدانِ ابتلا میں پھر آ گئے ہیں
حسینؑ دشتِ بلا میں تنہا نہیں ہیں اب کے

نوروز ۱۳۸۳ھ

مدرسۂ فیضیہ میں آگ اور لہو کی برسات ہو چکی ہے
ہے رنگِ نوروز سُرخ اِمسال
تمام رنگ آج کھیلتے ہیں لہو کی ہولی

عمامہ بر سر فقیہ نے کر دیا ہے اعلان
یہ عیدِ نوروز ہے یومِ ماتم
یہ عیدِ نوروز ہے محرم
کہ ہر زمیں کربلا ہے، ہر دن ہے روزِ عاشورۂ محرم
یہ صادقِ آل مصطفیٰؐ کا ہے یومِ رحلت
یہ روزِ غم ہے
کہ فقہِ جعفر ہے پہلویّت کی غرب زدگی کی زد میں زخمی
فقیہ اعلان کر رہا ہے
کہ مجلسوں میں ملوکیت کا ستم بیاں ہو
یزیدِ دورِ حسینیت کے بجائے زندہ یزیدِ حاضر کا ظلم و جور و ستم عیاں ہو
حسینیہ کی چہار دیوار و بام و در سے پیامِ شبیرؑ ضو فشاں ہو
یہ دولتِ غم نہ رائیگاں ہو
عجیب گردش ہے آسماں کی
کہ جشنِ سالِ نویں سے یومِ وفاتِ صادقؑ ہوا ہے توام
نئے برس کے ورود کی ہر خوشی نے پہنا لباسِ ماتم
نگاہِ بد سے جو آمریکا کی ہو بچانا
پنھا دو سالِ نویں کی خوشیوں کو جامۂ غم
ہے نعرۂ غم ہی اسمِ اعظم

ہے رنگِ خوں ہی تمام رنگوں سے شوخ و تاباں
جو کھیل رنگوں کا کھیلنا ہے تو اولیں یومِ سالِ نو کو حسیں بنا دو
بہارِ نوروز کی قبا کو لہو کی گل کاریوں سے تم احمریں بنا دو
یہ رنگ اِک بار جم گیا تو قبا گلستاں بنی رہے گی
سیاہ چادر پہ جل اُٹھیں گے چراغ خوں کے
تو آسمانِ ستارگان و گذر گہہِ کہکشاں بنے گی
یہ رنگ چہروں پہ کِھل گیا تو ابد تلک سرخروٗ رہو گے
حیات ہے سرخیوں کی طالب
سیاہ تاریخ آمریت کو ہے نئی سرخیوں کی حاجت
کہ اس برس شہسوارِ نوروز کی قبا و کلاہ ہے سُرخ
ہر ایک بُرجِ سیاہ ہے سرخ
ہو روئے خورشید و روئے انجم کہ عارضِ زردِ ماہ ہے سرخ
اور ان کی جانب کو اٹھنے والا ہر ایک چہرہ،
نگاہ ہے سرخ
فغاں ہے خوں بار، آہ ہے سرخ
(ناتمام)

۱۹۸۳ء؟

آنکھ سو جا

خواب باف و خواب زاد و خواب پرور آنکھ، سو جا
دو پہر میں ڈھونڈتا ہے چرخ پر مہتاب کوئی
مانگتا ہے تشنۂ خوں خنجروں سے آب کوئی
جنبشِ مژگاں سے وا ہوتا نہیں ہے باب کوئی
حرف چیں ماشین سے بُنتا نہیں ہے خواب کوئی
کیوں اگلتی ہے تو اپنے لعل و گوہر، آنکھ سو جا
خواب باف و خواب زاد و خواب پرور آنکھ، سو جا

☆☆☆

اجنبیت کے خیابانوں میں دست و پا نہ سوئیں
بھاگتے وحشت زدہ، مجنوں سوار و راہوار
ناشناسا نام، بے اسماء ہجومِ بے کنار
شیر و نان و گوشت کی دوکان پر لمبی قطار
ہر نفس کارآمد و باطل شماروں کا شمار
احتیاجات اس جہاں میں اِک گھڑی اصلا نہ سوئیں
ہاں، خیالوں کے دھندلکوں سے منوّر آنکھ سو جا

اے نویسندہ مشیں دوڑ، اے قلم خاموش ہو جا
منتشر افکار کے کج مج زباں میں ترجمے
بے زبانوں کی زباں کے کرتبوں پر تبصرے
لفظ ہیں زیر و زبر کی گرد میں گم مقبرے
مقبروں میں لفظ کے مدفون تازہ فلسفے
فکرِ معنی آفریں! قبروں سے ہم آغوش ہو جا
خشک ہیزُم پر کھلیں گے کیا گلِ تر، آنکھ سو جا

☆☆☆

کاسۂ سر میں خلا بھر لے، خیالوں سے نکل
ہے کتب میں ہر خلا کا اِک حوالہ، مانگ لے
علم سے بے معنی لفظوں کا رسالہ، مانگ لے
جہل کے دفتر سے جنت کا قبالہ، مانگ لے
شک اسیری کا بھی کچھ ہو گا ازالہ، مانگ لے
ڈھونڈ راہِ راست، پیچیدہ سوالوں سے نکل
شاخِ جرمِ شاعری کی زہر آور آنکھ سو جا

☆☆☆

ایک خارستاں سے نکلے تو ملا اِک ریگ زار
گلستانِ سعدی و گل گشتِ حافِظ ہیں گماں
بزمِ رومی، رزمِ فردوسی ہیں گم گشتہ جہاں
ذہنِ بستہ طے کرے گا کیا سخن کے ہفت خواں
ہر طرف ہیں حرف زن آموختہ خواں طوطیاں
واں مقدّر چیخ تھی، یاں ہے خموشی کا مزار
واں تھے خوابیدہ، یہاں غائب ہیں منظر،
آنکھ سو جا

اکتوبر، ۱۹۸۴

برف باری

ہم آئے گلستاں میں تو
سفیدیِ زمستاں اپنا میلا ملگجا بستر اٹھا کر جا چکی تھی
ہوائیں دھوپ کی جاروب سے سقف و خیاباں صاف کرتی پھر رہی تھیں
بہار اپنی قبا زانو پہ رکھے سر جھکائے
اس میں رنگا رنگ گل اور بیل بوٹے کاڑھتی تھی
پہاڑوں کی چٹانیں برف کی موباف میں لپٹی ہوئی بے تاب سی تھیں
شعائیں کنگھیاں ہاتھوں میں پکڑے ان جٹا دھاری مہنتوں کے سروں پر جھک رہی تھیں
یہ سنیاسی جو صحرا اور دریا سے گزر کر
قریبِ شہر آکر رک گئے، ٹھٹکے ہوئے تھے
زمینِ گلِستاں سے مانگنے آئے تھے اپنی میلی مٹیالی عباؤں کے لئے گل، بیل، بوٹے
بہار اِن کا سیاہ و سرد سایہ دیکھ کر اپنی قبا پر مسکرائی
سر اٹھایا
اور ہر اک کی طرف مٹھی میں بھر کر پھول پھینکے
اپنے دامن میں بھری بیلیں جٹاؤں سے جھٹک دیں
اور سادھو ہنس پڑے
اتنا ہنسے، اتنا ہنسے موباف سر سے کھل گئے
اور برف کی ساری سپیدی چشمہ چشمہ بہہ کے ننگی پنڈلیوں تک آگئی
اور بہار انگڑائی لے کر ایک بار اٹھّی
کہ خود بھی سادھوؤں کے ساتھ کر لے غسلِ صحت
وہ خود بھی ہنس رہی تھی
اور اس کے قہقہوں میں گھنٹیاں سی بج رہی تھیں

وہ رک جاتی تو اُس کی مسکراہٹ کے کناروں پر
شگوفے پھوٹتے تھے، سبزہ آنکھیں کھولتا تھا
یہ سارا شوخ رنگا رنگ منظر
ہماری جان کے گل سبز چہرے اور عطر آگیں سراپا سے بہم ہو کر
ہماری چشمِ وا کی کھڑکیوں سے صحنِ دل میں ایسے اترا
کہ ماہ و سالِ دوری میں تڑپتی برف آلودہ تمنائیں بھی جاگ اٹھیں
یہاں بھی ایک تازہ تر بہار آئی
یہاں بھی آرزوؤں حسرتوں نے اپنے گل اور بیل بوٹے دامنِ دل پر بکھیرے
محبت اک بہارِ بے خزاں ہے
وصالِ یار ہنستا گنگناتا گلِستاں ہے

بہار اب اپنے بکھرائے ہوئے گل بیل بوٹے چن رہی ہے
چھپا کر اِن کو اپنے گرم سینے میں چلی ہے گلستاں سے
مہینوں جاگنے کے بعد اب نیند آ رہی ہے
کسی دن بھی زمستاں برف کی چادر لئے آنے ہی والا ہے
زمیں پھر سونے والی ہے
فضا پھر رونے والی ہے
خدا رکھے گلستانِ وصال یار کو شاداب و باقی
زمستاں ہو کہ تابستاں، یہی ہر تشنگیِ شوق کا ساقی
یہاں ہر رُت میں کلیاں پھوٹتی ہیں پھول کھلتے ہیں
بہاروں سے یہاں سب موسموں کے سلسلے ہر وقت ملتے ہیں
خدا اِس فصل کو دائم رکھے
جو بے نیازِ آمد و رفتِ زمستان و خزاں ہے

جدائی ہو کسی بھی رُت میں، نام اس کا ہمیشہ ہے زمستاں
کوئی بھی وصل کا موسم ہو، فرہنگِ محبت میں ہمیشہ ہے بہاراں

۲۴ نومبر، ۱۹۸۴، تہران

منظرِ خواب و شکستِ خواب کے

جہاں کو خواب کی آنکھوں سے دیکھیں
زندگی کو نشّے کے عالم میں دیکھیں
یہ دستک دے رہا ہے کوئی در پر؟
یہ شیشوں پر دریچوں کی ہیں کن کی انگلیاں نغمہ طرازِندہ؟
یہ کن قدموں کی آہٹ سن رہی ہے زینہ در زینہ سماعت؟
غنودہ چشم کیا کیا دیکھتی ہے؟ خواب آسودہ سماعت سن رہی ہے کیا؟
چھپک کر چشم و گوش اِک ساتھ کہتے ہیں
صبا کرتی ہے دقّ الباب، کھولو آنکھ، دیکھو، قاصدِ خوشبو شعار آیا ہے در پر
گلِ خوبی نے چشمِ منتظر کی روشنائی سے لکھا ہے عشق کا نامہ
ہزاروں آرزوئیں ہر سطر میں غنچہ ساں گوندھی گئی ہیں
ہزاروں حسرتوں نے حاشیوں پر رنگ چھڑکے ہیں
غزلخواں اور رقّاصہ امیدوں نے گُل اور بوٹے ہیں کاڑھے
لفافے پر محبت کے لبِ بوسہ طلب نے مُہر کی ہے
یہ دستک ہے صبا کی
یہ شیشوں پر دریچوں کے طیورِ حرفِ الفت کے پروں کی پھڑ پھڑاہٹ ہے
یہ زینوں پر پیامِ نوبہاراں کے قدومِ موجۂ گل آفریں کی چاپ رقصاں ہے
خدا اس خواب کو قایم رکھے
ان چشم و گوشِ خواب زاؤ خواب زائیدہ کا ہر احساس سچا ہو
مگر دستک کی آوازوں سے شیشوں کے مسلسل رقص کرنے سے
قدم کی تیز تر ہوتی آہٹ سے آنکھیں کھل گئی ہیں
خواب ٹوٹا ہے تو اٹھ کر دیکھ لیں دستک ہے کیسی،

کون شیشوں کو بجاتا ہے؟
قدم نے کس کے زینے خواب کے روندے ہیں،
خوابِ نیم شب کو توڑ ڈالا ہے؟
کھلی آنکھوں نے دروازہ کیا ہے وا
کھڑا ہے در پہ پہرہ دارِ جبر آمریّت
کوئی نامہ نہیں ہے مہر بر لب اس کے ہاتھوں میں
فقط دربارِ آمر کا ہے پروانہ
یہ پروانہ اذیت خانۂ ظلم وبلا کا داخلہ نامہ ہے یا زندانِ تیرہ کا ٹکٹ ہے
یہ آہٹ خواب میں جو موجۂ گل کی تھی آہٹ موت کے قدموں کی آہٹ ہے
یہ بعثی کارمندوں اور مزدورانِ ساواک وشہی کے آہنی جوتوں کی آہٹ ہے
غنودہ گوش جس کو طائرانِ عشق کی پرواز کا نغمہ سمجھ کر سن رہے تھے
رائفل کی گولیوں کی پھڑ پھڑاہٹ ہے
اُٹھیں اور خواب آلودہ سماعت اور غنودہ چشم کو تہہ کر کے رکھ دیں
خواب گہہ کے ایک گوشہ میں
چلیں پروانۂ دستِ قضا کو جاگتی آنکھوں سے پڑھ لیں
سماعت سے کہیں اب صرف فوجی آہنی جوتوں کا نغمہ جاگتا ہے
فقط بندوقوں، توپوں اور بمباروں کے منہ سے پھول جھڑتے ہیں
یہ نغمہ کو بہ کو، خانہ بہ خانہ تخم ریزی کر رہا ہے
ہو میدانِ نمازِ جمعہ یا دانش کدے یا خواب گاہیں
اسی نغمے کے تخمِ نغمہ پرور منفجر ہیں
یہ نغمے نیند کے دشمن ہیں، خوابوں کے ہیں قاتل
اگر پھر آنکھ نے سوچا کہ کوئی خواب دیکھے
تو گھر کی چھت گرج کر برق آسا سر کو کُچلے گی

اٹھیں، آنکھوں کے خوابوں سے تہی دوروزنوں سے چار سُو دیکھیں

وہ اطفال وزنان و پیر، وہ عشاق و معشوقاں
ہماری طرح جو اپنے شبستانوں میں خوابیدہ نگاہوں اور سماعت سے
بہاروں کے ہزاراں در ہزاراں خواب بُنتے تھے
فضا کے دوش پر بمبار طیّاروں کے سچے واقعہ گو نغمے سن کر جاگ اُٹھے ہیں
ہوا کی موج پر گُل آفرینی کرنے والے راکٹوں کے پاؤں کی آہٹ نے
اُن کے خواب روندے ہیں
وہ جاگے ہیں تو اُن کی خواب گوں آنکھیں پھٹی سی رہ گئی ہیں فرطِ حیرت سے
یہ اِک شہتیر اٹھا کر دیکھ لیجے، اِس کے نیچے دو کھلی آنکھیں دبی ہیں
ذرا اُن آگ سے جھلسی ہوئی اینٹوں کو الٹو
وہاں کچھ خواب گوں دیدے کشادہ ہیں
وہ کاسے جن کے اندر مردمِ دیدہ کے مامن تھے
اُدھر کچھ دوُر بدرو میں شکستہ کشتیوں کی طرح بہتی ہیں وہ آنکھیں
جو دریچوں کے درخشاں آئینوں میں آنے والی زندگی کے کارواں کو دیکھتی تھیں
وہ ریزہ ہو کے آئینوں کی کرچوں میں پڑی بیداریوں کا خوں بہا اور خواب کا قرضہ چکاتی ہیں
وہ آنکھیں جو نہیں تھیں راکٹوں کی دسترس میں
وہ اپنی دوسری محبوب آنکھوں کے جنازوں پر لہو روتی کھڑی ہیں
وہ اپنی خواب گاہوں کے سیہ جھلسے ہوئے ملبے میں خوابوں کا اثاثہ ڈھونڈتی ہیں
کوئی "ماں آنکھ" اپنی کوکھ کی غنچہ صفت نیند پر آنسو بہاتی ہے
کوئی "باپ آنکھ" اپنے "پارۂ دل آنکھ" کی بیدار میّت پر ہے گریاں
کوئی معصوم آنکھ اپنی یتیمی کے جنازوں پر ہے نوحہ خواں

☆

عجب بیدار منظر ہے
جواں آنکھیں، جہاں دیدہ ضعیف وناتواں آنکھیں
غمیں، معصوم، حیراں، گل نشاں آنکھیں
مناظر کے ہر اک چپّے پہ بکھری ہیں، کھلی ہیں
یہی وہ عالمِ بیدار ہے، ہم خواب جس کا دیکھتے تھے
یہی وہ عالمِ بیدار ہے، جس کی بشارت سب صحیفے آسمانوں کے
زمیں کی سب کتابیں دے رہی تھیں
ملائک کے پروں کی پھڑ پھڑاہٹ کہہ رہی تھی
زمیں کے آسماں پرواز ذہنوں کا تھا پیغامِ مسلسل: ''خواب سے جاگو''
ہم اِک تنہا کہا کرتے تھے: ''آنکھیں بند کر لو، خواب دیکھو''
ہمارے ایسے احمق اور بھی گذرے ہیں جو کہتے رہے ہیں:
''جہاں کو خواب کی آنکھوں سے دیکھو، زندگی کو نشے کے عالم میں برتو''
ہماری کون سنتا؟ آنکھ کو بیدار ہونے کی تمنا تھی
سماعت کو کھُلے کانوں سے شورِ زندگی سننے کی خواہش تھی
سو آنکھیں جاگ اُٹھی ہیں اور سماعت گوش بر آوازِ پائے زندگی ہے
سو آنکھیں دیکھتی ہیں زندگی کے ان گنت پہروں کے پیچھے صرف اِک چہرہ
یہ چہرہ ہے شکستہ، خون گشتہ آنکھ --- مرگِ ناگہانی!
سماعت سُن رہی ہے، زندگی کی سارے نغموں کے پسِ پردہ مسلسل ایک نغمہ
یہ نغمہ موت کے قدموں کا نغمہ ہے!

عجب بیدار، وحشت ناک منظر ہے
ہم اپنے خواب کے منظر میں پھر واپس چلے جائیں
وہاں اب بھی ہے چہرہ زندگی کا، زندگی کا واقعی چہرہ

وہاں اب بھی ہے نغمہ زندگی کا، آنے والی زندگی کا سرمدی نغمہ
جہاں کو جاگتی آنکھوں سے مت دیکھو
جہانِ زندگی کو ہوش کے عالم میں مت برتو
جہاں کو خواب کی آنکھوں سے دیکھو
زندگی کو نشّے کے عالم میں سمجھو

تہران، یکم اپریل، ۱۹۸۵

ہیولا برقِ خرمن کا

کیا جانیں رات کاٹتی آنکھوں کا التہاب
آسودگانِ خواب
نومید پر تسلیاں ڈھاتی ہیں کیا عذاب
پیاسے سفر میں ڈستا ہے کس کس طرح سراب
کیا جانیں سیر آب
ظلمت گزیدگاں ہیں نجوم اور ماہتاب
تاریکیاں ہیں نور کے ان خیموں کی طناب
آتش ہے ان کی جاڑے کی راتوں کے جھوٹے خواب
کیا جانیں آفتاب
خود افروز آفتاب
دستِ تغیرِ ابدی کے نوشتہ باب
ہوں خوابگاہِ کہف میں کس طرح باریاب؟
ڈھونڈیں کہاں شکوک کی بیداریاں جواب؟
طاقِ طمانیت میں صحائف ہیں محوِ خواب
کھولے گا کون باب؟
معانی ہیں دیریاب
ہیں گم محرمِ کتاب
اٹھیں بھی آنکھ ملتے جو گم گشتگانِ خواب
کربِ عطش نہ سمجھیں گے آسودگانِ آب
کھولیں گے پھر یقین کی چاٹی ہوئی کتاب
نا آگہی کا باب

یہ دریاچۂ سراب
گم گشتگی کا دشت ہیں صفحاتِ بے حساب
اعراب و حرف سطح پہ کھاتے ہیں پیچ و تاب
ہر سو ہوائے جہل سے ہیں لاف زن حباب
دلدل میں دھنستے جاتے ہیں علم و خرد کے باب
سب معرفت مآب
ہیں گم گشتۂ سراب
گرفتارِ مردہ آب

تجھ پر ہے بند راہِ ورود و نجوم و ماہ
تجھ کو دکھائیں گے نہ چراغِ زمیں بھی راہ
کیوں کاخِ مرمریں کی طرف ہے تری نگاہ
تجھ کو نہ دے گا سایۂ دیوار بھی پناہ
اے خانماں تباہ
طلب گارِ مہر و ماہ

تیرے نصیب میں ہیں سیہ دن، شبِ سیاہ
اشکوں کے آفتاب جلا شام اور پگاہ
شاید انہی چراغوں سے مل جائے تجھ کو راہ
مت دیکھ سوئے ماہ
سوئے مہر خوش نگاہ

اپنے دروں میں دیکھنا لازم ہے گاہ گاہ
شاید یہیں سے نکلے اُجالے کی کوئی راہ
کام آئے گا نہ گریۂ شب گیر اور نہ آہ
دے گا تو دے گا اپنا ہی شعلہ تجھے پناہ

صفحاتِ بے حساب، نہ علم و خرد کے باب
آسودگانِ خواب، نہ سب معرفت مآب

تہران، ۲۱ آبان، ۱۳۶۴ھ ش (۱۲ نومبر، ۱۹۸۵)

سخن، اے ہمدمِ دیرینہ

(راہ مضمونِ تازہ بند نہ ہو)

سخن! اے ہمدمِ دیرینہ، دم ساز!
شناسائے زبانِ دل، رفیق و محرمِ راز!
سخن! اے مونسِ خلوت، جلیسِ بزمِ تنہائی
خزینہ دار الہام وزباں دانِ صریرِ خامہ فرسائی
ترے آتے ہوئے قدموں کی آہٹ دور سے پہچان جاتا ہوں
کسی عالم کسی حالت میں ہو ذہن
تیری دستک کے خاص انداز کو میں جان جاتا ہوں
تری نرم و سبک دستک کی آواز
ہزاروں چیختی آوازوں کے یلغار میں بھی
گوشِ جاں تک آ ہی جاتی ہے
شریر، آوارہ، برہم اور بے معنی صداؤں کا ہجوم
تری آمد سے ہو جاتا ہے خاموش
ترے لب کھولتے ہی شور کے لب بند ہو جاتے ہیں
مری روح پردہ دار و کم آمیز و محجوبہ
نقابیں اپنے چہرے سے ہٹا دیتی ہے
سب آلائشوں کو دور کر کے
تمام آوازوں پر در بند کر کے
تجھے سننے کو، تجھ سے بات کرنے کو
سماعت کے دریچے، نطق کے در باز کرتی ہے
زباں تو میری ہر جائی ہے

دنیا بھر کی آوازوں سے ملتی، بات کرتی اور ہنستی ہے
وہ شور و غل کا مفہوم اور نعروں کا بھی مطلب بھانپ لیتی ہے
کسی کو مسکرا کر دیکھتی ہے
کسی سے آگے بڑھ کر بات کرتی ہے
کسی کو دیکھ کر چیں بر جبیں ہوتی ہے تلخی سے
کسی سے بے ملے کترا کے آگے کو نکل جاتی ہے تیزی سے
ہیں اس کو یاد رسمی لفظ، آداب و مراتب آشنا ہے
وہ بے معنی تکلم، بے سروپا گفتگو بھی جانتی ہے
بھرا ہے اس کا ترکش پھبتیوں، طعنوں، لطیفوں قہقہوں سے
اُسے معلوم ہے کس طرح اوروں کی زباں کو
چست فقروں، نکتہ چینی، بذلہ سنجی سے کیا جاتا ہے خاموش
اُسے زخموں کے لب سے، نشتروں کی تیز منقاروں سے باتیں کرنا آتا ہے
وہ کینہ دشمنی نفرت کے تیور
طنز اور دشنام کے حربے سمجھتی ہے
جواب اُن کو اُسی تیور، اُسی حربے سے دیتی ہے
زباں خاموش، باتیں روح کی سنتی ہے
لیکن لاکھوں آوازوں کے نرغے میں جواب اکثر نہیں دیتی
مری دیر آشنا، کم گو، کم آمیز و فسردہ روح
زباں کی ہرزہ گوئی سے خفا ہو کر
چلی جاتی ہے خاموشی کے حجلے میں
خود اپنے اور میرے درمیاں پردے ہزاروں کھینچ لیتی ہے
وہ سب کچھ دیکھتی ہے
وہ سب کچھ جانتی ہے

مگر اِک حرف بھی آنے نہیں دیتی زباں تک
زباں اور روح کے اِس فاصلے کی کشمکش میں
میں اپنے روح کی آواز سے بیگانہ ہوتا جارہا ہوں

سخن! اے ہمدمِ دیریں
دیارِ غیر کی بیگانہ دنیا میں
زباں بھی میری ساکت ہوگئی ہے
اُسے تھے یاد جتنے نطق کے حربے، ہوئے گُم
زبانیں ہی زبانیں چار سو ہرزہ سرا ہیں، اور میں گم صُم
مِری روحِ سخن آگاہ پردے کھینچ کر خلوت گزیں ہے

سخن! اے محرمِ روحِ معانی
زباں نادم ہے اپنی سرکشی خیرہ سری پر
شلوغ و شور سے تنگ آچکی ہے
اگر تو آ کے کردے روح سے اِس کی سفارش
تو شاید روح اِس سے بات کرلے
خموشی ٹوٹ جائے
گفتگو کی رہ نکل آئے
زباں اور روح میں پھر دوستی ہو
شکستِ خاموشی ہو

سخن! اے ہم سفر، اے محرمِ دیریں
تو نازل ہو تو مجھ سے آشنا ساری صدائیں لوٹ آئیں گی
انیسؔ و میرؔ و غالبؔ کی صدائیں
اور خام و پختہ آوازیں معاصر کی کریں گی مجھ سے باتیں

یہ آوازیں سمجھتی ہیں زبانِ حافظؔ و فردوسیؔ و سعدیؔ
یہ شعرِ نو کے مبہم رمز مجھ پر کھول دیں گی
زبانیں گفتگو کی مختلف ہیں، اجنبی، نا آشنا باہم دگر ہیں
صدائیں روح کی اک دوسرے سے آشنا ہیں
یہاں الفاظ کے مابین دیواریں نہیں ہیں
اسالیبِ سخن نا آشنائے مرز و ملت ہیں

سخن! تو روح کا محرم ہے
غرب و شرق کے سارے سخنور روح کی باتیں سمجھتے ہیں
تو اپنے اس شناسا قافلے
اِس اُمّتِ روحانیاں کے ساتھ میری روح کی خلوت میں وارد ہو
تو میری روح تنہائی کا گوشہ ترک کر کے
زباں کے ساتھ انسانوں کی دنیا میں اُتر آئے
سخن کا باب پھر اک بار کھُل جائے

۱۸ نومبر، ۱۹۸۵ء، ۲۷ آبان، ۱۳۶۳ ش

قصہ اندھیروں اور اجالے کا

کتابوں میں پڑھا ہے
داستانوں میں سنا ہے
زمیں پر سورجوں کی فصل اُگتی تھی
فلک پر سورجوں کی کہکشائیں تھیں
تھا ہر ذرہ تجلی، ہر قدم طورؔ
نظر نور، آسماں نورٌ علیٰ نور

کتابوں میں لکھا ہے
قصہ گو نے یوں کہا ہے
زمیں زادوں نے اِک اِک کر کے اپنے سارے سورج قتل کر ڈالے
وہ قطعاتِ زمیں جن میں اُگا کرتے تھے سورج، روند ڈالے
اور اپنے سورجوں کا خوں اچھالا آسماں پر
یہ خوں قطرہ بہ قطرہ
زمیں کی تنگنا سے ٹوٹ کر
افلاک کے پھیلے ہوئے دامن میں ٹپکا ہے
ستارہ در ستارہ
جہاں بھی جا کے یہ ٹوٹے ہوئے تارے گرے ہیں
اڑی ہے خاک اٹھا ہے دھواں
اور سورجوں کی کہکشانیں جل رہی ہیں
روایت کہہ رہی ہے کچھ
درایت دیکھتی ہے کچھ

زمیں پر سورجوں کی کھیتیوں میں اب اندھیرے تخم ریزی کر رہے ہیں
اندھیرے اُگ رہے ہیں
گھنی فصلیں اندھیروں کی کھڑی ہیں
اندھیروں کی سیاہ شاخیں اندھیروں کے سیاہی زاد خوشوں سے لدی ہیں
اندھیروں کی سیاہ آنکھیں اندھیروں کے سیاہ رنگ آنسوؤں سے رو رہی ہیں
زمیں زادوں کے خرمن میں اندھیروں کی کٹی فصلیں بھری ہیں

فلک پر سُورجوں کی کہکشائیں تھیں جہاں کل تک
وہاں سے اب سیہ بادل دھوئیں کے اُٹھ رہے ہیں
جہاں ایک آدھ بھولا بھٹکا سورج بچ رہا ہے
وہاں نظروں کے آگے تیرگی کا ایک پردہ کھنچ گیا ہے
زمیں نے اپنے ہاتھوں
اپنی ساری روشنی کو قتل کر ڈالا
فلک نے اپنے باقی ماندہ سارے سورجوں کو
زمیں زادوں کی آنکھوں سے چھپایا
یہ آنکھیں روشنی کی اک ذرا سی بوند کو بھی اب ترستی ہیں
نگاہیں جس طرف بھی نور کا چشمہ سمجھ کر بھاگتی ہیں
سیاہی کی گھٹائیں ٹوٹ کر اُس جا برستی ہیں
زمانہ ہو گیا دن سو رہے ہیں اور راتیں جاگتی ہیں
روایت آج بھی دہرا رہی ہے داستانِ عہدِ پارینہ
دِرایت سوچتی ہے آج کیا ہو جینے مرنے کا قرینہ
مقابر میں روایت گونجتی ہے
منابر سے روایت بولتی ہے

مقابر سورجوں کی فصل کے مدفن
منابر سورجوں کی نوحہ خوانی کے ہیں مامن
مقابر ہیں شہیدانِ رہِ انوار کے مشہد
منابر ظلمت آغشتہ روایت کے ہیں مولَد
مقابر میں اندھیروں کے گزیدہ اپنے زخموں کے اندھیرے لے کے جاتے ہیں
کہ شاید کشتہ سورج کے کسی مرقد سے اُن کو نور کا مرہم مہیا ہو
اندھیرے سورجوں کی قبر کی جالی میں لٹکا کر عریضے
دعائیں مانگتے ہیں
اندھیرے سورجوں کی قبر کے اطراف حلقہ باندھ کر
اپنی اندھیری زندگی کی داستانیں کہہ رہے ہیں
مقابر کے سیاہی پوش زینے
سینکڑوں برسوں کی تاریکی کا سارا بوجھ اُٹھائے ہیں
اندھیرا نور کی تبلیغ کرتا ہے
اندھیرا روشنی کا مرثیہ خواں ہے
اندھیرا سورجوں کے عہد کے قصہ سناتا ہے
اندھیرا سننے والے
اپنے دل اپنے دماغوں کے اندھیروں کے سیہ رومال میں چہرہ چھپائے رو رہے ہیں
وہ سارے اولیائے نور
اندھیروں کے مکاں سے جو زمیں زادوں کو اُگتے سورجوں کی فصل تک لائے تھے
اپنے خون گشتہ تن مقابر کی زمیں کو سونپ کر
کب سے دریچوں سے فلک کے دیکھتے ہیں
اندھیرے اُن کی قبروں سے اُجالے مانگتے ہیں
درایت، اصطلاحاتِ روایت کے اندھیرے سے ذرا ہٹ کر

منابر کے سیہ جنگل کے ایک گوشہ میں بیٹھی سوچتی ہے
کتابوں میں لکھا ہو کچھ
فسانوں نے کہا ہو کچھ
وہ لکھّا اور کہا کب تک تمہارے کام آئے گا
اندھیروں کے گزیدوں سے
اندھیروں سے کہو
تم اپنے خوں سے آج خود اپنی کتابیں لکھنے بیٹھو
تم اپنے خوں کے لب سے آج اپنی داستانیں خود سناؤ
نہیں ہے کوئی بھی ایسا اندھیرا
نہ ہو جس کی تہوں میں روشنی کی بوند زندہ
اندھیرے بوند بوند اپنے اُجالے جمع کر لیں
اندھیرے بوند بوند اپنا اُجالا خاک میں بو دیں
تو شاید اک دن پھر سورجوں کی فصل جاگ اٹھّے
منابر روشنی کی داستان کہتے ہیں، کہنے دو
مقابر روشنی سے ظلمتوں کو جوڑتے ہیں
اُنھیں اپنا یہ کارِ خیر کرنے دو
رمق جو نور کی باقی ہے دل میں
اسے آنسو بنا کر رائیگاں کرنے سے اچھا ہے
قلم اس میں ڈبو کر روشنی کی چند سطریں ثبت کر دو
اندھیروں کی کتابوں میں
اگر اس نور کا اک لفظ بھی سالم رہا تو
اندھیروں کے سیہ دفتر کو اُجالے میں ڈبو دے گا
نہیں یہ داستانِ عہدِ پارینہ

یہ قصہ آج کا ہے
یہ قصہ سب گذشتہ اور آئندہ کتابوں میں لکھا ہے
یہ قصہ سب حِماسوں اور رزمیّوں کے لب سے بولتا ہے
یہ قصہ ہے زمیں کے سورجوں کی فصل کا ثمرہ
یہ قصہ ہے فلک کے سورجوں کی کہکشانوں کا اُجالا

۷ جنوری، ۱۹۸۶ تہران

جہنم اور محبت

جہنم کے ہزاروں راستے ہیں
جہاں رکھوّ قدم اِک راستا کھُلتا ہے عصیاں کا
جدھر دیکھو کوئی ایمان کُش منظر چمکتا ہے
سُنو جس کو وہ ترغیبِ گنہ کی بات کرتا ہے
چھوو جس کو بھی، وہ ممنوع خواہش سے دہکتا ہے
قدم بہکے جہاں بھی
نظر اٹکے جہاں بھی
نفَس مہکے جہاں بھی
کوئی بہکانے والا ہے
کوئی اٹکانے والا ہے
کوئی شاخِ نفَس پر معصیت کے پھول کو مہکانے والا ہے
اگر اتنی سی خواہش ہے
ذرا آرام سے یہ زندگی گذرے
تو دستِ جہد سے بھوکے دہاں تک
دہاں سے لذّتِ کام و زباں تک
زباں سے سیریِ دل اور سیرابیِ جاں تک
گناہوں کی ہزاروں کھائیاں ہیں
جہنم کے ہزاروں راستے ہیں
اگر یہ آرزو سینہ میں پلتی ہے
ذرا اوروں پہ حاصل ہو تفوّق
حصولِ علم کی سختی سے اظہارِ انا تک

ترقی کی تگ و دو سے حکومت کی ہوا تک
شبستانِ سکوں سے قصر و ایوانِ طلا تک
جرایم کے ہزاروں ہاتھ پھیلے ہیں
جہنم کے ہزاروں راستے ہیں
وہ خواہش کیا ہے جو ثمرہ گناہوں کا نہیں بنتی؟
وہ کیسی آرزو ہے جو جرایم کو نہیں جنتی؟
وہ رستا کون سا ہے جو جہنم کو نہیں جاتا
جہنم منبروں کی سیڑھیوں سے
معبدوں کے گنبدوں سے
موعظوں کی آسماں پیما بلندی سے
ضروری احتیاجوں کی مذلت بوس پستی سے
ندی بن کر اُچھلتا ہے
وہ پستی میں مچلتا ہے
بلندی کو نگلتا ہے
جہنم کے ہزاروں راستے ہیں
اور ہر اِک راستے میں
کِسی گوشے میں بیٹھی ہے محبت سایا بن کر
کسی سایے میں بیٹھی ہے محبت گود پھیلائے
جہاں رکھّو قدم سایا محبت کا ملے گا
جدھر دیکھو محبت کا کوئی غنچہ کھلے گا
چھوو جس کو محبت کی نگاہیں کھول دے گا
جہنم کا چلے بس تو ہر اک انسان کو ایندھن بنا لے
مگر عصیان و دوزخ کے ہزاروں راستوں پر

ہر اک گوشے میں بیٹھی ہے محبت
محبت کا ہے اِک رستا، وہ جنت ہے
وہ اِک انساں کو بھی راہِ جہنم کی طرف جانے نہ دے گی
جہنم خوف اور نفرت کا مذہب ہے
محبت کی نظر جنت، زباں جنت ہے، ہر دھڑکن ہے جنت
جہنم وہم ہے جو عشق سے خالی دماغوں میں بھڑکتا ہے
جہنم آتش و فولاد کا دل ہے جو پتھر میں دھڑکتا ہے
محبت ایک ہے لیکن ہزاروں اُسکے چہرے ہیں
وہ عاشق کی نگاہوں سے نقوشِ پائے خوباں ڈھونڈتی ہے
وہ شب بھر شمع کو رکھتی ہے روشن اپنے در پر
کہ کوئی بھولا بھٹکا روشنی کو پا کے خوابیدہ
بلا دستک دیے واپس نہ جائے
وہ دن بھر راستا تکتی ہے سورج کا دیا سر پر اُٹھائے
سبیل اُس کی کھلی رہتی ہے
کوئی بھی شکم کی جنگ کے جبہہ سے تشنہ لب اگر آئے
شکستہ بازوؤں اور زخمی شانوں پر تمناؤں کی لاشوں کو اٹھائے
بدن پر دوزخی آتش کے درّوں کے نشاں کا پیرہن پہنے
وہ اُس کے زخم پر مرہم لگاتی، آنکھ سے شبنم چھڑکتی ہے
محبت کشت زاروں کی زمیں ہموار کرتی، بیج بوتی ہے
روش کو صاف کرتی ہے
ستم سہتی ہے سورج اور باراں کے
زمستاں کی ہوا کے سرد تیروں کو
آبِ یخ کی شمشیروں کو تن پر روکتی ہے

کہ اُس کی گود کے پالوں کو آذوقہ میسر ہو
محبت کار گاہوں، معدنوں میں، شاہراہوں پر
سِمنٹ اور خشت و آہن کے گھنے جنگل
زغال وسنگ کی قبروں میں
پالائش گہوں میں، بندروں کی ساحلوں اور کشتیوں میں
پسینے کی سیہ بوندوں میں خوں اپنا بہاتی ہے
کبھی دن بھر، کبھی شب بھر
وہ بے جیب و دریدہ پیرہن کے ایک گوشے کی گرہ میں
چند سکّے لے کے آتی ہے
کہ اس کی بیٹیاں، بیٹے، کسی بازار میں جاکر خریدیں ننھی منی چند خوشیاں
محبت دفتروں اور شرکتوں کی فایلوں کے
صبر پیما دشت و صحرا میں بھٹکتی ہے
وہ اخباروں کے صفحوں، چاپ خانوں کے پروفوں میں
اِک اِک غلطی کو نظروں کے سرِ سوزن سے چُنتی
اور درست الفاظ و اعراب اور نقطوں کو نگینے کی طرح آنکھوں سے جڑتی ہے
دِنوں کی یہ عرق ریزی، شبوں کی یہ نظر سوزی
گھروں کو لَوٹتی ہے خالی ہاتھ اکثر
تو اُس کے بستگاں معصوم آنکھوں سے تسلی اُس کو دیتے ہیں
وہ اُن کے سر پہ رکھتی ہاتھ، اُن کو پیار کرتی ہے
محبت مدرسوں میں، کالجوں، دانش گہوں میں
کتب خانوں میں، معمل میں
سحر سے شام تک اور شام سے پہلی کرن کے مسکرانے تک
خزف ریزوں کے پھیلے ساحلوں سے دانش و علم و خرد کے چند موتی چن کے لاتی ہے

کہ اُسکی ذرّیت کی زندگی کے واسطے
کچھ بہتر اور آسودہ لمحے ہوں میسّر
محبت مسجدوں میں، مشہدوں میں، کربلاؤں میں دعائیں مانگتی ہے
صنم خانوں، کلیساؤں میں منت مانتی ہے
کہ اُس کی آل اور اولاد مزروعہ زمینوں، وادیِ شاداب میں
پنپے، پھلے، پھولے
محبت نفرتوں کی جنگ کے میداں سے
اپنے گل بدن، کڑیل جواں لاشے اٹھاتی
آرزووں کا کفن پہنا کے اُن کو دفن کرتی ہے
کہ ان بیجوں کی قبروں سے اُگیں کل کے گلستاں
وہ حصنِ آہنی بن کر کھڑی رہتی ہے اپنے گلستاں میں
کہ نفرت کے غنیم آکر نہ ماریں گل پہ شب خوں
نہ بہنے پائے آیندہ زمانوں میں محبت زادگاں کا خوں
محبت شعر و نغمہ، رقص و موسیقی میں
نقاشی میں، رنگ آمیزیوں، پیکر تراشی میں
گذشتہ اور حاضر خوبصورت تجربے محفوظ رکھتی ہے
وہ آیندہ کے رنگین خواب اُن کو سونپ دیتی ہے
کہ اِن ہی کے وسیلے سے جہنم سرد ہو جائیں
سراغِ جنتِ موعود ہاتھ آئے
جہنم ہر طرف شعلہ فشاں ہے
اور اُس کے اسلحوں کا کارخانہ بے کراں ہے
مزائیل ہاتھ، بم اُس کی زباں ہے
محبت نرمیِ موجِ صبا کے لب سے

غنچوں اور پھولوں کی زباں سے بات کرتی ہے
جہنم کے وسیلے ہیں تشدد اور شکنجے
جہنم کی کمیں ہیں قصرِ دولت، تختِ ثروت
جہنم محتسب، واعظ، برہمن، پادری کے لب سے بولے
تو محبت کے خزانے سے چُرا کر اُس کا امرت
زہر اُس میں گھول دیتا ہے
جہنم ہے سیاست
محبت اول و آخر محبت
ازل سے آج کے دن تک
محبت اپنے نرم و خوبصورت اسلحوں سے
جہنم کے مقابل ہے صف آرا
سر اُس کا کٹ کے نیزوں کی بلندی سے پیامِ امن دیتا ہے
صلیب و دار سے بھی وہ دعا قاتل کو دیتی ہے
محبت رحمۃٌللعالمینؐ ہے
محبت آسیائے فاطمہؑ، پیوند خوردہ چادرِ بنتِ نبیؐ ہے
حسینؑ ابن علیؑ ہے
ہزاروں کربلائیں اب بھی شاہد ہیں
ہزاروں قدس دیتے ہیں گواہی
وہ زندہ ہے، ہزیمت ناشناسا ہے
وہ اطفال و زناں کا منتہا ہے
نوجوانوں کی دعا ہے
اور پیروں کی عصا ہے
محبت مر گئی جس دن

یہ عالم تو جہنم کی قلمرو بن ہی جائے گا
وہ عالم بھی جو ہے موعودہ جنت
جہنم کے سوا کچھ بھی نہ ہو گا
مگر امید سے کہہ دو
محبت مر نہیں سکتی، محبت ہار کر بھی جیتتی ہے
ابھی یہ جنگ جاری ہے

۲۵ جنوری، ۱۹۸۶، تہران

تسخیرِ فطرت

دو شاخوں کی بغلگیری، ہم آغوشی کی گرمی بوسہ در بوسہ مہکتی ہے
ہوائیں گنگاتی ہیں، زمیں سرشار ہوکر رقص کرتے کرتے کرلیتی ہے بند آنکھیں
محبت کی رداسے ڈھانپ دیتی ہیں بدن ان کا فضا کی دردمند آنکھیں
ہم آغوشی کے منظر کی مہک دامن میں بھر کر
صبحدم اک اک شجر کو مژدۂ تخلیقِ نو دیتی ہیں آوارہ صبا کی ارجمند آنکھیں
شرابِ وصل سے سرشار شاخیں جب لجاکر دیکھتی ہیں چار سوٗ
نظر آتی ہیں اُن کو ہر طرف گلشن میں شیریں شیوہ گر آنکھیں
چھپائے دولتِ آبستنی اک شاخِ نازک بطن میں اپنے
عجب نازِ حیا آلود سے ڈر ڈر کے چلتی
بارسے تخلیق کے سرشار رہتی ہے
پھر اک دن انگلیاں موجِ صبا کی گدگداتی ہیں
تو شاخ اپنے تنِ نازک سے اک کونپل اُگلتی ہے
ہوائیں پالتی ہیں، دھوپ اسے بانہوں میں لے کر چومتی ہے
فضا اپنی نمی سے روز اس کو غسل دیتی ہے
رگوں میں شاخِ نورس کے عسل اور شیر اترتا ہے
عناصر مہرباں فطرت کے برسوں چاکری کرتے ہیں پیہم
تب کہیں اک غنچۂ نو پھول بن کر مسکراتا ہے
چمن اشجار کی شاخوں کے لاکھوں ہاتھ اٹھا کر عرش کی جانب
شب و روز اپنے خالق سے دعائیں مانگتا ہے
کسی بھی شاخ کی کونپل نہ مُرجھائے سمومِ آتشیں سے
کسی بھی شاخ پر ہنستا ہوا غنچہ نہ ٹوٹے جورِ گلچیں سے

طلوعِ آفرینش کے ہزاروں در ہزاروں قرن گزرے
عمل تخلیق کا اب تک ہے جاری شاخ در شاخ اور گُل در گُل
دعاؤں کے اُٹھے ہیں ہاتھ اب بھی روز و شب ہر وقت ہر جانب
گذشتہ کتنی صدیوں سے فضا کے لب نہ جانے کیوں سم افشاں ہیں
ہوائیں نشوِ گل کی آرزوؤں سے نہ جانے کیوں گریزاں ہیں
شگوفے مہر بر لب، خاک آلودہ ہیں شاخیں، سر بزانو نونہالاں ہیں
کہا تھا اُس نے
فطرت کو تمھیں تسخیر کرنا ہے
ہوائے تند کو زنجیر پہنانا ہے، سیلابوں کے بڑھتے پاؤں کو گِل بستہ کرنا ہے
سنا ہم نے یہ فرماں
اور ہواؤں سے کہا شاخوں کو توڑو، پھول نوچو اور شگوفوں کو نہ کھلنے دو
کہا بادل سے وہ برسے نہ ارضِ رنج خواروں پر
کہا سورج سے وہ چمکے نہ کٹیاؤں پہ اور نہ خاکِ راہ پر
لگائی قید ہم نے روشنی پر، دھوپ پر، موجِ ہوا پر، ابرِ باراں پر
اگر پھر بھی پھلیں پھولیں کہیں شاخیں
تو ان کو یورشِ لشکر نے روندا، ہر روش پر سر بریدہ غنچگاں کو چن کے مینارے اُٹھائے
چمن لوٹے، اجاڑے شہر، مٹی میں ملا دیں سینکڑوں برسوں کی تعمیریں
دعا کے ہاتھ کاٹے، گل زمینوں سے کہا اُگلیں وہ شمشیریں
جہاں پر برگ و بار و گل کا دے کر واسطہ شاخیں دعائیں مانگتی تھیں
زباں تیغوں کی، آتش بار لب توپ اور میزائیل کے
سُنائیں موت کا فرماں
کہو یہ بار دار آسودہ شاخوں سے
وہ اپنے غنچہ وَ گل لشکروں کی تند خونیں موج کو سونپیں

یہی تخلیق سے سرشار رہنے والی شاخوں کا مقدر، منتہا ہے
کہ ہم نے آج فطرت کو مسخّر کر لیا ہے

تہران ۱۴ جنوری، ۱۹۸۶، ۲۳ تیر، ۱۳۶۵ھ ش

لو سانس بھی آہستہ...

جنگ پھر جنگ ہے
ہوں معرکہ آرا حق و باطل کہ سیاہ اور سفید
دونوں جانب سے گرا کرتے ہیں کٹ کٹ کے حدِ فاصل پر
نور کے لختِ جگر، پارۂ دل ظلمت کے
مائیں پروردۂ ظلمت ہوں کہ ہوں زائیدۂ نور
یہ بھی اور وہ بھی پلاتی ہیں جگر پاروں کو خونِ دل و جاں
اِن میں بھی فقر زدہ اُن میں بھی افلاس گُزیں
شجرِ فقر کے برگ و گُل بار
آتشِ جنگ کے شعلوں میں جھلس جاتے ہیں
فاقے، عریانیِ تن، رنجبریِ شب و روز
باغِ پائیز گزیدہ کی طرح بے ثمر و غنچۂ و برگ
ننگی بانہوں کو اٹھائے ہوئے تکتی ہیں سوئے عرشِ بریں
رحمتِ عالم و ربّ العالم!
کیوں غریبوں کے نشیمن ہی پہ گرتی ہے برق؟
رحمتیں غرقِ عرق ربِّ دو عالم کے حضور
زحمتیں گریہ کناں، تیرگیاں ہوں کہ ہوں نور
کیا کہا تھا نہ یہ تم سے کہ نہ پھیلاؤ زمیں پر فتنے؟
'تفسدوا' یاد رکھا، بھول گئے حرف 'لا'

جنگ پھر جنگ ہے
فتنہ ہے فنا

موت و تباہی ہے فسادِ فی الارض
کس نے یہ تم سے کہا کھینچو حدودِ فاصل
کب خداوند نے ظلمت کو کیا نور سے دور
شام کے سائے میں ملتے ہیں گلے ظلمت و نور
صبح کو کھیلتے ہیں آنکھ مچولی دونوں
حق و باطل کی صف آرائی بجا ہے لیکن
کس نے یہ تم سے کہا ان کی ہے میزان تمھارے ہاتھوں
ربِّ عالم ہی بصیر اور علیم
عالمِ ظاہر و باطن ہے خداوندِ کریم
کیا خبر جس کو سمجھتے ہو اندھیرا، ہو وہی چشمۂ نور
روشنی کہتے ہو جس کو، ہو وہی پردۂ ظلماتِ گراں
التباسِ نظر و واہمۂ فکر بہار اور خزاں
جنگ کی نظروں میں دونوں یکساں
جنگ میں فاتح و مفتوح ہیں دونوں ہی تباہ
جنگ جو بھی کرے تحمیل، نہیں وہ انساں
جنگ ہے شعبدہ و بازی و کارِ شیطاں
جنگ ہے نشترِ قلبِ یزداں
بعد پیروزیِ قاطع کے بھی ہوں گے توام
ظلمت و نور سیہ اور سفید
حرفِ پیروزیِ کامل ہے گماں
جنگ جبھوں پہ نہیں قلب ہیں اسکے میداں
از ازل تا بہ ابد جاری ہے سینوں میں یہ گھمسان کارن
مگر اب تک نہیں کوئی خطِ فاصل روشن

ایک زنجیر کی کڑیوں کا تسلسل ہے شب

جنگ سے انکار ہے تخلیق کا اور خالق و رب کا کُفراں
لیتے ہیں سانس بھی آہستہ مسیحا نفساں
کارِ نازک ہے بہت کارگہِ شیشہ گراں

۱۵ جنوری، ۱۹۸۶

وحشتِ بیدار

نشیبِ غرب میں سورج اتر چکا کب کا
تہوں میں ابر کی لپٹا ہے آسماں شب کا
ہوا ہے تند، فضا سرد، دشت و کوہ خموش
تمام روز کی پامال و خستہ راہِ بزرگ
اترتے چڑھتے نشیب و فراز کے خم و پیچ
سحر سے رات گئے تک شرارتیں کر کے
تھکے ہوئے ہیں پڑے شاہراہ سے لپٹے
کوئی کمر میں، کوئی دست و پا میں دبکا ہے
چراغ، تختیاں اور وسطِ راہ کے پتھر
قدم قدم پہ کیے بند آنکھیں اونگھتے ہیں
طویل وقفوں میں کوئی سبک خرام مشین
گذرتی ہے تو اسے راستا دکھانے کو
غنودہ آنکھوں کو جھپکا کے صرف پل دو پل
ردائے خواب پھر آنکھوں پہ ڈھانپ لیتے ہیں
افق سے تا بہ افق آسماں ہے سایہ فگن
زمیں کے وسط میں سوئی ہوئی ہے راہ بزرگ

بس ایک وحشتِ صحرا نورد ہے بیدار
بزرگ راہ کے سینے کو چیرتی ہوئی کار
غنودہ تختیاں، خوابیدہ سنگ ہائے راہ
سفر کے نور کے پرتو سے ہیں ضیا بہ کنار

سڑک سے ہٹ کے ذرا بائیں کو نمک کی جھیل
جو دن کو شیشے کی دوکاں دکھائی دیتی ہے
وہاں سے اٹھتا ہے تاریک ملگجا سا غبار
مسابقہ جو نہیں سست ہے ہر اک رفتار
بس ایک وحشتِ صحرا نورد ہے بیدار

ہزاروں میل اُدھر ہو گی رات دہلی میں
تمام دن کی تگ و دو کے بوجھ سے خستہ
در و دریچہ کیے بند چپ پڑے ہوں گے
بغل میں سڑکوں کے خوابیدہ کوچہ و بازار
پولیس و راہزناں، سارقان و دزداں پر
سگانِ راہ خفا ہو کے بھونکتے ہوں گے
پلٹتے گھر کی طرف بھولے بھٹکے راہ نورد
عجیب نظروں سے اک اک کو دیکھتے ہوں گے

ذرا سا ہٹ کے علیگڑھ بھی ہو گا محوِ خواب
کتب کدے کے دریچوں سے جھانکتا ہوا نور
پلک جھپکتی ہوئی شمع ہائے راہ گذر
دو رویہ حوضوں میں منہ دھوتی آرٹس فیکلٹی
گلاب و سبزہ و گل میں گھرے ہوئے کالج
ہمارے گھر کے دروں پر کھڑے ہوئے اشجار
مکیں کہاں گئے، برسوں سے سوچتے ہوں گے
بسے بسائے ہوئے گھر کی بے گھری ہے سوال
پرائے دیس میں کیوں جاگتے ہیں اب بھی مکیں

ردائے صبر میں لپٹی قناعتوں کے امیں
سحر کو دیکھتے ہوں گے کہاں لگی ہے نقب
اندھیری رات میں دیوار کی پھٹی ہوئی آنکھ
ہر اک مکان کے پہلو سے جھانکتی ہو گی
بندھی ہوئی خطِ آہن سے دندناتی ریل
ہر ایک رات کئی بار چیختی ہو گی
گرجتی اور کڑکتی ہوئی شبِ باراں
صدائے نقب زنی کو دبا رہی ہو گی
مکیں ہیں قید سفر میں، ہیں نقب زن آزاد
ہیں دشتِ فارس میں بیدار و بے وطن آزاد

یہاں سے سو کلو میٹر سے کچھ زیادہ دور
فلک خراش عمارات کے دباؤ تلے
تمام دن کی تگ و دو سے ہانپتا تہران
کنارِ خواب میں بھی کسمسا رہا ہو گا
اپارٹمنٹوں میں سویا سمندر انساں کا
جو دن کو نور سے، شب کو ہوا سے، ہے محروم
اذاں کے ساتھ ابلنے لگے گا سڑکوں پر
چہار راہیں، خیابان، کوچے اور فٹ پاتھ
فشارِ مردم و ماشیں سے منفجر ہوں گے
جنونِ تندروی و طلب کی وحشت سے
جمے جمائے مناظر بھی منتشر ہوں گے
کسی بلندی سے دیکھو اگر پلٹ کے کبھی
فضا میں کرۂ دُود و غبار رقصاں ہے
فضا کے سینے میں بنزین شعلہ افشاں ہے

بخارِ نفت کی ظلمت کا نام تہران ہے

گھروں سے آ گئی ہو گی سڑک پہ فجر کے ساتھ
سیہ رداؤں میں لپٹی ضرورتوں کی قطار
دُکانِ شیر پہ صف بڑھتی جا رہی ہو گی
تنورِ نان کی سرخ آنکھ دیکھتی ہو گی

شکم کی آگ نے زنجیر کھینچ دی ہو گی
گرجتا ہو گا چھری ہاتھ میں لیے قصاب
'ملے گا نیم کِلو چرخ کردہ، اے خانم'
'بدون چرب نہ دوں گا میں گوشت، آقا جان'

گراں فروش مغازوں کے نرخ ہیں آزاد
کھڑے ہیں پول بہ کف احتیاج کے بندے
رژیم شاہ ہو یا انتظامِ جمہوری
رہیں گی حاجتیں پابند، محنتیں مفلس
کوئی بھی نام ہو، ہر نام سے ہے زر حاکم
ہیں احتکار کے انبار پُر، شکم خالی
جنوب و غرب کی سرحد پہ جنگ جاری ہے
شہید ہوتے جواں، راہیانِ کرب و بلا
بہشتِ حضرتِ زہرا کی خاک میں مل کر
طلا و نقرۂ بازار بنتے جاتے ہیں

(بہشت زہرا)

بغل میں شہر کے اک اور شہر ہے آباد
جسے مٹا نہ سکا آج تک کوئی طوفاں

تباہ کر نہ سکا اسکو کوئی سیلِ ستم
نہ کر سکا اسے تاراج ظلمِ فوجِ شہاں
اجڑ کے بستیاں اس شہر کو بساتی ہیں
پناہ لیتے ہیں آکر یہیں پہ پیر و جواں
تمام کوُو خیاباں تمام شاہر ہیں
اسی کی سمت شب و روز ہیں رواں دواں
یہی ہے مامن و ملجا قتیل و قاتل کا
یہی ہے منزلِ مظلوم و ظالماں یکساں

وہ دن گئے کہ تھا شہر خموش اور ویراں
بسا ہے نوحہ و ماتم سے آج گورستاں
کسی کے لب پہ ہیں تبریک و تسلیت کے حروف
کسی کے سینہ میں کھاتی ہے پیچ و تاب فغاں
ہزاروں تازہ جنازے اُترتے ہیں ہر روز
زمین میں ہیں کھُلے قبر کے ہزار دہاں
گچ اور خشت کی دیواریں ہیں روش بہ روش
لحد کے ساتھ ہیں قطعے سمنٹ کے تیار
روش، پلاک، لحد پہلے سے مشخص ہے
کُشادہ خاک کی آغوش، منتظر ہے مزار
رسید بینک سے لاؤ تو یہ مکاں ہو الاٹ

ہیں تختِ غسل دھرے اس طرف قطار قطار
صفائی سے ہیں بنے غسل خانے اس جانب
یہ ہے 'ورود' کا در، یہ 'خروج' کا تالار
کفن تو لائے ہو، تابوت بھی ہے آمادہ
ہیں نرخ سب کے مقرر، ہے پیش و پس بیکار

نماز پڑھنے کو میّت پہ کھڑے ہیں آخوند
حکومت ان کو عطا کرتی ہے حقوقِ کار

تمھارے شہر سے آباد تر ہے یہ بستی
تمھارے گھر سے بڑا ہے یہ روشنی کا دیار
زمین سبز ہے پھولوں کے لب سے خندہ زناں
تھکن اتارتا ہے سر سے سایۂ اشجار
لہو کا رنگ لیے ناچتے ہیں فوارے
کوئی مکیں نہیں تنہائیوں کا شکوہ گذار
نہ جائے گا کبھی پہلو سے کوئی ہمسایہ
ہر اک نے سیکھ لیا ہے یہاں وفا کا شعار
دعا کرو یہ زمیں روز پھیلتی جائے
نہ کوئی کل کہے آکر کہ ہے یہ میرا مزار
ہوا جو ایسا تو خوابِ ابد بھی ٹوٹے گا
بگولا بن کے بھٹکتا رہے گا تن کا غبار
قیامت آئی تو روحیں پھریں گی آوارہ
بدن کو ڈھونڈتی اپنے مزار تا بہ مزار
کسی قلم سے بھی لکھا ہو قبر کا کتبہ
ہوا مٹانے کے کرتی رہے گی روز جتن
کرے گی اسکی مدد آب و برف کی بوچھار
نہ زندگی کا مکاں مستقل نہ موت کا گھر
ہے چند روز ہی کا آدمی کرایہ دار

جہاں سے آئے ہو وہ ہسپتال زنداں تھا
وہاں تو پول بھی دے کر رہے تھے شکر گذار
پزشک آتے نہیں دیکھنے کو، نرس خفا

تھے صرف ٹسٹ کے آلات ہر طرف تیّار
نتیجہ نکلے نہ تشخیص ہو سکے تو بھی کیا
ہر اک مشین کو دیتا رہے لہو بیمار
خدا کا شکر مرض سے نجات تو پائی
اجل کے ہاتھوں ہوئے دُور درد اور آزار
تمام عمر تلاشِ مکاں پھری در در
ہوں تازہ یا ہوں کہن ساختمان ہیں محدود
بزرگ شہر میں جائے اماں کہاں ملتی
مسائل اتنے ہیں تعمیرِ نو کے رستے میں
اپارٹمنٹوں کا بننا بھی ہے بہت دشوار
مگر یہ شہر بفضلِ خدا ابھی نہیں تنگ
ہیں بے مکانوں کی خاطر یہاں مکاں تیار
ہر ایک کام سلیقے سے ہے شہر کی طرح
ہر ایک قبر ہے پہلے ہی سے شمارہ دار
لکھا دو نام تو حاضر ابھی ہے لوحِ مزار

بہت ہے پیر و جواں عورتوں کا شورِ فغاں
فضول خاک بسر سینہ زن ہیں رشتہ دار
ملی نجات اسے ہر وقت کی تگ و دو سے
سکوں سے سوتے ہیں مُردے، ہے زندوں کو آزار
چلو اک آخری احوال ثبت کروا لو
شناسنامے پہ کروا لو مُہر آخر بار
تمام کام ہوا ختم چند ساعت میں
ہے مرنے والوں کے زہد اور نیکیوں کا یہ اجر
نہ لاش نشترِ جرّاح کا بنی لقمہ
نہ انتظار میں نوبت کے چار دن گذرے
نہ تھی طویل بہت آج مُردگاں کی قطار
نہ تھے تھکے ہوئے ہر دن کی طرح گورکناں
دکھائی دیتے تھے تازہ دم آج بیلچہ دار
ہر ایک کام ہوا نرخِ دولتی سے تمام
نہ بھاگ دوڑ کی حاجت نہ رشوتیں درکار
سپردِ خاک کیا، وقت پر پڑی تلقین
اُٹھائیں فاتحہ کو ہاتھ اب صغار و کبار
مکاں پہ حاضری لایا ہے ایک ہمسایہ
ملی نہ چاشت تو کیا، چل کے کھا لو گرم نہار
خوش انتظامیِ سرکار کو دعائیں دو
عزیزِ رفتہ کا حق ہو گیا سکوں سے ادا
اتر گیا سرِ پسماندگاں سے قرض کا بار

ہے بات اور شہیدوں کی، وہ ہیں لافانی
جدا ہے عاصیوں سے شاہدانِ حق کی قطار
یہاں گرسنگی و تشنگی کے صعب سہے
عطا کرے گا عدم میں غذا انھیں غفّار
رہے جہاں میں تو اک عمر اندھیرے گھر کے چراغ
لحد ہے نور سے پُر، قبریں مصدرِ انوار
مٹا سکے گا نہ سیلِ زماں نہ دورِ جہاں
کھنچا ہے زندگیِ جاوداں کا گرد حصار
بلند رُتبہ شہیداں ہیں یاں بھی صدر نشیں
بسیجیوں کی ہیں تصویریں چھوٹی، پست مزار
بڑوں کی قبروں پہ گلدستے کے بھی ڈھیر بلند

غریبوں کے لیے کافی ہیں خشک پھول کے ہار

❁

یہ جنگ سات برس ہونے آئے جاری ہے
ہیں کاروان رواں قدس و کربلا کی طرف
مگر ابھی تو ہے شط العرب ہی سدّ راہ
ابھی تو بصرہ و بغداد ہی ہیں پیشِ نگاہ
’چلے چلو کہ وہ منزل ابھی نہیں آئی‘
’سفر ہے ان پہ حرام، ان سے منزلیں بیزار
جو پاؤں شوقِ رہ کربلا نہیں رکھتے‘
’دہاں پہ ان کے نہیں سجتا کلمۂ توحید
جو فتحِ قدس کی سر میں ہوا نہیں رکھتے‘
’ہر ایک سانس ہے جرم ان کی زندگی ہے گناہ
جو تابِ کشمکشِ ابتلا نہیں رکھتے‘
ہر احتیاج گریزاں ہے ان سے، جنسِ خفا
جو انتظار کا بھی حوصلہ نہیں رکھتے

❁

شیوخ و شاہِ عرب خانہ زادِ ریگن ہیں
عجب سیاستِ سرمایہ کا ہے یہ اعجاز
شمالِ جنت برطانیہ ہے نفت فشاں
تہوں میں برف کی سوئے ہوئے سمندر سے
اُبل رہیں ہیں کنویں خوب نفت ارزاں کے
سعودیوں کی قیادت میں کلمہ گویوں نے
یہود اور نصارا کی صنعت کے لیے
بڑھا کے نفت کی مقدار قیمتیں کم کیں
کُھلے ہوئے ہیں دہن بانک ہائے غربی کے
یہی ہے غرب کے جوع البقر کا ایک علاج
ہمیشہ بھرتی رہے اس کو تیسری دنیا
ہو کوئی خدمتِ جوع البقر سے گر منکر
اِدھر اُدھر سے ہلاتے ہیں ڈور بازی گر
اٹھا کے اسلحے کٹھ پتلیاں لپکتی ہیں
کہ اپنے مالک و آقا سے منحرف کشور
درست کر نہ سکے اقتصاد کی بنیاد
جمے جمائے ہوئے شہر منہدم کر دو
بسی بسائی ہوئی بستیاں کرو تاراج
کنوؤں کو نفت کے آتش فشاں بنا ڈالو
ہوں بند کارگہیں سرد کارِ پالایش
نہ ہنسنے پائے کبھی مست ہو کے خرم شہر
نہ ہو سکے کبھی آباد و شاد آباداں
ڈبو دو خون کی موجوں میں قصرِ شیریں کو
کہ جوئے شیر کی دھن میں ہیں تیشۂ فرہاد
کرے جو سرحدِ خوں پار فوجِ بدر و حنین
جو فتح مند نظر آئیں عاشقانِ حسین
جھلس دو ان کے بدن کیمیائی گیسوں سے
ذخیرے اسلحوں کے مانگ لاؤ عربوں سے
نشانِ آلِ محمدؐ مٹا کے آلِ سعود
زبانِ نفت سے کہتی ہے کلمہ گویوں سے
ہو گر کلامِ خدا میں بھی انتقادِ شہی
مٹا دو اس کو کتابِ خدا کے صفحوں سے
خدا کے امر سے ہیں بادشاہ ظلِ اللہ
گئے وہ دن کہ تھے حاکم رسول کے خلفا

جو مقتدر رہو وہی ہے خلیفۂ اسلام
یہی ہے مصلحتِ والیانِ بیتِ خدا
ہو آج قبلۂ سجدہ گزار امریکا

خلیج فارس سے شط العرب کی موجوں تک
اٹھاؤ نفت کے ڈالر بہا کے وہ طوفاں
نہ دیکھے آنکھ اٹھا کر بھی سوئے قدس ایراں
لہو میں ڈوبا ہوا تازہ انقلاب ابھی
منائے بھی نہ تھا جشنِ عیدِ آزادی
ہوا کے دوش پہ اصحابِ فیل آئے سوار
زمیں پہ لقمہ ابابیل کا بنی تھی فوج
عقاب بن کے وہ اب کے فلک پہ لہرائی
مگر خدا کے فرستادہ قہر کے طایر
تھے آسمانِ طبس میں بھی ان کے سر پہ سوار
فضا سے ابھریں ہزاروں ہزار منقاریں
سیاہ وزرد وہ آندھی اُٹھی کہ سارے عقاب
خود ایک دوسرے سے لڑ کے ہو گئے برباد
خدا نے کر دیا جاسوسیوں کا خانہ خراب

عطائے رب سے ہوا مالدار خاورِ وسط
کرم سے اسکی اُبل آئے نفت کے چشمے
تمھارے حاکموں کے جعلی عیش کوشی نے
یہ مال بخش دیا سارقان و دزداں کو
وہ آئے غرب سے اسٹرلنگ و دولار لیے
وسیلے عیش کے عشرت کے برگ و بار لیے
تمھیں سکھایا تعیش ہی سے ترقی ہے

لباس اصل میں مقصودِ بے لباسی ہے
حجاب میں نہیں رہتی ہے روح کو آزادی
چھپالے پیچ و خمِ تن تو پیرہن ہے فضول
حیاتیات کی تقسیمِ مرد وزن ہے فضول
ادائیں کہتی رہیں مسکرا کے 'میں قرباں'
زباں ہو علم چشیدہ تو پھر سخن ہے فضول
جدید فیشنوں سے زندہ رہتی ہیں قومیں
عقیدہ موت ہے، اجداد کا چلن ہے فضول
دیارِ شرق کی رسم ورہِ کہن ہے فضول
رواں ہے صنعت وسائنس کی مشین وہاں
اسی لیے کہ ملیں تم کو عیش کے ساماں
تم ان کو سونپ دو اپنے ذخایر ارضی
بنے رہو یونہی حاجت روائے غرب سدا
کریں گے خدمتِ مشرق وہ خادمانِ جہاں
لذائذِ شکم و فرج سے بھرے رہیں گھر
لوازمِ دو جہاں سے رہے بدن شاداں
ضمیر و روح ہیں وہم اور حریت ہے گماں

کھڑے رہو سرِ صف جاکے صبح سے پہلے
ابھی تو دودھ کی وین اور گوشت کی گاڑی
خود اپنا پیٹ ذخایر سے بھر رہی ہوگی
مغازہ دار شبستاں میں ہمسروں کے ساتھ
طلا کے خوابوں کو آنکھوں میں بو رہے ہوں گے
تم احتیاج کے ہاتھوں میں کوپنیں تھامے
صفوں میں صبر سے نوبت کا انتظار کرو

شکایتوں سے کہو: ''صبر ہے بڑی دولت
تمھارا حصّہ ہے شکر اور اِرث ہے زحمت
ہے اپنی ثروت و شوکت پہ تم کو زعم عبث
بدون نفت ہے ثروت بس اک گماں ہی گماں
گذشتہ عظمتوں کو رو رہے ہیں قصہ خواں
ابھی تو چند دہوں قبل یہ چمکتی سڑک
تھی گرد و خاک سے آلودہ تنگ پگڈنڈی
ضرورتوں سے لدے چارپائے آتے تھے
پہاڑی چشموں سے لاتی تھیں گاڑیاں پانی
سفال و خس کے مکاں، روستا و شہرستاں
ہوا کی موجوں سے بارانِ آب و برف کے ساتھ
الجھتے رہتے تھے سرما ہو یا کہ تابستاں
چراغِ برق سے روشن تھے صرف چند ایواں
نہ تھے فریزر و یخچال اور نہ تھے شوفاژ
کہاں سے سیکھ لیے تم نے غرب کے انداز
دکھایا کس نے تمھیں خوابِ عیش و راحت و ناز
دو چار گام چلو اور خستگی کا گلہ
طویل صف میں کھڑا ہونا بھی ہے بارِ گراں
اُدھر نہ دیکھو جدھر گھر ہیں راحتوں سے بھرے
اُنھیں نہ دیکھو جو جاتے ہیں بینک کی جانب
لدے پھندے ہوئے نوٹوں سے بنز و پیکاں میں
یہی ہے نظمِ معیشت، کسی سے شکوہ کیا
حسد گناہ کبیرہ ہے، رشک ہے عصیاں''

❁

ملے نہ شیر و برنج و پنیر و گوشت تو کیا
تمام کُو و خیاباں ہیں پُر مشینوں سے
بزرگ راہوں پہ کاروں کی ہے اٹوٹ قطار
ہوا بھی لیتی ہے پٹرول کے دھنویں میں سانس
فضا بھی دوش پہ لادے ہوئے ہے تیرہ غبار
کہیں بھی جادے سے دیکھو اگر پلٹ کے کبھی
بخارِ نفت کی ظلمت کا نام ہے تہران
بنا ہے کاہکشاں شب کو قُم کا آتوباں

❁

سفر میں کیسے خیالات سر میں پلتے ہیں
دماغ ہے کہ پٹارا کسی سپیرے کا
دو ساعتوں سے خلا انتظارِ منزل کا
مشیں کے بھاگتے پہیوں کے ساتھ ہے جولاں
سپیرا ذہن کا بیٹھا ہے کھول کے دوکاں

خدا کا شکر کہ ظلمات کی سیاہی میں
ذرا سا ہٹ کے عوارض کی ایستگہ سے اُدھر
نشیب میں چمک اُٹھّی ہے روشنی کی قطار
گھروں میں سوتے ہیں لوگ اور چراغ ہیں بیدار
کئی ایک پیچ خطرناک سے گذرنے کے بعد
چمک رہے ہیں اندھیرے میں گنبدِ زرپوش
سیاہیوں میں سرافراز ہیں طلائی منار
ہزار سالہ عقیدت نے کی ہے زرپاشی
نہ جانے کتنی دعاؤں سے ہے بسایہ دیار
کھنچا ہے دشت میں تب آرزو کا سبز حصار

امام بھائی سے ملنے چلی تھی بنتِ امام
سفر کی راہ میں تھی گھات میں اجل بیٹھی
اُدھر سے دل پہ ہوا وار اجل کے پیکاں کا
سُنائی طوس سے آئی ہوا شہید امام
اِدھر قضا نے مرض سے کہا، بچھائے دام
زمینِ قم نے کہا باز ہے مری آغوش
امام زادی کو آیا پسند یاں آرام
ہے مرگِ بے وطنی اہلِ بیت کی میراث
پرائے دیسوں میں ہے منتشر علیؑ کی آل
ہوں کاظمین و خراساں کہ مصر اور بغداد
ہو رے کہ مشہد و قم کربلائیں بکھری ہیں
ہر اک زمین میں ہیں دفن فاطمہ کے لال

ازل سے خوں کے چراغوں کا ہے سفر جاری
اسی سفر کے مراحل تھے بدر اور احد
اسی سفر کا تھا اک موڑ مسجدِ کوفہ
یہ ہجرتِ ابدی کا سفر نہ ہو گا تمام
یہی ہے کارِ رسالت کا اجر اور انعام
ابھی تو جانا ہے ماضی میں اور کچھ پیچھے
تھکن گذشتہ سفر کی اتار لو قم میں

حرم کے پیش و پس اک جال سا ہے کوچوں کا
زمانِ حال میں لیتا ہے سانس عہدِ قدیم
مصلّے رنگ برنگے دُکانوں میں ہیں بھرے
ہیں خاکِ پاک کی سجدہ گہوں کے ڈھیر لگے
گراں مصلوں کی دیواروں پر نمایش ہے

غریب و سادہ مصلّے ہیں سامنے رکھّے
مشینی بافت کے طغروں پہ ثبت ہیں آیات
چمکتے کپڑوں پہ تارِ طلا و نقرہ سے
بنے ہوئے ہیں شہیدانِ راہِ حق کے مزار
لہو کی موجوں سے ہیں نقش گنبد و مینار
تبرّکات کے پیکٹ بنے بنائے ہیں
ہر اک مغازے میں سوہن کے دام ہیں یکساں
عبا فروشی کی دو کانوں پر ہے بھیڑ لگی
یہی عبائیں ہیں ایماں کی روح کی محرم
لباس ہی سے ہے اسلام قایم و محکم
شناسنامۂ نسل و نسب ہیں عمّامے
پٹھان، ترک، مغل، شیخ کا ہے رنگ سفید
سیاہ رنگ ہے سادات کے لیے مخصوص

کتب فروشیاں طلاب کی ہیں جولاں گاہ
عوام کے لیے اوراد اور ادعیّہ
سڑک پہ ملتی ہیں احکامِ دیں کی توضیحات
بقدرِ وسعتِ جیب و صلابتِ ایماں
حرم میں رکھّی ہیں ہر سو کلید ہائے جناں
کلید کو چک و جیبی سے گر نہ قفل کھُلے
مغازوں میں ہیں مفاتیح اوسط اور کلاں
یہ ساتھ ترجمے کے ہے، وہ ترجمے کے بغیر
الجھنا ترجموں سے وقت کا ہے مفت زیاں
نہ غم کریں کبھی زوارِ ہند و پاکستاں
خدا سمجھتا ہے حرفِ آرزو کا، دل کی زباں

۱۵ فروردین، ۱۳۶۵ / اپریل، ۱۹۸۶

ضریح چھونے سے اُن کی تمھیں نجات ملے
اسی لیے تو شہیدوں نے دی ہے اپنی جاں
نہ پیروی کی ضرورت نہ حاجتِ رشوت
ہے کارمندوں سے دولت کے حاجتوں کو اماں
نہیں ہے زر تو کرو آنسوؤں کے گوہر نذر
گشودِ بابِ اجابت کا نرخ ہے ارزاں
کہو تمام عمر کی محرومیاں، مصایب و درد
کرو عریضوں میں لکھ لکھ کے در سے آویزاں
یہ بارگاہیں ہر اک غم زدہ کی محرم ہیں
ہیں ان کے سینوں میں محفوظ درد کی صدیاں
دعا دو آلِ نبی کو کہ صدیوں سہہ کر ظلم
قبول کرتے ہیں اب تک سوالِ مظلوماں

لہو میں ڈوبی دعاؤں کے اس حرم سے پرے
وہی مشینوں کا شور اور وہی سڑک ہے رواں
یہ جادہ جاتا ہے ایران سے جنوب کی سمت
اسی پہ قافلے بڑھتے ہیں کربلا کی طرف
اسی پہ قدس کی تسخیر کے ارادے کے ساتھ
ستم کے دشت سے اپنے لہو کی موجوں سے
گذر رہی ہے کفن پہنے ارتشِ ایماں
بسوئے کرب و بلا عزمِ فتحِ قدس کیے
چراغِ خونِ حسینی کی لَو دِلوں میں لیے

❀

یہ ہجرتِ ابدی کا سفر نہ ہو گا تمام

مائیکل انجیلو کے ساتھ ایک دعا

اندھری رات کے پرہول سناٹے سے
روشن دن کے ہیبت ناک شوروغل کی گہرائی میں سوتی خامشی کی بے کناری سے
کوئی آواز دیتا ہے
کوئی آواز میری روح کے خلوت کدے میں قطرہ قطرہ گر رہی ہے
زمستاں کے یخ آغشتہ دریچوں پر کسی کی انگلیوں کی گرم دستک پھر رہی ہے
پچاس ادوار پورے ہو چکے ہیں تین سو پینسٹھ دنوں کے
اور اتنے ہی بدلتے موسموں کے چاک کی گردش میں بس کر
جسم خستہ ہڈیاں کمزور اور عضلات ڈھیلے پڑ گئے ہیں
اور تار اعصاب کے برسوں تنے رہنے سے بس اب ٹوٹنے کو ہیں
ہمیشہ گھومتے محور کے اطراف ایک ہی سی گردشوں کے دایرے میں
تن کا حیواں تھک چکا ہے ہانپتا ہے
کوئی آواز ان سب گردشوں کے دایروں کی خامشی کے ماورا سے آ رہی ہے
وہ آواز آج بھی اتنی ہی روشن اور جواں ہے
جس قدر ان گردشوں کی ابتدا میں روح کو محسوس ہوتی تھی
وہی آواز
—یہ فیضان ہے جس کا کہ خستہ، ہانپتے حیواں بدن میں قید
میری روح اب بھی نوجواں، معصوم ہے
پیری و کہنہ سالگی سے ناشنا سا ہے
یہی آواز نوے سال سے بوڑھے بدن میں قید روحِ نوجواں کی قوتِ تخلیق بن کر
بطونِ سنگ میں خوابیدہ دست و پاؤ سر کو اپنے تیشے سے جگاتی تھی
انھیں چشم و دماغ و گوش کی دولت عطا کرتی

تھکانے والے چاکِ وقت کی گردش سے دے کر حریت
اس اک زماں میں زندہ کرتی تھی
ازل سے تا ابد جو ایک ہے نا قابل تقسیم ہے
تخلیق در تخلیق در تخلیق...... کا لا انتہا اک سلسلہ ہے
یہی آواز اک چیپل کی چھت میں امرِ کن کے اولین لمحے کی خلاقی کی شاہد تھی
طلوعِ آفتابِ آفرینش کے مناظر نقش کرتی تھی
اسی آواز کی انگلی پکڑ کر آدم و حوا کے جامد کالبد میں جان آئی تھی
اسی آواز کا تھا سرمدی نغمہ کہ جس کے سب سے اونچے سُر کے رنگوں سے
قیامت اور مابعدِ قیامت کے مناظر جاگ اُٹھےّ تھے
جہنم اور جنت کو اسی آواز کی آنکھوں سے خلاق آدمی کی آنکھ نے دیکھا، دکھایا تھا
اسی آواز نے اقلیدسی شکلوں، خطوں نقطوں کا ایسا جال پھیلایا
کہ وہ گنبد جسے عمریں گنوا کر بھی مہندس گنبد گردوں کے دامن میں نہ رکھ پائے
نود سالہ لرزتی انگلیوں نے رکھ دیا دوشِ فضا پر
خدایا! آفرینندہ
ازل بھی آفریدہ ہے ترا ہی اور ابد بھی حکم سے تیرے ہے پایندہ
ترے ہی امرِ کُن کی ہے صدا، جو روح کے خلوت کدے میں گونجتی ہے
ترے ہی امرِ کن کا ایک ادنیٰ سا کرشمہ تھا جو نوے سال تک جاگا کسی کی انگلیوں میں
جو مرمر کی سلوں کو بخشتا تھا کالبد اور کالبد کو روحِ آسودہ
جو دیواروں چھتوں پر آفرینش کے مناظر کو جگاتا اور دکھاتا تھا
خدایا! آفرینندہ
ترے ہی امرِ کن کی نغمگی سے روح ہے زندہ
خداوندا!
یہ آواز اُن لبوں کو کیوں نہیں چھوتی جو تیرا نام لے لے کر فضا کو شور سے آلودہ کرتے ہیں؟

یہ آواز آج کیوں محراب و منبر کی بلندی سے چہکتے طوطیوں کے لب پہ آکر سونے لگتی ہے؟
یہ آوازوں کے بندے
حلق جن کے شور و شر کے کارخانے، موت کے پیغام بر اور قتل و غارت کے پیامی ہیں
کبھی ان پر بھی ہو تخلیق کا کربِ خموشی آشکارا
کبھی ان کے شکم آسودہ جسموں پر بھی نازل کر
وہ ہیبت ناک سناٹا
کہ جس کی ہولناکی میں نزولِ حکمِ "اِقرأ" ہو
خدایا! آفریننده
یہ آخر کن گناہوں کی سزا ہیں
تو نے مجھ کو کاغذی لفظوں کی بے معنی صداؤں کے سلاسل میں کیا بستہ
مجھے اس شور کرتی، کھوکھلی آواز کے زنداں سے دے حکمِ رہائی
دہائی قوتِ تخلیقِ مطلق کی دہائی
ان آوازوں کی سنگیں، نعل بستہ ٹھوکروں سے کان تو کر ہو چکے ہیں
کہیں وہ روح بھی، جو ناشنیدہ نغمگی کی منتظر ہے کر نہ ہو جائے
مرے اطراف ہر سو حلقہ در حلقہ کڑکتی اور گرجتی یہ صدائیں
ہوں کیسے آشنا تخلیق کی رمزوں سے
کیسے جسم ان کے چیختے رہنے سے باز آئیں
انھیں تو جنگ کی بھٹی کو دہکانا ہے اور شعلوں کے لب سے بات کرنا ہے
خدایا! خالقِ مطلق
بدن آشفتہ آوازوں کے تیرا نام اتنی بار اتنی زور سے دہراتے رہتے ہیں
کہ آوازوں کی تہہ در تہہ چھتوں میں قید روح و دل
خموشی کے قدم کی چاپ اور آہستہ دستک سن نہیں سکتے
عطا کر تو انھیں خاموش رہنے کی کبھی توفیق اے خالق

کہ ان سے بھی کبھی کچھ کہہ سکے سرگوشیوں میں قوتِ تخلیق اے خالق!
خدایا! آفرینندہ!
نکال اس بندۂ عاصی کو گردابِ مواعظ کی ہلاکت سے
عذابِ دوزخ و سجین کے قعرِ مذلت سے
رہائی دے وصالِ حور کے وعدوں سے شہد و شیر کی نہروں کی کثرت سے
مجھے آزاد کر خوفِ جہنم، حرصِ جنت سے
خدایا! اے مجیبِ ہر دعائے اول و آخر
ہے تو ہی عارفِ ہر باطن و ظاہر
بس اتنی سی دعا ہے
مجھے ان نوے سالہ انگلیوں کی قوتِ تخلیق کا رمز آشنا کر
وہ جن کی آخری جنبش میں بھی تخلیق کی حمد و ثنا تھی
کسی پتھر کو دل، دیوار کو جاں بخشنے کی التجا تھی
مجھے بھی آفرینش کے کرشموں کا ہو عرفاں
مرے لفظوں میں روحِ کن ہو پھر اک بار رقصاں

تہران، ۱۰ جولائی، ۱۹۸۶

میرا بھائی، گلہ گذار

وہ ہمارے ہی گھر میں تولد ہوا
وہ ہمارے ہی ماں باپ سے تھا
مگر ہم سے وہ، اُس سے ہم اجنبی ہی رہے
آج گذرے کئی روز سے وہ ہمارے قریب آگیا ہے
وہ تو مفلس تھا، دو چار سو میل کے بھی سفر کی اُسے استطاعت نہ تھی
کس طرح وہ سمندر سے ہو کر، کئی ملک کی سرحدیں پھاند کر
عافیت کی کمیں گاہ تک آگیا
جاگتے، سوتے، پڑھتے، سخن کرتے ہر دم وہ ہمراہ ہے
اُس کی آنکھوں میں ہم سے الجھتی ہوئی ایک خاموش فریاد ہے
اُس کے چہرے کے آئینے میں دھندلا میلا ہمارا ہی عکس
اُس کے بالوں کی گدلائی برف
اُسکی داڑھی کی میلی سپیدی میں ہم خود کو کیوں دیکھتے ہیں
وہ ہر وقت ہر لمحہ کچھ ہم سے کہتا ہے، سُن لیں
وہ جو زندگی بھر رہا اجنبی، پندرہ روز سے ساتھ رہتا ہے، سُن لیں
وہ کیا کہہ رہا ہے
وہ کہتا ہے میں نے تو ماں باپ کی مفلسی اور محرومیاں اوڑھ لیں
مدرسہ چار درجے سے آگے نہ دیکھا
مجھے کیا خبر کالج اور جامعہ کی فضاؤں میں کیا ہے
میں تو اِک ٹوکری لے کے چوراہے پر بیچتا گھر کی غربت کو بیٹھا رہا
یہی عام، جاہل، غریب آدمی — جن سے ملتے ہوئے بھی جھجکتے ہیں آپ
مدرسہ تھے مرے، میرے استاد اور ہم سبق تھے مِرے

آپ کو ربِّ فیاض نے ذہن کی دولتوں سے نوازا
مجھے صرف سختی اُٹھانے کی محنت کی توفیق دی
اُس نے دی آپ کے منہ میں روشن زباں
آپ کو دی قلم اور قرطاس کی مملکت
اور مجھے اُس خداوندِ عالم نے پہنائی دشتِ افلاس دی
اور ماں باپ نے اپنی غربت کا مجھ کو بنایا امیں
جاتے جاتے بھی میرے ہی کاندھے پہ اپنی روایات کا بوجھ لادا
جسکو میں عمر بھر اپنی زنجیرِ انفاس کے ساتھ ڈھوتا رہا
اور کچھ سال کے بعد میں آپ سے اجنبی ہو گیا
آپ قرطاس و خامے کی دنیاؤں میں سیر کرتے رہے
مجھ سے کیا، اپنے فیاض معبود سے بھی ہوئے منحرف
اور میں آپ کی سمت سے بھی خداوندِ رحمان و غفار کا شکر کرتا رہا
میری بس اک خوشی تھی شریکِ عزاداریِ سید الصابرین، ماتمِ کربلا ہوں
مگر یہ خوشی بھی مرے غم سے برسوں گریزاں رہی
زندگی نے مجھے اتنی مہلت نہ دی
میرے اپنے مصائب نے فرصت نہ دی
کہ میں اک برس بھی کھُلے ہاتھ اور دل سے کرتا عزائے حسینِ غریب
اتنی سی آرزو کی بھی آسودگی تھی نہ میرا نصیب

ہوئے نکبت کدے میں جنے اپنے ایسے ہی محنت کشاں
جو نہیں حرف و الفاظ کے رازداں
جانتے ہیں فقط بیل بوٹے اُگلتی ہوئی انگلیوں کی زباں
کھیلنے لاڈ کرنے کے سِن سے

اُنھیں میں نے سکھلائی لو اور غالیچے کی تار اور رنگ ہی کی زباں
وہ کتاب و قلم سے بہت دور ہیں
حرف و الفاظ کے جال میں ذہن اُن کے نہیں ہیں اسیر
اُنگلیاں اُن کی کالے سفالی مکاں میں کھلاتی ہیں گُل، گلستاں

(ناتمام؟)

نصف صدی کی بوڑھی دنیا[1]

عمر پچاس برس ہونے کو آئی ہے اِس دنیا کی
ماہ و سال کے پیمانے میں نصف صدی کے خط تک ریگ اُتر آئی ہے
دل کی دھڑکن میں ہے درد کی آہٹ
دھندلی دھندلی سی بینائی ہے
اِتنی گرد اُڑی ہے، اِتنا خون ٹپکا ہے ہر ذرّے سے
اِتنا دھواں بارود و آہن، جلتے مکانوں، گرتی دیواروں سے اُٹھا ہے
جانے پہچانے منظر کی ہر اک صورت دھندلائی ہے
نصف صدی کی سرحد میں آتے آتے
بمباروں، طیاروں اور مزائیل نے اِس دنیا پر
روز و شب کے جاگتے سوتے لمحوں میں حملے وہ کیے ہیں
دن کے ساعتِ کار چُرائی
رات کی نیند اُڑائی ہے
اِس قحبہ نے موت کی تاریک اور خلازا آنکھ سے آنکھ لڑائی ہے
میں نے اِس کی آنکھوں میں جھانکا ہے تو شرمائی ہے
نصف صدی کے ساتھ کے بعد بھی لاکھوں سال پرائی ہے
میری نظروں میں یہ عجوزہ بیگانہ، ہرجائی ہے
کتنی ہی نسلوں کی جورو
کتنی نژادوں کی رنڈی ہے
داشتہ اُٹھتی قوموں کی ہے

---

1 یہ اصل میں اپنی پچاس سالہ سالگرہ کا ایک تاثر ہے۔

گرتے خاک بسر ملکوں سے لے کے طلاق اتراتی ہے
چڑھتے سورج کی ہے پجاری
ڈوبتے ماہ و نجوم کو اپنے جلووں سے ترساتی ہے
نصف صدی بوڑھی یہ دنیا اب تک اللّٰھڑ لڑکی بھی ہے
پورے جوبن والی بھی جو اٹھتے شبابوں کو اب بھی للچاتی ہے
دل کہتا ہے اِس پر لعنت بھیجو، اِس سے دل کو اُٹھالو
اِس کے چہرے کی شکنوں، بالوں کی سفیدی اور چھوڑے لٹکے پستانوں سے نظریں اپنی ہٹالو
اِس کے سُرینِ لرزاں، اس کی ڈھیلی ڈھالی رانوں پر اب آنکھ نہ ڈالو
نصف صدی بوڑھی ہر جائی عجوزہ اِن وہموں پر ہنستی ہے
اور آنکھوں میں وہ ڈال کے آنکھیں مجھ کو اب بھی برساتی (؟) ہے
یہ مردود، وخبیث وعفت بافتہ بڑھیا ساتھ لگی ہے
عمر کا اک اک پل اِسکا ہے
دل کی ہر ہر دھڑکن میں اِس کی ہی کسک ہے
آتی جاتی سانسوں کی ہر موج میں اب بھی اِس کی مہک ہے
دھندلائی بینائی کے ہر گوشے میں اِسکی ہی چمک ہے
پاس آکر پڑ جاتی (؟) ہے اور دور سے اپنی رفاقت کا آئینہ مجھے دکھلاتی ہے
نصف صدی کی دنیا کہتی ہے مجھ سے
عمر تو میری بہت ہے، لاکھوں صدیاں مجھ کو دیکھ چکی ہیں
میرے کوکھ سے تہذیبیں پھوٹی ہیں، لشکر اُبھرے ہیں
سلطنتیں پروان چڑھی ہیں، اور اپنے ہی ظلم کے
پھیلائے ملبے میں دفن ہوئی ہیں
جنگل صحرا شہر بنے، آباد ہوئے ہیں
شہروں پر صحراؤں نے کی دست درازی

دریاؤں پر بند بندھے، رُخ موڑے گئے
اور اِنہی دریاؤں نے بندوں کو توڑا، پل سازوں کو نگل لیا
قحط، وبائیں، جوالا مکھی، طوفان آئے
اور اِن سب سے بڑھ کر ملکوں، قوموں کی جنگوں نے مجھ کو لوٹا
اک اک دن میں میری کوکھ کے لاکھوں بچے قتل ہوئے
کشتوں کے پشتوں کے بیچ میں تن سے کاٹے جانے والے سر
میناروں کی صورت میں چُنے گئے
خون وخاک کے غسل کی بعد بھی میری کوکھ جوان رہی، شاداب رہی
میں لاکھوں صدیوں سے جواں ہوں
اور بھی لاکھوں صدیاں مجھ کو سدا بہار جواں پائیں گی
تو کیا مجھ کو بڑھیا، بدہیئت، مکروہ سمجھتا ہے
میں تو ہر اک شخص کو آئینے میں اُسکی اپنی شکل دکھاتی ہوں
میرے لیے تو نصف صدی اک پل سے بھی کم ہے
تو اتنی چھوٹی مدت کے بوجھ سے دب کر ٹوٹ گیا، خاک بسر ہے
تیری بینائی دھندلا کر ہر منظر میں ہیبت و وحشت دیکھتی ہے
تیری سگار آلودہ سانسوں میں تازہ گُل بار ہوا بھی بدبو ہے
تیرے خوں کا دباؤ تیرے دل پر درد کی دستک دیتا رہتا ہے
اور تیرا خوف زدہ احساس سمجھتا ہے یہ دنیا بوڑھی ہو کر اب مرنے والی ہے
میں تو اب بھی نوزائیدہ، پاکیزہ ہوں اور حسیں ہوں
نصف صدی نے تیرے فکر وخیال وجذبے سے
تاب وتواں، حسن ولطافت چھینی ہے
تو میرے آئینے میں اپنی صورت کو دیکھ کے اُسکو میرا سراپا کہتا ہے
تو بوڑھا ہے

میں تو اب بھی جواں ہوں
اب بھی میری کوکھ سے خلاّقیت کے چشمے جاری ہیں
اب بھی جلال و جمال و کمال مظاہر ہیں میرے

تو نے جب میری آغوش میں آنکھیں کھولیں
مجھ کو دیکھا ہے
کیا میں بھی معصوم و نومولود نہیں تھی؟
کیا تیری روشن آنکھوں، ہنستے چہرے میں میرے عکس نہیں تھے رنگیں؟
خوشبو، تتلی، پھول شگوفے، رنگ بِرنگے اُڑتے طائر
اوّلِ صبح کی رقصاں کرنیں، ڈوبتی شام، شفق اور سایے
ماں کی ممتا، باپ کی شفقت، گھر کے آنگن کا اپنا پن
استادوں کی داد و تحسیں، مکتب کا آسودہ دامن
دوستوں، یاروں کی دلداری، خوش باشی، ہمت افزائی
یہ سب کچھ کیا مجھ سے جُدا تھا؟
کیا میں تیرے مستقبل کا نور نہیں تھی؟
کیا میں تجھ کو اپنا کر مغرور نہیں تھی؟
میں لیتی ہوں جنم ہر اک مولود کے ساتھ
میں ہر بچے کو اپنی امید، اپنی تخلیق، نجات سمجھتی ہوں
گر امیدیں ٹوٹ گئیں
تخلیق ہوئی تخریب زدہ
اور نجات کا جادہ گم ہے
یہ ہے تیرا قصور کہ میرا؟
میں تو اُمید تھی، اور سدا امید سے ہوں

یہ تو ہے، تجھ ایسے لاکھوں اور کروڑوں آدم زاد
جن سے امیدیں روٹھیں، اور بچھڑے ہیں خواب
جن کے لئے ہیں روز و شب پل پل کا عذاب
جن کے لئے ہر سانس شقی، ہر چشم عتاب
میری کوکھ تو معنوں سے سرشار تھی، مقصد سے لبریز،
تو نے اُس میں نفرت بوئی، غم غصّے کی فصلیں کاٹیں
تو نے مجھ کو لایعنیت کا اک قبرستان بنایا
تو نے مجھ کو بانجھ کیا، مجھ میں بدشکلی پیدا کی
دیکھ اگر اب بھی تو مجھ کو
نصف صدی سے پہلے کی معصوم آنکھوں سے
روزِ ابد تک میں دائم ہوں، میری جوانی قائم ہے
لوگ تو بوڑھے ہو جاتے ہیں
لیکن میری طفلی، میری معصومیت دائم ہے

۱۹۸۶

ھل من مزید

ہمارے کشورِ جنت نشاں میں
ماؤں، بہنوں، بیٹیوں کے بطن حاصل خیز ہیں
کوکھیں ہری رہتی ہیں
ان کی گودیاں آباد رہتی ہیں
اور ان کی مانگیں سیندور اور صندل سے چمکتی ہیں
قبائیں دودھ کی خوشبو سے ہر رُت میں مہکتی ہیں
یہ اٹھتی، لہلہاتی فصل پکتی ہے
تو اس کے برگ و بار و گل
معیشت لا کے سڑکوں، کارخانوں، کھیتیوں، تاریک چالوں
اور جرائم کی اندھیری بستیوں میں کاٹتی ہے
ان کے ایندھن سے ہوس کی بھٹیوں کو پاٹتی ہے
بہارِ آرزو کی نرم، کومل شاخ، غنچوں کی نگاہیں کھولنے سے قبل
پھولوں کی زباں سے بولنے سے قبل
مرجھاتی، جھلس جاتی ہے، خم ہو کر زمیں کو چومتی ہے
یہ مرجھائی، جلی شاخیں کمر پر اپنے لادے بوجھ سرمایے کا
صرصر سے الجھتی، لو کے جھکڑ میں تڑپتی ہیں
اور ان سے جھڑنے والے تخم
اپنی ایسی مرجھائی ہوئی کوکھوں میں پلتے، گودیوں میں سر اٹھاتے ہیں
کہ فاقے ان کی انگلی تھام کر رستہ دکھائیں
کہ جاں لیوا مشقت ان کو اپنے لب سے چومے
کہ جرم و ظلم کے عفریت پھر ان کو نگل لیں

ہمارے کشور جنت نشاں کو نونہالوں سے ہے وحشت
پہاڑوں، وادیوں میں، جنگلوں میں
کھڈوں میں، بدروں، میں ریگ زاروں میں، جہاں جاؤ
ہجومِ نونہالاں سے زمینیں منفجر ہیں
وبائیں، قحط، فاقہ مرگیاں ان کے جلو میں
دیہہ سے شہروں کی سڑکوں تک ہر اک جا منتشر ہیں
تدبر، اقتصادی فکر، سائنس اور سیاست کا ہے فرماں
کہ حاصل خیز کوکھیں، مسکراتی گودیاں معدوم ہو جائیں
اسی میں ہے نجاتِ آدمیت
ہمارے کشورِ جنت نشاں میں پھولتی پھلتی ہوئی فصلیں ہیں آفت

اسی دنیا میں
جس کو ہے ہمارے کشورِ جنت نشاں کی آدمی خیزی سے وحشت
سنا ہے، آج کچھ ایسے بھی قطعے ہیں زمیں کے
جنھیں ہے آدمیوں کی ضرورت!
پڑھا ہے آج ہی اخبار میں عبرت کی آنکھوں نے یہ حیرت سے
کہ اک آمر کا فرماں ہے
ہر اک بطنِ جواہر خیز اگلے پانچ انساں
کہ اس ضحاکِ عصرِ نفت کے مارِ ہوس کا پیٹ لاکھوں نوجوانوں کو
نگلنے پر بھی خالی ہے
کہ ہے "ھل من مزید" اب بھی بلاخانوں کے لب پر
قید خانوں کی زباں پر
کہ اب بھی ہیں شکنجوں کے دہن پیاسے

اذیت خانے بھوکے ہیں
اذیت کی مشینیں، موت کے ہتھیار اپنے کام میں
ہر روز ماہر اور ماہر ہوتے جاتے ہیں
یہ کیسی مائیں، بہنیں، بیٹیاں ہیں
جو اپنے حاکمِ کشور کے ان آلاتِ تفریح و تفنن کی تشفی میں رہی جاتی ہیں پیچھے؟
حفاظت کے لئے سرحد کی اک شط العرب کافی نہیں ہے
کئی دریا ہوں خوں کے تو رُکے دشمن کی یورش
یہ اونچے نیچے کہسار اپنے کشور کی حفاظت سے ہیں قاصر
کرو انسان پیدا روز سرعت سے
بدن کو اُن کے پالو اور کرو عضلات مضبوط اُن کے ہر گونہ مشقت سے
بنانی ہیں فصیلیں گوشت اور عضلات کی
دیواریں لاشوں سے اٹھانی ہیں
پڑوسی کشوروں سے مستعار انسان اس کام آ نہیں سکتے
فقیر افریقائی جسم تو ہڈی کے ڈھانچے ہیں
ہمارا مالک و آقا، خداوند آمریکا
ہمیں توپ اور میزائیل، ٹینک، طیارے، شکنجے دے رہا ہے
اس احساس و عطا کے شکر میں کیوں عورتیں بچے نہیں جنتیں؟
عرب غیرت، حمیت کس طرح کفرانِ نعمت کر رہی ہے؟
خدائے غرب کے بخشے سلاحِ جنگ انساں مانگتے ہیں
جو مائیں کربلا کے قاتلوں کی جنم داتا تھیں
اب ان کی کوکھ کیوں منکر ہے قاتل جنم دینے سے؟
اب ان کی گود سے لاشوں کی فصلیں کیوں نہیں اٹھتیں؟
ابھی تو جنگ جاری ہے

لبِ مقتل سے آتی ہے صدا "ھل من مبارز" کی
ابھی شط العرب کے پانیوں کو چاہیے کچھ اور سرخی
ابھی سرحد پہ لاشوں کی فصلیں ہیں بہت نیچی
اذیت خانے، زنداں اور شکنجے منتظر ہیں آج ماؤں کے
کہ اک آمر کا فرماں ہے: ہر اک بطنِ جواہر خیز اُگلے پانچ انساں

۲۰ جون، ۱۹۸۶

تلافی: دو نظمیں

(۱)

غنیمِ بعث کے طیارہ ہائے بم بردار
ہمارے شہروں پر جب ڈالتے ہیں سایۂ نحس
مکانوں، کارگہوں، شاہراہوں، کوچوں میں
برسنے لگتی ہے موت آتشیں دہن کھولے
جوان جسم پہنتے ہیں خاک و خوں کا کفن
مریض و پیرزناں، کہنہ سال مردوں کو
تمام عمر کے امراض چھوڑ دیتے ہیں
نجات ملتی ہے ہر لمحے کی کشاکش سے
تھا انتظار اُنھیں موت کا، سو موت اب خود
برس رہی ہے در و دیوار و بام سے پیہم
ہوں کودکانِ دبستاں کہ شیر خواراں ہوں
ضعیف و پیر کے ساتھ ان کو بھی اُٹھاتی ہے موت
کریہ و تیرۂ و بد وضع بانہوں میں آکر
تمام عمر کی محنت کا حاصل ایک مکاں
امیدوں، حسرتوں، معصوم خوشیوں کا مسکن
خزینہ سونپتا ہے اپنا آگ کو جھک کر
ہزاروں سال کی تہذیب کی امانت ہو
کہ قرنِ بیستمیں کی مشینوں کے انبار
دو چار پانچ دقیقوں کی آتش افشانی
اُنھیں نگل کے لپکتی ہے دوسری جانب
تباہی ناچتی ہے، موت دف بجاتی ہے
دہانِ آتش و بارود گیت گاتا ہے
خبر ہے آج کی بمباریوں سے سیصد لوگ
بنے ہیں موت کا آذوقہ یا ہوئے زخمی
دو چار کارگہیں، اِک مدرسہ، بیس مکاں
اک ہسپتال، کئی ساختمانِ مسکونی
فلک سے گرتی ہوئی موت کا ہوئے لقمہ
اسی کے ساتھ خبر یہ بھی ہم سناتے ہیں
ہماری برق صفت نیروئے ہوائی نے
غنیم ملک کے فوجی ٹھکانے بھسم کیے
اور اُن کے نفت کے انبار پھونک ڈالے ہیں
محاذِ جنگ پہ توپوں نے دشمنوں کے ٹینک
اور اُن کی بڑھتی ہوئی فوج کو کیا پسپا
ملازمانِ غنیم آج تین صد کے قریب
ہوئے ہیں کشتہ و مجروح
اور دو صد قیدی
ہمارے ہاتھ آئے ہیں
تباہی بڑھ کے تباہی کا دے رہی ہے جواب
تلافی موت سے ہوتی ہے موت کی ہر روز

(۲)

جہانِ فانی و آنی میں آدمی ہوں کہ شے
ہر ایک فانی ہے
کمیں میں بیٹھی ہوئی مرگِ ناگہانی ہے
شمارِ سبحۂ انفاس زندگانی ہے
ہر ایک لمحۂ پرّاں شرارِ زیرِ پا
ہر ایک سانس ہے جوّال شعلۂ رقصاں
ہر ایک جسم فنا کا ہے لقمۂ بریاں
فنا کدہ میں ہے گر کوئی چیز پایندہ
تباہی اور تباہی ہے اور تباہی ہے
جہانِ خاک ہے آتش سے گرم و تابندہ
فنا کدہ میں فقط موت ہے صدا زندہ
جو زندگی کے ہیں شکوہ گذار اُن کے لیے
یہی صداقتِ پایندہ اک تسلّی ہے
کہ زندگی کو نہیں ہے دوام دنیا میں
دوامِ مرگ ہی ہر درد کی تلافی ہے

تہران، ۲۶ نومبر، ۱۹۸۶ء (۵ آذر ۱۳۶۵ھ ش)

پھر لکھیں نامے ہم جدائی کے

کل کی شب، دل میں تری یاد کا نشتر اُترا
دوُر سے آئی کسی پیڑ سے 'پی ہو' کی صدا
ہم تھے جس جنگ زدہ نفت کے کشور میں اسیر
سُنی برسوں سے وہاں گُل کی نہ خوشبو کی صدا
طایر اُس دیس میں ناپید تھے، سبزہ نایاب
سُنے آنکھوں کے سخن اور نہ گیسو کی صدا
پھول کھلتے تھے مگر بعدِ زمستاں کچھ روز
سال بھر جسم جھلستے تھے زمیں جلتی تھی
برف میں دب کے کبھی، بم کے شراروں میں کبھی
زندگی موت کے سانچوں میں سدا ڈھلتی تھی
روستا دشت تھے اور شہر تھا صحرائے کویر
دہشتیں بستیوں میں، گھر میں اجل چلتی تھی
راتیں بے خواب کہ آنکھوں میں کوئی خواب اُترے
منتظر روح کہ دل میں کوئی مہتاب اُترے
تیری قربت سے بھی اُٹھی نہ کبھی قرب کی آنچ
میرے لب سے بھی نہ جل پائے ترے لب کے چراغ
تیرے پہلو کے گل اور تیری قبا کے مہ ومہر
گو تھے حاصل مری ظلمات کو یہ شب کے چراغ

نامکمل؟، ۷ مئی، ۱۹۸۷

اک اور دن گذر گیا

یہ روز بھی گذر گیا

سحر سے قبل آج اذاں کے ساتھ آنکھ کھل گئی
مہِ صیام کے نگاہ دار اہتمامِ صوم و فجر میں تھے منہمک
کیا خدا کو یاد ہم نے بھی کہ وہ عظیم و حیّ و قادر و قدیر ہے
سمیع ہے، بصیر ہے
مگر تمہارے ہجر سے شکستہ دل کراہتا تھا زخم زخم
مژہ مژہ تھے خوابِ وصل و قربِ دوست خوں فشاں
ہزاروں میل دور تم دیارِ غیر میں دو ساعتوں کے فاصلے پہ محوِ خواب تھیں

ہر ایک روز ہفت و نیم ساعتوں کی کاوشیں
پلک سے چُن کے اِک زباں کے لفظ، اُن کو دوسری زباں میں ڈھالنے کی کوششیں
دماغ و جسم کو تھکانے والی محنتیں
پھر اُس کے بعد جنگ سے تھکی ہوئی معیشت اور نفع خوریوں کے سامنے صفوں میں
گوشت، دودھ، مکھن اور پنیر کے لئے فضول نوبتوں کا انتظار
اور اُس کے بعد خالی ہاتھ اور تھکن کے ساتھ گھر کو واپسی
یہ انتظار گیس کی مشین آ کے کیپسول کو بھرے
غذا کا اہتمام ہو
تمہارا روز یوں ہی آج بھی گذر کے موجِ وقت کی اندھیری تہہ میں غرق ہو گیا

یہاں دو ساعتوں کے فرق سے مِرا بھی روز دفتری فضول کاغذوں میں گم ہوا
تمہاری رات حملۂ ہوائی کے خطر کے سایرن سے جاگتی نہ ہو کہیں
ہمارے دن ہمارے شہر بھی فسادِ مذہب و زباں کے کُشت و خوں سے بے اماں نہیں

کہاں کی قربت اور کہاں کے فاصلے

یہ روز بھی گذر گیا

اور ایک بار پھر کھڑی ہے رات سر پہ دوریوں کے اصلحوں سے لیس و گرم
اور آج رات بھی ہماری نیند کل کے اور آنے والے کل کے بوجھ سے ہے مضمحل
وہ دن کب آئے گا تمہارا روز میرے رتجگوں کے ساتھ ہو گا ہم سخن
زماں کی ساعتیں، مکاں کے فاصلے ہمارے قرب میں اگر ہوں مرتکز
تو دن کو چین اور شب کو خواب لوٹ آئیں گے
میں تم کو خط میں روز و شب کی داستان کیا لکھوں
فقط یہی کہ آج ایک اور دن گذر گیا
اِک اور رات آئی ہے، جو سوتے جاگتے گذر ہی جائے گی

۲۰ مئی، ۱۹۸

ساقی نامہ

محبس ذات میں ہوں بستۂ دنیا ساقی
نہ تو کھُلتے ہیں دریچے، نہ ہے در وا ساقی
حبس سینے میں ہے، حالات میں محبوس خیال
دل ہے بے رنگی و یکسانی کا صحرا ساقی
پیڑ پتھر کی طرح چُپ ہیں، ہوا ہے خاموش
کیا کھِلیں پھول کہ ہلتا نہیں پتّا ساقی
خلوتِ شب میں نہ چمکیں جو قبا کے مہتاب
چشمکیں کس سے کرے صبح کا تارا ساقی
کفِ سبزہ پہ نہ رکھّے دُرِ شبنم شب اگر
چننے کو آئے شعاعوں کی نظر کیا ساقی
شب ہو بے کیفی و بے خوابی و تنہائی سے چور
تو کسے غسل دے انوار کا دریا ساقی
اُبھرے سورج تو ستاروں کی طرح دل ڈوبے
زرد مہتاب سا ہو روح کا چہرا ساقی
دن کے بے فیض تردد کا ہے آغاز سحر
وقت پیمایشِ بے حاصلِ صحرا ساقی

کارِ منصب ہے کہ اوروں کے خیالات کی قے
بانجھ ذہنوں میں نہیں پھوٹتا اکھوا ساقی
یاوۂ اہلِ مناصب سے چھلک جاتے ہیں کان
ہرزۂ زعمِ خرد جہل کا پردا ساقی
چہروں پر صحت و سیرابی و سیری کی چمک
ذہنوں میں اترو تو پُرہول اندھیرا ساقی
ہر طرف جرم و ہوس، ظلم و تشدد کی فضا
معصیت خیر ہے، شر عدل سراپا ساقی
سر پہ دستارِ فضیلت ہے، قبا پر اسناد
اور زبانیں ہیں کہ پولیس کا تھانا ساقی
علم کی بحث میں فحش اور مغلظ الفاظ
زورِ عضلات کو ہے عقل کا دعویٰ ساقی
ادب و فن ہیں غلامانِ زر نا محسوب
نظر و نقد پہ ہے حرص کا قبضہ ساقی
بے نیازی و توکل ہو اگر خانہ نشیں
خود پرستی کا ملے نام اسے یا ساقی
فقر کی نانِ جویں بھی نہ ملے چین کے ساتھ
ترکِ دنیا بھی گرفتاریِ دنیا ساقی

طنز و دشنامِ جہاں در پئے قتلِ کردار
ظلم ہے اوڑھے ہوئے چادرِ عقبیٰ ساقی
ماتھوں پر قشقوں کی مانند دمکتے سجدے
کذب اور ظلم کو بھی کرتے ہیں سجدہ ساقی

شام آئے تو چراغوں میں سلگتا ہے دل
ہونے لگتا ہے فزوں اور اندھیرا ساقی
وہ جسے مل نہ سکا مطلعِ خورشید سے نور

مقطعِ نور سے فیض اُس کو ملے کیا ساقی
شام ہے ایک سزا بے سبب و بے میعاد
رات ہے ہجر کی تنہائی کا صحرا ساقی
وہ جو مہتابِ سرِ شامِ غریبی ہوتا
مدتوں چمکا نہیں اُس کا بھی چہرا ساقی

خود فراموشی کو صہبا بھی سہارا کیا دے
وہ بھی بے کیف ہے، نشہ بھی ہے مہنگا ساقی
توڑ ہر نشے کا ہے نشۂ خود آگاہی
ہیں رفیقِ اہلِ دوَل کے مے و مینا ساقی
میں نے ہر زہر پیا، چکّھا ہر اک نشے کو
کر سکا کوئی بھی غم کا نہ مداوا ساقی

یہ نہیں سچ کہ میں تیرا ہی سدا ہو کے رہا
کفر و تشکیک کی راہوں سے بھی گذرا ساقی
وہ بھی دن تھے کہ تیرا نام تھا حرزِ دل و جاں
وہ بھی دن آئے، رہا بادیہ پیما ساقی
دشتِ تشکیک میں دوڑا سر و پا برہنہ میں
گمرہی نے لیا لغزش کا سہارا ساقی
سبق عدل پڑھا جا کے ہر اِک مکتب میں
نظریّوں سے سیا چاک نظر کا ساقی
کیا انکارِ خدایانِ جہاں، جسم جلا
دل جلا رد کیا جب تیرے خدا کا ساقی
آج پھر لوٹ کے آیا ہوں تیرے ہی در پر
کہ کہیں بھی نہ ملا غم کا مداوا ساقی
میرے اعمال کے دفتر میں معاصی ہیں بہت
بے نہایت ہے تِرے عفو کا دریا ساقی
تو نے تو جامِ کرم اپنے ہی قاتل کو دیا
میں گنہگار ہوں پر صرف ذرا سا ساقی
تو نے تو اپنے حریفوں کو بھی جاں بخشی ہے
ہے تِری تیغ عدالت کی مسیحا ساقی

میری تشکیک تھی اثباتِ صداقت کے لئے
کفر بھی تھا مرا ایماں کا تقاضا ساقی
میری بے سجدگیاں سجدۂ عاشور کا فیض
میری بے طاعتیاں تیرے عطایا ساقی
تو ہے شاہد، کیا انکارِ یزیدانِ زماں
اور قصیدہ ترے شبیرؑ کا لکھا ساقی
تو ہے شاہد کسی چوکھٹ پہ جھکایا نہیں سر
کیا سجدہ تو کیا سجدۂ زہراؑ ساقی
تو ہے شاہد کہ ہوں گویا بزبانِ شہدا
لکھا ہے مرثیۂ زینبِؑ کبریٰ ساقی
تو ہے شاہد کہ چلی جب بھی کہیں تیغِ جفا
رکھا پرچم ترے عباسؑ کا اونچا ساقی
تو ہے شاہد کہ جہاں دشتِ صدا تھا تاریک
ذکرِ لحنِ علی اکبرؑ سے اجالا ساقی
تو ہے شاہد کہ گلوئے علی اصغرؑ کے لئے
زہرِ پیکانِ ستمگر کا نچوڑا ساقی

تو ہے شاہد کہ ہوئی بیوہ جو اک شب کی دلھن
گوندھا قاسم کے لئے لفظوں سے سہرا ساقی

تو ہے شاہد کہ جو واماندہ شہادت میں رہے
انھیں شبیرؑ کی نصرت کو پکارا ساقی

تو ہے شاہد کہ ہوئے سیّدِ سجادؑ جو قید
لکھا زندانوں کو آزادوں کی دنیا ساقی

میرا ایماں ہے فضائل ترے کرتا ہے بیاں
قلم اللہ کا اور نطق نبیؐ کا ساقی

مطلعِ ثانی

بت شکن، قلعہ کشا، عقل پناہا ساقی
عشق سے عقل کو دے غسل، مسیحا، ساقی

دم گھٹے سینے میں یا حبس میں ہو قید فضا
نام لیتے ہی ترا آتا ہے جھونکا ساقی

نبض چلتی ہے، دھڑک اٹھتا ہے دل، چلتی ہے سانس
ترے انفاس سے جی اُٹھتا ہے مردہ ساقی

عہد بھی میرا ہے بیمار، زمیں بھی بیمار
جینے دیتی ہے نہ مرنے مِری دنیا ساقی

عشق ہے بوالہوسی، عقل زمانہ کوشی
بے ثمر یہ ہے، وہ جادو کا تماشا ساقی

امتیازات پہ قایم ہے معیشت کا نظام
تاجری دزدی و سرقہ کا ہے پردا ساقی

طرزِ جمہور ہو، شاہی ہو کہ ڈکٹیٹر شِپ
چند افراد کے لفظوں کا ہے کھاتا ساقی

فلسفہ لفظوں کی بازی گری و تجزیّہ
بحثیں عُمران کی اعداد کا خاکا ساقی

قطعِ اجزائے حقیقت ہیں علومِ طبعی
آدمی صرف مشینوں کا ہے پُرزا ساقی

انتظامِ مدنی سینہ بہ سینہ تقسیم
نفیِ افراد ہوئی درجہ بدرجہ ساقی

خود فریبی کے ہیں عنواں کلمہ اور تکبیر
رب فریبی کا حسیں نام ہے تقوا ساقی

طمعِ حور و ثمر، حرصِ شراب و غلماں
مدعا ساری عبادات کا اتنا ساقی

کثرتِ دولت و طاقت کے بھی باوصف امّت
قلعۂ خیبرِ حاضر سے ہے پسپا ساقی

سامراجیت و صہیون کی سازش میں اسیر
کلمہ گویوں نے کی بیعتِ دنیا ساقی

پار خندق کے مبارز طلب اہلِ مغرب
اہلِ مشرق ہیں ادھر عجز سراپا ساقی

تیل کے ڈالروں کے نشے سے ایماں مخمور
عیش، آسایشیں اسلام کا کعبہ ساقی

مرمریں قصر ہوا بند، حرارت بستہ
خلدِ موعود کا ہے ریت پہ نقشا ساقی

سازشِ غرب سے ہے لشکرِ حق بے ترتیب
نشۂ زر سے صفیں ہیں تہہ و بالا ساقی

نام لیوا ہیں تِرے ظلم کے نرغے میں گھرے
بھائی بھائی کی مدد کو نہیں آتا ساقی

بوتراب! آج تری خاکِ لحد کا ہے یہ فیض
ریت ہے چشمۂ زر، خاک ہے سونا ساقی

کل تھے حجاج کی امداد کے محتاج شیوخ
نذروں پر پلتے رہے یثرب و بطحا ساقی

آج اُن خانہ بدوشوں کا مزاج ایسا ہے
ہیں محل غرب کے ایوانوں سے بالا ساقی

حوریاں خلد کی، مے خانے، ہوا بستہ مکاں
سارے اسبابِ تعیش ہیں مہیا ساقی

بے حسی، جہل، شقاوت، ستم و نقرہ و زر
حافظِ حق کے ہیں اوصافِ حمیدہ ساقی

بند جُزدانوں میں ہیں دین و احادیث و کتاب
غرب کے بینک میں محفوظ ہے دنیا ساقی

فقر آلودہ ممالک میں تلاشِ حوراں
عیش آسودہ دیاروں کا ہے سودا ساقی

کفر کعبے سے، مدینے سے اُٹھے زر کی گھٹا
خاک آغشتہ نجف کے دُرِ یکتا ساقی

خونِ عشاقِ حسینی سے رواں شطِّ عرب
پھر فرات آج عطش کا ہوا دریا ساقی

آندھیاں ڈھونڈتی ہیں حق کے صحیفے کے ورق
موجِ طوفاں میں ہے عترت کا سفینا ساقی

کب تلک لکھتے رہیں مرثیہ وَ شہر آشوب
کب تلک ذات و زمانہ کا ہو نوحا ساقی

اپنے رندوں کو ہوں کچھ جام یہاں بھی ارزاں
میں نے مانا کہ تو ہے کوثریوں کا ساقی

معرکہ سخت ہے دنیا سے، صلابت ہو عطا
رب نے مانا تِری تلوار کا لوہا ساقی

تیری تیغِ اُحدی، تیری لسانِ اَحدی
دیں ہمیں برّشِ حق گوئی کی صہبا ساقی

تشنگی جس کی ہے مے خانۂ حاضر کا ستم
کیوں لے احسان وہ پیرانِ مغاں کا ساقی

ہر ہوس تشنہ کو دعویٰ ہے کہ ساقی ہے وہی
کیسے میں مان لوں مُردوں کو مسیحا ساقی

اب بھی در پر ہے تِرے بھیڑ بہت پیاسوں کی
اب بھی جاری ہے تیرے فیض کا دریا ساقی

تیرے خدّام کے آگے ہیں شہاں کاسہ بکف
تیرے بیمار ہیں جاں بخش مسیحا ساقی

ساقیِ نطقِ خدا ہیں تیری چوکھٹ پر خم
دمِ عیسیٰ، کفِ موسیٰ، یدِ بیضا ساقی

تری سرکار ازل سے ہے ابد تک پھیلی
تھانبیوں کا مدد پر تری تکیا ساقی

صبر ایوب میں تو، گریۂ یعقوب میں تو
حسنِ یوسف ترے چہرے کا ہے پردا ساقی

تھا ترا شوقِ شہادت زکریا، یحییٰ

کشتیِ نوح کا تھا تو ہی کھویّا ساقی
آبروئے سرِ تسلیم براہیم و ذبیح!
ترے بیٹے نے کیا وعدے کو ایفا ساقی
ہے ترا نام جدھر، حق بھی ادھر ہے واللہ
ہے یہی حکم حدیثِ نبوی کا ساقی
اولیا معرفتِ حق کے لئے تیرے گدا
معرفت تیری ہے عرفان کا جادا ساقی
ترے در پر جو گیا، اُس نے نبی کو پایا
تری چوکھٹ پہ ہے جبریل کا سایا ساقی
ہے تجھے علم ہوا کون سے لہجے میں خطاب
عرش پر کیا شبِ معراج ہوا تھا ساقی
تیرے خوابِ شبِ ہجرت کا بہا کیا ہوتا
مرضیِ رب نے ترا نفس خریدا ساقی
کس کی تلوار کے سایے میں خدا ملتا ہے
اپنی تلوار کے ہونٹوں سے یہ بتلا ساقی
ہوں ترے خواب کہ بیداریاں، خامہ ہو کہ تیغ
سب رِضا حق کی ہیں، تو مرضیِ حق کا ساقی
کان ہوں تیرے کہ آنکھیں، ترا چہرا ہو کہ ہاتھ
تیرے اجزائے بدن حق کے ہیں اعضا ساقی
جو تجھے دیکھے اُسے اجر تلاوت کا ملے
تیرا چہرہ ہے کہ قرآن کا صفحا ساقی
تجھ کو پہچانا رسولؐ دوسرا یا رب نے
جاننے کی طرح تو نے انھیں جانا ساقی
منقبت کا حق ادا ہو جو ہو فیضانِ رسولؐ
نعت لکھوں تو ہو یہ نشّہ دوبالا ساقی

نعت

گلہ دنیا سے نہ غیروں سے ہے کینہ ساقی
دے مجھے جامِ تولائے مدینہ ساقی
جس کی کرنیں ہوں وحی، دھوپ ہو جس کی دانش
تو اُسی نور سے بھر دے مرا سینہ ساقی
عشق کے چاک پہ ڈھلوانے ہیں پیمانۂ و خم
ہو عطا خاکِ درِ شاہِ مدینہ ساقی
گرد اُس کوچے کی پھولوں سے ہے خوشبو میں سوا
جہاں ٹپکا ہے محمدؐ کا پسینہ ساقی
کہہ دے اُمّیؐ سے بھرے علم سے جھولی میری
تو ہے در علم کا اور وہ ہے مدینہ ساقی
عمر بھر چھو کے کفِ پائے نبیؐ ٹھہرا ہے
در ترا لولو و مرجاں کا خزینہ ساقی
بادباں جس کا کتاب اور ہے عترت رہبر
پہونچے گا تا لبِ کوثر وہ سفینہ ساقی
خاتمِ ختمِ رسالت کی ضیا ہے جس میں
کربلا میں ہے وہ نایاب نگینہ ساقی
کاظمین و نجف و سامرۂ و مشہد و قم
شہر در شہر ہے احمدؐ کا مدینہ ساقی
ہے درِ فاطمہؐ معراج کا پہلا زینہ
سدرہ معراج کا ہے دوسرا زینہ ساقی

رہرِ وجادۂ شکر اپنی حدوں سے نہ بڑھے
توہی مے نوشی کا سکھلادے قرینہ ساقی
ذہن بخشا ہے تو اسبابِ سکوں بھی ہوں عطا
دل نے سیکھا نہیں جینے کا قرینہ ساقی
دامنِ عفوِ محمدؐ جو ملے، نذر کرو
ہے وحیدؔ آنکھوں میں اشکوں کا دفینہ ساقی

مطلعِ ثالث

درِ سرکارِ نبوت کو جو چوما ساقی
تیری مدحت کا قلم اور بھی چمکا ساقی
کتنے عنوانوں سے تیرا ہی وہاں ذکر سنا
ساغرِ نطقِ وحی جام ہے تیرا ساقی
دین و دنیا کا اخی تجھ کو رسالت نے کیا
جن کے مولا ہیں نبیؐ، اُن کا ہے مولا ساقی
تیری اک ضرب ہے ثقلین کی طاعت سے گراں
کُلِّ ایماں ہے تِری تیغ کا سایا ساقی
نورِ اوّل کی رسالت میں ہے شامل تِرا نور
عقلِ اوّل ہے تِرا مبدء و منشا ساقی
تو امینِ دوجہاں کے دل وجاں کا ہے امیں
اپنی بضعت کو نبیؐ نے تجھے سونپا ساقی
سایلوں کو دیا وہ کچھ کہ یداللہ بنا
وحیِ رب بھی ہے تِری دست شناسا ساقی
سر پہ ہے تاج تِرے نصرت و فتحِ رب کا
تیرے سینے پہ ہے تطہیر کا تمغا ساقی

سورۂ فتح قصیدہ تِری تلوار کا ہے
شجرِ نورِ قلم نے تِرے سینچا ساقی
نہرِ دریائے احادیث بلاغت تیری
موجِ قرآں تِرا ہر نامہ و خطبہ ساقی
تیرے فرمان ہیں احکامِ خدا کی تفسیر
لفظ ہیں اسوۂ احمدؐ کا سراپا ساقی
ہیں فرامین تِرے لایحۂ مستقبل
تِرے اشعار ہیں تاریخ کا دھارا ساقی
طوبیٰ تیرا ہی علم، سدرہ تِرا نقشِ قدم
حوضِ کوثر ہے تِرے جود کا قطرہ ساقی
امتیازِ نسب و رنگ کی قاطع تِری تیغ
تو نے ہر قصرِ تفوق کا گرایا ساقی
دعوتِ اہلِ دُوَل کی نہ کبھی تو نے قبول
ساتھ مسکینوں، فقیروں کو بٹھایا ساقی
توڑا ہر قلعۂ زرنانِ جویں سے تو نے
خونِ مزدور میں تر لقمہ نہ توڑا ساقی
فکرِ مخلوقِ خدا میں تو رہا شب بیدار
ہے تِرا دیدۂ وا صبح کا تارا ساقی
کس کو خود آکے نبوت نے لیا گودی میں
رحل میں جیسے ہو قرآن کا پارا ساقی
تیرے اوصاف و فضائل کا کہاں تک ہو بیاں
قلمِ رب نے قصیدہ تِرا لکھا ساقی
کس کے پیراہنِ بوسیدہ نے یوں شاہی کی

کس کے فاقوں نے کیا ظلم کو پسپا ساقی
نیند میں تجھ کو ملا ہجرتِ ایماں کا ثواب
کس نے یہ طالعِ بیدار ہے پایا ساقی
نیند بھی تیری محمدؐ کی نگہبان رہی
کس نے یوں عہدِ رفاقت کا نبھایا ساقی
تو زمیں پر تھا، نبیؐ عرش پہ سنتے تھے تجھے
کھلی آنکھیں تو ہٹا رات کا پردا ساقی
غلطی ہی سہی، کہتے ہیں نصیری تجھے رب
کچھ تو عیسیٰؑ سے ہے رتبہ ترا اعلیٰ ساقی
کس کی جرّاری کو آواز نبیؐ نے دی ہے؟
لشکرِ ایمان کا جب کفر سے ہارا ساقی
کس کے آشوبِ نگہ نے یہ بصارت پائی
وا کی جو چشم، درِ قلعہ ہوا وا ساقی
آسماں سمٹے براقِ نبوی کی رَو میں
تیرے دُلدُل نے زمینوں کو سمیٹا ساقی
کس کی اک جست نے کی کفر کی ہر خندق پار
کس نے ہر قلعے کے دروازے کو توڑا ساقی
کیا زمیں تیرے لئے کھینچی زماں نے بھی طناب
ڈوب کر غرب سے سورج اُبھر آیا ساقی
کس کی شمشیر نے کاٹے ہیں زمیں کے طبقات
آج بھی ہے پرِ جبرئیل پہ لکھّا ساقی
کس نے کی رہن زرہ ایسے کہ پہنی نہ کبھی
بن گئی کس کی زرہ مرضیِ مولا ساقی

آئیں مریمؑ تو درِ بیت مقدس نہ کھلا
کس کی ماں پر ہوئی دیوارِ حرم وا ساقی
سیر ہوتے رہے مسکین و یتیم اور اسیر
روزہ گھر نے تیرے اس طرح سے رکھا ساقی
تیرے ہاتھوں پہ نہیں داغِ زرِ بیت المال
تو نے محنت کے پسینے سے کمایا ساقی
عرقِ جہد سے روشن ہیں ترے گھر کے چراغ
خونِ دل سے ہے منوّر ترا خامہ ساقی
ہوسِ منصب و جاگیر کی شمعیں گُل کیں
صبر جاگیر، توکل ترا تکیہ ساقی
تخت اور تاج کی بھوکی تھی خلافت کی ہوس
تھی چٹائی تری ہر تخت سے اعلیٰ ساقی
ترے قدموں کے شرف سے ہوئے جب سے محروم
پست تر ہوتے گئے منبر و خطبہ ساقی
حمد اور نعت کا گلدستہ تھا منبر تیرا
بعد تیرے اُسے دشنام نے روندا ساقی
یہ خبر کورنگاہیِ ہوس کو نہ ہوئی
ترے منبر کو ملا عرش کا پایا ساقی
ابدی حق ہے تری نانِ جویں کی شاہی
تو ہے ہر حاضر و آئندہ کا شاہا ساقی
مملکت ظلم کی ہے کرب و بلا سے تا شام
سلطنت تیری ہے تا سدرۂ و طوبیٰ ساقی
قتل ہے اپنے ہی مقتولوں کے خوں میں غرقاب

جبر خود اپنی ہی گردن کا ہے پھندہ ساقی
شوقِ سیرابیِ دنیا ہے عطش کا سیلاب
ہوس آسودگیاں طوق کا حلقہ ساقی
نشّۂ جامِ یزیدی ابدی پیاس کا نام
پیاس ہے تیرے جگر بند کی دریا ساقی
تو نے جس دہر کو، جس تخت کو ٹھکرایا ہے
ہے گراں اُس سے تری خاکِ کفِ پا ساقی
اُڑ گئیں سلطنتیں گرد کے ذرّوں کی طرح
قلعۂ و قصر ہوئے خاک کا تودا ساقی
زعمِ شاہی و خدائی ہے حبابوں کی ہوا
نیل میں غرق ہے فرعون کی دنیا ساقی
رزق دیمک کا ہیں اورنگ و عصائے شاہی
لقمۂ خاک ہوئے قیصر و کسریٰ ساقی
بوڑھیاں کاٹنے کو رات تفنن کے لئے
کہتی ہیں قصۂ اسکندر و دارا ساقی
وقت کے سیلِ تبہ کار میں تنکے کی طرح
بہہ گیا ہٹلر و چنگیز کا لاشا ساقی
یاد نام اُن کا کسی کو نہ رہے گا کل تک
آج جو خود کو سمجھ بیٹھے ہیں دیوتا ساقی
ثبت عالم کے جریدے پہ ہوا نام اُن کا
مل گیا جن کو ترا جامِ تولّا ساقی
گھر سے تیرے نہیں جائے گی حکومت تا حشر
تیرے ہی ساتھ امامت ہوئی پیدا ساقی

تنہا دوزخ کی طرف جائیں گے تیرے اعدا
ہو گا اطراف ترے رندوں کا حلقہ ساقی

مطلع چہارم

ہر نفَس مصرع ہو، ہر لفظ کہے یا ساقی
عمر کٹ جائے، قصیدہ نہ ہو پورا ساقی
نام لکھ کر ترا قرطاس کے سجّادے پر
سرِ تسلیم قلم کرتا ہے سجدہ ساقی
بوالحسن! سیدۂ عالمیاں کے سرتاج
شیر بنتِ اسد و وارثِ زہراؑ ساقی
شاہدِ دینِ ابو طالبِ اسلام پناہ
متقیوں کا ہے تو قبلۂ و کعبہ ساقی
میثم و بوذر و عمار ترے جام سے مست
تیری مے سے دلِ سلمان مصفّا ساقی
جب تری صبر کی مسند نے حسنؑ کو پایا
قیصریت نے کیا تخت پہ قبضہ ساقی
سر ہوا صلحِ حدیبیہ سے جیسے مکہ
صلحِ شبّرؑ سے امیّہ ہوئے پسپا ساقی
محضرِ صلحِ حسنؑ تیغِ دو دم کی تھی نیام
کربلا میں کیا اس تیغ نے جلوا ساقی
ذوالفقار آئی تِری ہاتھ میں شبیرؑ کے جب
صبر کے واروں سے لشکر ہوا پسپا ساقی
تیرے رایت سے ہے عباسؑ کا قد دوبالا
لبِ زینبؑ تِری جرأت سے ہے گویا ساقی

جب تِرے نطق نے طوق اور سلاسل پہنے
لبِ سجادؑ ہوئے معرکہ آرا ساقی
جب تِرا علم ہوا سینۂ باقرؑ پہ عیاں
عقل اور علم بنے دین سراپا ساقی
جب تفقہ سے تِرے فیض ملا صادقؑ کو
فقہ کے عقدۂ دشوار ہوئے وا ساقی
رخِ کاظمؑ میں جو جھلکا تِرے چہرے کا جلال
آ گیا قصرِ خلافت کو پسینا ساقی
تو نے رکھا جو رضاؑ بن کے خراساں میں قدم
طوس میں ایک نجف اور ابھر آیا ساقی
تیرا تقویٰ ہے تقیؑ، تیری ہدایت ہے نقیؑ
عسکریؑ تک رہا ظاہر تِرا جلوا ساقی
بعد اُن کے ہے امامت تِری پردے میں نہاں
حکمراں عدل تِرا ہے پسِ پردہ ساقی
کب سے ہے منتظرِ مہدیؑ موعود جہاں
کہ تِرا عدل ہو ظاہر میں بھی برپا ساقی
تیری تیغ و قلم و نطق کے ہیں بارہ نام
ہے امامت سے تِری نام رُسل کا ساقی
منتظرِ تیرے بھلا غیروں کو کیا مانیں امام
منتظر ہے جو امامت، ہو ہویدا ساقی
مضمحل وقت، زمیں سرد، جہاں ہے زخمی
تو اشارہ جو کرے، آئے مسیحا ساقی
منتظِر ہے تِرے فرماں کا نظامِ دو جہاں
قم باذنی کہے تو، دہر کہے یا ساقی
ترے فیضاں کی ہیں موجیں قلم و نطقِ وحیدؔ
جو بھی پایا ہے تِری مدح سے پایا ساقی
دلِ آسودہ، لب و خامۂ نا آلودہ
مدح نے تیری مجھے بخشا ہے کیا کیا ساقی
پڑھا حاکم کا قصید، نہ امیروں سے جھکا
ہے مرا شعر تری تیغ کا سایا ساقی
تو ہی رکھ آبروئے نطق و قلم تا دمِ مرگ
تا نہ ہوں حشر کے میداں میں یہ رسوا ساقی
قبر میں عقدہ کشا ہو گا تِرا حرفِ کرم
زندگی میں بھی ہو ہر عُقدہ مرا وا ساقی
یہی لفظوں کے گُل و دُر ہیں اثاثہ میرا
تیرے قدموں پہ ہے قرباں یہ اثاثہ ساقی
گر قبول اِن کو کرے تو، مری دنیا بن جائے
اور سنور جائے گنہ گار کی عقبیٰ ساقی

جولائی، ۱۹۸۲، دعائیہ: مئی، ۱۹۸۷

مرثیۂ مرگِ قلم[1]

قرطاس کی مجلس میں قلم سر بہ نگوں ہے
فکر و نظر و علم کا احوال زبوں ہے
صفحات پہ بکھرا ہوا مضمون کا خوں ہے
الفاظ ہیں آشفتہ، معانی کو جنوں ہے

ہیں منتظرِ دیدہ ور اسلام کے آثار
تنہائی میں نابینا ہیں تاریخ کے انبار
بیگانہ نگاہوں سے ہیں تفسیر کے آثار
نادیدۂ امروز ائمہ کے ہیں اخبار

تحقیق کے تابوت پہ علم اشک فشاں ہے
ہے سوگ میں فکر اور قلم گریہ کناں ہے

منقول نہ ہوں جب شجرِ نور کی باتیں
ہیں حکمت و عرفاں تو بڑی دور کی باتیں

تخییل ہے پربستہ، ہیں افکار عزادار
رُکتا ہے قلم، ساتھ نہیں قوتِ اظہار
الفاظ ہیں تحریر میں آنے کے طلب گار
ہوں کیسے قلم بند، پریشان ہیں افکار

ہے قولِ نبوتؐ کا کہ ہوں علم کا میں شہر
مومن کی ہے میراث جہاں علم کی ہو نہر
لازم ہے مسلماں پہ کہ تسخیر کرے دہر
بے تاب ہیں ہونے کے لیے صید مہ و مہر

اک خلوتیِ بزمِ معانی جو نہیں ہے
آغشتہ بخاک آج کتابوں کی جبیں ہے

یاں آج نہیں اپنے مکاں کی خبر ان کو
ملتی نہیں صدیوں سے خود اپنی خبر ان کو

الماریوں میں قید کتابیں ہیں نگوں سر
نسیاں کے اندھیرے میں ہیں انوار کے دفتر
بیٹھی ہوئی ہے گرد کتب خانوں کے اندر
ہیں کرمِ کتابی کی غذا علم کے مصدر

در پر ہیں کتب خانوں کے لٹکے ہوئے تالے
اُترے نہیں صدیوں سے مدارس میں اُجالے
سادہ ورقِ ذہن ہے، دل کرتا ہے نالے
ہونٹوں پہ قلم دانوں کے ہیں پیاس سے چھالے

ہے علم کا شہر، اس کے طلبگار نہیں ہیں
در علم کا وا ہو تو خریدار نہیں ہیں

عشّاقِ درِ علم جہالت پہ ہیں نازاں
بے علم و قلم شیعہ سیادت پہ ہیں نازاں

---

[1] یہ رثائی نظم برصغیر کی مایۂ ناز علمی شخصیت یعنی مرحوم جناب سید علی نقی نقوی، ملقب بہ سید العلماء، معروف بہ نقن صاحب، کے سانحۂ ارتحال (۱۸ مئی، ۱۹۸۸) کی مناسبت سے لکھی گئی تھی اور مسودے میں اسکا عنوان "قلم آشوب" ہے۔

سادات کے شجروں کے ورق کھا گئی دیمک
نازِ نسب و نسل ہے بازیچۂ کودک
نسبت شہِ لولاک سے پاکیزہ ہے بے شک
پر نام کی نسبت کو جہاں مانے گی کب تک

جو وارثِ علمِ شہِ ابرار نہیں ہے
وہ منسلکِ عطرتِ اطہار نہیں ہے

منبر ہے محمدؐ کا ہر اک علم کی معراج
دیتے ہیں اسے رفتہ و آیندہ زماں باج
نطق اسکا بلاغت کی فصاحت کی ہے منہاج
ہے خاک بھی اسکی سرِ عالم کے لیے تاج

تسخیرِ جہاں بھی ہے یہ، مفتاحِ جناں بھی
پیری کی عصا بھی ہے، یہی تیغِ جواں بھی

خاکم بہ دہن ایسا نہ ہو آندھیاں اُٹھیں
اس چشمۂ انوار سے تاریکیاں اُٹھیں
بے معنی صداؤں کی سیہ بدلیاں اُٹھیں
وحدت کی جگہ تفرقہ پردازیاں اُٹھیں

مضبوطی سے تھامے رہو، یہ حبلِ متیں ہے
جُز علم و عمل یاں کوئی تفریق نہیں ہے

اس کے ورثا درسِ رُسُل کے طلبا تھے
پیغمبرِ اسلام و ائمہ کی دعا تھے
نازِ خطبا، نورِ چراغِ علما تھے
رشکِ فصحا، مایۂ مدحِ شعرا تھے

کل حاشیہ بردار بھی اس کے علما تھے
سامع بھی زباں دان و سخنور فصحا تھے

ایسا نہ ہو بن جائے یہ منبر فقط آواز
صرف اپنی طلاقت پہ کریں اہلِ سخن ناز
ایسا نہ ہو جس وقت کہ ہوں نطق کے لب باز
الفاظ کے قالب سے معانی کریں پرواز

لازم ہے زباں نطق کرے علم کی ضو میں
اور حکمت و عرفاں بھی چلیں اس کے جلو میں

ناطق ہوں فقط لب تو زباں موجِ ہوا ہے
تقریر کی تقدیر میں گردابِ فنا ہے
ہیں لفظ حباب اور زماں سیلِ قضا ہے
معنی سے تہی صوت کے پردے میں خلا ہے

الفاظ و معانی کو پرُو لیں جو قلم میں
ہر حرف بنے نغمۂ کُن کتمِ عدم میں

ہے نُطق فضیلت، تو قلم اُسکی بقا ہے
ہے نطق عبادت، تو قلم اُسکی جزا ہے
ہے نطق کرامت تو قلم اُسکی ثنا ہے
ہے نطق طہارت تو قلم نورِ کسا ہے

رُک جاتی ہیں اک روز زبانیں فصحا کی
رکھتا ہے قلم زندہ زباں کو علما کی

قرآن قلم اور کتابت کی ہے تعلیم
ممکن ہے قلم ہی سے فقط وحی کی تفہیم

دنیا ہو کہ دیں، ہے قلم ان دونوں کی تنظیم
خالق نے بھی ذکر اسکا کیا ہے تو بہ تکریم

آج امتِ احمدؐ میں قلم خوار و زبوں ہے
صدیوں سے درِ جہل پہ وہ سر بہ نگوں ہے

گو کارِ قلم کی کوئی تحسیں، نہ صلا ہے
پر جس نے بھی لکھا، وہ خطا کار بنا ہے
ہر شخص ہے ناراض کہ کیا جرم کیا ہے
دیکھو جسے وہ سہو و خطا ڈھونڈ رہا ہے

جو چاہتا ہے زیست کرے ناز و نعم سے
بہتر ہے، رہے دور کتاب اور قلم سے

ہے حکمِ بصیرت، قلم آشوب رقم ہو
قحطِ نظر و علم پہ اظہارِ الم ہو
قرطاس کی محراب میں سر علم کا خم ہو
تحریر نیا مرثیۂ مرگِ قلم ہو

کچھ تو قلمِ نور کی تمجید و ثنا ہو
کچھ جہل کی ہو ہجو، کچھ اپنوں سے گلا ہو

لیکن وہ جو ہیں علم کے گنجینوں کے محرم
ملت کی بھی ہے فکر جنھیں، دیں کا بھی ہے غم
ناقدری و محرومی کا کرتے نہیں ماتم
مقبولیت عام سے کرتے ہیں صد ارم

رہتے نہیں تحسینِ جہالت کے بھرم میں
کرتے ہیں بسر خلوتِ قرطاس و قلم میں

شہرت کی ہوس کھوتی ہے ہر علم کی وقعت
عزت کے لیے دربدری بنتی ہے ذلت
ہے داد کی دریوزہ گری فن کی اہانت
بد ذوقوں کی تحسین سے گھٹتی ہے فضیلت

مقبولیتِ عام میں رسوائی لکھی ہے
تحقیق کی تقدیر میں تنہائی لکھی ہے

ہے محو جو فکر و غمِ امّت میں امامت
رہتی ہے کتب خانوں کی خلوت میں امامت
بیدار رہا کرتی ہے عزلت میں امامت
ہادیِ زماں بنتی ہے غیبت میں امامت

عرفاں کو ملا کرتی ہے خلوت ہی میں پاکی
ملتی ہے نبوت بھی تو عزلت میں حرا کی

اس نطق کی نہریں ہیں زبانیں خطبا کی
اس نطق کے آئینے کتب ہیں علما کی
اس نطق کی موجیں ہیں قلم میں شعرا کی
اس نطق کا ہے نور مجالس میں عزا کی

بدلے میں کہیں داد و درم کے نہیں ملتا
یہ نور بجز علم و قلم کے نہیں ملتا

حلقہ شجرِ نور کی کرنوں کا بڑا ہے
از روزِ ازل تا بہ ابد پھیلا ہوا ہے
بارہ ہیں چراغ اور ہر اک نورِ خدا ہے
دنیا کے ہر اک علم کا مصدر یہ ضیا ہے

پروانے کروڑوں شجرِ نور کے ہیں آج
پر کتنے کلیم اس قلمِ طور کے ہیں آج

بے ہوشی ہے موسیٰؑ کے لیے طور پہ زیبا
لیکن یہ ہے عشّاقِ محمدؐ سے تقاضا
جو بھی وہ کہیں منشا ہو وہ وحی خدا کا
ہے ان کے لیے لوح و قلم ہی یدِ بیضا

نطق ان کا ہو بے ہوش تو بس آہ ہو عالم
رُک جائے قلم ان کا تو گمراہ ہو عالم

اے ماتمیانِ شہدا جائے الم ہے
عشّاقِ درِ علم! ہمیں علم کا غم ہے
یہ مجلسِ تسلیتِ اربابِ قلم ہے
یہ پرسۂ مرگِ قلمِ خیرِ امم ہے

تھا ایک قلم پاس ہمارے سو ہوا گُم
نظروں سے ہے شاخِ شجرِ نورِ خدا گم

اللہ دے توفیق کہ ہم اہلِ قلم ہوں
قرطاس کی محراب میں سر علم کے خم ہوں

نطق اور قلم منبرِ احمدؐ پہ بہم ہوں
ہم علم کے فیضان سے ہادیِ امم ہوں

جو خاک کہ اشکوں نے عزاداری کے نم کی
فصلیں اٹھیں اس خاک سے علم اور قلم کی

عالم کی ہے رحلت میں زوال ایک جہاں کا
موت اہلِ قلم کی ہے زیاں امتیاں کا
صدمے سے ہے ٹھہرا ہوا خود سیلِ زماں کا
شور اٹھتا ہے اوراقِ صحایف سے فغاں کا

سیّدِ علما کا جو اُٹھا بزمِ قلم سے
ہو قطع نہ پھر علم کا رشتہ کہیں ہم سے

۱۸ جون، ۱۹۸۸
علیگڑھ

عبادت بے زباں ہے

ہمیں الفاظ پر قدرت کا دعویٰ عمر بھر سے ہے
مگر جب مالک وربِّ حقیقی کے حضور اپنے اُٹھائے ہاتھ کچھ بھی مانگنے کو
زباں میں آگئی لکنت اور الفاظ آ کے بھی نوکِ زباں تک لڑکھڑائے
مرادِ دل کو ہاتھ آئے نہ وہ الفاظ جو اُس کو بیاں کر دیں
کوئی چارہ نہ تھا جز اِس کے خاموشی کو اور عجز بیاں ہی کو زباں کر دیں
خدا کے سامنے جو بھی تمنا لے کے جاؤ
ورائے لفظ، ما فوقِ بیاں ہو گی
خموشی ہی تمنا کی زباں ہو گی
تم انساں ہو ہماری ہی طرح سے
پرستش تو تمہاری کی ہے ہم نے،
پر تمہیں اپنا خدا مانا نہیں ہے
لڑے بھی تم سے ہم، شوخی بھی کی ہے اور ستایا بھی
اگر بگڑا مزاجِ دل کبھی تو پہروں تم کو ہے رُلایا بھی
مگر یہ بات کیا ہے جب ہزاروں میل کی دوری ہو حائل درمیاں میں
قلم کی نوک تک آ کر پلٹ جاتے ہیں الفاظ، اُن کے معنی روٹھ جاتے ہیں
جو دل کا مدّعا ہے، اُس کو کہنے کا سلیقہ بھول جاتی ہے زبانِ خامۂ جولاں

ہزاروں کا بھی مجمع ہو، زباں مسحور کر سکتی ہے اُس کو
وہاں الفاظ ہی ہوتے ہیں اپنا مدعا بھی، منتہا بھی
مگر تم سے تمنا کہنا چاہے کچھ تو وہ بس سوچتی رہتی ہے الفاظ
زباں بے بس، نگاہیں عالمِ حیرت میں غلطاں

خموشی کو زباں اپنی بنا کر
تصور ہی میں تم سے بات کرتی ہے

وہ سب مکتوب جو ہم نے تمہیں لکھّے ہیں برسوں
وہ سب تقریر کرتے، شعر کہتے، شوخ و رنگیں، دل گرفتہ
اور فسردہ لفظ و معنی کا ہیں جنگل
ہمارا مدعائے دِل سرابِ حرف کی موجوں میں اب تک گُم رہا ہے
ہر اِک خط دفترِ بے مدّعا ہے
بدن کی پیاس، ذہن و روح کی تشنہ لبی کا منتہا ہے

محبت اور عقیدت ہو، پرستش ہو کہ جذباتی تعلق
زباں نے آج تک سیکھا نہیں اظہارِ مطلب کا طریقہ
خموشی ہی کو اظہارِ تمنا کا ہے شاید کچھ سلیقہ

۱۶ مئی، ۱۹۸۸

نوحہ

(۳جولائی ۱۹۸۸ کو میری رفیق حیات، ماہ لقا قرائی، ایرانی ایر بس میں بندر عباس سے دبئی کے راستے دہلی کے لئے روانہ ہوئیں۔ چند دقیقوں بعد امریکی جہاز ونسنس نے دو مزائیل مار کر جہاز کو گرا دیا۔ دوسرے تمام (۲۹۰) مسافروں کے ساتھ وہ بھی شہید ہو گئیں، اور ہم اور ان کے بیٹے دہلی ایر پورٹ پر، ماں اور بہنیں اور دوسرے عزیز حیدر آباد میں اُن کا آج تک انتظار کر رہے ہیں۔)

دن نہیں نکلا کتنے دن سے، پھیلے ہوئے ہیں شام کے سایے، تم نہیں آئے
ہو کے پریشاں حال تمہارا پوچھنے آئے اپنے پرائے، تم نہیں آئے

منتظر آنکھ میں سورج ڈوبا، آئی خبر جب تیرے گھر اب صبح نہ ہو گی
تب سے اب تک سینکڑوں نامے، تار، اخبار، ٹلیکس تو آئے، تم نہیں آئے

تم نے جب بھی آنے کا جو وقت بتایا، اس وقت آئے، دیر نہیں کی
وقت وہ کب سے ٹھہرا ہوا ہے، ہم ہیں در پر آنکھ بچھائے، تم نہیں آئے

کون سا شہر تمہیں خوش آیا، کس پانی کی موج نے تم کو روک لیا ہے
کِن شہروں میں، کن موجوں میں، وحشت تم کو ڈھونڈنے جائے، تم نہیں آئے

دوستوں، بیٹوں، شاگردوں نے گھر کو چمکا کر آئینہ بنا رکھا ہے
جاگ رہے ہیں سارے دریچے، سب در ہیں بانہیں پھیلائے، تم نہیں آئے

باہر بیلا، رات کی رانی، اور گلاب اندر آنگن میں چُپ چُپ سے ہیں
کہو صبا سے اِن کو چھیڑے، اُن کو تمہارے لب سے ہنسائے، تم نہیں آئے

جاننے والے لوگ نہ جانے کیا کہتے ہیں کیا لکھتے ہیں، میں کیا جانوں
لوگ ہیں جھوٹے، تم سچے ہو، سچ اب مجھ کو کون سنائے، تم نہیں آئے

رات گئے تک اب بھی حسین آتا نہیں گھر، آوارہ پھرتا، گھبراتا ہے
پی ایم ٹی کے پرچے کیسے کیے محسن نے کون بتائے، تم نہیں آئے

بندر عباس اُڑ کے گئے تھے، ڈھونڈ کے تم کو لانے علی، لوٹ آئے ہیں
حسن کو ہے تہران میں وحشت، کوئی تو اُس کا جی بہلائے، تم نہیں آئے

تم کو خوشی تھی سودابہ کو بہو بنا کر گھر لانے کی، روتی ہے وہ
ہم نے تمہاری حسرت پوری کر دی اُس کو بیاہ بھی لائے، تم نہیں آئے

امّی، بہنیں اور بہنوئی آئے تمہارے واسطے چندا، اب تو چمکو
گھر کی اندھیری لمبی رات میں کیسے کوئی شمع جلائے، تم نہیں آئے

اکثر ایسا بھی تو ہوا ہے، ہم سے لڑے تم روٹھ گئے تم، من گئے پھر خود
اب کے تو رنجش نہ گلہ تھا، بات ہو کچھ تو کوئی منائے، تم نہیں آئے

تم بھی مغرور اور ضدی ہو، ہم بھی دیر پشیماں، ضدی اور خود سر تھے
آ کر دیکھو ٹوٹ گئے ہم، ناز و ضد ہیں سر کو جھکائے، تم نہیں آئے

سر پہ مزائیل اور بم برسے، پیر جواں اطفال و زناں سب شہر سے بھاگے
ہم نے لکھا تھا، امن کی چھاؤں میں آ جاؤ تم، تار بھجائے، تم نہیں آئے

مان لیا یہ، تم ہو جری، اولادِ رسولؐ و آلِ علیؑ ہو، تم ہو حسینی
شمر و یزید سے صلح کا اعلاں کر بھی چکے شبیرؑ کے جائے، تم نہیں آئے

مردہ خانوں میں بھی دیکھا، کٹے پھٹے اعضا میں ڈھونڈے دست و پا
غوّاص آغوشِ دریا سے کتنے موتی چن کر لائے، تم نہیں آئے

تم تھے سراپا حسن و لطافت، گل پیراہن عطر و نکہت، روحِ نظافت
گلتے برف زدہ جسموں میں کس کی تھی ہمت تمہیں لِٹائے، تم نہیں آئے

کرب و بلا کے عاشق تھے تم، کرب و بلا کے کشتے بھی آخر دفن ہوئے تھے
تم کو یہ بھی تھا نہ گوارہ کوئی کفن دے اور دفنائے، تم نہیں آئے

تم تھے پیکرِ عصمت و عفت، موجوں کی چادر سے خود کو، سر کو ڈھانپا
پہنچے نہ ہم تو تم نے نہ چاہا کوئی بھی تم کو ہاتھ لگائے، تم نہیں آئے

کیسے خلیجِ فارس سے پوچھیں کہاں ہمارا دُرِّ نجف ہے، گنجِ شرف ہے
کب سے سمندر کاسہ بکف ہے، جزر و مد کتنے ہی آئے، تم نہیں آئے

قبروں میں آرام سے سوئیں گے شہدا اب، چھٹ کے اسیر آئیں گے وطن کو
لوٹ کر آلِ نبیؐ بھی اِک دن شہر مدینہ میں تھے آئے، تم نہیں آئے

لے کر نام ہمارا پورا، کون کہے گا خود کو سنبھالو، یوں تو نہ بہکو
کوئی نہیں جو وحید اخترؔ کو لغزشِ غم سے آج بچائے، تم نہیں آئے

۳۰ جولائی، ۱۹۸۸

تہران۔ کوچہ خسرو، پلاک ۵۲، خیابانِ ویلا

سمندر میرا رقیب

اَن گنت موجیں ہیں ہر موج میں لاکھوں چہرے
اس سمندر میں کہاں ڈھونڈنے جائیں گے تمھیں

سمندر سے مِرا رشتہ نہیں تھا
کہ میں زائیدۂ و پروردۂ و آسودۂ خشکی
مِری آنکھیں بھی کم ہی نم ہوئی ہیں
کہ اس صحرائے بے آب و گیہ میں لوُ ہمیشہ ہی چلی ہے
اگر آنسوُ بھی ٹپکے ہیں تو یہ خونِ جگر کی گل فشانی تھی
مرے صحرا کے دامانِ تہی کی جمع پونجی کی نشانی تھی

سمندر کو کبھی دیکھا بھی ہے تو یوں
کسی وحشی کو مجذوبانہ رقص و جوش میں جولان دیکھوں
سیہ دل، مضطرب، بے تاب، پُر شور اور مذبذب
کبھی ساکن، کبھی صامت، کبھی ناطق، کبھی جزر و مد میں مبتلا مجنوں
سمندر کے اُدھر بھی اور اِدھر بھی
اُس کے اوپر بھی اور اندر بھی
اندھیرا ہی اندھیرا ہے
خلا ظلمات سے لبریز، اُبلتا
کوئی چہرا نہ کوئی گُل نہ کوئی نور کا شمّہ
سمندر سے ہمیشہ ہی مجھے وحشت ہوئی ہے
سمندر مجرم و قاتل، سمندر خائن و غاصب

میرینا بیچ اور جوہو سے دیکھا ہے سمندر کو سیہ راتوں میں تاریک
یہیں دیکھا ہے اُس کو روزِ روشن میں مچلتا، کف بہ لب پاگل
ہوا میں بو، نمک کی، سڑتی گلتی زندگی کی
فضا میں سایے ہی سایے خلا کے
زمیں محکم، زمیں محرم، زمیں ہے زندگی افروز و پرور
مِرے محبوبِ گُل پیکر کے قدموں سے ہے گُل ریز و خوشبو بار یہ برسوں
اُنھی ہاتھوں نے اِس کے چپّے چپّے پر کھلائیں نکہت و رنگت کی دنیائیں
زمیں میری، مرے محبوبِ جاں کی محنتِ گُل آفریں کی کشتِ رنگیں
سمندر کو نہ اُن گُل ایسے قدموں نے چھوا ہے اور نہ اُن ہاتھوں نے اِس کو رنگ بخشے
سمندر غیر، پُر اسرار ہے اور اجنبی ہے
سمندر میں ہمارا مہ لقا گل پیرہن اُترا تو اُس کے دست و پا، گیسو
ہوئے قزاق موجوں کی کشاکش میں پریشاں اور حیراں

سمندر کا مقدّر ایک بار اُس وقت چمکا
جب مِرے محبوبِ گُل پیکر کے گُل پیروں کو دریائے خزَر کی موج نے چوُما
اٹھا کر اپنی باہیں اُس کو اپنی گود میں آنے کی دعوت دی
وہ ہنستی کھلکھلاتی، مسکراتی، شوخ آنکھوں سے، کِھلے چہرے سے اُن موجوں سے لپٹی
ازل سے تا ابد شاید یہی اِک خوبصورت منظر اُس تاریک دریا کو ملا تھا
جب اُس پر مجھ کو پیار آیا
مگر دل نے کہا چپکے سے، غاصب اور خائن ہے سمندر

سمندر کا وہ لمسِ چند لمحاتی مِری جانِ جہاں کو کر گیا شاداب و تازہ
سمندر نے مِرے اُس سر سبد گُل کو بسایا دل میں ایسا، پھر نہیں بھولا
مِرے اور اُس کے بیچ اِک، دو نہیں، کتنے سمندر حایل آئے

مجھے غافل، زمیں کے کاروبارِ پُرزیاں میں پا کے، بہکایا سمندر نے مِری جاں کو
خلیج فارس سے آواز دی، اِک دِن بُلایا
وہ رستا، آگ، خوں، ٹینک اور مزائیل،
بموں اور جنگ کی کشتی کا رستا تھا
سیہ، بے تاب، آتش بار پانی میں کھڑا تھا، وِنسِنس، عفریتِ مرگ آسا
تڑپتی لہر، اٹھتی موج میں جوالا مکھی ہر ہر قدم پر پھٹ رہے تھے
مرا معصوم گل پیکر ہمکتا، مسکراتا، زندگانی کی امنگوں سے چھلکتا
ہوا کے دوش پر اڑ کر سمندر کی طرف لپکا
وہ کتنی محترم پیاری مقدّس خاک تھی
جس پر قدم نے اُس کے اپنے نقش سے گُل آخری کترے
وہ مٹی سجدہ گاہِ زندگی، خاکِ شفا تھی
وہاں سے اُڑ کے جب اُس نے سمندر کی طرف پرواز کی
ظالم سمندر نے چلائے ظلم کے تیر اُس کے مرکب پر
ستمگر، خائن و غاصب سیہ عفریت نے مارے مزائیل
مرا گُل پتی پتی ہو کے بکھرا
اُس کی خوشبو نے خلیج فارس کے آبِ نمک میں عطر گھولا
ہزاروں موجیں اٹھیں اُس کے اِک اِک برگ کو دامن میں بھرنے کو
ہزاروں شارک لپکے تشنۂ خوشبو
کہ اس گُل پیرہن کے پارہ پارہ جسم کو چُومیں
سمندر کی تہوں کی تیرگی نے اُس سے اپنے دِل کی ظلمت کو ضیا بخشی
بہت غواص لولو اور مرجان و صدف کو ڈھونڈنے پانی میں اُترے
تہوں سے چُن کے لائے سیکڑوں گل
کئی سو کیلو میٹر دور پر غنچے، رسیدہ گل، ثمر اور برگ و بار اُبھرے

مِرا دُرِّ نجف، گنجِ شرف، میرے گہرہائے تمنا کا صدف باہر نہ آیا
کہیں کچھ راکھ سطحِ آب پر اُبھری
کہیں اِک ہاتھ شاخِ گُل بکف کی طرح چمکا
مگر وہ مسکراتا، کھل کھلاتا، زیست سے لبریز و شاداب
اور امواجِ سمندر سے الجھتا پیکرِ گُل آج تک واپس نہیں آیا

سمندر غاصب و خائن، سمندر ظالم و مجرم
اگر میں جانتا اُس کو سمندر کی طرف جانے نہ دیتا
خدا جانے سیہ دل، اندھے قاتل، بے حیا نے میرے گوہر کو
سیہ موجوں کی کِن تیرہ تہوں میں رکھ لیا ہے

سمندر! میں تجھے للکارنے آؤں گا اِک دن
مِرا گُم گشتہ گوہر تو نہیں دیتا، نہ دے
آج آنکھیں میری، کل جو صحرا تھیں، سمندر ہیں
مِرا دل کل تلک جو لُو کی بستی تھی، تلاطم خیز دریا ہے
مِرا گوہر مِری آنکھوں، مِرے دل میں پلٹ آیا ہے
تو اب بھی تہی ہے، تا ابد خالی رہے گا

وہ دریا و سمندر کیا، جو گوہر کو نگل لے، صدف کو پیس ڈالے
چُرا کر دولتیں جو دوسروں کی غصب کر لے
مِری غوّاص نظریں تیری تہہ سے اپنا موتی ڈھونڈ لائی ہیں
مِری آنکھوں کی پُتلی میں اُسی کی جگمگاہٹ ہے
ہر اِک اشکِ مژہ میں اُس کی صورت جھلملاتی ہے
چھُپا کر بھی مرا گوہر سمندر ہے بگولوں کی طرح آوارہ و گرداں
گنوا کر بھی اُسے سرمایہ دارِ گوہرِ نایاب ہے ہر اک مژہ میری

مِرے سینے کی ہر موج اُس کا گہوارہ
مِرا دِل یوسفِ گُم گشتہ کے عکسوں کا رنگین آئینہ خانہ
زرِ گُل سے بھرا ہے میرا آنگن، روز تازہ پھول مہکیں گے
نئے مہتاب ہر شب جگمگائیں گے
سمندر توڑتا ہے، عکسِ مہ کو، گُل کو ریزہ ریزہ کرتا ہے
سلیقہ ہجر کا مہتاب سے صبحیں، گُلوں سے باغ اُگاتا ہے
سمندر کو رقابت کا عبث دعویٰ ہے مجھ سے
مِرا محبوب پیکر میری روح و جسم میں، ہر سانس میں زندہ ہے، میرے ساتھ ہی زندہ رہے گا
خدا کی راہ میں جو قتل ہوتے ہیں، نہیں مرتے
محبت رزق دیتی ہے اُنھیں، آباد رکھتی ہے دلوں میں
سمندر شمر و رِیگن ہے یزید و وِینسنس[1] ہے
مرا سینہ زمینِ کربلا ہے
مرا گم گشتہ گوہر سجدہ گاہ و دولتِ اہلِ وفا ہے

ستمبر ۱۹۸۸

---

[1] USS Vincennes اُس رسوائے عام امریکی مزائیل بردار جنگی جہاز کا نام ہے جس نے ۳ جولائی ۱۹۸۸ کے دن صبح ۱۰:۲۴ بجے خلیج فارس میں بندر عباس سے دوبئ جاتے ہوئے ایرانی مسافرتی ایر بس طیارے کو دو مزائیل کے ذریعے سمندر میں مار گرایا تھا اور اس سانحہ میں وحید اختر کی شریک حیات مہ لقا قرائی بھی ۲۹۰ افراد کے ساتھ شہید ہوئیں۔ رونالد ریگن، جس کا نام یہاں شمر و یزید کے ساتھ آیا ہے، امریکا کا صدرِ وقت تھا جس نے اس سانحہ کے بعد وینسنس کے کپتان ولیم راجرس سوم کو اس کی فوجی خدمات کے لیے Legion of Merit کا تمغا اور اعزاز بخشا تھا۔ اس جہاز کے بقیہ عملے بھی اعزازات سے نوازے گئے۔ (مرتب)

خدا کے قہر سے ایک دعا

(۱)

قدم قدم پہ ظلمتیں کھڑی ہیں راہ میں سناں بکف
فرود گاہِ مہر آباد روشنی کی راہ ہے
حصولِ ویزا جہدِ دو سہ ماہ ہے
فرود گاہ میں بھی ہر قدم پہ تیرہ چاہ ہے
قطارِ انتظار میں تلاشِ گمر کی بھی سدِّ راہ ہے
ہوا میں اس جگہ سے فاصلہ ہمارے ملک کا ہے تین ساعتوں کا فاصلہ
مگر یہ تیرہ مرحلے، یہ مشتبہ نگاہیں، یہ تلاشیاں
سکیورٹی کے قید و بند
اور اس سے پہلے ہی عوارضِ فرود گاہ پست کر دیں حوصلہ
سفر وسیلۂ ظفر نہیں ہے، قید و بند کا تھکانے والا سلسلہ
پرانی بات تھی کہ آسماں زمین آدمی کے واسطے بنے
نہ کوئی حد نہ کوئی قید، اور نہ کوئی خاک غیر خاک ہے
فضا تو بے کراں تھی، بے کراں ہے، صاف پاک ہے
مگر سیاسی کشمکش نے توڑ کر زمین کو حصار کھینچے، سرحدیں بنائی ہیں
ستمگرانِ شرق و غرب نے فضا پہ پھینک کر کمند دام مرگ کے بچھائے ہیں

(۲)

فرود گاہِ مہر آباد پر ہم اپنی روح چھوڑ آئے تھے
یہاں سے ہم اٹھا اٹھا کے ہاتھ اُس کی خیر کی دعائیں مانگتے رہے
"خدا ہماری بی بی مہ لقا کو عمرِ خضر دے

وہ اپنے بیٹوں، بہوؤں، اُن کے بیٹوں بیٹیوں
اور اُن کے بیٹوں بیٹیوں کے سر پہ تا ابد رہیں
کوئی گزند انھیں نہ پہونچے بم سے اور مزائیلوں سے یا الٰہ
ہو زخمِ معدہ مندمل، نہ مائیگرین سے رہیں وہ مضمحل
وہ اپنے کام میں کسی کے سامنے نہ ہوں خجل
الٰہی! اُن کے بیٹے ان کی مامتا کی قدر جانیں،
اُن کی خدمتوں کا حق ادا کریں"
ہمارا کیا ہے، ہم رہیں کہ فوت ہوں
وہ ہیں تو خانوادہ منتشر نہ ہو گا، سب رہیں گے متحد
وہ منتظم، وہ عاقلہ، وہ عالمہ، وہ عزم و جہد سر بسر
وہ لوٹ آئیں گی تو اپنے گھر کا نقشہ خود بنائیں گی
وہ لان، پھول، پیڑ، سبزیاں خود اپنے دستِ نو بہار سے اُگائیں گی
عوارضِ فرود گاہ لاکھ سدِّ راہ ہوں
یقین تھا وہ آئیں گی
یقین تھا خدا پہ یہ، دعائیں رایگاں نہ جائیں گی

(۳)

مشیتِ الٰہ کا ہمارے ایسے عاصیوں کو علم کیا
کہ اُس کا راز پا سکے نہ انبیاء و اولیاء
خدا کے خاص بندے جانیں اُس کی کیا ہے، اور اُن کی کیا رِضا
ہمیں تو اپنے مختصر سے علم اور ذرا سی عقل سے یہی پتہ چلا
کہ جنگ زندگی کی دشمن اور ثقافت و فنون کے لئے ہے مرگِ بے دوا
کہ جنگ میں ہے صرف اور صرف سامراجیت کا فائدہ

غریب تیسرے جہاں کے ملک ہیں کھلونا سامراج کا
مشیتِ ستمگرانِ شرق و غرب کے اشاروں پر خود ایک دوسرے کو قتل کرتے ہیں سدا
مشیتِ ستمگراں یہی ہے، ان کے اسلحوں کے واسطے کھُلی رہیں بہت سی منڈیاں
تمام اُن کی تاب کار جوہری فضول کھاد کا بنیں یہ ملک مزبلہ
تباہ ہوں یہ بستیاں
کہ تیسرے جہاں میں آدمی نہیں، زمیں کا بوجھ ہے بھرا
یہ گندگی میں رینگتے، یہ فضلوں پر پلے بڑھے حقیر کیڑے
جو تمدن و علوم سے ہیں بے خبر
انھیں لڑا لڑا کے ایک دوسرے سے، ان کے ہاتھ اسلحے فروخت کر کے
اپنے ملک کو امیر سے امیر اور ترقی یافتہ کرو
ہم اس مشیتِ ستمگرانِ شرق و غرب کو سمجھ کے 'امن، امن' چیختے رہے
محبتوں کے نغمے، آشتی کے، عشق کے ترانے بے ثمر لکھا کیے
مشیتِ الٰہ سے دعائیں مانگتے رہے
کہ گود ساری ماؤں کی ہری رہے
سہاگنوں کو بیوگی کی اور کنواریوں کو عمر بھر اکیلا رہنے کی سزا نہ دے
کوئی ضعیف باپ اپنے بیٹے سے جدا نہ ہو
نہ کوئی نونہال ہو یتیم اور نہ اُسکے گھر پہ بم گرے
مزائیل آکے سر پہ ٹوٹیں بھی تو اُن سے آگ خون کی بجائے پھول برسیں ہر طرف
تمام بچوں کے سروں پہ اُن کی ماؤں کو سلامتی کے ساتھ رکھ

ہمیں پتہ نہیں مشیت الٰہ کیا ہے
پر کتابوں میں پڑھا ہے اور گناہ گار آنکھ عمر بھر یہ دیکھتی رہی
ستمگروں کی رسیاں ہمیشہ سے دراز ہیں

خلیج پر ہزاروں میل دور بیٹھے آمریکیاؤں کا حق تھا کیا
وہاں پہ اُن کی جنگی کشتیوں، مزائیلوں، ہوائی جنگ کے جہازوں کو بلایا جس نے بھی
وہ قاتلوں کا ہے شریک، مجرموں کا دوست ہے
خدا سعودی قاتلوں، خلیج کے شیوخ کو بہت نہیں ذرا سی عقل بخش دے
انھیں وہ غیرت و حمیتِ عرب، کبھی جو فاتحِ جہاں تھی، ایک بار پھر سے ہو عطا

مگر ہم ایک عاصی و گناہ گار و منحرف
ہماری سب دعائیں بے اثر رہیں
ہماری التجائیں بے ثمر رہیں
اور ہم کو یہ صِلہ ملا
کہ دہلی کی فرودگاہ پر ہمیں خبر ملی
کہ اب ہماری روح جِس کو ہم فرودگاہِ مہر آباد پر خدا کو سونپ آئے تھے
اور اُس کے منتظر تھے ایک سال سے
سیاستِ حرام زادگاں نے گھر سے دور راستے میں کر دیا شہید اُسے
الٰہی تو سمیع ہے، بصیر ہے، تو حی ہے، قدیر ہے
تو عادل اور منتقم
میں تیرے جبر و قہر کو پکارتا ہوں آج چار ماہ سے
مشیت و سیاستِ ستم گرانِ شرق و غرب پر تیرے عذاب و قہر کا نزول ہو گا کب؟
ہماری روح و جانِ جاں تو لوٹ کر نہ آئے گی
مگر ہے اب یہی دعا
ہماری طرح اب کسی کی روح جسم سے کبھی جدا نہ ہو
ہماری طرح سے کسی کے واسطے بنے نہ زندگی عذاب و قہرِ مستقل
ہماری طرح سے کسی کا گھر اندھیری رات میں نہ غرق ہو

ہماری طرح سے کسی کو یوں سزائے حبسِ دائمی نہ دے
میں تیرے قہر اور عذاب کو پکارتا ہوں ظالموں کے، قاتلوں کے واسطے
میں تیرے عدل ورحم کو، کہ تو کریم اور رحیم ہے، پکارتا ہوں
اُن شہیدوں کے گھروں کے، اُن کی آل کے لیے، جو تیری راہ میں فدا ہوئے

۱۹ اکتوبر، ۱۹۸۸

رفیقِ بیست و پنج و نیم سال

عروسِ نو سنبھل سنبھل کے پاؤں رکھ
کہ زندگی کی راہ سخت پُر خطر ہے
ہر قدم نشیب اور فراز ہیں
تو پھولوں سے لدی ہوئی
تو عطر میں بسی ہوئی
حیا کے بار سے نظر جھکی ہوئی

عروسِ نو سنبھل سنبھل کے راہ چل
یہ ساز، راگ، نوبت، اور سُر یہ شاہنائی کے
فغانِ درد اور صدا کے سیلِ تند رو میں ڈوب جائیں گے

عروسِ بیست و پنج و نیم سال
ہم تو اتنے لمبے فاصلے کے ہر نشیب اور فراز سے
گذر گئے تھے کامراں
صمیم و سرفراز و سرخُرو

یہ کون سا فراز اور کون سا نشیب ہے
کہ جس میں آج گم ہے تو؟
یہ میں نے کب کہا تھا تجھ سے جانِ جاں
نشیب اور فراز زندگی کے آسماں سے ہیں سمندروں کی تہہ تلک؟
یہ تو نے کیا کیا؟
فرازِ زندگی کو آسمان سے ملا دیا
نشیب کو خلیج کے سیاہ پانیوں کی تہہ تلک بٹھا دیا

تو ہر فراز سے تو سرخرو گذر گئی
یہ کون سا نشیب ہے کہ اس طرح سے گُم ہوئی
کہ اب کبھی سُراغ بھی تِرا نہ پاسکے گا تیرا ہم سفر

۱۹ نومبر، ۱۹۸۸

انجانی تصویر[1]

خشک آنکھوں میں سوئی ہوئی ہے شعلوں کی طغیانی سی
طاقِ نسیاں سے جو اُٹھایا برسوں کا گُم آئینہ
مجھ کو دیکھ کے، اُس نے کہا، کُچھ صورت ہے پہچانی سی
بولتی آنکھوں کی باتیں ہیں کھو کھلی تقریروں کی طرح
خاموش آنکھوں کا ابہام سنا دیتا ہے کہانی سی

اُن سے بھی کُچھ الگ بنائی ہے تصویر اُن کی دل نے
مدت بعد اُنہیں دیکھا تو شکل لگی انجانی سی

۲۶ جولائی، ۱۹۸۹

[1] نظم کے مسودے میں کوئی عنوان موجود نہیں ہے۔

ندائے آفتاب

یہ کون سے آفتابِ رخشاں کا ہے جنازہ
کہ جس کو ملیونہا اُجالے بہشتِ زہرا کی سمت لے جا رہے ہیں
نوحہ بلب، سیاہ پوش و خاک برسر
یہ کیسا یومِ عزا ہے جو عشرۂ محرم سے، عیدِ قرباں سے قبل آیا
یہ کیسی بے رُت کی فصلِ باراں ہے
جس کے اشکوں میں شہر و قریہ نہا رہے ہیں
تمام کوچے، تمام میدان، سب خیاباں سیاہ پوش و فغاں بلب ہیں
یہ عین فصلِ بہار میں کس طرح زمستاں پھر آگیا ہے
مژہ پہ ہر برگِ گُل کی آنسو دہک رہے ہیں
اور آتشِ داغہائے لالہ سے دشت و کوہ و دمن کے دامن بھڑک رہے ہیں
تمام اطفال و نوجواناں، تمام مرد و زناں کی آنکھوں میں غم کے تارے چمک رہے ہیں
ہلالِ ماہِ عزا محرم سے پہلے اب کے نکل پڑا ہے
بیانِ خونِ حسینؑ سے لب دہک رہے ہیں
مساجد و مدرسہ کے تن میں دلِ شہیداں دھڑک رہے ہیں
حُسینیوں میں حُسینیت کے لہو کے قطرے چراغ آسا دمک رہے ہیں
عطش کی شعلے بھڑک رہے ہیں

یہ کون سا آفتابِ تاباں تھا جس کی آمد سے شہر و قریہ
تمام کوچے، تمام میدان، سب خیاباں چمک اُٹھے تھے
فرودگاہ سے بہشتِ زہرا تک آدمیّوں سے سارے رستے چھلک رہے تھے
امام آمد، امام آمد، کے نعرہ ہائے فلک شکن سے تمام ایران گونجتا تھا

ہزار سالہ نظامِ شاہنشہی کا سیلابِ بے پناہِ عوام میں اِک حقیر تنکے کی طرح نابود ہو گیا تھا
ملوکیت کے قصور و ایواں، غلام و مزدور اپنے کاندھوں پہ اپنی میت اُٹھائے کشور بدر ہوئے تھے
جہان کے مستضعفین ایراں کو قبلہ گاہِ نجات و آزادگاں سمجھ کر
امامِ ملت کے پرچمِ سربلند کے سامنے جھکے تھے
زبانوں پر سرورِ شہیداں، امامِ آزادگاں کی نہضت کے تذکرے تھے
کہ چودہ قرنوں کے بعد اسلام کو ملی تھی حیاتِ تازہ
تمام عالم کی آدمیت کے سامنے تھا نجاتِ ظلم و ستم کا جادہ
یہ تند موجیں یہ اُٹھتی لہریں شہنشہی کے تمام قلعے گرا کے
طاغوت اور ابلیس کے کارمندوں کے لانہ ہائے سیہ کی جانب لپک رہی تھیں
غروبِ تہذیبِ غرب کا تھا فضا میں چرچا
ہوا میں مستکبروں کے دامن کے پُرزے فریاد کر رہے تھے
کہ مصطفیٰؐ و علیؑ کے وارث حسینؑ و زین العباؑ کے فرزند و جانشیں نے
سکھا دیا ہے عوام کو وہ نہفتہ اسمِ عظیم، قلعہ کشا و جادو شکن
جو قلبِ مستضعفان و آزادگاں کا مرہم ہے، ٹوٹے رشتوں کو جوڑتا ہے
جو افتراق و گروہ بندی کے صید ہائے زبوں کو حبلِ متیں کی وحدت سے باندھتا ہے
وہ اسمِ اعظم بزرگ رہبر کے لب پہ اُبھرا
ہزاروں لاکھوں کروڑوں سینوں میں جگمگایا
ہزاروں لاکھوں کروڑوں ہونٹوں کا درد بن کر ستمگرانِ جہاں سے اُلجھا
نہ ہشت سالہ قتالِ خونیں سے دب سکا وہ
نہ شرق اور غرب کی سیاست سے بجھ سکا وہ چراغِ تاباں
مزائیلوں اور بموں نے تخریب و قتل و دہشت کے دام پھینکے
وہ اسمِ اعظم ہزاروں لاکھوں شہید روحوں کی غیر فانی زباں سے بولا
تمام قدرت، تمام دولت، تمام شاہی و آمریت،

ہر اک سیاست، حبابِ سیلِ زماں ہے
موجِ سراب آسا، گذشتنی ہے
ہر ایک قاہر ہر ایک ظالم، ہر ایک آمر کا تخت وایوان رفتنی ہے
یزید وصدام وشمر وریگن ہر ایک جلّاد مُردنی ہے
ہیں جادوانی مبارزانِ رہِ عدالت
فقط ہے باقی خدائے قادر، خدائے عادل
بجز خدا کے تمام فانی، تمام فانی، تمام فانی
معلمِ اسمِ اعظم امروز روحِ حق سے ہوا ہے پیوست
کہ وہ بھی روحِ خدا تھا، روحِ حُسینیت تھا
مگر سکھایا تھا جن کو اُس نے وہ اسمِ اعظم
جو اُسکے اقدس بدن کو تہران کے مصلّے سے لے کے جاتے ہیں
سوپنے کو بہشتِ زہرا
ظہورِ صاحب زماں تک اسکی صدائے قلعہ شکن کے حافظ بنے رہیں گے
وہ ذوالفقارِ علیؑ کی وارث زبان خاموش ہو چکی ہے، یہ اِک گماں ہے
نہ ذوالفقارِ علیؑ رکی ہے کسی سے اور نا خموش ہوگی کبھی ابد تک
کہ جن کو سونپی تھی اس نے شمشیر امر معروف ونہیِ منکر
قیامِ مہدی تک اپنی تیغوں سے دشمنان ومنافقیں کے خلاف لڑتے رہیں گے پیہم
نہ اِنکے دامن میں بم گراتے عقابی شہپر
نہ اِن کی جھولی میں ظلم ومکر ودغا کے پتھر
نہ پشت پر اِن کی ہیں دبابے، نہ ہیں دبابہ شکن مزائیل
نہ اِن کے قبضہ میں دار وزنداں
نہ روح وتن کو جلانے والی اذیتوں کے چمکتے ساماں
نہتے بوڑھے، جوان بچے، ضعیف مائیں، کنواریاں، برقعہ پوش بہنیں

ہزار در صد ہزار پیروں سے چل رہی ہیں

ہزار در صد ہزار ہونٹوں سے کہہ رہی ہیں

ہمارے ہتھیار ہیں حُسینی عطش کی سوکھی ہوئی زبانیں

ہمارا نعرہ ہے جز خدا کے ہر ایک طاقت، ہر ایک دولت سراب وفانی

محمدؐ و فاطمہؑ کے پُرسہ گسار بدلیں گے اِس برس طرزِ روضہ خوانی

کہا تھا روحِ خدا نے اُن سے

کہ اب بھی تازہ ہے تیغ و خنجر، تشدد و جبر کی کہانی

فرازِ نوکِ سناں سے اُمت کو دیکھتے ہیں سرِ شہیداں

کہ اب بھی ہیں زینبؑ و سکینہؑ اسیر زنداں

کہ اب بھی زین العباؑ کی گردن میں طوق، ہاتھوں میں ہتھکڑی ہے

کہ آنے والی ہے جو بھی منزل، وہ اس صعوبت سے بھی کڑی ہے

ضعیف تشنہ جگر پدر کے لرزتے ہاتھوں پہ لاشِ اصغرؑ دھری ہوئی ہے

دغا کے نیزے کی نوک اکبرؑ کے دل میں اب تک گڑی ہوئی ہے

بریدہ بازوئے ابنِ حیدرؑ علم اُٹھائے ہوئے ہیں اب بھی

حُسینؑ خوں کی عبا میں، زخموں کے پیرہن میں، بدن چھپائے ہوئے ہیں اب بھی

زبانِ زینبؑ ستم گزیداں سے کہہ رہی ہے

ہوس کے دربار میں ابھی تک بناتِ عصمت برہنہ سر ہیں

ستم کے دربار میں ابھی تک ہیں پیاس کی لب صداقتوں کے جنازۂ بے کفن پہ گریاں

گلوئے اظہارِ حق ابھی تک زبان بندی کے آہنی طوق میں ہیں نالاں

زبانِ کذب و منافقت کی ہیں پوری آزادیاں کہ دنیا میں جھوٹ کو مشتہر کرے وہ

دروغ کے اسلحوں سے پیغمبرِ خدا کی غریب اُمت کی فوج کو منتشر کرے وہ

ہر ایک سلطانِ ارضِ خاور غلامِ مغرب بنا ہوا ہے

شہی کے طشتِ طلا میں فرقِ بُریدۂ حُریت دھرا ہے

یزید اب تک نہیں مرا ہے

حسینؑ دشتِ بلا میں 'ہل من مغیث' اب بھی پکارتے ہیں
جنازۂ آفتابِ تاباں سکوت کا نطقِ حق ہے
یہ مشعلِ آفتابِ خاور اُٹھانے والے
ہزار در صد ہزار پیروں سے بڑھ رہے ہیں
ضعیف مائیں، کنواریاں، برقع پوش بہنیں، نہتّے بوڑھے، جوان بچّے
ہزار در صد ہزار ہاتھوں پہ ہیں اُٹھائے ہوئے جنازہ
کہ یہ جنازہ نہیں عَلَم ہے خدا و پیغمبرؐ و علیؑ کا
ہزار در صد ہزار آوازیں کہہ رہی ہیں
حسینؑ کل دشتِ کربلا میں ہوئے تھے بے یاور اور تنہا
حسینؑ اب بھی عراق میں ہیں غریب و تنہا
مگر یہاں پر جنازۂ آفتابِ خاور اُٹھانے والوں کے بے کراں سیلِ بے پنہ میں
حسینؑ تنہا نہیں ہیں، تنہا نہیں رہیں گے
خمینیِ بت شکن کی قلعہ کشائی کا معجزہ ہے یہ بھی
کہ آج لاکھوں کروڑوں انساں زمیں کے گوشوں سے بڑھ رہے ہیں عجم کی جانب
ہر اک طرف سے پکارتے ہیں
کہ اب نہ چھوڑیں گے ہم حسینؑ ابن فاطمہؑ کو کبھی اکیلا
یہ آفتاب اب کبھی نہ ہوگا غروب اُفق پر
حسینؑ دشتِ بلا میں تنہا نہیں رہیں گے
یہ روشنی تا ابد ہے قائم
یہ روشنی تا ابد ہے دائم

جون ۱۹۸۹

رات [1]

کتنے ہی سال وماہ وشب وروز ہو گئے
رات اس طرح سے آئی تھی گھر میرے
دن ڈھلے
پھر اس کے بعد سے
اب تک نہ چاند نکلا نہ تارے
نہ آفتاب
سیلِ زماں میں ڈوب گئی ہے کہیں سحر
وہ رات کون جانے ہوئی کس طرح بسر
اُس رات کو خبر نہیں تھا کون منتظِر
کِس ماہِ شب فروز کی آمد کی تھی خبر
امید سے ورود کی جس کے تھے بام ودر
آئینہ سر بہ سر
وہ ماہ ابھی اُبھر بھی نہ پایا تھا عرش پر
اسیر کمندور ہوئیں ظلماتِ شب اثر
نیچے زمیں پہ موج زن امواجِ بحر تھیں
اوپر فلک تھا درپئے آزار سر بہ سر
چیخیں ہوائیں، تڑپی زمین در یا آسماں
ایراں سے دہلی اور دکن تک ہزاروں دل
اک بار رُک گئے
اور کتنے جگمگاتے گھروں سے اُٹھا دھواں
کتنی ہی آنکھیں نم ہوئیں، کتنے ہی سینوں میں
گھُٹتی رہی فغاں

۹ نومبر، ۱۹۸۹

---

[1] نظم کے مسودے میں کوئی عنوان موجود نہیں ہے۔

نیا سال، نئی دعا

نیا سال،
کہتے ہیں لوگ، آگیا ہے
مجھے تہنیت دے رہے ہیں
نیا سال کیا گردشِ روز و شب کو بدل جائے گا؟
نیا سال کیا سال ہا سال کے بچھڑے محبوب سے ہم کو ملوائے گا؟

نئے سال کی لوگ کیوں تہنیت دے رہے ہیں
نیا سال کیا گم شدہ میرے معشوق کو
آسماں کی بلندی، سمندر کی تہہ سے کسی طرح بھی ڈھونڈ کر لائے گا؟
نیا سال پچھلے برس بھی تھا آیا
یہی جھوٹے وعدے، یہی خالی باتیں
وہ اِک سال کس طرح گذرا امید اور مایوسیوں کی کشاکش میں الجھا
یہ بے درد، بے حس زماں کچھ نہیں جانتا ہے
فقط ایک لمحہ
وہ لمحہ جو برسوں سے سیلِ زمانہ کے سینے پہ ٹھیرا ہوا ہے
مِرے انتظار اور اُس کی ابد آشنا حد کو پہچانتا ہے

"اِدھر آؤ، دیکھو، وحید اختر آؤ"
"دریچے سے دیکھو کہ ایران میں کس طرح سے زمستاں کی پہلی برف آج برسی
وہ دیکھو، دماوند کی چوٹیاں برف سے ڈھپ گئی ہیں
اِدھر دیکھو، پیڑوں پہ اور اُن کی شاخوں پہ
برف آشیانہ بناتی ہے اپنا

یہ برفیلے گُل، یہ روئی کی طرح سے سفید و سبک گُل
بہت روز شاخوں پہ شاداب و خنداں رہیں گے
نیا سال تم کو مبارک"
"وحید اختر آؤ، دریچے سے اُس پار دیکھو
زمیں کل تلک جو سیاہ تھی، سفیدی کی چادر میں لپٹی ہوئی ہے
سنو، گھر سے باہر نکلنا تو ہر اِک قدم کو سنبھالے ہوئے
میں اِک بار سالِ گذشتہ جو نکلی تھی عجلت میں گھر سے
کہ لے آؤں نان و پنیر اپنے کوچے کی دوکان سے، گر پڑی تھی"
مرے پاؤں میں سُوج، ٹخنوں میں چوٹ آئی تھی"
ہنسی، کتنی پیاری، دل آویز و دلکش ہنسی
وہ ہنسی بیتے برسوں کے کہرے کی دیوار کو چیر کر
اب بھی میری رگ و پے کے ہر پیچ و خم میں کھنکتی ہے
چاندنی کے گھنگھرو بجاتی ہوئی
وہ آواز اب بھی مرے جلتے سینے سے لپٹی ہوئی
میرے پہلو میں سِمٹی ہوئی ہے
مگر اب وہ آواز پہلو میں ہوتے ہوئے بھی بہت دور سے آرہی ہے
کبھی آسماں سے، خلا سے
کبھی بطنِ گیتی میں جولان و پیچاں سمندر کی تہہ سے

مِری زندگانی اُس آواز کے ساتھ گُم ہو گئی ہے
پھسلتی ہوئی برف پر گر پڑی ہے
میں ٹھیرا ہوا ہوں وہیں اِک جگہ پر
وہ آئے، مِرا ہاتھ تھامے

اِدھر اور اُدھر سے، چپ و راست سے، ہر طرف موٹریں دوڑتی ہیں
خیابانِ ویلا سے ایرانشہر اور فردوسی و لالہ زار اور سرچشمے تک
بہت موڑ ہیں
ہر جگہ راہرو پر زمستاں کی برف آج بھی جم رہی ہے
مِری انگلیوں میں قلم جم گیا ہے
مِری روح میں ماتم و نوحہ و مرثیہ جمع ہیں
میری شریانوں میں بھاگتا دوڑتا خون
ڈھائی برس ہو گئے ہیں کہ اللہ ہی جانے کیوں تھم گیا ہے

"وحید اختر آؤ
یہ ہے توپ خانہ، یہ ہے چار راہِ امام خمینی
یہیں سے ملے گی ہمیں اپنی منزل کو جاتی ہوئی بس
اگر تم ہر اِک چار رستے پہ یوں رُک گئے تو
یہ شہر بزرگ، آدمیوں کا جنگل، یہ تہران تم کو یہیں چھوڑ دے گا
مِرے ساتھ آؤ
یہ کاریں تو یوں ہی گذرتی رہیں گی
ہمیں اِن ہی کے بیچ سے راہ کو قطع کرنا ہے
کیوں ڈر رہے ہو
مرا ہاتھ تھامو"
وہ ہاتھ آج بھی ہے مرے ہاتھ میں
پر وہ آواز، جو حوصلہ دے رہی تھی
سُنائی دیتی ہے اب بھی، دِکھائی نہیں دے رہی ہے

وہ نرم اور نازک وہ ننھے سے پُر حوصلہ ہاتھ اب بھی مِرے ہاتھ میں ہیں
مگر وہ چہیتا، تمام آدمیوں سے بہتر سراپا، نظر سے مِری چھُپ گیا ہے
یہ اِک سال نو کیا
اگر سینکڑوں سالِ نو بھی مِری زندگانی میں آئیں
تو کیا مجھ کو اُس گم شدہ چہرے، اُس دور سے آتی آواز کے قرب کی دولتیں بخش دیں گے؟
جمی برف پر یخ زدہ پاؤں کو آگے بڑھنے پہ آمادہ بھی کر سکیں گے؟
نئے سال کی لوگ کیوں تہنیت دے رہے ہیں؟
دعا ہے یہی خالقِ روز و شب سے
کہ اب زندگی میں مِری اس طرح جیسے آیا ہے، یہ سالِ نو پھر نہ آئے
گذشتہ شب و روز کا بار تو مجھ اکیلے سے اٹھتا نہیں ہے
اب آئندہ برسوں کا بارِ گراں کون تنہا اٹھائے
وہ آواز کہتی ہے اپنی شریر اور دلکش ہنسی کو دبائے ہوئے،
"اتنا پڑھ لکھ کے بھی بچوں کی طرح نادان و ضدّی ہو کیوں؟
زندگی کو جیو زندگی کی طرح
آئے وقتِ معیّن تو میں خود تمہیں ساتھ لینے کو آجاؤں گی
عدم کے خم و پیچ سے ہو کے تم کو
ابد آشنا زندگانی کی منزل پہ پہنچاؤں گی"

۲ جنوری، ۱۹۹۰ء

مقتل سے مقتل تک

(علی گڑھ سے حیدر آباد تک)

"سفر ہے شرط، مسافر نواز بہتیرے
ہزار ہا شجرِ سایہ دار راہ میں ہے"
(آتشؔ)

"مجھے یقین ہے اتنا سرشتِ انساں پر
کس بھی شہر میں جاؤں غریبِ شہر نہیں"
(احمد ندیم قاسمی)

یہ کس زمانے کی، کس آدمی کی باتیں ہیں؟
سفر وسیلہ ظفر کا ہے، کون کہتا ہے؟
ہزار ہا تو بہت ہے،
ملا نہ اک شجرِ سایہ دار بھی رہ میں
پرائے شہر میں کیا، اپنے شہر میں رہ کر
خود اپنے گھر میں بھی انساں غریبِ شہر ہے آج

ہم اپنے گھر کی کسی کنجِ عافیت میں پڑے
صحائف و کُتب و انبیا، ادیبوں سے
سکوتِ شب میں خموشی سے گفتگو کر لیں
تمام رفتہ و موجود شاعرانِ کرام
ہمارے کُلبۂ احزاں میں میہماں ہو لیں

یہ ایک خواب تھا، تعبیر جسکی ہے ناپید
ہم آج اپنے ہی گھر میں ہیں اپنے خواب کے صید
اٹھا پڑوس سے شور اور محلّے سے نعرے
سکوت ٹوٹ گیا، عافیت ہوئی برباد
صحائف و کُتب و شعر و فلسفہ کے حلیف
ہمارے کُلبۂ احزاں سی بھاگے ہو کے خفیف
یہ شور خوف کا ہے، موت کا ہے نفرت کا
یہ نعرے نام پہ مذہب کے ہیں پیامِ مرگ
ہے اِن کے لب پہ فقط خون آدمیت کا
تمازت اتنی بڑھی کربلا بنی بستی
ہر ایک روز تھا عاشورہ قتل و غارت کا
ہر ایک شب میں غریبوں کی شام کے آثار
بس ایک شامِ غریباں نہیں، بہت دن سے
ہر ایک شام گھروں سے دھواں نکلتا ہے
قناتیں جلتی ہیں، اسباب جاں کے لٹتے ہیں
خیامِ گُل سے نکلتی ہیں سوختہ لاشیں
چلے کہاں جرسِ غنچہ کی صدا پہ نسیم
ہر ایک قافلۂ نو بہار کی منزل
لہو میں غرق ہے اور نذرِ شعلہ ہائے جہیم
غریبِ شہر سفر پر چلا کہ سایہ کہیں

کسی شجر کے تلے تو مِلے گا رستے میں
مگر شجر کوئی آسودہ، سایہ دار نہ تھا
فضا، ہوا میں بھی جینے کا اعتبار نہ تھا
سمندروں میں تھے عفریتِ مرگ شعلہ فشاں
بطونِ ابر میں رقصاں تھیں برق ہائے تپاں
فشار اتنا ہواؤں میں تھا، ہوا بپا
ہوا و برق کی سازش سے پاش پاش ہوا
جو زندگی تھا سراپا، وہ ایک لاش ہوا
سُراغ اُس کا ہوا نے دیا نہ پانی نے
نشاں مٹا دیا جس کا جہانِ فانی نے

یہ اِک شہیدِ سفر کی تھی داستانِ جہاد
ہمارے شہر میں ہوتا ہے صبح و شام فساد
ہر ایک شاخ ہے گلچیں، ہر اک شجر صیاد
ہر ایک کوچہ میں پہرے پہ پھرتے ہیں جلّاد
ہر اک مکان ہے لاشوں کے ڈھیر سے آباد
چلو سفر پہ چلیں اپنے شہر کو چھوڑیں
"کہیں تو قافلۂ نوبہار ٹھہرے گا" (مصحفی)
کسی جگہ تو دلِ بے قرار ٹھہرے گا
مگر کہیں جرسِ غنچہ کی صدا نہ نسیم
کہیں روش پہ گُلوں کے خیام ہیں نہ شمیم
ٹرین چیختی ہے، پہیے گڑگڑاتے ہیں
مشیں کے بوجھ تلے جادہ ہائے فولادی
تڑپتے، کانپتے ہیں اور تلملاتے ہیں
ہراِس قتل و تشدد فضا پہ طاری ہے
کہ پیر و طفل و جواں خود میں سمٹے جاتے ہیں
کل اک ٹرین کو روکا تھا دھرم بھگتوں نے
مسافروں کی جگہ اُن کی لاشیں اُتری تھیں
اور ایک روز خضوع و خشوعِ مذہب نے
کسی غریب کے کم عمر بیٹوں بیٹیوں کو
اُٹھا کے پھینکا تھا چلتی ٹرین سے باہر
کہ یوں ہی رکھنی تھی بنیاد اُن کو معبد کی
یہی تو نِیو ہے اعدائے دیں کے مرقد کی

ٹرین چیختی ہے، پہیے گڑگڑاتے ہیں
مشیں کے بوجھ تلے جادہ ہائے فولادی
تڑپتے کانپتے ہیں اور تلملاتے ہیں
یہ ہم سفر ہے ہماری بغل میں بیٹھا ہے
کسی بھی لمحے نہ پہلو میں مار دے خنجر
کسی بھی وقت نہ تیزاب پھینک دے منہ پر
یہ جو محافظِ امن و اماں ہے پہرے پر
ہمارے سینے پہ خالی نہ رائفل کر دے
عجیب یہ شجرِ سایہ دار راہ میں ہیں
نہ ان سے گھر میں اماں تھی، نہ ہے سفر میں اماں
غریبِ ملک و وطن جائے بھی تو جائے کہاں
خدا کا شکر ہے کہ پہونچے تو ایک منزل پر

نہ جسم پر ہے جراحت، نہ زخم ہے دل پر
سفینۂ سفر آ کر رُکا ہے ساحل پر
یہ شہر امن و اماں ہے محبتوں کا مکاں
سدا سے شیر و شکر یاں ہیں کفر اور ایماں
اُٹھاؤ اپنا اثاثہ چلو عزیزوں میں
ہزارہا شجرِ سایہ دار راہ میں ہیں
ہم اپنے مولد و مامن کی اب پناہ میں ہیں
یہ شہر وہ ہے جہاں ہم غریبِ شہر نہیں
لہو کی موج نہیں یاں ستم کا قہر نہیں
مگر یہ کیا کہ ہزاروں سواریاں ہیں کھڑی
ہمیں بٹھانے پہ آمادہ ایک بھی تو نہیں
ہر ایک کہتا ہے جاں کا زیاں نہیں منظور
جہاں پہ جانا ہے تم کو وہاں ہے شورِ نشور
ہے اک مہینے سے واں آدم آدمی سے نفور
وہاں تو شام سے کرفیو ہے شہر کا دستور
شبیں سُلگتی ہیں نیندیں مچلتی رہتی ہیں
سحر تک آنکھوں کی شمعیں پگھلتی رہتی ہیں
مکانوں میں نہ اماں ہے نہ کوچوں میں ہے پناہ
سکون و امن کو رخصت ہوئے ہوا اک ماہ
گھروں میں سوئے ہوئے لوگ قتل ہوتے ہیں
عدو لگاتے ہیں نعرے، عزیز روتے ہیں
کچھ ایسا پیچ پڑا مذہب و سیاست میں
کہ آ گیا ہے خلل روحِ آدمیت میں
سفر پہ نکلے ہو کیا سوچ کر کہاں کے لیے؟
عبث ہے آج ہر اک جستجو اماں کے لیے
نہیں ہے اک شجرِ سایہ دار بھی رہ میں
جہاں بھی جاؤ گے تم ہو غریبِ شہر وہاں

۸ جنوری، ۱۹۹۱

کس سے بات کریں[1]

ہم کہاں جائیں کس سے بات کریں
کہتی ہے کان میں یہ تنہائی

لوگ آتے ہیں گھر میں صبح وشام
کرتی ہے بے دلی پذیرائی
نہ غرض اُن کو ہم سے نے ہم کو
ہے ضرورت کی کارفرمائی

ساتھ سورج کے ڈوبتا ہے دل
شام لیتی ہے غم کی انگڑائی
رات بھر شمع وجاں پگھلتے ہیں
کوئی کرتا نہیں مسیحائی
رات رہتی ہے منتظر شب بھر
در پہ دستک نہ دل میں شہنائی
نیند پلکوں سے لگ کے جاگتی ہے
خواب کرتے ہیں دشت پیمائی
صبح اٹھیے تو ٹوٹتا ہے بدن
روحِ بیمار، دل کی پسپائی

دیکھیے یوں تو محفلیں ہیں جمی
قہقہے، فقرے، لطفِ گویائی

اپنوں، غیروں کے واقعات پہ طنز
زد پہ افراد کی جبہ سائی
ادب وشعر وفلسفہ کی بحث
حاصل ان کا فریب وخود رائی
جہل کا مضحکہ، حمق کا مزاق
بزم ان تذکروں سے گرمائی
ذکرِ اربابِ اقتدار بخیر
....

نامکمل، ۲۰ مئی، ۱۹۹۱ء

---

[1] نظم کے مسودے میں کوئی عنوان موجود نہیں ہے۔

بے آواز[1]

ذہن میں گونجتی ہے خاموشی
برسوں گزرے ہیں شعرِ بے آواز
کہیں جانے کو چاہتا نہیں جی
کس سے ملیے، کوئی نہیں ہمراز
اُس سے بچھڑے تو ہو گئے ہموار
زندگانی کے سب نشیب و فراز

بند دروازوں پر ہیں قفل لگے
دیجے دستک کہاں، کسے آواز
منتظِر تھا جو منتظَر میرا
ہو اگم وہ تو ہے جہاں ناساز

لکھتے تھے نامے جسکو صبح و شام
اب کسے لکھیں نامہ ہائے دراز
اب ہے قرطاس سے قلم ناخوش
ہو گئی ختم خامے کی پرواز

مر کے بھی اُس نے دولتیں بخشیں
تھا وہ زندہ تو میرا مایۂ ناز
جو بھی حاصل ہوا ہے اُسکے طفیل
جو بھی کھویا وہ تھا صرف اُسکا ناز

بار بار لوٹ آتی ہے صدا تک
ہم کسے ڈھونڈیں، دیں کسے آواز

دادی اُسکی بتول، نانا رسول
گود میں اُن کی ہے وہ عشوہ طراز
ہے شہیدوں کی صف میں وہ شامل
دے خدا اُسکو صلہ عمرِ دراز

۵ جولائی، ۱۹۹۱ء

---

[1] نظم کے مسودے میں کوئی عنوان موجود نہیں ہے۔

کال بل

میں اپنی خلوتِ گوشہ نشیں میں
گئے بیتے ادیبوں، فلسفیوں، شاعروں کو پڑھ رہا ہوں
وہ میرے ساتھ بیٹھے مجھ سے محوِ گفتگو ہیں
دسمبر جنوری کی سرد راتوں اور دنوں میں
لحاف اوڑھے میں بستر میں ہوں لیٹا
نہ اُٹھنے بات کرنے کی ہے فرصت، نا صحبتِ ناجنس کی ہمت
مگر در پر لگی گھنٹی کی آواز آرہی ہے
کوئی ہم جنس یا ناجنس آیا ہے
اُٹھو دیکھو، لحاف اپنا ہٹا کر در پہ جاؤ
عجب یہ ایک آفت ہے
یہ اُس کی یاد کی خلوت میں غیروں کی خیانت ہے
کہ خلوت گھنٹیوں سے گونجتی تنہائی کی لذت کو یوں مجروح کرتی ہے
"جناب آپ اپنا اسمِ پاک کہیے
کس لیے تشریف لائے ہیں"
"حضور ہم کام سے آئے ہیں، تھوڑی بات کرنی ہے"
"مگر کیا کام کا میں آدمی ہوں؟
میں تو ہوں گوشہ نشیں گھر میں
نہ ادبی محفلوں سے واسطہ ہے اور نہ بزمِ شعر و موسیقی سے رشتہ ہے
فقط یہ کہ مرے ذمّے خداوندانِ مکتب نے
کیے ہیں چند عہد، جن کو میں اُن کی حماقت جانتا ہوں"
"حضور ایسے ہی اک دو مسئلوں پر بات کرنا ہے"

"سر و چشم آیئے تشریف رکھئیے"

مِری خلوت بکھر جاتی ہے، نشّہ ٹوٹ جاتا، فکر و فن سب مرنے لگتے ہیں
یہ کیسی دوسری گھنٹی بجی؟
کیا ٹیلی فون آیا؟
عجب! لیکن کہا اُس نے غلط نمبر ملایا تھا
یہ سارے رابطے کے سلسلے مربوط ہیں...... نابستگی سے
جو تم کو اپنے خود سے قطع کرتے ہیں
لیکن اب عمرِ گریزاں چلتے چلتے کہہ رہی ہے
کسی گوشہ میں نامعلوم سی کٹیا بنالوں
سب در و دیوار کردوں بند
......خاموش کردوں
کتابوں کے حصار اپنی...... تعمیر کردوں
شاید اس طرح سے خود کو پالوں
اور فکر و فن میں اپنے آپ کو ڈھونڈوں

۸ مارچ، ۱۹۹۲

مرثیہ (خلیج فارس)

پھیلا ہوا ہے دوٗر تک آبِ خلیجِ فارس
پڑھتی ہے موج موج کتابِ خلیجِ فارس
آئینہ ہے ہر ایک حبابِ خلیجِ فارس
پلکوں سے چھانتا ہے سرابِ خلیجِ فارس

ہم دل فگار، اشکوں سے آغشتہ آئے ہیں
کرنے تلاش گوہرِ گم گشتہ آئے ہیں

حایل تھے راستے میں بیابان وریگ زار
روکے تھیں راہ ندیاں اور اونچے کوہسار
پھیلے ہوئے تھے دور تک امصار اور دیار
عزمِ مسافرت میں موانع تھے بے شمار

پرواز کے لیے بھی گذرنامہ چاہیے
ویزا وٗمال اور سفر نامہ چاہیے

خشکی کی راستے میں کڑے کوس تھے ہزار
تھے آبی جادّے میں بھی گرداب بے شمار
آتش فشاں حباب تھے، موجوں میں تھا فشار
پروازیں خوفِ موشک و بم سے تھیں بے قرار

کیسے پہنچتے، کوچۂ دلدار دور تھا
دیواریں تھیں ہزار، درِیار دوٗر تھا

ہم منتظر تھے پہونچے گا محبوبِ دل نواز
برسوں سے انتظار کا تھا سلسلہ دراز

جِس شب کے خاتمے پہ درِ اُمید کا تھا باز
جِس صبح کو یقیں تھا کہ چمکے گا ماہِ ناز

وہ صبح آتی کیا کہ سرِ شام شب ہوئی
شب کٹتی کیسے، قطع امیدِ طرب ہوئی

جو شب چمکتی نورِ یقینِ سحر کے ساتھ
جو جاگتی چراغِ سرِ رہ گزر کے ساتھ
جو گاتی ناچتی مِرے دیوار و در کے ساتھ
وہ شام ہی سے بجھ گئی اِک بد خبر کے ساتھ

ہو گا طلوع ماہ نہ شب جگمگائے گی
ٹھہری رہے گی رات سحر اب نہ آئے گی

وہ شب سمٹ گئی دلِ خانہ خراب میں
گھُلتی رہی وہ ہجر کے جامِ شراب میں
وہ بوند بوند ٹپکی عطش کے سراب میں
کچھ گھر میں کچھ کٹی سفر اضطراب میں

تھے ذہن و دل کشاکشِ امید و یاس میں
طیاران گاہ پہونچے تھے خوف و ہراس میں

طیارے خطّے خطّے سے اُڑتے ہیں بے شمار
دوشِ ہوا پہ کرتے ہیں انسانوں کو سوار
ہر اِک فرودگہ پہ اُترتے ہیں بار بار
ہوتا ہے روشن آمدِ یاراں سے انتظار

پر میرا انتظار ابدی انتظار تھا
نومید ہونے پر بھی دل امیدوار تھا

جس کے لیے تھے دیدۂ و دل برسوں فرشِ راہ
چپکے سے بولی، چیخ اُٹھی پھر فرودگاہ
کس سرنشیں کے واسطے بے تاب ہے نگاہ
مرکب ہوا ہے اُس کا مزائیلوں سے تباہ

بکھرے ہوا سے پھول اندھیروں کی راہوں میں
موجوں نے اُٹھ کے بھر لیا پھر اُن کو باہوں میں

ہرمز کی تنگنا کے جزیروں کے آس پاس
لہروں پہ تیرتے ہیں کئی رنگ کے لباس
ہیں غرقِ آب، جینے کی تھی جن کو برسوں آس
شعلہ فشاں فضا ہے، سمندر ہے بدحواس

جو لاشیں جورِ آب سے بے پیرہن ہوئیں
لہریں ہی اُن کی بے کفنی کا کفن ہوئیں

تیری خوشی، اُمید، محبت، تیری حیات
لوٹی ہے بادو آب نے پھیلا کے لاکھوں ہات
نکلی ہوا کے دوش پہ صد پارہ تن برات
دن اِک پہر ڈھلے ہی ہوا ختم، آئی رات

گُل پتّی پتّی ہو کے سمندر میں کھو گیا
اُس کا سفر میانِ سفر ختم ہو گیا

اُس کا پتہ ملے گا نہ خشکی نہ آب میں
بے فایدہ بھٹکنا ہے اب اضطراب میں
موجوں میں ڈھونڈ اُسے نہ مچلتے حباب میں
اب ہو گی وہ حضورِ رسالت مآب میں

تیری نظر میں اور تھی، منزل تھی اُس کی اور
وہ سیّدہ تھی آرزوئے دل تھی اُس کی اور

شوقِ جہاد، عزّتِ دیں کی امیں تھی وہ
میں شک ہوں سر بسر تو سراپا یقیں تھی وہ
میں اُس کو مہ سمجھتا تھا مہرِ مبیں تھی وہ
وہ روشنی تھی، طایرِ عرشِ بریں تھی وہ

اِس خاک سے نہ تھی وہ، سرِشت اس کی تھی جُدا
دنیا کی جنّتوں سے بہشت اُس کی تھی جُدا

وہ تھی کنیزِ سیّدۂ عالمِ زناں
اُس کی رگوں میں فاطمہ کا خون تھا رواں
وہ تھی کنیزِ فخرِ رُسل، فخرِ دوجہاں
تھی خاکِ پائے شاہِ جوانانِ انس و جاں

جاں دے دی اُن کے واسطے عینِ شباب میں
ہے مادرِ حسین و حسن کی جناب میں

اُس کو ملی تھی ورثے میں چادر بتول کی
وارث تھی وہ مشقتِ بنتِ رسول کی
پابند تھی وہ دینِ نبی کے اصول کی
اللہ نے بھی اُس کی ریاضت قبول کی

شافع نے اُس کو اپنی شفاعت میں لے لیا
زہرا نے اُس کو چادرِ عصمت میں لے لیا

اب کھُل رہا ہے دوست ہیں کون اور کون عدوٗ

تعریفوں میں تھی کس کی نفاق وریا کی بوٗ
پوجا تھی چڑھتے مہر کی اہلِ غرض کی خوٗ
اک دم سفید ہو گیا احباب کا لہوٗ

دنیا سے اُٹھ گئی جو مروّت تو کیا گلہ
چھوڑا شریکِ زیست نے اسکا رہا گلہ

وہ بے مروّت ایسی کہ چھوڑا نہیں نشاں
کیا جانے آیا خوش اُسے رہنے کو گھر کہاں
دیتی نہیں زمین پتہ، چُپ ہے آسماں
وہ چُپ ہوئی تو ہو گیا سنّاٹے کا سماں

بیٹوں کو جاتے جاتے مکاں اور زر دیا
ہم کو نہ مندمل ہو، وہ زخمِ جگر دیا

وہ تھی تو سب عزیز ورفیق و قریب تھے
سرمایہ تھی ہمارا وہ ہم جب غریب تھے
دشمن بھی چارہ گر تھے غم بھی طبیب تھے
بے مائگی کے ساتھ بھی ہم خوش نصیب تھے

زر چیز کیا ہے عشق کا سرمایہ لُٹ گیا
دنیا نے ساتھ چھوڑا، جو ساتھ اُسکا چھُٹ گیا

ہم رہ گئے اکیلے، وہ خلد آشیاں ہوئی
دوزخ میں ہم کو چھوڑ کے جنت مکاں ہوئی
ہم مصیبت گرفتہ، وہ عرش آستاں ہوئی
ہر اک مرض نے گھیرا جو گم جانِ جاں ہوئی

قرطاس اور قلم بھی گئے ساتھ چھوڑ کر
بیٹھی ہیں اب کتابیں بھی مُنہ ہم سے موڑ کر
اُسکا نشان ڈھونڈنے جائیں کہاں کہاں
دریا خموش، چُپ ہے زمیں، چُپ ہے آسماں
وہ مسکراتی تھی تو مہکتا تھا گلستاں
وہ بولتی تو بولنے لگتا تھا کُل جہاں

اِک اُنکی چُپ نے دہر کو بھی بے زباں کیا
خالد مکاں نشین، ہمیں بے مکاں کیا

ہم زندہ تو ہیں، ساتھ مگر زندگی نہیں
جلتے ہیں سَو چراغ مگر روشنی نہیں
غم سے نہیں ہے غم تو خوشی سے خوشی نہیں
اب دوستی کسی سے نہیں، دشمنی نہیں

کرتے ہیں یاد اُنھیں جو شہیدِ جفا رہے
بے گور اپنے خون کی پہنے قبا رہے

اے دل تو کربلا کے شہیدوں کو یاد کر
بے گور لاشوں زخم رسیدوں کو یاد کر
تن پارہ پارہ فرق بریدوں کو یاد کر
اہلِ حرم کے خوں بھرے دیدوں کو یاد کر

زندہ کیا اُنھیں سر و تن کی جُدائی نے
اب تک اُنھیں بھلایا نہیں ہے خدائی نے

پیوندِ خاک ہو گئے کیا گُل جبیں حسیں
مٹّی کا رزق بن گئے کیسے ہی نازنیں
ہیں بے نشان کتنے شہنشاہ و مرسلیں
گنبد تو کیا، مزار نہیں، سر پہ چھت نہیں

عبرت کی آنکھ دیکھ لے اہلِ بقیع کو
چھوڑا ستمگروں نے نہ آلِ شفیع کو

یاں دفن پارۂ دلِ فخرِ زمن بھی ہے
ان بے نشان قبروں میں قبرِ حسن بھی ہے
زین العبا بھی، وارثِ خود پنجتن بھی ہے
صادق بھی اور باقرِ شیریں سخن بھی ہے

کتنوں کے مرثیے لکھیں صرف اک قلم سے ہم
ہاں اپنا غم بھلائیں گے اک ذکرِ غم سے ہم

(ناتمام)

اجنبیت

اجنبیت ہے راستوں میں کھڑی
اجنبیت ہے محفلوں میں بھری
اجنبیت ہے بام و در سے عیاں
اجنبیت ہے بزم میں بیٹھی
اجنبی چہرے، چشم، لب، ابرو
اجنبی گفتگو، زبان، ہنسی

راستا تو وہی سفر کا تھا
پھر یہ منزل ہے اجنبی کیسی
کل جو بستے تھے یاں کدھر ہیں وہ لوگ
کس طرح خالی ہو گئی بستی
چاپ قدموں کی جاننے والے
در نہیں ہوتے وا، صدا کیا دیں
کل جو کُھل جاتے تھے ہمارے لیے
اُن دریچوں کی بند ہیں آنکھیں
جس کے اِک دم سے گھر تھا اپنا گھر
نہیں ملتا پتہ بھی اُسکا ہمیں
کوئی کہتا نہیں کہاں ہے وہ
جو دھڑکتا تھا روح میں دل میں
عکس سے جسکے آنکھیں روشن ہیں
آج بھی جو بسا ہے رگ رگ میں

آکے منزل پہ بھی ہے منزل گُم
لوٹ کر یاں سے ہم کہاں جائیں
گھر سے نکلے تھے ہم وطن کے لیے
نجدِ دیوانگاں دکن کے لیے
گذرے کہسار و دشت و دریا سے
ہم آج شہر میں اپنے غریبِ شہر سہی
ہم اپنی خاک سے اُکھڑے ہوئے پھلے پھولے
ہم اپنے ملک میں، اہلِ وطن میں نامقبول
ہم اپنے ہم قدموں، ہم عقیدہ میں مطعون
ہم اپنے اہل مسالک کی چشم میں ملعون
مگر ہم آج بھی زندہ ہیں، کل بھی باقی ہیں
کہ سب کے ساقیِ کوثر ہمارے ساقی ہیں

کویت اور عراق و خلیج کے حکما
بنی سعود کے اور آمریکا کے فقہا
کرشن و رام سے ناآشنا سیاست داں
خدا کے نام پہ کھولے ہوئے سب اپنی دکاں
کہیں ہمارے خلاف، ا
اُن کے دل میں جو ہے فضول
نہیں وجود ہمارا اُنہیں کہیں بھی قبول

مگر یہ بات ہے حق، ختم کربلا پہ نہیں
وہ دن وہ شام جو سچوں کی ابتلا پہ نہیں
ابھی تو معرکۂ کربلا و عاشورا
حسین کر گئے جسکو شروع، جاری ہے
یہ ایک شب کا ستم لاکھ ہم پہ بھاری ہے
مگر وہ صبح بھی آئے گی جو ہماری ہے

۲۰ مارچ، ۱۹۹۳ء

رقیبوں کی باتیں

تمہیں مجھ سے شکایت تھی
کہ میں تم سے زیادہ عشق کرتا ہوں قلم اور سادہ کاغذ سے
تمہیں یہ یاد ہو گا
تم نے اکثر ہی قلم ہاتھوں سے میرے چھین کر پھینکا ہے
اور کاغذ کے ٹکڑے کر کے کمرے میں بکھیرے ہیں
میرے کاغذ قلم کو تم رقیب اپنا سمجھتی تھیں

ذرا آ جاؤ، دیکھو،

چار سال اب ہو رہے ہیں،
خبر جب آئی کہ ایرانی ہوا پیما کے ۲۹۰ مسافر امریکی مزائیل کا نشانہ...[1]
تذبذب، درد و دہشت میں کسی نے
کہ اب تم حشر تک مجھ سے کبھی ملنے نہ آؤ
تو اس دن سے کبھی میں نے قلم پکڑا نہیں ہاتھوں میں
کاغذ سامنے سارے پڑے رہتے ہیں، ان پر کچھ نہیں لکھا،
کہو تم ہی کہ میں کس سے زیادہ عشق کرتا تھا
کسے اب بھی زیادہ چاہتا ہوں
نہیں ہو تم تو کاغذ اور قلم میرے لیے بے کار اشیا ہیں
یہ قرطاس و قلم تم سے مرے رشتے کو مستحکم کیا کرتے تھے ہجراں میں
تم سے باتیں دل کی کرتا تھا
فراق اک ماہ یا دو ماہ کا ہو کٹ ہی جاتا تھا

---

[1] یہاں دو سطروں کی صحیح عبارت کوشش کے باوجود معلوم نہیں ہو سکی۔ جو الفاظ خوانا تھے وہ لکھ دیے گئے ہیں۔

اسی کاغذ قلم کی دوستی میں تمہارے
مگر اب تو ازل سے تا ابد ہے یومِ ہجراں
اسے کس طرح کاٹوں
کہ کاغذ اور قلم کچھ بھی نہیں کہتے، مری کچھ بھی نہیں سنتے
اٹھا کر میں نے اُن کو رکھ دیا ہے طاقِ نسیاں میں
تم آجاتے تو قرطاس و قلم پھر دوست ہو جاتے
رفیقِ ہجر ہو جاتے

مجھے تو تم ہی پیارے تھے

یکم اپریل، ۱۹۹۳

گُل باران

"بیا تا گل بیافشانیم" در آبِ خلیجِ فارس
"کہ مئے در ساغر اندازیم"...... مشکل ہے
"فلک راسقف بشکافیم"...... مشکل تر
و"طرحِ نو در اندازیم"...... ممکن ہے

شہیدوں کا لہو بے جسم و بے آرام ہے موجوں کے مانند
نہ اُن کا پیرہن پیدا نہ اعضائے بُریدہ کا نشاں ہے
یہاں "ہنگام" کے ساحل کے نزدیک
اِک ہوا پیما سے ٹکرائے تھے دو موشک
نہ وہ جنگی سپاہی تھے نہ دہشت گرد
اُن کے ہاتھ خالی اسلحوں سے، دل امیدوں سے بھرے تھے
جواں، مرد و زناں، اطفال، پیراں اور خلابانان
ابھی نکلے تھے سوئے منزلِ امن، عشق خانوں کی طرف جولاں
امیدوں آرزووں اور خوابوں کے پروں سے تھے پر افشاں
وہ انسانی مقدس رابطوں کے تھے نگہباں، پاسداراں
مگر تیغ و تفنگ و تشنگیِ خون خواراں تھی کمینِ نفرت و انساں کُشی میں منتظر اُن کی
سلاحِ جنگ، مرگ و دہشتِ امریکیاں، انسان خواراں، آٹھ برسوں سے تھی پیاسی
لہو دونوں طرف سے پی چکی تھی صد ہزاراں کا
عرب ہوں یا عجم انسان کب ہیں، لقمۂ تر ہیں اجل کے
درختوں سے ٹپک جاتے ہیں پھل سر کے
ہوا پیما کی اونچائی سے بادِ تند نے آغوش پھیلائی

وہ گُل پیراہن و سیمیں تن و جانِ چمن تھے، اُن کو بادِ سر دخوش آئی
ہوائیں صد ہزار برگِ گُل سے سج سنور کر نیچے اُتریں
جسد پھولوں کے گہوارے ہواؤ آب کی موجوں میں بکھرے
فضا خوشبو سے اُن کی مست ہو کر ناچ اُٹھّی
سمندر موج در موج اوپر اُٹھّا شوق سے گودی میں لینے کو
کسے معلوم
ان پھولوں کی منزل آسماں تھا یاز میں تھی یا خلیجِ فارس کی موجیں
ہم اب بھی سات برسوں بعد کشتی کی حفاظت میں خموشی کی زباں سے نوحہ خواں ہیں
ہمارا گُل نہ جانے وادیِ گُل میں کہاں ہے
کہ ہر سو اُس کی خوشبو سے فضا، آب و ہوا مہکی ہوئی ہے
یہ اُسکی یاد ہے جو ہر طرف بکھری ہوئی ہے
کہ میں بھی ساتھ اُن کے ہوں گُل افشاں
مِژہ بھیگی ہوئی ہے
دلوں میں قاتلوں کو بھسم کر دینے کو شعلے پر فشاں ہیں
مگر نظروں کے ہاتھوں میں ہیں پھولوں کے دہن خنداں
خدا کرتا رہے گا تا ابد اِن بے نشانوں کی نشاں گُم گشتہ قبروں پر گل افشانی
ہوائیں یاد میں اُن کی کریں گی جاں فشانی
اور موجیں از سحر تا شب کریں گی اُن کی آبی قبر پر قرآن خوانی

خدا آباد رکھّے اس جہانِ آب و گُل کو
چمن میں ہم بھی آئے تھے کہ غنچوں کو ہنسائیں اور گلوں کو گُد گُدائیں
کسی کی راہ کی دیوار ہم کل تھے نہ اب ہیں
کہو سب خوش رہیں، غنچے کھِلیں گُل مسکرائیں

ہمیں تو اب کوئی آواز دیتا ہے کہیں سے
کہ ناتا توڑ لو تم بھی زمیں سے
اس اک آواز پر دل چلتے چلتے رُک رہا ہے
اُسے کوہِ ندا آواز دیتا ہے
سفر کا راستہ منزل کی جانب بڑھ رہا ہے
نئی نسلوں کو یہ دنیا مبارک
ہمارا دل بھی گُلباراں کے ساتھ اب اُڑ رہا ہے

۱۳ جولائی، ۱۹۹۵

غزلیں

میری غزل ہے شعلگی گل، خوشبو کی تلوار کی دھار
آگ سے کس نے کام لیا ہے نغمہ گری میں میری طرح

غزلیں لکھنا بھی ہے بہانہ تم سے باتیں کرنے کا
نم دیدہ لفظوں میں بکھرتی ہے کاغذ پر تنہائی

(۱)

اور احساس جدائی کا سوا ہو جاتا
کوئی پیماں بھی جو تم کرتے تو کیا ہو جاتا

پردۂ ساز اگر پردہ درِ راز نہیں
اجنبی نغمہ بھی کیوں دل کی صدا ہو جاتا

تم نے تو پرسشِ غم کی تھی، ہمیں کہہ نہ سکے
ڈر تھا آشوبِ جہاں اور بلا ہو جاتا

تم تو انسان تھے، کرتے نہ خدائی کیوں کر
پوجتے سنگ کو بھی ہم تو خدا ہو جاتا

یہ بھی اچھا ہے کہ اب رسمِ مروّت نہ رہی
ورنہ بے مہریِ یاراں کا گلہ ہو جاتا

عقدۂ دل کی گرہ کھلنا تو دشوار نہ تھا
دل جو وابستۂ امواجِ صبا ہو جاتا

ہم ہی اب تک نہ سمجھ پائے کچھ ایما تیرا
زندگی! ورنہ ترا حق بھی ادا ہو جاتا

خامشی ہوتی نہ غماز اگر غم کی وحیدؔ
سخت مشکل تھا کہ مفہوم ادا ہو جاتا

(۲)

ہم کو منظور تمھارا جو نہ پردا ہوتا
سارا الزام سر اپنے ہی نہ آیا ہوتا

دوست احباب بھی بیگانے نظر آتے ہیں
کاش اِک شخص کو اتنا بھی نہ چاہا ہوتا

مفت مانگا تھا کسی نے سو اُسے بخش دیا
ایسا سستا بھی نہ تھا دل، جسے بیچا ہوتا

جان کر ہم نے کیا خود کو خراب و رُسوا
ورنہ ہم وہ تھے فرشتوں نے بھی پوجا ہوتا

اہلِ دنیا کو بہت ہم سے بھی امیدیں تھیں
زندگی! تجھ سے مگر اپنا نہ جھگڑا ہوتا

ناصحو! ہم کو بھی انجامِ جنوں ہے معلوم
اُس کو سمجھاؤ، جو یہ سب نہ سمجھتا ہوتا

وہ خردمند، وہ باہوش وحیدؔ آج کہاں
ملنے والوں سے کبھی تم نے یہ پوچھا ہوتا

۱۹۵۹

(۳)

اے روشنیِ ماہ اگر تو اُدھر بھی جا
دامن میں لے کے روشنیِ چشمِ تر بھی جا

یا اُس کو بھول جا کہ بہت غم ہیں دہر میں
یا ضبطِ جاں گداز کی حد سے گذر بھی جا

کُچھ خار و خس بھی منتظرِ التفات ہیں
اے شعلۂ بہارِ گریزاں ٹھہر بھی جا

اس دھوپ میں ہوں آبلہ پا و برہنہ سر
اے زلفِ یار چہرۂ خور پر بکھر بھی جا

بازو و دست شانہ کشی میں ہوئے ہیں شل
اے گیسوئے حیاتِ پریشاں سنور بھی جا

اے شبنمِ تصورِ جاں بخش ایک بار
پژمُردہ برگِ گل کے سبو میں اُتر بھی جا

اے بادِ برشگال جو اُس دیس کی طرف
جانا ہی ہو تو لے کے ہماری خبر بھی جا

اے صبح جب بھی کوچۂ جاناں میں ہو طلوع
تو ساتھ لے کے میری شعاعِ نظر بھی جا

تیرا وحید شمعِ سرِ راہ اب بھی ہے
موجِ ہوا کی طرح اِدھر سے گذر بھی جا

(۴)

تیری گلی میں جو ملا، اس سے پتہ پوچھا تِرا
(ابنِ انشا کی زمین میں)

تیری گلی میں جو ملا، اس سے پتہ پوچھا تِرا
سب تجھ سے تھے نا آشنا، پر سب میں تھا شہرا ترا

کوئی نہ تھا جب آشنا، ہم نے کیا چرچا تِرا
اے ہر کسی کے آشنا! اب ہم سے کیا رشتہ تِرا

تو جب ہوا پیرِ مغاں، تھے سب ہی تیرے مدح خواں
رہ کر خموش اے خود نگر، ہم نے بھرم رکھّا تِرا

اُن سے تعلق قطع کر، جن سے ہوا تو معتبر
رکھ ناشناسوں پر نظر، رہ جائے گا پردا تِرا

اوروں کے نقشِ پا پہ ہم، کس طرح سے رکھتے قدم
لاکھوں نقوشِ پا سے تھا چھلکا ہوا جادہ تِرا

تو کر اُنہی پر سختیاں، روشن ہے جن سے تیری جاں
اُن پر ہی تو رہ مہرباں، کرتے ہیں جو سودا تِرا

برسوں سے ہیں دیدہ وراں تیری گلی میں سرگراں
سب کچھ دھرا رہ جائے گا، چل دے جو بنجارا تِرا

ہے یہ ہمارا ہی لہو، اب تک رہا تو سرخ رُو
ہم دیں نہ جس دن خوں بہا، بجھ جائے گا چہرا تِرا

ق

اے شہر مردم ناشناس! اے بزمِ فن ناآشنا
سّناٹے بولیں گے یہاں، چھوڑیں جو ہم کوُچا تِرا

تو منفرد عالم سے ہے، یہ سب ہمارے دم سے ہے
ملکِ سخن میں ہم سے ہے گونجا ہوا نغمہ تِرا

ہو جب ترا قصّہ رقم اور روک لیں اک ہم قلم
کس ذکر کس عنوان سے، پھر نام آئے گا تِرا

جنوری ۱۹۷۸

(۵)

اس بلندی کو کسی در پہ نہ زنہار گرا
سر ہے گر دوش پہ بار، اس کو سرِ دار گرا

چھاؤں پھولوں کی تو کیا شہر ہوس میں ملتی
سر پہ پتھر کی طرح سایۂ دیوار گرا

ابر نے پہروں اُتاری تو نہ اُتری تصویر
کوند کر جام میں عکسِ رخِ دلدار گرا

دیکھتے کیا پسِ منظر، ہوا منظر حایل
پردۂ چشم پہ اک پردۂ اسرار گرا

سر کی اونچائی تک آیا نہ کوئی طالبِ جاں
تیغ پر تیغ، ستمگر پہ ستم گار گرا

وار کرنا ہے تو پھر آ سرِ مقتل قاتل
بات کرنا ہے تو پھر ہاتھ سے تلوار گرا

خود جو معدوم ہے، معدوم کو کیا دے دے گا
اپنے ہی عکس کے سجدے کو میں بے کار گرا

پھر بھی پستیِ حریفاں کو ہے شکوہ مجھ سے
اُن کی خاطر میں بلندی سے کئی بار گرا

لگ گیا تیر نشانے پہ تو جبریل ہیں صید
ہو گیا جب بھی خطا، عرش کے اُس پار گرا

(۶)

تم گئے ساتھ اُجالوں کا بھی جھوٹا ٹھہرا
روز و شب اپنا مقدر رہی اندھیرا ٹھہرا

یاد کرتے نہیں اتنا تو دلِ خانہ خراب
بھولا بھٹکا کوئی دو روز اگر آ ٹھہرا

کوئی الزام نسیمِ سحری پر نہ گیا
پھوٗل ہنسنے پہ خطاوار اکیلا ٹھہرا

پتیاں رہ گئیں، بوٗ لے اڑی آوارہ صبا
قافلہ موجِ بہاراں کا بس اتنا ٹھہرا

روز نظروں سے گذرتے ہیں ہزاروں چہرے
سامنے دل کے مگر ایک ہی چہرا ٹھہرا

وقت بھی سعیِ مداوائے الم کر نہ سکا
جب سے تم بچھڑے ہو، خود وقت ہے ٹھہرا ٹھہرا

دل ہے وہ موم ملا ہے جسے شمعوں کا گداز
اب کوئی دیکھے نہ دیکھے، یونہی جلنا ٹھہرا

تم نے جو شمع جلائی تھی، نہ بجھنے پائے
اب تو لے دے کے یہی کام ہمارا ٹھہرا

گنگنالیں گے غزل آج وحید آختر کی
نام لینا ہی جو در پردہ تمہارا ٹھہرا

(۷)

دل کے مکیں نے اہلِ شہر سے روٹھ کے اپنا وطن چھوڑا
مُشک نے نافہ، نافے نے آہو، آہو نے دشتِ ختن چھوڑا

نقب لگی دیوارِ چمن میں، ہو گئے برہم رنگ و بو
باندھا رختِ سفر خوشبو نے، گُل نے صحنِ چمن چھوڑا

لوٹی دُزدِ شب نے کرنوں کی چاندی، گُل کا زیور
میرے ماہِ نیمۂ شب نے ہو کے خفا آنگن چھوڑا

پھول سے روٹھی بادِ صبا، غنچے ہیں چُپ، دونوں سے خفا
اُس نے جب سے ہمیں چھوڑا، لگتا ہے روح نے تن چھوڑا

فکرِ معاش میں اہلِ سخن نے لکھنؤ، دہلی چھوڑے تھے
ہم نے اسی کاوش میں سوئے شمال آنے کو دکن چھوڑا

نامۂ خوشبوئے شیراز آیا ہے عجم کی ہواؤں سے
دل پہلو سے اُڑا جاتا ہے ہم نے بھی سمجھو وطن چھوڑا

جب سے ہوا عرفان، لحد ہے دائمی گھر، ملبوس کفن
شوقِ تخلیق و نغمہ و ذوقِ لباسِ تن چھوڑا

خلوت میں قرطاس و قلم کی صرف کتابیں مونسِ غم
فن نافہموں، نااہلوں کی خاطر کارِ فن چھوڑا

جن کی نظروں میں تھے گراں ہم جن کی دکانیں بے رونق تھیں
کاروبار چلے اب اُنہی کا، ہم نے تو شغل شخصاً چھوڑا

جولائی ۱۹۸۳، (آخری ۳ شعر نومبر ۱۹۹۴ کے بعد کہے گئے)

(۸)

فینٹیسیا اور اس کی شکست

(سعدی کی نذر جن کی ایک غزل کی بحر نے اسی بحر میں غزل کی تحریک کی)[1]

صبح گل گشت کو نکلی تو یہ تھا حال صبا کا
ہنسی اِس پر اُسے چھیڑا، اِسے گھورا اُسے تاکا

شاخ و سبزہ کو جھنجھوڑا، درِ ہر خواب کو توڑا
سالم اک پردہ نہ چھوڑا کسی آرام سرا کا

ہے ہر اِک رنگ پریدہ، ہے نظر سب سے کشیدہ
جیب و دامن ہے دریدہ گُلِ رنگین قبا کا

مُہرِ غنچہ ہے شکستہ، ہے ہر اک برگ گسستہ
کوئی تکمہ نہیں بستہ کسی زرتار قبا کا

کِھل اُٹھے کلبۂ احزاں، ہوئے وا حجلۂ خوباں
بے حجاب آئے نگاراں، نہ رہا عذر حیا کا

کرمِ حُسن ہے ارزاں، نگہِ ناز ہے رقصاں
کرو نذر اپنے دل و جاں، یہی سکہ ہے وفا کا

---

[1] سعدی کی مذکور غزل کے دو اشعار اسی غزل کی ایک رکارڈنگ میں شاعر نے پڑھے ہیں:

دوستان عیب کنندم کہ چرا دل بہ تو دادم
باید اول بہ تو گفتن کہ چنین خوب چرائی
گفتہ بودم چو بیایی غمِ دل با تو بگویم
چہ بگویم کہ غم از دل برود چون تو بیایی

تنِ نازک پہ گرانی کرے پوشاک شہانی
جو بھی آگے ہے کہانی، ہے وہ حق حسنِ ادا کا

ہے عجب عالمِ رویا نہیں اک نقش بھی دھندلا
ہے تخیل کا کرشمہ کہ یہ جادو ہے فضا کا

سرِ منظر ہے زمستاں، یخ و پائیز بہ داماں
پسِ منظر ہے بہاراں، یہ ہے اعجاز خدا کا

اُتری کب گل کی سواری، چلی کیا بادِ بہاری
تھی لگی آنکھ تمہاری وہ تو جھونکا تھا ہوا کا

ہے برہنہ ابھی منظر، دوا سے برف کی چادر
نہ صبا ہے نہ گلِ تر، نہ چھناکا نہ دھماکا

جسے کہتے ہو گلستاں گُلِ کاغذ کی ہے دوکاں
جسے سمجھے تھے بہاراں، وہ تبسم تھا فنا کا

چادریں خواب کی تانے ہیں گم اپنے میں دوانے
دیکھ لیں خواب سہانے، ہے یہی توڑ قضا کا

تہران کی برف باری کے تجربے کے بعد

۱۱ جنوری ۱۹۸۶

(۹)

جس دن افقِ صبح پہ چمکا ترا چہرا
سورج کو ملی اور ضیا اور بھی چمکا

لب نے ترے رکھدیں مرے ہونٹوں پہ جو شمعیں
غزلوں میں مری آبِ بقا اور بھی چمکا

ملبوس میں پہلے ہی سے تھی ہلکی سی شوخی
تجھ پہ جو سجا، رنگِ قبا اور بھی چمکا

دن بھر ترے قدموں سے چمکتا رہا آنگن
شب آئی تو نقشِ کفِ پا اور بھی چمکا

جس چہرۂ بے پردا کی پروانہ تھیں نظریں
وہ چہرہ پسِ ابرِ ردا اور بھی چمکا

جب چاند نے چاندی کا کیا فرش زمیں پر
سونا ترا اے مہر لقا اور بھی چمکا

دو سورجوں کو دیکھ کے اک بُرج میں مہتاب
ٹھٹکا تو سرِ بندِ قبا اور بھی چمکا

دل جتنا بجھا درد کی لے اور ہوئی تیز
لو کم ہوئی، فانوسِ نوا اور بھی چمکا

۵ جون، ۱۹۸۳

(۱۰)

نزاعِ کفر و دیں ترک و تمنا سے ورا کوئی تو ہو گا
ہم ایسے تارکانِ دین و دنیا کا خدا کوئی تو ہو گا

یہ کس نے ماہ و انجم رکھ دئے ہیں ہجر کے تاریک رستوں میں
ہزاروں میل اندھیروں سے پرے خورشید سا کوئی تو ہو گا

بغیرِ ماہ صحن و بام و در پر چاندنی سی جگمگاتی ہے
ہمارے حجلۂ نور آفریں میں چاند سا کوئی تو ہو گا

وہ جو نزدیک ہو کر دور، دوری میں رگِ جاں ہے
خدا تو ہے، مگر اس کے علاوہ کوئی تو ہو گا

خموشی میں صدا، نغموں میں سُر، نوحوں میں ہے نغمہ
ابھی تک کُن بہ لب اے دشتِ آشوبِ صدا کوئی تو ہو گا

کسی کی خوشبوئے انفاس سے لے کر اجازت تو غزلخواں ہے
ہمیں بھی "قُم باِذنی" کہنے والا، اے ہوا! کوئی تو ہو گا

بیاضوں کے مصلے پر قلم نے رات بھر سجدے کیے ہیں
وحید آپنی عبادت ہے یہی، اس کو بھی لکھتا کوئی تو ہو گا

نومبر ۱۹۸۱

(۱۱)

جس کو مانا تھا خدا، خاک کا پیکر نکلا
ہاتھ آیا جو یقیں وہمِ سراسر نکلا

اِک سفر دشتِ خرابی سے سرابوں تک ہے
آنکھ کھولی تو جہاں خواب کا منظر نکلا

کل جہاں ظلم نے کاٹی تھیں سروں کی فصلیں
نم ہوئی ہے تو اُسی خاک سے لشکر نکلا

تھی تہی دست ہر اک شاخ خزاں تھی جب تک
فصلِ گل آئی تو ہر شاخ سے خنجر نکلا

خشک آنکھوں سے اُٹھی موج تو دنیا ڈوبی
ہم جسے سمجھے تھے صحرا وہ سمندر نکلا

دشتِ بے حاصلیِ عمرِ تمنّا کفِ خاک
بحرِ وحشت کے لیے بوند سے کم تر نکلا

دوریاں سنگ کو بھی شمع بنا دیتی ہیں
چھُو کے دیکھا تو جو دل موم تھا پتھر نکلا

زیرِ پا اب نہ زمیں ہے، نہ فلک ہے سر پر
سیلِ تخلیق بھی گرداب کا منظر نکلا

گُم ہیں جبریل و نبی، گُم ہیں کتاب و ایماں
آسماں خود بھی خلاؤں کا سمندر نکلا

غمِ انساں کی رسالت پہ ہوئے ہم فائز
اپنی ہی شاخِ سخن پر یہ گُلِ تر نکلا

عرش پر آج اُترتی ہے زمینوں کی وحی
کُرۂ خاک ستاروں سے منوّر نکلا

ہر پیمبر سے صحیفے کا تقاضا نہ ہوا
حق کا یہ قرض بھی نکلا تو ہمیں پر نکلا

گونج اٹھا نغمۂ کُن دشتِ تمنّا میں وحیدؔ
پائے وحشت حدِ امکاں سے جو باہر نکلا

۱۲ مارچ ۱۹۷۲

(۱۲)

خواب شب زندہ داراں میں بیداریوں کا نگر ہے کھلا
(بنام ناصر کاظمی)

خواب شب زندہ داراں میں بیداریوں کا نگر ہے کھلا
منتظر شمع کی چشمِ کشتہ میں بابِ سحر ہے کھلا

جن کی آنکھوں میں ہر شب کٹی اُن کے نغموں ہی سے پو پھٹی
رات بھر جاگنے والی نیندوں میں صبحوں کا در ہے کھلا

صبح چوکھٹ پہ جب آگئی بے حسی آنکھ ملتی اٹھی
تھک کے سوئے وہ غم جن کے نالوں سے بابِ اثر ہے کھلا

ہے سکوتِ لبِ نغمگی پردۂ سازِ تابندگی
بند آنکھوں میں بھی مطلعِ روشنیٔ نظر ہے کھلا

ہم جو لفظوں کو چھُولیں تو کھُل جائے سّرِ حیات و ممات
ہم ہیں خاموش اگر ہم نفس دفترِ شعرِ تر ہے کھلا

کذب کے کربلا میں ہے اک آیتِ ناطقِ حق سخن
ہر لبِ مصلحت بند ہے اک لبِ نغمہ گر ہے کھلا

مارچ، ۱۹۷۲

(۱۳)

ہم نے دیکھا ہے محبّت کا سزا ہو جانا
صبحِ دیدار کا بھی شامِ بلا ہو جانا

پہلے اتنا نہ پراگندہ مزاجِ دل تھا
بے سبب ہنسنا تو بے وجہ خفا ہو جانا

جی کے بہلانے کو دنیا میں سہارے ہیں بہت
ساز گار آئے تمھیں ہم سے جدا ہو جانا

ہم ہیں شمعِ سرِ باد اور ہو تم موجِ ہوا
گھومتے پھرتے اِدھر کو بھی ذرا ہو جانا

خوشبو کچھ اُس گُلِ خوبی کی بھی لانا ہم تک
شہرِ خوباں میں اگر بادِ صبا ہو جانا

ہم ہیں محروم، رہے دامنِ گُل چیں آباد
اپنی تقدیر میں تھا بوئے وفا ہو جانا

کتنی فریادوں کے لب سی کے زباں پائی وحیدؔ
کھیل سمجھے نہ کوئی نغمہ سرا ہو جانا

(۱۴)

(نذرِ غالب..... غالب کی زمین میں)

وہ غمِ تنہا روی وہ دل کا پہلا آشنا
آج تک لے دے کے ہے آشفتگی کا آشنا

جس کی خاطر ہم نے دنیا کو نہ جانا آشنا
اب وہی نا آشنا اور ساری دنیا آشنا

کیسی محفل ہے کہ ہم تو اور تنہا ہو گئے
ہو گیا ہے اجنبی یاں آ کے دل سا آشنا

توڑ کر آسایشِ منزل کی زنجیریں چلیں
لگ رہی ہے آج پھر آوازِ صحرا آشنا

ہر افق کے بعد اک تازہ افق ہے سامنے
سنگِ راہِ شوق ہے خود پائے جادا آشنا

مصلحت کہتی ہے جب چلیے تو اک عالم ہو ساتھ
اور از خود رفتگی ہے قافلہ نا آشنا

جو چراغِ اشک اٹھا کر لے گئی پہلی کرن
عمر بھر کی رات کا تھا وہ اکیلا آشنا

ہجر کے صحرا میں یہ دامن نہیں ملنے کا پھر
رُک رہی ہے کیوں برس لے چشمِ دریا آشنا

کچھ غمِ دنیا بھی اُن کے غم سے ملتا ہے ضرور
یہ دلِ دیر آشنا ہے ورنہ کس کا آشنا

ہم تو یوں چپ ہیں کہ ناحق کیوں تمنا خوار ہو
بھر کے دامانِ ہوس نازاں ہیں حق نا آشنا

پا کے اپنی اپنی منزل چھوڑ دیں گے ساتھ سب
زندگی کے کارواں میں کون کس کا آشنا

۱۹۶۲

(۱۵)

کچھ غم نہیں جو ہم سے زمانہ خفا ہوا
تم بھی ہو سب کے ساتھ خفا، یہ بُرا ہوا

گھر بھی جلا، لہو بھی بہا، پھر یہ حکم ہے
فریاد مت کرو، یہ کوئی حادثا ہوا

اِس حال میں بھی خوش ہیں غلامانِ مصلحت
آنکھوں پہ مُہر، ہونٹوں پہ تالا پڑا ہُوا

بازار کی ہے جنس خیال آفریں دماغ
میزانِ نفع و سود میں ہے دِل تُلا ہوا

تنقید کم نگاہی کا دھندلایا آئینہ
تعریف مصلحت کا ہے چہرہ چھپا ہوا

دنیا یہی کہے گی کہ آخر لڑے تھے کیوں
مردانہ وار جان بھی دے دی تو کیا ہوا

سب در ہیں آج وا، درِ میخانہ بند ہے
سب در تھے بند کل تو یہ در تھا کھلا ہُوا

اب پیاس بُجھ سکے گی نہ مینا وجام سے
ہے زہرِ تشنگی رگ و پے میں رچا ہوا

طوفاں کا زور کم ہو تو بجھنے کا خوف ہے
طوفاں سے ہے چراغِ تمنا جلا ہوا

حق زندگی کا مر کے ادا کر تو دیں وحیدؔ
پھر بھی اگر نہ قرضِ محبّت ادا ہوا

(۱۶)

(نذرِ غالب...... غالب کی زمین میں)

دل وہ شعلہ ہے جو بجھ بجھ کے بھی ٹھنڈا نہ ہوا
منجمد آگ کا بہتا ہوا دریا نہ ہوا

حسرت و خواب و تمنّا کا وہ ہنگامہ رہا
مدّتیں گزریں کہ خود اپنے سے ملنا نہ ہوا

آرزو اب کسی چہرے کو نہ پہچانے گی
روبرو ایک زمانے سے وہ چہرا نہ ہوا

جنتِ بے خبر اس میں جو رہا، شاد رہا
جو رہا ہوش میں آخر کو وہ دیوانہ ہوا

عمر بھر کے لیے بن باس ملا ہے ہم کو
سرد اک پل کو بھی احساس کا صحرا نہ ہوا

کیا تمنائیں ہیں کیا لوگ جو آسودہ ہیں
خواب میں بھی ہمیں دیدارِ تمنّا نہ ہوا

نارسائی بھی ہے سرمایۂ جاں تشنہ لبو
کیوں کریں رنج کہ جو سوچا جو چاہا نہ ہوا

عہدِ حاضر کے سرابوں سے گزر کر ڈھونڈیں
ایک ایسا بھی جہاں جو ابھی پیدا نہ ہوا

دشتِ امکاں کے اندھیروں میں جلائے تو چراغ
نہ سہی میں جو خرابِ غمِ عقبیٰ نہ ہوا

جس پہ چمکا نہیں تیرے کفِ پا کا سورج
آج تک نیند سے بیدار وہ جادا نہ ہوا

یہی لمحہ ہے ازل اور یہی لمحہ ہے ابد
دوش و فردا نہیں کچھ حال گر اپنا نہ ہوا

۱۹۶۹

(۱۷)

زبانِ خلق پہ آیا تو اک فسانہ ہوا
وہ لفظ صوت و صدا سے جو آشنا نہ ہوا

بلائے جاں بھی ہے، جاں بخش بھی ہے عشقِ بُتاں
اجل کو عُذر ملا، زیست کو بہانہ ہوا

تری نگاہ کِرن تھی تو میرا دل شبنم
تری نگہ سے بھی دل کا معاملا نہ ہوا

بصد خلوص رہا ساتھ زندگی بھر کا
مقابلہ بھی زمانے سے دوستانہ ہوا

سُنا ہے بزم میں تیری ہے تذکرہ میرا
تری وفا کا تعارف بھی غائبانہ ہوا

ہم ایسے کھو گئے آغاز میں، خبر ہی نہیں
کہ بزم اُٹھ گئی کب، ختم کب فسانہ ہوا

ہر ایک لمحہ کیا قرض زندگی کا ادا
کچھ اپنا حق بھی تھا ہم پر، وہی ادا نہ ہوا

اگست ۱۹۷۴ء

(۱۸)

غمِ دوراں بھی حریفِ غمِ جاناں نہ ہوا
کوئی بھی غم ہو، مداوائے غمِ جاں نہ ہوا

دے گئیں ہجر میں جینے کی قسم وہ آنکھیں
گو زباں سے کوئی وعدہ کوئی پیماں نہ ہوا

بوئے گُل کی طرح آوارہ و برباد رہا
پر جنوں اپنا کبھی چاک گریباں نہ ہوا

دسترس میں وہ گلِ تر جو نہیں تھا اپنی
ہوسِ دید کو پھر شوقِ گلستاں نہ ہوا

میں اُسے بھول سکوں، وہ نہ مجھے یاد کرے
تجھ سے اتنا بھی تو اے سختیِ دوراں نہ ہوا

زندگی میں اُسے گنتے ہوئے آتی ہے حیا
ہائے وہ دن کہ طلوعِ رُخِ جاناں نہ ہوا

آج ہی آنکھوں نے برسات کی کھائی ہے قسم
آج ہی ہاتھ میں اُس شوخ کا داماں نہ ہوا

جی لگا گھر میں نہ راس آئی غریب الوطنی
شوق پر بند مگر دفترِ امکاں نہ ہوا

(۱۹)

آیند گاں کی راہ بناتی رہی ہوا
آثارِ رفتگاں کی مٹاتی رہی ہوا

دامن پہ جن کے گرد بھی آئی نہ تھی کبھی
آندھی کے رُخ پہ اُن کو اُڑاتی رہی ہوا

پڑھ پڑھ کے پھاڑتے رہے جھونکے ورق ورق
برسوں چمن میں مجھ کو لُٹاتی رہی ہوا

دل نے کہی نہ پھولوں سے جو بات عمر بھر
کانٹوں کو لفظ لفظ بتاتی رہی ہوا

ق

طوفاں کے ڈر سے بیٹھے رہے بند گھر میں لوگ
سڑکوں پہ خوب دھوم مچاتی رہی ہوا

میزیں، کتابیں، کرسیاں، کپڑے، پلنگ، تخت
سب کو ردائے گرد اُڑھاتی رہی ہوا

بجلی کے پول، فون کے تار اور بوڑھے پیڑ
ایک ایک کر کے سب کو گراتی رہی ہوا

ظلمت گرفتہ، حبس گزیدہ فضاؤں کو
بجلی کے تازیانے لگاتی رہی ہوا

چنگھاڑتے تڑپتے سمندر کی گود سے
بھر بھر کے مشکیں پانی کی لاتی رہی ہوا

خاموش جنگلوں کی صدائیں سمیٹ کر
شہروں میں خوب دھوم مچاتی رہی ہوا

پتوں کے ساتھ جاگتی آنکھوں کے خواب اُڑے
بند آنکھوں سے بھی نیند اُڑاتی رہی ہوا

ق

میں ہی تھا صبحدم جو ہنسا کونپلوں کے ساتھ
شب بھر مجھے شجر سے گراتی رہی ہوا

میں ہی تھا جس کے دامن و رُخ پر جمی نہ گرد
اپنے ہی منہ پہ خاک اُڑاتی رہی ہوا

میں ہی تھا ڈوبنے کی جگہ اور ڈھل گیا
ساتوں سمندروں کو لنڈھاتی رہی ہوا

میں ہی تھا جس کے خوابوں کی شمعیں نہیں بجھیں
ہر چند سورجوں کو بجھاتی رہی ہوا

میں ہی تھا جس کی آنکھ کا رُخ دیکھتی رہی
رو میں بڑے بڑوں کو نچاتی رہی ہوا

میں ہی تھا جس کے در پہ ہوئی آ کے سجدہ ریز
سر کو سر آوروں کے جھکاتی رہی ہوا

میں ہی تھا جو بکھر کے بھی پھر جمع ہو گیا
چُن کر ورق ورق مرا لاتی رہی ہوا

میں ہی تھا، جس کا خوں نہ کبھی رائگاں گیا
پلکوں سے بوند بوند اُٹھاتی رہی ہوا

جن کا بہت تھا شور، صدائیں ہیں اُن کی گُم
میرا کہا جہاں کو سُناتی رہی ہوا

۲۳ مئی، ۱۹۷۶

(۲۰)

ہنستی ہوئی محفل میں کل دل امڈ آیا تھا
دیکھ آئیں کِن آنکھوں میں اس راز کا سایا تھا

تم آئے تو دنیا تھی، دم ساز تھے، دشمن تھے
پھر کوئی زمانے میں اپنا نہ پرایا تھا

بے مہریِ دوراں سے پھر آج چمک اُٹھا
کل مصلحتِ غم نے جو داغ مٹایا تھا

انبوہ میں یادوں کے اِک تم ہی نہ تھے شامل
شب آئینۂ دل پر ہر نقش اُبھر آیا تھا

اندازِ رمِ نکہت رفتار میں تم سا ہی
پچھلے پہر اک جھونکا ہنستا ہوا آیا تھا

ہم بے خبرِ دوراں تم تک نہ پہونچ پائے
سنتے ہیں وہاں سارا عالم اُمڈ آیا تھا

گم کردۂ خوشبو ہیں سرشارِ صبا اب تک
یوں بیٹھے ہیں جیسے کچھ کھویا ہے نہ پایا تھا

آشفتہ سری اپنی الجھی تھی سرابوں سے
جب ساقی نے پیاسوں میں میخانہ لٹایا تھا

اب سوچ رہے ہیں تو آتا نہیں یاد اتنا
کیا سوچ کے رو رو کر کل تم کو بھلایا تھا

اے موجِ نسیم اتنا ہم سے نہ گریزاں ہو
اُن ہاتھوں کو ہم نے بھی آنکھوں سے لگایا تھا

(۲۱)

سیل میں ثابت قدم میرے سوا کون تھا
تند ہواؤ کہو تم سے درا کون تھا

ظلمتِ بے صوت میں، تیرگیِ خوف میں
جراتِ اظہار کی شمعِ صدا کون تھا

راہیں بہت سخت تھیں، نظریں بھی بے سمت تھیں
ایسے میں جادہ گر و سمت نما کون تھا

جاہ کی دہلیز پر بیٹھے تھے اہلِ ہنر
خود شکن و خود نگر، خود سے خفا کون تھا

ہوتا رہا رات بھر تیشے کا رقصِ شرر
پوچھے گی کس سے سحر شعلہ نوا کون تھا

کون ہے شعلہ جمال جسم میں جاں کی مثال
نورِ چراغِ وصال، ہجر نما کون تھا

زیست ہے کس کی طلب، موت ہے کس کا غضب
ہو کے بھی یہ سب کا سب، ہم سے ورا کون تھا

۲۶ جون ۱۹۷۷

(۲۲)

رات بھر خواب کے دریا میں سویرا دیکھا
دِن کے ساحل پہ جو اُترے تو اندھیرا دیکھا

خود کو لکھا بھی ہے میں نے ہی مٹایا بھی ہے خود
قلمِ غیر نے سایہ بھی نہ میرا دیکھا

جن کے چہروں پہ چمک نور کا ہالا اطراف
اُن کے ذہنوں کو جو کھولا تو اندھیرا دیکھا

جن کے تیشوں کو رہا کوہ کنی کا دعوٰے
اُنھیں محلوں کا بھی کرتے ہوئے پھیرا دیکھا

جو مجھے دینے کو آتے تھے غم اپنے اکثر
اُن کی خوشیوں نے کبھی گھر بھی نہ میرا دیکھا

عمر کل گزری تھی پڑھتے ہوئے چہرہ تیرا
آج ڈھونڈا تو کہیں عکس نہ تیرا دیکھا

جو مجھے برگِ خزاں سمجھی تھیں اُن آنکھوں نے
نام اوراقِ بہاراں پہ بھی میرا دیکھا

ق

میں نے سورج کو دیا لے کے بہت کل ڈھونڈا
کیا کہوں کتنے اجالوں میں اندھیرا دیکھا

شہرِ بینا میں نظر آئے وحوش و آسیب
اندھی نگری میں پری زادوں کا ڈیرا دیکھا

سرقۂ و قتل میں ماخوذ ملا حاکمِ شہر
کاروانوں کا نگہبان لُٹیرا دیکھا

رزقِ آدم سے نہ آدم کو ملا اِک دانہ
سانپ کے رزق پہ زندہ ہے سپیرا دیکھا

ریت پر ماہیِ بے آب نے پھیلائے تھے جال
صیدِ امواجِ سراب ایک مچھیرا دیکھا

دوپہر رنگ ہے شب اور ہے سورج شب رنگ
خوں میں لتھڑا ہوا صبحوں کا پھریرا دیکھا

۲ نومبر ۱۹۷۱

(۲۳)

یہ آج لے کے ہمیں آگئی کہاں تنہا
وہ جستجو کہ ہے اُمّیدِ دو جہاں تنہا

وہ زندگی سے بھی دنیا میں کر رہے ہیں نباہ
ہمیں تھا وہم، ہمیں ہیں مزاج داں تنہا

ہیں ایسے گل بھی نہیں مل سکے گا جن کا دماغ
صبا، نہ جائیو تو سوئے گلستاں تنہا

کٹے تو کیسے کٹے مرحلہ، نہ راہ نہ چھاؤں
یہ زندگانی کا صحرائے بے کراں تنہا

وہ ہم سفر ہو کسی کا بُرا نہ مان وفا
یہ دشتِ تیرۂ ہجراں، وہ جانِ جاں تنہا

وہ لوگ بھی ہیں جو پھولوں سے بھی گذر نہ سکے
وہ لوگ بھی ہیں جو کانٹوں کے درمیاں تنہا

جو آج مُہر بہ لب ہیں کبھی تو بولیں گے
کہ پتھروں میں بھی کھلتی نہیں زباں تنہا

خیالِ خاطرِ اغیار سے ہم اُٹھ آئے
تمھیں نہ ہو خلشِ پاسِ دشمناں تنہا

ابھی تو اور ہیں رندانِ حوصلہ پیما
ہمارا جام نہیں شکوۂ مغاں تنہا

ہیں ساتھ اور بھی آوارگان و دل زدگاں
وحیدؔ تم ہی نہیں ابرِ تشنہ جاں تنہا

(۲۴)

گلے بہت تھے، مگر وہ ملا تو کچھ نہ کہا
وہ پوچھتا بھی رہا مُدّعا تو کچھ نہ کہا

میں سنگسار ہوا جب، تھا وہ بھی سنگ بہ کف
جو اُس سے پوچھا کہ میری خطا؟ تو کچھ نہ کہا

خدا سے کہنا تھا احوال اس کی دنیا کا
وہ خود ہی حشر میں حیران تھا تو کچھ نہ کہا

وہ مجھ سے کرتا رہا اک جہان کا شکوہ
کیا خود اُس سے اُسی کا گلِا تو کچھ نہ کہا

خزاں کو کہتا رہا دُزدِ رنگ و بو گُل چیں
جو اُتری حُجلۂ گُل میں صبا تو کچھ نہ کہا

کیا تھا شیخ نے بابِ نجات مجھ پر بند
درِ حرم مری خاطر کھلا تو کچھ نہ کہا

اُسے تھی ضد کہ وحیدؔ اپنا درد خود ہی کہے
غزل کے پردے میں سب کہہ دیا تو کچھ نہ کہا

۳۱ مارچ ۱۹۷۸

(۲۵)

اُن سے بھی کچھ گلہ نہیں جن کو خدا بنا دیا
نالۂ و اشک و آہ کو حرفِ دعا سکھا دیا

بس میں غمِ معاش کے تھی نہ شکستِ بندِ ضبط
اُن سے چھُٹے تو ایک ایک بات نے دل دکھا دیا

وہم سا ہو رہا تھا یہ ہم اُنھیں بھول بھی چکے
پھر ہے یہ کیا کہ لُطفِ غیر نے بھی رُلا رُلا دیا

پہلے تھی مے نشاطِ جاں، اب ہے فروغِ تشنگی
کِس نے ہمارے جام کو شعلہ اثر بنا دیا

ایک سِر بلند ہے، اِک دلِ بے نیاز ہے
اور جو ہے فضول ہے، اور جو تھا لٹا دیا

خود نگری چلی گئی، بے دلی ساتھ ہو گئی
پوچھے خانماں خراب عشق نے اور کیا دیا

اب وہی کہتے ہیں وحیدؔ سنبھلو بناؤ زندگی
جن کے دو روزہ ساتھ نے ہم کو مِٹا مِٹا دیا

(۲۶)

خوشی کی آنکھ میں آنسو بھر آئے ہیں کیا کیا
کہ زخمہائے جگر مسکرائے ہیں کیا کیا

رہِ طلب ہی کو منزل کا نام دے ڈالا
فریب گردِ سفر سے بھی کھائے ہیں کیا کیا

سُجھا دیئے ہیں غمِ کائنات کے اسرار
نگاہِ دوست نے پردے اُٹھائے ہیں کیا کیا

خود اپنی فکر سے فرصت تو پائیں خاک نشیں
سوادِ عرش سے پیغام آئے ہیں کیا کیا

زباں کو تابِ بیان و مجالِ شرح نہیں
خموشیوں نے فسانے سُنائے ہیں کیا کیا

وہ غم سہے ہیں کہ پتھر بھی پانی پانی ہو
پہاڑ تارِ نفس نے اُٹھائے ہیں کیا کیا

نہ پوچھئیے کہ یہ اندازِ خاص کیا شئے ہے
وہ جان بوجھ کے دھوکے میں آئے ہیں کیا کیا

بلند و پستِ رہِ شوق کو دعائیں دو
نہفتہ چہروں سے پردے اُٹھائے ہیں کیا کیا

وحیدؔ سینۂ ظلمت سے آنچ اُٹھّی ہے
شرارِ شعر سے دیپک جلائے ہیں کیا کیا

۱۲ مئی ۱۹۵۴

(۲۷)

سیلاب پاندی سے سفینہ ہو پار کیا
چڑھتی اُترتی موجوں کا ہے اعتبار کیا

جب بھی جہاں بھی آنا ہے آئے گی ناگہاں
ایسی قضا کا عمر تمام انتظار کیا

ہے چلتی پھرتی چھاؤں، کبھی یاں، کبھی وہاں
مانگیں جہاں سے عیش و سکوں مُستعار کیا

لُٹ کر بھی دل گرفتہ ہماری طرح نہیں
اشجارِ گُل سے کہہ گئی جاتی بہار کیا

اُڑتا ہوا میں کیوں نہ ازل تا ابد پھرے
دشتِ عدم میں بیٹھے جنوں کا غبار کیا

در در کی خاک چھانو تو ملتا ہے اقتدار
دریوزگی نہیں ہوسِ اقتدار کیا

۲۳مارچ، ۱۹۸۰

(۲۸)

نہ پوچھے گردِ پسِ کارواں بھی نام تو کیا
چراغِ رہ کو ہے جلنا، نہ ہو دوام تو کیا

گرا تو کل اُسے روندے گی زیرِ پا دنیا
کسی کو جھک کے زمانہ کرے سلام تو کیا

ہے یہ شکم کا ملازم، وہ خانہ زادِ ہوس
یہ ہے غلام، وہ ہے صاحبِ غلام تو کیا

جہاں بھی بیٹھ گئے دیدہ ور وہی مسند
کوئی ہو صدر نشیں کوئی ہو امام تو کیا

بہت ہیں اشک، بہت خونِ دل ہے پینے کو
خدا کا فضل تو ہے، ہو نہ فضلِ جام تو کیا

وہی حضوری و پیشی، وہی وزیر و امیر
بدل گیا ہے سیاست کا انتظام تو کیا

جچے ہماری نظر میں تو کوئی بات بھی ہے
ملا کسی کو بہت جاہ و احتشام تو کیا

ادائیں بولیں گی نقشِ قدم پکارے گا
ہمارے دل سے وہ گزریں بدل کے نام تو کیا

ہر ایک زخم انھیں آئینہ دکھائے گا
چھپائے لاکھ انھیں شوخیِ خرام تو کیا

وحیدؔ بولے گا سر چڑھ کے فن وہ جادو ہے
سخن وروں کا نہ ہو آج احترام تو کیا

۴ ستمبر، ۱۹۷۳

(۲۹)

مفتیٔ شرعِ ہوس کی آج بَن آئی تو کیا
جہل کے در پر ہوئی عرفاں کی رسوائی تو کیا

مَسندِ پیرِ مغاں کم ظرف نے پائی تو کیا
تشنگی تقدیر میں میخوار کی آئی تو کیا

سچ کے آگے ہے ندامت جُرم، عبرت ہے خطا
جھوٹ نے ہر دولتِ دنیاؤدیں پائی تو کیا

دولتِ نظّارہ ہے محرومیٔ دیدہ وراں
بام و در نے کی بھی جلووں کی پذیرائی تو کیا

لافِ دولت ہیچ، دعوائے حکومت ہیچ تر
مفلسی میں کی بسر یا پائی دارائی تو کیا

ہم فقیری میں بھی شاہوں سے رہے شاہانہ تر
کی شہنشاہی میں بھی تم نے جبیں سائی تو کیا

آخری منزل ہے سب کی نارسائی، تشنگی
تیز گاموں نے بہت کی دشت پیمائی تو کیا

اپنے آنسو اپنی آنکھوں میں رہیں تو مہر و مہ
گِر کے دنیا کی نظر میں آبرو پائی تو کیا

فتح و ناکامی، نشاط و غم نظر کے کھیل ہیں
طایرِ پرّاں کے سائے میں خوشی آئی تو کیا

مستقل دولت ہے صبر عابدؑ و خونِ حسینؑ
کی یزیدوں نے جو کچھ دن دولت آرائی تو کیا

اعتبار اپنی نظر میں ہے تو جینا معتبر
قدر کھو کر زندگیٔ خضر بھی پائی تو کیا

۱۱ اگست ۱۹۷۳

(۳۰)

چشمِ بینا کو تماشا روز دکھلایا گیا
ایک سایہ سامنے آیا تو اک سایا گیا

آنکھ عکسوں میں گرفتار، آئینوں کی صید تھی
کِس نے دیکھا، آئینہ خانے میں کون آیا گیا

تھے جہاں دنیا طلب ہر گام پر سجدہ گزار
ہم کو مجرم کی طرح اُس بزم میں لایا گیا

ہے مقنّن ظلم، منصف جھوٹ، قاتل مدّعی
حق نے کچھ مانگا تو اک قانوں بنوایا گیا

نیکیاں کیسی ہیں وہ کر کے جنھیں نادم ہیں لوگ
ہم سے تو اپنے گنہ پر بھی نہ شرمایا گیا

ہر نفس ہے اک عذابِ مرگ یہ بھی کہدیا
زندگی کرنے کا بھی پھر حکم فرمایا گیا

۹ مارچ ۱۹۷۲

(۳۱)

گئی سر سے ہوائے جنون و ہوس، مرے دل سے طلب کا خمار گیا
اُسے دیجے دعائیں جو جاتے ہوئے مرے سر سے یہ بار اُتار گیا

ہے اب ایسے مقام پہ عمرِ رواں، نہ ہے عیش سبک، نہ ہے رنج گراں
کہ بگولے امیدوں کے بیٹھ گئے، غمِ یاس کا دل سے غبار گیا

جو ہے نغموں میں میرے نشاط کی لے، ہمہ شہد و شکر، ہمہ نشّۂ مے
مرے جام میں تلخیاں گھول گیا، مرے سینے میں زہر اُتار گیا

مری روح میں رنگ نچوڑ گیا، مرے صحن میں نکہتیں چھوڑ گیا
وہ جو آیا تھا ہمرہِ موجِ صبا، وہ جو ہمرہِ فصلِ بہار گیا

تمھیں خواب ہیں اپنے عزیز اگر، لگے آنکھ نہ رات کے پچھلے پہر
کہ سحر بھی ہے دشمنِ دیدہ تر، سرِ شام ہی کوئی پکار گیا

یہ تھا خوف کہ اُس سے جُدا ہو کر، مجھے آئے گا راس نہ گھر نہ سفر
کیا کارِ حیات نے سحر ایسا، نہ سکون گیا نہ قرار گیا

اُسے کام وزیر و امیر سے کیا، غرض اس کو کُلاہ و سریر سے کیا
جو طلسم کدے میں حروف ہی کے، ملی جتنی بھی عمر گذار گیا

ہو ہجوم کی داد کہ بارشِ زر، نہ ہے اِس کا نہ اُس کا فقیرِ ہُنر
گیا چھوڑ کے گوشہ کسی در پر تو یہ سمجھو ہنر کا وقار گیا

ہے متاعِ حیاتِ وحیدؔ ہی کیا، یہی حرفِ غزل، یہی شہرِ نوا
کئی ذہن ملے تھے گنوا دیے سب، رہا ایک ہی دل سو وہ ہار گیا

۲۷ مارچ ۱۹۷۸

(۳۲)

کب رائیگاں بہانے سے خونِ جگر گیا
جذبے کی آنچ پا کے تفکر نکھر گیا

وہ کم سواد محرمِ ربطِ دروں نہیں
جو جلوے کی تلاش میں تا بام و در گیا

روئے اگر نہیں ہیں شبِ ہجر آپ بھی
پھر کس لئے حضور کا چہرہ اُتر گیا

ڈرتے تھے اُن سے چھُٹ کے جییں گے تو کس طرح
اک حشر دل کی راہ میں آیا گزر گیا

کرنوں نے آکے چُن لیے اشکِ نشاطِ گُل
شبنم سے دُھل کے اور تبسّم نکھر گیا

جون ۱۹۵۵

(۳۳)

واں نگاہِ ناز کا نشتر کھٹک کر رہ گیا
یاں ستارہ سا سرِ مژگاں چمک کر رہ گیا

وا نہ ہونے پائی تھی چشمِ نظارہ لُٹ گئی
جنبشِ لب تھی کہ اک پردہ سرک کر رہ گیا

کیا گلہِ دنیا کا، دل خود سدّ راہِ شوق ہے
قافلہ یاروں کا رستے میں بھٹک کر رہ گیا

جو نسیمِ قرب ہے عیسیٰ نفس، قاتل بھی ہے
شاخِ غم پر غنچہ پل بھر کو مہک کر رہ گیا

عشق اکیلا ہی نہیں رسوائے چشمِ التفات
حسن کا بھی پھول سا دامن مسک کر رہ گیا

آنکھ برسی اُس جگہ دامن نہ تھا اُن کا جہاں
ابر اُٹھا تھا جھوم کر، لیکن بھٹک کر رہ گیا

۱۹۶۱

(۳۴)

دیدہ ہائے نگراں سنگ و گُہر میں تھے بہت
آئینہ خانے دلِ آئینہ گر میں تھے بہت

صبح تک آنے میں گُم ہو گئیں کتنی شامیں
پیچ و خم فاصلۂ شام و سحر میں تھے بہت

گھر میں اُترے تو ہوئے فکر کے اسباب بہم
عیش بے راحلۂ ورخت سفر میں تھے بہت

تجھ سے مِلنا تھا، مگر موڑ سے ہم لوٹ آئے
نقش قدموں کے تری راہ گذر میں تھے بہت

آنکھیں نظّاروں کی یکسانی سے آگے نہ گئیں
منظر آباد مری صحنِ نظر میں تھے بہت

رُت ہی بدلی نہ صبا آئی نہ کرنیں اُتریں
برگ و بر خفتہ رگِ شاخِ شجر میں تھے بہت

گوہرستانِ سخن کی طرف آیا نہ کوئی
لوگ دشتِ ہوسِ نقرہ و زر میں تھے بہت

اسی عالم کو نہ دی بے ہنری نے کوئی شکل
منتظر عالم نو دستِ ہنر میں تھے بہت

دیدنی کچھ ہی کھنڈر سینۂ تاریخ میں ہیں
ایسے آثار مرے دل کے نگر میں تھے بہت

منعکس آئینہ کس کس کی نظر کو کرتا
عکس ہر دیدۂ آئینہ نگر میں تھے بہت

ہر قدم لُٹتا رہا قافلۂ خواب و خیال
حوصلے ہم قدم آغازِ سفر میں تھے بہت

خلوتِ ذات میں نازل ہوئیں آیاتِ نظر
ذہن سرگشتہ بیابانِ خبر میں تھے بہت

۱۲ اپریل ۱۹۷۵

(۳۵)

کتنے دل سیر اب رہے تشنہ لبی میں میری طرح
کس کو ملی سرافرازی آشفتہ سری میں میری طرح

تم کو خبر کیا کتنے جتن سے روٹھی نیندیں منتی ہیں
تم نے کب راتیں کاٹی ہیں در بہ دری میں میری طرح

زخموں کی بوچھار میں روح و جسم کو تم عریاں نہ کرو
عمر کٹے گی زخموں ہی کی بخیہ گری میں میری طرح

خوں کے جزر و مد میں درد کی اُٹھتی لہریں شامل ہیں
کون شریکِ درد ہے دل کی نامہ بری میں میری طرح

اپنے سب محبوب سرِ فہرستِ بزمِ نگاراں ہیں
کس کو یہ اعزاز ملا ہے خوش نظری میں میری طرح

جو دنیا کی کھوج میں نکلے اپنی خبر بھی پا نہ سکے
کس کو خبر عالم کی رہی ہے بے خبری میں میری طرح

ٹوٹے تو پیمانۂ غم جُڑ جائے تو آئینہ بنے
وقت بھی محو ہے خود شکنی اور خود نگری میں میری طرح

آوازوں کے زنداں میں زنجیر بھی پر بن جائے گی
خود سے گذرنا تو سیکھا بے بال و پری میں میری طرح

خشک آنکھوں کے صحرا میں سیلاب اُٹھے گا بوند سے بھی
دریاؤں کو سمو تو لو پلکوں کی تری میں میری طرح

شوق ہے گر وحشت کی دریدہ خون آلودہ قباؤں کا
پہلے نام کمانا ہو گا دیدہ وری میں میری طرح

میری غزل ہے شعلگیِ گُل خوشبو کی تلوار کی دھار
آگ سے کس نے کام لیا ہے نغمہ گری میں میری طرح

۱۸اپریل۱۹۷۶

(۳۶)

بھڑکتی رہتی ہے مفلس کی شمعِ در کی طرح
ہے زندگی بھی عبث دولتِ ہنر کی طرح

دو پل کا ساتھ ہے، پھر ہم کہاں، کہاں یہ لوگ
بچھڑنا ملنا ہے سب ریل کے سفر کی طرح

جو ہم سے باخبر اور جن سے باخبر تھے ہم
وہ برسوں بعد ملے بھی تو بے خبر کی طرح

دِلوں کی شاخ پہ کھلتی ہیں سوکھ جاتی ہیں
نئی محبتیں ہر سال برگ و بر کی طرح

سفر، مدام سفر میں ہیں رنگ و نکہت و نور
ہیں انتظار کے قیدی ہمی شجر کی طرح

کبھی ہے آگ، کبھی راکھ، خوں کبھی، کبھی چُپ
ہے دل فساد کے روندے ہوئے نگر کی طرح

وحید آس لئے کچھ آشنا سی ہے یہ فضا
ہے دشت بے سر و ساماں ہمارے گھر کی طرح

۲۶ فروری ۱۹۸۱

(۳۷)

فضا میں پھرتی ہے خوشبوئے پیرہن آزاد
کرے تو دستِ نگہ کو وہ گُل بدن آزاد

نہ فکر و جذبہ، نہ احساس و روح و تن آزاد
بہت دنوں سے ہے افواہ، ہے وطن آزاد

ہر اک طرح کی ہے دُزدانِ گُل کو آزادی
ہُوا سمومِ تسلّط سے کب چمن آزاد

بنیں نہ کس لیے کوچہ بہ کوچہ گورِستاں
کہ شہر لاشوں کا جنگل ہے، گورکن آزاد

پناہ دے گی تمھیں چھت، نہ در، نہ دیواریں
دریچے بھیدی ہیں گھر کے، ہیں نقب زن آزاد

شریک مال ہیں سرقے کے شحنہ و قاضی
ہے یار چوروں کا قانون، راہزن آزاد

ہدف بناتی ہے پلکوں پہ ٹھہری شبنم کو
کمانِ مہر سے ہوتی ہے جو کرن آزاد

۱۵ اگست ۱۹۷۹

(۳۸)

عدم بھی ڈھونڈتا ہے دامنِ غبارِ وجود
قضا بھی ہوتی ہے آکر شریکِ کارِ وجود

حیات جبر سہی، جبر اختیار کریں
سکونِ مرگ میں ہے مرگِ اختیارِ وجود

ہے جہدِ ترکِ طلب بھی طلب کا دوسرا نام
ہر ایک رنگ میں جاری ہے کاروبارِ وجود

ہزار خیر طلب ہوں، ہزار غم کے شریک
کوئی اٹھاتا نہیں ہے کسی کا بارِ وجود

کھُلے ہیں ذات سے تا ذات راستے لاکھوں
جو حوصلہ ہو تو ہے کُل جہاں حصارِ وجود

عدم ہے خواب گہہِ اختیار و خلّاقی
زماں مکاں سے ورا بھی ہے کاروبارِ وجود

کوئی ملے بھی کسی سے تو کیسے کھُل کے ملے
ہر ایک فرد ہے زندانیِ حصارِ وجود

کسی کے در پہ جو پہونچے تو کچھ قرار آئے
تمام عمر بھٹکتا رہا غبارِ وجود

کسی کو چاہ کے ہم پر کھُلا یہ راز وحیدؔ
کہ آج بھی ہے محبت سے اعتبارِ وجود

۲۰ اپریل ۱۹۷۳

(۳۹)

شب کی مینا سے دل کے ساغر میں
قطرہ قطرہ ٹپک رہا ہے زہر

لمحہ لمحہ عذاب اُترتا ہے
سلسلہ روز و شب کا ہے اِک قہر

جو بھی گذرا وہ لمحہ قاتل تھا
لمحہ جو آئے گا، ہے وہ بے مہر

ہر نفَس ہے کہ موج طوفاں کی
دل کی دھڑکن ہے یا کہ درد کی لہر

حبس اور لو کی فصل ہے برسات
آنکھوں سے بہہ رہی ہے خوں کی نہر

جستجو تھک کے بیٹھی ہے گھر میں
گھوم کر ملک ملک شہر بہ شہر

چپ ہیں دشت و سمندر اور فضا
اجنبی ہو گیا ہے سارا دہر

۲۶ جولائی، ۱۹۸۹

(۴۰)

نگار خانہ ہے دل اور نگاہ آئینہ ساز
ہزار رُوپ میں ہے ایک حُسن عکس طراز

یہ کائنات مسلسل تغیرات سہی
مگر نہ عشق ہی بدلا نہ حسن کے انداز

غمِ مآلِ تمنا، نہ فکرِ ہجر و وصال
رہی نگاہِ محبّت ہمیشہ خوش آغاز

بس ایک سلسلۂ لذتِ حیات آموز
یہی ہے شوق کا انجام اور یہی آغاز

خزاں ہو صحنِ تصور میں باریاب کہاں
کہ تیری یاد ہے یاں گل بکف، صبا انداز

(۴۱)

ہے یاد التفاتِ نگاہِ وفا ہنوز
شبنم سے ہے کرن کا وہی سلسلہ ہنوز

اِک تم کہ ساتھ چھوڑ کے میرا چلے گئے
لپٹی ہوئی ہے دامنِ گل سے صبا ہنوز

آزردۂ مآلِ محبّت نہیں ہوں میں
یاد ابتدائے عشق کی ہے ہر ادا ہنوز

جب انتظارِ ساعتِ دیدار بھی نہیں
پھر منتظر ہے کس کا دلِ مبتلا ہنوز

تم مُجھ سے دوٗر ہو کے بھی میرے ہی پاس ہو
دکھلا رہی ہے خواب مجھے چشمِ وا ہنوز

پائی نہیں فراغتِ احساسِ ہجر ابھی
محرومیوں کو تم سے نہیں ہے گلہ ہنوز

آئینہ خانہ ہو چکا پتھراؤ میں شہید
ٹوٹا نہیں ہے یاد کا اک آئینہ ہنوز

مدت ہوئی ہے موسمِ گل کے وداع کو
نکلی نہیں دماغ سے بوئے وفا ہنوز

(۴۲)

درد مانگا نہیں کرتا ہے روایت سے لباس
مُردہ الفاظ پہنتا نہیں زندہ احساس

ایک ہی ڈھنگ سے ہر وقت دھڑکنا نہیں زیست
مدتیں بیت گئیں، نکلی نہیں دل کی بھڑاس

وقتِ آوارہ کی موجوں پہ کوئی نقش نہیں
کتنی کمزور تھی پیمانِ محبت کی اساس

کام آیا مرے خوابوں کا لہو، بھی کچھ تو
ہم نشینوں کو اندھیرے کا ہوا تو احساس

مے ہے یا زہر ہے یہ سوچنے کا وقت نہیں
تشنگی کہتی ہے ہونٹوں سے لگا لو یہ گلاس

ق

سب کو دیکھ آئے، کسی سے نہیں امید و گلہ
ایک بھولا ہوا افسانہ ہے اب آس نراس

دیوتا بن گیا، جو بیٹھ گیا کرسی پر
انقلاب اور بغاوت ہے سراسر بکواس

ہم سے دیوانوں کی باتوں ہی پہ لاؤ ایمان
عقل و ادراک کو دے دیتے ہیں دھوکا بھی حواس

کل جو دو گھونٹ طلب کرنے پہ مجرم ٹھہری
نہ بجھا پائیں گے اب سات سمندر بھی وہ پیاس

۱۹۶۸

(۴۳)

کہیں شنوائی نہیں حُسن کی محفل کے خلاف
گل نہ کیوں ہنستے رہیں شورِ عنادل کے خلاف

جان و ایماں بھی وہی دشمنِ جان و ایماں
ہم گواہی بھی نہ دیں گے کہیں قاتل کے خلاف

کسی جادے پہ چلو چھوڑے گی تنہائی نہ ساتھ
قدم اٹھیں تو کدھر عشق کی منزل کے خلاف

بزمِ یاراں ہو کہ مے، نغمہ کہ فیضانِ سخن
سب ہیں سازش میں شریک اُسکی مرے دل کے خلاف

ہجر میں جس کے بہلنے کے تھے جتنے حیلے
وحشت اک ساتھ رہی، ہو گئے سب مل کے خلاف

آنکھیں ملتے ہی سپر ڈال دی، پھینکی تلوار
حربے بے کار ہیں سب چشمِ مقابل کے خلاف

اسی آغوش میں دم توڑیں گی آکر موجیں
بھاگتی پھرتی ہیں بیکار ہی ساحل کے خلاف

دھار پر تیغ کی لوٹیں گی نگاہیں سب کی
اُنگلیاں اٹھیں گی محشر میں بھی بسمل کے خلاف

عقلِ دنیا کا تمہیں دعوٰے ہے بے وجہ وحیدؔ
دو قدم چل نہیں سکتے کبھی تم دل کے خلاف

۲۳ جولائی، ۱۹۸۲

(۴۴)

تم بھی کب دیکھتے تھے دیدۂ گریاں کی طرف
اب گلہ کیوں ہے کہ ہیں سب گلِ خنداں کی طرف

اہلِ منبر کے دل و چشم بھی رب بستہ نہیں
دل ہے میخانے میں، آنکھیں ہیں نگاراں کی طرف

دو ہلال اک افقِ رخ پہ ہیں روشن ہر دم
مہِ نو دیکھتا ہے ابروئے جاناں کی طرف

ذلّت و خاک ہے طوفِ درِ دولت کا ثمر
رُخ ہے آزادی و افضال کا زنداں کی طرف

دیں بھی، دنیا بھی، حکومت بھی ہیں نشے ہی، تو ہم
چھوڑ کر سب کو چلیں حلقۂ رنداں کی طرف

ہے خدا مقتل و زنداں میں بھی اے کعبہ نشیں!
چل کبھی دشتِ عطش، گنجِ شہیداں کی طرف

اشکوں سے جشنِ چراغاں کا سماں دیکھنے آ
خیمۂ سوختۂ شامِ غریباں کی طرف

صرف اِک کوچۂ دل پہلے نکلتا تھا وہاں
اب بہت راستے ہیں شہرِ نگاراں کی طرف

نقشِ پا ہر طرف اتنے تھے، کہاں رکھتے قدم
ہم پلٹ کر نہ گئے کوچۂ جاناں کی طرف

تم تو تھے اپنی ہی چشمِ متبسم کے اسیر
ملتفت آج ہو کیوں چاکِ گریباں کی طرف

دیکھو باہر تو اندھیرا ہی اندھیرا ہے وحیدؔ
رُخ ہے ہر نور کا خلوت کدۂ جاں کی طرف

۲۰ جولائی ۱۹۸۲

(۴۵)

کونین میں ہے قسمتِ ہر دیدۂ نم ایک
ہے رنگ ہر اک خوں کا، زیادہ ہو کہ کم، ایک

خوشیاں تو ہیں ہر جائی، بدل لیتی ہیں شکلیں
جس بزم میں بھی جایئے، ہے صورتِ غم ایک

دلّی ہو، علیگڑھ ہو کہ تہران کہ نیویارک
ہر شہر میں ہے فاصلۂ راہِ عدم ایک

آغازِ سفر یاں سے ہو یا واں سے، ہے قانون
لے جا نہیں سکتا کوئی ساتھ اپنے دِرم ایک

لوٹانا ہے جاتے ہوئے دنیا کا ہر اِک قرض
بے کار ہیں لادے ہوئے ہم بارِ الم ایک

سرمایۂ و بے مایگی ہے خاکِ سرِ باد
سو جائیں تہہِ خاک تو ہے فقر و حشم ایک

جام اپنا ہے جیسا بھی، رہے پُر تو ہے کافی
مل سکتا ہے کتنوں کو کہ ہے ساغرِ جم ایک

میرے تو خم و پیچ نکل ہی گئے، اے دہر!
باقی نہ رہے گا تری زلفوں میں بھی خم ایک

بس زاویہ و طرزِ نظر کا ہے تفاوت
ہیں اصل میں چشمِ غضب و لطف و کرم ایک

انجام ہے طے پہلے سے، تقدیر بدل دے
کرنا ہے ہر اک شخص کو افسانہ رقم ایک

تم نے بھی تو بدلا نہ وحید آپنا طریقہ
دنیا کا تو ہر شہر میں ہے رنگِ ستم ایک

تہران، یکم آذر ۱۳۶۴ھ ش (۲۲ نومبر ۱۹۸۵)

(۴۶)

ہے زمانہ نگہِ حُسن کی تحریر کا نام
حلقۂ شام و سحر زلفِ گرہ گیر کا نام

دستکیں دیتا ہے پیہم درِ دل پر اک درد
زندگی رکھ لو اسی درد کی زنجیر کا نام

میں نے لکھ لکھ کے مٹایا ہے جسے عمر تمام
دے دیا ہے اسے نافہموں نے تقدیر کا نام

دشتِ بے حاصلیِ عمر میں بوئے تھے جو خواب
وا ہوئی چشم تو ناپید ہے تعبیر کا نام

قتل کرتا ہے جو ہر سانس پہ، وہ ہم ہی میں ہے
مفت بدنام ہے تیغ و تبر و تیر کا نام

آرزو، خواب، صنم، حُسن، وفا یا کہ خدا
کچھ نہ کچھ رکھنا ہے خود ساختہ تصویر کا نام

انگلیاں اُٹھّیں جو ہم بزم سے اُس کی نہ اُٹھے
نہ لیا ایک نے بھی چشمِ عناں گیر کا نام

۱۹ اپریل ۱۹۷۶

(۴۷)

یہ بندہ کہ ہے وارثِ بے تابیِ آدم
عارف ہے نہ عالِم، نہ مفکّر نہ معمّم

عابد ہے نہ زاہد ہے نہ صوفی ہے نہ صالح
اسرار سے واقف نہ کرامات کا محرم

نے قوم کا غم خوار نہ ملّت کا پرستار
نے کُفر میں ثابت ہے نہ ایمان میں محکم

سیّد ہے مگر فخرِ سیادت سے ہے منکر
مسلِم ہے مگر دین کے بیوپار سے برہم

شاعر ہے مگر شعر کی تنقید کا خوگر
ناقد ہے مگر جانتا ہے نقد کا فن کم

آدابِ سخن جانتا ہے ایسی زباں کا
جو رزق کی ضامن ہے نہ حکام کی محرم

۱۵ آذر ۱۳۶۴ھ ش، (۶ دسمبر ۱۹۸۵)

(۴۸)

اک زمانے سے نہیں فرصتِ عشقِ خوباں
اپنی وحشت پہ ہے اب بھولے فسانوں کا گماں

فکر کی آگ میں جلنا ہے جہنم کا عذاب
ہو خلا سر میں تو دنیا بھی ہے جنت کا مکاں

رخصتِ غم بھی جو ملتی ہے تو اک دو دِن کی
کوئی بچھڑے تو اسے ڈھونڈنے جائیں گے کہاں

اپنی پرچھائیوں، خوابوں کا تعاقب ہے جنوں
اندھے بن جائیں تو پالیں گے سکوں دیدہ وراں

گھر لٹاتے ہیں مٹا دیتے ہیں خود کو احمق
عقل لاشوں سے سجاتی ہے ترقی کی دکاں

کاٹھ کے پتلوں کی بیعت ہے فضیلت کی سند
کرسیاں، مسندیں، منبر ہیں بڑائی کے نشاں

مرثیے لکھے بہت، ہجو بھی کرلیں کچھ روز
ہم قصیدہ بھی سنا دیں گے، ملے تو انساں

۱۹٦۷

(۴۹)

اُس کے سخن کی شیرینی کو پہونچیں قند و نبات کہاں
اہلِ سخن نے بات بنائی بہت، مگر وہ بات کہاں

صدیوں سے صحرائے عطش میں گم ہے نہرِ فرات کہاں
پیاس کے پہرے دارو! اُترے قافلۂ سادات کہاں

مے کدۂ کُنج لب تک آ جاتے، یاں ظلمات کہاں
خضر و سکندر ڈھونڈ رہے تھے چشمۂ آب حیات کہاں

بندے کذب و ریا کے جھوٹ کو سچ کہتے ہیں سچ کو جھوٹ
ایسوں میں گر خاموش نہ رہیے، کیجئے بسر اوقات کہاں

تھا نہ خوشی سے قیام اپنا، ہوگا نہ خوشی سے اپنا سفر
لائی تھی فکرِ معاش یہاں، لے جائیں گے اب حالات کہاں

عشق مسلسل حال ہے، ماضی ہے نہ یہاں مستقبل ہے
منتظروں کی دنیا میں لمحے، صدیاں، دن رات کہاں

خوباں کے عاشق کو اِس یا اُس خوبی سے غرض نہیں
عشق تو ذات سے ہوتا ہے، یاں الگ صفات و ذات کہاں

ہم جو اُٹھیں مے خانے سے تو مقتل بھی ہے زنداں بھی
واعظ و شیخ سے بھی پوچھو، جائیں گے یہ حضرات کہاں

لفظوں کے فانوس میں کر لو روشنیاں محفوظ وحیدؔ
ہر دل پر نازل ہوتی ہیں نور کی یہ آیات کہاں

(۵۰)

مانا کہ جامِ سم ہے یہاں قیمتِ سخن
اوروں کو کب نصیب ہے یہ تلخیِ دہن

اک خطِ نور آئینۂ دل پہ کھنچ گیا
جب بھی لچک گئی نگہہِ ناز کی کرن

دوشیزگیِ حُسن کی وہ نو شگفتگی
سر تا قدم نسیمِ بہاراں ہے وہ بدن

اب بھی ہمارا نام وہاں لے کے دیکھ لو
رکھتی ہے ہم سے خاص تعلق وہ انجمن

لائے بہار خلعتِ صد رنگ جانے کب
اپنے ہی خوں سے رنگ چلو اب تو پیرہن

(۵۱)

بغیر اُس کے نہ سورج نہ تھا قمر روشن
وہ آ گیا تو منوّر ہے شب، سحر روشن

جلانے شمعیں عدم رفتگاں نہ آئیں گے
خود اپنی شمعوں سے رکھّو تم اپنے گھر روشن

کہاں سمٹ گئیں سمتیں، کہاں گئیں راہیں
چلے تھے گھر سے تو تھا جادۂ سفر روشن

میں عیب کرتا ہوں خود مشتہر کہ ہو نہ سکیں
جہاں میں خوبیاں میری عیاں، ہُنر روشن

یکم اگست ۱۹۸۷

(۵۲)

حسرتِ خوابِ ندیدہ نے جگایا برسوں
رت جگا شمعِ تمنا نے منایا برسوں

نام پر اُس کے خیال آتا ہے، ہاں تھا کوئی
یاد نے جس کی بہت خون رلایا برسوں

رہے خوباں میں بھی ہم خود نگر و خود آگاہ
خود فراموشی کا انداز نہ آیا برسوں

بیٹھا ہے مدرسے میں عقل کی بیعت کر کے
وہ جنوں، پھر کے جو صحرا سے نہ آیا برسوں

نہ گلہ ہو اُسے کیوں غیر کے لب لب سے ملے
دخترِ رز کو بھی نہ منہ ہم نے لگایا برسوں

سایے ہی سایے تھے بے چہرہ و بے خال و خط
ہم نہ پہچان سکے اپنا بھی سایا برسوں

سونپتے ہیں اُسے اب بے وطنی کے ہاتھوں
جس کو آنکھوں میں رکھا، دل میں چھپایا برسوں

موت کا قرض تو اِک پل میں اُتر جائے گا
زندگی! بار ترا ہم نے اُٹھایا برسوں

فکر تب شعر بنی، نغمہ بنا تب احساس
ذہن و دل میں جب اُنھیں اپنے رچایا برسوں

دے کے دستک کوئی در سے نہ پلٹ جائے وحیدؔ
اک اسی وہم نے راتوں کو جگایا برسوں

۱۲ جنوری ۱۹۸۳

(۵۳)

سفر ہی بعدِ سفر ہے تو کیوں نہ گھر جاؤں
ملیں جو گم شدہ راہیں تو لوٹ کر جاؤں

مسلسل ایک سی گردش سے ہے قیام اچھا
زمین ٹھہرے تو میں بھی کہیں ٹھہر جاؤں

سمیٹوں خود کو تو دنیا کو ہاتھ سے چھوڑوں
اثاثہ جمع کروں میں تو خود بکھر جاؤں

ہے خیر خواہوں کی تلقینِ مصلحت بھی عجیب
کہ زندہ رہنے کو میں جیتے جی ہی مر جاؤں

صبا کے ساتھ ملا مجھ کو حکم دربہ دری
گُلوں کی ضد ہے، مزاج ان کا پوچھ کر جاؤں

مری اُڑان اگر مجھ کو نیچے آنے دے
تو آسمان کی گہرائی میں اُتر جاؤں

ملی ہیں دشمنیاں میرے چہرے اپنا کر
کہ اپنے آپ کو گر دیکھ لوں تو ڈر جاؤں

وہ کہہ گیا ہے کروں انتظار عمر تمام
میں اُس کو ڈھونڈنے نکلوں، نہ اپنے گھر جاؤں

کہاں اُٹھائے پھروں بوجھ اپنے سر کا وحیدؔ
یہ جس کا قرض ہے، اُسی کے ہی در پہ دھر جاؤں

(۵۴)

اے موسمِ خزاں! میں تیرا نورِ دیدہ ہوں
یلغار سے بہار کی دامن دریدہ ہوں

ہے کس کا انتظار جو سب سے رمیدہ ہوں
سر تا قدم، میں حسرتِ خوابِ نادیدہ ہوں

یوں تو ہوں اپنے نغموں کا میں آفریدگار
پر سچ یہ ہے کہ نغموں کا میں آفریدہ ہوں

ہوں سنگ وخشت گوش بر آواز بھی تو کیا
میں گنبدِ صدا میں غمِ ناشنیدہ ہوں

مل جائیں بال و پر جو اُٹھالے کوئی شعاع
شبنم کی طرح برگِ نوا پر دمیدہ ہوں

کس کو خبر نصیب میں ہے کس کے معرفت
سب ہیں خدا رسیدہ، میں انساں رسیدہ ہوں

کل قتل کرنے آئے تھے جو تیغ کھینچ کر
اب پوچھتے ہیں، کس لئے اُن سے کشیدہ ہوں

جو طرّۂ بہار تھے وہ گل بکھر گئے
بکھرا نہ میں کہ دستِ خزانی کا چیدہ ہوں

جس پر ہے داستانِ چمن درج حرف حرف
آنکھوں پہ رکھ خزاں کہ میں وہ برگِ چیدہ ہوں

جس کو اُٹھائے پھرتے ہیں پلکوں پہ آفتاب
میں دیدۂ زمیں کا وہ اشکِ چکیدہ ہوں

نومید آدمی سے نہ مایوس رب سے ہوں
وحشت گزیدگی میں بھی میں خوش عقیدہ ہوں

یکم فروری ۱۹۸۳

(۵۵)

نہ وہ خدا ہے، نہ ہم اس کے عبدِ سجدہ گزار
یہ پوچھو دہر سے، پھر اتنی سرگرانی کیوں

تھا علم، جائیں گے ساتھ اس کے خواب و صبر و سکوں
تو دل سے پوچھو کہ پھر اس کی بات مانی کیوں

اندھیرا ہو گا گھنا اور صبح ہونے تک
کہو اِن آنکھوں سے پھر اتنی خوں فشانی کیوں

فرات، دشتِ عطش، خوں کی موج، دار و رسن
کہیں پہ ختم نہیں ہوتی یہ کہانی کیوں

جو میری تشنہ لبی سے ہیں شاد کام وحیدؔ
گراں ہے اُن پہ مری طبع کی روانی کیوں

۶ دسمبر ۱۹۷۹

(۵۶)

وہ آئے نہ تھے جب تک، ڈھاتی تھیں غضب راتیں
رنگین بھی، روشن بھی، رقصاں بھی ہیں اب راتیں

جو دل کے پگھلنے پر ہنستے ہیں، خود اُن کو بھی
بانہوں میں پگھلنے کا سکھلاتی ہیں ڈھب راتیں

اک وصل کی ساعت کے دیدار کو آئی ہیں
مژگاں پہ لیے آنسو، گزری ہوئی سب راتیں

اب آتی ہیں کرنے کو سرگوشیاں دن میں بھی
شب کو بھی رہا کرتی تھیں مہر بہ لب راتیں

جو بار اُتارے سے اُترا نہ کسی دن بھی
سینے سے ہٹاتی ہیں وہ بارِ تعب راتیں

سورج کی تمازت نے آنکھوں میں جو ڈالے ہیں
سی دیتی ہیں پلکوں سے وہ زخمِ غضب راتیں

دیوارِ شبستاں پر کچھ روشنی رہنے دو
نقب آ کے لگائیں گی کیا جانیے کب راتیں

محتاج بھی، منعم بھی سو جاتے ہیں دونوں ہی
دن ہے طلبِ پیہم، ہیں ترکِ طلب راتیں

اس جرم پہ مجھ سے بھی، اُس سے بھی خفا ہیں وہ
کیوں ساتھ بسر کرتی تھی بنتِ عنب راتیں

پھر سجدہ کریں سورج میرے مہِ رخشاں کو
برپا کریں یارب پھر وہ بزمِ طرب راتیں

جب تک نہ اجازت دے سورج کی کرن آ کر
بیٹھی رہیں خوابوں کے در پر بہ ادب راتیں

۷ جنوری ۱۹۷۹

(۵۷)

عمر کو کرتی ہیں پامال برابر یادیں
مرنے دیتی ہیں نہ جینے یہ ستم گر یادیں

ہیں کبھی خونِ تمنا کی شناور یادیں
شاخِ دل پر ہیں کبھی برگِ گلِ تر یادیں

ہمّتِ کوہ کنی پر بھی کبھی بھاری ہیں
اور تُلتی ہیں کبھی نوکِ مژہ پر یادیں

تھک کے دنیا سے اگر کیجئے خوابوں کی تلاش
نیند اڑا دیتی ہیں افسانے سنا کر یادیں

راہ بھولے ہوئے سیاح کو تنہا پا کر
لوٹ لیتی ہیں، مِٹا دیتی ہیں چھپ کر یادیں

عہدِ رفتہ کے پُر اسرار گھنے جنگل میں
پھونک کر سحر بنا دیتی ہیں پتھر یادیں

کوئی خود رفتہ و گم گشتہ بھٹکتا ہے جہاں
اجنبی بن کے وہاں ملتی ہیں اکثر یادیں

جب بھی ماضی کے دیاروں سے گذر ہوتا ہے
کاسۂ چشم لیے پھرتی ہیں در در یادیں

(۵۸)

خود کو قتل اپنے شراروں کو تہہِ دام کریں
لاج اندھیروں کی جو رکھنی ہے تو یہ کام کریں

دہر کے کوئے ملامت میں ہُنر بھی ہے خطا
دانش و فن سے ہوں آزاد تو کچھ نام کریں

ہے یہی ایک مداوائے غمِ قحطِ رجال
حُسن سے عشق کریں، عشق کا اکرام کریں

اونچے ایوانوں کی پستی میں نہ رسوا ہوں قدم
خوب رویوں کے لیے طوفِ در و بام کریں

ہے اگر کذب و ریا شیخِ حرم کا مسلک
خدمتِ دیں ہے یہی ترک ہم اسلام کریں

وقت رک جاتا ہے میخانے میں سنتے ہیں چلو
امتحانِ اثرِ گردشِ ایام کریں

اونچے آدرشوں کی پرچھائیاں آئیں گی نہ ہاتھ
دلِ وحشی کو سرابوں ہی سے اب رام کریں

تھک گئے ہیں جو امیدوں کی کشاکش سے وحیدؔ
ناامیدی کی گھنی چھاؤں میں آرام کریں

۱۳ اگست ۱۹۷۳

(۵۹)

فرصت ابھی کہاں ہے کہ بیتی رقم کریں
ہم دیکھیں حال کو کہ گذشتہ کا غم کریں

تھیں عمرِ مختصر میں بھی کتنی طوالتیں
اپنے گذشتہ آپوں کو کیوں کر بہم کریں

سب سے بلند کا ہے یہ فرماں، نہ خم ہو سر
ہر آستاں کا حکم یہیں سر کو خم کریں

آدھی صدی گذار کے دریا میں فکر ہے
ثبت اپنا نام کون سی موجوں پہ ہم کریں

جامِ جہاں نما پہ تو صدیوں کی گرد ہے
اب ساغرِ سفال ہی کو جامِ جم کریں

کج مج حروف سے ہے ورق دل کا پُر تمام
دُھل جائے آنسوؤں سے تو پھر کچھ رقم کریں

ہو کوئی روشنائی اُبھرتے نہیں حروف
بہتر ہے، خوں سے خامۂ مژگاں کو نم کریں

(۶۰)

جاگے ہیں بہت، جی میں ہے کچھ دیر کو سولیں
یہ گردِ سفر، دن کی تھکن، نیند سے دھولیں

دے اِذنِ خموشی تو گرہ درد کی کھولیں
دے بے ہُنری جاں کی اماں ہم کو تو بولیں

آنکھوں کے بیابان میں لو چلتی ہے کب سے
مل جائے جو اشکوں کا خریدار تو رولیں

لگتی ہے سدا مفت سبیل اپنے سخن کی
یہ دولتِ بیدار ہے اُن کے لیے، جو لیں

یہ تو نہ گلہ ہو گا کہ پارکھ نہیں کوئی
بہتر ہے جواہر کی دکاں دشت میں کھولیں

دیتی ہے اگر زہر ہمیں تلخیِ دوراں
قندِ لبِ جاناں میں بھی لب اپنے ڈبولیں

ہیں پنکھڑیاں لب کی مے ناب کے ساغر
اس چشمۂ حیواں پہ ذرا ہونٹ بھگولیں

آگے تو ہمیں ہوش کے صحرا میں ہے جلنا
پڑتا ہے جو رستے میں تو میخانے بھی ہولیں

آنکھوں میں ہیں محفوظ ستاروں کے دفینے
مل جائیں جو زرخیز زمینیں انھیں بولیں

گر جائے گی نظروں سے، اُتر جائے گی دل سے
اِک اشک سے گر دولتِ کونین کو تولیں

غیرت کے لیے ننگ ہے اتنا سا بھی احساں
پیاسے کہیں دامن ہی نہ دریا میں بھگولیں

اشکوں سے وحیدؔ آگ کا طوفاں نہ بجھے گا
اِن بوندوں میں ہم سات سمندر بھی سمولیں

۱۹ مارچ ۱۹۷۴

(۶۱)

یا تو سمٹ کے آئے دہر میرے حصارِ ذات میں
یا تو برسنے دو مجھے، عرصۂ شش جہات میں

کون ہے جو نہیں اسیر اپنے توہّمات میں
علم گماں میں قید ہے، دین تعصبات میں

پردہ نشیں ہے حُسن اگر اپنے تصوّرات میں
عشق بھی گوشہ گیر ہے دامِ تخیّلات میں

کس کو خبر، ہے کون کیا پردہ بہ پردہ ذات میں
عکس بدلتے رہتے ہیں آئینۂ صفات میں

کعبۂ دل کا اک خدا، وہ بھی نظر سے ماورا
لاکھوں بُتانِ دل رُبا آنکھوں کے سومنات میں

آتشِ شوق، چشمِ تر، سر میں ہوائے جستجو
اور ہے جو بھی وہم ہے، خاک ہے کائنات میں

معنی کی چھوٹ اگر پڑے، لفظ بھی آنکھ کھول دے
پہلو ہیں رنگ رنگ کے سادہ سی ایک بات میں

دن بھی نہ جائے رائگاں سننے میں شب کی داستاں
خوابوں کا بھی ہو کچھ بیاں، گزری سو گزری رات میں

پاس جو تھے، وہ دور ہیں، ساتھ جو تھے وہ چھُٹ گئے
بچھڑے سب اپنے آپ سے کش مکشِ حیات میں

ق

آج بھی دشتِ کربلا ابرِ رواں ہے فیض کا
اب بھی رواں ہے تشنگی پیچ و خمِ فرات میں

ہو گیا راکھ کب کا ظلم جل کے خود اپنی آگ میں
جلتی ہے اب بھی شمعِ غم ایک جلی قنات میں

لاکھ یزید ہوں تو ہوں، ایک حسینؑ ہی کا دل
اب بھی دھڑکتا ہے وحیدؔ سینۂ کائنات میں

۱۳ اپریل ۱۹۷۸

(۶۲)

لاکھ خود کو گُم کرو دن کے ہجومِ عام میں
قافلے یادوں کے اُتریں گے سوادِ شام میں

ایک بے لفظ و معانی شور ہے بزمِ سخن
داد میں لذت نہ ہے لطفِ زباں دشنام میں

سایے نفرت کی چِتا میں کل جلاتے تھے جسے
اِک وہی زندہ نہ ہو بے چہرہ مرگِ عام میں

مرتکب جن کے ہوئے خود مدعی و محتسب
وہ گُنہ بھی آج لکھے ہیں مرے ہی نام میں

ضو فشاں ایماں کے ماتھے ہیں نقابِ کفر میں
کُفر کے چہرے عیاں آئینۂ اسلام میں

(۶۳)

کئی کتابوں کی ہے اک کتاب آنکھوں میں
کوئی سوال کرو ہے جواب آنکھوں میں

نہ مے کشی ہے گوارا انھیں نہ زہد پسند
عفیف اُن کی نظر اور شراب آنکھوں میں

ہمیں بھی ہے یہ تمنّا کسی کو سجدہ کریں
کوئی بچے بھی تو خانہ خراب آنکھوں میں

اگر ہیں روح و بدن ایک یہ دوئی کیوں ہے
ادا ادا ہے بلا و عتاب آنکھوں میں

وصالِ جسم سے یہ فاصلہ نہ طے ہو کبھی
نگاہ پردہ ہے یاں، واں حجاب آنکھوں میں

کبھی برہنگیِ جسم خود حجاب بنے
کبھی تمام بدن بے حجاب آنکھوں میں

جو اشک آنکھوں سے اُن کی گرے وہ گوہرِ جاں
نہ گر سکے تو ہنسیں آفتاب آنکھوں میں

کسی کی ایک نظر میں سمٹ گیا ہے جہاں
زماں مکاں کی کھنچی ہے طناب آنکھوں میں

شکست و فتح، نشاط و الم، وصال و فراق
لکھا ہے عمر کا سارا حساب آنکھوں میں

وحیدؔ لایئے ایمان کافر آنکھوں پر
خدا ملے گا ان ہی بے نقاب آنکھوں میں

۲۹ مئی ۱۹۷۲

(۶۴)

مانا کہ آج صرف غزلخواں نہیں ہوں میں
پر یادِ یار تجھ سے پشیماں نہیں ہوں میں

منت کشِ نوازشِ خوباں نہیں ہوں میں
خوش ہوں کہ التفات کے شایاں نہیں ہوں میں

حلقہ بگوشِ عیشِ فراواں نہیں ہوں میں
الطاف ایں و آں کا بھی خواہاں نہیں ہوں میں

گو اب شریکِ جشنِ بہاراں نہیں ہوں میں
لیکن غمِ چمن سے گریزاں نہیں ہوں میں

دل کا زیاں قبول ہے لیکن بقیدِ ہوش!
مقتولِ یک نگاہِ غزالاں نہیں ہوں میں

پیہم ہجومِ شدتِ آلام ہو تو ہو
سینہ فگار و چاک گریباں نہیں ہوں میں[1] *

خود دار و خود شناس ہوں، انساں پرست ہوں
صد شکر صیدِ دامِ خدایاں نہیں ہوں میں

۹ مئی، ۱۹۵۴

---

۱ مایوس و نوحہ خواں و پریشاں نہیں ہوں میں

(۶۵)

ہم نے ترکِ دنیا کر دی، پھر بھی گرفتارِ دنیا ہیں
گوشۂ خلوت میں رہ کر بھی ہدفِ آزارِ دنیا ہیں

شعر کی محفل، علم کی مجلس سب سے کنارہ کر لیا ہم نے
صرف کتاب و قلم سے خوش ہیں، ورنہ بیزارِ دنیا ہیں

دوست احباب اعزا مشفق کھینچ کے لے آتے ہیں گھر سے
جلوت خوش نہیں آتی، لیکن لاکھوں کارِ دنیا ہیں

ہم کافر ہم نے یہ نہ سمجھا کیا ہے سیاست، کیا ہے معیشت
جبکہ مبلّغِ دین و مذہب دنیا دارِ دنیا ہیں

آلِ نبی ہیں، گھر بھی لٹایا جان بھی دی جانِ جاں کی
لعنت اُس پر جو یہ کہے ہم عاشق زارِ دنیا ہیں

مے نوشی تو نفس فراموشی، انکارِ دنیا کا اک حیلہ ہے
خدا فراموشاں کہتے ہیں ہم زار و خوارِ دنیا ہیں

اپنے درد و رنجِ دل کا کس سے مداوا چاہیں ہم
پھر بھی ہیں احباب گواہ ہم درد گسارِ دنیا ہیں

پیچھے چھوڑ آئے ہیں اپنے عہد کو بھی اور خود کو بھی
شہرت، عزت، عہدہ، دولت خاک و غبارِ دنیا ہیں

جس کا جو بھی جی چاہے کہہ لے، قتل کرے، بدنام کرے
بار ہے اپنا جینا خود پر، کیوں ہم بارِ دنیا ہیں

کس کے زیاں میں خود کو کھویا، نقصاں خود کو پہنچاتے ہو
جن سے وحید اختر ناخوش ہو، خاشاک و خارِ دنیا ہیں

۴ مارچ ۱۹۹۱

(۶۶)

ہم وقتِ بے کنار کے صحرا نورد ہیں
صدیاں غبار، شاہیان ذرّاتِ گرد ہیں

بے تاب دل کی شعلگی و تاب کے حضور
دوزخ بھی زمہریر ہیں، سورج بھی سرد ہیں

بے سمتیِ زمیں کا نہ محور نہ ہے مدار
سیارگاں ازل ہی سے آوارہ گرد ہیں

یہ بھی نہیں کہ منکرِ لذّات و کیف ہوں
وہ سم چشیدہ گاں جو بلا نوشِ درد ہیں

چشمِ جہاں میں جو ورقِ غیر خواندہ ہیں
وہ لوگ ہی جریدۂ عالم میں فرد ہیں

کیا تم بھی منتظر تھے کسی کے تمام رات
آنکھیں ہیں سرخ، خشک ہیں لب، گال زرد ہیں

(ق)

خلوت میں اپنی ذات سے اِک انجمن ہیں ہم
سیلِ ہجوم ہو تو بس اِک رہ نورد ہیں

ملنا جو چاہے ہم سے ملے بزمِ خاص میں
یہ دیکھیے کیسے دہر سے محوِ نبرد ہیں

ترتیب ہم ہی دیں تو ہو مربوط کائنات
یوں تو کتابِ دہر کے جُز فرد فرد ہیں

سدرہ کی منتہا سے پرے کس کا ہے سفر
کس کارواں کی راہ میں افلاک گرد ہیں

سچ بولنا بھی شوقِ شہادت ہے آج کل
بس اس لیے وحیدؔ ہزاروں میں فرد ہیں

جنوری، ۱۹۸۳

(۶۷)

ترے سخن سے لبِ خوش مقال روشن ہیں
تری نگہ سے مرے خطّ و خال روشن ہیں

شعاعِ مہر نے شہپر دیے ہیں شبنم کو
ترے جمال سے میرے کمال روشن ہیں

تری نظر سے چھٹی دُھند، پھٹ گئے بادل
غبارِ خاطر و گردِ ملال روشن ہیں

جہاں جہاں ترے قدموں نے نقش چھوڑے ہیں
وہیں ستارہ و بدر و ہلال روشن ہیں

ترا حضور ہے بیداریِ وجود و حواس
دماغ و چشم و مشام و خیال روشن ہیں

تو دور ہو کہ قریں، تیرا نور ہے ہمراہ
شعاعِ ہجر و چراغِ وصال روشن ہیں

تمام فاصلہ ہائے فراق و تنہائی
تجھی سے نجمِ سحر کی مثال روشن ہیں

تمام مرحلہ ہائے کنار تا بہ کنار
ترے ہی شعلے سے پروانہ وار روشن ہیں

ترے نفس کا کرم، لطفِ جاں فروز کا فیض
خوشی کے پھول، غموں کے نہال روشن ہیں

وحیدؔ یورشِ تلخی و تیرگی ہے عبث
کہ میرے ماضی و فرداؤ حال روشن ہیں

۳ نومبر ۱۹۷۵

(۶۸)

اک خوفِ بے اماں کے شرارے ہوا میں ہیں
جوالا مکھی چھپے ہوئے ساری فضا میں ہیں

عفریت شکل پھرتے ہیں راہوں میں بے نقاب
گل چہرگاں بہ جبر نقابِ خفا میں ہیں

عقدہ کھلے یہ کیسے، نگاہوں کو فکر ہے
یہ مہر ہیں کہ ماہ جو بندِ قبا میں ہیں

انوارِ حق کے سر تو سناں پر ہیں ضو فگن
سمٹے ہوئے اندھیرے جبینِ ریا میں ہیں

خوشنودیِ جہاں میں بھی وہ لذتیں کہاں
جو برہمیِ زلفِ وفا آزما میں ہیں

ہیں دامنِ خزاں پہ بہاروں کے خوں کے داغ
کچھ گل گذشتہ رُت کے چمن کی عبا میں ہیں

سناٹے کے لبوں پہ ہے گذرے دنوں کی چاپ
پژمردہ، زرد پتیاں صحن و فضا میں ہیں

دستک دروں پہ دیتی ہے خود آ کے قتل گاہ
خنجر کھلے ہوئے کفِ دستِ صدا میں ہیں

خوباں کے دل دھڑکتے ہیں سن کر جسے وحیدؔ
تیور رجز کے بھی اُسی دل کش نوا میں ہیں

۲۶ اکتوبر ۱۹۸۲

(۶۹)

(نذرِ غالب......غالب کی زمین میں)

خوشا وہ تیر جو دل کا ارادہ رکھتے ہیں
جو سربلند ہیں سینہ کشادہ رکھتے ہیں

ہماری سطح تک آکر زمانہ ہم سے ملے
نہ آنکھ نیچی نہ ہم دل فتادہ رکھتے ہیں

ہے دردِ دولتِ دنیا و دیں سے دنیا خوش
فراخ حوصلہ غم بھی زیادہ رکھتے ہیں

مگر تراشے کوئی تو نئے خیال کی راہ
نظر میں ہم بھی عقیدے کا جادہ رکھتے ہیں

متاعِ بے حسی ارزاں ہے ہم کو بھی مل جائے
کہ ہم بھی جینے کا کچھ دن ارادہ رکھتے ہیں

نہ کوئی میکدہ اُن کا نہ کوئی پیرِ مغاں
جو پیاس ظرفِ جہاں سے زیادہ رکھتے ہیں

ہمیں یہ ضد ہے کہ پتھر پہ بھی کتاب اترے
بہت سے لوگ ورق دل کا سادہ رکھتے ہیں

۳ نومبر ۱۹۷۰

(۷۰)

محفلوں، میلوں میں ہم خود سے بھٹک جاتے ہیں
اُس سے مِل لیتے ہیں، لوگوں سے جو تھک جاتے ہیں

اُس کا اندازِ تبسّم ہے کہ ہے صبحِ بہار
دیکھنے والوں کے انفاس مہک جاتے ہیں

وہ کرے بات تو کرتا ہے سراپا باتیں
جنبشِ لب سے خد و خال چمک جاتے ہیں

اس کی آمد ہے نموٗ، دید ہے بالیدنِ شوق
خاکِ خوابیدہ میں نغمے سے کھنک جاتے ہیں

دیکھ کر اس کو ہے سرسبز خزاں، شاخ نہال
کونپلیں پھوٹتی ہیں، غنچے چٹک جاتے ہیں

حُسن سچائی ہے، کر دیتا ہے چہرے روشن
جھوٹ کے پردے اس آتش سے بھڑک جاتے ہیں

مقتل و میکدہ و مدرسہ و دیر و حرم
سب بُلاتے ہیں جو ہم اُس سے بھٹک جاتے ہیں

روٗٹھ کر اُس سے نئی راہ چلے تو جانا
جتنے رستے ہیں اُسی شوخ تلک جاتے ہیں

عمر بھر لوگ کیا کرتے ہیں بہکی باتیں
کیا ہے جو رند کبھی پی کے بہک جاتے ہیں

(۷۱)

ہر قدم ایک بیاباں ہو، یہ مشکل تو نہیں
ہر نفس عمرِ گریزاں ہو، یہ مشکل تو نہیں

چاک دامانِ بہاراں ہو، یہ مشکل تو نہیں
لبِ گل شعلۂ رقصاں ہو، یہ مشکل تو نہیں

ملتفت تو ہو تو راتوں میں بھی سورج نکلے
ماہِ غم نیّرِ رخشاں ہو، یہ مشکل تو نہیں

میزبانی کو تری ہیں ہمہ عالم موجود
تو کسی دن مری مہماں ہو، یہ مشکل تو نہیں

بسترِ خواب پہ آرام سے سونے والو
روح موجِ شرر افشاں ہو، یہ مشکل تو نہیں

جو ہے صحراؤں میں زنجیر بہ پا رقص کناں
شہر در شہر وہ جولاں ہو، یہ مشکل تو نہیں

سختیوں (؟)[1] میں جو ہنستا ہے وہ اے چارہ گرو
ایک دن تم پہ بھی خنداں ہو، یہ مشکل تو نہیں

جس میں آتے ہیں نظر صرف شکستہ چہرے
وہی آئینۂ خوباں ہو، یہ مشکل تو نہیں

دشتِ تعبیر میں اک عمر سے ہیں ہم حیراں
زندگی خوابِ پریشاں ہو، یہ مشکل تو نہیں

قتل انساں کو جو کرتے ہیں بہ نامِ انساں
ان میں خستہ (؟)......... ہو، یہ مشکل تو نہیں

نظم گوئی پہ ہے قدرت جسے وہ تیرا وحیدؔ
عشق میں تیرے غزلخواں ہو، یہ مشکل تو نہیں

۱۹۸۴

---

[1] یہاں اصلی لفظ خوانا نہیں ہے۔ اور بعد کے ایک شعر کا آدھا مصرع ظاہرا دیمک کی نذر ہوا ہے۔

(۷۲)

صاف انکار نہیں، صاف کچھ اقرار نہیں
ہم کو منظور رفاقت کا یہ معیار نہیں

دو گھڑی پھولوں سے ہنس بول کے ہوں گے سفری
بوئے آوارہ ہیں ہم راہ کی دیوار نہیں

محتسب اپنی نگاہوں سے نہ پرکھے ہم کو
معبدِ دل میں ہم اتنے بھی خطاوار نہیں

دوستی اُن سے بھلا کیسے نباہی جائے
جو گریزاں ہیں مگر ہونٹوں پہ انکار نہیں

خود پرستوں سے غرور اتنا نہ کیجے صاحب
جو محبت میں بھی سجدے کے روادار نہیں

درِ اغیار پہ جس کے لیے لازم ہو سوال
زندگی لاکھ ملے، ہم کو سروکار نہیں

جو مقدر ہی نہ ہو اُس کی تمنّا کیسی
جبکہ محروم بھی رہنا کوئی دشوار نہیں

زندگی! پاس ترے عہدِ وفا کا ہے ہمیں
ورنہ سچ تو یہ ہے مرنے سے بھی کچھ عار نہیں

ایسے بیمار کی راتوں کو سحر کون کرے
کٹ گیا پچھلا پہر، صبح کے آثار نہیں

کیوں ہو چپ چپ سے وحید آج بھری محفل میں
کوئی دستور بھی جب مانعِ گفتار نہیں

۱۹اپریل ۱۹۵۹

(۷۳)

بیداری میں خوابیدہ ہیں، خواب میں بھی بیدار آنکھیں ہیں
جاگتے سوتے ایک ہی رُخ کی درپئے دیدار آنکھیں ہیں

کل تک خوش نظری لذت تھی، دیدہ وری پر ناز تھا اپنی
اب بھی وہی رُخ ہیں، وہی منظر، لیکن اب آزار آنکھیں ہیں

خوش روئی، خوش پیرہنی وخوش گفتاری تم سے ہی تھی
تم کو دیکھ کے شاخِ گل تھیں، آج اُپی تلوار آنکھیں ہیں

ہر منظر ہے زہر گزیدہ، آتشناک وسوزاں ہے
خوں کا پیالہ، زہر کا جام اور تیزاب کی دھار آنکھیں ہیں

ارض وسما یرقان کے مارے، صبحیں تیرہ، دن اندھیارے
یا تو دنیا بدل گئی ہے، یا پھر خود بیمار آنکھیں ہیں

ایک ہی چہرے کو سَو رُخ سے گر نہیں دکھلاتی یہ دنیا
اس دنیا کے ہر منظر، ہر چہرے سے بیزار آنکھیں ہیں

تم تھے جب تک پیشِ نظر، چہرے پر آنکھیں ہی آنکھیں تھیں
تم کو دیکھا نہیں تو نابینائی کی دیوار آنکھیں ہیں

تم کو دیکھ کے نشے میں بھی رکھتی تھیں دنیا کی خبر
اب کِرچوں کا ڈھیر، شکستِ شیشہ کی جھنکار آنکھیں ہیں

کل جنھیں دیکھ کے خوش ہوتے تھے، جن باتوں پر ہنستے تھے
اب بھی سب کچھ وہی ہے، لیکن مہر بہ لب، خونبار آنکھیں ہیں

۲۶ ستمبر ۱۹۸۸

(۷۴)

اب نہ خوش پوشی کا ہے شوق نہ خوش وقتی کا
جس کے دم سے یہ مزے تھے، وہ اب آتا ہی نہیں

یوں تو ہیں سب گذراں جذبہ واحساس وخیال
پر خیال اُس کا جب آجائے تو جاتا ہی نہیں

محفلِ شعر، شبِ ماہ ہو یا روزِ ابر
خود فراموشی کو یہ ہو کہ وہ، بھاتا ہی نہیں

زندگی ہے کہ حماقت کا سفر، جادۂ غم
کسی منزل کا تصور ہو خوش آتا ہی نہیں

عمر کی رات بھی اب آگئی کٹنے کے قریب
صبح کا تارا جھلک اپنی دکھاتا ہی نہیں

نبض چلتی ہے، دھڑکتا ہے دل، انفاس ہیں قید
حبسِ بے جا سے کوئی اِن کو چھڑاتا ہی نہیں

نہیں سُنتا نہ سُنے، مجھ کو گلہ اس کا نہیں
شکوہ یہ ہے کہ صدا اپنی سُناتا ہی نہیں

بیٹھے ہیں کب سے تصور میں تری بزم میں ہم
بات کرتا ہی نہیں، پھر بھی اٹھاتا ہی نہیں

نزع میں ہے نفس واپسیں برسوں سے وحیدؔ
لب پہ لبیک ہے لیکن وہ بلاتا ہی نہیں

۳۱ جنوری، ۱۹۹۵

(۷۵)

تم گئے سارے موسم گئے روٹھ کر، ایک بے موسمی ہے جو ٹلتی نہیں
صبح ہوتی نہیں، دن نکلتا نہیں، شام آتی نہیں، رات ڈھلتی نہیں

ابر اُمڈ کر برستے ہیں شام و سحر، چلتی ہیں مست پروائیاں جھوم کر
آنکھ کے دشت سے دل کے صحرا تلک، حبس اور لو کی رُت ہے بدلتی نہیں

کتنے دن گذرے سورج بھی چمکا نہیں، چاند بادل کی چلمن سے جھانکا نہیں
پلکوں کی موتیوں کو ہٹا کر نظر اپنی چوکھٹ سے باہر نکلتی نہیں

وقت کی ندی تیزی سے بہتی ہوئی، زندگی ایک لمحے پہ ٹھہری ہوئی
بادباں کھول دیتی ہے سرکش ہوا، موجیں اُٹھتی ہیں پر ناؤ چلتی نہیں

میکدے بند ہیں، جام ہیں سرنگوں، بن کے سنجیدہ بیٹھا ہے گھر میں جنوں
رقص کرتی نہیں ہے نشے کی پری، بوتلوں سے شرابیں اچھلتی نہیں

آشنا ذائقوں کو ترستی زباں، جانی پہچانی خوشبو کی پیاسی ہے جاں
چولھوں کی آنچ کے رخ پہ رونق نہیں، برتنوں سے شعاعیں ابلتی نہیں

بند دروازے بانہیں سمیٹے ہوئے، کھڑکیاں پردوں سے منہ لپیٹے ہوئے
ہونٹ دیواروں کے مسکراتے نہیں، جاگ کر آنکھیں تصویریں ملتی نہیں

کونپلیں شاخ پر گنگناتی نہیں، پھول گملوں دریچوں میں ہنستے نہیں
فرش و بستر پہ کلیاں چٹکتی نہیں، روشنی بام و در سے نکلتی نہیں

شورشیں دن کی مجھ کو بلاتی نہیں، محفلیں شام گھر میں سجاتی نہیں
رات کی خامشی بات کرتی نہیں، صبح پلکوں پہ کرنیں مچلتی نہیں

لمسِ لب ہائے جاں بخش بھولے ہوئے، ہونٹ گم گشتہ لذت میں کھوئے ہوئے
صورتِ دل نشیں سے تہی پتلیاں، نیند خوابوں کی راہوں پہ چلتی نہیں

ق

لمحۂ انتظار اس قدر بے کراں، دن بہ دن ماہ در ماہ پھیلا ہوا
عمرِ شمعِ شبِ انتظارِ ابد، جلتی ہے، ختم ہوتی پگھلتی نہیں

تم گئے شورشِ جاں گئی دل گیا، خون کے جزر و مد کو سکوں مل گیا
آ بھی جاؤ کہ لوٹ آئیں بے تابیاں، دل دھڑکتا نہیں، نبض چلتی نہیں

میری وحشت کے جنگل کو گھر بخش دو، میرے گھر کے گلابوں کو زر بخش دو
ہجر کو شاعری کا ہنر بخش دو، دل کی آواز نغموں میں ڈھلتی نہیں

قرب کے فاصلے ہی تھے دل پر گراں، کیسے طے ہوں مسافت کی یہ دوریاں
میں پکاروں تم آواز دو جانِ جاں مجھ سے تنہا یہ دوری سنبھلتی نہیں

کوئی دو دن کو بچھڑے تو اس کو وحید آس طرح یاد کرتے بلاتے ہو کیوں
ہم نہ کہتے تھے ہے سر گرانی عبث، خوئے دل رنجشوں سے بدلتی نہیں

۶ اور ۷ اگست ۱۹۷۷ کی درمیانی رات

(۷۶)

اپنا سرمایہ جز احساسِ زیاں کچھ بھی نہیں
حلقۂ دامِ ہوس ہے یہ جہاں کچھ بھی نہیں

ہم اگر ہیں تو ہے یک لمحہ و یک ذرّہ بہت
ہم نہیں ہیں تو زماں اور مکاں کچھ بھی نہیں

آمد و رفتِ نفس کیا ہے بجز جہدِ شکم
دین و دنیا ہیں عبث سود و زیاں کچھ بھی نہیں

خوں بہائے نظر و فکر پشیمانی ہے
مایۂ دیدۂ و دل قیمتِ جاں کچھ بھی نہیں

کیوں کہیں درد کسی سے کہ ہیں محتاج سبھی
حاصلِ ذلتِ فریاد و فغاں کچھ بھی نہیں

کچھ جہاں اور ہیں کہتے ہیں مگر وہ معدوم
ہے یہی اپنا جہاں اور یہ جہاں کچھ بھی نہیں

ادب و فلسفہ و علم تلاشِ موہوم
ہیں سب اندازِ بیاں اور بیاں کچھ بھی نہیں

فاصلہ خواب و حقیقت کا بس اک طرزِ نظر
چشمِ خوابیدہ و چشمِ نگراں کچھ بھی نہیں

گردشِ دہر ہے اپنی ہی نظر کی گردش
ہے وجود اپنا زماں، ورنہ زماں کچھ بھی نہیں

ہم نہیں رکھتے ہیں وہ لوٹے جو تو اے دنیا
تیرا یہ لاف و گزاف اے مری جاں کچھ بھی نہیں

قیمتِ تشنہ لبی کوئی نہیں دے سکتا
ظلم و انصافِ امیرانِ مُغاں کچھ بھی نہیں

زندگی کوئی صحیفہ نہیں، جب چاہو پڑھو!
چوکے اِک پل تو یہ تحریرِ رواں کچھ بھی نہیں

۸ نومبر ۱۹۷۱

(۷۷)

اب نہ خوش پوشی کا ہے شوق نہ خوش وقتی کا
جس کے دم سے یہ مزے تھے، وہ اب آتا ہی نہیں

یوں تو ہیں سب گذراں جذبہ و احساس و خیال
پر خیال اُس کا جب آجائے تو جاتا ہی نہیں

محفلِ شعر، شبِ ماہ ہو یا روزِ ابر
خود فراموشی کو یہ ہو کہ وہ، بھاتا ہی نہیں

زندگی ہے کہ حماقت کا سفر، جادۂ غم
کسی منزل کا تصور ہو خوش آتا ہی نہیں

عمر کی رات بھی اب آگئی کٹنے کے قریب
صبح کا تارا جھلک اپنی دکھاتا ہی نہیں

نبض چلتی ہے، دھڑکتا ہے دل، انفاس ہیں قید
حبسِ بے جا سے کوئی اِن کو چھڑاتا ہی نہیں

نہیں سُنتا نہ سُنے، مجھ کو گلہ اس کا نہیں
شکوہ یہ ہے کہ صدا اپنی سُناتا ہی نہیں

بیٹھے ہیں کب سے تصور میں تری بزم میں ہم
بات کرتا ہی نہیں، پھر بھی اٹھاتا ہی نہیں

نزع میں ہے نفس واپسیں برسوں سے وحیدؔ
لب پہ لبیک ہے لیکن وہ بلاتا ہی نہیں

۳۱ جنوری، ۱۹۹۵

(۷۸)

نہ ہو وفا تو نہ ہو، کیا یہاں حیا بھی نہیں
بُرا ہو کتنا ہی، یہ شہر کربلا بھی نہیں

وہ میرے حال سے غافل کبھی رہا بھی نہیں
کرے ہزار وہ ظاہر کہ پوچھتا بھی نہیں

سُنا ہے مجھ سے وہ کچھ روز سے خفا بھی نہیں
جو نام لے مِرا کوئی تو روٹھتا بھی نہیں

سراب آنکھوں میں، کانٹے زباں پہ، دل میں دشت
بہار اُترے کہاں، ایسی کوئی جا بھی نہیں

بہت دنوں سے ہیں ہم بزم و ہم کلام یہ لوگ
مگر کسی سے کوئی شخص آشنا بھی نہیں

کوئی گلی، کوئی گھر، کچھ سُراغ تو ہوگا
کہ گم ہے دل، مگر اب ایسا لاپتا بھی نہیں

ہزاروں موجیں ہیں دشمن، بڑھاؤ ہاتھ، ملو
جُدا جو وقت کی رو میں ہوا، ملا بھی نہیں

وہ جس کے نام پہ سوتے سے چونکتا تھا دل
ہے روبرو، تو نظر بھر کے دیکھتا بھی نہیں

وحیدؔ ہیں وہی نقّاد و نکتہ چیں میرے
جنھوں نے مجھ کو پڑھا بھی نہیں، سُنا بھی نہیں

(۷۹)

بھیگی ہوئی رُت میں ہیں بہکنے کی ادائیں
بے رنگیِ اوقات، معاف آج خطائیں

کچھ لوگ ابھی منتظرِ پیرِ مغاں ہیں
بوتل ہے بھری، ہم ہی نہ کیوں کاگ اڑائیں

یاروں سے کہو سوچ لیں دنیا کے مسائل
ہم بیٹھے ہیں میخانے میں، جرات ہو تو آئیں

دیں مصلحتیں اُن کو گناہوں کی جو توفیق
لے لیں گے ہم اپنے ہی سر اُن کی بھی بلائیں

یہ فرصتِ رندی ہے غنیمت غمِ دوراں
اُتری ہیں جو آیات، کہیں بھول نہ جائیں

ہے موسمِ وحشت اثر اک دولتِ نایاب
اے دیدۂ تر جھوم کے اُٹھّی ہیں گھٹائیں

یہ ابر میں بنتی ہوئی، مٹتی ہوئی شکلیں
وہ روئے دل آرام بھی اک بار دکھائیں

رکھّے ہوئے ہم ساغرِ مے سوچ رہے ہیں
اب اور زیادہ وہ کہیں یاد نہ آئیں

(۸۰)

ہم جس پہ کریں دل کو فدا، جان لُٹائیں
لیتا ہے سرِ بزم وہ اوروں کی بلائیں

اِک دشمنِ اربابِ وفا کا ہے یہ اصرار
یوں بچھڑیں، وہ ہم کو، ہم اُسے یاد نہ آئیں

ہو بس میں اگر اِن کے تو یہ تفرقہ پرداز
دیواریں من و توکی دلوں میں بھی اُٹھائیں

بیگانگی اِک عمرِ تعلق کا ہے انجام
اچھا ہے رفاقت کی ہوس دل سے مٹائیں

جز اجنبیت دید کا حاصل نہیں کچھ بھی
آئینے سے بھی اہلِ نظر آنکھ چُرائیں

تلخ اُس سے ہوئے ہم تو لیا مے کا سہارا
اب ضِد مے و ساغر سے ہے شکل اُس کی دکھائیں

ہیں خود کو بھُلانے کے تو اسباب ہزاروں
معشوق سے روٹھیں تو اُسے کیسے بھُلائیں

خود رفتگی و شاعری و نشّۂ و وحشت
ہٹ کر درِ جاناں سے کسی کام نہ آئیں

شرم آتی ہے محبوب کے دامن کو بھگوتے
تنہائی کے صحرا میں برستی ہیں گھٹائیں

۱۹۷۷

(۸۱)

خواب صحراؤں سرابوں میں پھرائیں گے تمھیں
سایۂ گُل میں بھی شعلے نظر آئیں گے تمھیں

ہم ہی شرمائیں گے کوئی بھی خطا تم سے کرے
تم کسی سے بھی لڑو، ہم ہی منائیں گے تمھیں

مسندِ پیرِ مُغاں چھوڑ کے جب اُٹھّو گے
پھر کوئی اور نہیں، یاد ہم آئیں گے تمھیں

انگنت موجیں ہیں، ہر موج میں لاکھوں چہرے
اس سمندر میں کہاں ڈھونڈنے جائیں گے تمھیں

ہم خلش بن کے بہت روز رہیں گے دل میں
خوابِ نادیدہ ہیں، صورت نہ دکھائیں گے تمھیں

نہ کرو بات بڑی، وقت بدل دے گا تمھیں
ہم سے بچھڑے تو بہت لوگ خوش آئیں گے تمھیں

اچھّوں اچھوں کو نبھانا ہی پڑا دنیا سے
عہد و پیمانِ وفا راس نہ آئیں گے تمھیں

اہل دل! سُن لو کہ ہم ہیں سخنِ ناگفتہ
شعر ایسے بھی نہ پھر لوگ سنائیں گے تمھیں

لوگ ہوتے نہیں کیا اپنے سے بیگانہ وحیدؔ
ہم ہی جب ہم نہ رہیں، بھول بھی جائیں گے تمھیں

۲۳ اکتوبر ۱۹۷۴

(۸۲)

صبح کو دیر بڑی ہے، سو جاؤ
رات ابھی پوری پڑی ہے، سو جاؤ

کیوں گنہگار ہوں چشم ولب و گوش
نفسی نفسی کی گھڑی ہے، سو جاؤ

نیند کو سونپ دو سب زخم اپنے
پھانس نس نس میں گڑی ہے، سو جاؤ

جاگتے عُمر کٹے گی کیسے
نیند پلکوں پہ کھڑی ہے، سو جاؤ

رات بھاری ہے تو وحشت کیوں ہے
عمرِ غم شب سے بڑی ہے، سو جاؤ

وہ لڑا تم سے، خفا نیند سے تم
شب منانے کو کھڑی ہے، سو جاؤ

خواب کے شہر کے اک حُجلے میں
اُس کی تصویر جڑی ہے، سو جاؤ

اپنے انفاس سے کیوں اُلجھے ہو
سانس سینے میں اڑی ہے، سو جاؤ

درد کو نالوں میں رُسوا نہ کرو
اس سے امید بڑی ہے، سو جاؤ

آگے اس رہ میں ہیں اشکوں کے سراب
منزلِ ضبط کڑی ہے، سو جاؤ

گھر سے نکلے بھی تو پاؤ گے کسے
آج ساون کی جھڑی ہے، سو جاؤ

بحرِ ظلمات میں آنسو نہ گراؤ
یہ بھی موتی کی لڑی ہے، سو جاؤ

صبح کے خوابوں سے آنکھیں بھر لو
سب پہ یہ رات کڑی ہے، سو جاؤ

جسے آنا ہے، خود آئے گا وحیدؔ
آنکھ کیوں در سے لڑی ہے، سو جاؤ

۱۹ مارچ ۱۹۷۴

(۸۳)

تمہاری آنکھیں چمکتی ہیں دیکھ کر جو مجھے
اسے کچھ اور کہو نامِ آشنائی نہ دو

تم اپنی بزم میں جو چاہو میرے حق میں کہو
خدا کے واسطے الزامِ بے وفائی نہ دو

کہاں سے سیکھی ہے تم نے ادا یہ چھپنے کی
ہمیشہ آنکھ میں بستے رہو، دکھائی نہ دو

تمہاری آنکھوں کے گوشوں میں جو تبسم ہے
غضب ہے اس کو اگر رنگِ آشنائی نہ دو

خرد کا نشّہ جو اترا، خمارِ وحشت ہے
کہیں جنوں کو بھی تم نامِ خود نمائی نہ دو

یہ مان لو کہ دھڑکتے ہو تم بھی لفظوں میں
گلہ نہ ہو گا جو دادِ غزل سرائی نہ دو

۶ جون ۱۹۸۳

(۸۴)

خموشیوں کا اندھیرا ہے خیمہ زن ہر سُو
کہ گفتگو بھی ہے خود پردۂ سخن ہر سُو

حصارِ ذات سے نکلو تو انجمن ہر سُو
چھُٹے وطن تو سفر میں بھی ہے وطن ہر سُو

خود اپنا چاکِ قبا سی رہے ہیں چارہ گراں
پڑے ہیں زخموں کے روندے ہوئے بدن ہر سُو

جہاں کو باٹنے بیٹھے ہیں علم فربہ عقل
کھُلے ہوئے ہیں شکم در شکم دہن ہر سُو

بہت مٹایا ہے دستِ ہوس نے حُسنِ زمیں
بگاڑ پر بھی سنورنے کے ہیں جتن ہر سُو

صدا بھی ہونٹوں کے صحرا میں بن گئی ہے سراب
کوئی تو بولے کہ ہیں گفتنی سخن ہر سُو

نہیں اندھیروں پہ تسخیرِ شش جہت آساں
مچل رہی ہے تمنا کی اک کرن ہر سُو

نکل سکے جو نظر آنسوؤں کی چلمن سے
کھُلے ہوئے ہیں تبسّم کے سو چمن ہر سُو

اُسی غزالِ رمیدہ کی جستجو ہے عبث
غزال چشم بہت ہیں، بہت ختن ہر سُو

جو توڑ دے کوئی آئینہ ہائے خود بینی
سجی ہوئی ہے نگاہوں کی انجمن ہر سُو

بہت گراں ہے تو زنجیرِ ذات بھی توڑو
اِسی کے سلسلے ہیں طوق اور رسن ہر سو

۳ ستمبر ۱۹۷۳

(۸۵)

خوشی سے اب نہ خوشی ہے، نہ غم سے غم ہم کو
ہیں ایک ہی سے جہاں کے کرم ستم ہم کو

ہو لاکھ دھوپ، یہ ابر اب کہیں نہ برسیں گے
وہ دن گئے کہ میسّر تھی چشمِ نم ہم کو

یہ ایک حرف بھی لُٹ جائے تو رہے گا نہ کچھ
اے حرفِ عشق! ہے رکھنا تِرا بھرم ہم کو

ہمارا کفر ہی شاید نجاتِ ایماں ہے
بلا رہا ہے بہت جادۂ حرم ہم کو

ہمارا ہونا، نہ ہونا، ہے عکس کے مانند
وجود بھی ہے اک آئینۂ عدم ہم کو

جو کل تھی پاؤں کی دھوُل، آج سر پہ چڑھتی ہے
اس اک عذاب سے ہر اک سزا ہے کم ہم کو

یہی بہت ہے جو دنیائے کم عطا سے وحیدؔ
ملا ہے دل کا ورق، خون کا قلم ہم کو

۲۱ اپریل ۱۹۷۴

(۸۶)

عشق میں خود کو کھویا ہم نے، خود کو کبھی نہ پانے کو
خوابِ تمنّا دیکھا تھا، خوابوں کا بوجھ اٹھانے کو

اب ہم دونوں لمحۂ دید کے شکوہ سنج برابر ہیں
کتنے چاؤ سے وہ نظریں اٹھی تھیں مجھے اپنانے کو

لاکھ تمنّاؤں کا میلا راکھ کے ڈھیر لگا جاتا ہے
ایک تمنّا بہت ہے صدیوں دل کی آگ جلانے کو

اُن کی شکل ہے لمحۂ پرّاں، ٹھہر گئی تو ٹھہر گئی
آنکھ سے اوجھل ہو کے تشنہ خواب ہے نیند اڑانے کو

اک گُلِ افسردہ نے دامن تھاما بھُولے غنچوں کا
ہم تو ہمرہِ موجِ صبا آئے تھے پھوُل کِھلانے کو

سختیِ دوراں کی راہوں میں اِک اِک ساتھی چھوٹ گیا
ہم تن تنہا دشتِ جنوں میں رہ گئے خاک اُڑانے کو

دلبر دل زدگاں سے پہلے دل کی بات سمجھ لیتے ہیں
ہیں کتنے نادان وحیدؔ اُن کو تھے چلے سمجھانے کو

۱۹۵۸

(۸۷)

اے قسمتِ فردا کے خوش آئند خیالو
راتیں نہ سہی، دن ہی مرے آ کے اجالو

پتھر کے صنم بھی کبھی کچھ بول سکے ہیں
اے بُت شکن اذہان کے خاموش سوالو

تم میں تو میرا آہوئے خوش گام نہیں ہے
اے جنتِ تخئیل کے گم گشتہ غزالو

مٹّی ہوئی تصویر میں کیا رنگ بھروگے
مٹنا تھا جنھیں مِٹ گئے اب خود کو سنبھالو

اک درد کی دولت تمھیں ہم سونپ چلے ہیں
اب اِس کو لٹا دو کہ حیات اپنی بنالو

بادِ سحری پھول کِھلا آئی چمن میں
کچھ تم بھی لہو اپنے شہیدوں کا اُچھالو

اِن راہوں میں وہ نقشِ کفِ پا تو نہیں ہے
کیوں پھوٹ کے روئے ہو یہاں پاؤں کے چھالو

چہرے پہ تھکن، بالوں میں گرد، آنکھوں میں سُرخی
لمبا ہے سفر، پاؤں کے کانٹے تو نکالو

پھر ساعتِ دیدار وحیدؔ آئے نہ آئے
تصویر بنا کر انھیں آنکھوں میں چھپالو

(۸۸)

اک دشتِ بے اماں کا سفر ہے، چلے چلو
رُکنے میں جان و دل کا ضرر ہے، چلے چلو

حکام و سارقین کی گورہ گزر ہے گھر
پھر بھی برائے بیت تو در ہے، چلے چلو

مسجد ہو، مدرسہ ہو کہ مجلس کہ مے کدہ
محفوظ شر سے کچھ ہے تو گھر ہے، چلے چلو

ظلمت ہے یاں بھی، واں بھی اندھیرے ہی ہوں تو کیا
نور اِک ورائے حدِّ نظر ہے، چلے چلو

اُترا کنارِ بحرِ عطش ایک قافلہ
ختم اس پہ تشنگی کا سفر ہے، چلے چلو

سر تک پہونچ نہ جائے کوئی تیز گام لہر
یاں خوں کی موج تا بہ کمر ہے، چلے چلو

جاں کے زیاں کا ڈر ہے طلب میں اگر تو ہو
ترکِ طلب میں بھی تو خطر ہے، چلے چلو

۱۰ دسمبر ۱۹۷۹

(۸۹)

ہے جشنِ طرب، کون ہے سودائی نہ دیکھو
محفل میں کہاں بیٹھی ہے تنہائی نہ دیکھو

جن آنکھوں میں طنز اور ستم کی ہیں موجیں
تم ڈوب کے ان آنکھوں کی گہرائی نہ دیکھو

دیتا ہے وہ گر زہر دوا کہہ کے تو پی لو
نیت پسِ احسانِ مسیحائی نہ دیکھو

خود کو بھی، جہاں کو بھی نہ پہچان سکوگے
بہتر ہے کہ آئینۂ تنہائی نہ دیکھو

دزدِ زرِ گُل بن کے تو گھومو نہ چمن میں
اک گُل کی اگر تم چمن آرائی نہ دیکھو

نظروں کی زباں پڑھنا ہم اب سیکھ چکے ہیں
دیکھو کہ بہ اندازِ شناسائی نہ دیکھو

دامان و گریباں کا ہے پاس اب بھی جنوں کو
تم دیکھو کہ یہ کربِ شکیبائی نہ دیکھو

گر آج نہیں، کل تو کہوگے کہ کدھر ہو
مابینِ حق و کذب صف آرائی نہ دیکھو

دیکھو کہ وحیدؔ آس کا دوانہ ہے بہر حال
ہے رند کہ باہوش کہ سودائی، نہ دیکھو

۲۴ جنوری، ۱۹۸۴

(۹۰)

تم اپنا جور دیکھو، پھر ہماری سادگی دیکھو
تمھی کو پھر بھی ہم کہتے ہیں اپنی زندگی دیکھو

جہاں کو مار کر ٹھوکر تمھارے پاس آئے ہیں
وہ آشفتہ سری دیکھو، یہ ذوقِ بندگی دیکھو

جو تم کو زندگی کہتے ہیں کچھ اُن کا بھرم رکھ لو
حضورِ زندگی ہو گی بہت شرمندگی دیکھو

نہیں رکھتے جو تم لاج اپنے بندے کی خدائی میں
تو دل کا کفر دیکھو، چشم کی آوارگی دیکھو

اگر فرصت کبھی دیں گرمیِ گفتار کے غازی
لبِ خاموش کی افسانہ گوئی، نغمگی دیکھو

جہاں آنے سے پہلے رہنما تھک ہار بیٹھے تھے
وہاں تک ہم کو لے آئی ہماری خستگی دیکھو

جہاں ایماں کو اندیشہ، جہاں اسلام کو خطرہ
وہاں ہم ایسے کافر کام آئے ظرفگی دیکھو

وہ ہیں کم حوصلہ جو مانگتے ہیں آبِ حیواں بھی
ہمارا شوق دیکھو، ظرف دیکھو، تشنگی دیکھو

خرد میں بھی ہمیں اب معتبر گننے لگی دنیا
کہاں سے ہم کو لے آئی کہاں دیوانگی دیکھو

(۹۱)

کوئی خدا کا ایسا ہے، اتنا یقیں تو ہو
ہم سجدہ کر بھی لیں، مگر اپنی جبیں تو ہو

ہم سے خزاں زدہ بھی ہیں نغمات در گلو
کیفیتِ بہار کا پرتو کہیں تو ہو

یہ فکر کا سفر ہے کہیں تو قدم جمیں
پیروں تلے فلک نہ سہی پر زمیں تو ہو

اک شخص کو بھی عشق پہ ایماں نہیں رہا
اس حادثے پہ ایک بھی انساں حزیں تو ہو

اُس گل کے ہجر میں ہمیں جینا بھی ہے قبول
پر رنگ و بو کا قافلہ دل کے قریں تو ہو

دنیا سے زندگی سے بھی لڑلیں گے جاں سپار
لیکن کسی طرف سے کوئی آفریں تو ہو

جچتا نہیں نگاہِ تمنّا میں اب کوئی
گل چہرگاں میں ایک بھی تجھ سا حسیں تو ہو

آنکھیں تو سب کی کہتی ہیں آؤ ہمیں پڑھو
تیری طرح کسی کی نظر دل نشیں تو ہو

آشفتہ سر شہیدوں کا لکھنا ہے نام اگر
اپنے لہو میں ڈوبی ہوی آستیں تو ہو

بارش میں پتھروں کی سرافراز ہیں وحیدؔ
سنگِ ستم سے اونچی کسی کی جبیں تو ہو

۱۴ جولائی ۱۹۶۹

(۹۲)

پاؤں اُٹھتے ہیں تو زنجیر کی جھنکار کے ساتھ
لوگ کرتے ہیں سفر بھی در و دیوار کے ساتھ

ایسے بیمار کا دنیا میں پنپنا ہے مُحال
ہو غمِ دل بھی جسے دہر کے آزار کے ساتھ

مرحلہ جان نثاری کا کچھ آساں ہو جائے
داد دیتا رہے قاتل ہی جو ہر وار کے ساتھ

روبرو واہمہ ہے یا ہیں کھُلی آنکھوں میں خواب
خود نظر پردہ ہے اک، پردۂ اسرار کے ساتھ

شبنم اک شوخیِ چشمِ سحری سہہ نہ سکی
ہم نے تو عمر بسر کی نگہِ یار کے ساتھ

جشنِ خورشید میں شامل نہیں وہ شب بیدار
لَو لگائے رہے جو صبح کے آثار کے ساتھ

مدتیں گزریں، نہ دل اُڈا نہ آنکھیں برسیں
گئے برساتوں کے یہ لطف بھی دل دار کے ساتھ

۲۹ دسمبر ۱۹۷۹

(۹۳)

کٹتی ہے کیسے دیکھیے اربابِ فن کے ساتھ
کاش آتی مصلحت کی ادا بھی سخن کے ساتھ

رو کر نباہنا ہو کہ ہنس کر چمن کے ساتھ
پیماں تو عمر بھر کا ہے سرو و سمن کے ساتھ

جائے کہاں حصارِ گُل و لالہ توڑ کر
بن کر رہا نسیم جو اپنے چمن کے ساتھ

ہو بے ستوں بھی اپنا تو سر پھوڑیے کہاں
ہے شرطِ جوئے شیر بھی ہر کوہ کن کے ساتھ

تخلیقِ فن بھی کُن فیکوں کی ہے بازگشت
دھڑکن زمین میں ہے دلِ تیشہ زن کے ساتھ

ہر چند مہر و ماہ مقدر نہیں، مگر
تارِ نظر کا رشتہ ہے اب بھی کِرن کے ساتھ

بازارِ سیم و زر میں نہ پوچھے کوئی تو کیا
اپنا معاملہ ہے بُتِ سیم تن کے ساتھ

اب دل کے آئینے میں ہر اک عکس ہے حسیں
دنیا بدل گئی ہے اک آئینہ تن کے ساتھ

تنہا نہ گھومیے کہ ہیں بے اعتبار گُل
ہے لطفِ سیرِ باغِ جہاں گُل بدن کے ساتھ

آنکھوں کی شمعیں، ہونٹوں کی مے، پیرہن کے پھول
ہو اہتمامِ جشنِ بہاریں بدن کے ساتھ

بانہوں کا خم، تراشِ گلو، جسم کے خطوط

ڈھونڈیں صنم پرست تجھے سو جتن کے ساتھ

ناساز گار آب و ہوائے غزل نہیں
نسبت ہے اس کو ایک نگارِ دکن کے ساتھ

ہر بیت ہے اُسی گُلِ خوبی کی لب شناس
مخصوص ہے شگفتنِ دل جس دہن کے ساتھ

۲۴ ستمبر ۱۹۵۸

(۹۴)

تمام عمر رہی جن کی فکر نابستہ
ہے اُن کا دل بھی زمانے کے غم سے وابستہ

جو ٹوٹا عہدِ وفا ہو گئے اسیر آزاد
زمانہ گزرا تھا رہتے ہوے وفابستہ

خدا کا شکر اب اظہارِ حال کرتے ہیں
ہوے ہیں آج اسیرانِ عشق نابستہ

خود اپنے آپ سے سچ بولنا بھی بھول گئے
جو ہونٹ مصلحتوں سے رہے سدا بستہ

یقیں کی آہنی زنجیر ڈھالنے والے
گُمان و شک کے سلاسل میں خود ہیں پابستہ

ہوا ہے آدمی تنہا کہ اس کا کوئی نہیں
صنم پرست ہے کوئی کوئی خدا بستہ

کوئی پہنچ نہ سکا حسن کے دل و جاں تک
نگاہِ عشق ہمیشہ رہی ادا بستہ

شمیمِ بوسۂ بے اختیار چھیڑ اُنھیں
وہ لب ہیں آبِ بقا، کیوں رہیں حیا بستہ

بھٹکتی پھرتی ہے تعبیر کے سرابوں بھی
ہوئی تھی ٹوٹتے خوابوں سے چشم وابستہ

(۹۵)

(بطرزِ مولانا روم)

کوئی نہ ہو، غم نہیں کچھ، تو جو نہیں ہم نہیں کچھ
آئینۂ جم نہیں کچھ، تو جو نہیں ہم نہیں کچھ

خوش قدمی، گُل پیرہنی، سوسنی و نسترنی
روحِ چمن، جانِ منی، تو جو نہیں ہم نہیں کچھ

صبح کے ہاتھوں میں مہر، روز ہے سر تا پا قہر
شام کے ہونٹوں پہ زہر، تو جو نہیں ہم نہیں کچھ

بام نہیں، در نہیں، بالش و بستر نہیں
پردۂ و چادر نہیں، تو جو نہیں ہم نہیں کچھ

وا ہے شب و روز در، آتے ہیں جن و بشر
گھر کو کہیں کیسے گھر، تو جو نہیں ہم نہیں کچھ

خوش نظری ہو گئی گم، دیدہ وری ہو گئی گم
خود نگری ہو گئی گم، تو جو نہیں ہم نہیں کچھ

۲۶ مئی ۱۹۸۷

(۹۶)

اس بار فصلِ گُل ہے کچھ مہرباں زیادہ
پچھلی رُتوں سے ہو گا اب کے زیاں زیادہ

دستِ ستم خزاں کا اتنا دراز کب تھا
لوٹا بہار ہی نے گلزارِ جاں زیادہ

لُٹنا ہے قافلے کو اے نکہتِ پریدہ
رکھنا نہ دوشِ گُل پر بارِ گراں زیادہ

دامان و جیبِ گُل کی دشمن ہے خود صبا بھی
زر جمع کر رہا ہے کیوں گلستاں زیادہ

خوں تشنہ خنجروں سے عہدِ وفا کی باتیں
اے سادگیِ دل ہے تو خوش گماں زیادہ

ہم درسِ عشق پوچھیں خود لیلیِٰ وطن سے
دیتا رہا ہے کس کا خوں امتحاں زیادہ

ہر شہر خنجرستاں، ہر کوچہ آتش افشاں
کیا کہیئے ظلم ٹوٹے ہم پر کہاں زیادہ

برسے فلک سے شعلے، تیغیں اُگیں زمیں سے
تھک کر جہاں بھی ٹھہرا ہے کارواں زیادہ

ق

ہیں نزع میں جو کُشتے، ان سے تو پوچھ ہی لیں
دل میں چبھا ہے خنجر آخر کہاں زیادہ

ہم سایگاں کے ہاتھوں لُٹنے کا غم سوا ہے
یا رنج دے رہی ہے نوکِ سناں زیادہ

شب خوں کی گھات میں ہے نفرت، لگیں نہ آنکھیں
دے قصۂ جفا کو طول اے زباں زیادہ

لائیں گے روز ہم بھی کرنے کو نذر اک جاں
کر مشقِ ناز تو بھی اے جانِ جاں زیادہ

کمزور تو نہیں تھے قاتل کے دست و بازو
ہم ہی وحیدؔ نکلے کچھ سخت جاں زیادہ

۱۴ اکتوبر ۱۹۷۸

(۹۷)

لذتِ قرب بھی اب کرتی ہے کم آسودہ
نہ تو سیراب ہو تم اور نہ ہم آسودہ

کیا تعلق کی کسک ترکِ تعلق میں بھی ہے
دیکھتا مڑ کے ہے کیوں آہوئے رم آسودہ

کون معبود ہے؟ مقصودِ عبادت کیا ہے؟
خوفِ دوزخ ہی نہ ہو زہدِ ارم آسودہ

خوں شدہ خواہشوں، پژمردہ تمناؤں کے بیچ
سرخ و شاداب ہے صرف اک دلِ سم آسودہ

دشتِ غربت میں کسے کرتے ہیں، کیوں کرتے ہیں یاد
شہرِ خوباں میں بھی ہم کب تھے کرم آسودہ

رکھتا ہے مضطرب و تشنہ و بے خواب وجود
کتنے آرام سے سوتے ہیں عدم آسودہ

ہر دکاں کہتی ہے، آسائشیں بکتی ہیں یہاں
ہوسِ عیش ہو کس طرح دِرم آسودہ

کربِ انکار سے گذرا نہیں اقرار اگر
جادۂ دیں سے بھی ہوں گے نہ قدم آسودہ

کفر کے قافلوں کی زد میں ہیں افلاک و خلا
اور پرواز ہے ایماں کی حرم آسودہ

زندگی دوسری لائیں گے کہاں سے مقتول
قتل کر کے بھی نہیں تیغِ ستم آسودہ

پا کے محبوبِ دل جاں کو بھی پایا نہ وحید
کس طرح ہو گا تو، اے دیدۂ نم آسودہ

۷ اجولائی ۱۹۸۲

(۹۸)

مطلعِ فکر ہے کُچھ دن سے سحاب آلودہ
کیوں نہ ہم لکھیں غزل اک مے ناب آلودہ

عصمتِ چشمِ نظارہ کے بھی ہیں کچھ آداب
لوگ کیوں حسن کو رکھتے ہیں نقاب آلودہ

جراتِ شوق پہ خفگی میں ہے مضمر اقرار
مایلِ لطف ہے وہ چشمِ عتاب آلودہ

سو حجابوں میں نمایاں ہے وہی اک صورت
اور ہر صورتِ عریاں ہے حجاب آلودہ

ہم نے دنیا کو بھی اک جرعۂ مے ہی سمجھا
اہلِ ایماں کی تو جنّت تھی شراب آلودہ

آنکھ کھولی ہے تو چوکھٹ پہ اندھیروں کی کھڑے
روشنی مانگتے ہیں دیدۂ خواب آلودہ

انقلاب آئے تو کیسے کہ رجز خواں اُس کے
خادمِ جاہ بنے یا ہیں خطاب آلودہ

ایک دو جام نہیں شعلۂ جاں کی قیمت
تشنگی کو نہ کرا ے خانہ خراب، آلودہ

۷ اجولائی ۱۹۷۱

(۹۹)

پچھلے پہر کا چاند کسے دے گا روشنی
سوتی ہوئی یہ بزم، دلوں کی یہ بے حِسی

اب شورشِ جنوں، نہ غمِ ذات و روزگار
جب دِل ہی بجھ گیا تو فراغت بھی مل رہی

پینے کو زہر بھی نہیں، آبِ حیات کیا
کِس عہد کے سراب میں پیاسی ہے زندگی

شاید خمارِ عشرتِ شب بھی اُتر گیا
آنکھوں میں وہ چمک ہے نہ چہرے پہ تازگی

بیساختہ خوشی ہے، نہ ہے بے حساب غم
آنسو رُکے ہیں، ہنسی ہے بجھی بجھی

اُس قربِ مختصر میں زمانے گذر گئے
بچھڑے ہیں جب تو سارا زمانہ تھا اجنبی

وقتِ وداعِ یار دھڑکتا تھا کس طرح
ہم دیکھتے، مگر نہ خبر دل کی مِل سکی

سینے سے ایک لاش لگائے ہوئے ہیں اب
اتنی ہی رہ گئی ہے محبّت کی زندگی

نا آشنا نگاہیں تو پرسانِ رازِ غم
غم آشنا نگاہوں کا انداز اجنبی

ہم اُس کو بھول جائیں تو دنیا میں کیا کریں
اور یاد بھی رکھیں تو قیامت ہے زندگی

(۱۰۰)

کس کے سینے میں لگی، آنسوؤں میں کس کے بجھی
جب سے دنیا میں ہوں خود آگ ہے میری ہستی

منکشف کرتی ہے رازِ دو جہاں گم شدگی
ہر خبر دہر کی رکھتی ہے مری بے خبری

پہلے اتنی نہ ضرورت تھی رفاقت کی کبھی
آؤ ہم بانٹ لیں اک دوسرے کی تنہائی

اشک جتنے بھی جہاں سے بھی ملے جمع کیے
میں نے آنکھوں سے لگا کر یہ امانت رکھی

اپنا غم اپنے ہی سینے میں دبا لیتا ہوں
آگ یہ بھڑکی تو جل جائے گی دنیا ساری

گو بھٹکتا رہا میں مرگ زدہ کھنڈروں میں
زندگی قدموں سے لپٹی ہوی ہمراہ رہی

تشنگی دولتِ دل ہے، اِسے رسوا نہ کرو
ہو جو تشہیر تو پھر پیاس ہے دریوزہ گری

اپنے شعلے سے وجود اپنا منوّر رکھّو
بھیک کی آگ سے جلتی نہیں یہ شمع کبھی

اپنے زخموں کی نمائش نہ کرو محفل میں
آبرو باختہ الفاظ اُڑائیں گے ہنسی

پینے آئے ہو تو کچھ وضعِ جنوں بھی سیکھو
خدمتِ مسند و منبر نہیں کارِ رندی

میٹھی گولی کی طرح منہ میں نہ اب گھولیے شعر
ذہن جل اُٹھے گا، رہ جائے گی دل میں تلخی

استناد شوار نہ تھا پہلے کبھی کارِ غزل
صوت سے نغمہ خفا، لفظ سے برہم معنی

۱۹۶۸

(۱۰۱)

ناسودہ تمنا میں سمٹ کیوں نہیں جاتی
یہ گردشِ دوراں ہی پلٹ کیوں نہیں جاتی

بہتان نیا مجھ پہ لگاتی ہے ریا روز
پر ڈرتی بھی ہے، سامنے کیوں ڈٹ نہیں جاتی

سب کہتے ہیں دل اور کسی سے بھی لگالو
پوچھو یہ اُسی سے مری ہٹ کیوں نہیں جاتی

اک عمر سے یہ مجھ سے خفا اِس سے میں ناخوش
دنیا مِری نظروں ہی سے ہٹ کیوں نہیں جاتی

نیند آتی نہیں، آئے تو اُڑ جاتی ہے پل میں
آنکھوں میں ہمیشہ کو سمٹ کیوں نہیں جاتی

امیدِ وصال اب ہے نہ ہے آرزوئے خواب
یہ آخری شب ہجر کی کٹ کیوں نہیں جاتی

مرگ آکے دھڑکتی ہے کبھی دور کبھی پاس
اک بار مرے دل سے لپٹ کیوں نہیں جاتی

چین آئے زمیں کو بھی وحید اور مجھے بھی
ہر دن یہ تڑپتی ہے، اُلٹ کیوں نہیں جاتی

۱۴ اکتوبر ۱۹۹۳

(۱۰۲)

دردِ دل ایسی کسی میں بھی اذیت نہیں ہوتی
یہ بھی ہے، ایسی کسی درد میں لذت نہیں ہوتی

کیسے اِک شخص ہی بن جاتا ہے جانِ دل وجاں
دل حسینوں میں تو لگتا ہے، محبت نہیں ہوتی

محفل وجلسہ میں بھی رہتی ہے تنہائی کی وحشت
وہ جو ہو ساتھ مصائب سے بھی وحشت نہیں ہوتی

بے سواد اور علما عشق کی منزل میں ہیں یکساں
علم اور عقل کی اس رہ میں ضرورت نہیں ہوتی

(ق)

اجنبی دیس میں ملنے کو سبھی ملتا ہے، لیکن
اپنی تہذیب وزمیں میں جو ہے راحت، نہیں ہوتی

یہ ہے بیگانہ ومحتاج، سمجھتے ہیں سفیہ وجہلا
شرق میں مشرقیوں کی کہیں عزت نہیں ہوتی

ہوں عرب یا کہ عجم، غرب کے بندے اب تک
انقلابوں سے بھی تبدیل طبیعت نہیں ہوتی

نعرۂ وحدتِ اسلام خوش آیند بہت ہے
رنگ اور نسل کی پر کم عصبیت نہیں ہوتی

ہو شبِ شعر، سمینار کہ ہو جلسۂ عام
سخنِ غیر بھی سن لیں، اُنھیں فرصت نہیں ہوتی

چھیڑ بیٹھے ہو یہ کیا قصۂ ناقدریِ دوراں
وطن آواروں کو غربت سے شکایت نہیں ہوتی

چلو گھر اپنے نہ راس آئے گا یہ کشورِ ثروت
سبزہؑ و گُل کی تو اس شہر میں دولت نہیں ہوتی

ساون آتا ہے نہ بھادوں، نہ بسنت اور نہ ہولی
گردِ دل دھولے وہ برسات میں شدت نہیں ہوتی

پھولتے جوڑے چمکتے ہیں نہ چوڑی نہ کلائی
آنچل اُڑتے نہیں، آنکھوں میں شرارت نہیں ہوتی

دور تک دشت ہے، کہسار ہے چٹیل ہے زمیں
سال بھر کھلنے کی پھولوں کو اجازت نہیں ہوتی

لوگ ملتے ہیں گلے، ہوتی ہے روبوسی بھی دن بھر
دشمنوں کی سی بھی یاروں میں حرارت نہیں ہوتی

یاں کی توہین پہ غیظ آتا تھا، اب غیظ نہ غم ہے
یوں دکھانے کی ہے عزت، تو وہ عزت نہیں ہوتی

شجرِ شعر پہ آتے نہیں برگ و ثمر و گل
جڑ سے کٹ کر بھی پھلیں پھولیں یہ عادت نہیں ہوتی

منتظر ہو گی وحید آر دونا پُرس تمہاری
اِس زباں کی تمہیں حاصل یہاں صحبت نہیں ہوتی

دہلی وحیدر آباد اور علی گڑھ کشمیر
رہ کے دور اِن سے تو شعروں میں بھی لذت نہیں ہوتی

رہو ایران و عرب میں، کہ چلو غرب کی جانب
ملیں اسبابِ تعیش بھی تو عادت نہیں ہوتی

شبِ گرما کے کھُلے صحن میں تاروں بھری راتیں
کولروں کی بھی ہوا میں یہ طراوت نہیں ہوتی

نرم وہ دھوپ زمستاں کی وہ شب اوڑھے رضائی
گرم کمروں میں اِن آغوشوں کی لذت نہیں ہوتی

وطن و اہل وطن ساتھ نہ چھوڑیں گے تمہارا
کیا ہوا، عشق کی حاصل تو رفاقت نہیں ہوتی

۲۰ نومبر، ۱۹۸۶

(۱۰۳)

بیادِ اریبؔ

(یہ غزل اریبؔ کی زمین میں ہے۔ اس کا مقطع دو لفظوں کی معمولی سی تحریف کے ساتھ اریبؔ ہی کا ہے)

کچھ پتا اُن کا بتا مُجھ کو چراغِ سحری
کیا ہوئے میرے رفیقِ شبِ آشفتہ سری

جام لبریز ہیں، پر دل تہی، آنکھیں خالی
کیوں اُترتی نہیں پیمانوں میں شیشے کی پری

کو بہ کو جستجوئے روئے شناسا رُسوا
گم شدہ یاروں کو پائے گی کہاں در بہ دری

کیا ہوئی رونقِ مے خانہ و سرمستیِ غم
مے میسّر ہے، مگر چھن گئی شوریدہ سری

صبح وہ صبح نہیں، رات بھی وہ رات نہیں
وہ پرستارِ سحر ہیں نہ وہ شب کے سفری

ایک کو بھی نہیں اب اِک کی خبر محفل میں
ہائے اک رندِ خوش اوقات کی محفل نگری

یادوں کے ہاتھوں میں ٹوٹے ہوے آئینے ہیں
دیکھتی پھرتی ہے ہر چہرہ پریشاں نظری

میری آنکھیں ہیں کہ صحراؤں کے سوکھے دریا
دل کو سیر اب بھی کرتی نہیں اشکوں کی تری

عشق بھی بھول گیا پاسِ گریباں کا سبق
اب جنوں کو بھی نہیں حوصلۂ جامہ دری

اب بھی آتا ہے مرے واسطے پیغامِ صبا
پر نہ خوش بوئے رفاقت ہے نہ وہ خوش نظری

تو نے کس دل سے شبِ غم کی سحر کی ہے اریبؔ
یاد آئے گی زمانے کو تری بے جگری

۲۵ ستمبر ۱۹۷۰

(۱۰۴)

ہے حریفوں کی گواہی میں خود آرائی مری
ساتھ جائے گی کہاں تک چل کے رسوائی مری

میری وحشت کے لیے شہر تو کیا دشت تھے کم
کسی صحرا کو بھی حاصل نہیں پہنائی مری

تو نے کس دائمی محبس کی سزا دی مجھ کو
بات کرنے کو ترس جاتی ہے تنہائی مری

سر کو دستارِ فضیلت تو میسر تھی مگر
ہوتی تھی کوچۂ و بازار میں رسوائی مری

بے جھجک روز بدل دیتی ہے اپنا صاحب
ایسی کرسی سے بہت اونچی ہے تنہائی مری

اُس کے لب چھو کے مری بات نے خوشبو پائی
اُس کی آنکھوں سے چھلک جاتی ہے گہرائی مری

جھانکتی پھرتی ہے ہر وقت نیا گھر عشرت
ایک دن بھی نہیں ہو پائی یہ ہر جائی مری

خود کو اک بار ہی بھولا میں غموں کے ہاتھوں
ضبط کی حد میں رہی ورنہ شکیبائی مری

اپنی تابِ صبر پر کیا کیا نہ ہم کو ناز تھا
چار آنسو لے گئے ساری توانائی مری

۱۵ دسمبر ۱۹۹۵

(۱۰۵)

رات کرتا رہا میں خود سے شکایت اُس کی
کہنے سننے کو بہت کچھ تھی ضرورت اُس کی

نہ ہے وہ صلح سے راضی نہ لڑائی سے ہے خوش
جانے کیا چاہتی ہے مجھ سے طبیعت اُس کی

چھوڑ دیں ساتھ، نہیں یہ بھی رفاقت کو قبول
خوش بھی آتی نہیں ہر وقت ملامت اُس کی

(ق)

وہ کہیں جائے تو آزاد شب و روز کو پھر
یاد آتی ہے گرفتاریِ اُلفت اُس کی

پہلے کچھ دن تو بہل جاتا ہے احباب میں دل
بعد کچھ دن کے بہت کھلتی ہے فرقت اُس کی

جب بھی اُٹھتی ہے بساطِ مے و خوش باشی و شعر
دُور سے آئینہ دکھلاتی ہے صحبت اُس کی

کِس نے اس طرح سے تقسیم کیا ہے مجھ کو
جلوتیں تو ہیں مری، ہے مری خلوت اُس کی

ہر حسین چہرے کو تکتی ہے نظر شوق کے ساتھ
ڈھونڈتا پھرتا ہوں پھولوں میں شباہت اُس کی

نہ طبیعت کا وہ رنگین نہ زباں کا شیریں
کیا کروں ہو سی گئی ہے مجھے عادت اُس کی

اب تعلق ہی مِرا کیا، یہ رہے خوش کہ خراب
جس نے دل چھین لیا، تھی یہ امانت اُس کی

اُس سے ناراض ہے دل اتنا، پر آتا نہیں خوش
کوئی اپنا بھی جو کرتا ہے مذمت اُس کی

ہو کے ناخوش بھی ہے دل، اُس کی خوشی کا طالب
خود اذیت میں ہے، پر مانگے ہے راحت اُس کی

ہے تعلق کا گرفتار بھی، ناخوش بھی وحیدؔ
کس قدر درد سے کرتا ہے حکایت اُس کی

۸ جنوری ۱۹۸۶، تہران

(۱۰۶)

ہر سانس ہے اک گونج بیابانِ زماں کی
پیروں میں ہے زنجیر پڑی عمرِ رواں کی

فرصت بھی بہت دن سے نہیں آہ و فغاں کی
عادت سی بھی کچھ ہو گئی بیدادِ جہاں کی

مدّت ہوئی سینے سے نکالے ہوئے نیزہ
نوک اب بھی کلیجے میں کھٹکتی ہے سناں کی

یاں تشنگیاں بٹتی ہیں، لو ظرف ہے جتنا
دولت ہے یہی محفلِ تشنہ دہناں کی

دیکھو تو فرات آج بھی ہے پیاس کا صحرا
پوچھو نہ مجھے پیاس سے نسبت ہے کہاں کی

تنہائی کا صحرا ابھی نہیں تیرہ و ویراں
آبادیاں یادوں کی ہیں، راہیں ہیں فغاں کی

آنکھوں سے لگائے ہو جو خواب، اوروں کو سونپو
قیمت تو ادا کرنی ہے بیداریِ جاں کی

جنوری ۱۹۷۸

(۱۰۷)

رخصتِ نطق زبانوں کو ریا کیا دے گی
درسِ حق گوئی کا یہ بنتِ خطا کیا دے گی

محفل و مجمع و بازار میں گُم تنہائی
دردِ خود رفتہ کو خلوت سے صدا کیا دے گی

سجدہ کرتی ہے لئیموں کے دروں پر دنیا
بے نیازوں کو یہ بے شرم بھلا کیا دے گی

یہی ہو گا کہ نہ آئے گی کبھی گھر میرے
مجھ کو دنیائے دنی اور سزا کیا دے گی

سال ہا سال کے طوفاں میں بھی دل بجھ نہ سکا
زک اسے سرکشیِ موجِ ہوا کیا دے گی

کوئی موسم ہو، مہکتے ہیں یہاں زخم کے پھول
میرے دامن کو تہی دستِ صبا کیا دے گی

دل تو کچھ کہتا ہے، پر شرم سے اُٹھتے نہیں ہاتھ
دیکھنا ہے کہ یہ بے دستِ دعا کیا دے گی

خواہشِ مرگ ہے کچھ پانے کی موہوم اُمید
زندگی دے نہ سکی کچھ تو قضا کیا دے گی

خواب دیکھے ہیں تو بیدار رہو عمر تمام
چشمِ خوابیدہ کو تعبیرِ صِلا کیا دے گی

اسی زندان میں اب کاٹ دو عمر اپنی وحیدؔ
میں نہ کہتا تھا، تمھیں قیدِ وفا کیا دے گی

۲۲ اکتوبر ۱۹۷۴

(۱۰۸)

سخن کے مطلعِ رنگیں پہ جو تنویر اُترے گی
زمیں کے دل میں بن کر نور کی تحریر اُترے گی

چلا سورج کا رتھ، رنگوں کی گرد اُڑنے لگی ہر سوٗ
شفق کے آئینوں میں صبح کی تصویر اُترے گی

سنہرے نقرئی تیروں کی بارش ہے اندھیروں پر
شعاعوں کی عماری سے ابھی تنویر اُترے گی

زمیں کو دیکھتے ہیں لوگ خواب آلودہ آنکھوں سے
کہ جیسے آسماں سے خواب کی تعبیر اُترے گی

بہت دلکش ہیں دنیا کی گرفتاری کے ساماں بھی
ہر اک شاخ و شجر سے پھول کی زنجیر اُترے گی

وہ گذریں گے جدھر سے، بوئے آوارہ پتا دے گی
وہ ٹھہریں گے جہاں، ہر سنگ پر تصویر اُترے گی

تمھارے خوں میں بُرّش ہے نہ ہے تاثیر نظروں میں
تمھارے واسطے کیوں عرش سے شمشیر اُترے گی

دعائے زود اثر کی راہ میں کیوں ہاتھ حائل ہیں
ابھی بجلی کی صورت کوند کر تاثیر اُترے گی

انہی اشکوں میں غرق آنکھوں کو چھو لیں گی اگر کرنیں
انہی آنکھوں میں اے قاتل تری تصویر اترے گی

امیں ہیں جن کے پارہ ہائے قلب و برگ ہائے گُل
دلوں پر سنگ کے اس راز کی تفسیر اُترے گی

وحیدؔ انسان کو جو قتل کر دیتے ہیں ہنس ہنس کر
غزل سی شے دلوں میں اُن کے بن کر تیر اُترے گی

۱۶ اکتوبر ۱۹۷۳

(۱۰۹)

زیست کے بازار میں ہر اک کی باری آئے گی
سان پر یہ خود کھرے کھوٹے کو کستی جائے گی

دہریت بھی اک نہ اک کو مان لیتی ہے خدا
کب دماغوں سے ہوائے بُت پرستی جائے گی

خلد سے نکلے ہوؤں کو کیوں گلہ دنیا سے ہے
یہ ہے ناگن، دم میں دم جب تک ہے ڈستی جائے گی

تھک کے بیٹھا ہے جہاں زہدِ سبک سر کا غرور
اُس سے آگے لڑکھڑاتی بادہ مستی جائے گی

اس برس بادل نہ آئے تھے، ہوا سنکی نہ تھی
اب جو برسی ہے گھٹا، پہروں برستی جائے گی

(۱۱۰)

تیز کرنوں کی سنانوں سے چھدی رات ملی
صبح بھی آئی تو آغشتہ ظلمات ملی

تھا زمانے پہ گماں یہ کہ سب اس کے ہیں اسیر
خود ہی زنجیر بہ پا گردشِ حالات ملی

رشتہ رکھتے ہیں تجارت کا خدا سے بھی لوگ
غرض آلودہ ہر اک حمد و مناجات ملی

راز کی طرح رکھا سینے میں جس کو تا عُمر
سنگِ دشنام کے ہونٹوں پہ وہی بات ملی

ظلم کا جس سے گلہ تھا جو ملا وہ سرِ رہ
اُس کی نظروں میں بھی اک فردِ شکایات ملی

کس سے نومیدیِ جاوید کا شکوہ کیجے
موردِ شکوہ ہمیں اپنی ہی اک ذات ملی

اپنے شعلوں سے اُگائی ہے ستاروں کی فصل
زخم در زخم چراغاں ہمیں ہر رات ملی

ہجر ہے تشنگیِ ذات کا تنہا رستہ
فاصلہ رکھ کے بہت صبحِ ملاقات ملی

آنسوؤں سے کبھی امید کی کرنیں پھوٹیں
قہقہوں میں بھی کبھی غم کی مدارات ملی

ہم جہاں بھی گئے، سنگ اُٹھے قدم بوسی کو
ارمغاں درد کا اور زخم کی سوغات ملی

ہر سخنور کو یہ اعزاز کہاں ملتا ہے
جُرمِ اظہار کی ہم ہی کو مکافات ملی

۱۳ اگست ۱۹۷۳

(۱۱۱)

نہ سحر نغمہ، نہ شیرینیِ دہاں کو ملی
جو طرزِ خارا شگافی مِری زباں کو ملی

نوا گرانِ سیاست کو جس کا دعوے تھا
وہ انقلاب کی لَے بھی مری فغاں کو ملی

بنا کے کاہکشاں تاج سج لیا اپنا
جنوں کی خاکِ کفِ پا جو آسماں کو ملی

تھا جس کا منتظر اک عمر زُہدِ شب بیدار
وہ دولت اُتری تو ہم ایسے خُفتگاں کو ملی

خدا کے بندوں کا گھر ہے نہ ملک ہے کوئی
زمیں تمام شیوخ و برھمناں کو ملی

متاعِ جاں، زر و اموال لے گئے قاتل
بچی تھی خاک کی چادر تو کشتگاں کو ملی

ہوس کے حکم سے ہیں سنگسار اہلِ وفا
سزائے دار و رسن زلف بستگاں کو ملی

جو ہے امڈتی ندی، مضطرب بگولوں میں
وہ کربِ روح کو، شورش وہ میری جاں کو ملی

گئے نہ محفلِ جاہ و حشم میں اہلِ نظر
کبھی ملی بھی یہ عزّت تو دلبراں کو ملی

وحیدؔ بزمِ ہُنر میں بھی فن ہے خاک نشیں
ہمیشہ صدر میں جا یاں بھی این و آں کو ملی

۱۸ مارچ ۱۹۷۹

(۱۱۲)

آتشِ قہرِ زمانہ کو ہوا دو تم بھی
فاصلے قُرب کے کچھ اور بڑھا دو تم بھی

ہم اکیلے سہی، آواز سفر ساتھ کرے
میں بلاتا ہوں تمھیں، مجھ کو صدا دو تم بھی

خون آلودہ حصارِ من و توٗ میں توڑوں
بیچ سے خوف کی دیوار گرا دو تم بھی

شب ہوئی ختم، بجھیں شمعیں، مگر دل نہ بجُھا
اس امیدوں کی امانت کو بجُھا دو تم بھی

غم تو خود لمحوں کی بوچھار میں ڈھل جائیں گے
ذہن سے یادوں کی تحریر مٹا دو تم بھی

ایک سے کافر و مومن پہ ہیں فطرت کے کرم
یار و اغیار کی تفریق اُٹھا دو تم بھی

کم سے کم نور وہوا کو تو نہ ترسے کوئی
اپنے ایواں کی بلندی کو گھٹا دو تم بھی

منتظر آنکھوں میں صف بستہ کھڑے ہیں سوٗرج
صبح ہو جائے جو رُخ اپنا دکھا دو تم بھی

۲۷ اکتوبر ۱۹۷۴

(۱۱۳)

اُسی نسبت سے ہے اپنا جنوں بھی
وہی اک نام ہے وجہِ سکوں بھی

نہ تھے تم، تب بھی ہم جی ہی رہے تھے
ہم اپنے دِل کو سمجھا لیں گے یوں بھی

یہی دنیا بُری بھی ہے، بھلی بھی
نظر کا ہے تمہاری یہ فسوں بھی

اِن آنکھوں نے سدا دریا نہ دیکھے
ہوا ہے مدتوں اشکوں کا خوں بھی

تمھیں چاہیں کہ تم کو بھول جائیں
تمھاری یاد ہے غم بھی سکوں بھی

محبّت میں جھکا تھا سر نہ جن کا
اُنھیں دیکھا ہے ہم نے سرنگوں بھی

(۱۱۴)

کیفیتِ دل تم پہ عیاں ہے بھی، نہیں بھی
خاموشی محبت کی زباں ہے بھی، نہیں بھی

بام و در و دیوار ہی کو گھر نہیں کہتے
تم گھر میں نہیں ہو تو مکاں ہے بھی، نہیں بھی

دن آتا ہے شب ڈھلتی ہے کٹتا نہیں پر وقت
ہجراں میں وہی دَورِ زماں ہے بھی، نہیں بھی

اِک گل کی ہوا لے کے چلی ہے سوئے صحرا
فکرِ چمن، اندیشۂ جاں ہے بھی، نہیں بھی

جب تک ہے وجود اپنا، سلاسل ہیں مقدر
چلنا ہو تو زنجیر گراں ہے بھی، نہیں بھی

ساغر ہے تہی، ظرف سمندر کا دیا ہے
ہم پر کرمِ پیرِ مغاں ہے بھی، نہیں بھی

ہر سانس کا آغاز ہے ہستی، عدم انجام
ہر لمحہ جہانِ گذراں ہے بھی، نہیں بھی

یہ آئینہ بن جاتا ہے پتھر اوٗ میں فولاد
دل کارگہہِ شیشہ گراں ہے بھی، نہیں بھی

تم پڑھ کے سمجھ لو تو یہی قیمتِ فن ہے
مقصودِ سخن دادِ جہاں ہے بھی، نہیں بھی

پھر نامے جدائی کے قلم لکھتا ہے ہر روز
کرب و غمِ دوری کا بیاں ہے بھی، نہیں بھی

ہیں تشنۂ خوں سیر، عطش خوں کا ہے دریا
مقتل میں فرات آج رواں ہے بھی، نہیں بھی

معشوق سے سرگوشیوں کا نام غزل ہے
درپردہ حدیثِ دگراں ہے بھی، نہیں بھی

۱۹۸۳

(۱۱۵)

صبا! سنبھال کے رکھ نسخۂ خزانی بھی
اسی میں رکھّے ہیں اوراقِ شادمانی بھی

جلے دماغ تو لَو دیتے ہیں معانی بھی
کھُلا یہ طرزِ سخن شمع کی زبانی بھی

ہوں غم گسار ہزاروں، ہے پھر بھی غم تنہا
یہ داستان نئی بھی ہے اور پرانی بھی

مری تباہی میں شامل ہے جورِ دہر کے ساتھ
گُلوں کا لطف بھی، خوباں کی مہربانی بھی

کہیں یہ ترکِ تعلق کی ابتدا تو نہیں
بہت دنوں سے نہیں اُن سے سرگرانی بھی

ہیں عرضِ حال میں اخفائے حال کے پہلو
شریک بزمِ سخن میں ہے بے زبانی بھی

میں اپنی پلکوں سے چُن لوں ہر آنکھ کے موتی
سحر کو سونپنی ہے شب کی یہ نشانی بھی

مزاج دارِیِ طوفاں بھی فرض ہے مجھ پر
مجھی کو کرنی ہے شمعوں کی پاسبانی بھی

میں جن کی بزم سے اُٹھّا ہوں تشنگی لے کر
گراں ہے اُن پہ مری طبع کی روانی بھی

خدا کرے وہ رہیں ساتھ میرے شب بیدار
خدا کرے کہ نہ ہو ختم یہ کہانی بھی

اگر نہ توڑو گے زنجیرِ قیدِ ذات وحیدؔ
بنے گی پاؤں کی زنجیر زندگانی بھی

۱۲ اکتوبر ۱۹۷۴ء

(۱۱۶)

بچھڑے پہ اسکے جانا وہی کل جہان تھی
بے روح کائنات کی وہ روح و جان تھی

خوباں تمام اسکی ہی خوبی سے خوب تھے
دیکھا تو اِس زمیں کا وہی آسمان تھی

جب اسکے بعد گھر میں رہا بے گھری سے میں
سمجھا وہی مرا در و بام و مکان تھی

معراج اُسکی تھی سفر افلاک سے پرے
لوٹی نہ پھر زمیں پہ کچھ ایسی اڑان تھی

میں جس کو مانتا رہا ایمان و زندگی
اب سوچیے تو لگتا ہے صرف اک گمان تھی

گر دانتا رہا جسے میں اپنا علم و فن
روٹھی تو یہ کھُلا کہ سب اسکی اک آن تھی

سب ہیچ ہیں وجاہت و عزت جو وہ نہیں
کیا اُسکی شانِ حُسن تھی، کیا آن بان تھی

وہ عجز و انکسار تھی، خدمت تھی سر بسر
معبود جو بناتی ہے وہ اس میں شان تھی

میں تو اسیر خود نگری، خود گری رہا
میری خود آگہی کا وہی امتحان تھی

روشن تھے اس کے نور سے مہر و مہ و نجوم
کہتے ہیں روز و شب وہی اِن سب کی جان تھی

اک مہ لقا کے چھپنے سے سورج ہیں تیرہ رو
اک چاند ہی سے نوریوں کے رخ میں آن تھی

اب زیرِ پا زمیں ہے نہ ہے سر پہ آسماں
میری زمیں وہی تھی وہی آسمان تھی

اب آسماں بھی تودۂ گرد و غبار ہیں
ساتھ اُس کا تھا تو خاک بھی عرش آستان تھی

اب ہے زمیں بھی موجِ سرِ آب سر بسر
میری زمین بھی تھی وہی آسمان تھی

کیسے بسر کروں گا وحیدؔ آبِ حیات میں
مجھ سے بچھڑ گئی جو، وہی میری جان تھی

۹ نومبر ۱۹۸۹

(۱۱۷)

مر بھی سکے نہ ہم کہ تِری آرزو رہی
تو زندگی ہے، اس لیے جینے کی خو رہی

گل تھا قفس میں، دشت میں ہم، کیا اسی لیے
نوحہ کناں نسیمِ سحر کو بہ کو رہی

آوارہ شہر شہر پھرے، در بہ در ہوئے
اے یاس بول کِس کی تجھے جستجو رہی

وہ تھے تو شغلِ مے کی بھی فرصت جنوں کو تھی
وہ دِن رہے نہ حاجتِ جام و سبو رہی

دل وضع دارِ نسبتِ دیرینہ ہے وہی
ہو کر بھی راکھ لو تِری اے شعلہ رو رہی

آزاد گاں پہ بند نہیں کوئی راہ بھی
شرطِ وفائے دوست ہی طوقِ گلو رہی

منسوب آج جو مِرے طرزِ بیاں سے ہے
وہ داستاں سدا اسے دِلوں کا لہو رہی

اب کِس زباں سے شکوۂ اغیار ہو وحیدؔ
دیوانگی میں اپنی زباں خود عدو رہی

(۱۱۸)

کیوں تِری قند لبی، خوش سخنی یاد آئی
زہر افشانیٔ دنیائے دنی یاد آئی

پے گُل گشتِ چمن پھر دلِ دیوانہ چلا
پھر تِری سرو قدی، گل بدنی یاد آئی

جب کسی جسم پہ سجتے ہوئے دیکھا ہے لباس
تیری خوش قامتی، خوش پیرہنی یاد آئی

یوں نبھا ہا ترا وعدہ تِرے غم نے برسوں
غمِ ایام کی پیماں شکنی یاد آئی

جام اٹھاتے ہی دل امڈا تو بھر آئیں آنکھیں
چشمِ ساقی تِری ساغر شکنی یاد آئی

یاد آئی نہ کبھی بے سروسامانی میں
دیکھ کر گھر کو غریب الوطنی یاد آئی

آج دکھلاتے گل افشانیٔ گفتار وحیدؔ
لگ گئی چُپ جو وہ غنچہ دہنی یاد آئی

(۱۱۹)

کِسی کو دیکھتا کیا تجھ سے چھٹ کر تیرا سودائی
سُنا ہے زندگی قدموں سے لپٹی دوُر تک آئی

نہ پہچانا مسّرت نے، نہ کی غم نے پذیرائی
تمنا اجنبی بن کر تِری محفل سے لوٹ آئی

ہم اپنے آپ سے بھی مدتوں ملنے نہیں پاتے
کسے شوقِ نظارہ، کیا دماغِ مجلس آرائی

اب اُن کی یاد کا چہرہ بھی پہچانا نہیں جاتا
غمِ دوراں نے ایسی زندگی کی شکل دکھلائی

ہر اک ذرّہ سمجھتا ہے کہ چاند اُس پر ہی اُترا ہے
ملی ہے چاندنی کو بھی تری طرزِ دل آرائی

اتاریں آرتی دِن کے اجالے اُس کی چوکھٹ پر
اندھیری رات میں در در کی جس نے خاک چھنوائی

فراقِ دوست کا اک پل بھی کتنا اک قیامت تھا
نہ ڈھلتا شاعری میں گر سکوتِ شامِ تنہائی

وحیدؔ اُن کو دعائیں دو جنھوں نے غم دیے تم کو
کتابِ دل پہ کیوں کرتے ہو خوں سے خامہ فرسائی

(۱۲۰)

تم جو نہیں ہو، رہنے لگی ہے گھر کے اندر تنہائی
محفل سے بھی مجھ کو اُٹھا لاتی ہے جا کر تنہائی

کر کے وداع جو تم کو لوٹا، یار احباب نے بتلایا
پوچھ رہی تھی ملنے والوں سے میرا گھر تنہائی

میں تو کتابوں کی دنیا میں خود کو بہلا لیتا ہوں
میرے نام سے خط لکھتی ہے تم کو اکثر تنہائی

اب سے پہلے اس کا ساتھ نبھانا بھی آتا تھا مجھے
کر دیتی ہے اب تو میرا جینا دوبھر تنہائی

برسوں میرے ساتھ رہی تھی، تم آئے تو چھوڑ دیا
آ جاتی ہے اب بھی مجھ کو خالی پا کر تنہائی

اُس کو مقفّل کر کے کمروں میں نکلا تھا سفر پہ میں
ریل چلی تو بیٹھی ہوئی تھی میرے برابر تنہائی

تاش کے پتّے، شیشہ و ساغر اچھے دنوں کے ساتھی ہیں
تم نہ رہو تو بن جاتے ہیں یہ بھی سراسر تنہائی

کبھی تمھاری دوری بن کر نیند سے چونکا دیتی ہے
سو جاتی ہے کبھی تمھاری طرح لپٹ کر تنہائی

جب کوئی تم سا گُلرو، گُل پیراہن، گُل گفتار ملے
رکھ دیتی ہے آنکھ میں پھانس اور دل میں نشتر تنہائی

کبھی کرن کی انگلی تھامے شبنم سے بھی سبک خرام
اور کبھی بن جاتی ہے سینے کا پتھر تنہائی

ہم سخنی کے روز و شب لب بوسی میں کٹ جاتے ہیں
آتی ہے چُننے کو تمھارے لب کے گوہر تنہائی

غزلیں لکھنا بھی ہے بہانہ تم سے باتیں کرنے کا
نم دیدہ لفظوں میں بکھرتی ہے کاغذ پر تنہائی

جنوری ۱۹۷۶

(۱۲۱)

مُجھ سے جو وہ نگارِ عناں گیر کھنچ گئی
جاتی ہوی بہار کی تصویر کھنچ گئی

تحریر بھی ہے صفحۂ گُل پر، نہیں بھی ہے
آنکھوں میں تیری ان لکھی تحریر کھنچ گئی

ایک ایک حرف مٹ گیا لوحِ امید سے
بن کر تری نظر خطِ تقدیر کھنچ گئی

اپنے بھی غیر ہو گئے اے حرفِ مدّعا!
دیوار بن کے بیچ میں تقریر کھنچ گئی

جب تک نہ تھا بہار کا ایما، صبا تھی قید
فصل گُل آئی، پاؤں سے زنجیر کھنچ گئی

اس احتسابِ فکر میں کیا نظم کیا غزل
نکلا زباں سے لفظ تو شمشیر کھنچ گئی

۱۹۵۸

(۱۲۲)

رسوائیِ حیات بہت دربہ در ہوئی
ہم کِس جگہ لُٹے ہیں نہ یہ بھی خبر ہوئی

جس کے لیئے ہو عمر تمام ایک رت جگا
کیا جانے کس کی رات کٹی، کب سحر ہوئی

ہر گام پر تھا چشمۂ خضرانِ عہدِ نو
لب تشنگی میں عمرِ تمنا بسر ہوئی

پی لیں گے ہم تو ہجرِ عزیزاں کا جام بھی
پر کیا ہو سعیِ ضبط جو وحشت اثر ہوئی

(ق)

دیکھو کوئی رفیق ہمارا ہی تو نہیں
سُنتے ہیں ایک لاش بہت دربہ در ہوئی

تھی زندگی میں کشتۂ شمشیرِ روزگار
مرنے کے بعد لُقمۂ سونیشتر ہوئی

پھیلے نہ تھے جو ہاتھ وہ صد حیف کٹ گئے
غیرت جنوں بدست رہی، زہر اثر ہوئی

جب ساقیِ حیات نے اک بوند بھی نہ دی
تلخیِ جامِ مرگ ہی پھر چارہ گر ہوئی

کس غم نے آج ضبط کے دعوے کو دی شکست
روئی نہ تھی جو آنکھ کبھی، آج تر ہوئی

نذرِ حمیدؔ ہیں یہہ پریشاں خیالیاں
لکھنے غزل چلے تو برنگِ دگر ہوئی

۳۰ اپریل، ۱۹۵۹

(۱۲۳)

کیوں بیٹھے بٹھائے یہ نیا روگ لگاتے
بس دل پہ جو چلتا تو انھیں بھول بھی جاتے

مہماں ہیں، مُسافر ہیں ہم اس شہر میں کُچھ روز
اچھّا تھا یہی، وہ ہمیں اپنا نہ بناتے

گر جانتے معنی بھی بدل دیتے ہیں صورت
ہم پیچ سے الفاظ کا پردہ نہ اٹھاتے

آنکھوں میں نہ اب خواب، نہ ہے شوقِ نظارہ
اچھّے تھے وہی دِن کہ تھے ہم نیند کے ماتے

دل توڑ کے اتنی بھی نہ دی وقت نے فرصت
اِس گھر کے مکینوں کا کُچھ احوال سناتے

اتنی بھی اجازت غمِ دوراں نے نہیں دی
ہم اپنی شکستوں ہی کی تصویر بناتے

بربادیِ وحشت میں بھی ہے انجمن آباد
سناٹوں کو دیکھو کبھی افسانے سُناتے

اس ڈر سے کوئی دیکھ نہ لے چاکِ دل بھی
ہم چاکِ گریباں نہیں دنیا کو دکھاتے

گر پاس کسی چشمِ مروّت کا نہ ہوتا
ہم محفلِ ہستی کو بھی خاطر میں نہ لاتے

اپنی تو خرابی ہوئی اچھائی کے ہاتھوں،
ہوتے نہ بھلے وہ تو بہت جی کو نہ بھاتے

لڑنے کی بھی قایل نہیں آشفتہ مزاجی
اور جُھکنے کے انداز بھی ہم کو نہیں آتے

وہ چُپ ہیں کہ جیسے اُنھیں معلوم ہے سب کچھ
ہم چُپ ہیں کہ کیا ہوتا جو وہ جان بھی جاتے

کُچھ ہے جو وحید آج نہ ہنستے ہیں نہ روتے
جی ہوتا ٹھکانے تو بڑی دھوم مچاتے

(۱۲۴)

بُتِ سنگ! تیرے دل میں کبھی ہم جو راہ کرتے
تجھے روشناسِ رسم ورہِ اشک و آہ کرتے

یہی پھر بھی چاہتے ہم بڑھیں اور تیرے منصب
ترے اختیار اگر چہ ہمیں پھر تباہ کرتے

جو ہیں دل بہ کف مبارک اُنھیں عرض و آہ وزاری
جنھیں پاسِ ضبطِ دل ہے، بھلا کیسے آہ کرتے

ق

تری رحمت وکرم میں نہیں شک، مگر الٰہی
نہ دی زندگی نے مہلت کہ دو اک گناہ کرتے

تھا جو عہدِ عشق بازی، تگ و تازِ جاں میں گزرا
کہاں نازِ گُل اُٹھاتے، کہاں دیدِ ماہ کرتے

رہی گُل رخوں سے صحبت، ملی پر نہ اتنی فرصت
کہ مٹاتے خود کو بھی کچھ، کچھ اُنھیں تباہ کرتے

لکھیں یوں تو عاشقانہ کئی نظمیں اور غزلیں
جنھیں پڑھ کے آئے خوباں کہ ہم اُن سے چاہ کرتے

ہوئے خوار جن کے باعث، مٹے جن کے راستے میں
ملا اتنا وقت بھی کب کہ اُنھیں گواہ کرتے

جو تلاشِ خوب ترکی رہِ سخت میں ملے خود
نظر اُن پہ ٹھہر جاتی تو اُنہی کی چاہ کرتے

ہم ایسے وقت آئے ہیں سُنانے شعر اپنے
وہ گلے بھی تھک چکے ہیں جو کچھ آہ واہ کرتے

کبھی جوہری نہ کرتے نظری وحید کو یوں
جو وہ سرسری بھی اُس پر کبھی اک نگاہ کرتے

۱۲ جون ۱۹۸۱

(۱۲۵)

(نذرِ یگانہؔ)

خزاں گزیدہ نہ گر اپنا دل لہو کرتے
تو کیسے پرورشِ شعلۂ نمو کرتے

کٹی ہے عمر فراغت کی آرزو کرتے
جو وقت ملتا تو ہم اپنی جستجو کرتے

ملا جو اُس سے بھی کب مطمئن ہوئی خواہش
اب اور کیا کسی شے کی ہم آرزو کرتے

خموش اکثریت مصلحت کی امت ہے
ملے بھی اِذن تو لب وا نہ حیلہ جو کرتے

جو ہم زباں نہ سمجھتے، سمجھتے غیر تو کچھ
زبانِ غیر میں ہم کاش گفتگو کرتے

ق

وہ لاکھ پردوں میں بھی خود خموش، ہم کو یہ حکم
کہ مدّعا طلبی سب کے روبرو کرتے

اٹھائیں دستِ دعا کیا کہ یہ بھی پردہ ہے
نظر وہ آتا تو بات اُس سے دوبدو کرتے

ریا زدہ جو کبھی کرتے دشمنی کھُل کر
ہم اشک شوئی و دل جوئی عدو کرتے

تھی دل فریب بہت قحبۂ زر و منصب
نگاہ باختہ کیوں پاسِ آبرو کرتے

ہر اک نظارے کا دامن تھا چاک چاک اتنا
نظر کے تار کہاں تک انھیں رفو کرتے

پتا جو ہوتا کہ بچھڑے کہاں وحیدؔ سے ہم
تو کیوں تلاشِ زخود رفتہ کو بہ کو کرتے

۱۸ مئی ۱۹۸۱

(۱۲۶)

سایہ ہے جہاں پھولوں کا، وہ در نہیں ملتے
جو خلدِ دل و دیدہ ہیں وہ گھر نہیں ملتے

قرآنِ صداقت کو پیمبر نہیں ملتے
جبریل ہیں خاموش، سخن ور نہیں ملتے

خالی ہے مکاں دل کا کہ دلبر نہیں ملتے
نظروں کو جو پڑھ لیں وہ نظر ور نہیں ملتے

جب گھر سے چلو راہ میں ملتے ہیں بہت لوگ
وہ لوگ جو محبوب ہیں اکثر نہیں ملتے

اٹھتے ہیں ڈبونے کو تو ہر روز سمندر
جو پیاس بجھا دیں وہ سمندر نہیں ملتے

جتنے بھی سہے وار، وہ سب وار تھے اوچھے
جو دل میں اُتر جائیں وہ خنجر نہیں ملتے

ہم مثلِ صبا پھرتے ہیں آوارہ و برباد
دامن جو پکڑ لیں وہ گلِ تر نہیں ملتے

اک حرفِ محبت سے دل و جاں کو خریدو
اِن داموں کسی شہر میں گوہر نہیں ملتے

دل جن کے لیے ہم سے بھی بڑھ جاتا ہے آگے
ملتے تو ہیں پر ٹوٹ کے، بڑھ کر نہیں ملتے

اک دن تھا کہ تھا زانوئے گُل ہم کو میّسر
یہ دن بھی ہیں سر رکھنے کو پتھر نہیں ملتے

جن راہوں میں تھی بھیڑ رفیقانِ سفر کی
اُن راہوں میں یادوں کے بھی پیکر نہیں ملتے

یاں اب بھی تعلق کی خلش ہے رگِ جاں میں
واں ترکِ تعلق کے بھی نشتر نہیں ملتے

سنجیدگی ضبطِ جنوں ہو گئی نایاب
پھٹتے ہیں گریباں تو رفوگر نہیں ملتے

آشفتگیِ عشق کو ملتا نہیں صحرا
اور عقل کو تخئیل کے شہپر نہیں ملتے

جھک کر نہ ملو پھر بھی وحیدؔ ایسا جنوں کیا
کیوں تم بھی بڑے لوگوں سے اُٹھ کر نہیں ملتے

۲۵ مارچ ۱۹۷۴

(۱۲۷)

اندھیرا اتنا نہیں ہے کہ کچھ دکھائی نہ دے
سکوت ایسا نہیں ہے جو کچھ سنائی نہ دے

جو سُننا چاہو تو بول اُٹھیں گے اندھیرے بھی
نہ سننا چاہو تو دل کی صدا سنائی نہ دے

جو دیکھنا ہو تو آئینہ خانہ ہے یہ سکوت
ہو آنکھ بند تو اِک نقش بھی دکھائی نہ دے

یہ روحیں اس لیے چہروں سے خود کو ڈھانپے ہیں
ملے ضمیر تو الزامِ بے وفائی نہ دے

کچھ ایسے لوگ بھی تنہا ہجوم میں ہیں چھپے
کہ زندگی انھیں پہچان کر دُہائی نہ دے

ہوں اپنے آپ سے بھی اجنبی زمانے کے ساتھ
اب ایسی سخت سزا دل کی آشنائی نہ دے

سبھی کے ذہن ہیں مقروض کیا قدیم و جدید
خود اپنا نقدِ دل و جاں کہیں دکھائی نہ دے

بہت ہے جرأتِ دیوانگی کی حسرت بھی
وحیدؔ وقت گر اذنِ غزل سرائی نہ دے

(۱۲۸)

لپٹی ہوئی پھرتی ہے نسیم اُن کی قبا سے
گل کھلتے ہیں ہر گام پہ دامن کی ہوا سے

برہم نہ ہو تم شوخیِ امواجِ صبا سے
زلفیں ہیں بکھرنے ہی کو چہرے پہ ہوا سے

دل ایسا دیا کیوں کہ رہا کشتۂ جاناں
تم سے نہیں یہ شکوہ بھی کرنا ہے خدا سے

محرم ہیں ہمی گرمیِ گفتار سے اُن کی
جو ہونٹ، جو آنکھیں ہیں گراں بارِ حیا سے

آہستہ کرو چاک گلو اپنا گریباں
گونجے نہ چمن غنچوں کے ہنسنے کی صدا سے

کھولیں گے انھی ہاتھوں کے ناخن گرہِ دل
جو بستہ ہیں رنگینی و خوشبوئے حِنا سے

تعبیر کے صحراؤں میں ہیں خواب پریشاں
دریا کو سرابوں سے صدا دیتے ہیں پیاسے

لیتے ہو اگر نامِ شہیداں تو ہے یہ شرط
جاں جائے، رہے، پا نہ ہٹیں راہِ وفا سے

۳۱ دسمبر ۱۹۸۲

(۱۲۹)

اٹھا کر دل جہاں سے بیٹھ رہتے ہم فراغت سے
مگر بچ بھی سکیں احساسِ ہجراں کی عنایت سے

ہمیں نے زندگی سے صلح کر لی دیکھ کر تم کو
کہ جینے کا بہانہ مل گیا چشمِ مروّت سے

بڑی بے رحم ہے دنیا، تم اس سے خود ہی من جاؤ
لڑو ہم سے، منا لیں گے تمھیں مِنت سماجت سے

تمھارا شکوہ کرنا جرم ہے اپنی محبت میں
گلے شکوے بھی کرتے ہیں تو ہم اپنی ہی وحشت سے

ہزاروں میل کی دوری سے اتنا یاد مت آؤ
بہت دل ہو چکے ہیں راکھ اس دوری کی قربت سے

یہ اچھا ہے کہ اب دنیا جنوں کو چھوڑے دیتی ہے
یہ اچھا ہے کہ لوگ اب بھاگتے ہیں جوشِ وحشت سے

بزرگوں نے نہ خود کو بیچ کر دولت ہمیں بخشی
ملا تھا ایک ذہن اُس کو بھی رو بیٹھے شرافت سے

خدا کا کیا بگڑ جاتا، جہاں میں کیا کمی ہوتی
ہمیں محروم ہی رکھتا گدازِ دل کی دولت سے

(۱۳۰)

کہے گا دیکھ کر کون اُن کو، یہ تیور ہیں قاتل کے
جو سر نیوڑھائے بیٹھے ہیں برابر صدرِ محفل کے

بہم کرتا ہے گلشن اُن کی آمد کی مسرّت میں
نسیم و غنچہ و گُل، سازِ گِل، نغمے عنادل کے

یہ گُل تن، سرو قامت، یاسمن بو، لالہ رُخ دل بر
نہ ارضی ہیں نہ افلاکی، یہ باسی ہیں مرے دل کے

نظر آتے نہیں جو داغ، ابد تک دل میں چمکیں گے
وہ دامن سے تو دھوڈالیں گے دھبّے خونِ بسمل کے

وہ ریتی پر پڑی دم توڑتی ہیں کٹ کے دھارے سے
جو موجیں دام میں اک بار بھی آجائیں ساحل کے

۶ جنوری ۱۹۸۰

(۱۳۱)

دشتِ خاموش بھی ہے دشتِ نوا سے آگے
بے نداکوہ بھی ہیں کوہِ ندا سے آگے

کربلا پر ہی نہیں ختم شہادت کا سفر
کوفہ و شام ہیں گنجِ شہدا سے آگے

چیختے لفظوں سے دامن کو بچا فکرِ سخن!
باغِ معنی ہے بیابانِ صدا سے آگے

کئی برسوں سے نہ دل مہکا نہ غنچے ہی کِھلے
پہونچی ہر بار خزاں بادِ صبا سے آگے

دل کی آبادی کا عنوان ہے کونین میں کیا
اک خلا اور ہے ہر ایک خلا سے آگے

قسمتِ عشق سدا بادیہ پیمائی ہے
ہجر کا دشت بھی ہے دشتِ وفا سے آگے

یہیں بیٹھے رہیں، مل جائے گی خود ہی منزل
راہ گم ہے ترے نقشِ کفِ پا سے آگے

جستجو ختم نہ ہو کون و مکاں کی حد تک
ہو گی آزاد فضا بند فضا سے آگے

نونہالانِ نوا سے نہ ہو مایوس وحیدؔ
جائے گی اِن کی نوا تیری نوا سے آگے

(۱۳۲)

نرم اجالے چاندنی شب کے دن کی تمازت میں نہ ملیں گے
نیند میں جو سپنے دیکھے ہیں، عمر تمام نہ سونے دیں گے

اب نہ اُمیدِ دید، نہ حسرت، آنکھیں کس کو ڈھونڈ رہی ہیں
اُن کی تمنا، اُن کا تصور جینا ہے تو یوں بھی جییں گے

ہم نے جسے گریاں چھوڑا تھا، وہ گلِ افسردہ نہ ملے گا
آئیں گی ہر سال بہاریں، ڈالی ڈالی پھول کھلیں گے

ہنستے چہرے میٹھے فقرے جلد نقاب الٹ دیتے ہیں
لفظ اگر خاموش رہیں تو اُن کے معانی بول اٹھیں گے

بپھری موجیں، تنہا کشتی، دور کنارا، رات اندھیری
ڈوبنے والا ڈوب چکے گا آپ یہاں تک جب پہونچیں گے

دوٗدِ شمعِ شبستاں کے حلقوں میں جب دم الجھے گا
ہم بھی جلے تھے آپ کی خاطر، آپ کبھی تو یاد کریں گے

یارب اُن کے گھر کی شمعیں لاکھ برس کی صبحیں دیکھیں
ہم تو شمعِ سرِ طوفاں ہیں، راکھ بھی اپنی نہیں چھوڑیں گے

ہم وہ یوسف نہیں جو دام و درم میں اپنے آپ کو بیچیں
جو دل لے کر دل دیتا ہے، آو اُس کے در پہ چلیں گے

خود کو سنبھالو، آنکھیں پونچھو، دیکھ لے گر کوئی تو غضب ہے
دوست سبب غم کا پوچھیں گے، دشمن ہنس کر طنز کریں گے

نظمیں لکھنا، غزلیں کہنا، علم و ادب پر بحثیں کرنا

ہجر میں کوئی کام نہیں تو عمر سے اتنا کام ہی لیں گے

عشق کے روگ میں جاں جائے گی، نام اچھلیں گے، گھر اُجڑیں گے
ہار گئی دنیا سمجھا کر، پھر بھی وحیدؔ آپنی سی کریں گے

لاکھوں یادوں کی نگاہوں میں ہیں تلواریں وحیدؔ
کب تک ان قاتلوں کے وار سے بچ پائیں گے

۲۵ ستمبر ۱۹۸۸

(۱۳۳)

کبھی سوچا نہ تھا صحرا سے بھی ابر اُٹھیں گے
صدیوں کے خشک یہ دشت آنسووں میں ڈوبیں گے

اب مری آنکھوں میں ساون ہی رہے گا تا عمر
رُت کوئی بھی ہو، یہاں ابر سدا برسیں گے

اجنبیوں کا ہجوم، آنکھوں میں نم، ہونٹ خموش
اب کبھی آنکھیں ہنسیں گی نہ یہ لب چہکیں گے

آسماں اور زمیں آب و ہوا جوڑتے ہیں
کیا خبر تھی یہی اِک روز ہمیں توڑیں گے

لوگ دنیا کا سفر کر کے پلٹ آتے ہیں
وہ گئے ایسے، پلٹ کر نہ کبھی آئیں گے

اُن کی مجبوب نگاہوں میں تھا جو کربِ وداع
کہہ رہا تھا کہ قیامت ہی کو اب بولیں گے

تھا بہت کہنے کو پر کہہ نہ سکا پاسِ حجاب
اُسی ناگفتہ کو تا عمر نہ ہم بھولیں گے

جس کے ہر عکس کو آنکھوں نے اُتارا دل میں
اُس کے عکسوں ہی سے اب شِکوے گِلے کر لیں گے

لاکھوں یادیں ہیں وحیدؔ ہاتھوں میں تلوار لیے
کب تک اِن قاتلوں کے وار سے بچ پائیں گے

(۱۳۴)

کترا کے گلستاں سے جو سوئے قفس چلے
ایسی کوئی ہوا بھی تو اب کے برس چلے

آدابِ قافلہ بھی ہیں زنجیرِ پائے شوق
یہ کیا سفر، اسیر صدائے جرس چلے

مانا ہوائے گل سے تھے بے اختیار ہم
پھر بھی بچا کے راہ کا ہر خار و خس چلے

پامال ہو کے رہ گئے جشنِ بہار میں
یہ فکر تھی چمن پہ خزاں کا نہ بس چلے

اے چشمۂ حیات نہ دی تو نے بوند بھی
ہم تشنہ کام ابر کی صورت برس چلے

صبحیں بھی آ کے زہر رگِ جاں میں بھر نہ دیں
ہجرانِ یار تیرے اندھیرے تو ڈس چلے

اُن کی یہ ضد وہ دیکھیں گدائے رفو ہمیں
ہم کو یہ فکر اُن کے گریباں پہ بس چلے

تھا پاسِ آبروئے تمنا ہمیں وحیدؔ
چُن کر گلِ مراد سب اہلِ ہوس چلے

(۱۳۵)

رہے وہ ذکر جو لب ہائے آتشیں سے چلے
چلے وہ دور جو رفتارِ ساتگیں سے چلے

ہزاروں سال سفر کر کے پھر وہیں پہنچے
بہت زمانہ ہوا تھا ہمیں زمیں سے چلے

خرد بنی رہی زنجیرِ پائے شوق مگر
جنوں کے جتنے بھی ہیں سلسلے ہمیں سے چلے

فرات جیت کے بھی تشنہ لب رہی غیرت
ہزار تیر ستم ظلم کی کمیں سے چلے

زمانہ ایک ہی رستے پہ لا کے چھوڑے گا
رواں ہے ایک ہی دھارا، کوئی کہیں سے چلے

گمان و شک کے دوراہے پہ ہم سے آ کے مِلے
وہ قافلے جو کسی منزلِ یقیں سے چلے

ہجومِ سنگِ ملامت رہِ وفا میں ملا
کٹے جو پاؤں ہم اس راہ میں جبیں سے چلے

ہمیں شکستِ حریفاں کا بھی ملال رہا
شکستہ دل جو ہم اُس بزمِ دل نشیں سے چلے

تمام گمرہیاں دیر اور حرم میں پلیں
تمام سلسلۂ کفر اہلِ دیں سے چلے

وحیدؔ سیلِ قیامت نے راہ روکی تھی
جو بن کے اشک ہم اس چشمِ نازنیں سے چلے

۱۹۶۶

(۱۳۶)

گلہ نہیں کہ رفیقانِ ناشناس ملے
غضب تو یہ ہے کہ جادے بھی ناسپاس ملے

نہیں کہ ہم کو دماغِ علاجِ درد نہیں
مگر کہاں سے طبیبِ نظر شناس ملے

ہمارے کام وہاں پا شکستگی آئی
وہ منزلیں کہ جہاں خضر بدحواس ملے

ہے بات ظرف کی، ہو بے خودی کہ تشنہ لبی
کِسی کو جام مبارک، کِسی کو پیاس ملے

کوئی نہ دردِ خدا داد کا مِلا پارکھ
زمانہ ساز ملے یا خدا شناس ملے

گنہ نہ ہو تو دکھائیں سحر پرستوں کو
وہ راتیں خواب بھی جب کُشتۂ ہراس ملے

جو گیت مِنّتِ بارِ طرب اٹھا نہ سکے
سکوتِ شامِ غریباں کے آس پاس ملے

ہجومِ نور جو ہوتا تو اور دل بجھتا
چراغ بھی شبِ غم کو اداشناس مِلے

کسی کی انجمنِ دل نہ اتنی ویراں ہو
وحیدؔ شہر نگاراں میں بھی اداس ملے

(۱۳۷)

عجلت ہے دل کو خلوتِ جانانہ دیکھ لے
کہتا ہوں میں، ہے راہ میں مے خانہ دیکھ لے

کہنا نہ کل کہ مجھ پہ ترا قرض رہ گیا
اے زیست! میرا طرزِ غریبانہ دیکھ لے

پرّاں ہیں رنگ و بو، خس و خاشاک مستقل
جتنا جہاں ہے حسُن، حریصانہ دیکھ لے

دیکھے ہیں تونے زاہد و مرتاض تو بہت
لغزش بھی میری شانِ غریبانہ دیکھ لے

میں بھی، وفا جفا بھی، جہاں بھی گذشتنی
کچھ روز پھر بھی خواب تو دیوانہ دیکھ لے

ویرانیٔ نظامِ جہاں سے ہو جو غمیں
اک شام آ کے رونقِ مے خانہ دیکھ لے

کہتا ہے جو، نبھاتا نہیں کوئی عمر بھر
میرے جنون و ہوش کا یارانہ دیکھ لے

جس سے لگی ہے لَو وہی کر دے گا خاک ابھی
جا کر قریبِ شمع بھی پروانہ دیکھ لے

اِن آئینوں میں مسخ ہے یا پارہ پارہ شکل
ہر آنکھ دہر کی ہے رقیبانہ دیکھ لے

بربادیِ جہاں میں ہے کیا نفع و مصلحت
غارت گرِ زمانہ کا کاشانہ دیکھ لے

ہیں اقتدار و جاہ فقیروں کے بھی فقیر
شاہی کی اصل بھی ہے گدایانہ، دیکھ لے

مِل کر وحیدؔ سے کبھی وارفتگی میں توؔ
ہر دعوٰئے دارِ عقل ہے دیوانہ، دیکھ لے

۱۳ اکتوبر ۱۹۸۰

(۱۳۸)

جاگتے زیست کٹے گی، کوئی ایسا نہ بنے
خوابِ نادیدہ نگاہوں کی تمنا نہ بنے

ہم کہے دیتے ہیں وہ شخص مسیحا نہ بنے
زندگی دے کے جو بیمار کو اُس کا نہ بنے

جنتِ چشم میں آئینے جڑے ہیں ایسے
یہ مکاں ایک ہی صورت سے پری خانہ بنے

شہر جاناں سے بھی ہم لائے محبت کا خراج
کیا ضروری ہے کہ یاں وضع گدایانہ بنے

وحشت آمادۂ رسوائی ہے بے خوفِ جہاں
ضبط کا ہے یہ تقاضہ کہ تماشا نہ بنے

اجنبی لگتے ہیں ہم اپنی نظر کو خود ہی
آپ اپنے سے نہ اتنا کوئی بیگانہ بنے

ہم پہ اک عمر سے طاری ہے خموشی ایسی
ایک نقطے پہ سمٹ جائے تو افسانہ بنے

زندگی کرنے کے انداز تو بھولو نہ وحیدؔ
تم نے کیا سیکھا اگر عشق سلیقہ نہ بنے

(۱۳۹)

ہم جو ٹوٹے تو غمِ دہر کا پیمانہ بنے
خاک میں مِل کے بھی خاکِ رہِ میخانہ بنے

کون اس بزم میں سمجھے گا غمِ دل کی زباں
بات چھوٹی سی جب افسانہ در افسانہ بنے

سنگ اندازوں سے اونچا ہے بہت اپنا مقام
ورنہ ممکن تھا نشانہ سرِ دیوانہ بنے

زندگی! ہم ترے اتنے تو خطاوار نہ تھے
کہ جسے اپنا بنائیں وہی بیگانہ بنے

اک تمنا کوئی ایسا تو بڑا جرم نہ تھی
آنکھ تا مرگ چھلکتا ہوا پیمانہ بنے

کیا رفاقت ہے یہی اے دلِ آشفتہ مزاج
دیکھ ہم ایک ترِے واسطے کیا کیا نہ بنے

وعدہ کر لے کہ کبھی یاد بھی آئیں گے نہ ہم
نہیں بنتا کوئی ہم راز تو اچھا، نہ بنے

اے مرے حوصلۂ غم ہے یہی وقتِ وفا
زہر ہی حاصِل صد عمرِ تمنا نہ بنے

(۱۴۰)

دفترِ لوح و قلم یا درِ غم کھُلتا ہے
ہونٹ کھلتے ہیں تو اک بابِ ستم کھُلتا ہے

حرفِ انکار ہے کیوں نارِ جہنّم کا حلیف
صرف اقرار پہ کیوں بابِ ارم کھُلتا ہے

آبرو ہو نہ جو پیاری تو یہ دنیا ہے سخی
ہاتھ پھیلاؤ تو یہ طرزِ کرم کھُلتا ہے

مانگنے والوں کو کیا عزت و رسوائی سے
دینے والوں کی امیری کا بھرم کھُلتا ہے

بند آنکھیں رہیں، میلا ہے لُیٹروں کا لگا
اشک لُٹ جاتے ہیں جب دیدۂ نم کھُلتا ہے

جان دینے میں جو لذت ہے، بچانے میں کہاں
دل کسی سے جو بندھے، عقدۂ غم کھُلتا ہے

ساتھ رہتا ہے سدا محفل و تنہائی میں
دلِ رم خوردہ مگر ہم سے بھی کم کھُلتا ہے

دیکھو پستی سے تو ہر ایک بلندی ہے راز
جادہ کو وہ فقط زیرِ قدم کھُلتا ہے

قرض ادا کرنا ہے جاں کا تو چلو مقتل میں
کھنچ گئی باگ، بجا طبل، عَلَم کھُلتا ہے

(۱۴۱)

دل کا حال عجب ہوتا ہے
پہروں جاگ کے جب سوتا ہے

مفت میں اپنا ہنر کھوتا ہے
بنجر خاک میں کیا بوتا ہے

خود پر ہنسنا سیکھا ہوتا
اپنے حال پہ کیوں روتا ہے

پھول کھلے ہیں جس دھرتی پر
صدیوں خزاں نے اُسے جوتا ہے

بستہ ذہن، آموختہ باتیں
قیدِ قفس میں اک طوطا ہے

اہمال و اشکال ہیں باطل
حرفِ حق روشن ہوتا ہے

مفلس کو خوفِ نقصاں کیا
دولت والا ہی کھوتا ہے

جاگیں جس میں سات سمندر
میری آنکھ میں وہ سوتا ہے

تم جاگو تو دنیا جاگے
میں جاگوں، عالم سوتا ہے

قاتل یہ تمغے ہیں تیرے
دامن سے خوں کیوں دھوتا ہے

سادہ حرف غزل بن جائے
کم کو نصیب یہ فن ہوتا ہے

۱۲دسمبر ۱۹۸۳

(۱۴۲)

کیسا اُس بزم کے لٹنے کا سماں ہوتا ہے
جِس پہ ہر صبح اُجڑنے کا گُماں ہوتا ہے

میرے روٹھے ہوئے خوابوں ہی کی آواز نہ ہو
کون یہ پچھلے پہر نوحہ کناں ہوتا ہے

عمرِ ہر غم ہے بس اتنی ترے اک غم کے سِوا
شمع بجھ جائے تو پل بھر کو دُھواں ہوتا ہے

درد سے کوئی کہے، ساعت دیدار ہے یہ
ہائے کس وقت یہ ظالم بھی جواں ہوتا ہے

تیرے بیمار سے کیوں آنکھ چراتی ہے حیات
تازہ جب ذکرِ مسیحا نفساں ہوتا ہے

نقدِ جاں نذر ہی کرنے تجھے ہم آئے ہیں
اور ہوں گے جنھیں اندیشۂ جاں ہوتا ہے

سنگ ہی آئینہ بن کر بھی دکھا دے صورت
انتظارِ نگہِ شیشہ گراں ہوتا ہے

ایسا عالم بھی گزرتا ہے کبھی دل پہ مرے
التفاتِ نگہِ لطف گراں ہوتا ہے

جرسِ قافلۂ عمر ہے اک اِک دھڑکن
جس پہ نادانوں کو کیا کیا نہ گماں ہوتا ہے

کیا کہوں میں، مرے اشعار بتا دیں گے وحیدؔ
رگِ الفاظ میں کب خون رواں ہوتا ہے

۱۹۵۶

(۱۴۳)

اہلِ ثروت ہیں سدا دست نگر اوروں کے
ہاتھ میں کاسۂ دریوزہ گری رہتا ہے

نیستی ہی سے جڑا رہتا ہے ہر لحہ وجود
ہر نفس مُلکِ عدم کو سفری رہتا ہے

شب کی ہر یاد سمٹ جاتی ہے آنسو بن کر
صبح کو چپ جو چراغِ سحری رہتا ہے

کیا خبر مجھ کو زمانے کی ہو بے ہوشی میں
ہوش بھی گم شدۂ بے خبری رہتا ہے

دل پہ چھائی ہے گھٹا برسوں سے بے برسے ہوئے
منتظر کس کا غمِ بے صبری رہتا ہے

شاید اشکوں میں کبھی ماہِ نہفتہ چمکے
مشغلہ آنکھوں کا آئینہ گری رہتا ہے

۱۳ اگست ۱۹۹۴

(۱۴۴)

آنکھ جو نم ہو، وہی دیدۂ تر میرا ہے
موجِ غم اُٹھّے کہیں، اس کا گُہر میرا ہے

دیکھ لوں میں تو ستارے ہیں، نہ دیکھوں تو دھواں
کیا رسا اتنا کفِ دستِ نظر میرا ہے

ثمر و گُل ہیں گلستان فروشوں کے لیے
آبیاری کے لیے خونِ جگر میرا ہے

پھر بھی گزرے گا ہر اک سیلِ خرابی یاں سے
گو بہت دوُر ہر اک راہ سے گھر میرا ہے

قصر ہو یا کہ لحد دونوں کرایے کے مکاں
روز کہتا ہے کوئی آکے، یہ گھر میرا ہے

دشت کی اُڑتی ہوئی ریت پہ لکھ دیتے ہیں لوگ
یہ زمیں میری، یہ دیوار، یہ در میرا ہے

اس شرآباد خرابے میں کہاں حُسن و جمال
حُسن جتنا بھی ہے سب حُسنِ نظر میرا ہے

موت ہے جرأتِ اظہار کی پژمردہ لبی
سازِ تخلیق لبِ عرضِ ہُنر میرا ہے

وہ خدا ہو تو ہو، میں ڈھونڈنے کیوں جاؤں اُسے
خود ہی اپنالے مجھے بڑھ کے، وہ گر میرا ہے

کٹ کے سر پڑھتے ہیں نیزوں پہ بھی قرآن وحیدؔ
جُزوِ تن رہ کے بھی چُپ کس لیے سر میرا ہے

۱۴ اکتوبر ۱۹۸۰

(۱۴۵)

بزمِ گُل سے ہمیں کچھ پل میں گذر جانا ہے
ہمرہِ موجِ صبا بہرِ سفر جانا ہے

لوگ نقطوں کو سمجھ لیتے ہیں کیسے منزل
ہم نے تو دہر کو بھی راہ گذر جانا ہے

کامیابی بھی عبث اور غمِ ناکامی بھی
سب کو ان جھگڑوں سے اک روز گذر جانا ہے

پر کہاں جائیں گے وہ جن کا وطن ہی ہے سفر
آئی شب، ختم ہوئے راستے، گھر جانا ہے

جمع کر کر کے جسے کہتے ہیں اپنی ہستی
ذرّہ ذرّہ اُسے صحرا میں بکھر جانا ہے

آئے ہیں بامِ ملامت سے جو پتھر ہم پر
اُن کو بھی نخلِ بلندی کا ثمر جانا ہے

جانے والوں کو نہ روکو کہ ہو تم بھی سفری
جس کو جس وقت ملے حکمِ سفر، جانا ہے

گُل کی جمعیتِ خاطر ہو کہ غنچے کا سکوت
خار و خس ہی کی طرح سب کو بکھر جانا ہے

زندگی کرنے کا فن آتا ہے اک عمر کے بعد
شعر کہنے ہی کو یاروں نے ہُنر جانا ہے

۵ جنوری ۱۹۷۵

(۱۴۶)

صحراؤں میں دریا بھی سفر بھول گیا ہے
مٹّی نے سمندر کا لہو چوس لیا ہے

دنیا کی ملامت کا بھی اب خوف ہے دل کو
خاشاک نے موجوں کو گرفتار کیا ہے

بچھڑے ہوئے خواب آ کے پکڑ لیتے ہیں دامن
ہر راستہ پرچھائیوں نے روک لیا ہے

دو دن سے سِوا فرصتِ غم بھی نہیں ملتی
بچھڑے جو یہاں اُس کو بھُلانا ہی روا ہے

فانوس بہالے گئیں طوفانی ہوائیں
کٹ کر بھی مگر شمع کا سر تیر رہا ہے

سورج بھی پڑا روتا ہے اک گہرے کنویں میں
مدت ہوئی آکاش بھی دھندلایا ہوا ہے

کِرنوں سے تراشا ہوا اک نور کا پیکر
شرمایا ہوا خواب کی چوکھٹ پہ کھڑا ہے

پھولوں سے لدی ٹہنیاں پھیلائے ہیں باہیں
خوشبو کا بدن خاک میں پامال پڑا ہے

دیوار و درِ شہر پہ ہیں خون کے دھبّے
رنگوں کا حسیں قافلہ صحرا میں لٹا ہے

اب اپنی بھی یاد آتی ہے اس طور سے مجھ کو
اک شخص تھا، برسوں جو مرے ساتھ رہا ہے

۱۹۶۷

(۱۴۷)

چشمِ پُر آبِ میر تو خانہ خراب ہے
یاں ناشناسِ غم ہے جو، وہ کامیاب ہے

جو ہے ورائے دید اُسے معدوم جانیے
حدِّ نگاہ تک بھی ہے جو کچھ، سراب ہے

ترکِ طلب میں اس سے زیادہ زیاں تھا کیا
یوں بھی تو عمر دشتِ طلب میں خراب ہے

ہر خواب، ہر خیال سے بھی ہے پرے کچھ اور
خوابوں کی آنکھ میں بھی کوئی اور خواب ہے

ہر احتیاج مانگتی ہے ہم سے صد حساب
اپنے لیے تو روز ہی روزِ حساب ہے

منعم کے واسطے ہے بس اک دن حساب کا
باقی دنوں میں اُس کے لیے بے حساب ہے

کاتب فرشتے لکھتے ہیں اک عمر میں کتاب
ہر ہر نفس ہمارا نزول کتاب ہے

وحشت ہے یا جنوں کہ یہ تخلیق کا ہے کرب
بے مدّعا و بے سبب اک اضطراب ہے

اک دوٗر کے پہاڑ کی چوٹی ہے انقلاب
نظروں کے روٗبروٗ ہے مگر دیریاب ہے

ہے انحصارِ موجِ تلّون شعارِ زیست
دنیا ہے بحر، موج ہے غم، دل حباب ہے

۱۲ جون ۱۹۸۱

(۱۴۸)

بگولا پھرتا ہے صحراؤں میں، کہاں بیٹھے
ملے جو سایۂ اشجار مہرباں، بیٹھے

زمیں نے کر دیا پامال سرفرازوں کو
جو تھک کے ظلم کی گردش سے آسماں بیٹھے

نہیں ہو تم تو یہ دشمن ہے جاں کے ساتھ لگی
وہیں پہ آگئی تنہائی، ہم جہاں بیٹھے

نہیں ہے گھر میں بھی فارغ سفر سے پائے جنوں
دِوانے چھانتے ہیں دشتِ بے کراں بیٹھے

جہاں بھی چھوڑ گیا ہے وہ شوخ نقشِ قدم
ہیں منتظر وہیں دیدار تشنگاں بیٹھے

جسے بُلاتا ہو ہر ہر نفس میں دشتِ ندا
وہ گھر کی چھت کے گھنے سایے میں کہاں بیٹھے

ملے قرار ذرا دل کی بے قراری کو
کبھی قریب جو آ کر وہ جانِ جاں بیٹھے

پرائے دیس میں ٹھہرا ہے قافلہ گُل کا
لکھا کرو غزل و نظم تم یہاں بیٹھے

۶ جون ۱۹۸۳

(۱۴۹)

گمان و شک کے تلاطم! اُتار پار مجھے
نہیں کنارا تو گرداب میں اُتار مجھے

جو گُل تھے زینتِ دستارِ شہسوارِ بہار
ملے ہیں بن کے غبارِ پسِ بہار مجھے

صلیبِ معرفتِ ذات کائنات ہے آج
وہ دن گئے کہ خوش آتی تھی کوئے یار مجھے

مجھے خبر ہے، تری آستیں میں خنجر ہے
جو وار کرنا ہے نظریں ملا کے مار مجھے

تمام رات کا جاگا ہوا تھا، سویا ہوں
ٹھہر کے در پہ مرے اے سحر پکار مجھے

اگر ہے نور کا سایل ہوا کرے خورشید
خود اپنی آگ کی تابش ہے سازگار مجھے

رضائے مسند و کرسی کے تھے سبھی خواہاں
عزیز خاک نشینوں کا تھا وقار مجھے

خدا کو پا کے زمانہ پرست کھو بیٹھے
انا پرستی میں ہاتھ آیا کردگار مجھے

۱۲ نومبر ۱۹۷۶

(۱۵۰)

فراق ہو کہ وصال، آنکھ سوئے یار رہے
یہی مقدرِ عاشق ہے، بے قرار رہے

اک اپنے آپ سے ملنے کا وقت مل نہ سکا
جہاں میں کام ہمیشہ ہمیں ہزار رہے

لگی ہو لو تو بہر حال دل کو جلنا ہے
ہوں لاکھ مسئلے، دل میں خیالِ یار رہے

نہیں محال بہاروں کی واپسی، اے گل
مگر یہی ہے کہ وا چشمِ انتظار رہے

عبث نہیں جرسِ غنچہ نالہ ہائے وداع
اگر نہ عہد گلستاں سے استوار رہے

الٰہی آئے گی ایسی بہار آخر کیا
خزاں کا خوف نہ ہو، گل نہ دل فگار رہے

کہیں تو ٹھہرے سواریِ رنگ و نکہت و نور
کہیں تو قافلۂ صبح کو قرار رہے

ہمیں قبول ہے انساں کی جستجو میں زیاں
خدا سے عارف و زاہد کا کاروبار رہے

نہیں ہے نفع رساں اے وحید کارِ ہنر
بہت ہے، اپنی نظر میں گر اعتبار رہے

۲۷ دسمبر ۱۹۸۲

(۱۵۱)

ہم تیرگی میں نور کے یوں مدح خواں رہے
جب کٹ گئی زباں تو سراپا زباں رہے

ہم وقف جن کی شب کے لئے شمع ساں رہے
وہ پوچھتے ہیں صبح کو شب بھر کہاں رہے

اتنا نہ زندگی سے کوئی بدگماں رہے
وہ ملتفت ہوئے بھی تو ہم سرگراں رہے

ذرّوں کا دِل نہ توڑا کبھی پائے شوق نے
یہ اور بات زیرِ قدم آسماں رہے

جو خواب بن کے آئے تھے آنکھوں میں ایک بار
اِک عمر اشک بن کے وہی مہماں رہے

تم جس کو اپنے دل میں جگہ دے کے بھول جاؤ
وہ تم کو بھول جائے تو آخر کہاں رہے

تھی خوں بہائے بادہ ہماری ہی تشنگی
اور ہم ہی بارِ خاطرِ پیرِ مغاں رہے

وہ درد آشنا کہ نہ جانا کسی کا درد
ہم تنگ دل کہ وقفِ غمِ دو جہاں رہے

نغمے ہی کی خطا کہ گلوگیر ہو گیا
ہم تو بہ پاسِ جشنِ طرب نغمہ خواں رہے

(۱۵۲)

اجنبی بن کے رہے، بے سر و سامان رہے
ہم ترے شہر میں جتنے بھی دن اے جان رہے

بوئے گل کی طرح آئے تھے ہنسانے تجھ کو
اشک کی طرح ترِی آنکھوں میں مہمان رہے

تیری خاکِ کفِ پا بھی نہ میسّر آئی
پھر بھی ہم تیری ہی یادوں کے نگہبان رہے

بننا پڑتا ہے کبھی خود ہی تمنا دشمن
تو سرِ راہ ملا بھی تو ہم انجان رہے

(ق)

تِرے انفاس سے مہکا رہے شہر خوباں
غم نہ ہوگا ہمیں، دل رہتا ہے ویران، رہے

روز آئیں تِری پابوسی کو مہر و شبنم
سجدہ گاہِ مہ و انجم ترا ایوان رہے

کلیاں کھلتی رہیں، ہنستی رہے ہر شاخ و روش
تیری زلفوں کی ہواؤں میں وہی شان رہے

کوئی پائے نہ وہاں جرمِ محبّت کی سزا
ہم جہاں چاک جگر، چاک گریبان رہے

نیم شب کوچۂ جاناں میں کوئی دیوانہ
جیسے کچھ بھول گیا، یوں نہ پریشان رہے

کوئی جھونکا نہ تجھے پچھلے پہر چونکائے
خلشِ صبحِ جدائی کا نہ طوفان رہے

کوئی شاعر نہ تری بزم میں لوٹا جائے
کوئی نغمہ نہ تری بزم میں حیران رہے

سونپ آئے ہیں تری آنکھوں کو ہم خواب اپنے
تو ہی اِن خوابوں کی دولت کا نگہبان رہے

ہم غریب الوطن و کشتۂ پیماں ہی سہی
یاد تجھ کو نہ ہمارا کوئی پیمان رہے

دشتِ غربت میں دکن سے جو کبھی آئے ہوا
تیرے آوارہ کی مٹّی نہ پریشان رہے

ایک آشفتہ سر و ننگِ محبت ہے وحیدؔ
جُرم ہے جرم، اگر اُس کا تجھے دھیان رہے

(۱۵۳)

مثالِ خواب تمنا کی چشمِ نم میں رہے
شریکِ حال ہم اس طرح سب کے غم میں رہے

ہمارے چار طرف تھا ہجوم بے چہرہ
چھپائے چہرے کو ہم نرغۂ ستم میں رہے

معانی دستِ تہہِ سنگِ شورِ نافہمی
اسیر لفظ حصارِ سکوتِ غم میں رہے

ہمی سرابِ صدا میں تھے ناشنیدہ صدا
نگفتہ ہم ہی صداؤں کے زیر و بم میں رہے

کبھی خوش اور کبھی ناخوش، کبھی شرر، کبھی گُل
وہ ایک عمر ہماری ہی طرح ہم میں رہے

انھیں پکارا تو اپنے ہی کو صدا دی ہے
وہ بازگشت کی آواز بن کے ہم میں رہے

شکستِ جام و نظر نے بدل دیے منظر
اسیر وقت کے دھارے نہ جامِ جم میں رہے

۱۲ مارچ ۱۹۷۶

(۱۵۴)

ہر اک عنواں سے اپنا عکسِ دل ہی جلوہ ساماں ہے
نہ کوئی صبح خنداں ہے، نہ کوئی شامِ گریاں ہے

بہت آہستگی سے پاؤں دھر ناوادیِ دل میں
کہیں دشتِ غزالاں ہے، کہیں شہر نگاراں ہے

بنامِ تلخی کام ودہن کچھ زہر بھی پی لے
مریضِ غم اگر کچھ اور دن جینے کا خواہاں ہے

کسی کا نام آتے ہی چمک جاتے ہیں داغِ دل
اسی حیلے سے اک برباد بستی میں چراغاں ہے

نشاطِ زیست افسردہ ہے جس عشقِ دوروزہ کا
مرے ناصح اُسی کو کہہ رہے ہیں دشمنِ جاں ہے

رہا ہو گا تعلق نام سے تیرے کبھی اُس کو
وحید اک شاعرِ آشفتہ سر اَب بھی غزل خواں ہے

(۱۵۵)

عجیب رشتہ ہے رفتارِ وقت سے میرا
نہ اختیار سے باہر، نہ اختیار میں ہے

عدم سے شہر بدَر، زندگی سے بر سرِ جنگ
وہ رقصِ شعلہ مرے مضطرب غبار میں ہے

شعائیں بادِ سحر کو ابھی دکھائیں نہ راہ
کہ محوِ خوابِ گُلِ وصل ابھی کنار میں ہے

مرے چمن کی خزاں میں بھی کار فرما ہے
گُل آفرینی کا جو حوصلہ بہار میں ہے

خوشی حصول کی، کھونے کا رنج، دونوں عبث
ہے زندگی وہی پیہم جو انتظار میں ہے

۱۸ مارچ، ۱۹۷۹

(۱۵۶)

زمین پر، نہ ہوا میں، نہ آسمان میں ہے
فضائے لامتناہی مری اُڑان میں ہے

تمام عمر کا نقصاں کیا تو ہم پہ کھُلا
ہر ایک فلسفہ قید اپنے ہی گمان میں ہے

کر آئی دہر کی تسخیر جراتِ تشکیک
یقین گوشہ گزیں منزلِ گمان میں ہے

اگر میں چُپ ہوں تو اتنے نہ خوش ہوں یار اغیار
خدا کا شکر کریں، تیر ابھی کمان میں ہے

کہاں سے پائیں گے اربابِ طمطراق اُسے
جو بات بے سروساماں کی آن بان میں ہے

کبھی حریف زر و جاہ ہیں، کبھی زہّاد
ہُنر ہمیشہ بڑے سخت امتحان میں ہے

کرم جنوں کا بھی ہے، اہلِ اختیار کا بھی
فضائے دشت جو دائم مِرے مکان میں ہے

بغیرِ جام بھی ہیں مست اُس کی بزم میں رند
وہ نشّہ آنکھوں میں، وہ کیفیت زبان میں ہے

اگر ملا تو ملے گا دکھوں ہی میں نروان
سُراغ اس کا عبادت میں نہ گیان میں ہے

شریکِ نامۂ اعمال ہیں نکردہ گناہ
نگفتہ حسرتوں کا رنگ بھی بیان میں ہے

(۱۵۷)

دیوانوں کو منزل کا پتا یاد نہیں ہے
جب سے تِرا نقشِ کفِ پا یاد نہیں ہے

افسردگیِ عشق کے کھلتے نہیں اسباب
کیا بات بھلا بیٹھے ہیں، کیا یاد نہیں ہے

ہم دل زدگاں جیتے ہیں یادوں کے سہارے
ہاں مٹ گئے جس پر وہ ادا یاد نہیں ہے

گھر اپنا تو بھولی ہی تھی آشفتگیِ دل
خود رفتہ کو اب در بھی تِرا یاد نہیں ہے

لیتے ہیں ترا نام ہی یوں جاگتے سوتے
جیسے کہ ہمیں اپنا خدا یاد نہیں ہے

یہ ایک ہی احسانِ غمِ دوست ہے کیا کم
بے مہریِ دوراں کی جفا یاد نہیں ہے

بے برسے گذر جاتے ہیں اُمڈے ہوئے بادل
جیسے انھیں میرا ہی پتا یاد نہیں ہے

پروائی بھی دیوانہ گر اس رُت میں نہیں ہے
مجھ کو ترے آنچل کی ہوا یاد نہیں ہے

اس بار وحید آپ کی آنکھیں نہیں برسیں
کیا جھومتی زلفوں کی گھٹا یاد نہیں ہے

۷ ستمبر، ۱۹۸۰

(۱۵۸)

روح کے دشت سے اٹھتی یہ صدا کیسی ہے
جو ہے مقتول بھی، قاتل بھی، نوا کیسی ہے

ہے وہی شہر وہی لوگ وہی میں، وہی دل
بدلی بدلی سی نگاہوں کی فضا کیسی ہے

ہاتھ اُٹھّیں، نہ ہلیں لب، نہ کچھ آنکھیں بولیں
پھر بھی سن لیتا ہے کوئی یہ دعا کیسی ہے

ق

ہم نے تو شغلِ جنوں چھوڑ دیا، تم بتلاؤ
شہر دل دار کی اب آب و ہوا کیسی ہے

کیا وہی وضعِ کرم اب بھی ہے دل داروں کی
جو ہمیں جانتی تھی بوئے وفا کیسی ہے

کیا وہاں اب بھی سرِ بزم ہیں نغمے حیراں
ہم نے ڈالی تھی جنوں کی جو بنا کیسی ہے

ہم جس اچھائی کے ہاتھوں ہوے اپنوں سے بُرے
گُلِ خوباں کی وہ جاں سوز ادا کیسی ہے

آخرِ شب کی فضا جس سے چمک اُٹھتی تھی
جو اُلجھتی تھی ہوا سے وہ نوا کیسی ہے

شاعری جلوۂ عریاں، نہ حجابِ معنی
شعر خود بولیں گے، یہ چہرہ کشا کیسی ہے

(۱۵۹)

خوشبو ہے کبھی، گل ہے کبھی شمع کبھی ہے
وہ آتشِ سیال جو سینے میں بھری ہے

بادہ طلبی شوق کی دریوزہ گری ہے
صد شکر کہ تقدیر ہی یاں تشنہ لبی ہے

غنچوں کے چٹکنے کا سماں دل میں ابھی ہے
ملنے میں جو اُٹھ اُٹھ کے نظر اُن کی جھکی ہے

اب ضبط سے کہہ دے کہ یہ رخصت کی گھڑی ہے
اے وحشتِ غم دیر سے کیا سوچ رہی ہے

معصوم ہے یاد اُن کی بھٹک جائے نہ رستہ
خوں گشتہ تمناؤں کی کیوں بھیڑ لگی ہے

یادوں سے کہو سولہ سنگھار آج کر آئیں
آئینہ بکف حسرتِ دیدار کھڑی ہے

ہر رنگ سے، ہر رُخ سے جسے دل میں اتارا
وہ شکل بھی اب خوابِ فراموش ہوئی ہے

لب سی لیے اندیشۂ دشنامِ جہاں سے
اب اپنی خموشی ہی اک افسانہ بنی ہے

ٹھہری ہے تو اک چہرے پہ ٹھہری رہی برسوں
بھٹکی ہے تو پھر آنکھ بھٹکتی ہی رہی ہے

(۱۶۰)

بچا کے دشت سے ہم اپنا رخت اگر آئے
سفر سے لَوٹ کے لُٹنے کو اپنے گھر آئے

اس انتظار میں کاٹا تھا دن ہو شام کہیں
جو شام آئی تو ہے فکر اب سحر آئے

جو گھر جلے تھے، وہ جل جل کے بُجھ گئے کب کے
کہیں اب اشک ہی چمکیں تو کچھ نظر آئے

ہم اپنے گھر میں ترستے ہیں گھر کی خبروں کو
مِلے جو آج کا اخبار، کچھ خبر آئے

اُجالا ایسا بھی کیا، چہرے تک سجھائی نہ دیں
ہو درمیاں کچھ اندھیرا تو رُخ نظر آئے

ہے خواب گاہ سے تا خانہ باغ اک صحرا
ہوں مہرباں در و دیوار وہ جو گھر آئے

ہر ایک در پہ صدا دے کے دیکھ لے وحشت
کہیں ملے نہ جگہ تو ہمارے گھر آئے

نسیم کی طرح آئے، چلے گھٹا کی طرح
دعا دیں گُل تو ہمیں راس یہ سفر آئے

۲۲ مئی ۱۹۷۹

(۱۶۱)

وقت ایسا مسیحا بھی کسی کام نہ آئے
ہم تک خبرِ گردشِ ایّام نہ آئے

قیمت تو بہت دن کی لگائی تھی وفا نے
ہم پھر بھی تِرے در سے خوش انجام نہ آئے

منظور ہمیں اپنی تباہی کا ہر امکاں
اے بے گنہی اُن پہ کچھ الزام نہ آئے

نومیدیِ جاوید میں آرام سے ہے دل
بہتر ہے اب اُمید کا پیغام نہ آئے

یہ شرط لگا رکھّی ہے آدابِ وفا نے
جب ذکر ہو اُن کا ہو، مگر نام نہ آئے

اتنا نہ ستانا ہمیں اے شدتِ احساس
ناحق تِرے سر خون کا الزام نہ آئے

(۱۶۲)

ملنے کو تو ملتے ہیں بہت اپنے پرائے
جن کے لئے آنکھوں میں کٹی عمر، نہ آئے

کیا جانیے شب کیسے کٹے، ساتھ رہو تم
آجاؤ کہ گھرے ہیں بہت شام کے سایے

اک رات ہے یہ جس نے دکھائے بھی نہ وہ خواب
اک رات تھی وہ جس نے پری خانے سجائے

دشنام طرازیِ جہاں بھی ہے عجب چیز
ناکردہ گناہوں کے بھی افسانے بنائے

جن لوگوں نے بدنام کیا میرے جنوں کو
وارفتگیِ شوقِ بُتاں دیکھ نہ پائے

ہر عشق کا قصہ ہمیں اپنا نظر آیا
یاروں نے تو بہلانے کو افسانے سنائے

اک شخص کو اتنا بھی نہیں چاہنا اچھّا
جو لوگ بھی اپنے ہیں، نظر آئیں پرائے

وہ تو کئی باتیں تھیں جو یاد آگئیں دل کو
موسم میں اثر کب ہے کہ دیوانہ بنائے

وہ دشمنِ جاں ہیں تو ہمیں جاں نہیں پیاری
اُن ہی کے لئے زیست کے بھی ناز اُٹھائے

آنکھوں میں بس اک خواب ہے اب جاگتے سوتے
اِس خواب پہ اے آتشِ غم آنچ نہ آئے

(۱۶۳)

نظر کی لو کو بڑھاؤ کہ رات کٹ جائے
نفس کی آنچ دکھاؤ کہ رات کٹ جائے

تمھارا قرب ہی تمہیدِ آمدِ خورشید
ذرا قریب تو آؤ کہ رات کٹ جائے

مریضِ ہجر پہ بھاری ہے شب کا پہلا پہر
امیدِ صبح دلاؤ کہ رات کٹ جائے

پرانی شمعوں کی لو تو گھٹی گھٹی سی ہے
نئے چراغ جلاؤ کہ رات کٹ جائے

وحید نغمگیِ شوق ہے جمود شکن
کوئی غزل ہی سناؤ کہ رات کٹ جائے

۶ مئی، ۱۹۵۴

(۱۶۴)

تو غزل بن کے اُتر بات مکمّل ہو جائے
منتظر دل کی مناجات مکمّل ہو جائے

عمر بھر ملتے رہے، پھر بھی نہ ملنے پائے
اس طرح مِل کہ ملاقات مکمّل ہو جائے

دن میں بکھرا ہوں بہت، رات سمیٹے گی مجھے
تو بھی آجا تو مری ذات مکمّل ہو جائے

نیند بن کر مری آنکھوں سے مرے خوں میں اُتر
رتجگا ختم ہو اور رات مکمّل ہو جائے

میں سراپا ہوں دُعا، تو مرا مقصودِ دُعا
بات یوں کر کہ مری بات مکمّل ہو جائے

ابر آنکھوں سے اُٹھے ہیں، ترا دامن مل جائے
حکم ہو تیرا تو برسات مکمّل ہو جائے

تیرے سینے سے مرے سینے میں آیات اُتریں
سورۂ کشف و کرامات مکمّل ہو جائے

تیرے لب مُہر لگا دیں تو یہ قصّہ ہو تمام
دفترِ طوُلِ شکایات مکمّل ہو جائے

میکدے غرق ہوں، آنکھوں سے وہ نشّہ برسا
یوں خرابیِ خرابات مکمّل ہو جائے

آدم و خاک سے گر جوڑ لے رشتہ اپنا
شجرِ نورِ سماوات مکمّل ہو جائے

میرے شعلے سے ترا آئینۂ تن جو ملے
مقصدِ گردشِ حالات مکمّل ہو جائے

تجھ کو پائے تو وحید آپنے خدا کو پا لے
کاوشِ معرفتِ ذات مکمّل ہو جائے

۳ نومبر ۱۹۷۵

(۱۶۵)

دم خوردگانِ دشتِ تمنا کہاں گئے
روشن تھی جن سے محملِ لیلا کہاں گئے

واماندگی ہے، لامتناہی سراب ہیں
تھی پیاس جن کی شوق کا دریا، کہاں گئے

ہے طور راکھ اور نفسِ عیسوی ہے سرد
اے عصرِ نو! کلیم و مسیحا کہاں گئے

بونوں میں ہم ہیں اپنی بلندی سے شرمسار
جن سے فلک تھے پست، وہ دیوتا کہاں گئے

آشفتگی کو شہروں میں سر پھوڑنا ہے اب
جولاں گہہِ جنوں تھے جو صحرا کہاں گئے

کس طرح جنتیں بھی بنیں زر خرید شئے
سرمایہ دارِ دولتِ عقبیٰ کہاں گئے

ہر غیر معتبر کو ہے ضد مستند بنے
جن سے تھا اعتبار ادب کا کہاں گئے

۱۳۰کتوبر ۱۹۷۲

(۱۶۶)

اُن کو روز اِک تازہ حیلہ، ایک خنجر چاہیئے
ہم کو روز اک جاں نئی اور اک نیا سر چاہیے

التفات و سرگرانی پر خوشی کیا، رنج کیا
کچھ بہانہ اس سے بڑھ کر دیدۂ تر چاہیے

کیا دکھائیں خشک لب، دو بوند کے ساقی ہیں سب
پیاسِ صحرائے ازل، اس کو سمندر چاہیے

سچ کی اک ننھی سی کونپل کو کچلنے کے لیے
جھوٹ اور دشنام کے لشکر کے لشکر چاہیے

ہو ردائے مہرِ آتش بار یا تیغوں کی چھاؤں
کوئی سایہ بھی تو دیوانوں کے سر پر چاہیے

صبر کا دامانِ دولت ہے امیروں کا امیر
جبر کی دریوزگی کو سینکڑوں در چاہیے

سیلِ خوں یا قاتلوں کی سلطنت کی دھجیّاں
تن شہیدوں کے چھُپانے کو بھی چادر چاہیے

بُت بنانے، پوجنے، پھر توڑنے کے واسطے
خود پرستی کو نیا ہر روز پتھّر چاہیے

ہم نے جس دنیا کو ٹھکرایا تھا اُن کے واسطے
مِل گئے جب وہ اُسی دنیا کا چکّر چاہیئے

۱۳اپریل ۱۹۷۵

(۱۶۷)

کل جو نکلے تھے تلاشِ صبح میں وہ کارواں
آج خود گم گشتۂ ظلمات ہو کر رہ گئے

جن کو ہونا تھا جدالِ کہنہ و نو کا نشاں
کشتۂ شمشیرِ جدلیّات ہو کر رہ گئے

مصلحت نا آشنا تھا جن کا اندازِ جنوں
کیوں وہ شیخ و برہمن کی بات ہو کر رہ گئے

جو زباں بندی میں بھی نغمے سُناتے ہی رہے
کیا ہوا جو دشمنِ نغمات ہو کر رہ گئے

نغمہ پیرایانِ گُل پہ آگئی کیسے خزاں
کیوں شکارِ سازشِ حالات ہو کر رہ گئے

پیش رو اک عہد کے کیوں اس قدر پس ماندہ ہیں
انقلابِ رفتہ کی سوغات ہو کر رہ گئے

تازہ دم نو واردوں پر ہنسنے والے خضر کیوں
کارواں کی گرد کے ذرات ہو کر رہ گئے

۲۱ نومبر ۱۹۵۸

(۱۶۸)

اک غزل آج بہ اندازِ قصیدہ لکھیے
ظلم اور کذب کے اوصافِ حمیدہ لکھیے

کیجیے اُن کی ثنا جتنے ہیں قشقہ بہ جبیں
جتنے ہیں اہلِ ریا، سب کا قصیدہ لکھیے

مصلحت ہے یہی مقتول کو ظالم کہیے
قاتلوں کو ستم و درد گزیدہ لکھیے

خاک میں رُلتے ہیں انموں جواہر تو رُلیں
ریگ کے ذرّوں کو افلاک رسیدہ لکھیے

قائدِ قوم کے ہفوات کی تحسیں کیجیے
ہرزے کو حاکموں کے گوہرِ چیدہ لکھیے

دیجیے جابروں کو داد بخونِ دل ولب
تیغ کی مدح بہ انگشتِ بُریدہ لکھیے

دشمنِ جاں کو دل آرام و مسیحا کہیے
بے بصر ہیں جو اُنھیں مردُمِ دیدہ لکھیے

افترا باندھیے، دشنام کے لکھیے دفتر
پر حقایق کبھی دیدہ نہ شنیدہ لکھیے

گھر جلائیں وہ کریں قتل، کرم ہے ان کا
اُن کے اس لطف و عنایت کا جریدہ لکھیے

طبعِ نازک پہ گزرتا ہے گراں ذکرِ جنوں
اپنے دامن کو نہ دامانِ دریدہ لکھیے

۸ ستمبر ۱۹۸۰

(۱۶۹)

چراغِ عیش بنیں تو مزاج داں کہیے
مژہ پہ اشک جو چمکے، گلہ کناں کہیے

خیالِ بے حسی بزم مانعِ اظہار
سکوت کا یہ تقاضا کہ داستاں کہیے

(ق)

جنوں پہ اہلِ خرد کی ہے یہ بھی پابندی
کہ زہر پی کے حدیثِ نشاطِ جاں کہیے

نہ لب پہ لایئے حق، حرفِ مصلحت آمیز
بہ پاسِ خاطرِ احبابِ شادماں کہیے

ہوا ہے ٹوٹ کے نازک تر آبگینۂ دل
ہجومِ شیشہ گراں میں یہ غم کہاں کہیے

بچا کے آنکھ دبے پاؤں غم بھی آتے ہیں
ہزار آپ خوشی کی کہانیاں کہیے

جو دل پہ چوٹ لگائے کھٹک ہی جاتی ہے
وہ بات کتنے ہی پردوں کے درمیاں کہیے

جسے زمانہ سمجھتا ہے، پر نہیں کہتا
وحید آپ ہی تنہا وہ داستاں کہیے

رُباعیات

(۱)

زاہد نے کیا رندوں پہ دروازہ بند
پھیلا دیے یوں ہاتھ کہ ہو رستا بند
جب بند ہوں سب در، درِ حق کھلتا ہے
اللہ ہے کیا دستِ دعا کا پابند

(۲)

ذرّے کو ہے زعم اس میں ہوئی دنیا بند
کوزے کو ہے یہ وہم کیا دریا بند
اس شان سے ہیں اہلِ تقشف خاموش
ہونٹوں ہی میں ہے اِن کے خدا گویا بند

(۳)

اک عمر رکھا ضبط کا خود کو پابند
موّاج طبیعت پہ بہت باندھا بند
پتھر جو ہٹا، پھوٹے سخن کے چشمے
بہہ نکلے سمندر جو ذرا ٹوٹا بند

(۴)

کہتا ہے کلام کُن کا پردہ ہوں میں
ہے لفظ کا قول فن کا چہرہ ہوں میں
معنی نے کہا عرض ہیں سب میں جوہر
کس منہ سے کہوں خالقِ نغمہ ہوں میں

(۵)

لب مصلحت اظہار کے سی لیتی ہے
خاموشی ریا کا زہر پی لیتی ہے
توفیقِ سخن حق کی ہے تائید وحید
میں بولوں تو سچائی بھی جی لیتی ہے

(۶)

جنت ہی میں بیٹھے ہوئے رہتے زہاد
کی جرأتِ عصیاں نے یہ دنیا آباد
پھلتے ہی چلے جاتے ہیں ممنوع شجر
چکھیں نہ انھیں کیوں؟ یہ ہے آدم کی نہاد

(۷)

سُن لیتی ہے گو عرش کا ارشاد زمیں
پر اپنے ہی نغمات سے ہے شاد زمیں
کر دیتا اسے شوقِ عبادت ویراں
گر ذوقِ گنہ رکھتا نہ آباد زمیں
(یکم اپریل ۱۹۷۸)

(۸)

اے خدا میں تیری دنیا سے بہت ہوں بیزار
نہ کسی سے کوئی سازش ہے نہ کوئی پیکار
مدت العمر سے ہوں گوشہ نشیں، عزلت گیر
کاش راس آئے مجھے قبر کی تنہا شبِ تار

(۹)

دوست ہیں دشمنِ جاں، اقربا کوفے والے
حکمت و شعر میں ہیں جہل کے سب متوالے
ادب و علم میں کاوش ہے حقارت کا نشاں
اس سفیدی میں بھی بازار ہیں پیلے، کالے

(۱۰)

حیدر آباد میں آیا تو وہ پامال دِکھا
نہ شعرا ہیں نہ علما یہ عجب حال دِکھا
دوست جاتے رہے، رخصت ہوئے اربابِ ادب
محفلِ شعر میں بھی مجمعِ جُہّال دِکھا

۲۴ جون ۱۹۹۴

(۱۱)

نغماتِ وحی پیکرِ انساں میں ڈھلے ہیں
سورے شجرِ نور کی شاخوں پہ پھلے ہیں
اطفال و زناں، پیر و جواں بیتِ نبیؐ کے
قرآن و احادیث کے ہمراہ پلے ہیں

(۱۲)

شاخِ قلمِ نور ہے منہاجِ بلاغت
ہر خطبہ و مکتوب ہے سرتاجِ بلاغت
اللہ و محمدؐ کا سخن نطقِ علیؑ میں
ڈھل جائے تو بن جاتا ہے معراجِ بلاغت

(۱۳)

سُن دشتِ زماں! کرب و بلا بول رہا ہے
صدیوں سے لبِ عقدہ کشا بول رہا ہے
کٹ کر بھی جو گویا ہے سرِ ابن محمدؐ
انسان کے ہونٹوں سے خدا بول رہا ہے

(۱۴)

لب تشنہ سمندر کی گرہ کھول رہا ہے
کانٹے ہیں زباں پر تو گہر رول رہا ہے
سیرابی کے صحرا کے سرابوں میں ابھی تک
شبیرؑ کا دریائے عطش بول رہا ہے

(۱۵)

زمزم پسرِ وارثِ آذر کا ہے فیض
ہر رحمتِ رب چشمِ پیمبرؐ کا ہے فیض
بھرتے ہیں جہاں کو ثر و زمزم پانی
وہ پیاس بنِ ساقیِ کوثر کا ہے فیض

(۱۶)

یہ کون ہے جس سے ہے زمیں عرش آثار
ہیں زیرِ قدم کس کے ثوابت سیّار
فرزندِ ابو تراب کا ہے لہو
جو خاک کا ہر ذرہ ہے افلاک شکار

(۱۷)

مقتولِ رہِ عشق سدا زندہ ہیں
سر شمعوں کے کٹ کٹ کے بھی تابندہ ہیں
ہیں کرب و بلا میں جو مرقّعے خوں کے
اوراقِ بہاراں ہیں، یہ پائندہ ہیں

(۱۸)

چنندہ ہیں حسین ابن علی کے اصحاب
بوڑھے ہیں اسلافِ گزشتہ کا جواب
ہیں جوان قرآن کی ناطق آیات
بچے ہیں رسالت کی دعاؤں کا جواب

(۱۹)

اے روشنیٔ طبع، سکوں خواب و سراب
خود زیست ہے اک جنسِ گراں و نایاب
بھر لیجیے پیمانہ بقدرِ توفیق
یاں دولت غم ملتی ہے بے حد و حساب

(۲۰)

ہر گام پڑا صد عمر تباہی کا حساب
ہر سانس ہے سینے میں جہنم کا عذاب
اس درجہ خفا کیوں ہیں یزیدانِ زماں
کیا جرم کیا ہم نے دکھائے ہیں جو خواب

پراگندہ اشعار

لکھ تو ثنائے حمدِ خداوندِ کردگار
ہے فیضِ سے اُسی کے ہر اک خامہ تازہ کار

قدرت سے اُس کی ہے ورقِ دہر زر نگار
ہر برگ گلستاں ہے، ہر اک قطرہ آبدار

۱۰/اپریل، ۱۹۷۸

اے دانشِ حاضر ہمیں پہچان، ہمیں مان
ہم ہی تیری کھوئی ہوئی آواز رہے ہیں

جل جاتے ہیں اک حد سے پرے شہپرِ پرواز
بے بال و پری! ہم تری پرواز رہے ہیں

نوکِ سرِ نیزہ ہو کہ معراجِ سرِ دار
پستوں میں ہم اس طرح سرافراز رہے ہیں

یورش سے ظلمتوں کی پسپا ہوئیں شعائیں
اس بھاگتی سپہ کی تلوار ہیں تو ہم ہیں

۱۹۸۴/۲/۳

فیضِ قلم سے اک سپہِ بے اماں ہیں ہم
ہم ہوں قلم بدست تو ہیں شمشیرِ بے اماں

ہر سمت سے آئینے مجھے گھیرے ہوئے تھے
توڑا جو انھیں چہرے مرے بکھرے ہوئے تھے

چہرہ ہی نہیں روح بھی منصب نے بدل دی
اک عمر کے جو دیکھے ہوئے پرکھے ہوئے تھے

جینے کے بہانے ہیں بہت، حرفِ وفا کیا
اِس بات کو پہلے ہی سے وہ سمجھے ہوئے تھے

حسیں بھی خشک بھی، تر بھی، جواں بھی، بوڑھی بھی
زمیں بھی رنگ بدلتی ہے آسماں کی طرح

تمام ہوتی نہیں صبح تک کتابِ ہجر
شبیں گذرتی ہیں شب ہائے امتحاں کی طرح

تمام نکہت و گُل ہے تمام رنگ و بہار
بیاضِ وصل ہے دل کش ترے بیاں کی طرح

۱۲ نومبر ۱۹۸۱

(بیادِ رزمیؔ)

جو جگمگا رہا تھا تمنا کے باب میں
ناخواندہ رہ گیا وہ ورق ہی کتاب میں

پو کیا پھٹی کہ بجھ گیا امید کا چراغ
کیا زہر تھا ہوائے گُلِ آفتاب میں

جمعیتِ خاطر ہو کہاں گُل کو میسر
رنگ اُڑنے کو آمادہ ہے، خوشبو سفری ہے

سب جستجوئے ذات ہے، تیشہ ہو کہ صحرا
لیلیٰ نہیں، مقصودِ جنوں خود نگری ہے

اپنی تباہیوں کی نہیں ہے خبر مجھے
بس یاد رہ گئی ہے تری چشمِ تر مجھے

اے دوست کیفِ زیست کا عنوان ہی سہی
آئی نہ راس تیری تمنا اگر مجھے

آ آکے رک گئے ہیں جہاں کاروانِ شوق
کرنا ہے اس مقام سے عزمِ سفر مجھے

تھا مگر اندیشۂ سود و زیاں اتنا نہ تھا
جا کے مقتل تک پھر آتے، خوفِ جاں اتنا نہ تھا

عمر بھر کی ناامیدی کو ہے اب بھی انتظار
ہم کو اپنی سخت جانی سے گماں اتنا نہ تھا

اسکے حُسن و کج روی ہی میں رہیں گُم کب تلک
تھا تو دل انگیز لیکن یہ جہاں اتنا نہ تھا

شہرِ لب بنداں سے لے آئے سلامت ہم زباں
ہار جاتا نطق، مشکل امتحاں اتنا نہ تھا

کس بلندی کے تصور کو ہم انساں سمجھیں
کوئی منزل نہیں جس کو حدِ امکاں سمجھیں

اُن سے ملتے ہوئے دل میں کوئی ارماں تو نہ تھا
اتنی مہلت نہ ملی معنیِ ارماں سمجھیں

نشترِ غم کی خلش زیست کا دیتی ہے پتہ
کوئی بتلائے پھر اب کس کو رگِ جاں سمجھیں

دو گھڑی پھولوں سے ہنس بول کے ہونگے سفری
بوئے آوارہ ہیں ہم، راہ کی دیوار نہیں

بتوں کی جامہ زیبی بھی لہو کی تازہ کاری ہے
دریدہ دامنی بھی گُل کی طرزِ پردہ داری ہے

جاتا تو ہوں مے خانے میں، لیکن غمِ دوراں
ڈرتا ہوں نہ آجائے تِرا ذکر وہاں بھی

ہیں آگ کے طوفان میں کچھ پھول سلامت
جی لیں تو غنیمت ہے بس اتنی سی اماں بھی

جب تک نہ تھا بہار کا ایما صبا تھی قید
فصلِ گل آئی، پاؤں سے زنجیر کھنچ گئی

رنج اُن کی جدائی کا اب سے بھی سوا ہوتا
اقرارِ محبت وہ کرتے بھی تو کیا ہوتا

دونوں طرف آنکھوں نے کہہ ڈالا دمِ رخصت
وہ حرفِ محبت جو مشکل سے ادا ہوتا

صرف دم لینے کو ہوتی ہے سفر میں منزل
کون کہتا ہے کہ مقصودِ سفر ہوتی ہے

کتنے ذرّوں کو گلہ ہوتا ہے محرومی کا
جب تری چاند ستاروں پہ نظر ہوتی ہے

ابتدا تم نے کی، نہ ہم نے کی
خامشی خود سخن تک آپہونچی

لاکھ تمناؤں کا میلہ راکھ کے ڈھیر لگا جاتا ہے
ایک تمنا بہت ہے صدیوں دل کی آگ جلانے کو

اہلِ دنیا کو بہت ہم سے بھی اُمیدیں تھیں
زندگی! تجھ سے مگر اپنا نہ جھگڑا ہوتا

بنامِ تلخیٔ کام ودہن کچھ زہر بھی پی لے
مریضِ غم اگر کچھ اور دِن جینے کا خواہاں ہے

الفاظ کو اظہارِ طلب پر نہیں قدرت
انفاس ہی کیوں حرفِ دعا ہو نہیں جاتے

قشقوں کی طرح سجدوں کو چمکا کے جبیں پر
اربابِ ریا اہلِ صفا ہو نہیں جاتے

داستاں دہر کی بھی میرا ہی افسانہ ہے
میری ہی شکلوں سے آباد یہ بُت خانہ ہے

مجھ کو جو تجھ سے ہوئی رنجشِ بے جا اکثر
یہ بھی اِک طرزِ تپاکِ دلِ دیوانہ ہے

۱۰ مئی ۱۹۷۷

ہو گا صحراؤں میں خوفِ ضرر اِس گھر سے تو کم
جسکی دیواریں نگوں، سقف ہے خم، در ٹوٹے

ریزہ ریزہ جنھیں پلکوں پہ لیے پھرتا ہوں
جب بھی اس شیشے سے ٹکرائے تو پتھر ٹوٹے

رنگ بھرنا ہے تو دیکھ اِن کے تناظر میں انھیں
کیا خبر کتنی جگہ سے ہیں یہ منظر ٹوٹے

ہنر کو ساتھ لیے دربدر پھری وحشت
کہیں جگہ نہ ملی تو ہمارے گھر آئی

ہمیں بھی ملتی ہے اخبار ہی سے گھر کی خبر
سُناؤ پڑھ کے ہمیں بھی کہ کیا خبر آئی

کیوں بود و باش، نام و نشاں پوچھتے ہیں لوگ
یوں شاید اپنے آپ ہی کو ڈھونڈتے ہیں لوگ

بنیادِ کعبہ رکھی تھی کس خوش سرشت نے
پایا علوئے عرش ہر اک سنگ و خشت نے

تقدیس بھیک مانگی تھی دیر و کنشت نے
چوما تھا جھک کے خاکِ زمیں کو بہشت نے

دیواریں جب اٹھائیں ذبیح و خلیل نے
بخشیں انہیں بلندیاں ربِّ جلیل نے

نہ ابر ہے نہ گُل و سبزہ دشتِ غربت میں
ہمارے دیس میں ساون برس رہا ہو گا

ہزار خوشبوئیں جنگل میں بس رہی ہوں گی
ہزار رنگ کا گُل شہر میں کِھلا ہو گا

طیور نغمہ سرا ہوں گے تتلیاں رقصاں
صد اوُرنگ کا سیلاب آ گیا ہو گا

تہران، ۱۹۸۵

ہمیشہ ساتھ رہا جو ثواب ہو کہ عِقاب
وہ اور ہو نہیں سکتا کوئی، خدا ہو گا

خسیس سے کبھی کوئی معاملہ نہ کرو
تمام عمر نہ احساں کا سوُدا ادا ہو گا

یکم آذر، ۶۴ ش (۱۹۸۵)

کیوں روزِ ہجر ہی کی درازی سے تھا گلِہ
یک رنگیِ وصال کا بھی کم نہیں عذاب

۱۷ جنوری، ۱۹۸۶

بے رنگیِ افلاک میں طاعت تھی شاد
اک جراتِ عصیاں نے زمیں کی آباد

اُس کا نعم البدل اب کوئی زمانے میں نہیں
موت کا تذکرہ تک اُس کے سنانے میں نہیں

وہ گیا تو دل میں اترے حسرتوں کے قافلے
اُس نے جو بستی اُجاڑی پھر سے بستی جائے گی

وہ کم سواد محرمِ ربطِ دروں نہیں
جو جلوے کی تلاش میں تا بام و در گیا

ڈرتے تھے اُن سے چُھٹ کے جییں گے تو کس طرح
اک حشر دل کی راہ میں آیا، گذر گیا

تہمت لگائی مجھ پہ عبث ہست و بود کی
کب میں نے تجھ سے آرزو کی تھی وجود کی

وہ آتے آتے راہ میں آخر رُکا کہاں
تھی انتظار زندگی جس کے ورُود کی

۷ نومبر، ۱۹۸۸

چہرے

شفق کے رنگ، گُلِ آفتاب، پھٹتی پو
کرن کا رقص، دُرِ شبنم، آب و تابش و ضو

صبا، نسیم، گُل و غنچہ، سبزۂ خود رو
عبیر و نکہت و عنبر، ہوائیں روُ در روُ

گلاب زار بھی، اشجارِ بار آور بھی
نجوم، کاہکشاں، ماہ و شاہِ خاور بھی

ہزار روشنیاں صد ہزار پردے ہیں
نگاہ ہو تو شجر اور حجر بھی چہرے ہیں
نظر نہ ہو تو نہ چہرے ہیں اور نہ جلوے ہیں
ملے نہ اذنِ تکلم تو زندہ مردے ہیں

قریب تر رگِ جاں سے بہار کا ہے جلوس
مگر وہ غنچے بھی ہیں، کُھل کے مسکرا نہ سکے

تجلیات سے روشن، قدم قدم پہ ہیں طورؔ
وہ پاشکستہ بھی ہیں، اُٹھ کے اُن تک آ نہ سکے

لبِ مسیح پہ ہے وردِ قُم بہ اِذن اللہ
ہیں کچھ حیات گزیدہ جو سر اُٹھا نہ سکے

عدم کو ہست کیا ارتقا نے سیکڑوں بار
مگر وہ زندہ بھی ہیں، زندگی کو پا نہ سکے

قمار خانۂ ہستی طلسمِ سود و زیاں
کہاں وہ گوشہ کہ ہو فکرِ بیش و کم نہ جہاں

تمام کیف و کم و رنگ و نور و کاہکشاں
تمام مرد و زناں، طفل و پیر اور جواں

بقدرِ ظرف ہی پاتے ہیں فیض دہر سے یاں
کسی کا جام چھلک جاتا ہے لڑکپن میں

کسی کو ملتی ہیں میخانے سے فقط دو بوند
کسی کے حصّے میں آتا ہے صرف خالی جام

ہزاروں جاموں کی گردش سے کوئی پاتا ہے فیض
نظامِ زندگی و مرگ کی اساس ہے کیا

جواں کی موت پہ ہوتے ہیں پیر گریہ کناں
حسینؑ لاش اٹھاتے ہیں رن میں اکبر کی
چھ ماہے حلق کو کرتا ہے خوں سے تر پیکاں

۲۸ مارچ، ۱۹۸۲

***

خود کو خود بینی کی آنکھوں سے بہت دیکھ چکے
کبھی آئینۂ امواجِ عدم بھی دیکھو

***

جی میں ہے اپنے "تم" سے کروں بات ایک بار
کُھل کر اُسے سناؤں کہ کیا تم ہو میرے یار

***

جس کو دیکھو، ہے یزیدانِ زماں ہی کی طرف
آج ہیں حق کے طرفدار بہتّر سے بھی کم

کیا خبر اتنی سی دنیا بھی میسّر نہ ہو کل
پاؤں پھیلاؤ مگر وسعتِ چادر سے بھی کم

گریہ اُن آنکھوں کا دنیا کو ڈبوئے گا کہاں
جن کے طوفاں کا ہے سرمایہ سمندر سے بھی کم

منصب و سلطنت و عزت و شہرت ہمہ ہیچ
عمر ہر شوق کی ہے عمرِ سکندر سے بھی کم

۳۰ مئی، ۱۹۸۳

***

خلوص کو وہ دغا سمجھے، عاشقی کو فریب
کوئی کسی سے بھی اس درجہ بدگماں نہ ہو
اسی خیال سے ہم اُس سے روٹھ بھی نہ سکے

یہ کج رُخی، یہ تغافل بھی امتحان نہ ہو
نظر میں جچتے نہیں گل رُخان و گل بدناں
وہ حُسن حُسن نہیں جس میں اُس کی آن نہ ہو

بگڑنا باتوں پہ ہر دم، اُلجھنا ہر اک سے
خمارِ نشۂ ہجراں ہی کی تکان نہ ہو

سپردگیِ مکمل میں نشّہ ہے نہ مزا
اگر انا کا تصادم بھی درمیان نہ ہو

۳۱ مئی، ۱۹۸۳

سکوت جزر و مدِ بحر نغمہ بن جائے
تمھارا عکس سرِ ماہتاب تو چمکے

گُل و گیاہ و در و بام سب کہیں لبیک
تمھارے ہونٹوں کا طرزِ خطاب تو چمکے

سکوتِ دہر کو میں بولنا سکھا دوں گا
سرِ سکوت تمھارا جواب تو چمکے

ہے غصّۂ بے چارگاں ظاہر میں اپنا ہی زیاں
پر بنتے ہیں آتش فشاں پھٹ پھٹ کے دل ذرات کے

آیت اللہ و معمّم کریں کیا خدمتِ آدم
ہے یہی فکر اُنھیں ہر دم کریں کچھ کام خدا کا

بہارستاں کبھی دریائے امواجِ نگاراں، خوش قبایاں تھا
سنا ہے سیلِ گُل پیراہناں، لالہ رُخاں تھا

منظر

ہیں ایسے بھی منظر
جنھیں ہوش کی تیسری آنکھ ہی دیکھتی ہے
اُترتے ہیں جو دیدۂ خواب میں
خواب کی سرحدیں توڑ کر

اور بیداریوں کے بیابان کی وسعتیں چھوڑ کر
خموشی کے سحر اسے دشتِ ندا تک...

سال گرہ

بڑھ رہی ہے عدم کی طرف زندگی، لمحہ لمحہ سرکتی ہوئی
ایک جھونکے میں بجھ جائے گی شمع، شعلہ بہ شعلہ بھڑکتی ہوئی

رشتۂ عمر میں پڑ رہی ہے گرہ پر گرہ ہر نئے سال کی
اور اُلجھتی چلے جائے گی جتنا سلجھائیں گے ڈور کو حال کی

بھاری ہوتی علایق کی زنجیر ہر گام پر ٹوٹ جانے کو ہے
آرزوؤں، امیدوں، چہیتوں کا ساتھ، ایک دن چھوٹ جانے کو ہے

۲۱ جون ۱۹۸۰

آسمانوں پر اکیلا ہے خدا
اور زمیں پر ہے اکیلا آدمی
روزِ پیمانِ الست اور اسکے آگے پھیلتی لمحہ بہ لمحہ لاکھوں صدیوں کا حساب
مانگتی ہے آدمی سے عہدِ حاضر کی کتاب

رشتہ

ہزاروں طرح کے رشتے ہیں دنیا سے ہر انساں کے
مگر ان سارے رشتوں کا ہوا کرتا ہے اک محور
یہ محور ٹوٹ جائے
تو سماج، افراد، فطرت اور خود سے اپنا رشتہ ٹوٹ جاتا ہے

۱۱ جولائی ۱۹۸۸

۹۵

ہر ہر نفس میں درد کا نشتر کسک رہا ہے
ہر ہر رگ میں غم کا دریا چھلک رہا ہے

رُت میں خزاں کی بھی نہیں بھولی جاتی بہار
دل کی سوکھی شاخ پہ اِک گُل مہک رہا ہے

ختم پر آئی عمر مگر، بچوں کی سی ہے اب بھی للک
جام و شیشہ دیکھ کے بالک ہمک رہا ہے

۳، اگست ۹۴ء

فہرست، بہ سلسلہ مجموعہ

پتھروں کا مغنی

☆ پیش لفظ

نظم

- پتھروں کا مغنی
- آنسو
- زادِراہ
- مداوا
- دعائے نغمہ
- لہو کے چراغ
- ہاسٹل کی ایک شام
- واپسی
- سفرِ نکہتِ گل
- عہدِ آشوب
- حیات وموت
- شب تاب
- صلیب
- بندِ نقاب
- بساطِ ہوائے گل
- یوسفِ گم گشتہ
- متاعِ ہنر
- انتظار
- سنگسار
- کھنڈر، آسیب اور پھول
- ازل تا ابد
- آئینہ بندی
- دربدر
- جشنِ عزا
- داد گر کون ہے
- بن باس
- زکنارِ ما بہ زکنارِ ما
- سُورج کی تلاش
- رائگاں
- اجنبی
- پرومیتھیس
- جلاوطن
- دشت گرداں
- کہاں کی رباعی، کہاں کی غزل
- عدم سے عدم تک
- جبر
- پیمانِ وفا سے پہلے
- عکس در عکس
- خاموشی کی آواز
- صد حساب باقیست
- عمرِ رائگاں
- طوفان گذر گیا
- بیا تا گل بیافشانیم
- شجرِ ممنوع

- جھوٹی سچّائی
- معراج

غزل

- غزلیں
- اشعار

طویل نظم

- صحرائے سکوت

شب کارزمیہ

آٹھ نظمیں

- شاعری
- ماورا
- مسیحائی
- گُم گشتگی
- سراب
- فریب
- دوام
- تشبیب

چھ غزلیں

- کیسا اُس بزم کے لٹنے کا سماں ہوتا ہے
- ہر اِک عنواں سے اپنا عکسِ دل ہی جلوہ ساماں ہے
- مجھ سے جو وہ نگارِ عناں گیر کھچ گئی
- عشق میں خود کو کھویا ہم نے خود کو کبھی نہ پانے کو
- ہم کو منظور تھا راجو نہ پرواہوتا
- واں نگاہِ ناز کا نشتر کھٹک کر رہ گیا

بارہ نظمیں

- دیوار
- رات کا مکان
- دیمک
- مفاہمت
- مرگِ انبوہ
- یہی تو ہو گا
- ایک شام: دو نظمیں
- نقطوں کا سفر
- شب کارزمیہ
- راکھ کا گھر
- زندہ مردے

سات غزلیں:

- رہے وہ ذکر جو لب ہائے آتشیں سے چلے
- اِک زمانے سے نہیں فرصتِ عشقِ خوباں
- صحراؤں میں دریا بھی سفر بھول گیا ہے
- درد مانگا نہیں کرتا ہے روایت سے لباس
- کس کے سینے میں لگی، آنسوؤں میں کس کے بجھی
- اندھیرا اتنا نہیں ہے کہ کچھ دکھائی نہ دے
- کوئی خدا کا ایسا ہے، اتنا یقیں تو ہو

نذرِ غالب: تین غزلیں

- وہ غمِ تنہاروی، وہ دل کا پہلا آشنا
- دل وہ شعلہ ہے جو بجھ بجھ کے بھی ٹھنڈا نہ ہوا
- خوشا وہ تیر جو دل کا ارادہ رکھتے ہیں

زبان، لفظ معنی

تین نظمیں

- زبان کی موت
- لفظوں کی پوجا
- معانی کی تلاش

طویل نظمیں:

- ایک اور عالم آشوب
- رات، چہرہ در چہرہ

چار نظمیں:

- لوحِ غیر محفوظ

- بے بدن
- مردُم گزیدہ
- دوری کا نغمہ

ب یادِ اریب: ایک غزل، ایک نظم
- کچھ پتا اُن کا بتا مجھ کو چراغِ سحری
- لاحاصلی

آٹھ غزلیں
- تمام عمر رہی جن کی فکر نابستہ
- روح کے دشت سے اٹھتی یہ صدا کیسی ہے
- مطلعِ فکر ہے کچھ دن سے سحاب آودہ
- رات بھر خواب کے دریا میں سویرا دیکھا
- اپنا سرمایہ جز احساسِ زیاں کچھ بھی نہیں
- جس کو مانا تھا خدا، خاک کا پیکر نکلا
- خوابِ شب زندہ داراں میں بیداریوں کا نگر ہے کھلا
- کئی کتابوں کی ہے اک کتاب آنکھوں میں

تین نظمیں
- شب وروزِ تماشا
- سخنِ تازہ کا وقفہ ہے سکوت
- دعا

بازگشت: منظوم ترجمے
- شہرِ سوختہ
- تاریک شعلہ
- دوسرے کنارے کی آواز

آٹھ نظمیں
- شاعری
- ماورا
- مسیحائی
- گم گشتگی
- سراب
- فریب
- دوام
- تشبیب

زنجیر کا نغمہ

نظمیں
- نغمۂ زنجیر
- ایں چہ شوریست.....؟
- اَن کہی
- تلوّن
- کفن فروش
- خلیفۃٌ فی الارض
- سیلِ بے چہرگی
- "میں" کی تلاش
- بازگشت
- آدمیوں کا چڑیا گھر
- مَن عَرَفَ نَفسَہٗ
- ملفوظات

دُعائیں:
- آدمی کی دعا
- آگہی کی دعا
- تشنگی کی دعا
- سفر کی دعا
- سالِ نو
- وصل کا نغمہ
- مٹّی کی صدا
- چہل سالِ عمرِ عزیزم گذشت
- رباعیات
- زادِ نجات
- ہجرت کا محور

- نئی کربلائیں
- چہرہ خانے میں
- شہر آتش بازاں
- جینے کو اک عشق ہے کافی
- شبِ سالِ نو
- شجرِ نور
- ایک تصویر
- جُرم و سزا
- مکتوبِ زمستاں
- کوہِ ندا

غزلیں:

- چشمِ بینا کو تماشا روز دکھلایا گیا
- مفتیِ شرعِ ہوس کی آج بن آئی تو کیا
- تیز کرنوں کی سنانوں سے چھدی رات ملی
- خود کو قتل اپنے شراروں کو تہہِ دام کریں
- خموشیوں کا اندھیرا ہے خیمہ زن ہر سُو
- نہ پوچھے گردِ پسِ کارواں بھی نام تو کیا
- سخن کے مطلعِ رنگیں پہ جو تنویر اترے گی
- دفترِ لوح و قلم یا درِ غم کھلتا ہے
- صبح کو دیر بڑی ہے، سو جاؤ
- جاگے ہیں بہت، جی میں ہے کچھ دیر کو سو لیں
- سایہ ہے جہاں پھولوں کا، وہ در نہیں ملتے
- خوشی سے اب نہ خوشی ہے، نہ غم سے غم ہم کو
- صبا! سنبھال کے رکھ نسخۂ خزانی بھی
- زبانِ خلق پہ آیا تو اک فسانہ ہوا
- رخصتِ نطق زبانوں کو ریا کیا دے گی
- خواب صحراؤں سرابوں میں پھرائیں گے تمھیں
- آتشِ قہرِ زمانہ کو ہوا دو تم بھی
- دیدہ ہائے نگراں سنگ و گہر میں تھے بہت
- اُن کو روز اِک تازہ حیلہ ایک خنجر چاہیے
- محفلوں، میلوں میں ہم خود سے بھٹک جاتے ہیں
- ترے سخن سے لبِ خوش مقال روشن ہیں
- تو غزل بن کے اُتر بات مکمل ہو جائے
- تم جو نہیں ہو رہنے لگی ہے گھر کے اندر تنہائی
- بزمِ گُل سے ہمیں کچھ پل میں گزر جانا ہے
- مثالِ خواب تمنا کی چشمِ نم میں رہے
- ہے زمانہ نگہِ حسن کی تحریر کا نام
- کتنے دل سیراب رہے تشنہ جگری میں میری طرح
- آیند گاں کی راہ بناتی رہی ہوا
- گمان و شک کے دوراہے سے پار اتار مجھے
- سیل میں ثابت قدم میرے سوا کون تھا
- تم گئے سارے موسم گئے روٹھ کر
- اس بلندی کو کسی در پہ نہ زنہار گرا
- ہر سانس ہے اک گونج بیابانِ زماں کی
- تیری گلی میں جو ملا اس سے پتہ پوچھا ترا
- سفر ہی بعدِ سفر ہے تو کیوں نہ گھر جاؤں
- گئی سر سے ہوائے جنون و طلب،
- گلے بہت تھے، مگر وہ ملا تو کچھ نہ کہا
- یا تو سمٹ کے آئے دہر میرے حصارِ ذات میں
- اس بار فصلِ گل ہے کچھ مہرباں زیادہ
- وہ آئے نہ تھے جب تک،
- نہ سحر نغمہ، نہ شیرینیِ دہاں کو ملی
- بچا کے دشت سے ہم اپنا رخت اگر آئے
- ہوا میں پھرتی ہے خوشبوئے پیرہن آزاد
- نہ وہ خدا ہے، نہ ہم اس کے عبدِ سجدہ گزار
- اک دشتِ بیاباں کا سفر ہے، چلے چلو
- نہ ہو وفا تو نہ ہو، کیا یہاں حیا بھی نہیں
- پاؤں اٹھتے ہیں تو زنجیر کی جھنکار کے ساتھ

- کہے گا دیکھ کر کون اُن کو یہ تیور ہیں قاتل کے
- سیلاب پاندی سے سفینہ ہو پار کیا
- زمین پر نہ ہوا میں نہ آسمان میں ہے
- اک غزل آج بہ عنوانِ قصیدہ لکھیے
- دشتِ خاموش بھی ہے دشتِ نوا سے آگے
- عجلت ہے دل کو خلوتِ جانانہ دیکھ لے
- آنکھ جو نم ہے، وہی دیدۂ تر میرا ہے
- خزاں گزیدہ نہ گر اپنا دل لہو کرتے
- اس کے سخن کی شیرینی کو پہنچیں قند و نبات کہاں
- بتِ سنگ! تیرے دل میں کبھی ہم جو راہ کرتے
- چشمِ پر آب میر تو خانہ خراب ہے
- پس نوشت

Karbala, Ay Karbala

Collected Marthiyas

Volume Two of
Waheed Akhtar's Collected Poetic Works

Edited by Ali Quli Qarai

© S. Hasan Waheed, S. Husain Waheed & S. Mohsin
Waheed, 2021

ISBN: 978-1-955725-13-2 (Hardcover)

ISBN: 978-1-955725-12-5 (Paperback)

ISBN: 978-1-955725-11-8 (epub edition)

(

AF745029

www.ingramcontent.com/pod-product-compliance
Lightning Source LLC
LaVergne TN
LVHW020918061026
849535LV00011B/3653

* 9 7 8 1 9 5 5 7 2 5 0 9 5 *